TADSCHIKISTAN

Mit Duschanbe, Pamir und Fan-Gebirge

Sonja Bill, Dagmar Schreiber

TRESCHER VERLAG

3., aktualisierte und erweiterte Auflage 2018

Trescher Verlag Berlin
Reinhardtstr. 9
10117 Berlin
www.trescher-verlag.de

ISBN 978-3-89794-434-3

Herausgegeben von Detlev von Oppeln und
Bernd Schwenkros

Reihenentwurf und Gesamtgestaltung:
Bernd Chill

Lektorat: Corinna Grulich
Stadtpläne und Karten: Johann Maria Just,
Martin Kapp, Bernd Chill

Gedruckt auf chlorfrei gebleichtem Papier

Printed in Germany

Alle Angaben in diesem Reiseführer wurden sorgfältig recherchiert und überprüft. Dennoch können aktuelle Entwicklungen vor Ort dazu führen, dass einzelne Informationen unvollständig oder nicht mehr korrekt sind. Gerne nehmen wir dazu Ihre Hinweise und Anregungen entgegen. Bitte schreiben Sie an: **post@trescher-verlag.de**.

Titelbild: Trekking im zentralen Pamir
vordere Klappe: Hirtinnen im Romit-Tal
hintere Klappe: Blick in das Vanj-Tal

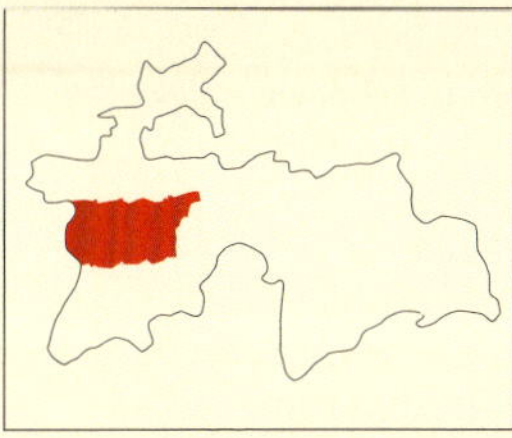

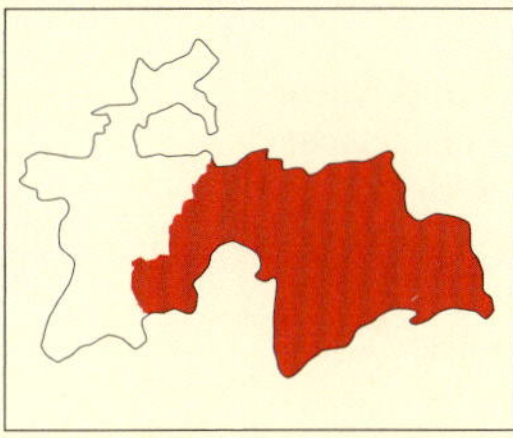

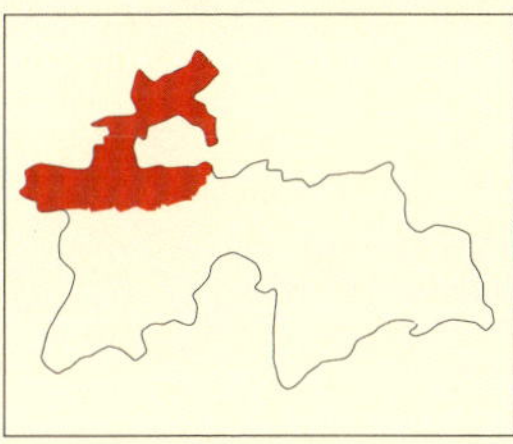

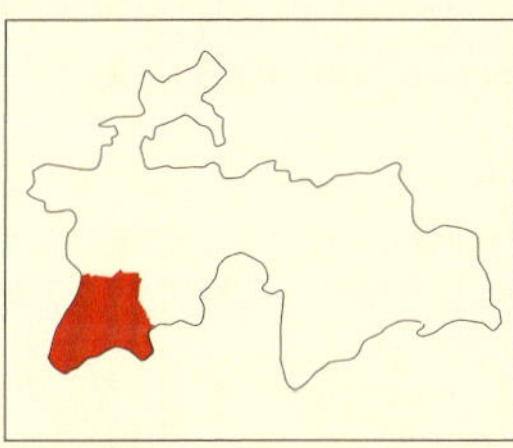

МегаФон

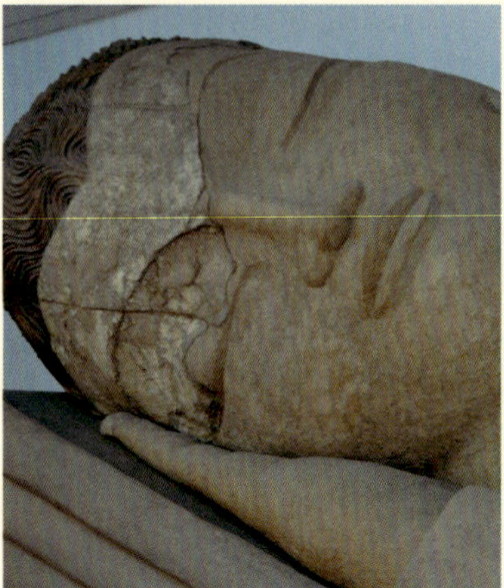

ANHANG

EXTRA

Jurte im Pamir

Vorwort

Tadschikistan ist ein Land der Superlative. Die höchsten Berge, die größten Wasserressourcen, der längste Gletscher und die buntesten Frauenkleider Zentralasiens. Das kleinste Land der Region ist ein Land voller Seen und Gipfel in allen Farben. Rauschende Gebirgsbäche und ruhige Bergseen, kunstvoll gefaltete, farbenfrohe Berge und starre graue Granitgiganten, bunte Blumentäler und karge unwirkliche Mondlandschaften, lebhafte grüne Städte und einsame Hochebenen. Das alles ist Tadschikistan.

Grund genug, um den Rucksack zu packen und sich in dieses Land aufzumachen. Die Natur ist eine einzige Sehenswürdigkeit, und die Begegnung mit den unterschiedlichsten Menschen und Tieren ein Abenteuer.

Ich wünsche dem Reisenden einen strahlend klaren Sonnenaufgang im Hochgebirge, einen Blick auf außerirdisch schöne bunte Berge im Abendlicht, ein Treffen mit dem Murmeltier, eine heiße Dusche in den Quellen der Erde, ein erfrischendes Bad im glasklaren Bergsee und einen Buttertee am Morgen in einer Jurte auf der Hochweide.

Die Bewohner Tadschikistans sind sehr gastfreundlich und besonders Deutschen gegenüber aufgeschlossen. Auch wenn das Reisen in Tadschikistan teilweise beschwerlich sein kann, man sollte sich keine Sorgen machen, denn ein Tadschike findet immer eine Lösung.

Hauptsache, der Reisende hat Zeit im Gepäck. Zeit für das Handeln auf den Basaren, einen Tee am Flussufer, Zeit für das Beobachten der Menschen und ihrer Eigentümlichkeiten, Zeit zum Suchen der Felsenmalereien, zum Warten vor dem Bau des Murmeltiers und auf den richtigen Jeep.

Gute Reise! Rohi Safed!
Sonja Bill

Froh, dass ich als Mitautorin ›einsteigen‹ durfte und so dieses wunderbare Land mit seinen warmherzigen Menschen immer besser kennenlerne, möchte ich den Bewohnern Tadschikistans aufrichtig alles Gute wünschen. Möge das Motto ›Feel the friendship‹, mit dem man Reisende gewinnen möchte, ein tausendfaches Echo haben.

Salomaleikum. Friede sei mit Euch.
Dagmar Schreiber

Statistische Daten, Jahreszahlen, Kilometer- und Höhenangaben variieren in den benutzen schriftlichen oder verbalen, sowjetischen oder modernen, westlichen oder östlichen Quellen sehr stark. Manchmal denken sich die Menschen ihre Adresse oder den Namen eines Berges in dem Moment aus, in dem man sie danach fragt. Und manchmal haben wir das eventuell nicht bemerkt. Für kleine Fehler und Ungenauigkeiten, die dadurch entstanden sind, möchten wir uns entschuldigen und uns für Verbesserungsvorschläge, Ergänzungen, Kritik und Lob im Voraus bedanken.

Herausragende Sehenswürdigkeiten

Beobachtung seltener Wildtiere in den Schutzgebieten

In einigen Naturschutzgebieten leisten ehemalige Wilderer Großes beim Schutz bedrohter Tierarten. Und so kann man bei Anjirob, Zighar und Obiyo wieder Markhore beobachten, bei Jartygumbez Marco-Polo-Schafe sehen, in Ratvmed, Darshay und im oberen Wakhan Steinböcken begegnen und möglichweise sogar einem der sehr seltenen Schneeleoparden. → S. 34

Navruz-Fest

Das alte zoroastrische Neujahrsfest im März, das in ganz Zentralasien und im Vorderen Orient gefeiert wird, ist ein fröhlicher mehrtägiger Ausnahmezustand mit Festtagsessen und zahlreichen Wettkämpfen in allen Regionen. → S. 92

Duschanbe ▲

Einen Besuch in der grünen Hauptstadt sollte man nutzen, um sich im Altertumsmuseum über die Geschichte des Landes zu informieren, den Rudaki-Prospekt entlangzuflanieren und die tadschikische Küche zu probieren. Abends kann man sich in den Parks unter die Hauptstädter mischen. → S. 104

Festungen und Tempel, Klöster und Mausoleen

Bisher ist es nur in Hisor (→ S. 145), Hulbuk (→ S. 390), Khujand (→ S. 307) und Sarazm (→ S. 349) gelungen, die Spuren einer vielschichtigen Vergangenheit zu sichern. An anderen bedeutenden Orten nagt ungehindert der Zahn der Zeit, aber genau das macht ihren Charme aus: Oxustempel (→ S. 381), uralte Festungen im Wakhan-Korridor (→ S. 213), die alte Stadt von Panjakent (→ S. 348), das buddhistische Kloster von Ajina Teppa (→ S. 378) und zahlreiche Mausoleen für Heilige.

Pamir-Highway ▲

Eine Fahrt durch eine der spektakulärsten Hochgebirgslandschaften der Erde mit über 6000 Meter hohen Gipfeln, kargen Hochebenen, schroffen Schluchten und reißenden Flüssen ist ein Höhepunkt einer Tadschikistan-Reise. → S. 190

Wakhan-Korridor ▼

Flankiert von Hindukusch und Shohdara-Kette, fließt der wasserreiche Panj durch das breite und relativ fruchtbare Tal. Majestätische Sechstausender säumen eine Kulturlandschaft mit Zeugnissen zahlreicher Dynastien und verschiedenster Religionen. → S. 213

Bartang-Tal ▲

In den abgelegenen Dörfern des schroffen Tals hat sich die traditionelle Lebensweise der Pamiri mit vielen einzigartigen Sitten und Bräuchen nahezu unverfälscht erhalten. Anspruchsvolle Wandertouren zum legendären Sarez-See und in die einsamen Hochtäler sind möglich. → S. 269

Khujand und Umgebung

Der Norden des Landes hat mit Khujand, Istarafshan und Isfara, Taboshar und Arbob sehr lebendige Orte aufzuweisen, deren Besuch sich vor allem für historisch Interessierte lohnt. → S. 307

Panjakent und Umgebung

Kulturhistorisch interessante Stätten sind die Ausgrabungen des alten Sarazm und die Ruinen des alten Panjakent, des ›Pompeji von Zentralasien‹. Ergänzende Informationen erhält man im Rudaki-Museum von Panjakent. → S. 343

Fan-Gebirge ►

Relativ gut erschlossen für Trekkingstouristen sind die Fan-Berge mit dem berühmten See Iskanderkul. Im Angebot einiger Veranstalter sind Wanderungen von den Alaudin-Seen über die Kul-i-Kalon-Seen zu den Sieben Seen mit fantastischen Ausblicken und unberührter Natur. → S. 356

Trekking und Bergsteigen ▲

Im Pamir und in den Zarafshon-, Turkestan- und Hisor-Bergen (→ S. 190, 336) gibt es wunderschöne Trekkingrouten, die man mit erfahrenen lokalen Veranstaltern angehen kann. Auch ambitionierte Bergbesteigungen sind möglich. Die entsprechende Ausrüstung sollte jedoch mitgebracht werden, und es gibt so gut wie keine beschilderten Wanderwege. → S. 404.

Das Wichtigste in Kürze

Zunächst findet sich in diesem Buch ein Kapitel über **Land und Leute**, in dem Tadschikistans Natur, Kultur, Geschichte, Traditionen und seine Bewohner ausführlich vorgestellt werden. Im **Reiseteil** werden, beginnend mit der Hauptstadt Duschanbe, einzelne Regionen des Landes beschrieben. Der **Anhang** bietet reisepraktische Informationen wie die Reisetipps von A bis Z, einen Sprachführer, das Glossar, Internet- und Literaturhinweise.

Bezeichnungen, **Namen** und **Orte** sind aus dem Tadschikischen mittels der englischen Transliteration übertragen worden, da diese Transliteration auf den verfügbaren Karten (zum Beispiel von Markus Hauser, www.geckomaps.ch, www.hoeferverlag.de), Wegweisern und in englischsprachigen Internetseiten und Reiseführern meist so verwendet wird. Es ist zu beachten, dass es in anderen verfügbaren Karten und im Internet oft verschiedene Schreibweisen im Kyrillischen und davon ausgehend eine Vielzahl von Translitera-tionen gibt, je nachdem, ob der Begriff auf Grundlage seiner tadschikischen, usbekischen, kirgisischen, russischen oder pamirischen Schreibweise transliteriert wurde. Im Internet, in Büchern und in der Realität werden die Transliterationsmöglichkeiten also sehr weit ausgelegt. Die Grundlage der hier verwendeten Bezeichnungen ist immer die tadschikische Bezeichnung. Weichen Bezeichnungen von den von Markus Hauser in seinen Karten verwendeten oder von anderen gebräuchlichen Schreibweisen ab, so sind diese bei erster Nennung im Kapitel immer in Klammern gesetzt, beispielsweise Khorugh (Khorug). Eine **Ausnahme** bilden die Wörter Tad-schikistan, Kirgistan, Usbekistan und Afghanistan sowie davon abgeleitete Begriffe wie tadschikisch, Usbeke oder afghanisch. Auch die Bezeichnung Duschanbe (statt Dushanbe), Pamir (statt Pomir), Buchara (statt Bukhoro), Alai-Gebirge (statt Alay-Gebirge), Fergana-Tal (statt Farghona-Tal), Samarkand (statt Samarqand), Fan-Gebirge (statt Fon-Gebirge) sowie Majakowski (statt Mayakovskiy) werden zur verbesserten Lesbarkeit in der deutschen Transkription verwendet, da diese Bezeichnungen in der deutschen Sprache relativ geläufig sind. Mit den Transliterationsregeln des Tadschi-

Flussdurchquerung am Peak Garmo im Pamir

kischen kann man sich im Sprachführer (→ S. 420) vertraut machen. Den Gipfeln wird die englische Bezeichnung ›Peak‹ (auf Tadschikisch ›qullai‹) vorangestellt, da dies international verbreiteter ist, zum Beispiel ›Peak Somoni‹ statt ›qullai Somoni‹. Für die **Straßenbezeichnungen** wird die Kurzform gewählt, also nicht Rudaki-Str. 50, kuchay Rudaki (tadschikisch) oder ulica Rudaki (russisch), sondern Rudaki 50. Wegen der teilweise schlechten Straßensituation lässt sich aus den **Kilometerangaben** keine Reisedauer ermitteln. Meist sind deshalb die ungefähre Fahrtdauer und der Straßenzustand angegeben. Jede Reise durch dieses Land ist jedoch individuell. In kleineren Orten gibt es oftmals keine Straßennamen und auch kein Telefon. Wenn diese Angaben also fehlen, so gibt es sie meist nicht. Sucht man beispielsweise in einem Dorf ein beschriebenes Gästehaus, dann sollte man einfach nach der jeweiligen Familie fragen, deren Name immer angegeben ist, und es wird ein Leichtes sein, die jeweilige Unterkunft zu finden.

Der Begriff **Pamir** wird als Synonym für die Autonome Region Gorno-Badakhshan (GBAO) verwendet und bezeichnet somit den tadschikischen Pamir.

Die **Preise** sind, den eigenen Angaben der Hotels, Gästehäuser und anderen Anbieter folgend, in US-Dollar oder in der Landeswährung Somoni angegeben; kleinere Preise meist in Somoni, größere Beträge in Dollar.

Beispiele für verschiedene Schreibweisen tadschikischer Orte

Im Buch verwendete Schreibweise	Andere Schreibweise/n
Barchidev	Barchadiv, Barchidif
Duschanbe	Dushanbe
Fan	Fon, Fon-darya
Fedchenko-Gletscher	Fedschenko-Gletscher
Fergana	Ferghana, Farghona
Gharm	Garm
Hisorgebirge	Gissar-, Hissar- oder Hissor-Gebirge
Jafshangoz	Jaushangoz, Javshangoz
Jelondy	Jilondy
Jizev	Gizev
Khoja Mashhad	Hodzha Mashkhad
Khorugh	Khorog, Khorug, Chorog
Khujand	Chudzhand, Chudschand, Chodschent
Kulja	Kuldzha
Kulob	Kuljab, Kulyab
Kyzylrabot	Kyzylrabat, Kizilrabat
Murghob	Murghab, Murgab
Norak	Nurek
Panj	Pjandsch, Pyandzh

Beispiele für verschiedene Schreibweisen tadschikischer Orte

Im Buch verwendete Schreibweise	Andere Schreibweise/n
Panjakent	Pendschikent, Penzhikent
Qahka	Kaachka, Khahkala, Qahqa-Qala
Qala-i Khumb	Kalai Khum, Kalaikumb
Qurghonteppa	Kurgan-Tyube, Kurgan Tepe, Qurghon Teppa
Shahr-i Tuz	Shahrituz, Shaartuz
Shahrinav	Shahrinau
Shorolyu	Shurali, Shirulu
Takht-i Sangin	Taxt-i Sangin, Tacht-i Sangin
Vakhsh	Wachsch
Wakhan	Wachan, Vakhan
Yazghulyom	Jasgulem, Yazgulyam
Zarafshon	Zarafshan, Zerafshan, Serafschan

Wichtigste Ausspracheregeln

e	nach einem Konsonanten wie das deutsche e in Beet; am Wortanfang und nach Vokalen wie je in jedes
ch	tsch wie Tschechien
j	dsch wie in Jeans
gh	r, dicht am Gaumen gesprochen, wie in Gurke
kh	ch, hinten am Gaumen gesprochen, wie in Bach
q	ähnlich dem deutschen k, aber tiefer in der Kehle
r	gerolltes Zungen-R
sh	sch wie in Schule
y	j wie in Jacke
ya	wie ja in Jagd
yu	wie ju in Jugend
zh	stimmhaftes sch wie in Journal
z	stimmhaftes s wie Saison, Basar

Häufig verwendete Begriffe

Choykhona	Teehaus
Dastarkhon	Tischdecke, die auf dem Boden oder dem Tapchan ausgebreitet wird

Häufig verwendete Begriffe	
GBAO	Abkürzung für den tadschikischen Pamir, die Region Gorno-Badakhshan
Hukumat	Stadt-/Gebietsverwaltung
Qishloq	Dorf
-kul	Kul bedeutet See, alle Bezeichnungen mit dieser Endung benennen Seen
Kurpacha	Matratze, Schlafmatte aus Baumwolle oder Filz, die tagsüber zusammengerollt wird
Mahalla	Alter Stadtteil mit vorwiegend einstöckigen Lehmbauten
Marshrutka	Kleinbus, der als Sammeltaxi auf bestimmten Routen verkehrt
Medrese	Muslimische Hochschule, Koranschule
Palov	Nationalgericht aus Hammelfleisch, Reis und Karotten
Tapchan	Erhöhte Sitz-, Ess- und Schlafmöglichkeit

Visum und Genehmigungen

Für die Einreise benötigt man ein **Visum**, das unkompliziert im Internet beantragt werden kann: https://www.evisa.tj/index.evisa.html, Bearbeitungsdauer max. eine Woche. Zur Einreise auf den **Pamir** (GBAO) ist eine **Genehmigung** erforderlich. Diese ist gemeinsam mit dem Visum im Internet erhältlich (kostenlos, dafür muss lediglich das entsprechende Feld im Visumantrag angekreuzt werden), kann aber auch in Duschanbe über einen Reiseveranstalter oder direkt bei der Meldebehörde bezogen werden (kostenpflichtig).

Für ein **touristisches Visum** bis 45 Tage braucht man keine Einladung, für kompliziertere Visa (Mehrfacheinreisen, längere Verweildauer, anderer Besuchszweck) hingegen wird die Bestätigung einer einladenden Organisation benötigt. Diese Visa beantragt man am besten in der Botschaft der Republik Tadschikistan in Berlin per Post oder persönlich.

Bei der Einreise füllt man ein zweiteiliges Anmeldeformular aus. Eine Hälfte wird bei der Einreise einbehalten, die andere muss man bei der Ausreise abgeben – bitte gut aufheben.

Für **einige Regionen** (die Seen Sarez und Zorkul, Zapovedniks und einige andere Naturschutzgebiete sowie das Grenzgebiet zu Afghanistan im Verwaltungsbezirk Khatlon) sind **spezielle Genehmigungen** erforderlich, die ausschließlich vor Ort erhältlich sind. Reiseveranstalter können dabei helfen, man kann aber auch – mit Ausnahme des Sarez-Sees – selbst agieren (OVIR → S. 131).

Für den Aufenthalt im Land müssen sich Touristen, die sich 45 Tage und weniger im Land aufhalten, nicht mehr in der örtlichen Behörde (OVIR) bzw. im Hotel registrieren lassen. **Reisende mit anderen Visa als touristischen** (erkennbar an Angabe Type ›T‹) und mit einer Aufenthaltsdauer von mehr als 45 Tagen müssen sich innerhalb der ersten drei Werktage nach Ankunft beim OVIR registrieren lassen. Hotels und Reiseveranstalter können dabei kostenpflichtig behilflich sein.

Wegen eventueller Änderungen der Einreise bestimmungen lohnt sich vor der Reise ein Blick auf die Seiten der tadschikischen Botschaft und die des Auswärtigen Amtes im Internet: www.botschaft-tadschikistan.de, www.auswaertiges-amt.de.

Zahlungsmittel

Zahlungsmittel ist die Landeswährung **Somoni** (1 Somoni=100 Diram). Wegen Wechselkursschwankungen wird vielfach auch in Dollar ausgepreist, bezahlt wird jedoch in Somoni. In größeren Hotels gibt es die Möglichkeit, in Dollar bzw. teilweise auch mit Karte zu bezahlen.

Geldabheben am Geldautomaten (Somoni) ist nur in den größeren Städten Duschanbe und Khujand ohne Probleme möglich und mit einer Gebühr verbunden. Der Rahmen für Abhebungen mit der ec-Karte beträgt derzeit 200 US-Dollar oder 1300 Somoni pro Abhebung; allerdings sind mehrere Abhebungen in unmittelbarer Folge möglich.

Geldwechsel: Bequem wechseln kann man nur in Großstädten, das betrifft vor allem den Euro. Die Zahl der Wechselstuben hat drastisch abgenommen, man erkennt sie auch kaum noch im Straßenbild. Der Staat möchte ein Umtauschmonopol der Banken, hat es aber noch nicht konsequent durchgesetzt. Manche Hotels bieten Umtauschservice an. **Wechselkurs**: 1 Euro=10,8 Somoni, 1 US- Dollar=8,8 Somoni (April 2018). Eine weitere Abwertung des Somoni ist nicht auszuschließen.

Gesundheit

Impfungen gegen Tetanus, Polio, Diphtherie, Hepatitis A und B sowie Tollwut sind angeraten. 2010 kam es zu einem Ausbruch von Polio mit über 300 Erkrankten. Laut Gesundheitsministerium waren 2013 außerdem insgesamt 10 000 Menschen im Land an einer der Hepatitis-Arten erkrankt. Im Süden gibt es vereinzelt **Malaria**. Auch Typhus und Tuberkulose kommen vor, vorab sollte man sich über die Symptome dieser Krankheiten informieren, um dann schnell handeln zu können.

Wasser aus den Wasserhähnen ist als Trinkwasser (und auch zum Zähneputzen) ungeeignet und für die Übertragung von Typhus verantwortlich. Gegen Typhus kann man sich impfen lassen, der Impfschutz beträgt jedoch nur 70 Prozent. Übersichtliche Informationen zu Impfungen und Reisevorbereitungen finden sich auf der Seite www.fit-for-travel.de.

Häufigste und sehr wahrscheinliche Erkrankung Reisender ist **Diarrhöe**. Europäern unbekannte Parasiten, Bakterien, Amöben und Viren wandeln durch das Land. Helfen können häufiges Händewaschen, sorgfältige Nahrungsmittelauswahl, Trinkwasserhygiene und Glück. Mit verschieden starken Medikamenten und griffbereitem Toilettenpapier sollte vorgesorgt werden, ein Krankenhausaufenthalt innerhalb Tadschikistans ist zu vermeiden. Des Weiteren sind abschreckende Mittel gegen Mücken, Flöhe und andere Stechtiere empfehlenswert.

Reisen im Land

Flugverbindungen gibt es von Duschanbe nach Khujand (mehrmals wöchentlich) und nach Khorugh (theoretisch täglich, praktisch nur bei guter Sicht und hinreichender Auslastung). Als individuell Reisender kommt man vor allem mit **Sammeltaxis** voran. Will man von den asphaltierten Hauptstraßen im Westen des Landes abkommen, sind gute Jeeps (Allradantrieb) mit mindestens einem Ersatzreifen auszuwählen. Der Fahrer sollte nüchtern, wach und erfahren sein, die jeweilige Strecke kennen und somit Vertrauen erwecken. Von der richtigen Einschätzung dieser Faktoren hängt viel ab.

Verständigung

In Tadschikistan werden mehrere Sprachen gesprochen. **Tadschikisch** ist die offizielle Landessprache, **Russisch** wird in den größeren Städten und von der älteren Generation gesprochen, auch von vielen Männern, die als Gastarbeiter in Russland waren. Auf dem Land wird Tadschikisch gesprochen, außer im Pamir. Dort spricht man die regionalen **Pamir-Sprachen**, Russisch, Kirgisisch und in Khorugh zunehmend **Englisch**. Schilder und Bezeichnungen sind auf Russisch und/ oder Tadschikisch in kyrillischer Schrift. Die russischen Bezeichnungen werden jedoch auf Grundlage eines Gesetzes von 2009 zunehmend weniger. Auch der Russischunterricht wurde in manchen Schulen schon verringert oder ganz gestrichen. Zur Verständigung sollte man immer Stift und Zettel griffbereit haben.

Unterkunft

In größeren **Städten** gibt es Hotels mit westlichem Standard und gehobenen Preisen. In kleineren **Dörfern** und Ortschaften sind die meisten privaten Unterkünfte sehr einfach, mit Außentoilette und kleiner Waschmöglichkeit, nach der man gegebenenfalls fragen sollte. Oft schläft man traditionell auf Baumwoll- oder Filzmatten. In einem Dorf ohne offizielle Übernachtungsmöglichkeit kann man nach dem Rais, dem Vorsitzenden des Dorfes, oder dem Mullah fragen. In freier Natur zu **zelten** ist überall erlaubt, üblich ist es aber zu fragen, wenn man sich in der Nachbarschaft von Häusern oder Jurten befindet. Abkürzungen in diesem Buch:

EZ/DZ	Einzel-/Doppelzimmer
ÜN	Übernachtung
F	Frühstück

Sicherheit

Tadschikistan ist seit Ende der 1990er Jahre wieder ein sicheres Reiseland, jedoch mit Krisenpotential, sodass sich Reisende vorab in den Medien und im Internet (zum Beispiel beim Auswärtigen Amt) über die Sicherheitslage informieren sollten. Innenpolitische Machtkämpfe wie im Mai 2014 in Khorugh, im September 2015 in Duschanbe und im Romit-Tal wurden bisher stets scharf territorial begrenzt und schnell von oben beendet. Die **Kriminalitätsrate** – abgesehen vom Drogenschmuggel einzelner Superreicher und der Korruption – ist gering. Deutsche (und auch andere Westeuropäer) sind gern gesehene Besucher.

Wichtige Telefonnummern

Internationale Vorwahl: +992.
Vorwahl Duschanbe: 37.
Notrufnummern: Ärztlicher Notruf 03, Polizei 01, Feuerwehr 02.
Zentrale Notrufnummer zum Sperren von EC-, Kredit-, Kunden- und Handykarten in Deutschland: +49/116116.

Telefonieren

Die meisten Menschen benutzen inzwischen Mobiltelefone, die meisten Mobil-Vorwahlen beginnen mit der Anfangsziffer 9, 5 oder 4. In den Bergregionen gibt es hier und da noch Funklöcher. Will man ein Festnetztelefon im Inland anrufen, wählt man vor der Ortsvorwahl eine 8, deshalb ist diese Ziffer bei Telefonnummern immer in Klammern gesetzt.

Preisniveau

Tadschikistan ist für Reisende teurer als etwa das Nachbarland Kirgistan. Vor allem **Benzin- und Fahrpreise** sind höher – die Straßen sind oft in einem schlechten Zustand. Die **Übernachtungskosten** in privaten Gästehäusern liegen zwischen 10 und 20 US-Dollar mit Frühstück und übersteigen damit ebenfalls das Preisniveau in Kirgistan.
Auch die **Lebensmittelpreise** haben in den letzten Jahren stark angezogen. Lebensmittel europäischen Geschmacks oder Qualität sind recht teuer. Günstig und gut sind Fladenbrot, Gewürze, Obst und Gemüse der Saison sowie das Essen in den meisten Kantinen und Garküchen.

Reisezeit

Beste Reisezeit für die **Bergregionen** ist der Hochsommer (Juni bis Ende September). Den Pamir bereist man am besten von Juli bis Anfang September. Aber auch hier ist das ganzjährige Reisen möglich. Im Spätwinter besteht in einigen Regionen allerdings erhöhte Lawinengefahr. Viele Hotels und Gästehäuser haben im Winter geschlossen.
Für die **Städte**, den Norden und den Süden Tadschikistans sind der Frühling (ab Mitte März) und der Spätsommer/Herbst empfehlenswert, im Sommer ist es hier sehr heiß (teilweise über 40 Grad).

Ausführliche Informationen in den Reisetipps von A bis Z ab Seite 402.

Entfernungstabelle

	Duschanbe	Garm	Kulob	Qurghonteppa	Khujand	Panjakent	Ayni	Murghob	Khorugh
Duschanbe	-	180	192	100	323	228	140	850	539*
Garm	180	-	373	280	503	408	320	733	422
Kulob	192	373	-	165	515	420	332	671	360
Qurghonteppa	100	280	165	-	423	328	240	836	525s
Khujand	323	503	515	423	-	271	183	1163	852
Panjakent	228	408	420	328	271	-	88	1078	767
Ayni	140	320	332	240	183	88	-	990	679
Murghob	850	733	671	836	1163	1078	990	-	311
Khorugh	539*	422	360	525	852	767	679	311	-

* Nördliche Route über Tavildara, die südliche Route über Kulob ist etwa 80 Kilometer länger, die Straßenverhältnisse sind jedoch deutlich besser.

Von den Kilometerangaben lässt sich kaum auf die Dauer der Fahrt schließen, zu verschieden sind Umstände, Straßen und Fahrzeuge.

Zeichenlegende

- Allgemeine Informationen, Internet
- Busbahnhof, Sammelplätze für Marshrutkas und Sammeltaxis
- Anreise mit der Bahn, Bahnhof
- Anreise mit dem Flugzeug, Flughafen
- Hotels
- Gästehäuser
- Restaurants
- Museen, Sehenswürdigkeiten
- Fahrradverleih
- Naturschutzgebiete, Tourenanbieter
- Basare, andere Einkaufsmöglichkeiten
- Krankenhäuser, Ärzte

Begegnung im Wakhan-Korridor

Tadschikistan ist ein Land voller Vielfalt. Unterschiedlichste kulturelle Einflüsse und Religionen prägten es in seiner jahrtausendealten Geschichte und hinterließen verschiedene Sprachen, Schriften, Bräuche, Speisen und Lebensweisen.

Hochzeitsgesellschaft

LAND UND LEUTE

Tadschikistan im Überblick

Die Flagge von Tadschikistan

Name: Republik Tadschikistan.
Fläche: 141 400 km², davon 2600 km² Wasser, landwirtschaftlich nutzbar sind nur 6 Prozent der Gesamtfläche.
Hauptstadt: Duschanbe (802 000 Einwohner).
Weitere große Stadt: Khujand (400 000 Einwohner).
Einwohnerzahl: 8,9 Millionen (2017).
Staatsgrenzen: Afghanistan (1206 km), Usbekistan (1161 km), Kirgistan (870 km), China (414 km).
Höchster Berg: Peak Somoni, 7495 m.
Längster Fluss: Panj, 921 km.
Größter See: Karakul, 380 km².
Längster Gletscher: Fedchenko-Gletscher mit über 70 km Länge.
Klima: Kontinentales Klima mit heißen Sommern und kurzen milden Wintern, im Pamir semiarides Klima mit milden, kühlen Sommern und kalten bis extrem kalten Wintern.
Bevölkerung: Tadschiken 84,3 %, Usbeken 13,8 %, Kirgisen 0,8 % und Russen 0,5 %.
Altersstruktur: 33 % unter 15 Jahre, 3,2 % über 64 Jahre.
Durchschnittsalter: 22 Jahre.
Durchschnittliche Lebenserwartung: 71 Jahre (Männer 68, Frauen 73 Jahre).
Geburtenrate: 3,4 Kinder pro Frau.
Bevölkerungsdichte: 63 Personen pro km², regional unterschiedlich, im Pamir beispielsweise nur 3,4 Personen pro km².
Religion: 85 % Sunniten, 5 % Schiiten (Ismailiten), 3 % Christen.
Stadt-/Landbevölkerung: 27:73.
Staatsform: Säkulare Präsidialrepublik.
Präsident: Emomali Rahmon (seit 1994).
Administrative Gliederung: Zentralregion, Autonomes Gebiet Gorno-Badakhshan (GBAO, im Osten), Regionen Khatlon (Süden) und Sughd (Norden).
Straßennetz: 28 000 km.
Schienennetz: 482 km.
Flagge: Rot, weiß und grün, in der Mitte eine goldene Krone mit sieben goldenen fünfzackigen Sternen.
Staatswappen: Kranz aus Baumwollzweigen und Ähren, die einen Sonnenaufgang hinter schneebedeckten Bergen und eine goldene Krone mit sieben Sternen umringen.
Sprachen: Amtssprache Tadschikisch. Russisch wird in den Städten noch gesprochen, Usbekisch ist im Norden und Südwesten verbreitet, Kirgisisch im Ostpamir und in der Nähe der kirgisischen Grenze. Im Pamir gibt es über zehn Pamir-Sprachen.
Mitgliedschaft in internationalen Organisationen: GUS, UN, OSZE, UNESCO, WHO (Weltgesundheitsorganisation), WTO (Welthandelsorganisation), Organisation für Islamische Zusammenarbeit (OIC), Shanghaier Organisation für Zusammenarbeit (SCO).
Landeswährung: Somoni. 100 Diram = 1 Somoni.
Exportgüter: Aluminium, Baumwolle, Trockenfrüchte, Textilien, Pflanzenöl, Strom.
Bruttoinlandsprodukt: 817 Dollar pro Kopf (nominal, 2017), die Statistiken variieren stark. Es wird geschätzt, dass zwischen 30 und 50% des BIPs von den Arbeitsmigranten in Russland erbracht werden.
Inflationsrate: 8,9 Prozent (2017).
Zeitzone: 4 (Winter) bzw. 3 (Sommer) Stunden vor der deutschen Zeit.
Nationalfeiertag: 9. September, Tag der Unabhängigkeit.
Vorwahl: +992.
Internetkennung: tj.

Landschaft und Natur

Tadschikistan ist ein Land der Berge, überall kann man es lesen, und es wird dem Reisenden allerorts stolz erzählt: 93 Prozent des Territoriums von Tadschikistan sind Bergland, mehr als die Hälfte des Landes befindet sich mehr als 3000 Meter über dem Meeresspiegel. Und natürlich – das ist das Aushängeschild des Landes – Tadschikistan ist die Heimat einiger der höchsten Berge der Erde, angeführt vom Peak Somoni (früher Peak Kommunizm) mit 7495 Metern über dem Meeresspiegel. Dieser liegt in der Bergkette Akademie der Wissenschaften (Khrebet Akademii Nauk), einem Gebirge mit nord-südlichem Verlauf an der Westgrenze des tadschikischen Pamirs. Der zweithöchste Berg mit über 7000 Metern ist der Peak Lenin, offiziell Peak Abuali ibn Sino. Er ist der höchste Berg der Trans-Alai-Bergkette, die im Norden die Grenze des Pamirs zu Kirgistan bildet. Vom sogenannten ›Pamir-Knoten‹, dem Gebirge im Zentrum des Landes, entfalten sich die Hochgebirge Zentralasiens. Südöstlich liegt der Himalaya mit einer Länge von über 2000 Kilometern, südlich die Gebirgsketten des Karakorum und des Hindukusch. Nach Osten hin erstreckt sich das Kunlun-Gebirge und Richtung Norden das Tien-Shan-Gebirge, das von Zentralasien bis nach China reicht. Der tadschikische Pamir im engeren Sinne ist ein großes, trockenes Hochplateau mit flachen Ebenen auf 3600 bis 4300 Metern Höhe, durchzogen und umrahmt von hohen Bergketten, hier und da gesprenkelt von Süß- und Salzwasserseen. Entstanden sind die Bergmassive und Hochplateaus durch das Aufeinanderdriften der Indischen und der Eurasischen Platte vor etwa 50 Millionen Jahren. Mit der Plattentektonik lässt sich auch die hohe seismische Aktivität erklären. Ein Erdbeben der Stärke 5,1 erschütterte 2010 den Pamir, und zehntausende Menschen wurden obdachlos. In Gharm wurden 2012 bei einem Erdbeben mit einer Stärke von 6,0 Straßen und Gebäude zerstört, im Oktober 2015 bebte die Erde in Nordafghanistan, Pakistan und Tadschikistan mit Stärke 7 und im Dezember abermals - das Epizentrum lag dieses Mal im Bartang-Tal. Kleinere Erdbeben gibt es häufiger, denn die Platten bewegen sich mehrere Zentimeter im Jahr.

Pamirgipfel

Hangschutt und Spülrillen im Zarafshon-Gebirge

Neben den Hochebenen des Pamirs gibt es in Nord- und Südtadschikistan niedrig gelegene Ebenen. Das nördliche Fergana-Tal (Farghona-Tal) wird flankiert von kurzen Gebirgsketten mit Erhebungen bis zu 3700 Metern. Hier bildet die Kuramin-Bergkette die Grenze zu Usbekistan. Die Ebene im Landessüden wird unterteilt von Gebirgszügen zwischen 1000 Metern im Westen und 3000 Metern im Osten. Das Grenzgebiet zu Afghanistan im äußersten Süden ist weitestgehend flach. Die Ebenen des Nordens und Südens sind durch drei mächtige, sich zwischen Duschanbe und Khujand von Ost nach West erstreckende Bergketten voneinander getrennt. Die Turkestan-, die Zarafshon- und die Hisor-Bergkette verlaufen parallel zueinander, zwischen den beiden ersteren liegt das Zarafshon-Tal, das sich Richtung Usbekistan im Westen zur Ebene von Panjakent verbreitert.

Einige der höchsten Berge des Landes	
Peak Somoni (früher Peak Kommunismus)	7495 Meter
Peak Abuali ibn Sino (früher Peak Lenin)	7134 Meter
Peak Korzhenevskaya	7105 Meter
Peak Istiqlol (früher Peak Revolution)	6940 Meter
Peak Rossiya	6875 Meter
Peak Moskva	6785 Meter
Peak Karl Marx	6723 Meter
Peak Sovietskikh Oficerov	6233 Meter
Peak Friedrich Engels	6507 Meter
Peak Muzkol	6128 Meter
Peak Majakowski	6096 Meter
Peak Patkhor	6083 Meter

Gewässer und Gletscher

Über 900 Flüsse und saisonale Bäche fließen durch das Land. Zu den längsten gehören der afghanisch-tadschikische Grenzfluss Panj (früher Oxus) im Süden und der Syr-darya im Norden sowie der Vakhsh und der Zarafshon. Für die Bewohner bilden die Flüsse Lebensadern, ermöglichen Bewässerung und teilweise auch Energieerzeugung, bieten Trinkwasser und ebene Flächen zum Anbau von Obst und Gemüse. Außerdem ist Tadschikistan die Heimat von über 2000 Seen unterschiedlichen Ursprungs, die etwa ein Prozent des Landes bedecken. Die größten liegen im Pamir (Karakul, Zorkul, Sarez). Im Fan-Gebirge warten etliche kleinere Seen auf Besucher: Der Iskanderkul, die Sieben Seen (Haft Kul), die Kul-i-Kalon-Seen und die türkisfarbenen Alaudin-Seen sind nur einige davon. Im Pamir befinden sich die meisten Gletscher Tadschikistans. Der bekannteste und längste ist der Fedchenko-Gletscher mit über 70 Kilometern Länge. Mit einem Umfang von etwa 900 Quadratkilometern nimmt er in der Weltrangliste den siebten Platz ein. Der Zarafshon-Gletscher im gleichnamigen Tal misst immerhin über 20 Kilometer.

Neben den gefrorenen und kalten Wasservorräten verfügt Tadschikistan über eine Vielzahl heißer Quellen. Mineralwasser oder schwefelhaltiges Wasser sprudelt vielerorts mit 40 bis 95 Grad aus der Erde. Die bekanntesten Quellen befinden sich im Pamir: Garm Chashma, Bibi Fotima und Jelondy. Jedoch gibt es auch einige in der näheren Umgebung von Duschanbe – Romit, Shambory, Khoja Ob-i Garm, Ob-i Garm – und im Süden: Chilu-chor Chashma. Den meisten Quellen wird eine heilende Wirkung gegen Hautkrankheiten, Rheuma oder Asthma nachgesagt, nicht selten sind sie auch als Fruchtbarkeitsquellen bekannt, die die Fertilität der Frauen fördern sollen. Manche der Quellen ändern im Jahresverlauf ihre Temperatur.

Insgesamt verfügt Tadschikistan über mehr als 60 Prozent der zentralasiatischen Wasserressourcen in fester und flüssiger Form.

Mondlandschaft am Yashilkul

Klima und Reisezeit

In Tadschikistan herrscht ein ausgeprägtes Kontinentalklima. Für die Ebenen bedeutet dies lange, heiße Sommer und kurze, milde Winter. Vor allem im Süden und im Norden des Landes wird es im Sommer über 40 Grad heiß; im Winter gilt dasselbe auf den Hochflächen des Pamirs für den Minusbereich.
Während es im Sommer in den Ebenen kaum Niederschlag gibt, kann es in den Gebirgsregionen schneien, gewittern und hageln. Das Bergwetter ist launisch und kann von einem Moment auf den anderen umschlagen. Der jährliche Niederschlag variiert je nach Region von 60 bis 1800 Millimeter. Je nachdem, auf welcher Höhe man sich befindet, kann das Wetter im Sommer von extrem heiß bis unter null Grad wechseln.

Die beste Reisezeit für Bergtouren ist der Hochsommer (Juni bis Mitte September, für den Pamir Juli bis Anfang September). Eine Reise durch den Pamir hat auch im Winter ihren ganz eigenen Reiz. Der Spätwinter mit erhöhter Lawinengefahr und die Übergangsjahreszeiten sind die gefährlichsten Reisezeiten. Schlammlawinen, Regen und darauffolgende Erdrutsche kommen häufig vor und versperren manchmal die Straßen, hinzu kommt noch eine erhöhte Steinschlaggefahr.

Wer innerhalb Tadschikistans fliegen möchte, tut dies am besten im späten Frühjahr und Hochsommer. Bei Nebel, Schnee und schlechter Sicht kommt es zu Flugausfällen (etwa in den Pamir) oder zu enormen Verspätungen. Manche Passstraßen, die von Fahrradfahrern genutzt werden (Anzob, Shahriston, Khoburobot), sind im Spätherbst, Winter und Frühjahr recht gefährlich oder ganz ge-

Wanderer im Pamir

sperrt. Die darunterliegenden Autotunnel (Anzob- und Shahriston-Tunnel) sind jedoch ganzjährig geöffnet – es sei denn, es wird gerade gebaut oder die Straße ist durch eine Schlammlawine versperrt.

Auch das Wetter im Hochsommer ist ›nicht ohne‹. Es kann einen ›Afghanen‹ (*afganec*) mit sich bringen, den afghanischen Sandwind oder -sturm, der die Landschaft in eine braunschimmernde, trübe Nebelwand verwandelt und die Sichtweite manchmal auf ein paar hundert Meter oder weniger einschränkt. Der Sturm kann mehrere Tage anhalten, und wenn man während des Reisens etwas von der Landschaft sehen möchte, sollte man abwarten. Unter anderem wegen des ›Afghanen‹ sollten Camper ein qualitativ hochwertiges Zelt dabei haben.

Wer nicht so hoch hinaus will, kann auch im Frühling (März bis Mai) reisen. Dann ist die Landschaft noch saftig und grün, die Umgebung von Duschanbe und Khujand herrlich, und auch der Süden zeigt sich in seinem schönsten Kleid. Ab März/April blühen hier die Mandel- und Aprikosenbäume, die Hänge sind buntgesprenkelt von Hyazinthen, wilder Iris und Tulpen.

Bei der Reisevorbereitung sollte man auch auf die Ramadanzeit achten, die sich nach dem islamischen Mondkalender richtet und sich jedes Jahr verschiebt. Während des Ramadans ist es teilweise schwieriger zu reisen oder Formalitäten zu erledigen. Außerdem sind viele Restaurants und Teehäuser tagsüber geschlossen und die verfügbaren Fahrer infolge des strengen Fastens weniger aufmerksam. Reist man über Usbekistan ein, sollte man sich zusätzlich über mögliche Grenzschließungen erkundigen. Bei nationalen Feiertagen oder im Falle politischer Unstimmigkeiten kann es zu kurzzeitigen Grenzschließungen kommen. Vor einem Grenzübertritt sollte man sich vorsichtshalber nach möglichen Einschränkungen erkundigen.

Flora

Die Pflanzenwelt Tadschikistans ist sehr abwechslungsreich. Stark variierende Klimabedingungen und unterschiedliche Höhenlagen bedingen verschiedene Vegetationszonen: von saftigen grünen Tälern und blühenden Obstplantagen bis zu alpinen Matten und Steinwüsten des Hochgebirges und den farbigen Felslandschaften des Ostpamirs. Die klimatischen Bedingungen für die Flora reichen vom extrem heißen, trocknen Sommer im Süden bis zu frühzeitigem Schneefall im August in den Bergen des Pamir.

Je nach Höhe von 400 bis über 7000 Höhenmeter hat jeder Vegetationsgürtel seine eigene Pflanzenwelt. In den südlichen Ebenen fällt im Sommer kaum Niederschlag, und ein Großteil der Pflanzen verdorrt. In diesen Trockengebieten gibt es nur in den Flussebenen und in bewässerten Oasen Baumbestände.

In den besser mit Niederschlag versorgten Gebirgen im Zentrum des Landes, etwa bis in die Regionen Tavildara und Darvoz, sind auch die Berghänge mit niedrigen Wäldern aus Wacholder und Zürgelbaum bewachsen. Nach Osten hin nehmen die Niederschläge immer mehr ab, nur einzelne Wacholderbäume sind an den kargen Hängen zu finden, und die Baumvegetation ist zunehmend auf die Flusstäler begrenzt. Diese oasenhafte Landschaft entlang der Flüsse ist typisch für Tadschikistan.

Die natürliche Vegetation wurde von Menschenhand stark beeinflusst. Größere Baumbestände gibt es kaum mehr, auf den Hochebenen wird von den Bewohnern oftmals auch noch der letzte Busch zum Kochen und Heizen verwendet. Der exzessive Baumwollanbau hat zusätzlich viele landwirtschaftliche Nutzflächen ausgelaugt, manche Böden sind versalzt und bieten auch für die wilde Pflanzenwelt immer weniger Nährstoffe.

Die Ebenen

Die natürliche Pflanzenwelt der Ebenen ist geprägt durch Wüsten- und Halbwüstenvegetation. Nur im Frühling sind die Hügel rund um Duschanbe und Khujand grün und die Täler voller Blumen (Tulpen, Steppenkerzen, Trollblumen, Iris, Krokusse, wilde Hyazinthen und roter Mohn). Mit zunehmender Trockenheit und Sonnenschein verwelken die Blumen, und im Hochsommer sind die Täler braun und ein Großteil der Pflanzen verdorrt. Hinzu kommt das Abgrasen durch den vielerorts überhöhten Viehbestand. Ziegen und Schafe, Rinder und Pferde ziehen mit ihren Hirten durch jedes Tal und wandern im Sommer immer höher in die Berge, dem Wachstum der Weidevegetation folgend. Manche Hirten ziehen im Frühjahr und Herbst mit ihren Herden mehrere hundert Kilometer zwischen den Baumwollgebieten und den Hügelländern des Südens und den Gebirgsregionen hin und her.

Im wüstenhaften Süden wachsen entlang der Flussläufe manchmal noch Pappeln, Weiden und Eschen. Diese Tugai genannten Galeriewälder beziehungsweise Flussauenwälder im Trockensteppengebiet gibt es nur noch vereinzelt. Im Süden sind außerdem verschiedene Straucharten wie Weide und Tamariske

Polsterpflanzen, Überlebenskünstler auf über 4000 Meter Höhe

sowie unterschiedliche Gräser verbreitet. Das größte einigermaßen erhaltene Tugaiwaldgebiet Tadschikistans ist das Schutzgebiet Tigrovaya Balka am Zusammenfluss von Vakhsh und Panj im Süden des Landes (→ S. 384). Die meisten Flächen in der Ebene werden jedoch bewässert und ackerbaulich genutzt, die Hänge und Täler sind Weideflächen für das Vieh.

Wacholderbaum

In den warmen Hügelländern des Südens und Nordens wachsen auch Pistazien-, Mandel- und Granatapfelbäume sowie wilde Heckenrosen und verschiedene Sträucher. Entlang der Flüsse und auch noch über 1500 Meter Höhe gedeihen Maulbeerbäume mit ihren schwarzen oder weißen Früchten, Walnussbäume, Platanen und gelegentlich Ahorn. Eine erfreuliche Nahrungsergänzung für Wanderer bietet der wilde Rhabarber, der im Frühsommer in den Tälern (etwa Varzob, Gharm, Romit) zu finden ist.

Eine besondere und für Europäer unbekannte Pflanze ist die Yuganpflanze (Prangos pabularia), ein gelbblühendes Doldengewächs mit entfernt an Dill erinnernden Blättern. Sie ist auch der Grund für die empfohlene lange Beinbekleidung in den Bergen, eine Vorsichtsmaßnahme, die ohnehin mit der tadschikischen Kultur besser zu vereinbaren ist. Im Zusammenhang mit UV-Strahlen (also beinahe immer) kann die Pflanze im grünen Zustand am Körper empfindliche Verbrennungen verursachen, die sich erst am nächsten Tag zeigen. Schon das Streifen der Blätter oder indirekter Kontakt im Vorbeilaufen kann ausreichen, um juckende Brandstriemen hervorzurufen. Nach Kontakt mit Händen, Kleidung oder Gegenständen diese unbedingt gut abwaschen! Die Verbrennungen verheilen nur sehr langsam und sind teilweise noch monatelang sichtbar. Yugan wächst eigentlich überall, wo man gern wandert, in Flusstälern und an Wegrändern in Höhen von 1000 bis 2500 Metern.

Die Hochgebirgsregionen

Die Vegetation in den Gebirgsregionen zeichnet sich in den westlichen, niedrigeren und feuchteren Gebirgslagen vor allem durch verschiedene Arten von Wacholder aus. Außerdem wachsen hier zahlreiche Strauch- und Buschgewächse, darunter Geißblatt, Ahorn, Hagebutte, Weißdorn, Berberitze und Sanddorn. Bis zu 2200 Meter Höhe gibt es vereinzelt Walnussbäume, Wacholderbäume wachsen bis über 3000 Meter Höhe. Pappeln, Sanddorn und Weiden sieht man entlang der Flüsse und Birken an den Quellen im westlichen Pamir. In einigen Tälern gibt es ausgedehnte Bestände von wilden Johannisbeeren und Sauerkirschen. Wo Wasser ist und Beweidung fehlt, gedeiht in den oberen Lagen eine üppige Alpinflora.

Der östliche Teil des Pamirs ist extrem trocken, die Landschaft wüstenhaft, und hier wachsen nur noch Polsterstauden, wenige alpine Blütenpflanzen und verschiedene Gräser, etwa das Federgras. Im Pamir gibt es außerdem einige Zwerg- und Halbstraucharten, wie zum Beispiel den Wüstenbeifuß. Die Hochweiden bis etwa 4000 Meter sind geprägt durch niedrige Grasgewächse, die die Nahrungsgrundlage für das Vieh bilden. Der niedrige, extrem langsam wachsende Halbstrauch Teresken (Östliche Hornmelde, Krascheninnikovia ceratoides) wächst auch in hohen und trockenen Lagen. Er ist eine wichtige Winterfutterpflanze für die Tiere der Hochebenen und begehrtes Heizmaterial für die Bevölkerung. In den Felsenlandschaften über 4500 Metern trifft man nur noch auf sehr niedrige Polster und Flechten.

Fauna

Über 80 verschiedene Säugetierarten und etwa 50 Reptilienarten gibt es in Tadschikistan. Am berühmtesten sind wohl das Marco-Polo-Schaf, der Steinbock und die ›Markhor‹ genannte Schraubenziege sowie der Schneeleopard, volkstümlich als ›Palang‹ (Tiger) bezeichnet. Häufiger trifft man auf die Spuren von Braunbären, die im Pamir und in den Bergen des Hisor-Alai leben. Oft sieht man die munteren Murmeltiere über die Hochebenen flitzen.

Auf den Hochweiden über 3000 Metern werden Yaks als Haustiere gehalten, sodass man diese imposanten Tiere häufig auch aus der Nähe beobachten kann – Vorsicht ist geboten, wenn die Herde Junge hat. Im Wakhan-Korridor und im Ostpamir bei Rangkul werden auch Kamele gehalten und können, wie auch Yaks, Esel und Pferde, als Last- und Reittiere gemietet werden. Manchmal findet man als Wanderer die schwarz-weißen langen Stacheln des Stachelschweins, ähnlich wie Mikadostäbchen. Verbreitete Fischarten sind Marinka, Osmon, Forelle, Zander, Barben, Welse, Rotauge und seltener der Steinbeißer.

Umfangreiche Informationen zu den Wildtieren, deren Schutz und Möglichkeiten der Beobachtung gibt es ab S. 34 sowie in den Beschreibungen einzelner Routen, Informationen zu einigen der über 300 Vogelarten ab S. 39.

Wer sich einen ersten Eindruck von der Tierwelt des Landes machen möchte, besucht am besten die naturkundliche Abteilung im Erdgeschoss des neuen Nationalmuseums in Duschanbe, auch wenn die ausgestellten Tierpräparate nicht den Standards moderner Präparation entsprechen (→ S. 119). Im Zoo in Duschanbe kann man einige heimische Greifvogelarten sowie andere Tiere beobachten, deren Haltungsbedingungen aber wenig artgerecht sind. Empfehlenswerter als ein Besuch dieser Institutionen sind daher Tierbeobachtungen in den gemeindebasierten Wildschutzgebieten.

Reptilien und andere Kleintiere

Reptilien leben vor allem in den heißen wüstenhaften Landschaften. Während der kurzen Vegetationsperiode in den trockenen Halbwüstenregionen, etwa in der Region bei Danghara (in der Nähe von Kulob), kann man Steppenschildkröten manchmal auch entlang der großen Straßen sehen, dort werden sie leider oft Opfer des Straßenverkehrs. Während der trockenen und kalten Jahreszeit ruhen die Schildkröten in Erdhöhlen. Weitere häufige Reptilienarten sind der Scheltopusik, eine der Blindschleiche verwandte beinlose Echse, die Steppenagame und im Pamir die durch ihren gelben Kopf auffällige Himalaya-Agame. Die größte Echsenart ist der bis zu anderthalb Meter lange Wüstenwaran.

Schraubenziege

Die Chance, dass der Reisende eine der interessanten Schlangenarten zu Gesicht bekommt, ist gering. Durch Verfolgung zur Giftgewinnung, für die Volksmedizin und die kommerzielle Verwertung, aber auch aus simplem Unwissen sind die meisten Arten sehr selten geworden. Die weitaus meisten Schlangenarten sind ungiftig. In Südwest- und Nordtadschikistan leben unter anderem die Schmucknatter und die Pfeilnatter. In und an Gewässern häufig anzutreffen ist die harmlose Würfelnatter, sie kommt in den Schilfwäldern in Südtadschikistan, in Altarmen von Flüssen und beispielsweise in den Quellen von Chilu-chor Chashma bei Shahr-i Tuz und auch am Panj bis in die Region von Khorugh vor. Die Sandboa ist die kleinste Riesenschlange und hält sich tagsüber in der Regel verborgen. Auch die Asiatische Kobra wird man nicht zu Gesicht bekommen, da sie in Tadschikistan extrem selten geworden ist. Die Levante-Otter kommt bis in eine Höhe von 2500 Metern vor. Eine der giftigsten Schlangen ist die relativ kleine (60 bis 70 Zentimeter lange) Sandrasselotter, ein Wüstenbewohner Südwesttadschikistans.

Die häufigsten Vertreter der Amphibien sind Grünkröten, Verwandte der europäischen Wechselkröte, die von den Ebenen bis ins Gebirge anzutreffen sind, unter anderem an den heißen Quellen am Yashilkul auf über 3700 Meter Höhe.

Manchmal trifft man als Reisender auf die nachtaktiven Skorpione. Am häufigsten ist der gelblich-graue Tadschikische Skorpion. Er wird nicht sehr groß und spielt in der traditionellen Medizin im Pamir eine Rolle, wo er bei diversen Rückenschmerzen aufgesetzt und dann solange gereizt wird, bis er seinen Überkopfstich ansetzt. Außerdem gibt es den Hundertfüßer Skolopender, den man manchmal unter Steinen findet. Die Stiche von Skorpionen und Skolopendern sind schmerzhaft, aber nicht ernsthaft gefährlich. Als Vorsichtsmaßnahme sollte man als Wanderer immer festes Schuhwerk tragen und fest auftreten; die Bodenerschütterung ist dann für Skorpione, Schlangen und Spinnen ausreichend, um die Flucht anzutreten. Wenn man in der Natur übernachtet, schüttelt man die Kleidung und Schuhe morgens am besten aus, damit man nicht von einem Skorpion oder Skolopender überrascht wird, der sich über Nacht darin eingerichtet hat.

Wildtiere und Möglichkeiten ihrer Beobachtung

Stefan Michel

Im Vergleich zu Schutzgebieten in Süd- und Südostasien oder gar Afrika ist es in Tadschikistan erheblich schwieriger, spektakuläre Wildtiere in freier Natur zu beobachten. Dem Besucher scheint es, als seien weite Teile des Landes völlig frei von größeren Wildtieren. Tatsächlich hat das intensive Bevölkerungswachstum der letzten Jahrzehnte dazu geführt, dass viele Arten verschwunden oder in ihren Beständen stark dezimiert sind. Für die Jagd interessante Arten haben wegen der verbreiteten Wilderei nur in abgelegenen Gebieten überlebt und sind sehr scheu. Die Flussauenwälder (Tugai), in denen noch vor weniger als 100 Jahren der Turan-Tiger Wildschweine und Buchara-Hirsche jagte, sind weitgehend abgeholzt und in Ackerland umgewandelt worden. Der Tiger ist seit den 1950er Jahren ausgerottet, der Buchara-Hirsch hat in kleinen Restbeständen im Schutzgebiet Tigrovaya Balka (→ S. 384) am Zusammenfluss von Panj und Vakhsh und (wiedereingebürgert) im Zarafshon-Tal überlebt.

Häufig zu beobachtende Säugetiere sind das rote Murmeltier, das insbesondere im Ostpamir sehr oft zu sehen ist, der Tolai-Hase mit auffällig langen Ohren und der Rotfuchs, der in der Dämmerung oft vom fahrenden Auto aus gesehen werden kann. An Schotterhängen im Gebirge kann man den Pfeifhasen beobachten, der trotz seiner mäuseähnlichen runden Ohren kein Nagetier ist, sondern zu den Hasenartigen gehört. In gebüschreichen Landschaften der tieferen Lagen kommt das nachtaktive Stachelschwein vor, dessen Anwesenheit sich durch die schwarz-weiß gestreiften Stacheln verrät. Isabel-Braunbären, eine meist hellbraune und relativ kleine Unterart des Braunbären, Goldschakale und Wölfe kommen in weiten Teilen

Einem Schneeleoparden wird man nur mit sehr viel Glück begegnen

des Landes vor, während der Turkestan-Luchs nur in wenigen Gebieten in den letzten Jahren beobachtet wurde. Der Leopard wurde seit den 1970er Jahren nicht mehr gesehen, die Streifenhyäne ist sehr selten geworden. Die Kropfgazelle kommt nur noch in zwei Restpopulationen von jeweils wenigen dutzend Tieren vor, im Schutzgebiet Tigrovaya Balka und am nördlichen Ufer des Qayroqqum-Stausees.

Langschwanzmurmeltier im West-Pamir

Mit der Abwanderung der Mehrheit der russischen Bevölkerung und einer Rückbesinnung auf islamische Werte ist der Jagddruck auf das Wildschwein kleiner geworden, durch das Fehlen seiner natürlichen Feinde Tiger und Leopard haben die Bestände zugenommen, und vielfach wird heute über Schäden in der Landwirtschaft geklagt.

Das Marco-Polo-Schaf kommt in Beständen von über 20 000 Tieren im Ostpamir vor. Durch Wilderer werden jährlich hunderte dieser Tiere erlegt und ein wesentlicher Anteil des Fleischbedarfes in dieser Region gesichert. Dadurch ist die Art in weiten Teilen des früheren Verbreitungsgebietes ausgestorben oder sehr selten geworden, und die Wildschafe sind extrem scheu. Eine Ausnahme stellen die Gebiete gut geschützter Jagdwirtschaften dar, insbesondere das Gebiet um das Camp Jartygumbez. Dort unterbinden Einnahmen aus der Trophäenjagd auf jährlich wenige ausgewählte alte Widder teilweise die Wilderei. In diesem Gebiet ist jedoch Vorsicht geboten, da mancherorts Nagelbretter als ›Reifentöter‹ installiert sind, um Wilderern die Zufahrt zu erschweren und bestenfalls zu verhindern.

Der Steinbock ist in den Gebirgen Tadschikistans weit verbreitet, aber ebenfalls durch Wilderei dezimiert, meist sehr scheu und nur für die geübten Augen lokaler Führer zu entdecken.

Der Markhor beziehungsweise die Schraubenziege galt als weltweit vom Aussterben bedroht; ihre Bestände haben sich aber dank der Anreize von Einnahmen aus der Trophäenjagd in einigen Gebieten wieder erholt. In Tadschikistan kommt die Art in den Hazratishoh-Bergen bei Shuroobod und in der Darvoz-Bergkette südlich des Dorfes Zighar vor; die Tiere können sogar von der Hauptstraße von Kulob nach Khorugh aus beobachtet werden.

Die seltensten Berghuftierarten Tadschikistans sind das Buchara-Urial (ein dem Mufflon ähnliches Wildschaf), das mit vermutlich weniger als 200 Tieren noch in einigen isolierten Gebieten in Khatlon lebt, das wohl ausgestorbene Ladakh-Urial im Wakhan (das aber auf der afghanischen Seite noch vorkommt) und das Severtzov-Argali, ein kleiner Verwandter des Marco-Polo-Schafes, der nach mehreren Jahrzehnten erstmals 2014 im Zarafshon-Tal wieder beobachtet wurde.

Der Schutz der Wildtiere

Der Schutz der Marco-Polo-Schafe, Steinböcke und Schraubenziegen ist eine wesent-liche Voraussetzung für die Erhaltung der Schneeleoparden, deren Hauptbeute sie darstellen. Wegen ihrer versteckten Lebensweise und der ausgedehnten Streifgebiete sind die Chancen minimal, einem Schneeleoparden im Pamir zu begegnen, auch wenn man gelegentlich Spuren findet oder Klagen über unzählige in einer Nacht gerissene Haustiere zu hören bekommt.

Unterstützt durch internationale Entwicklungs- und Naturschutzorganisationen, werden seit 2008 einige Populationen der selten gewordenen wilden Huftiere (Marco-Polo-Schafe, Uriale, Schraubenziegen und Steinböcke) durch örtliche traditionelle Jäger streng geschützt, um die Bestände wiederherzustellen, Touristen Beobachtungsmöglichkeiten zu bieten sowie pro Jahr eine bestimmte Quote von Tieren zum Abschuss für gut zahlende Jäger aus dem Ausland freigeben zu können. Vom Ertrag aus diesen Aktivitäten profitieren die beteiligten Dorfbewohner, und ein Teil der Einnahmen wird in Projekte der Dorfgemeinschaft investiert, weitere 40 Prozent der offiziellen Gebühr kommen laut Gesetz der Kommune zugute. Diese Anreize schaffen bei den Einwohnern Interesse am Erhalt der Wildtiere, die Wilderei ist in diesen Gebieten drastisch zurückgegangen, und die Wildtierbestände haben sich erholt. Weiterhin wird den Hirten geholfen, ihre Ställe zu sichern und somit vor Übergriffen durch Schneeleoparden zu schützen. Für ihre Erfolge beim Schutz der Wildtiere haben die im Tadschikistan-Berghuftier-Projekt vereinigten Initiativen 2014 vom International Council for Game and Wildlife Conservation (CIC) den ›Markhor Award‹ verliehen bekommen.

Tipps zur Beobachtung von Wildtieren

Für die Beobachtung von Huftieren sind die Winter-, Herbst- und Frühjahrsmonate am geeignetsten. Marco-Polo-Schafe, Sibirische Steinböcke, Wölfe und mit großem Glück Schneeleoparden, Luchse und Braunbären können im Gebiet Alichur beobachtet werden, das von der Nichtregierungsorganisation (NGO) ›Burgut‹ betreut wird (→ S. 236). Im Ravmed-Tal, einem Seitental des Bartang-Tals (betreut durch die NGO ›Parcham‹, → S. 272), im Darshaydara-Tal (NGO ›Yoquti Darshay‹, → S. 222) und im oberen Wakhan (NGO ›Yuz Palang‹, → S. 231) steht der Schutz der Steinböcke und des Schneeleoparden im Vordergrund. Um den Schutz der Schraubenziege bemühen sich private Initiativen einheimischer Jäger. Solche privaten Schutzgebiete befinden sich südlich des Dorfes Zighar, in der Region der Dörfer Anjirob und Khirmanjo (→ S. 192), östlich von Shuroobod, an der Stelle, an der die Strecke Kulob–Khorugh auf den Panj trifft, sowie westlich des Schutzgebietes (Zapovednik) Dasht-i Jum, erreichbar über Sar-i Chashma (→ S. 391). Neben der Schraubenziege kommen hier Wildschweine, Schakale, Wölfe, Braunbären, Stachelschweine und Schneeleoparden sowie zahlreiche Vogelarten vor.

Der Autor Stefan Michel ist Biologe und seit 1993 in Zentralasien in Projekten zu Schutz und nachhaltiger Nutzung von Naturressourcen tätig. Von 2008 bis 2013 arbeitete er in einem Vorhaben der deutschen Entwicklungszusammenarbeit zu Schutz und nachhaltiger Nutzung von Berghuftieren unter Einbeziehung der lokalen Bevölkerung. Er unterstützt die entstandenen lokalen Initiativen weiterhin ehrenamtlich (Kontakt: info@wildlife-tajikistan.org).

Umweltprobleme

Obwohl Tadschikistan über den größten Anteil der Wasserressourcen in Zentralasien verfügt, ist die Trinkwasserqualität wegen nachlässigen Umgangs und nicht vorhandener Filtersysteme in den Städten, aber teilweise auch auf dem Land, ein ständiges Problem. Über ein Viertel der Bevölkerung hat keinen Zugang zu sauberem Wasser. In einigen ländlichen Regionen muss das Trinkwasser über weite Strecken und aus oft zweifelhaften Quellen in Kanistern herangeschafft werden, vor allem, wenn die Winter mal wieder sehr kalt, die Leitungen eingefroren und dadurch teilweise zerstört wurden. Auch auf internationaler Ebene ist das Thema Wasser problematisch, denn die Wasserressourcen und der Bau von Stauseen sind immer wieder Anlass für große innen- und außenpolitische Auseinandersetzungen. Das Paradebeispiel ist der Streit um den Bau der Staumauer von Roghun, der jahrzehntelang auf internationalem Parkett ausgetragen wurde (→ S. 193).

Eine große Gefahr, ausgelöst durch den Klimawandel, birgt das Schmelzen der Gletscher. Die Durchschnittstemperatur ist laut einer Studie von Oxfam in den letzten 65 Jahren in Tadschikistan um etwa ein Grad gestiegen. Der Zarafshon-Gletscher beispielsweise verkürzte sich zwischen 1991 bis 2009 um durchschnittlich 91 Meter im Jahr (www.meteo.tj). Hatte er 2003 noch eine Länge von 27,8 Kilometern, dürften es inzwischen nur noch 26 Kilometer sein. Die schmelzenden Gletscher lassen im Früh- und Hochsommer das Wasser in den Flüssen ansteigen, Schlammlawinen und Überschwemmungen (2015 war diesbezüglich ein ›Rekordjahr‹) sowie die stetige Reduzierung der Wasservorräte sind die Folge. Verschärft wird die Situation durch geringere Niederschläge im Winter, was zu sommerlichen Dürren führt. Durch Monokultur (vor allem Baumwolle) und teilweise extensive Bewässerung und schlechte Entwässerung der Ebenen kommt es zudem zu Versalzungen des Bodens.

Teresken – abgeholzt bis in die entlegensten Täler

Dung als einzig verfügbares Heizmaterial auf 4000 Meter Höhe

Auch die Knappheit der Ressource Holz prägt den Alltag vieler Tadschiken, und der Rückgang der Bestände wirkt sich zunehmend problematisch auf die Umwelt aus. Durch die Übernutzung der Holzressourcen zum Kochen und Heizen und die intensive Beweidung gibt es kaum mehr zusammenhängende größere Waldbestände. Darauf folgt das Problem der Wüstenbildung (Desertifikation), das Abrutschen von Hängen, Straßen und ganzen Dörfern. Keine ungeschützte Neuanpflanzung hält den spitzen Ziegenmäulern stand, die oftmals das letzte und erste Grün wegzupfen. Und Ziegen und Schafe gibt es genug, ist doch die ganze tadschikische Küche auf Fleisch aufgebaut und Haustiere gelten vielfach als ›lebendes Bankkonto‹.

Die Umweltprobleme des Landes sind vielfältig und die Lösungsansätze minimal. Tadschikistan ist mehreren Umweltabkommen beigetreten, unter anderem zum Klimaschutz und zur Wüstenbekämpfung, die Umsetzung in die Praxis lässt jedoch zu wünschen übrig. Leider ist in der Bevölkerung auch kein Umweltbewusstsein ausgeprägt, die persönlichen wirtschaftlichen Probleme und etwa die Vergrößerung der Viehherden und die Beschaffung von Heizmaterial stehen (bislang) im Vordergrund, verschärft durch das ungebremste Bevölkerungswachstum.

Auf politischer Ebene wächst das Bewusstsein für Umweltprobleme langsam, 2009 war Tadschikistan immerhin auf der Klimakonferenz in Kopenhagen vertreten. Die treibende Kraft zur Unterstützung der Klima- und Umweltthematik sind jedoch internationale Organisationen wie etwa die UN in Zentralasien. Deutschland und Großbritannien kündigten auf der 20. UN-Klimakonferenz 2014 ambitionierte Klimaschutzprojekte unter anderem in Tadschikistan an, die seit 2015 Schritt für Schritt umgesetzt werden. Bis 2021 sollen 13 Millionen Euro in ein Waldaufforstungs- und Waldmanagementprogramm in Tadschikistan fließen.

Die Vogelwelt von Tadschikistan

Raffael Ayé

Die Vogelwelt Tadschikistans ist durch die Geographie des Landes geprägt: Bergvögel spielen die wichtigste Rolle. Trotz der Nähe zu Pakistan, Indien und China ist die Vogelwelt eine andere als dort; der Pamir und der Hindukusch stellen hohe natürliche Barrieren dar. Die Vogelwelt ist insgesamt asiatisch-sibirisch (ostpaläarktisch) geprägt und wird durch Vogelarten bestimmt, die mehrheitlich im asiatischen Hochgebirge vorkommen. Schneegeier, Himalaya-Königshuhn, Riesen- und Blaukopf-Rotschwanz, Eibischgrasmücke, Pamirlaubsänger, Fichtenmeise, Rotstirngirlitz, Berggimpel, Rotflügelgimpel, Wacholderkernbeißer, Wald- und Matten-Schneegimpel sind einige davon. Weitere recht häufige Vogelarten sind Stein- und Zwergadler, Bartgeier, Blauracke, Braunkopfammer und der Karmingimpel, der in vielen Dörfern als ›Gerstenfresser‹ (*zhavkhurak*) bekannt ist. Trotz Ähnlichkeiten der Vogelwelt zu Vogelwelten anderer ehemaliger Sowjetrepubliken Zentralasiens gibt es doch einige Arten, deren Verbreitungsgebiet sich von Indien her bis nach Tadschikistan erstreckt und die in Zentralasien außerhalb Tadschikistans nicht oder nur an wenigen Orten zu finden sind. Zu diesen gehören insbesondere der Hain-Paradiesschnäpper und der Weißkopf-Rotschwanz. Ein weiteres biogeographisches Element, das sich in der tadschikischen Vogelwelt manifestiert, ist das irano-turanische. Hierzu gehören seltene und unscheinbare Arten wie der Eichenlaubsänger und der Rostbürzel-Steinschmätzer.

Praktische Tipps zur Vogelbeobachtung

Viele der oben genannten Vogelarten lassen sich auf verschiedenen Wanderrouten des Landes mit einem Fernglas beobachten. Steinadler und Bartgeier werden im Gebirge regelmäßig angetroffen und kommen im Winter sogar in tiefere Lagen, beispielsweise in die Varzob-Schlucht. Der imposante Bartgeier patrouilliert oft nahe dem Laylyakul-Pass (3838 m) östlich des Anzob-Passes (→ S. 361) sowie in allen gemeindebasierten Wildschutzgebieten (→ S. 34, 385).

Laylyakul

Besonders eindrückliche Beobachtungen gelangen in den letzten Jahren rings um den Opferplatz von Laylyakul. Nachdem der Mullah sein Zelt im Spätsommer abgebrochen und die Besucherzahl abgenommen hatte, sammelte ein Bartgeier die Knochen der Opferschafe ein. Die größeren Knochen nahm er, flog damit auf, kreiste, um Höhe zu gewinnen und ließ sie dann auf einen Felsbrocken fallen, um sie zu zerbrechen und an das Knochenmark heranzukommen. Der ideale Zeitpunkt für solche Beobachtungen ist Ende September.

So oder so bietet die Gegend von Laylyakul einige gute Beobachtungsmöglichkeiten. Unmittelbar östlich des Opferplatzes rieselt ein kleiner Bach in unzähligen Armen über den Hang. Von Mai bis Juli brüten hier Zitronenstelzen, die sich dann auf die mannshohen Blütenstände von Steppenkerzen setzen. Aufgrund der leuchtend gelben Färbung an Unterseite und Kopf – insbesondere bei den Männchen – sind sie leicht zu erkennen.

In der Umgebung kommt eine weitere Vogelart mit leuchtend gelber Unterseite vor: die Braunkopfammer. Diese hat jedoch einen intensiv rotbraun gefärbten Kopf und einen kräftigeren Schnabel als die insektenfressenden Zitronenstelzen. Wer die Wanderung bis zum Pass unternimmt, kann im Sommer auf dem Pass oder kurz unterhalb Bart- und auch Schneegeier entdecken. Die Altvögel der letztgenannten Art zeigen auf der Flügelunterseite einen starken Kontrast von weißen Deckfedern zu beinahe schwarzen Schwungfedern und sehen dadurch einem Weißstorch oder einem Schmutzgeier ähnlich, die beide auf dieser Höhe aber kaum vorkommen. In den großen Felsbrocken etwa einen halben Kilometer unterhalb des Passes können ganzjährig Berggimpel beobachtet werden, die oft in die senkrechte Felswand auf der südlichen Seite des Tals fliegen. Weitere typische Vogelarten, die einem hier auf einer Wanderung begegnen, sind Bergpieper, Ohrenlerche, Himalayabraunelle, Steinsperling, Berghänfling und Rotflügelgimpel.

Ganz andere Arten lassen sich in den offenen Wacholderwäldern beobachten, die sich an verschiedenen Orten befinden, beispielsweise östlich des Shahriston-Passes bis nach Ovchi nahe der kirgisischen Grenze, bei den Kul-i-Kalon-Seen und den Sieben Seen im Zarafshon-Tal oder nordwestlich von Duschanbe zwischen dem Khanaka- und dem Karatogh-Tal. Typische Arten dieses Lebensraums sind Eibischgrasmücke und Fichtenmeise, Wacholderkernbeißer, Rotstirngirlitz und Blaukopf-Rotschwanz. In unteren Lagen der Wacholderwälder und in macchia-artigen Laubwäldern brütet der heimliche Hain-Paradiesschnäpper, dessen Körper etwa amselgroß ist. Der Laie wird am ehesten ein Männchen bestimmen können, wenn dieses zwischen Büschen oder Bäumen vorbeifliegt und dabei die bis zu 30 Zentimeter langen rostfarbenen Schwanzspieße wellenförmig flattern. Bei ausgiebigeren Beobachtungen können der schwarze Kopf mit mittellanger Nackenhaube, die grauweiße Unterseite sowie die rostfarbene Oberseite und der Schwanz erkannt werden.

Vögel in der Stadt

Der Hain-Paradiesschnäpper brütet manchmal sogar in Duschanbe in Gärten mit vielen Bäumen oder in Parkanlagen. Weitere zum Teil erstaunliche Vogelarten, die in der Stadt beobachtet werden können, sind der Baumfalke, die Palm- und Turteltaube, der Pirol und zur Zugzeit (vorwiegend Mai) der Karmingimpel. Im Winter, insbesondere nach Schneefällen, kann an der Dushanbinka der Weißkopf-Rotschwanz beobachtet werden, mit einer – wie der Name schon sagt – weißen Kopfplatte und einem tiefroten Schwanz mit schwarzer Zeichnung in Form eines umgekehrten ›T‹. Letzteres ist vor allem zu sehen, wenn die Vögel nervös knicksen und gleichzeitig den Schwanz stelzen und spreizen.

Auch einzelne Mauerläufer suchen im Winter die runden Felsbrocken im Flussbett nach Nahrung ab – allerdings häufiger außerhalb der Stadt. Sie sind zu dieser Jahreszeit auch an sandigen oder lössigen Steilwänden und Straßenborden zu finden.

Der Charaktervogel der Stadt hingegen ist der Hirtenmaina. Dieser Verwandte des Stars lärmt bereits am Morgen bei Tagesanbruch in mannigfaltiger Weise. Es handelt sich um eine intelligente und neugierige Art, die sich aufgrund dieser Eigenschaften in von Menschen beeinflussten Lebensräumen durchsetzen konnte. Erst vor etwa 100 Jahren ist sie nach Zentralasien eingewandert, vermutlich von Indien her. Ferner ist interessant, dass es sich bei den Spatzen in der Stadt nicht um Haus- sondern um Feldsperlinge handelt. Haussperlinge kommen in Tadschi-

Junger Schneegeier

kistan nur außerhalb der Städte vor, beispielsweise in den sandigen Steilwänden am Straßenrand unmittelbar vor dem Fahrabod-Pass auf der Fahrt von Duschanbe nach Qurghonteppa. Es handelt sich dabei um die Unterart (oder sogar um die eigene Art) Passer domesticus bactrianus, die im Winter nach Indien zieht und erst im April zurückkehrt. In den Steilwänden brüten sie zusammen mit Hirtenmaina und Blauracke. Blauracken sehen aus wie kleine, größtenteils türkisblaue Krähen mit rostfarbenem Rücken. Sie sitzen oft auf Telefonleitungen, ebenso wie die farbenprächtigen Bienenfresser, die Braunkopfammern und die Mohrenschwarzkehlchen. Letztere sind kleine Insektenfresser; die Männchen sind bis auf die weißen Schulterflecken und den weißen Hinterkörper völlig schwarz.

Pamir

Auch im Pamir lassen sich viele Vögel beobachten, insbesondere die meisten der im Abschnitt Laylyakul genannten Arten. Schmutzgeier sind oft am Panj, einige Kilometer unterhalb der Einmündung des Vanj, beim Dorf Dashtak zu beobachten. Die Berggimpel sind im Pamir oft mitten in den Dörfern anzutreffen – in Murghob sogar auf dem Basar. Dieser Finkenvogel ist beinahe starengroß. Die Weibchen sind graubraun und gestrichelt; die himbeerroten Männchen mit den zum Kopf hin stärker werdenden weißen Flecken sind leichter zu erkennen. Der Riesenrotschwanz – das Männchen unterscheidet sich von anderen Rotschwänzen durch das große weiße Flügelfeld – brütet in Tadschikistan nur im Pamir. Und schließlich sei der Wiedehopf erwähnt, der im Pamir als heilig gilt und nicht nur in der Natur, sondern auch auf manchen Hauswänden zu sehen ist.

Der Autor Raffael Ayé ist Biologe. Von 2004 bis 2009 hat er mehrheitlich in Tadschikistan gelebt und gearbeitet. Dabei frönte er in jeder freien Minute seiner Leidenschaft für die Vögel. Über die Vögel Persiens und Zentralasiens hat er zahlreiche Artikel in wissenschaftlichen Zeitschriften veröffentlicht. Er ist Autor des englischsprachigen Bestimmungsbuchs ›Birds of Central Asia‹, das Ende 2012 im Verlag Christopher Helm erschienen ist.

Geschichte

Das Gebiet des heutigen Tadschikistan stand in seiner Geschichte unter dem Einfluss vieler Kulturen. Persische Elemente vermischten sich schon vor Christus mit der westlichen Kultur der Griechen, repräsentiert durch Alexander den Großen – man spricht von der gräko-baktrischen Kultur.

Der Buddhismus spielte, vor allem unter der Herrschaft der Kushan aus Westchina, eine Rolle, und der Islam wurde seit der Eroberung durch die Araber von jenen verbreitet. Türkische Elemente beeinflussten die Kultur in der Zeit usbekischer Emirate, das zaristische Russland drückte seinen Stempel auf, und schließlich stand Tadschikistan unter dem roten Stern der Modernisierung und Sowjetisierung.

Über Jahrhunderte koexistierten in Zentralasien viehzüchtende Reiternomaden und sesshafte Hochkulturen. Durch die schwer zugänglichen Landschaften, das Nichtvorhandensein von Straßen und Wegen und die Abgeschiedenheit vieler Völker haben sich regionale Identitäten gebildet und bis heute bewahrt. Am besten lässt sich diese Entwicklung im Pamir nachvollziehen. Beinahe jedes Tal und seine kleine Bevölkerung hat eine eigene Sprache und Kultur. Die Geographie des Landes hat viel zur kulturellen Entwicklung beigetragen, und die feinen Unterschiede regionaler Identitäten dürfen auch heute nicht unterschätzt werden. Aber eines haben alle Tadschiken gemeinsam, und jeder Reisende wird es erleben: Sie bestehen auf ihrer ursprünglichen Verwandtschaft mit den Deutschen, oder, wie sie sagen, mit den Ariern (→ S. 44). In Deutschland ein sensibles Thema, ist man hier stolz darauf. Diese oft strapazierte, aber identitätsbildende Abgrenzung zu den anderen (turksprachigen) Völkern Zentralasiens hat sich Präsident Rahmon ebenfalls auf die Fahnen geschrieben und ließ 2006 zum ›Jahr der arischen Zivilisation‹ ausrufen. Deutsche Institutionen reagierten, wie zu erwarten war, auf die Einladungen zu Festakten mit einer kühlen Absage.

Die Anfänge

Die ersten Anzeichen menschlicher Besiedlung auf heute tadschikischem Territorium gehen bis in die Steinzeit zurück, unter anderem deuten Höhlenmalereien und Felsgravuren darauf hin. In den ersten beiden Jahrtausenden vor Christus wanderten die Skythen durch Zentralasien, ein Nomadenvolk mit indo-iranischer Kultur, das als Vorfahre der Tadschiken gilt. Ab etwa 500 vor Christus regierten die Perser das alte Baktrien, ein Gebiet, das den Norden Afghanistans und das heutige Südtadschikistan einschloss. Das Reich der Sogder (Sogdiana) entstand nördlicher um Panjakent, Buchara und Samarkand, die bekanntesten Zentren an der Lebensader Seidenstraße. Spuren der Sogder kann man heute noch in Panjakent finden.

Darius I. (550–486 vor Christus) unterwarf ganz Zentralasien und erweiterte das von seinem Vorgänger Kyros II. gegründete persische Achämenidenreich. Dieses erste persische Großreich erstreckte sich um 500 vor Christus vom östlichen Mittelmeerraum bis zum Indus, von der westlichen Schwarzmeerküste über den Kaukasus bis zum Arabischen Meer.

Die Festung Yamchun im Wakhan-Korridor

EXTRA

Sind Tadschiken und Deutsche ›verwandt‹?

Reist man durch Tadschikistan, wird man fast täglich damit konfrontiert. Restaurants, Geschäfte und sogar eine Bank heißen ›Oriyon‹ oder ›Oriyona‹, an historischen Gebäuden fallen hakenkreuzartige Ornamente auf. Tadschiken und Pamiri unterstreichen gern, dass sie mit den Deutschen verwandt sind, weil ja alle ›Arier‹ seien. Wenn man die historischen Hintergründe nicht kennt, ist man betreten und weiß nicht, wie man reagieren soll. Bei den Deutschen ist das Thema ›Arier‹ durch die pseudowissenschaftliche Rassentheorie des Nationalsozialismus mit einem Tabu belegt. Dabei hat es den Stamm der Arier wirklich gegeben, lange bevor die ›Abstammungslehre‹ der Nationalsozialisten in der menschenverachtenden Teilung der Völker in Arier und Nichtarier gipfelte.

Die Arier waren, soviel glaubt man heute aufgrund der Erforschung archäologischer Funde und etymologischer Phänomene zu wissen, Nomaden, die während der späten Kupfersteinzeit und der frühen Bronzezeit in den Steppen nördlich des Kaspischen Meeres und Aral-Sees und westlich des Urals lebten und Kontakt zu den frühen finnischen Völkern hatten, was sich noch heute an Lehnwörtern in den finno-ugrischen Sprachen belegen lässt.

Im Internet (www.oteripedia.de/Volk_der_Arier) kann man lesen: »Ihre Gesellschaft war kriegerisch, patriarchalisch und hierarchisch und sie betrieben Sklaverei. Die Kultur der Arier zeichnete sich beispielsweise durch die Domestizierung des Pferdes [...] und der Kuh [...], die Erfindung des Streitwagens mit Speichenrädern sowie die Nutzung von Metallen wie Bronze und Kupfer aus. Aller Wahrscheinlichkeit nach hielten sie auch Schafe, Hunde, Ziegen und Schweine. Der Ackerbau wird erst in späterer Zeit im Zuge der Unterwerfung anderer Völker übernommen. Töpferei und Weberei waren bekannt. Die militärische Überlegenheit der Indo-Arier gegenüber den Nachkommen der untergegangenen Harappa-

Swastiken an der Mauer von Hulbuk

Kultur [Indus-Kultur, eine der drei frühesten Zivilisationen der Erde] wird darauf zurückgeführt, dass die Arier im Gegensatz zu diesen Pferd und Streitwagen kannten.

Diese Völker hingen animistischen oder polytheistischen Religionen an. Sie verehrten mindestens einen Gott, sicher eine als ›Vater Himmel‹ zu übersetzende Gottheit; daneben existierten aber wahrscheinlich weitere Gottheiten. Religiös bedeutsam war ihr patrilineares Verwandtschaftssystem, das sich von der Vaterlinie ableitete. Modell war die vaterrechtlich organisierte Großfamilie. Oft wird die zentralasiatische Andronowo-Kultur den bronzezeitlichen Ariern zugeordnet.«

Ab dem 3. Jahrtausend vor Christus kam es zu einer Wanderung, deren Ursachen noch im Dunkeln liegen – die Arier verließen ihre Urheimat und breiteten sich nach Südosten aus. Dabei spalteten sie sich in einen indischen Zweig (Indo-Arier) und in einen iranischen Zweig (Irano-Arier). Kunde von den Indo-Ariern geben die Veden (Rigveda), von den Irano-Ariern eine Inschrift von König Dareios I. in Nagsch-e Rostam bei Shiraz: »Ich bin Darius, der große König [...], ein Perser, Sohn eines Persers, ein Arier, welcher eine arische Abstammung hat.« Arier ist die ethnische Bezeichnung der Iraner im zoroastrischen Buch ›Avesta‹. Auch der neupersische Staatsname ›Iran‹ leitet sich von den Ariern her: Es ist die Kurzform des altpersischen Begriffs būm-ī aryānam, und bedeutet ›Land der Arier‹. Das ostiranische Äquivalent ist Aryāna, das heute noch in Tadschikistan und Afghanistan beliebt und verbreitet ist.

Den indischen Subkontinent beziehungsweise das Gebiet des heutigen Iran erreichten die Arier um 2000/1500 vor Christus. Man kann das anhand von archäologischen Funden in Nordindien und Baluchistan (Belutschistan) nachweisen. Das Gebiet des heutigen Tadschikistan liegt zwischen der Urheimat der Arier und diesen Fundorten, ist also von den Ariern durchwandert und gewiss auch besiedelt worden.

Ebenfalls bei Oteripedia findet man folgende Auskunft: »Die Existenz eines zentralasiatischen nomadisierenden Hirtenvolkes, das sich Arier (Aryas) nannte, kann [...] als gesichert gelten. Im 2. Jahrtausend vor Christus wanderte der indische Zweig der Arier, deren Sprache Vedisch war, über den Hindukusch nach Nordwestindien ein, wo sie auf die Reste der [drawidischen] Harappa-Kultur trafen. Die iranischen Arier, die zu den Vorfahren der heutigen iranischen Völker, darunter der Perser, Paschtunen, Kurden und Belutschen wurden, wanderten im 11. bis 10. Jahrhundert vor Christus ein. Die Migration der Arier in das Gebiet des heutigen Iran und Indiens ist in der Völkerkunde anhand der altiranischen heiligen Schriften der Avesta und der altindischen heiligen Schrift der Veden nachgewiesen.« Die Arier waren also aus dem Gebiet des heutigen Russland eingewanderte Kulturgruppen, die in ihren Einwanderungsgebieten vedische (Indien) und zoroastrische Glaubenssysteme (Persien inklusive heutiges Tadschikistan) hervorgebracht haben.

Historische Zusammenhänge sind niemals linear. Völker haben sich über lange historische Zeiträume gegenseitig beeinflusst. Vieles aus der damaligen, weit zurückliegenden Zeit ist ungeklärt und wird es mangels Dokumenten sicher auch bleiben, anderes lässt sich anhand von vergleichender Sprachforschung und Ausgrabungen (vor allem vielfältigen Keramikfunden) nachweisen.

Auch die Hakenkreuzfrage lässt sich von ihrem negativen ›Zauber‹ entkleiden. Das Symbol der gegen den Uhrzeigersinn ausgerichteten (sich von links nach

Mädchen im Ghund-Tal

rechts drehenden) Swastika, das auf dem Gebiet des heutigen Tadschikistan (und nicht nur hier) bis ins frühe Mittelalter immer wieder verwendet wurde und sich an Fassaden, auf Geschirr, an Waffen und Juwelierarbeiten nachweisen lässt, war im alten Indien schon seit etwa 5000 Jahren verbreitet. Dieses uralte hinduistische Symbol steht für den Sonnenaufgang, die Erneuerung, den ewigen Kreislauf des Lebens, für den Tag und für das Glück. Sind die vier Haken im Uhrzeigersinn, also von links nach rechts ausgerichtet, so steht das Symbol für Sonnenuntergang, Nacht, Unheil, Niedergang und Tod. Swastika bedeutet im Sanskrit ›Alles wird gut.‹ Auch in China und im Tibet ist die Swastika schon von alters her verbreitet, sie steht hier für ›zehntausendfaches Glück‹ beziehungsweise für Beständigkeit.

In der Religion des Zoroastrismus, die seit dem 2. Jahrtausend vor Christus in den neuen Siedlungsgebieten der Arier im östlichen iranischen Hochland (heutiges Afghanistan und Teile von Tadschikistan) verbreitet war, stehen die vier Balken des Hakenkreuzes auch für die vier Elemente Feuer (Sonne), Luft, Erde und Wasser. Solche Swastiken findet man zum Beispiel an der Fassade der restaurierten Festung von Hulbuk bei Kulob.

Wenn heute Tadschiken ihre Abstammung von den Ariern unterstreichen, ist das also nicht falsch. Eine Überlegenheit gegenüber anderen Völkern beweist es ebenso wenig, wie die Thesen der Nationalsozialisten in den 1930ern eine etwaige Überlegenheit der Deutschen nachweisen. Mehr noch: Eine Abstammung der Europäer von den Ariern kann nicht geklärt werden, weil die Eroberung der europäischen sogenannten Kupfersteinzeit-Kulturen durch die Arier nicht nachgewiesen ist. Darauf sollte man freundlich hinweisen, wenn man in ein solches Gespräch verwickelt wird.

Siehe auch: www.arte.tv/sites/de/das-arte-magazin/2014/04/04/die-wahren-arier.

Vom griechisch-baktrischen Reich bis zur Kushan-Dynastie

Im 4. Jahrhundert vor Christus (336–330) zog Alexander der Große mit seiner Armee durch die damals Transoxanien genannte Region (Oxus war die griechische Bezeichnung des heutigen Flusses Amu-darya im Süden Tadschikistans). Er besiegte Darius und regierte nun über Sogdiana und Baktrien. Viele Legenden ranken sich in Tadschikistan um Alexander. Als gesichert darf gelten, dass er im Norden des heutigen Tadschikistan auf der Basis einer existierenden Befestigungsanlage eine Stadt gründete – heute Khujand. Unter der griechischen Besatzung intensivierten sich die Handelsbeziehungen mit den Nachbarländern, und nun beeinflusste auch westliche Kultur die Entwicklungen. Alexanders Reich zerfiel nach seinem Tod 323 allmählich im Zuge der Nachfolgekämpfe.

224 vor Christus eroberten die Perser des Sassaniden-Reichs das Gebiet zurück, und die Lehre Zarathustras wurde zur dominierenden Religion. Sie basiert auf der ›Avesta‹, einer Sammlung aus Liedern, den sogenannten ›Gathas‹, die von Zarathustra beziehungsweise seinen Jüngern selbst verfasst worden sein sollen. Leider sind nur noch Fragmente aus den Schriften Zarathustras erhalten. Der allwissende Schöpfergott Ahura Mazda steht im Mittelpunkt des Zoroastrismus (auch Zarathustrismus), der auf der Grundidee der ewigen Auseinandersetzung zwischen Gutem und Bösem basiert. Auch das Feuer spielt eine wichtige Rolle, der Herd beziehungsweise der Feuertempel als heilige Orte und die Sonne als ewiges Feuer am Himmel. Noch heute leben Anhänger verschiedener Ausprägungen des Zoroastrismus etwa in Indien (dort unter der Bezeichnung ›Parsen‹ bekannt) und im Iran.

Kurz vor dem Beginn der christlichen Zeitrechnung wurde das Gebiet durch die Yuezhi (auch als Tocharer bekannt) erobert, eine vermutlich indogermanische Stammesgruppe aus dem heutigen Westchina. Auf dem Höhepunkt der Macht

Wehrturm einer vorchristlichen Festung im Wakhan-Korridor

Ismoil-Somoni-Statue in Duschanbe

umfasste die Dynastie der Kushan ein Riesenreich, in dem Glaubenstoleranz zu Frieden und Wohlstand führte. Wichtige Handelsbeziehungen zwischen dem Fernen Osten und dem Westen wurden begründet, der Buddhismus breitete sich aus. Eines der wichtigsten Denkmäler des Buddhismus in Zentralasien fand man in der Nähe von Qurghonteppa im ehemaligen buddhistischen Kloster Ajina Teppa. Die hier ausgegrabene zwölf Meter lange Buddhafigur liegt heute im Museum für Antike in Duschanbe. Im 3./4. Jahrhundert übernahmen die Sassaniden wieder die Herrschaft, sie wurden durch die Hunnen verdrängt.

Eroberung durch die Araber und das Somonidenreich

Im 8. Jahrhundert eroberten die Araber das heutige Tadschikistan. Die Anhänger des Buddhismus und der Zoroastrismus wurden bekämpft und viele Menschen islamisiert. Die Araber übergaben die Macht schnell an lokale Konvertiten. Nach der Ermordung des arabischen Heerführers Qutaiba ben Muslim 715 schwand der Einfluss der Araber in Zentralasien, der Islam aber blieb. Die auf die Eroberung folgende iranische Dynastie der Samaniden (tadschikisch: Somoniden) im 9. und 10. Jahrhundert bildet für das heutige Tadschikistan den identitätsbildenden und ideologischen Anknüpfungspunkt, obwohl die damalige Hauptstadt Buchara nunmehr auf dem Gebiet des heutigen Usbekistan liegt – bis heute ein schmerzliches Thema für viele Tadschiken, auch weil Buchara eine der schönsten Städte Zentralasiens ist, in deren engen und belebten Gassen noch heute viel Tadschikisch gesprochen wird.

Auf Schritt und Tritt trifft der Reisende in Tadschikistan auf die Vertreter des Somoniden-Reiches. Statuen von Ismoil Somoni (Ismail Samani, 849–907), der als Begründer des ersten zusammenhängenden tadschikischen Reiches gesehen wird, stehen überall, daneben die der Poeten Abuabdulloh Rudaki und Abulqosim Firdausi aus derselben Epoche, in der auch das Neupersische die zuvor in der Region gesprochenen iranischen Sprachen ablöste. In dieser Zeit wirkte auch der Wissenschaftler Abuali ibni Sino, in Europa besser bekannt unter dem Namen Avicenna, dessen medizinisches Handbuch weit über die Grenzen Zentralasiens hinaus Verwendung fand.

Türken, Mongolen und das Emirat von Buchara

Ende des 1. Jahrtausends eroberten die Karakhaniden (zum Islam konvertierte türkische Stämme) das Reich der Somoniden. Von nun an waren alle weiteren Herrscherdynastien in Zentralasien türkisch. Die städtische Kultur der Region blieb weiterhin iranisch geprägt. Die Eroberung Dschingis Khans und die anschließende mongolische Herrschaft (1220–1370) zählen zu den dunkleren Kapiteln zentralasiatischer Geschichte, während die darauffolgende Herrschaft der Timuriden (1370–1507) auch kulturelle Glanzpunkte setzte. Jedoch zählte das Gebiet des heutigen Tadschikistan nie zu den kulturellen Zentren dieser Reiche, sondern lag stets an deren Peripherie. Dies war auch im Mittelalter der Fall, als das heutige Tadschikistan zu usbekischen Emiraten und Dynastien gehörte, unter denen sich das Emirat von Buchara besonders hervortrat.

Russischer Einfluss und ›Great Game‹

In der zweiten Hälfte des 19. Jahrhunderts geriet Zentralasien zunehmend unter russischen Einfluss, das Emirat Buchara immer mehr unter Druck. Ostbuchara (das heutige Tadschikistan) und vor allem der Pamir gewannen an strategischer Bedeutung für die beiden Großmächte Russland und Großbritannien im ›Großen Spiel‹ (Great Game) um die Vormachtstellung in Zentralasien und Persien, das in ein russisch-afghanisches Grenzabkommen mündete. 80 Jahre später sollte der Pamir nochmals strategische Bedeutung erhalten, diesmal für die Invasion der Sowjetunion in Afghanistan Ende der 1970er Jahre. Vorerst konnte jedoch die Dynastie der Mangit das Emirat von Buchara und damit das Gebiet des heutigen Tadschikistan bis 1920 regieren. Das heutige Nordtadschikistan war Teil der Samarkander Region Russisch-Turkestans.

Sowjetische Zeit

Zwischen 1920 und 1924 war das Gebiet des heutigen Tadschikistan der Volksrepublik Buchara zugeteilt und behielt damit noch immer formaljuristische Unabhängigkeit. Das änderte sich mit der territorialen Neuordnung von 1924, als die Berggebiete Ostbucharas als autonomes tadschikisches Gebiet mit der neu gegründeten Hauptstadt Duschanbe der Sowjetrepublik Usbekistan unterstellt wurden. Dieser untergeordnete Status wurde 1929 durch die Angliederung Leninabads (heute Khujand) und die Aufwertung zur eigenständigen Sozialistischen Sowjetrepublik Tadschikistan mit dem Autonomen Gebiet Gorno-Badakhshan (GBAO) aufgehoben. Zwar leisteten die Freiheitskämpfer Basmachi (diese Bezeichnung bedeutet eigentlich ›Räuber‹ oder ›Bandit‹) unter der Führung von Enver Pasha erbitterten Widerstand, konnten jedoch das Voranschreiten der Roten Armee nur verzögern. War der bewaffnete antisowjetische Widerstand bereits 1923 gebrochen, so dauerte er in den Bergregionen bis in die 1930er Jahre an.

Lenindenkmal in Norak

Bei der Sowjetisierung Zentralasiens griff Stalin zum probaten Mittel ›Teile und herrsche‹, zersplitterte das Territorium, verteilte es an verschiedene Unionsrepubliken und vermischte die Bevölkerungsgruppen durch rabiate Umsiedlungs- und Neulandprogramme. Im Fergana-Tal und im südtadschikischen Vakhsh-Tal, das durch künstliche Bewässerung komplett für den Baumwollanbau erschlossen wurde,

Der Präsident inmitten von Seidenweberinnen: Plakat in Khujand

wurde per Anordnung eine ›neue sowjetische Gemeinschaft‹ zusammengezimmert. Ein explosiver Bevölkerungscocktail mit harten Folgen für den Bürgerkrieg in den 1990er Jahren entstand. Vorerst wurden jedoch Zehntausende im Zweiten Weltkrieg an die Front geschickt – unter anderem nach Stalingrad. Fast 100 000 Männer (jeder vierte erwachsene männliche Tadschike) kamen um in einem Krieg, der sie eigentlich nichts anging. Über 40 der Kämpfer erhielten die damals hohe Auszeichnung ›Held der Sowjetunion‹, und in der Hauptstadt wurde ein großes Denkmal gebaut.

Tadschikistan machte nun als Nehmerland eine steile Karriere nach sowjetischen Spielregeln. Alphabetisierung, Bildung, medizinische Versorgung, Elektrifizierung, Industrialisierung und Wirtschaftswachstum erhöhten den Lebensstandard der Bevölkerung rapide. Trotzdem blieb Tadschikistan bis zuletzt das Armenhaus der Sowjetunion. Russische Lehrer, Wissenschaftler, Ingenieure, Ärzte und Techniker veränderten das Land, seine Kultur, Sprache und Schrift. Anders als heute spielten die Republikgrenzen nach Kirgistan und Usbekistan kaum eine Rolle, denn es galt Reisefreiheit. Gegenüber Afghanistan wurde das Land jedoch so weit wie möglich abgeschirmt und somit von den verwandten Nachbarn isoliert. Viele Tadschiken fuhren hingegen per Betriebsausflug nach Moskau oder leisteten ihren Militärdienst in Russland oder gar in der DDR.

1978 zählte der Westen Tadschikistans 30 000 Touristen aus der Sowjetunion, der Pamir war militärisches Sperrgebiet. Ins häusliche Abseits verdrängt wurden das Tadschikische, der Islam und die religiös-kulturellen Einrichtungen und Personen, Feste und Rituale – eine multikulturelle Identität mit russischem Schwerpunkt sollte entstehen. Die Parteikader kamen aus dem damaligen Leninabad (heute Khujand), eine regionale Bevorzugung, die ebenfalls einen Grund für die Auseinandersetzungen im Bürgerkrieg in den 1990er Jahren lieferte.

Unabhängigkeit und Bürgerkrieg

Relativ plötzlich sah sich Tadschikistan nach dem Zusammenbruch der Sowjetunion 1991 als unabhängige Republik, von nun an auf sich allein gestellt, ohne die Vorgaben aus Moskau, aber auch ohne Subventionen und die Sicherheit durch die Sowjetunion. Sofort begannen wirtschaftliche Probleme und politisches Gerangel. Die ersten Präsidentschaftswahlen wurden 1991 abgehalten, neue Parteien wie die Demokratische Partei und die Islamische Partei der Wiedergeburt hatten sich gebildet. Der kommunistische Kandidat Rahmon Nabiev – natürlich aus Leninabad (Khujand) – setzte sich mit 60 Prozent der Stimmen durch, 30 Prozent erhielt der Gegenkandidat Davlat Khudonazarov aus dem Pamir. Seit den 40er Jahren hatte Nordtadschikistan die Parteichefs gestellt. Fehlende demokratische Erfahrungen ließen die Regierung in alte sowjetische Verhaltensmuster zurückfallen, und die Situation mündete ein Jahr später in Demonstrationen und schließlich in einen Bürgerkrieg. Ausgelöst wurden die Proteste durch die Entlassung des Innenministers, der aus dem Pamir stammte. So waren es vor allem Pamiri, die die massenhaften Demonstrationen in Duschanbe entlang der Hauptstraße anführten und den Rücktritt des Präsidenten Nabiev forderten. Der Präsidentenpalast wurde gestürmt, es konnte jedoch noch ein Kompromiss ausgehandelt werden, die Opposition wurde an der Regierung beteiligt, Nabiev blieb Präsident. Im Mai 1992 rief Nabiev eine ›Regierung der nationalen Versöhnung‹ ins Leben, die von Leninabader (Khujander) und Kulober Seite boykottiert wurde. Der Anzob-Pass, damals die einzige Verbindung zwischen Nord- und Südtadschikistan, wurde blockiert, und in Kulob formierte sich die sogenannte Volksfront. Sie verübte Überfälle auf Dörfer in der Region Qurghonteppa, in denen seit den sowjetischen Umsiedlungsprogrammen viele Menschen aus dem heutigen Rasht-Tal (Gharmi) und dem Pamir (Pamiri) lebten. Eine von der Partei der Islamischen Wiedergeburt (PIW), der Demokratischen

Flagge und Wappen Tadschikistans in origineller Form

Partei (Liberale) und der Berg-Badachschaner Autonomiebewegung gebildete Vereinigte Tadschikische Opposition (VTO) hatte in Afghanistan eine Exilregierung gegründet und operierte von hier mit Milizen.
Im Sommer 1992 eskalierte die Gewalt, es kam furchtbaren Ausschreitungen gegen die Zivilbevölkerung. Trotz des Eingreifens russischer Truppen wurde ein Sieg der VTO immer wahrscheinlicher. Präsident Nabiev sah als einzigen Ausweg für sich die Flucht nach Leninabad. Im September wurde er zum Rücktritt gezwungen. Zwei Monate lang gab es eine islamisch-demokratisch-nationalistische Gegenregierung unter dem Pamiri Akbarsho Iskandarov. Der heutige Präsident Emomali Rahmonov, damals frischgebackener Parlamentschef, setzte sich Ende November 1992 mit Hilfe russischer und usbekischer Kriegstechnik als neuer Präsident durch. Eine bewaffnete Truppe aus seiner Heimatstadt Kulob nahm im Dezember 1992 Duschanbe ein, es folgten Massenrepressionen und Gewaltexzesse gegen Oppositionelle und die Zivilbevölkerung. Die Führung der Vereinigten Tadschikischen Opposition floh nach Afghanistan und mit ihr über 60 000 Menschen, vor allem Gharmi und Pamiri, die bei eisigen Temperaturen den Panj überquerten.
Interne Konflikte der Volksfront stärkten Rahmonov, der sich 1994 wiederwählen ließ. Eine Waffenruhe sollte von 15 000 russischen Grenzsoldaten sowie einer GUS-Friedenstruppe überwacht werden. Die Rebellenallianz gab sich jedoch nicht geschlagen, sie schien 1996 fast 70 Prozent des Landes zu kontrollieren. Die Regierungskoalition zerbrach, es kam zu einem Putschversuch usbekischer Warlords. Nur durch die Spaltung der Opposition konnte Rahmonov die Gegenoffensive für sich entscheiden. Der Bürgerkrieg endete am 27. Juni 1997 mit einem Friedensvertrag in Moskau. Dieser sah eine 30-prozentige Regierungsbeteiligung der VTO und 20 Prozent für weitere Oppositionsgruppen vor.

Der tadschikische Bürgerkrieg war vor allem eine Auseinandersetzung zwischen regionalen Eliten. Verkompliziert wurde er durch die heterogene Zusammensetzung der Bevölkerung vor allem im südlichen Tadschikistan. In den Umsiedlungsprogrammen der Sowjetunion waren viele Gharmi in den Baumwollanbaugebieten Südtadschikistans angesiedelt worden, Pamiri wohnten in Duschanbe, sodass der ethnische Mischmasch Nachbarn gegen Nachbarn kämpfen ließ und in der Konsequenz viele zur Rückkehr in ihre Herkunftsregion zwang. Unter den andauernden bewaffneten Auseinandersetzungen hatte vor allem die Zivilbevölkerung zu leiden. Fast jeder, der die Möglichkeit dazu hatte, flüchtete. Massenhaft hatten ethnische Russen, Usbeken, Juden und Russlanddeutsche Tadschkistan Anfang der 1990er Jahre verlassen. Auch tadschikische Familien mit Verwandten in den Nachbarländern oder in Russland waren geflohen. Man geht von einer Million Flüchtlingen aus, Human Rights Watch schätzte, dass jeder zehnte Tadschike dem Bürgerkrieg zum Opfer fiel.

Endlich Frieden

Nach langen und immer wieder erfolglosen Verhandlungen unter anderem in Moskau, Teheran, Islamabad und Almaty kam es schließlich 1997 zum von der UN unterstützten Friedensabkommen zwischen den Konfliktparteien

Studentinnen in Duschanbe

und zur Entwaffnung beziehungsweise Eingliederung der Oppositionsgruppen in die Nationale Armee. Unterschrieben wurde das formale Kriegsende von Emomali Rahmonov und dem mittlerweile verstorbenen Said Abdullah Nuri, dem Vorsitzenden der Vereinten Tadschikischen Opposition. Der damalige UN-Generalsekretär Kofi Annan bezeichnete das Abkommen als ›einzigartiges Beispiel‹ und ›Beitrag Tadschikistans in der Geschichte des Weltfriedens‹. Ein Drittel aller Regierungsposten sollte der Opposition zugestanden werden und so das Land stabilisiert werden. Die Partei der Islamischen Wiedergeburt wurde legalisiert, und es wurde mit der Repatriierung der nach Afghanistan geflüchteten Bevölkerung begonnen. 1998 kam es noch einmal zu einer militärischen Auseinandersetzung, als Mahmud Khudoberdiev aus Usbekistan mit 1000 Mann nach Sughd, in den Norden des Landes, einmarschierte. Die neu zusammengesetzte Armee konnte den Angriff abwehren.

Es folgten Parlaments- und Präsidentschaftswahlen, bei denen Rahmonov für weitere sieben Jahre im Amt bestätigt wurde. Für die Tadschiken begann der lang-ersehnte Frieden, die Ära der Arbeitsmigration nach Russland und des Ausbaus von Handelsbeziehungen mit den Nachbarländern. 1998 erhielt Tadschikistan den ersten Kredit der Weltbank.

Folgen des Bürgerkriegs

Kinder des Krieges sind wegen der damaligen Mangelernährung oftmals kleinwüchsig. Sie haben Bildungslücken, da es für viele zu gefährlich war, Schulen zu besuchen. Trifft man heute etwa auf Erwachsene dieser Generation mit unzureichenden Kenntnissen in Mathematik oder Lücken in der Allgemeinbildung, sind abfällige Bemerkungen nicht angebracht, denn es sind junge Menschen, die ihre Kindheit oder Jugend im Krieg verloren haben. Die Realitäten des Krieges bekamen vor allem die Frauen und Mädchen zu spüren, Entführungen aus dem Universitätshörsaal und Vergewaltigungen mehrten sich, sodass die jungen Frauen zu Hause blieben.

Schießereien gehörten zum normalen Hintergrundgeräusch, schwer bewaffnete Straßenkontrollen ebenso zur Tagesordnung wie die Sperrzeit. Hinzu kamen wirtschaftliche Probleme, Lebensmittelknappheit, Probleme bei der Versorgung mit Gas, Strom und Wasser. Seit Anfang der 1990er Jahre ist die Deutsche Welthungerhilfe in Tadschikistan aktiv. Sie versorgte während des Bürgerkriegs die Bevölkerung vor allem mit Lebensmitteln und Saatgut. Der Pamir wurde durch das Oberhaupt der Ismailiten, den Aga Khan und seine Stiftung (Aga Khan Foundation, AKF) seit 1993 unterstützt. Die AKF begründete Programme und Organisationen (heute beispielsweise unter dem Namen MSDSP/Mountain Societies Development Support Program bekannt), um die Bevölkerung im Pamir zu versorgen. Später wurden die Hilfs- und Entwicklungsprogramme der AKF auch in andere Regionen – vorrangig das Gharm-Tal – übertragen.

Der Bürgerkrieg zählte mindestens 40 000 Opfer – die Schätzungen von Human Rights Watch liegen mit 150 000 Todesopfern weit über den offiziellen Zahlen. Eine Million Flüchtlinge, hunderttausende Traumatisierte, viele zerstörte und verlassene Dörfer und eine am Boden liegende Wirtschaft sind

Kinder in Ishkoshim

die traurige Bilanz. In erster Linie war der Krieg nicht eine Auseinandersetzung zwischen islamischen und (ex-)kommunistischen Kräften, sondern mehr ein Krieg zwischen ethnischen Tadschiken verschiedener regionaler Herkunft um Macht und Zugang zu Ressourcen. Die islamische Komponente begleitete den Krieg, die Ziele der islamischen Gruppen wurden jedoch vom Großteil der Bevölkerung nicht geteilt.

Das Geschäft mit den Drogen

Der Drogenhandel spielte und spielt in Tadschikistan eine große Rolle. 1972 hatte man den ersten Drogenfund an der damals noch sowjetischen tadschikisch-afghanischen Grenze vermerkt, ein tadschikischer und ein afghanischer Schäfer hatten Lebensmittel, aber auch Marihuana ausgetauscht. Der Bürgerkrieg und die damit verbundene Flucht vieler Tadschiken in die nordafghanischen Gebiete unterstützte zwischenstaatliche Kontakte, die später – vor allem in wirtschaftlicher Notlage – auch teilweise zum Drogenhandel genutzt wurden. Schätzungen gehen davon aus, dass etwa 70 Prozent des auf russischen Märkten gehandelten Opiums und Heroins über das Transitland Tadschikistan eingeführt werden. Die tadschikisch-afghanische Grenze wird kaum gesichert, die offiziellen Strukturen sind korrupt und oftmals in den Handel verwickelt, und die Armut der Bevölkerung zwingt einige, an dem konkurrenzlos lukrativen Geschäft mit den Mohnblumensamen teilzunehmen.

Der Abzug der russischen Grenztruppen von der afghanisch-tadschikischen Grenze 2005 wirkte sich auf die Eindämmung des Drogenhandels kaum positiv aus. Der Opiumanbau in Afghanistan ist in den letzten Jahren weiter gestiegen, dieser illegale Wirtschaftszweig scheint für Tadschikistan somit auch in Zukunft zu florieren. Die regelmäßige Beschlagnahmung kleiner und mittlerer Drogenmengen durch Zoll und Polizei kann nicht darüber hinwegtäuschen, dass

Der Panj bildet die Grenze zwischen Tadschikistan und Afghanistan

das Gros der tödlichen Ware ›sichere‹ Wege nimmt. Der ehemalige Eisenbahnchef des Landes zum Beispiel hat sich unlängst mit einer großen Geldmenge aus dem Land abgesetzt.

Der Drogenhandel ist für den Reisenden relativ unsichtbar, manchmal sieht man die großen schwarzen Schlauchboote am Grenzfluss Panj oder man kann sich die Herkunft des Geldes für die Luxusschlitten mit den getönten Scheiben in Duschanbe oder Khorugh erschließen, die wohl kaum durch einen tadschikischen Arbeitslohn bezahlt wurden. Scharfe Kontrollen nach Drogenschmugglern gibt es im Zug nach Usbekistan. Man sollte auf keinen Fall Gepäck für jemand anderen am Flughafen oder an Grenzübergängen beaufsichtigen oder mitnehmen.

Tadschikistan im 21. Jahrhundert

Der 11. September 2001 brachte auch für Tadschikistan als nördlichen Nachbarn von Afghanistan eine Veränderung; plötzlich sah der Westen das Land als strategisch-geographischen Partner. Dieses Interesse flankierend, kamen viele amerikanische und europäische Hilfsorganisationen ins Land. Tadschikistan balanciert wieder zwischen russischen und westlichen Interessen und ist in gewisser Weise wieder zum Spielball zwischen den Großmächten geworden, ähnlich wie zu Zeiten des Great Game. Den letzten Punkt machten die USA 2009 mit einem Transitabkommen, das den (nichtmilitärischen) Nachschub für die internationalen Truppen in Afghanistan sicherte. Die letzten russischen Truppen (mit Ausnahme der 201. Panzerdivision nahe Kulob) hatten Tadschikistan erst 2005 verlassen. Im Januar 2015 kündigte der stellvertretende russische Verteidigungsminister Anatoli Antonov jedoch an, die tadschikische Armee in Zukunft verstärkt zu unterstützen und begründete dies mit dem Abzug der NATO-Truppen aus Afghanistan. Für die nähere Zukunft ist der Beitritt des Landes zur Eurasischen Wirtschaftsunion avisiert, der heute bereits Russland, Weißrussland, Kasachstan, Armenien und Kirgistan angehören.

Anfang des 21. Jahrhunderts betrat ein neuer Seniorpartner für Tadschikistan die Bühne: China. 2001 wurden eine Piste und ein Grenzübergang über den Kulma-Pass gebaut, und eine bis heute anhaltende Welle mit billigen (und schlechten) Lebensmitteln, Schuhen, Kleidung und Plastik in allen Variationen begann sich über das Land zu ergießen; schließlich kamen die chinesischen Kredite in Form von Straßenbau, Investitionen in den Bergbau – und ein Ende ist nicht abzusehen.

Wirtschaftliche und soziale Lage

Die wirtschaftliche Situation ist schlecht, die Lage des Bildungssektors und der medizinischen Versorgung teilweise katastrophal, ebenso die offiziellen Einkommen für Ärzte, Lehrer und Professoren sowie die Renten. Vor allem im Winter gibt es Versorgungsengpässe bei Strom, Wasser und Gas. Das Land hängt am Tropf der Gastarbeiter in Russland und der internationalen Geber- sowie Partnerländer wie China und Iran. Gründe für die miserable Wirtschaftslage und

Der Präsidentenpalast in Duschanbe

die damit verbundene Armut sind vor allem Misswirtschaft, undurchsichtige quasi-staatliche Betriebe und subventionierter Baumwollanbau, Korruption, Vetternwirtschaft und Bereicherung in allen Regierungs- und Verwaltungsebenen. Damit verknüpft ist die fehlende Rechtssicherheit, die verständlicherweise ausländische Investoren abschreckt.

Auch die Wirtschafts- und internationale Krise in und um Russland seit 2014 wirkt sich negativ auf das kleine Land aus, ist es doch abhängig vom russischen Bausektor, in dem die meisten der Gastarbeiter tätig sind. Der russische Arbeitsmarkt, eines der wichtigsten Standbeine für Tadschikistans Stabilität, wackelt. Man schätzt, dass fast die Hälfte der tadschikischen Gastarbeiter seit 2014/2015 wieder in die Heimat zurückkehren mussten und hier buchstäblich auf der Straße stehen. Das Konfliktpotential wird damit signifikant vergrößert.

Administrative Gliederung

Die Republik Tadschikistan ist in vier Regionen unterteilt: Sughd im Norden, Khatlon im Süden, Gorno-Badakhshan im Osten und die Zentralregion mit Duschanbe. Die Regionen unterscheiden sich durch ihre natürlichen, wirtschaftlichen und sozialen Gegebenheiten sehr stark voneinander, es gibt ein ausgeprägtes Nord-Süd-/West-Ost-Gefälle. Städte und Regionen werden durch so genannte Hukumats verwaltet. In kleinen Qishloqs (Dörfern) und in vielen Mahallas (Stadtteilen) gibt es zusätzlich noch eine traditionelle muslimische Selbstverwaltung. An deren Spitze steht der Ältestenrat (*shura*), ein Ansprechpartner für Probleme aller Art. Es wird außerdem ein Vorsitzender (*rais*) des Dorfes oder der Mahalla gewählt. Artikel sieben der Verfassung legt den autonomen Status von Gorno-Badakhshan, dem tadschikischen Pamir, fest. Die Region hat seit 1999 eine eigene Verfassung mit eingeschränkter Gesetzgebung, die tadschikische Sprache ist als offizielle Sprache festgelegt und Russisch als Verkehrssprache genannt. Einen Schutz genießen außerdem alle anderen Muttersprachen wie etwa die Sprachen im Pamir. Gorno-Badakhshan hat eine Sonderstellung und unterscheidet sich vom Rest des Landes neben der Sprache auch in der Religion. Die fünf Prozent Schiiten – die Mehrheit in Tadschikistan sind sunnitische Muslime – leben vornehmlich als Ismailiten im Pamir, jedoch sind nicht alle Pamiri automatisch auch Ismailiten. Gorno-Badakhshan (GBAO) nimmt 44,9 Prozent der Fläche Tadschikistans ein, stellt aber mit etwa 230 000 Einwohnern nur knapp drei Prozent der Bevölkerung. Reisende benötigen eine eigene GBAO-Genehmigung, an den Grenzen der Region wird jeder Reisende daraufhin kontrolliert (→ S. 407).

Politisches System in Theorie und Praxis

Seit der Verabschiedung der Verfassung vom Dezember 1994 hat Tadschikistan ein Präsidialsystem. Das Land wird ausgesprochen zentral regiert, wobei der Präsident einen Großteil der Regierungsmacht innehat. Er ist Oberbefehlshaber der Streitkräfte, ernennt die Posten der Exekutive und Judikative und besetzt Positionen in der Verwaltung. So ist es dem Präsidenten in den letzten Jahren gelungen, sich auf höchster Ebene ein Nest aus Unterstützern und Verwandten zu bauen, die ihm den Rücken freihalten. Die Anzahl der Kulobi und besonders der Personen aus Danghara – dem Heimatort des Präsidenten – in den Reihen der Regierung und Verwaltung steigt stetig. Parteien spiele eine untergeordnete Rolle. Außer der präsidentennahen Volksdemokratischen Partei gibt es noch sechs weitere Parteien: die Kommunistische, die Sozialdemokratische, die Sozialistische, die Demokratische und die Agrarpartei sowie die Partei der wirtschaftlichen Reformen. Freiwerdende Ämter in unmittelbarer Nähe des ›Begründer des Friedens und der nationalen Einheit, Führers der Nation‹, wie der Präsident seit

Ein traditionelles Wohnviertel, Mahalla, in Duschanbe

2015 per Gesetz genannt werden muss, besetzt jener gern mit Familienangehörigen. Tochter Ozoda leitet die Präsidialverwaltung. 2015 machte Rahmon seinen Sohn Rustam zum Chef der Antikorruptionsbehörde, Anfang 2017 erfolgte ein Upgrade zum Bürgermeister der Hauptstadt. Auch wenn es inzwischen ein Bürgertelefon gibt, kann das nicht darüber hinwegtäuschen, dass Rustam in der Stadt genauso nach Belieben schaltet und waltet wie sein Vater im Land. Ein Schelm, wer Arges dabei denkt – das Nominierungsalter für Präsidenten wurde von Rahmon Senior schon mal auf 30 abgesenkt. Rahmon junior wurde 2017 präsidentenfähig.

Tadschikistan verfügt über ein Zweikammerparlament mit einem Unterhaus, Majlisi Namoyandagon, mit 63 Sitzen und einem Oberhaus, Majlisi Milli, mit 33 Sitzen. Das Unterhaus wird alle fünf Jahre gewählt, Präsidentschaftswahlen werden alle sieben Jahre abgehalten. Die im Friedensvertrag ausgehandelte 30-Prozent-Regel für die Opposition ist nie eingehalten worden.
Die Aktivität des Parlaments wird von internationalen Beobachtern als unzureichend bezeichnet. Seine demokratische Legitimation ist unklar, denn bei den Wahlen wurden immer wieder gravierende Verstöße gegen internationale Standards festgestellt.

Regierung

Die Regierung ist in fester Hand des Familienclans aus Danghara-Kulob, und Präsident Rahmon genießt die Freiheit in der Regierungsausübung, die ihm die verwandtschaftliche Rückendeckung, Geld und die schrittweise Schwächung anderer politischer Akteure gebracht haben. Auf die negativen Einschätzungen der OSZE bezüglich der politischen Strukturen und der Wahlen wird von Regierungsseite nicht eingegangen. Auch, um seine Macht nach außen hin sichtbarer zu

Reisende im Wakhan-Korridor

machen, ließ sich der Präsident im Zentrum von Duschanbe einen neuen Palast mit einer goldenen Kuppel und ein komplett neues Regierungsviertel erbauen, und das bei der wirtschaftlich prekären Lage des Landes. Der Personenkult im Fernsehen und entlang der Straßen hat seinen Zenit offenbar immer noch nicht überschritten, der Präsident wird als Übervater in allen Lebenslagen dargestellt, als Soldat, Arzt, Bauer, Denker und Bergarbeiter.

Vom Schicksal der Opposition

Im Frühjahr 2013, ein halbes Jahr vor der letzten Präsidentschaftswahl, hatte der frühere Regierungspolitiker (unter anderm Industrieminister) und erfolgreiche Unternehmer Zaid Saidov angekündigt, eine oppositionelle Partei ›Neues Tadschikistan‹ zu gründen. Die Opposition hatte sich auf die Bürgerrechtsanwältin Oynihol Bobonazarova als Präsidentschaftskandidatin geeinigt, sammelte 202 000 Unterschriften und damit 2000 mehr als die geforderten 200 000. Trotzdem wurde sie nicht zu den Wahlen zugelassen, da die Wahlkommission kurzfristig und willkürlich eine Mindestanzahl von 210 000 Unterstützern zur Bedingung erklärte. Rahmon gewann mit 83,6 Prozent der Stimmen, nach dem Wahlkampf mit modifizierten Regeln ein durchaus erwartetes Ergebnis. Seine Amtszeit endet 2020. Kurz nach der Wahl, im Dezember 2013, wurde sein Gegenspieler Zaid Saidov zu 26 Jahren Haft verurteilt, unter anderem ›wegen Machtmissbrauch, Bestechlichkeit und Polygamie‹.

Oppositionsparteien und internationale Organisationen bezeichnen die Wahl als intransparent und undemokratisch. Wahlen ohne richtige Wahl, Benachteiligungen im Wahlkampf, plötzliches Ändern der ›Regeln‹ und andere Übergriffe auf die Opposition stärken die Macht des Präsidenten und seiner Partei immer weiter.

Dieses Vorgehen ist nicht neu und wird fortgesetzt. Bei den Parlamentswahlen im Februar 2015 erhielt die dem Präsidenten nahestehende Volksdemokratische Partei 65,4 Prozent der Stimmen, keine der anderen Parteien kam über die Fünf-Prozent-Hürde. Die OSZE kritisierte die Wahl erneut. Diese Parlamentswahl markiert auch das Ende einer einmaligen Situation: Die Partei der Islamischen Wiedergeburt, bis dato in Zentralasien die einzige islamische Partei, die als legal anerkannt, zu Wahlen zugelassen und in einem Parlament vertreten war, verlor ihre beiden Sitze im Parlament. Die im Friedensvertrag von 1997 festgehaltene Beteiligung der Opposition an der Regierung beziehungsweise im Parlament wurde damit hinfällig, die Phase der versuchten ›politischen Annäherung‹ war zu Ende.

Vier Tage nach den Parlamentswahlen wurde in Istanbul der tadschikische Politiker der oppositionellen Gruppe 24, Umarali Quvvatov, erschossen aufgefunden, die Umstände sind noch ungeklärt. Quvvatov hatte 2014 beispielsweise im Internet – während der ›Krise in Khorugh‹ zu Demonstrationen aufgerufen, daraufhin waren über 200 Webseiten kurzfristig gesperrt worden. Während die Gruppe 24 in den folgenden Wochen Sharofiddin Gadoev zu ihrem neuen Führer wählte, wurden in Tadschikistan etliche (angebliche) Mitglieder der Gruppe 24 festgenommen und verurteilt. Damit trat das ein, was Beobachter direkt nach der Parlamentswahl befürchtet hatten: Da im Parlament nun keine Oppositions-

Gebäude des Hukumat in Khorugh

parteien mehr vertreten waren, ließ eine weitere Verschärfung des Vorgehens gegen regierungskritische Gruppen, Zeitungen, Parteien und Personen auf der einen Seite und eine Radikalisierung islamischer Strömungen im Untergrund auf der anderen Seite nicht lange auf sie warten.

Im August 2015 wurde die Partei der Islamischen Wiedergeburt schließlich verboten. Anfang September kam es zu einer weiteren Eskalation, laut Innenministerium floh Vize-Verteidigungsminister Abduhalimov Nazarzoda mit bewaffneten Anhängern aus der Hauptstadt und griff eine Polizeistation und einen Militärstützpunkt in Duschanbe und Vahdat an. Es folgten Auseinandersetzungen mit 20 bis 45 Toten auf beiden Seiten, darunter Nazarzoda selbst. Der Präsident sprach von einem terroristischen Vorfall und brachte das Ereignis in Zusammenhang mit dem Islamischen Staat. Ob es einen Zusammenhang gibt, ob die Aktion mit dem Verbot der Partei in Zusammenhang steht und inwieweit Nazarzoda wirklich verwickelt war, ist ungeklärt und wird wohl auch nie aufgeklärt werden.

Menschenrechte

Liest man die Menschen- und Freiheitsrechte, die in der tadschikischen Verfassung nach französischem Vorbild verankert sind, erhält man leider kein realistisches Bild der heutigen Republik. Nennenswerte politische Diskussionen oder gar Widerstand in der Bevölkerung sind nicht sichtbar. Das einzige, was die Menschen seit den unruhigen 1990er Jahren wollten, ist Frieden, und den haben sie bekommen. Doch der erhoffte ökonomische, soziale und zivilgesellschaftliche Aufschwung blieb aus. Qualifizierte Fachkräfte verlassen das Land, der Ausverkauf des Landes ist nicht aufzuhalten, und so bleibt der Friedensvertrag einer der wenigen Pluspunkte, der noch immer Emomali Rahmon zugeschrieben wird und ihm (für viele) bis heute Legitimität verleiht, obwohl er inzwischen mit mehreren Verfassungsänderungen fast alle Punkte des Vertrages ausgehebelt hat.

Es gibt keine Opposition mehr. Die einzige im Parlament vertretene Oppositionspartei wurde verboten, alle Oppositionspolitiker haben das Land verlassen, sind tot (wie der informelle Führer des Pamir, Imomnasar Imomnasarov, der unter ungeklärten Umständen ums Leben kam) oder befinden sich in Haft. Der prominenteste von ihnen, Zaid Saidov, ist seit 2013 im Hochsicherheitsgefängnis von Duschanbe inhaftiert. Saidovs Familie alarmiert, dass der Häftling systematisch gefoltert wird und sich in Lebensgefahr befindet.

Die Organisation Human Rights Watch merkt an, die Menschenrechtssituation im Land habe sich extrem verschlechtert. Die Machthaber haben Menschenrechtsanwälte und andere erkennbare Regierungskritiker inhaftiert sowie Racheaktionen an Verwandten von im Ausland lebenden Regierungskritikern organisiert und durch gewalttätige Mobs durchführen lassen.

Kritik wird nur noch hinter vorgehaltener Hand geäußert. Unzufrieden sind fast alle, aber die meisten haben Angst vor Repressalien. Bedauerlicherweise scheint der Obrigkeit der Realitätssinn abhanden gekommen zu sein. Es gibt keine Anzeichen für eine realistische Wahrnehmung, dass die Abwärtsspirale von wirtschaftlichen Problemen und Verstärkung des innenpolitischen Drucks das Land in die Radikalisierung treiben könnte.

Justiz und Presse

Auch die Justiz zeigt undurchsichtige Strukturen, immer wieder werden Korruptionsvorwürfe laut und gehen leise wieder unter. Dies hemmt eine rechtsstaatliche Strafverfolgung und ein Vertrauen in die Rechtssicherheit. In den Berichten von Amnesty International wird immer wieder darauf hingewiesen, dass Folter bei den Ermittlungen und der Strafverfolgung in Tadschikistan an der Tagesordnung ist. Die in der Verfassung garantierte Pressefreiheit wird durch besondere Vorschriften für unabhängige Zeitungen unterlaufen. Jene wurden so an den Rand des Verschwindens gebracht. Immer wieder werden Zeitungen verboten, Druckereien unter Druck gesetzt oder Internetseiten gesperrt. Im Ranking von ›Reporter ohne Grenzen‹ ist das Land seit 2014 um mehr als 30 Plätze abgerutscht, auf Platz 149 von 180 Ländern. Der größte Teil der Bevölkerung informiert sich inzwischen preiswert digital, die beliebtesten Medien sind Radio ›Ozodi‹, facebook, youtube, AsiaPlus und russische Seiten.

Wirtschaft

Bodenschätze

Im geologischen Museum in Duschanbe bekommt man es eindrücklich vor Augen geführt: Eigentlich ist Tadschikistan reich: Es gibt fast alle Arten von Bodenschätzen. Der russische Wissenschaftler A. Andreev hatte 1912 die erste geologische Karte erstellt. Es gibt abbauwürdige Mengen von Eisen, Uran, Quecksilber, Wolfram, seltenen Erden und verschiedenen Edel- und Halbedelsteinen, Bunt- und Schwermetallen sowie Silber und Gold, außerdem Erdöl. Der Abbau der Bodenschätze gestaltet sich jedoch durch fehlende Infrastruktur und die unzugängliche Gebirgslandschaft schwierig. Als Reaktion auf das von Usbekistan verhängte Erdgasembargo hat man auf tadschikische Kohlevorkommen aus den Zarafshon-Bergen zurückgegriffen. Auch die Goldförderung im Zarafshon-Tal nimmt seit 2013 ständig zu. Am Abbau der Bodenschätze, der starke

Erdölförderung zwischen Khujand und Isfara

negative Umweltauswirkungen hat, sind zunehmend ausländische Firmen, vor allem Chinesen, beteiligt. Erdöl wird in kleineren Mengen im Fergana-Tal im Norden gefördert.

Aluminium

Aluminium nimmt etwa ein Drittel des Exports ein, gefolgt von Baumwolle, und wird in Europa vor allem von den Niederlanden abgenommen. Das große Aluminiumwerk TALCO bei Tursunzoda westlich von Duschanbe wurde bereits 1975 eröffnet. Der Rohstoff für die Herstellung von Aluminium muss jedoch importiert werden – ein früher beliebtes System, um die Sowjetrepubliken auch wirtschaftlich miteinander zu verflechten. Das Wasserkraftwerk Nurek wurde hauptsächlich für den Betrieb dieses energiefressenden Giganten errichtet.

Im Moment steht das Werk still, denn es wird modernisiert und erweitert. Der Investor kommt aus China. Das neue tadschikisch-chinesische Aluminiumwerk soll eine Kapazität von 503 000 Tonnen Aluminium pro Jahr haben, für die Zukunft avisiert sind eine Million Tonnen. 1100 neue Arbeitsplätze werden geschaffen.

Baumwolle

Die wenigen für den Bewässerungsfeldbau nutzbaren Flächen (unter sieben Prozent des Landes) werden vom Baumwollanbau dominiert, der etwa ein Drittel der Anbauflächen einnimmt und auch ungefähr ein Drittel der Steuereinnahmen ausmacht. Der Baumwollanteil am Export belief sich 2016 auf etwa 15 Prozent. Langsam werden jedoch auch andere Nutzpflanzen wieder ein Thema, denn der Anbau des ›weißen Goldes‹ als Monokultur ist problematisch. Ein dicker bürokratischer Wasserkopf bestimmt außerdem den Baumwollsektor und muss mitfinanziert werden. Die einfachen Baumwollbauern sind teilweise hoch verschuldet, und der Baumwollanbau ist für sie kaum rentabel. Der Sektor ist stark abhängig vom Wetter und dem schwankenden Weltmarktpreis für Rohbaumwolle.

Staatlich verordnet wurde früher – und wird teilweise noch heute – nicht nur der Baumwollanbau selbst, sondern auch die Erntehilfe. Schüler und Studenten packen bei der Ernte mit an. Denn ist die Baumwolle reif, muss es schnell gehen – regnet es auf die sich öffnenden weißen, wolligen Kapseln, so sinkt sofort deren Qualität und somit ihr Preis. Es ist ein launisches Gewächs mit viel Wasserbedarf, und sein Anbau tanzt nach der Pfeife der Profitierenden, der Administration.

Die Baumwolle war nicht nur Grund für Umsiedlungsprogramme innerhalb des sowjetischen Südens, sondern hat auch zum Austrocknen des Aral-Sees in Usbekistan und Kasachstan geführt. Ehemalige Baumwollkolchosen sind seit 1996 so genannte Dehqon-Farmen, in denen die Bauern ihr Land vom Staat pachten und bewirtschaften können – offiziell, wie es ihnen beliebt. In der Praxis sieht das jedoch anders aus, denn von der Verwaltung wird die Baumwolle favorisiert, weil sie sie ernährt. Die Versuche, sowjetische Kapazitäten der Textilindustrie ansatzweise wiederzubeleben und die Wertschöpfung im Land auszubauen, sind bislang wenig erfolgreich. Dennoch gibt es vereinzelt auch langjährig in Tadschikistan produzierende Firmen, wie etwa die Jeansfabrik ›Carrera‹ in Khujand (→ S. 317).

Exportgut: sonnengetrocknete Aprikosen

Obst und Gemüse

Eine bedeutende Einkommensquelle sind die Obstplantagen und -gärten (Äpfel, Aprikosen, Weintrauben, Granatäpfel, Zitrusfrüchte) vor allem im Norden, in Zentraltadschikistan und im Zarafshon-Tal; angebaut werden auch Weizen, Reis und Gemüse (Tomaten, Gurken, Karotten, Kartoffeln, Paprika, Melonen). Die Region Gorno-Macha am Oberlauf des Zarafshon ist beispielsweise berühmt für ihren Kartoffelanbau. Tadschikistan war in der Sowjetunion vor allem für seine Nüsse und Trockenfrüchte bekannt. Auch heute werden Pistazien, Walnüsse, Mandeln, Aprikosenkerne, getrocknete Aprikosen und Maulbeeren in vielen Farben und Sorten auf den einheimischen Basaren feilgeboten.

Vor allem im Norden ist – neben einer erhöhten Förderung von Rohstoffen – in den letzten Jahren zu beobachten, dass dem Nahrungsmittelanbau immer mehr Priorität beigemessen wird und die Anbauflächen für Baumwolle etwas zurückgehen. Bislang werden noch über die Hälfte der Nahrungsmittel in Tadschikistan importiert. Die Regierung hat ein entsprechendes Reformprogramm auf den Weg gebracht, um die Importabhängigkeit etwas zu verringern und die Landwirtschaft rentabler zu gestalten. Dazu gehört auch das Zulassen der Tätigkeit chinesischer Investoren im Bereich Baumwoll- und Gemüseanbau, welche die Kapitalschwäche der meisten tadschikischen Bauern ausnutzen, um einen Brückenkopf im zentralasiatischen Markt aufzubauen.

Energiewirtschaft

Allgemeine Wirtschaftsförderung ist das Grundelement der Armutsbekämpfung vieler Entwicklungshilfeorganisationen aus der ganzen Welt in Tadschikistan. Als weiterer Wirtschaftszweig soll der Stromexport auf der Basis der Wasserkraftwerke ausgebaut beziehungsweise die Stromversorgung im eigenen Land gesichert werden. Dieses Thema behandelt auch die tadschikische Regierung prioritär. Auf großen Schildern entlang der Straßen kann man es überall lesen: ›Wasser ist Leben‹. In Tadschikistan gibt es nur ›grünen‹ Strom. Momentan wird jedoch (im Winter) noch mehr Strom importiert als exportiert.

Das bekannteste der vielen Wasserkraftwerke im Land ist bisher noch das Kraftwerk bei Norak (Nurek), weitere Kraftwerke befinden sich unter anderem am Qayroqqum-Stausee und in Khorugh. Der gigantische Damm von Roghun mit über 350 Metern Höhe befindet sich noch im Bau und soll nach Fertigstellung Norak den Rang des höchsten Schüttdamms der Welt ablaufen. Über die Höhe des Staudammes von Roghun und die Flutung des Stausees wurde zwischen den Regierungen Tadschikistans und Usbekistans so heftig gestritten, dass die Weltbank als Schlichter agieren musste und eine Sozial- und Umweltverträglichkeitsstudie anfertigen ließ, die von den Kontrahenten inzwischen weitgehend anerkannt wird (→ S. 193).

Diese Konflikte zeigen: Neben den finanziellen Problemen des Ausbaus des Stromsektors gibt es auch politische, in diesem Fall bei der Nutzung der Wasserressourcen der Flüsse, die auch nach Usbekistan fließen und dort Grundlage des Baumwollanbaus sind. Vereinfacht ausgedrückt: Tadschikistan möchte seine Turbinen ganzjährig zur Stromerzeugung nutzen und im Sommer das Wasser für die Stromerzeugung im Winter zurückhalten, Usbekistan möchte, dass im Sommer möglichst wenig Wasser zurückgehalten und erst im Herbst/Winter angestaut wird, damit genug Wasser für die Baumwollbewässerung vorhanden ist.

Obwohl Plakate und Losungen das 21. Jahrhundert als ›Jahrhundert der Energiewirtschaft‹ für Tadschikistan bezeichnen, liegen bislang viele Dörfer und Städte, selbst Teile der Hauptstadt im Winter wegen Strommangel im Dunkeln. Die Stromrationierungen beginnen meist im Oktober und dauern bis in den Frühling an.

Baugewerbe

Im Bausektor gibt es einen anhaltenden Boom: Die finanzstarke tadschikische Elite gibt gerade den Städten gerade ein neureiches Gepräge – das sieht man vor allem in und rund um Duschanbe und in den Gebietshauptstädten. Das Zementwerk in Duschanbe hat seine Produktion wieder aufnehmen können, ein weiteres Zementwerk wurde im Gebiet Khatlon 2013 eröffnet.

In den nächsten Jahren wird es mit Hilfe chinesischer Investitionen deutliche Zuwächse im Straßenbau geben. Die Baustoffindustrie entlang der geplanten Trassen wird prosperieren, andere Baugewerke werden nachziehen, wenn die Gebiete erst einmal infrastrukturell angebunden sind.

Baustelle in Duschanbe

Tourismus

Ein sanfter Tourismus in den Regionen wirkt sich positiv auf die direkte Einkommenssituation der Landbevölkerung aus, und Tadschikistan hofft in diesem Bereich auf weiteren Zuwachs. Dafür wurden in den letzten Jahren bürokratische Hürden abgeschafft. Ein elektronisches Touristenvisum mit 45 Tagen Gültigkeit macht das Bereisen des Landes einfacher, und so konnte man die Zahl der Touristen von 250 000 (2012) schon auf 400 000 (2015, 2016) erhöhen; angestrebt wird eine Million (2020). Bei der Erweiterung und Verbesserung des Angebots für Touristen wird das Land weiterhin von internationalen Experten beraten und beispielsweise von der Gesellschaft für internationale Zusammenarbeit (GIZ) unterstützt, die etwa die Präsentation des Landes auf der Internationalen Tourismusmesse (ITB) in den letzten Jahren förderte.

Inflation, Arbeitslosigkeit, Arbeitsmigration

Das allgemeine Wirtschaftswachstum verringert sich seit Jahren. Das liegt vor allem an der Rezession in Russland, das neben China, der Türkei und Kasachstan der wichtigste Handelspartner für Tadschikistan ist, sowie an den gesunkenen Rohstoffpreisen, zum Beispiel für Aluminium und Baumwolle. Auch die Inflationsrate stieg in den letzten Jahren sichtbar an (2013: 3,6 Prozent, 2014: 7,7 Prozent, 2017: 8,9 Prozent).

Tadschikistan gilt als das Land mit der weltweit größten Abhängigkeit von Überweisungen im Ausland arbeitender Tadschiken. 2013 wurden allein aus Russland über vier Milliarden Dollar überwiesen, das entsprach laut der Zeitung ›Asia Plus‹ einem Anteil von fast 50 Prozent am Bruttoinlandsprodukt (BIP). Diese Überweisungen haben sich jedoch aufgrund der Wirtschaftskrise in Russland bis Ende 2016 halbiert. Russland hatte 2015 bereits die Einreisebestimmungen für tadschikische Gastarbeiter verschärft, und viele ziehen freiwillig zurück, weil sie sich mit ihren Dumpinglöhnen den Aufenthalt in Russland nach dem Rubelverfall nicht mehr leisten können.

Wird alles ändern: neue Straße im Tal des Panj

Nach Schätzungen der Weltbank lebt knapp ein Drittel der Menschen in Tadschikistan unter der nationalen Armutsgrenze. Die Arbeitslosigkeit wurde 2016 offiziell mit 10,9 Prozent beziffert, inoffizielle Schätzungen gehen von 30 bis 40 Prozent aus. Zahlreiche Menschen suchen ihr Einkommen im informellen Sektor, in dem der Drogenhandel (→ S. 56) eine große Rolle spielt.

Investitionsklima

2013 trat Tadschikistan der WTO bei. Zu sichtbaren positiven Veränderungen hat dieser Schritt bisher nicht geführt, noch liegen die momentanen Investitionsbedingungen unter dem internationalen Standard. Immerhin: Im Doing Business Report der Weltbank 2017 verbesserte sich das Land von Rang 141 (2013) auf Rang 123. Investiert wird bisher vor allem in Duschanbe beziehungsweise im Norden des Landes um Khujand. Dort haben sich mittlerweile einige Firmen niedergelassen. Die hier gegründete freie Wirtschaftszone ›Sughd‹ soll Investoren anlocken, weitere solcher Zonen sind im Aufbau (Danghara, Panj, Ishkoshim, siehe www.fez.tj).

Außerhalb von Duschanbe und Khujand verringert die Stromknappheit in kalten Wintern die Produktivität, viele Firmen müssen deshalb oftmals monatelang die Produktion einstellen. Trotzdem ist zu erwarten, dass entlang der von China geplanten ›Neuen Seidenstraße‹ neue Wirtschaftsobjekte entstehen werden.

Bevölkerung und Kultur

Im 20. Jahrhundert wuchs die Bevölkerung stark an. Innertadschikische Umsiedlungen, Deportationen von Deutschen und anderen ethnischen Gruppen sowie der Zuzug von Russen, Ukrainern und anderen aus den europäischen Teilen der Sowjetunion trugen wesentlich dazu bei. Besser: Im Land lebten 1913 weniger als eine Million, 1967 über zweieinhalb Millionen Menschen. Heute hat Tadschikistan fast neun Millionen Einwohner.
Der Anteil der russischen Bevölkerung lag zu spätsowjetischen Zeiten bei über 13 Prozent (in Duschanbe teilweise über 30 Prozent), heute stellt er mit einem halben Prozent nur noch einen winzigen Bruchteil davon. Auch der Anteil der usbekischen Bevölkerung ging von über 20 auf etwa 13 Prozent zurück. 1992 war das Spitzenjahr der Auswanderung, und Tadschikistan verzeichnete kaum Bevölkerungswachstum. Russen, Deutschstämmige und die kleine jüdische Gemeinde verließen das Land während der ersten Unruhen.

Geht man aber von der richtigen Annahme aus, dass sich die Tadschiken eigentlich über ihre direkte regionale Herkunft identifizieren, sich also als Kulobi, Gharmi, Khujandi, Wakhi, Murghobi oder Yaghnobi fühlen, ist Tadschikistan auch heute ein Land der Subminderheiten mit einer eher heterogenen Bevölkerung. In dieser regionalen Identifikation liegen auch die Ursprünge für zahlreiche Konflikte. In Sowjetzeiten galt das Sprichwort: ›Leninabader regieren, Gharmi machen Geschäfte, Kulobi wachen, Pamiri tanzen und Qurghonteppaer pflügen‹ – ein Ausdruck dafür, wie unterschiedlich die Regionen und ihre Bewohner sich wahrnehmen. Die Bevorzugung der Khujandi (damals Leninabader) während der Sowjetunion hatte im Bürgerkrieg schwere Folgen, und die

Frauen und Kinder kehren von der Feldarbeit zurück

jetzige Bevorzugung der Kulobi durch regierende Kulobi ist offensichtlich und wird von vielen kritisiert. Von außen gesehen wird Tadschikistan jedoch immer homogener; Usbeken, Kirgisen und Russen wandern verstärkt aus, zusätzlich wächst der Anteil der Tadschiken durch deren höhere Geburtenrate.

Die Tadschiken heiraten früh beziehungsweise werden nach dem Erreichen der Volljährigkeit mit 18 Jahren (und inoffiziell teilweise auch darunter) verheiratet und werden dann meistens sehr schnell zu jungen Eltern. Nicht immer, aber oft werden junge Menschen von gleicher regionaler Herkunft miteinander verheiratet, manchmal auch Verwandte. Offiziell ist es nicht erlaubt, mehrere Frauen zu haben, dennoch kommt dies vor und ist auch ein Statussymbol. Ein Mann, der mehrere Frauen hat, muss jedoch diese und deren Kinder versorgen können.

Die Geburtenrate liegt bei etwa drei Kindern pro Frau, der Bevölkerungswachstum liegt bei 2,2 Prozent pro Jahr. Mancher möchte meinen, dies sei nicht viel, jedoch bedeutet das ein Wachstum der Bevölkerung Tadschikistans bis zum Jahrhundertende auf fast 20 Millionen Einwohner! Weder die verfügbaren natürlichen Ressourcen noch die wirtschaftlichen Kapazitäten reichen für die Versorgung dieser Bevölkerung aus. Das Tempo des Bevölkerungswachstums hat sich jedoch verlangsamt. Glaubt man der sowjetischen Statistik, so wurden in den 1970er Jahren pro Frau im Durchschnitt 6,8 Kinder geboren. Mit einem Durchschnittsalter von 22 Jahren hat Tadschikistan eine sehr junge Bevölkerung, in der Region liegt nur Afghanistan mit 18 Jahren noch darunter.

Die Tadschiken wohnen in den Dörfern meist in Großfamilien zusammen, in den Städten gerne auch in Vierteln oder Häuserblocks der eigenen regionalen Zugehörigkeit. Nach der Hochzeit zieht die Braut zur Familie des Ehemanns und muss sich dort vor allem mit der Schwiegermutter arrangieren. Nicht selten gehen die jungen Männer zum Arbeiten ins Ausland. Für die meisten ist das Ziel Russland, ungeachtet seiner ausländerfeindlichen Tendenzen, wo die dunkelhaarigen und kleinen Tadschiken mit ihrem Akzent nicht unbedingt gut aufgehoben sind. 2010 wurde der Verkauf des russischen Films ›Nasha Russia. Yaitsa sudby‹ in Tadschikistan verboten, da er tadschikische Bauarbeiter in Russland diskriminierend darstellt. Die Familien sind aber auf das Zusatzeinkommen angewiesen, und mindestens einer aus fast jeder Familie muss den Weg nach Russland antreten, denn die Gehälter und Renten in Tadschikistan decken nur einen Bruchteil der Lebenshaltungskosten. Zusätzlich steigen die Lebensmittelpreise deutlich. Für den Reisenden ist diese Situation daran zu erkennen, dass es in den Dörfern und in den Bergen im Sommer nur wenige junge Männer gibt. Auch die Flugpreise richten sich teilweise nach der saisonalen Nachfrage der Gastarbeiter.

Religion

Die Islamisierung Zentralasiens durch die Araber im 7./8. Jahrhundert beendete ein Zeitalter, in dem Zoroastrismus, Buddhismus, Manichäismus, Judentum und Christentum friedlich nebeneinander existierten. Etwa 1200 Jahre später fiel auch der Islam unter die unerwünschten Glaubensrichtungen, denn unter der Sowjetmacht waren alle Religionen gleich obsolet. Und so verwundert es nicht, wenn heute, etwa 30 Jahre nach dem Ende der Sowjetmacht, die Zeit des Suchens nach Gott und der ›richtigen‹ Art der Glaubensausübung immer noch nicht abgeschlossen ist, zumal der Staat es den Gläubigen nicht gerade leicht macht. Mit den Russen und den Deutschen haben fast alle Christen das Land verlassen, nur in Duschanbe werden in einer russisch-orthodoxen Kirche noch Liturgien gelesen. Die Gemeinschaft der bucharischen Juden sucht man heute vergeblich, ihre Synagoge in Duschanbe wurde abgerissen. Die Anzahl der Buddhisten, Zoroastrier und Manichäer ist unerheblich.
Man geht davon aus, dass 95 Prozent der Einwohner Tadschikistans Muslime sind, davon ein Großteil Sunniten. Die meisten Pamiri hingegen sind schiitische Ismailiten und bezeichnen sich selbst als gemäßigte Muslime ohne Moscheen und Freitagsgebet. Frauen und Männern sind gleichgestellt, Bildung und Wissenschaft haben einen hohen Stellenwert. Der religiöse Führer der Ismailiten, Aga Khan, wird sehr verehrt. Seine zahlreichen Entwicklungsprojekte, seine Hilfe während des Bürgerkriegs und seine Vermittlung in Krisensituationen werden ihm hoch angerechnet (→ S. 186).

Moschee in Alichur

Alltagsreligion

Dem Reisenden wird der Stellenwert des Islam nicht sonderlich auffallen. Der Muezzin ruft nicht zum Gebet, viele gehen nicht zum Freitagsgebet, es halten sich nicht alle an den Ramadan und auch nicht an das Alkoholverbot. Viele betonen ihren persönlichen Islam, der ihnen das ermöglicht, worauf sie nicht verzichten wollen und trotzdem Schutz und Seelenheil verspricht. Allgegenwärtig ist das Gottvertrauen der Tadschiken. ›Inshallah‹, Allah entscheidet alle Probleme und ist der Ursprung jeder persönlichen Entwicklung. Die bisweilen daraus resultierende Gleichgültigkeit bei wichtigen Entscheidungen ist auch ein Ausdruck dieser Lebenseinstellung. In gewisser Weise trägt dieser Fatalismus aber auch zur Lockerheit und Spontanität der Tadschiken bei.

In der Moschee Kok Gumbaz in Istarafshan

Renaissance des Islam

Das Wiederaufleben des Islam nach mehreren Generationen verordneten Atheismus ist ein Gradmesser dafür, wie sehr die Gesellschaft nach dem Zusammenbruch des hochideologisierten Sozialismus einen neuen Wertekompass braucht. Die Renaissance des religiösen Lebens zeigt mehrere Facetten: Zum ersten wird deutlich, dass der Glaube in den Tiefen der Gesellschaft überlebt hatte. Sowohl die große Mehrheit der Sunniten als auch die schiitischen Ismailiten auf dem Pamir mussten nicht ›bei Null anfangen‹. Religiöses Leben hatte in der Sowjetunion im Privaten überdauert. Zum anderen ist gut zu sehen, dass verschiedene Akteure im In- und Ausland mit der religiösen Renaissance ihre eigenen Ziele verbinden. Ein bedeutender Teil der innenpolitischen Opposition, vor allem aus strukturschwachen Landesteilen wie dem Rasht-Tal und dem Pamir, hatte beschlossen, inhaltlichen Zielen wie Gerechtigkeit eine moderat-religiöse Form zu geben.

Staaten wie Saudi-Arabien, die Vereinigten Arabischen Emirate, die Türkei und Iran versuchen, über den Glauben Einfluss auf ein strategisch günstig gelegenes Land zu gewinnen. Moscheen wurden gesponsert, Medresen mit Lehrern, Unterrichtsmaterial und Geld unterstützt, die Islamische Entwicklungsbank tauchte auf. Plötzlich fiel auf, dass junge Frauen begannen, das bunte Kopftuch gegen den Hijab zu tauschen, dass junge Männer Kittel, Kappe und Bart trugen.

Säkularer Staat und Islam

Tadschikistan hat keine Staatsreligion, in der Verfassung ist das Prinzip des Säkularismus festgeschrieben. Das darf man durchaus nicht nur als staatliche Fortsetzung der sowjetischen Tradition des Atheismus interpretieren, sondern es ist ein Versuch, an der Nordflanke eines seit Jahrzehnten entfesselten islamischen Fundamentalismus verschiedener Spielarten für Ruhe zu sorgen. Auch der Bürgerkrieg hat mit aller Deutlichkeit gezeigt, wohin politisch instrumentalisierter religiöser Fanatismus führen kann. Doch die momentane Religionspolitik des tadschikischen Staates könnte in die Sackgasse führen.

Kultureller Islam wird geduldet, politischer Islam jedoch wird nicht gebraucht, abgelehnt und zunehmend verfolgt. Doch dabei schüttet man das Kind mit dem Bade aus. So ist es mittlerweile verboten, einen nicht gestutzten Bart zu tragen – Ausnahme sind Männer, die eine Pilgerfahrt nach Mekka absolviert haben. Auch der Hijab ist nicht mehr erwünscht. Er soll durch das traditionell im Nacken gebundene tadschikische Kopftuch ersetzt werden. Diese Vorschriften werden zur Not auch gewaltsam durchgesetzt. So kam es schon mehrmals zu Zwangsrasuren junger Männer. Auch anderweitig greift der Staat tief ins religiöse Leben der Bürger ein. Eltern dürfen ihre Kinder nicht mehr missionieren, Minderjährigen ist der Besuch von Moscheen verboten, Personen unter 35 dürfen nicht zur Hadsch fahren. Alle Koranschulen wurden geschlossen, ebenso zahlreiche Moscheen. Der Staat überwacht die Gottesdienste und bestimmt ihren Inhalt. Diese Restriktionen erfolgen auf dem Hintergrund einer anfänglichen Duldung und sogar moderaten Förderung des Islam und stiften deswegen Verwirrung bei vielen Gläubigen. Wie ist es zu erklären, dass einerseits der Bau der größten Moschee Zentralasiens in Duschanbe vorangetrieben wird und andererseits Moscheen geschlossen werden?

Der Höhe- und Wendepunkt des Verhältnisses des Staates zum Islam war das Verbot der Partei für islamische Wiedergeburt 2015 und die Verhaftung ihrer führenden Mitglieder. Dieser Schritt beschleunigte die Radikalisierung, die bereits begonnen hatte und deren Ursache nicht im Islam, sondern in den auf der Hand liegenden wirtschaftlichen und sozialen Problemen zu suchen ist. Militante Tendenzen nehmen zu, vor allem unter den Jugendlichen. Es ist ein offenes Geheimnis, dass Hunderte von Tadschiken zum IS gegangen sind, darunter auch ein hoher Polizeioffizier.

Kirgisisches Mädchen bei Murghob

Minderheiten

Infolge der bewegten Geschichte und der zerfransten sowjetischen Grenzziehung leben auch Minderheiten benachbarter Ethnien in Tadschikistan: 13 Prozent Usbeken und etwa 0,8 Prozent Kirgisen. Auf der anderen Seite leben ethnische Tadschiken als Minderheiten auch in Usbekistan, Kirgistan, in Nordafghanistan, in Westchina und natürlich saisonal in Russlands Baubaracken.

Die deutsche Minderheit gibt es fast nicht mehr (→ S. 329). Die meisten Deutschen (deportierte Russlanddeutsche) kamen während des Zweiten Weltkrieges nach Duschanbe und Nord-Tadschikistan. Bei der ersten Gelegenheit verließ der Großteil Anfang der 1990er Jahre das Land, um in ihrer historischen, oft vor Generationen verlassenen Heimat neu anzufangen.

Städtebau und Architektur

Das, was man heute an Städtebau zu sehen bekommt, ist eine Melange aus sowjetischen Bauten aus den 1930ern bis 1980ern und den Resultaten des ambitionierten Baubooms des letzten Jahrzehnts. Große Parks und breite Boulevards, weite Platanenalleen und Springbrunnenanlagen prägen noch heute viele Städte. Die sowjetischen administrativen Gebäude und Kultureinrichtungen wie Kinos, Theater, Oper und Museen in ihrer großzügigen neoklassizistischen Bauweise mit Säulen, sozialistischem Stuck, gigantischen Fassaden und weiten Eingangshallen sind auf dem Rückzug. Die Mahallas, Viertel aus lehmmauerumfriedeten Familienanwesen mit Hausgärten, teilweise schon zu sowjetischer Zeit durch Plattenbauten ersetzt, sind heute abermals bedroht.

In den letzten Jahren gab es vor allem im heftig wachsenden Duschanbe einen Bauboom. In der Hauptstadt entstanden viele repräsentative Gebäude, mit deren Stil nicht jeder einverstanden ist. Diesen Protzbauten müssen vielfach recht solide und architektonisch ansprechendere Gebäude aus den 1950er Jahren weichen. Das Umland von Duschanbe wurde mit Villen und großen Häusern regelrecht zugebaut. Außerdem lässt sich auf privaten Baustellen auch ein neuer russischer Einfluss erkennen: mehrstöckige Häuser mit Giebeln und Balkonen – stilistische Mitbringsel aus den Köpfen der tadschikischen Gastarbeiter von Russlands Baustellen. Noch kann man die alten Mahallas in den Städten gut erkennen, in Duschanbe etwa unterhalb des Siegesparkes und in Khujand um den Basar herum. Die meist einstöckigen Lehmbauten umschließen oft U-förmig einen kleinen Garten oder Hof. Die Räumlichkeiten sind alle zum Hof hin ausgerichtet, über diesen erreicht man Küche, Bad und Toilette. Im Hof selbst spielt sich (im Sommer) das eigentliche Leben ab. Essen wird hier oft auf offenem Feuer zubereitet. Hier steht auch die Sitz-, Ess- und Schlafmöglichkeit, der Tapchan. In Tadschikistans postsowjetischen energiearmen Wintern sind die meisten Menschen froh, in alten Häusern zu wohnen, die über eine alternative Heizmöglichkeit verfügen. So etwa in robusten, meist dreistöckigen Stalinbauten aus den 1950er Jahren, die sich auch als erdbebensicher erwiesen haben und zusätzlich oft über einen Kohle- oder Holzofen verfügen. In manchen Vierteln in Duschanbe funktioniert auch noch das Fernwärmesystem.

Mahalla am Siegespark in Duschanbe

Tapchane in der Oshkhona Takhti Sangin in Kabodiyon

Dörfliche Architektur

Die Mehrheit der Tadschiken (73 Prozent) wohnt in ländlichen Siedlungen und Dörfern, den so genannten Qishloks. Die Lehmbauten (auch Steinhäuser, je nach Region) mit den Holzdecken und flachen Dächern sind von gleichem Aufbau wie in den städtischen Mahallas, nur der innere Garten ist meist größer und ermöglicht Obst- und Gemüseanbau. Teilweise werden die Dächer zum Trocknen von Heu oder Früchten genutzt, an die Häuseraußenwände wird Viehdung zum Trocknen geklatscht, ein wichtiger Brennstoff für den Winter. In steilen Bergregionen werden die Häuser auch versetzt übereinander gebaut. Dieser speziellen Bergarchitektur kann man etwa im Dorf Veshab im oberen Zarafshon-Tal begegnen (→ S. 384).

Die Wohnräume sind meist karg eingerichtet, aber in keinem Fall dürfen ein Kissenberg und ein Berg Baumwoll- oder Filzmatten (*kurpacha*) fehlen, die als Schlafunterlage genutzt werden. Die Wände sind oftmals geschmückt mit den traditionellen Suzani (bestickten Wandbehängen) der jeweiligen Region. Westliche Möbel wie Tische und Stühle haben sich in den Qishloqs kaum durchgesetzt. Gegessen wird auf dem Tapchan, an einem niedrigen Tischchen oder vom Tischtuch, auf Matten auf dem Boden sitzend.

Die Architektur im Pamir unterscheidet sich grundsätzlich vom Rest Tadschikistans. Die Pamirhäuser sind quadratisch mit einem Deckenfenster, haben keinen Innenhof und sind von äußerst symbolischer Gestaltung (→ S. 226). Eine weitere Wohnform in den Bergen ist die Jurte, die von den ethnischen Kirgisen auf den Hochweiden genutzt wird.

Volkskunst

Tadschikistan war schon immer bekannt für seine Handwerkskunst. Holzschnitzerei, Wandmalerei, Keramik, Juwelierkunst, Stickereien, Teppich- und Seidenherstellung sind weltbekannt. Auch darstellende Kunst hat Tradition, angefangen bei vorchristlichen Felsenmalereien und -gravuren und sogdischen Wandmalereien über buddhistische Tempel bis zu den Mosaiken und Alabasterkunstwerken der Moscheen. Eine überaus reiche Musiktradition gab es vor allem bei den Pamirvölkern.

Westliche Kunst erreichte Tadschikistan erst im 20. Jahrhundert über Russland: Porträt- und Landschaftsmalerei, Ballett und klassische Musik. Moderne Künstler stellen heute im Nationalmuseum in Duschanbe und in einigen Galerien aus, einen Einblick in die Arbeiten bildender Künstler bekommt man auf www.tajikart.com.

Erst nach der Unabhängigkeit erlebte die traditionelle tadschikische Handwerkskunst wieder einen Aufschwung. Vor allem die Schmuckornamente von Kleidung, Decken und Wandteppichen sowie an Fassaden sind regional geprägt. So unterscheiden sich die Wandteppiche des Pamirs von denen des Zarafshon-Tals in Farben und Mustern. Auch die kunstvoll bestickten Kopfbedeckungen sind Zeichen einer ethnischen Volksgruppenzugehörigkeit. Die Tyubeteyka ist die klassische Kopfbedeckung tadschikischer Männer, eine schwarze Kappe mit weißen, aufgestickten Ornamenten aus Seidenfäden, die auf dem Hinterkopf getragen wird. Frauen tragen an Festtagen und vor allem zur Hochzeit eine eckige bunte Kopfbedeckung mit Verzierungen aus Perlen und Pailletten. Die Toki, die Kopfbedeckung der Pamiri, ist rund und bunt mit einem verzierten Band. Bisweilen sieht man auch die hohen kirgisischen Hüte aus hellem Filz mit aufge-

Die Künstlerin Munira Akilova leitet die Handwerker-Kooperative Armugon

Suzani im Museum von Kulob

nähten Ornamenten, aufgekrempelte breite afghanische Filzmützen in Brauntönen oder bei älteren Männern den Turban. Nicht zu vergessen natürlich das Alltagskopftuch vieler Tadschikinnen, das – anders als im Iran, dem kulturellen Bruderland – im Nacken geknotet wird.

Bekannt ist Tadschikistan auch für seine bunten Frauenkleider, deren lebhaft gemusterte Seidenstoffe früher mit geschnitzten Holzstempeln hergestellt wurden. Die Kleider haben eine gerade und weite Form und enden etwa zehn Zentimeter oberhalb des Knöchels. Darunter wird eine Hose getragen, die um die Hüfte meist aus einem groben einfachen Stoff besteht. Nur der sichtbare Bereich – die unteren Hosenbeine – sind verziert und aus dem gleichen Stoff wie das Kleid selbst. Hier und da kann man noch echte hand- oder maschinengewebte Baumwoll- und Seidenstoffe (Adras, Atlas) für solche Kleider finden, überwiegend werden inzwischen die billigen (Kunstfaser-)Varianten aus China gekauft.

Die kunstvoll bestickten Suzani (Wandbehänge), Handwerkskunst aus Wolle und Filz, Schmuck und Seidenkleider kann man in den Souvenirläden in den größeren Städten erwerben. Im Pamir gibt es zwei Handwerkerassoziationen (De Pamiri und Yak House), die in Khorugh und Murghob je einen Laden besitzen, im Bartang-Tal (→ S. 269) werden überdurchschnittlich viele der bunten und wunderbar warmen Pamirsocken (Jurabi) gehäkelt und direkt vor Ort oder über die Handwerkerassoziationen verkauft. Handwerkskunst aus dem Zarafshon-Tal kann man in Gästehäusern und im Touristeninformationszentrum Khujand erwerben. In Regionen, die von Touristen stärker frequentiert werden, ist es oftmals auch möglich, direkt vor Ort beim Künstler oder Handwerker einzukaufen. Die Besitzer von Gästehäusern stellen häufig selbst kleine Souvenirs her oder kennen die Handwerker aus der Umgebung.

Sprache

Tadschikisch ist eine indoeuropäische Sprache aus der iranischen Sprachgruppe. Tadschiken können sich mit Iranern und ihren südlichen Nachbarn, den Afghanen, einigermaßen gut verständigen – jedoch vor allem mündlich, da die Schriftsprache seit 1940 die kyrillischen Zeichen nutzt. In den Städten und vor allem mit der älteren Generation kann man sich auf Russisch verständigen. Seit 1989 ist Tadschikisch wieder offizielle Landessprache, damals hatten viele für das Tadschikische als offizielle Sprache auf Duschanbes Straßen demonstriert. Heute wird sie von etwa zwei Dritteln der Bevölkerung vorzugsweise gesprochen, jedoch in unterschiedlichen Dialekten, die sich geographisch zuordnen lassen. Das Russische hatte jahrelang die tadschikische Sprache aus dem öffentlichen Leben verdrängt, bis jetzt sind deshalb Defizite in der Sprachentwicklung zu sehen. Der russische Einfluss ist noch gut zu erkennen, viele russische Wörter aus dem administrativen und technischen Bereich werden noch immer verwendet. Beim Erlernen der tadschikischen Sprache gibt es trotz staatlicher Forcierung Probleme, es mangelt vor allem an Wörterbüchern und aktuellen Lehrbüchern auf Tadschikisch.

Neben der tadschikischen und der russischen Sprache werden verschiedene Pamir-Sprachen (→ S. 186) gesprochen und im Westen, an den Grenzen zu Usbekistan, auch Usbekisch. Im Nordosten (Murghob, Jirgatol) ist außerdem Kirgisisch verbreitet.

Vor allem in den städtischen Zentren Zentralasiens herrschte seit jeher eine ausgeprägte Zwei- oder Mehrsprachigkeit, und lange Zeit war Sprache kein trennendes Identitätsmerkmal. Dies galt und gilt vor allem für Tadschikisch und Usbekisch. Usbekisch ist mit dem Tadschikischen nicht verwandt, sondern ist eine Sprache aus der Familie der Turksprachen. Tadschikistan ist somit ein multilinguales Land.

Männer mit verschiedenen Kopfbedeckungen in Ayni

Tadschikistan – ein multilinguales Land

In Deutschland kann man Tadschikisch am Zentralasienseminar der Humboldt-Universität in Berlin erlernen, außerdem werden im Sommer oft mehrwöchige Kurse über den Deutschen Akademischen Austauschdienst (DAAD) in Tadschikistan (und Afghanistan) angeboten. 2011 erschien das erste deutsch-tadschikische Wörterbuch mit etwa 20 000 Stichwörtern.

Schrift

Im Zuge der sowjetischen Sprachplanung und Modernisierung wurde 1930 die arabische Schrift von einem lateinbasierten Alphabet abgelöst. Seit 1940 wird Tadschikisch mit einem modifizierten kyrillischen Alphabet geschrieben, anders als im Nachbarland Usbekistan, das fast überall wieder die lateinische Schrift verwendet. Innerhalb eines Jahrhunderts wechselte Tadschikistan somit zweimal das Alphabet. In den staatlichen Schulen und in den Medresen wird auch die arabische Schrift gelehrt, im religiösen Leben spielt sie eine große Rolle. Für die Internetgeneration ist die lateinische Schrift wieder zunehmend von Bedeutung und der Schlüssel zu Bildung, Unterhaltung und Kommunikation.

Neben der Schrift wurden auch Familiennamen eingeführt und russifiziert, und an den ursprünglichen Familiennamen wurde die Endung -ov angehängt. Aus Rahmon wurde somit Rahmonov, aus Rahim Rahimov. Der jetzige Präsident änderte diese Vorschrift. Er ›tadschikisierte‹ die Familiennamen wieder und nennt sich seit 2006 Rahmon.

Literatur

Als Vater tadschikischer Poesie wird Abuabdulloh Rudaki (858–941) betrachtet, der mit Gedichten und Heldenepen die klassische tadschikische Literatur begründete. Er studierte in den Schulen von Samarkand und wurde zu einem gebildeten Dichter, der die Metrik des Persischen verinnerlichte; in seinen Gedichten finden sich über 30 verschiedene Versmaße. Ungeachtet seiner späteren Popularität starb er verarmt in Panjrud, einem kleinen Ort im Zarafshon-Tal (→ S. 354). Rudaki legte auch die Grundlage zu traditionellen Reimschemen und poetischen Genres wie die belehrenden Masnavi oder der Rubai, bei dem die Strophen aus jeweils vier Zeilen bestehen, wobei sich die erste, zweite und vierte Zeile reimen.

Ein paar Jahrzehnte später lebte Hakim Abulqosim Firdausi, der durch das Buch ›Shohnoma‹ (auch Shahname, Buch der Könige) Berühmtheit erlangte, eine ewig moderne Parabelgeschichte von den Heldentaten des Rustam, von sinnlosen Stammesfehden und vom Wert des Friedens. Heute ist die Nationalbibliothek in Duschanbe nach Firdausi benannt. Das Genre der Rubai nutzte auch Abuali ibni Sino (Avicenna, 930–1037) als Ausdrucksmöglichkeit für seine philosophischen Gedanken. Zu den Klassikern zählen ebenfalls Hofiz (Hafiz Sherazi), Mavlono Rumi und Kamol Khujandi aus dem Mittelalter.

Der Vater der modernen tadschikischen Literatur ist Sadriddin Ayni (1878–1954), der den ersten tadschikischen Roman (›Dokhunda‹) verfasste. Er spielte auch eine große Rolle bei der Sowjetisierung der Literatur und Schrift und wurde tadschikischer Vertreter beim Schriftstellerkongress der Sowjetunion. Gedankt wurde ihm mit zahlreichen Denkmälern im ganzen Land. Seinen Spuren folgten Mirzo Tursunzoda (1911–1977) und andere Schriftsteller und Dichter wie Sotim Ulughzoda, Jalol Ikromi, Rahim Jalil, Mirsaid Mirshakar und Abdusalom Dehoti.

Viele Musiker, Literaten, Künstler und andere Intellektuelle haben Tadschikistan während des Bürgerkrieges verlassen. In den Buchläden findet man leider nicht viele neuaufgelegte Werke tadschikischer Schriftsteller, in vielen Schulen wird noch mit den veralteten und zerfledderten sowjetischen Lehrbüchern gearbeitet. Wer sich für tadschikische Literatur interessiert, sucht am besten in Antiquariaten und auf der Straße, wo Rentner aus purer Not ihre Buchbestände verkaufen.

Neues Gebäude der Nationalbibliothek in Duschanbe

2013 erhielt der in Duschanbe geborene Autor Andrey Volos den Russischen Booker-Preis, den wichtigsten russischen Literaturpreis. Sein Buch ›Hurramabad‹ beschreibt sein Leben in Tadschikistan nach dem Zerfall der Sowjetunion aus russischer Perspektive. Das Buch ist in englischer Übersetzung im Handel erhältlich.

Die Großen der tadschikischen Literatur, in der Mitte Rudaki

Eine kleine Perle – ein tadschikisches Liebesmärchen

Es lebten einmal ein Armer und ein Reicher, die waren Nachbarn, und nur ein Zaun trennte den einen vom anderen. Der Reiche hatte ein weitläufiges Gehöft mit schönen Gebäuden, einem Garten und einem großen Teich, nannte viele Pferde- und Rinderherden sein eigen und eine Unmenge von anderem Hab und Gut. Er hielt sich eine große Dienerschaft und war mit drei schönen Frauen verheiratet.

Der Arme dagegen besaß nichts als einen kleinen Hof, eine elende Hütte und ein paar Habseligkeiten. Ganze Tage hindurch zog er bald hierhin, bald dorthin und verrichtete jedwede sich ihm bietende grobe und schwere Arbeit. Alles, was er erwarb, brachte er nach Hause und bestritt davon seinen kärglichen Unterhalt.

Als er eines Tages müde von der Arbeit heimgekommen war und gerade eine Schale Suppe verzehrte, die ihm seine Frau gekocht hatte, klopfte auf einmal ein Diener des Reichen an die Pforte seines Hofes. Der Diener trat ein, begrüßte den Armen und sagte: ›Mein Herr schickt mich und lässt dir ausrichten, du möchtest so schnell wie möglich zu ihm kommen!‹

›Wozu braucht mich dein Herr?‹ fragte der Arme. ›Das weiß ich nicht‹, antwortete der Diener. Der Arme erhob sich widerstrebend und folgte jenem.

Vor seinem Hause lag der Reiche auf einem Sofa, über das seidene Decken gebreitet waren, und schlürfte Tee. Ihm zu Füßen saß ein junger Diener und massierte ihm die dicken, nackten und behaarten Beine.

›Tritt näher, Nachbar‹, sagte der Reiche, als er den Armen gewahrte. ›Du lässt Dich gar nicht bei mir blicken. Sicher fehlt es dir doch dann und wann am Notwendigsten; aber du kommst nie, um mich um etwas zu bitten.‹

›Ein jeder Mensch muss zufrieden sein mit dem, was er hat‹, entgegnete der Arme.

›Du bist recht hochmütig‹, meinte der Reiche, ›aber komm schon her und setz dich auf's Sofa!‹

Der Arme setze sich auf den Rand des Sofas.

›Ich möchte dich etwas fragen‹, sagte der Reiche. ›Du weißt, ich besitze alles, was man sich nur wünschen kann. Wie dir aber sicherlich bekannt ist, gibt es auf meinem Hof auch nicht einen ruhigen Tag. Bald regen mich die störrischen Dienstboten auf, das bringt mein Blut in Wallung, und dann schimpfe und schlage ich sie. Bald aber zanken und streiten meine unbotmäßigen Frauen so sehr, dass mir Hören und Sehen vergeht. Dann wieder kommen Leute mit den verschiedensten Anliegen zu mir, mit einem Wort, es ist ständig Lärm, Zank und Streit auf meinem Hof. Mich wundert nur eines: Du bist doch mehr als arm, besitzest auch nicht den tausendsten Teil meines Reichtums, auf deinem Hof aber herrscht ständig Ruhe. Noch nie habe ich gehört, dass deine Frau geweint oder dass ihr miteinander Krach gehabt hättet. Es ist gerade, als kenntet ihr weder Leid noch Mangel. Aus Eurem Hof hört man nur immer herzliches Lachen. Sag mir doch, wie kommt das?‹

›In unserem Haus gibt es nichts, worüber wir uns streiten könnten‹, sagte der Arme. ›Ich tue, was ich nur irgend kann, um mich und meine Familie durchzubringen. Das weiß meine Frau und sorgt daher auch für mich. Auch meine Frau hat ihren Kopf voll Sorgen. Da ich sie aber liebhabe, gebe ich mir Mühe, ihr Herz vor

Kummer und Leid zu bewahren. Ja, und dann haben wir eine kleine Perle, mit der wir oft in unseren Mußestunden spielen. Das macht uns so viel Freude, dass unser Lachen immer lauter wird.‹

Der Reiche verabschiedete den Armen und ließ sich das Gehörte durch den Kopf gehen. ›Sollte wirklich eine einzige kleine Perle Freude und Lachen verursachen?‹ fragte er sich. ›Dann will ich mir nicht nur eine, sondern gleich drei Perlen kaufen und mit meinen drei Frauen damit spielen. Mal sehen, was dabei herauskommt.‹

Am anderen Tag schon kaufte der Reiche für eine riesige Summe Geld drei kostbare Perlen. Als er nach Hause kam, setzte er sich auf das Sofa und rief seine drei Frauen zu sich. Einer jeden von ihnen gab er eine Perle und sagte: ›Kommt her, wir setzen uns im Kreis hin und spielen mit den Perlen!‹.

Die älteste Frau aber schaute zuerst ihre Perle an und darauf die Perle der jüngeren Frauen. Ihre Perle schien ihr schlechter und billiger zu sein als die der beiden anderen. Der zweiten Frau und auch der jüngsten ging es ebenso. Voller Neid und Missgunst fuhren sie aufeinander los, und schon war wieder Krach im Haus.

Der Reiche geriet außer sich vor Wut, er verdrosch die Frauen und jagte sie zurück in ihre Gemächer. Er selber aber lief, so schnell ihn seine Füße tragen konnten, zu dem Armen. Als er die Pforte zu dessen Hof öffnete, schlug ihm schon fröhliches Lachen entgegen. Er betrat den Hof und sah, wie sich der Arme und seine Frau mit einem zweijährigen Knaben, den sich zwischen sich sitzen hatten, beschäftigten und wie sie dabei von Herzen froh und glücklich über den kindlichen Mutwillen des Kleinen lachten.

›Ich habe drei Perlen gekauft und sie heimgebracht‹, sagte der Reiche, zu dem Armen gewandt. ›Sie haben aber keine Freude ausgelöst, im Gegenteil, meine Frauen sind wegen der Perlen miteinander in Streit geraten und haben einen mordsmäßigen Krach geschlagen. Was für eine unschätzbare Eigenschaft besitzt denn Eure kleine Perle, wenn ihr beim Spiel mit ihr so froh und glücklich werdet?‹

›Ach, Nachbar‹, sagte darauf der Arme. ›Unsere Perle ist kein toter Gegenstand wie Eure Perlen. Unsere kleine Perle – ist unser allerliebstes Söhnchen hier, das wir von ganzem Herzen und von ganzer Seele lieben. Kann es denn eine Perle geben, die besser und kostbarer wäre als ein Kind?‹

Erst jetzt wurde dem Reichen alles klar, und er verließ, ohne ein Wort zu erwidern, gesenkten Hauptes den Hof des armen Mannes.

Dieses Märchen wurde ausgesucht aus dem Buch ›Robia mit dem ellenlangen Haar‹ (Liebesmärchen aus Tadshikistan, Verlag Volk und Welt Berlin, 1988). Es ist das kürzeste Märchen aus diesem Buch; es ist zeitlos und immer noch sehr realitätsnah. In allen anderen Märchen beherrschen Padishahs, Recken und Drachen die Szenerie – dieses hier hingegen könnte auch heute noch so passieren. Zum Beispiel irgendwo in Berg-Badakhshan, wo die meisten Männer, so wie der Arme, nach Gelegenheitsarbeiten suchen müssen, um ihre Familie zu ernähren, und sich bis nach Moskau um Arbeit verdingen. Und wo andererseits, wie in einer Parallelwelt, Reiche skrupellos, aber auch freudlos danach trachten, noch reicher zu werden. Ganz typisch in diesem Märchen sind Genügsamkeit und Redlichkeit, Lebensfreude und Kinderliebe – Eigenschaften, auf die man bei den vielen einfachen Leuten ungeachtet teilweise bitterer Armut immer wieder trifft.

Musik

Musik hat eine lange Tradition in Tadschikistan. Musiker wurden schon auf Wandmalereien abgebildet, die vermutlich aus dem 7. und 8. Jahrhundert stammen, wie beispielsweise eine Harfenspielerin aus Panjakent. Lieder und Melodien wurden mündlich von Generation an Generation weitergetragen.

Im 18. Jahrhundert bildete sich in Buchara der Shashmaqom aus, eine Kompositionsabfolge aus instrumentalen Teilen und gesungenen Versen mit Texten von beispielsweise Rudaki und Hafiz. Gespielt wird der Zyklus Shashmaqom von einem oder mehreren Saiteninstrumenten, einer Trommel und einem Sänger. Die Shashmaqom-Musik in Tadschikistan und Usbekistan steht seit 2008 auf Liste des immateriellen UNESCO-Weltkulturerbes.

Ein weiteres Genre bildet der emotionale Falak, in dem Sehnsüchte, Bitten und Wünsche musikalisch untermalt werden. Wenn man Lieder von Davlatmand Kholov und Gulchehra Sadiqova hört, bekommt man von diesem Musikstil einen Eindruck, die beiden singen traditionellen Falak aus Kulob.

Die hölzernen Saiteninstrumente (beispielsweise die Rubob im Pamir) gehören noch heute zum Alltag, denn ein Fest oder ein Feiertag ohne Musik ist unvorstellbar. Im Instrumentenmuseum in Duschanbe (→ S. 121) kann man sich mit den verschiedenen Musikinstrumenten des Landes vertraut machen. Im Sommer gibt es dort auch Konzerte tadschikischer Musikgruppen.

Für europäische Ohren ungewöhnlich ist vor allem der Klang der langen Blechtrompete (*karnai*), die beispielsweise vor dem Standesamt den Einmarsch des Brautpaars und auch deren Denkmal-Foto-Safaris begleitet und einen festen Bestandteil in der Folklore einnimmt.

Große Konzerte gibt es leider nur ein paarmal im Jahr – entweder in sterilen Sälen mit Sitzzwang oder unter freiem Himmel mit einem großen Aufgebot an Polizei. Dennoch sollte man sich solche Konzerte nicht entgehen lassen. In Duschanbe

Spontanes Konzert in einem Gästehaus im Wakhan

Musikant mit dem traditionellen Instrument Rubob im Pamir

werden manchmal schöne Konzerte im Kulturzentrum ›Bactria‹ (→ S. 142) und im Musikinstrumente-Museum gegeben. Ein musikalisches Highlight ist außerdem das ›Roof of the World‹-Festival im Sommer in Khorugh. An mehreren Tagen treten hier Musiker (mit und ohne Tanzgruppen) aus ganz Zentralasien, Pakistan und China auf. Ende Juli 2018 findet das mittlerweile elfte Festival statt (Kontakt: Tel. +992/93/6006813, roofoftheworldfestival@gmail.com, samandarpld@gmail.com).

Zu den bekannten Musikgruppen aus dem Pamir gehört die Gruppe ›Shams‹, die 1995 gegründet wurde. Der Sänger Muboraksho aus dem Pamir, bekannt für seine melancholischen Lieder, starb im Jahr 2001 an Tuberkulose. Beliebte Sänger in Tadschikistan sind außerdem Nargiz Bandishoeva, Oleg Fezov und Yuriy Vizbor. Die Videos der Sängerin Manizha (Davlat) laufen noch ab und an in den Cafés; obwohl die Sängerin seit 2006 nicht mehr auftritt, ist sie weiterhin in der jüngeren Generation beliebt, wie auch die Band ›Parem‹, die sich Anfang der 90er Jahre gegründet hat. Einige Rapper erfreuen sich wachsender Begeisterung bei der jüngeren Generation, so etwa Master Ismail aus Duschanbe, der mit seinem Label ›RAP records‹ die musikalische Szene belebt. Auch der Rapper Dorob-YAN‘s, dessen Familie zu Bürgerkriegszeiten den Pamir verlassen hatte und jetzt im kirgisischen Osh lebt, ist Teil der aktuellen Musikszene und fordert die Politik heraus. 2013 wurde er kurzzeitig in Moskau festgenommen, da er angeblich den tadschikischen Präsidenten in einem seiner Lieder beleidigte. Weitere aktuelle Popstars sind Shabnami Surayo, deren Popsongs auch in Afghanistan berühmt sind, und der smarte Sadriddin Najmiddin, beide sind auf Youtube und in den sozialen Netzwerken sehr präsent. Auch in Europa erhältlich ist Musik der tadschikischen Pop-Jazzband ›Avesto‹: Rund um die Sängerin Takhmina Ramazanova werden hier Klänge traditioneller tadschikischer Instrumente mit denen moderner Instrumente lyrisch vereint. Der Vorreiter der Verbindung tadschikischer Musik mit zeitgenössischen Musikstilen ist Daler Nazarov, zweifellos einer der berühmtesten tadschikischen Sänger, der auch über Zentralasiens Grenzen hinaus bekannt ist.

Daler Nazarov – die Stimme Tadschikistans

Jeder kennt ihn in Tadschikistan, denn Daler Nazarov ist einer der bedeutendsten Musiker des Landes. In Europa bekannt durch den Soundtrack zum deutsch-österreichischen Film ›Luna Papa‹ mit Moritz Bleibtreu, ein surrealistischer und sehr empfehlenswerter Film über ein tadschikisches Dorf, der auch in den deutschen Kinos lief. Auch der Film ›Opiumkrieg‹ (2008) des afghanischen Regisseurs Siddik Barmak, zu dem Nazarov die Musik komponierte, bekam auf einem Filmfestival in Rom den Goldenen ›Marc Aurel‹ für den besten Film.

Daler Nazarov hat als erster Elemente der tadschikischen Folklore in den Westen getragen. Wenn der kleine schmächtige Mann mit den heute grauen Haaren und den poetischen Texten in Duschanbe auf der Bühne steht, sitzt niemand mehr. Seine Musik ist geprägt durch nationale tadschikische Elemente und Instrumente und verquickt mit westlichen zeitgenössischen Musikstilen. Er lebt zwischen Aufnahmen in Moskau, Produktionen in Kasachstan, Afghanistan und seiner Heimat Tadschikistan. Mehrmals im Jahr tritt er in Duschanbe auf.

Ein Gespräch mit Daler Nazarov

»Wie haben Sie zur Musik gefunden oder die Musik zu Ihnen?«

»Ich wurde 1959 in Duschanbe geboren. Die Welt der Musik hat sich für mich stückweise eröffnet. Bis ich elf Jahre alt war, war ich fasziniert vom Reichtum der damaligen westlichen Musik, hatte aber gleichzeitig einen Hang zur heimischen Folklore. Seitdem fließen diese beiden Richtungen in meiner Musik zusammen.«

»Wie würden Sie die Besonderheiten Ihrer Musik beschreiben?«

»Das ist schwer zu sagen, ich befinde mich immer in einem Prozess. Vielleicht ist das Besondere, dass die tadschikischen Melodien mit der heutigen modernen Technik umgesetzt werden, vielleicht aber auch, weil unsere Melodien nicht eins zu eins aus der Folklore stammen, sondern nur von ihr inspiriert wurden und – wenn Gott will – erst zur Musik des Volkes werden. Oder vielleicht ist die Besonderheit, dass wir ständig auf der Suche sind nach etwas Neuem.... Ich denke, wir sind berühmt geworden, weil wir alle Kinder der 60er und 70er Jahre sind, als die Musik die Weltanschauung der Künstler ausdrückte und wir das, was in unserem Leben passierte, in Musik umsetzten. Und natürlich, weil die jahrhundertealte reiche tadschikische Kultur uns ermöglicht, verschiedene musikalische Wege zu gehen.«

»Worüber singen Sie in Ihren Liedern?«

»Unsere Lieder, so wie die ganze Poesie auf Farsi, erzählen von der Liebe. Die Liebe, die unser ganzes Sein bestimmt, die Liebe zu Gott, den jeder im Herzen trägt.«

»Welche Rolle spielen Sie für die Bevölkerung Tadschikistans?«

»Ich hoffe, dass unsere Lieder über die Suche nach der Seele erzählen, und das betrifft jeden, nicht nur die Bewohner von Tadschikistan. Wir wenden uns an alle, die uns hören können. Man möchte natürlich gerne ein Botschafter seiner Heimat sein und seines Volkes, um davon zu erzählen, wie dankbar wir der Sonne sind, dass sie jeden Tag für uns aufgeht und uns Wärme spendet.«

»Viele Menschen haben Tadschikistan vor dem Bürgerkrieg verlassen. Sie auch. Warum kamen Sie nach dem Krieg zurück?«

»Heimat ist für mich mehr als Tadschikistan, meine Heimat ist die ganze Welt, aber es gibt dieses kleine Fleckchen Tadschikistan, wo ich meine ersten Schritte gemacht habe und meine Freunde kennenlernte. Jeder Mensch, jeder Baum hier ist eine Erinnerung, die ich in meinem Herzen trage. Hier lebt meine Inspiration.«

»Was denken Sie, warum ist Tadschikistan für Reisende interessant?«

»Das ist eine schwierige Frage. Man sollte auf jeden Fall in die Berge gehen und dort wohnen und mit den Menschen sprechen. Historische Denkmäler können einem wenig geben, besser ist der direkte Kontakt mit den Menschen.«

»Wo können Interessierte Ihre Musik und Ihre Filmmusik kaufen?«

»Meine Musik wird in Duschanbe vielerorts von ›Piraten‹ (schwarz gebrannt) und ohne Lizenz verkauft. Ich kenne diese Alben nicht, vielleicht ist dort gar nicht meine Musik zu hören .... Offiziell haben wir zwei CDs produziert, die Musik zum Kinofilm ›Luna Papa‹, die auch in Deutschland erhältlich ist, und das Album ›Son v sadu‹ (Traum im Garten), das in Almaty herausgekommen ist.«

»Vielen Dank für das Gespräch.«

Nazarovs letztes Album erschien 2008 unter dem Titel ›Aerospirantae‹. Weitere Informationen gibt es auf www.dalernazarov.com.

Folklorevorführung im Zarafshon-Tal

Bräuche

Wurden zu Sowjetzeiten das Brauchtum und die Traditionen in den privaten Raum verdrängt, so erleben sie, beginnend mit der Perestroika und schließlich mit der Unabhängigkeit Tadschikistans, eine neue Blüte. Der Alltag und vor allem die Feste und Feiertage sind geprägt von kulturellen Ritualen, die meistens ein Ereignis gemeinsam haben: das Zubereiten und Verspeisen des Nationalgerichts Palov. Zu bestimmten Gelegenheiten werden dann sogar Männer zu Köchen.

Geburt

Die Geburt eines Kindes ist ein fröhliches Fest in Tadschikistan, und auf sie folgt die Zeit der Chilla, der ersten 40 Lebenstage des Neugeborenen. Die junge Mutter wird mit dem Kind nicht allein gelassen, und im Raum brennt immer Licht oder zumindest eine Kerze. Über dem Kind hängen Chilischoten oder Knoblauch, um das Böse fernzuhalten. Während der Chilla ist es verboten, das Kind zu fotografieren. Ein Name für das Kind wird erst nach der Geburt ausgesucht, damit lässt man sich meist Zeit, mancherorts ist es auch üblich, dem Neugeborenen am siebten Tag einen Namen zu geben. Der Name wird oftmals nicht von den Eltern, sondern von den Großeltern oder der ganzen Familie bestimmt. Muslimische Namen bei Jungen sind ebenso beliebt wie Blumennamen bei der Geburt eines Mädchens. Wer sagen kann: »Ich habe einen ganzen Botanischen Garten zu Hause«, ist in Tadschikistan ein stolzer Mann.

Hochzeit

Viele Tadschiken werden von den Eltern oder Großeltern miteinander verheiratet. Manche sind schon in frühster Kindheit füreinander bestimmt (*domanchok*). Das heißt jedoch nicht, dass sie nicht vor der Hochzeit noch einmal ge-

Hochzeit in Hisor

fragt werden. Manchmal kennen die jungen Leute den zukünftigen Partner jedoch nicht und müssen sich trotzdem entscheiden. Vor allem in Nordtadschikistan und im Zarafshon-Tal kommt der Ehepartner häufiger aus der weiteren Großfamilie, und die füreinander Bestimmten kennen sich schon jahrelang. Der Staat versucht immer wieder gegen die ›Zwangsheirat‹ und vor allem gegen die Verheiratung von Minderjährigen vorzugehen. Beides kommt jedoch immer wieder vor, obwohl letzteres seit 2011 gesetzlich untersagt ist.

Nachdem geklärt wurde, wer wen heiraten soll, beginnt die Abfolge der Hochzeitszeremonien. Das erste Ritual ist der Besuch der Mutter des Bräutigams bei der Familie der Braut. Sie bringt Palov und große Fladenbrote mit. Dieser erste Gang wird Nonshikanon genannt, das ›Brotbrechen‹. Um den Hochzeitstermin zu verhandeln, kommen mehrere männliche Angehörige der Familie des Bräutigams in das Haus der Braut und bringen ebenfalls Brot und Süßigkeiten. Diesmal ist die Seite der Braut für den Palov zuständig.

Am Tag der Hochzeit wird der ›Morgenpalov‹ zubereitet, der früh am Morgen und nur von Männern gekocht wird. In ständiger Abfolge kommen Verwandte, Nachbarn und Freunde, essen und gehen wieder. Dies können mehrere hundert Personen sein. Danach geht der Bräutigam mit dem Mullah und zwei Trauzeugen zum Haus der Braut, und die eigentliche Hochzeitszeremonie (*akdi nikokh*) wird vollzogen, wobei Braut und Bräutigam oftmals durch einen Vorhang voneinander getrennt sind. Nachdem beide sich dreimal hintereinander das Jawort gegeben haben, bringt der Bräutigam die Braut in das Haus seiner Familie, und es folgt das Hochzeitsfest.

Offiziell dürfen nicht mehr als 150 Personen zu diesem Fest eingeladen werden. Die Regierung entschied 2007, dass eine Hochzeit für viele eine Schuldenfalle sei und begrenzte die Anzahl der Gäste und die Dauer der Feierlichkeiten.

So gibt es jetzt einen offiziellen ›Aufpasser‹ auf jeder Hochzeit. Viele Tadschiken sind über diese gesetzliche Regelung froh, da man nicht wie früher mindestens so viele Gäste einladen muss, wie der Nachbar dies zu seiner Hochzeit getan hatte – dieser gesellschaftliche Geltungszwang entfällt nun.

Von der Hochzeit an wohnt die Frau nun im Haus der Familie des Mannes und darf in der ersten Zeit ihre eigene Familie nicht besuchen. Fünf bis sechs Tage nach der Hochzeit kommt es nochmals zu einem Besuch des frischgebackenen Schwiegersohns bei den Eltern seiner Frau. Hier bekommt er einen traditionellen Mantel (*chapan*) mit Kopfbedeckung (*tuppi*). Am nächsten Tag kommen die Eltern des Mannes in das Haus der Familie der Ehefrau und lernen die anderen Eltern nochmals kennen (*shalom*). Die Hochzeit ist somit eigentlich eine Abfolge von verschiedenen Feierlichkeiten, für die trotz der gesetzlichen Regelung oft ein Kredit aufgenommen werden muss.

Begräbnis

In das Haus eines Verstorbenen kommen die Männer mit Kopfbedeckung und den traditionellen schwarzen Mänteln, die mit einem Tuch (*ruymol*) zusammengebunden werden. Auch die Frauen sind schwarz gekleidet und bleiben dies mindestens ein halbes Jahr.

Frauen und Männer sitzen getrennt, und der Verstorbene wird jeweils von einer Person gleichen Geschlechts gewaschen, in Weiß gekleidet und dann zu Hause aufgebahrt. Die Verwandten und Freunde verabschieden sich lautstark wehklagend vom Verstorbenen. Dann wird dieser durch das Fenster gehoben, denn er soll das Haus auf einem anderen Weg verlassen als auf dem, auf dem er gekommen ist. Nun wird er, meist vom ältesten Sohn, begraben. Drei Tage lang stehen nun die männlichen Angehörigen vor dem Haus und begrüßen die Trauernden und Kondolierenden. Am ersten, dritten, zwanzigsten und vierzigsten Tag nach dem Tod kommt jeweils ein Mullah ins Haus, um zu beten. Auch andere Verwandte und Freunde kommen an diesen Tagen, um zu essen und für den Verstorbenen ein Gebet zu sprechen.

Feste

Die Feste und nationalen Feiertage in Tadschikistan sind auch von seiner Geschichte geprägt. Allen voran steht das alte Neujahrsfest Navruz vom 21. bis 23. März. Es ist eines der buntesten Festtage in Tadschikistan, das seit der Perestroika wieder ausgiebig gefeiert wird.

Zu den neuen nationalen Feiertagen gehören der Tag der nationalen Einheit am 27. Juni, der Unabhängigkeitstag am 9. September und der Tag der Verfassung am 6. November. Der muslimische Feiertag Idi Qurbon, das Opferfest, richtet sich nach dem islamischen Mondkalender, ebenso die Fastenzeit des Ramadan. Die jährliche Verschiebung beträgt etwa elf Tage. Während des Ramadan stehen die Frauen nachts auf und kochen, noch vor Sonnenaufgang wird gegessen, abends wird der Tag mit einem Gebet beschlossen, und nach Sonnenuntergang wird wieder gegessen und getrunken. Oftmals besuchen sich abends Verwandte und Nachbarn und essen gemeinsam. Tagsüber nimmt man weder Essen noch Getränke zu sich. Letzteres kann an heißen Sommertagen die Aktivität vieler enorm einschränken. Generell ist der Ramadan eine ungünstige Reisezeit. Abgeschlossen wird die Fastenzeit mit einem mehrtägigen Fest, genauer: einem mehrtägigen Festessen.

Neben den muslimischen Feiertagen gibt es auch heute noch einige russisch-sowjetische Feiertage, die begangen werden. Das Neujahrsfest hat während der Sowjetzeit immer mehr an Bedeutung gewonnen, ist es doch in Russland das größte Fest im Jahresverlauf. Ebenfalls noch begangen wird der internationale Frauentag am 8. März, der jetzt Muttertag heißt und an dem man als Mann alle Frauen in nächster Umgebung mit Blumen erfreuen sollte, sowie der Tag der Streitkräfte am 23. Februar. Der 1. Mai heißt jetzt Tag der Einheit der Werktätigen. Am 9. Mai, dem Tag des Sieges, finden Jahr für Jahr die Ehrungen der wenigen noch lebenden Kriegsveteranen statt; in Duschanbe wird im Siegespark eine Parade ausgerichtet. Die neuen politisch eingefärbten Feiertage werden im privaten Rahmen kaum gewürdigt.

Navruz

Navruz heißt auf tadschikisch ›Neuer Tag‹ und markiert den ersten Tag des altiranischen Monats Farvardin, gleichbedeutend mit dem Neujahrstag. Der Feiertag hat seinen Ursprung weit vor Christi Geburt und markiert den Frühlingsbeginn (21./23. März).

Erstmals beschrieben wurde das Fest im heiligen Buch des Zoroastrismus, der Avesta. Früher wurde das neue Jahr bis zu dreizehn Tage lang gefeiert, heute beschränken sich die Feierlichkeiten auf drei bis vier Tage. Navruz wurde als Neujahrsfest offiziell bis etwa 1870 in Zentralasien gefeiert.

In der russisch-sowjetischen Zeit versuchte man, das Fest zu unterbinden, im privaten Bereich lebte es jedoch weiter. Heute ist Navruz als nationaler Feiertag in den Festkalender des unabhängigen Tadschikistan integriert, und man hört an diesen Tagen überall die nationalen Instrumente tönen und den Schlag der Trommeln. Die Menschen begrüßen sich an diesen Tagen mit ›Navruz muborak bod!‹, sie wünschen sich gegenseitig ein frohes Fest. Laut UN wird Navruz weltweit von 300 Millionen Menschen begangen - seit 2009 steht es auf der Liste des immateriellen UNESCO-Weltkulturerbes.

Eine der Traditionen von Navruz ist das Kochen von Sumanak, einer braunen Masse aus Weizen in puddingähnlicher Form. Der Weizen wird eingeweicht, 24 Stunden gekocht, und die ganze Familie, Nachbarn und Verwandte versammeln sich um den Kessel. Jeder rührt einmal die braune Masse, singt Lieder oder murmelt einen Wunsch vor sich hin. Während des Navruz wird Sumanak auf allen Basaren in großen Kesseln verkauft. Die Festtafel an Navruz hält mindestens sieben Speisen (*haft sin*) bereit, die alle mit dem persischen Buchstaben ›Sin‹ beginnen sollen, so etwa Sumanak, Sib (Apfel) oder Sir (Knoblauch).

Auch Spiele und Wettkämpfe haben einen festen Platz bei den Feierlichkeiten. Vor allem auf den Dörfern werden Hahnenkämpfe, Wettkämpfe im Bogenschießen und der Nationalkampf, der tadschikische Ringkampf Gushtingiri, ausgetragen. Die Teilnahme der Männer an letzterem lohnt sich für den Gewinner.

Frühlingsgras (Weizensprossen) ist ein Bestandteil von Haft Sin, den sieben Speisen

Der Hauptpreis ist oftmals ein Kühlschrank, ein Fernseher oder gar ein Auto. Auch der Reiterkampf Buzkashi ist an Navruz ein beliebter Zeitvertreib, vor allem in den Dörfern. Zwei Reitermannschaften versuchen, sich gegenseitig einen Ziegenbalg zu entreißen, auch hier sind die Hauptpreise für die Teilnehmer oft lohnenswert.

Die Frauen zeigen sich an Navruz in ihren schönsten und kostbarsten Kleidern und färben sich die Augenbrauen. Es entspricht dem tadschikischen Schönheitsideal, dass diese eine Linie bilden, und so werden sie mithilfe eines Kajalstifts verbunden. Auch an anderen Tagen kann man dieses Schönheitsphänomen beobachten.

Idi Qurbon

Idi Qurbon, das islamische Opferfest, richtet sich nach dem islamischen Mondkalender. An diesem Tag wird Ibrahim gedacht, der bereit war, seinen Sohn Ismael für Allah zu opfern. Im letzten Moment schritt Allah ein, denn er hatte Ibrahim auf eine Glaubensprobe gestellt. Statt des Sohnes opferte Ibrahim aus Dankbarkeit einen Widder. In der muslimischen Welt ist die Begehung dieses Feiertages weit verbreitet. Schon einen Tag vorher sieht man auch in Tadschikistan bei den Familien, die es sich leisten können, ein Schaf oder einen Hammel in den Hinterhöfen angebunden: das Opfertier. Dieses wird geschlachtet, und aus seinem Fleisch wird eine frische Shurbo, eine reichhaltige Fleischbrühe mit Karotten und Kartoffeln, zubereitet.

Der morgendliche Moscheebesuch, der in vielen muslimischen Ländern zum Pflichtprogramm gehört, ist in Tadschikistan nicht überall ein Muss. Wichtiger ist das gegenseitige Besuchen von Verwandten, Freunden und Nachbarn. Diese kurzen Besuche finden den ganzen Tag über statt und folgen einem immer gleichen Ablauf von der Begrüßung, dem wortlosen und schlürfenden Verspeisen der frischen Suppe bis zu einem kurzen Abschlussgebet des jeweils Ältesten, bevor man sich erhebt und zum nächsten Nachbarn oder Verwandten aufbricht. Frauen und Männer sitzen dabei meist getrennt, beziehungsweise reichen die Frauen das Essen und halten es den ganzen Tag über warm. Ist man zum Idi Qurbon in Tadschikistan unterwegs, fährt man am besten aufs Land, dort wird man automatisch in den Ablauf mit eingebunden. Manchmal werden das Essen oder das frische Fleisch auch an Bedürftige und Bettler ausgegeben.

Idi Qurbon ist auch der Feiertag auf dem Höhepunkt der Hadsch. Die Pilgerreise nach Mekka ist seit der Unabhängigkeit für viele wieder möglich und zu einem Lebensziel geworden. Die langen Personenlisten der Mekka-Reisenden hängen oftmals im Herbst an den Moscheen aus. In den Jahren 1991 bis 2017 haben sich nach Angaben des Komitees für religiöse Angelegenheiten etwa 150 000 tadschikische Muslime nach Mekka aufgemacht. Nach der Pilgerreise haben die Männer das Recht, einen Turban zu tragen.

Heilige Stätten

Sogenannte Mazare (Heiligtümer, tadschikisch ›Mazore‹) gibt es in Tadschikistan und in ganz Mittelasien tausende. Es sind Pilgerorte, die sich in drei Arten unterteilen lassen. Zur ersten Gruppe gehören heilige Orte, an denen berühmte Menschen begraben sind. Dies können Heilige, Wissenschaftler, Literaten oder wichtige Persönlichkeiten aus dem religiösen Leben sein. Ein solcher Mazar ist etwa das Mausoleum von Rudaki in Panjrud (→ S. 354). Mazare werden aufgesucht, um Wünsche und Bitten über den Geist des mit diesem Ort verbundenen Heiligen an Gott zu richten. Jeder etwas größere Ort verfügt über einen oder mehrere Pilger-

Heiligtum Khoja Alamdor im Bartang-Tal

orte mit lokaler oder regionaler Bedeutung. Mazare kann man als Reisender relativ leicht erkennen. In den Gebirgsgegenden sind sie meist mit Hörnern von Steinböcken oder Argalis geschmückt. Die meisten Tadschiken sprechen beim Vorbeifahren an einem Mazar ein kurzes Gebet, oft steigen sie dafür extra aus. Manchmal werden auch Stofffetzen (stellvertretend für die Wünsche der Gläubigen) an Bäume gehängt. Viele wissen jedoch den Grund für die Errichtung des jeweiligen Mazars nicht mehr. Der Wissenschaftler Hamza Kamol, der allein in Nordtadschikistan 177 Mazare zugeordnet und beschrieben hat, wehrt sich gegen den Vorwurf, die Verehrung der Mazare wäre ein Ausdruck weniger entwickelter Kulturen, schließlich werden in wirtschaftlich erfolgreicheren muslimischen Staaten ebenfalls Mazare verehrt.

Die zweite Gruppe der heiligen Orte bezieht sich auf heilige Gegenstände (*fayzi osor*), die in Verbindung mit verehrenswerten Personen stehen. Hier liegen etwa Bücher, Haare oder Kleidung begraben. So befindet sich in Istarafshan etwa der Koran von Hazrati Mullo.

Eine dritte Gruppe bilden die so genannten Kadamjoy, dies sind Orte, an denen ein Heiliger oder eine bedeutende Person einen Fuß- (Kadam bedeutet soviel wie Schritt) oder Handabdruck hinterlassen hat. Im Wakhan-Korridor gibt es etwa den Fußabdruck Buddhas (→ S. 229), die meisten Kadamjoy stehen jedoch in Verbindung mit Ali ibn Abi Talib, Vetter und Schwiegersohn Mohammeds.

Heilige Stätten können auch Quellen (heiße und kalte) oder andere landschaftlich markante Orte sein.

Die tadschikische Küche

In den Großstädten mag es scheinen, die tadschikische Küche sei geprägt von einem starken Fleischgehalt. Doch nur wer es sich leisten kann, und das sind landesweit die wenigsten, isst täglich mehrmals warm und mit Fleisch. Verwendet werden Hammel-, Rind- und Ziegenfleisch. Sihkabob (russisch: Schaschlik) und Palov (russisch: Plov) sind die beliebtesten Gerichte. An milden Sommerabenden entwickeln sich in Duschanbe und anderen Städten ganze Plätze und Straßenzüge zu Grillmeilen, der Geruch lässt nicht nur tadschikische Herzen höher schlagen.

Neben diesen beiden Hauptgerichten stehen oftmals noch Lagman, ein Eintopf aus Nudeln, Kartoffeln, Gemüse und wenig Fleisch, sowie Shurbo, eine kräftige Brühe mit Fleisch, Kartoffeln und Karotten auf der Speisekarte. Oft gibt es auch typische Gerichte aus der russischen Küche wie Pel'meni (gefüllte Teigtaschen) oder Borschtsch (Suppe aus roter Beete).

Als Imbiss zwischendurch werden überall Sambusas (Teigtaschen, oft mit Fleischfüllung, aber auch vegetarisch mit Kräutern, Kraut, Kartoffeln, Reis oder Kürbis) angeboten. Das beliebteste fleischlose Hauptgericht ist Kurutob. Wenn es einmal auf der Speisekarte auftaucht, sollte man es in jedem Fall probieren. Es wird aus einem reichhaltigen Butterteigfladenbrot zubereitet, mit Zwiebeln und – wenn vorhanden – Tomaten bestreut, mit gutem Pflanzenöl übergossen und mit saurem Quark (chaka) und Sahne abgerundet. Angerichtet in einer großen Holzschüssel (aus der dann alle – auch mit der Hand – essen) mit frischem Tomaten-Gurken-Salat ist Kurutob ein besonderer Genuss.

Frederik von Oudenhoven und Jamila Haider haben 2015 ein umfangreiches Buch mit 100 Rezepten, Geschichten und phantastischen Bildern aus dem tadschikischen und afghanischen Pamir herausgebracht – ein Muss für Liebhaber der tadschikischen Küche (→ S. 430).

Brot

Das Fladenbrot (tadsch.: *non*, russ. *lepyoshka*) ist eines der wichtigsten Grundnahrungsmittel. Außer zu Palov wird es zu allen Speisen als Beilage gereicht. Zu Beginn des Essens wird das Brot vom Hausherrn in große Stücke gerissen (selten geschnitten) und auf dem Dastarkhon, der Tischdecke, sorgsam verteilt. Hierbei wird streng darauf geachtet, dass das Brot mit dem Gesicht nach oben liegt. Brot darf nie weggeworfen werden oder auf dem Boden liegen. Ist das Mahl beendet, so werden die Brotreste in den Dastarkhon eingeschlagen. Auf den Basaren werden verschiedene Formen von Fladenbrot angeboten, die sich in ihrer Größe und Musterung, aber auch in der Art der Zubereitung unterscheiden. Die Muster werden durch kleine Stempel in das Brot gedrückt. Als sehr beliebt gilt das glatte, glänzende und aufgewölbte Fladenbrot à la Samarkand, das auch in Panjakent gebacken wird.

Auf den Basaren und in Hinterhöfen kann man oft beim Brotbacken zusehen. Zum Backen benötigt man einen besonderen Ofen, den halbrunden Tandyr. Dieser hat entweder seitlich oder oben eine runde Öffnung, unten glimmt das Feuer. Zahlreiche flache Fladen aus Brotteig, bestehend aus Mehl, Wasser, Hefe (oder Kefir), Öl und Salz, oft bestreut mit etwas Schwarzkümmel, werden an die Seitenwände des Ofens ›geklebt‹ und dort gebacken. Ähnlich werden auch die

Vor dem Backen wird das Brot gestempelt

Tandyr-Ofen

Sambusas im Ofen gebacken. Bei familiären Feierlichkeiten backen die Frauen besonders große Fladenbrote mit einem Durchmesser bis zu einem Meter und sehr kunstvollen Mustern.

Beliebt sind auch die handgroßen runden Brote Kulcha, etwas intensiver im Geschmack, da der Teig mit mehr Öl oder Milch angereichert wird.

Milchprodukte

Milchprodukte sind auch ein wichtiger Bestandteil der tadschikischen Küche. Auf den Märkten werden vor allem Chaka, (sehr) saurer Quark, Qaymok (eine Art Schmand) und Kurut, getrocknete Frischkäsebällchen, angeboten (→ S. 256). Letztere werden auch oftmals von Kindern am Straßenrand verkauft. Um sie zu lutschen, muss man Liebhaber oder Kenner sein, man sollte sie aber zumindest einmal probieren. Wer sich für die Herstellung und Haltbarmachung der tadschikischen Milchprodukte interessiert, fährt am besten nach Khuf, einem kleinen Dorf im Pamir mit einer Mini-Molkerei (→ S. 282).

Frischmilch ist dagegen nicht für jeden zugänglich und erschwinglich. In den Städten kann es zu Milchengpässen kommen, da die Transportwege weit und teuer und die Möglichkeiten zur Haltbarmachung vor allem im Sommer eingeschränkt sind. Selbst in Duschanbe fahren immer noch Milchverkäufer von Haus zu Haus, denn tadschikische Milch gibt es in den Supermärkten nur selten, und die Importware aus Russland kostet für viele ein kleines Vermögen.

Obst und Gemüse

Alle Tadschiken sind stolz auf ihr Obst und Gemüse, auf die saftigen gelben und roten Birnen, die Aprikosen in allen Größen, auf die dunkelroten Granatäpfel, die schwarzen oder weißen Maulbeeren, die Weintrauben, die orangenen Kakifrüchte (*khurma*) und die Zitronen. Nicht zu übersehen sind im Hochsommer auch die Melonenberge auf den Basaren und entlang der Straßen. Die aufgeschnittene Melone ist im Sommer der letzte Gang eines ausgiebigen Mahls und leitet oftmals die Verabschiedung ein. Auch die duftenden und oftmals fast

Gewürze auf dem Markt

süßen Tomaten werden eimerweise an den Straßenrändern verkauft. Geht man auf den Basar, sollte man die rosafarbenen großen Tomaten probieren, für das europäische Auge sehen sie zwar nicht so gut aus, sind aber köstlich und unter den Einheimischen sehr beliebt.

Auffallend sind auch die aufgehäuften Berge aus Trockenfrüchten und Nüssen auf den Basaren: getrocknete Aprikosen, Maulbeeren, Trauben, Pistazien, Walnüsse und Mandeln, geröstet, kandiert oder mit Sesam umhüllt. In der Sowjetunion war Tadschikistan bekannt als das Land der Berge und Trockenfrüchte. Den gerösteten Aprikosenkernen sagen die Tadschiken eine potenzsteigernde Wirkung nach.

Palov

Palov (russ. Plov) nimmt im Leben aller Tadschiken und Bewohner von Tadschikistan einen besonderen Platz ein, irgendwo sehr nahe am Herzen. Es ist das Nationalgericht, das Gericht von Geburten, Beschneidungen, Hochzeiten und Beerdigungen; das Essen an einem warmen Sommerabend und in einer klirrend kalten Bergnacht. Es hat eine solch große Bedeutung, dass sogar die Männer die Sache in die Hand nehmen können. Fragt man in einem Restaurant oder einer Garküche nach ›Osh‹, so meint man nicht etwa die direkte Übersetzung ›Essen‹, sondern man meint die Speise aller Speisen: Palov.
Nicht nur die Zubereitung nimmt eine geraume Zeit in Anspruch, sondern auch die Gespräche über Palov im Alltag, in der Jurte, auf der Straße und im Trolleybus. Im Vergleich mit europäischer Küche ist der Palov wohl der Paella am ähnlichsten. Ein übliches tadschikisches Kochbuch führt mindestens 20 verschiedene Palovsorten auf.

Immer gehören in den Palov Hammelfleisch, Reis und Karotten. Der Norden von Tadschikistan ist bekannt für einen generell helleren Palov mit gelben Karotten, an der Grenze zu Afghanistan kocht man häufig den Palov schon wie die Nachbarn ihren Pilau, nämlich mit Rosinen.

Shurbo

Auf den oftmals kargen Speisekarten auf dem Land darf sie nie fehlen, die Suppe aller Suppen: Shurbo. Sie besteht aus einer kräftigen Fleischbrühe, einem großen Stück Fleisch (Hammel oder Rind), Kartoffeln (ersatzweise Nudeln), Zwiebeln und Karotten oder dem Gemüse, das gerade zur Verfügung steht. Auch ist sie wichtiger Bestandteil bei Feiertagen wie beispielsweise Idi Qurbon. Als Reisender wird man sie bei Einladungen in den Dörfern zur Genüge genießen dürfen.

Das Teetrinken

Tee (*choy*) wird oft und überall getrunken. Zu Hause, auf dem Tapchan, in den zahlreichen Teehäusern (*choykhona*), zu oder nach jeder Mahlzeit. Meistens ist er grün, manchmal schwarz, und mit Zitrone. Früchtetee ist nicht verbreitet. Die Teezeremonien und Riten sind regional verschieden. Gemeinsam ist allen, dass der Tee aus kleinen Schalen (*piyola*) getrunken wird. Eine Person am Tisch oder Dastarkhon ist immer für das Ausschenken zuständig. Im Norden und im Zarafshan-Tal wird die Schale nur halbvoll gefüllt und immer wieder nachgefüllt. Dies nennt man ›Tee mit Aufmerksamkeit‹ (*ba hurmat*), es gilt als Respekterweisung gegenüber dem Gast. Der Tee kühlt so schneller ab und kann gleich getrunken werden. Außerdem muss der Gastgeber ständig darauf bedacht sein, die kleinen Schalen wieder zu füllen. In der Region um Kulob wird die Schale jedoch randvoll gefüllt, man will ja nicht geizig sein. Bevor der Tee überhaupt ausgeschenkt wird, muss er kurz ziehen. Dann wird eine Schale gefüllt und wieder in die Teekanne zurückgegossen, der Tee somit gemischt. Dieser Vorgang kann sich mehrmals wiederholen und wird manchmal als ›Teehochzeit‹ bezeichnet.

Wenn man unterwegs zum Teetrinken eingeladen wird, bleibt es nicht beim Tee, sondern es folgt ein ganzes Menü mit allem, was gerade verfügbar ist. Teetrinken bedeutet auch Zusammensitzen und Essen bis zum Servieren der Melone.

Shirchoy ist vor allem in den an Kirgistan grenzenden Regionen und im Pamir beliebt. Grüner (oder auch schwarzer) Tee wird aufgebrüht und mit etwas Milch angereichert. Dazu gibt man Salz und lässt den Trunk aufkochen. Dann füllt man das Ganze in Tassen, obendrauf kommt noch ein Flöckchen Butter. Den Tee, meistens mit darin eingeweichtem Fladenbrot, genießt man zu jeder Tageszeit.

Shirchoy ist Speis und Trank gleichzeitig

Rezepte

Palov

Zutaten für vier Personen: 500 Gramm Fleisch (Lamm oder Hammel), 250 Gramm Zwiebeln, eine ganze Knoblauchknolle, 500 Gramm Karotten, 500 Gramm Reis, 150 Gramm Kichererbsen und jede Menge Öl zum Anbraten, Kreuzkümmel, Berberitze, Pfeffer, Salz, Kräuter.

Zubereitung: In einem großen Topf (in Tadschikistan dem Kazan, ähnlich einem Wok) brät man mit jeder Menge Öl gehackte Zwiebeln an. Leider wird in Tadschikistan oft das günstigere Baumwollöl verwendet, das bisweilen einen seltsamen Nachgeschmack hat.

Das Fleisch (vorzugsweise Hammel) in große Stücke schneiden (vier mal vier Zentimeter) und leicht anbraten. Dann fügt man die in kleine Streifen geschnittenen Karotten und die vorher eingeweichten Kichererbsen hinzu. Außerdem Kreuzkümmel, Berberitze, Salz und Pfeffer. Noch etwa fünf Minuten weiter anbraten. Etwas Wasser hinzugeben und noch mal zehn Minuten dünsten. Dann den (handverlesenen und gewaschenen) Reis vorsichtig und mit Bedacht mit einem Schöpfer gleichmäßig über das Fleisch verteilen, Schicht für Schicht. Den Topf mit Wasser auffüllen, bis sich über dem Reis eine etwa ein Zentimeter hohe Wasserschicht gebildet hat. Die ungeschälte Knoblauchknolle steckt man in die Mitte. Nun auf heißem Feuer, voller Flamme beziehungsweise höchster Stufe den Palov garen, bis das Wasser verdampft ist.

Den Topf mit einem Deckel verschließen und auf kleiner Flamme noch mal etwa 25 bis 30 Minuten ziehen lassen. Die Kunst ist es, das Fleisch und den Reis nicht anbrennen zu lassen, Umrühren während des Garens ist verpönt. Den Palov mischen, die Fleischstücke vorsichtig herausfischen und kleinschneiden. Reis auf den Teller geben, obendrauf die dampfenden Fleischstücke (je mehr, desto besser) anrichten und servieren. Dazu gibt es Salat aus Tomaten und Zwiebeln, manchmal auch Gurken, und natürlich Tee.

Shurbo

Zutaten: 800 Gramm Fleisch (kein Schwein, kein Geflügel, möglichst durchwachsen und mit Knochen), 400 Gramm Kartoffeln, 200 Gramm Karotten, Zwiebeln, Salz, Pfeffer, Berberitze und Kräuter.

Zubereitung: Aus dem in große Stücke portionierten Fleisch, einer großen, kleingehackten Zwiebel und Wasser eine Brühe kochen (30 bis 40 Minuten). Dann die Karotten und die Kartoffeln halbieren und hinzufügen und weiter kochen, bis diese gar sind. Mit Salz, Pfeffer und Berberitze abschmecken. In einen Suppenteller jeweils ein bis zwei Stücke Fleisch, zwei halbe Karotten und vier halbe Kartoffeln geben und servieren. Obendrauf gegebenenfalls frische Kräuter streuen. Dazu gibt es Fladenbrot und Tee.

Palov-Verkäuferin

O meine Stadt, meine wunderschöne Gartenstadt,
hier singt die Seele Tadschikistans ...

Mirzo Tursunzoda, tadschikischer Schriftsteller

ZENTRALTADSCHIKISTAN

Im Zentrum von Duschanbe

Duschanbe

Duschanbe ist eine freundliche Stadt. Das liegt nicht nur an ihrer grandiosen Lage am Fuße der Hisor-Berge, am allgegenwärtigen Grün der Alleen, Parks und Gärten mit Springbrunnen und Wasserbassins oder an der euphorischen Architektur des sowjetischen Aufbruchs, die dem Bauboom der Neuzeit trotzt. Es sind auch die Bewohner der Hauptstadt, offiziell 820 000, die dem Besucher neugierig und offen gegenüberstehen, ohne dabei zudringlich zu sein.

Die Gelassenheit der Menschen in Duschanbe ist nicht nur der subtropisch-kontinentalen Sommerhitze geschuldet. Sie geht tiefer, sie wurzelt im Selbstbewusstsein eines alten Kulturvolkes. Und sie kommt auch aus der andauernden Erleichterung über das Ende des Bürgerkriegs, der keinen Bogen um die Hauptstadt gemacht hat, aus der Hoffnung auf den Aufschwung und dem Willen, ihn selbst herbeizuführen. Nirgendwo in ganz Tadschikistan kann man den Aufschwung so deutlich sehen wie in der Hauptstadt. Mit dem Beginn des neuen Jahrtausends setzte hier eine demonstrative Abriss- und Modernisierungswelle ein, die in ganz Zentralasien ihresgleichen sucht. Ganze Stadtviertel mussten dem neuen Glanz der Metropole weichen. Der Palast der Nationen im Zentrum, auch Sitz des Präsidenten, wurde umgeben von einer ganzen Plejade von repräsentativen Gebäuden, Denkmälern, Wasserspielen und Parks.

In der Hauptstadt stehen auch die größte Bibliothek und das größte Teehaus Zentralasiens sowie der bis vor kurzem höchste Fahnenmast der Welt. Man mag sich fragen, ob die Bevölkerung etwas davon hat und ob es nicht besser gewesen wäre, in die marode Infrastruktur, in Bildung oder Gesundheitswesen zu investieren. Aber wenn man abends hier spazieren geht, sieht man tausende Einwohner Duschanbes aller Einkommens- und Altersklassen hier regelrecht lustwandeln – der Plan scheint aufzugehen.

Fotoshooting vor dem Nationalmuseum

▲ Karte: hintere Umschlagklappe

Geschichte

Sie ist die jüngste der Städte, die Hauptstadtfunktion in den ehemaligen Sowjetrepubliken Kasachstan, Kirgistan, Usbekistan, Turkmenistan und Tadschikistan erfüllen, und die mit dem merkwürdigsten Namen: Duschanbe heißt Montag. Erstmals erwähnt wurde ein Ort namens Duschanbe 1676 in einem Brief des Khans Subhonkul Bakhodur an den russischen Zaren Fyodor. Vom 17. Jahrhundert bis in die 1920er befand sich hier, an der Kreuzung zweier Handelswege an einer Furt durch den Varzob, ein Marktflecken, in dem sich jeden Montag die Händler der Umgebung trafen, um ihre Waren feilzubieten.

Um 1900 lebten ein paar tausend Menschen in drei benachbarten Dörfern – nach Gewerken und nationaler Zugehörigkeit getrennt. Die politisch bedeutendere Ansiedlung war freilich das 26 Kilometer westlich gelegene Hisor

(Hissar, Gissar), Residenz des Statthalters des Emirs von Buchara – bis das bucharische Emirat trotz des Widerstands der sogenannten Basmachi den Sowjets unterlag. Der letzte Emir von Buchara, Alim Khan, hatte sich übrigens von 1920 bis 1921 im entlegenen Duschanbe vor den Kommunisten versteckt, aber auch hier holte ihn die Neuzeit in Gestalt der Roten Armee ein, und er setzte sich nach Afghanistan ab.

Stalinabad

Die Residenz des Herrschers von Hisor war als Hauptstadt einer Sowjetrepublik untragbar. Und so wurde am 14. Oktober 1924 der Beschluss gefasst, den Marktort Duschanbe, eine Ansammlung von etwa 40 nach dem Bürgerkrieg noch bewohnbaren, unverputzten Lehmhütten und einem einzigen verputzten Haus (dem Haus des geflohenen Emirs), zur Hauptstadt der Autonomen Republik Tadschikistan zu machen. Dyushambe wurde die Stadt nun genannt, eine russische Verballhornung des tadschikischen Duschanbe. Der Name klang trotzdem wenig hauptstädtisch, und 1929 wurde Abhilfe geschaffen: Auf dem Unabhängigkeitskongress, der die Umwandlung Tadschikistans von einer Autonomen Republik im Rahmen der Sowjetrepublik Usbekistan in eine eigenständige Sowjetrepublik beschloss, wurde Duschanbe in Stalinabad umbenannt und behielt diesen Namen bis 1961.

Egon Erwin Kisch, dem ›rasenden Reporter‹ der 1920er und frühen 1930er Jahre, verdanken wir eine ausführliche, humor- und verständnisvolle Beschreibung, wie der Aufbau von Stalinabad vonstatten ging (→ S. 108).

Sieht man sich Luftbilder der wachsenden Stadt aus dieser Zeit an, erinnert sie trotz der genannten Errungenschaften noch an ein großes Dorf. Nur wenige

Das historische Kino Vatan

mehrgeschossige Bauten gab es, errichtet nach der Inbetriebnahme der ersten Ziegelei 1930. Das änderte sich 1935. Der Leningrader Architekt Nikolay Baranov wurde mit der Ausarbeitung eines neuen Generalbebauungsplanes beauftragt. Er wollte Duschanbe das Flair einer Metropole geben. Der Plan wurde 1938 beschlossen, nachdem Baranovs Team geografische Lage, Klima, seismische Aktivität, ökonomische und soziale Faktoren in Betracht gezogen hatte.

Mit dem Bau der Oper und des sie umgebenden Ensembles wurde 1939 begonnen – nun bekam Stalinabad etwas Weltstädtisches. Die Oper konnte wegen des Ausbruchs des ›Großen Vaterländischen Krieges‹ vorerst nicht fertiggestellt werden; jetzt waren alle Hände an der Front und in den Betrieben gefragt. Aber der Bau des Hotels ›Stalinabad‹ an der Ecke des Opernplatzes war beendet, und dieses Hotel nahm nun, bis zum Kriegsende umfunktioniert zum Hospital, Verwundete auf.

Erst nach dem Krieg, 1946, wurde die Oper fertiggestellt. Auch das Haus der Regierung auf dem damaligen Leninplatz (heute Sitz des Parlaments) musste so lange bis zu seiner Vollendung warten.

Kurz darauf folgte das Behzod-Nationalmuseum am Ayni-Platz, das berühmte Haus mit dem Turm. Die gesamte Achse zwischen Oper und Nationalmuseum sah nun aus wie aus einem Guss. Die frisch angepflanzten Bäume an Alleen und in den Parks wuchsen schnell und spendeten bald Schatten.

In den 1950ern wurde, ausgehend vom Haus der Regierung, vor allem nach Norden weitergebaut, der Generalbebauungsplan von Baranov war nach wie vor bindend. Schöne Gebäude entlang des Prospekt Lenin, heute Rudaki-Prospekt, entstanden, zum Beispiel das Lohuti-Dramentheater, die Choykhona (Teehaus) ›Rohat‹ und die berühmten drei Wohnhäuser im Stil des russischen Neoklassizismus (zwei dreigeschossige Torbogenhäuser und ein mit großzügigen Balkons versehener Viergeschosser) gegenüber vom Rudakipark, die man heute, nach einer geschmackvollen Restauration, in pastellfarbenem ›Kleid‹ und mit schicken Boutiquen im Erdgeschoss bewundern kann und die dennoch wie die meisten historischen Gebäude Duschanbes für den Abriss vorgesehen sind. Die Nationalbank und (ehemalige) Nationalbibliothek wurden gebaut, am Platz des Sieges wurde das Ministerium des Inneren fertiggestellt. Zahlreiche Hochschulen bekamen ehrwürdige neue Gebäude im Stil des sowjetischen Klassizismus und Konstruktivismus.

■ Duschanbe heute

Seit 1961 heißt die Stadt wieder Duschanbe – nach Stalins Tod und der Aufdeckung der dunklen Seiten seiner Regierungszeit war eine Verbindung mit seinem Namen obsolet geworden. Jetzt wuchs die Stadt in alle Richtungen – Wohnviertel aus drei- bis viergeschossigen Häusern, den sogenannten Khrushchovki, wurden gebaut. In den 1970ern und 1980ern bekam Duschanbe, wie alle sowjetischen Städte, seine Mikrorayons (Plattenbauviertel) für die vielen Zuzügler vom Land verpasst.

Einen guten Eindruck, wie die Stadt damals ausgesehen hat, bekommt man hier: http://shaitanarba.narod.ru/photoalbum29.html.

Der verheerende Bürgerkrieg der 1990er brachte die Stadtentwicklung de facto zum Erliegen. Die Menschen versuchten, im Ausnahmezustand zu überleben, es ging an die Substanz. Doch heute entstehen überall Businesszentren, Einkaufs-tempel, neue Hotels, Verwaltungs- und Repräsentationsgebäude und Wohntürme.

Und selbst die Mahallas, die traditionellen, gemütlich und dörflich anmutenden Wohnviertel abseits der Hauptverkehrsadern, werden aus ihrem Dornröschenschlaf gerissen. Aus dem Asbestdächergrau der eingeschossigen Häuser brechen plötzlich blaue, rote, grüne und glänzende Dächer von zwei- und dreigeschossigen Villen hervor, und manch ein Alteingesessener will oder muss sein Haus mit Grundstück verkaufen. Die Gründe sind verschieden. Sei es, weil ihm die neue Nachbarschaft nicht geheuer ist oder weil der Ertrag, den man mit den hohen Grundstückspreisen erzielen kann, Hoffnung auf ein komfortableres Leben in einer Etagenwohnung eines neuen Stahlbetonhauses verspricht, oder weil er ›überredet‹ wird.

Wenn Sie dieses Buch in der Hand halten, werden vielleicht und bedauerlicherweise einige der vorgestellten Gebäude entlang des Rudaki-Prospekts schon abgerissen sein. In Kürze sollen 80 Prozent des alten Duschanbe verschwunden sein. Edda Schlager hat der todgeweihten Altstadt mit dem Architekturführer ›Duschanbe‹ ein würdiges Denkmal gesetzt (→ S. 431).

▲ Karte: hintere Umschlagklappe

Springbrunnen hinter dem Somoni-Denkmal

Duschanbe - ein Dorf wird zur Hauptstadt

In seinem Buch ›Asien gründlich verändert‹, resümiert Egon Erwin Kisch seine Reise in die mittelasiatischen Sowjetrepubliken Kasachstan, Usbekistan und Tadschikistan im Jahr 1932. Letzterer widmet er den größten Teil seiner Schilderungen. Die ›Katapultierung‹ eines ganzen Landes und Volkes vom Mittelalter in die Neuzeit muss wohl hier am deutlichsten spürbar gewesen sein, aber auch die Zugänglichkeit der Menschen, die voller Stolz ihre neuen Errungenschaften vorführten, hatten Kisch sichtlich beeindruckt.

»Chauffeur, bitte, fahren Sie nach rechts. Wir müssen dem Ausländer den Kreml zeigen.‹ So wurde das erste Regierungsgebäude ironisch genannt. Eine Art Karawanserei aus brüchigem Lehm. In der einen der kaum zwei Meter hohen Kammern amtierte der Staatspräsident, in der anderen der Justizminister, in der dritten der Finanzminister. Über dem ausgedienten Stall, darin noch heute Fliegen und Bremsen wohnen, stand in tadshikischer und russischer Sprache: ›Volkskommissariat für Gesundheitswesen‹. Der Ahornbaum im Hof war der Sitzungssaal, unter seinem Plafond aus Zweigen konnten, wenn es noch so heiß war, die Kabinettssitzungen im kühlen Schatten abgehalten werden, das heißt bei 42 Grad.

Um neu zu bauen, brauchte man Material. Von Sibirien bis Archangelsk bis an die Grenze der Autonomen Republik Tadshikistan, viele tausend Kilometer weit, ging es leicht, von Termes nach Djuschambe schwer. Frachtmittel war das Kamel. Dem wurde rechts ein Balken angebunden, links ein Balken, die schleiften im staubigen lehmigen Boden, und wenn die Karawane die 250 Kilo-

Alte Schule in Duschanbe

meter zurückgelegt hatte, waren die Balken um 70 Zentimeter kürzer als auf dem Bahnhof von Termes. Dreimal so viel Zeit wie zu einer Fahrt nach Amerika brauchten die in Nishnij Nowgorod und Rjasan angeheuerten Arbeiter zur Reise hierher.

Im Jahre 1925 wurde ein Postamt errichtet. ›Sehen Sie dort, links, das ist das Bürohaus für das Zentralkomitee der Partei mit einem Wohngebäude - das wurde auch 1925 gebaut und die Schule und dort die zwei Kleinhäuser. Viele Arbeiter sind dabei ums Leben gekommen, die Basmatschen haben aus dem Hinterhalt geschossen.‹ 66 Bauarbeiter wurden an der Stelle begraben, wo jetzt der Justizpalast steht. Unter dem Schutz einer Polizeikette baute man weiter.

1926: Die zweistöckige Mühle dort mit elektrischem Betrieb und eine Speisehalle; damals besaß man ein Lastauto. 1927: Einige Brücken, das erste Haus der Bauern, ›Sehen Sie?‹, die Badeanstalt, Finanzkommissariat, Bezirkskomitee, eine Druckerei, das Haus der GPU - ›Sehen Sie?‹ Man hatte schon fünf Lastautos.

Nun ging es schnell vorwärts: Haus der Presse aus Eisenbeton, zweites Haus der Bauern. - ›Chauffeur, zum Haus der Roten Armee!‹ - Theater, Bibliothek, ›Sehen Sie, unser Park!‹ - ein schöner Park mit Adambäumen, Asiatischer Eiche (Quercus Asiatica), Ahorn und Obstbäumen, ›da steht das Handelskommissariat‹, - drei tadshikische, eine russische und eine usbekische Lehrerbildungsanstalt, ein Lenin-Denkmal, die Arbeiterhäuser, Rotes Teehaus, eine Dampfmühle, eine Parteischule, das Pharmazeutische Magazin mit der Staatsapotheke, Kindergärten, Schulen, Elektrizitätswerk, Autostraßen.

Am 1. Mai 1929 fuhr der erste Eisenbahnzug in Djuschambe ein, direkter Schienenstrang nach Moskau, Berlin, Paris. Der Flugpark besteht jetzt aus 28 Aeroplanen. Das Baubudget hatte 1927/28 anderthalb Millionen Rubel betragen, 1929 fünf Millionen, 1930 achtzehn Millionen, 1931 dreißig Millionen, davon achtzehn für Straßenbau und zwölf Millionen für Hochbauten. Früher wurden die Bauplätze nach Willkür ausgesucht, jetzt wird nach einem Lageplan gearbeitet. (...)

Jahrhunderte sind übersprungen. Ohne den Kapitalismus, die Ausbeutung durch die Maschinerie kennengelernt zu haben, kommt das Land aus dem Joch des mittelalterlichen Feudalismus geradewegs in die Zeit des sozialistischen Aufbaus, aus der Naturalwirtschaft in die Kollektivwirtschaft. [...]

Alles lernt. Vor der Revolution konnten zwei Prozent der Untertanen des Emirs lesen, von denen wohnte ein halbes Prozent im Gebiet des heutigen Tadshikistan, also nur 6000 von 1 200 000 Bewohnern. [...] Die ersten weltlichen Schulen wurden 1926 gegründet: sechs Stück. Diese Zahl erhöhte sich bis zum Ende 1926 auf 113 Schulen mit 2324 Schülern - keine einzige Schülerin gab es. Im Jahre 1929: 500 Schulen mit 28 400 Schülern und 1500 Schülerinnen. 900 Schulen bestehen jetzt, davon sechs russische für die Kinder russischer Arbeiter. Von 119 000 Kindern im schulpflichtigen Alter genießen nunmehr 58 000 regelmäßigen Unterricht, darunter 11 500 Mädchen. 75 000 Erwachsene haben Lesen und Schreiben gelernt.«

aus: Egon Erwin Kisch: Zaren, Popen, Bolschewiken, Asien gründlich verändert, China geheim. Gesammelte Werke in Einzelausgaben, Band 4. Hrsg. von Bodo Uhse und Gisela Kisch.

EXTRA

Spaziergang am Rudaki-Prospekt

Wenn man heute durch Duschanbe schlendert (und eine andere Gangart ist zumindest während der Sommermonate schwer vorstellbar - Temperaturen um die 40 Grad sind keine Seltenheit), kann man, vom Bahnhof den Rudaki-Prospekt nach Norden entlanggehend, die Etappen der Stadtentwicklung wunderbar an den Gebäuden ablesen. Wie keine andere mittelasiatische Hauptstadt hat sich hier nahezu unverfälscht der Charakter der einzelnen sowjetischen Zeitalter erhalten.

Der belebte Bahnhofsvorplatz gibt den Blick frei auf das Gebäude des **Bahnhofs**, das in den 1960ern an der Stelle des alten von 1936 errichtet wurde. Hier beginnt die längste und schönste Magistrale von Duschanbe, der von großen, schattenspendenden Bäumen gesäumte Rudaki-Prospekt. Er führt vom Bahnhofsplatz nach Norden bis zum Ayni-Platz, dann nach Nordwesten bis zum Somoni-Denkmal am Platz der Freundschaft (Maydoni Dusti), hier macht er wieder einen leichten Knick und strebt wieder in Richtung Norden, mehr oder weniger parallel zum Varzob-Fluss. Insgesamt bringt es der Rudaki-Prospekt auf stattliche zwölf Kilometer. Wenn man morgens am Bahnhof losgeht und unterwegs an allen interessanten Orten anhält, sich umschaut und fotografiert, hat man die Chance, am frühen Abend am nördlichen Ende anzukommen: dort, wo sich die **Landwirtschaftsuniversität** befindet, die mit ihrer idyllischen Lage in einem schönen Park eher an ein Kurheim erinnert, mit ihren mächtigen Reliefs über dem Haupteingang dann doch eines Besseren belehrt. Hier setzt man sich in einen der Trolleybusse und fährt gemütlich zurück. Als letzten Eindruck des Tages wird man die neugierig-freundlichen Blicke der Passagiere mitnehmen, die sich sichtbar freuen, die Fahrt in einem der seit 2015 allmählich erneuerten Trolleys mit Gästen aus dem Ausland teilen zu können.

Das ehemalige Behzod-Nationalmuseum

▲ Karte: hintere Umschlagklappe

Südteil des Rudaki-Prospekts

Vom **Kuybyshev-Denkmal** (→ S. 126) am Bahnhof geht man etwa 500 Meter auf dem Mittelstreifen entlang, der den Fußgängern vorbehalten ist. Alte Platanen bieten Schatten, Springbrunnen plätschern, und so flaniert man, begleitet von den Blicken der meist älteren Hauptstädter auf den zahlreichen Bänken, gemütlich bis zum Ayni-Denkmal (→ S. 124). Das Gebäude gegenüber mit dem markanten Uhr-Turm ist das **ehemalige Behzod-Nationalmuseum**, heute die Hochschule für Kunst und Design. Links grüßt das in den 1960ern erbaute **Hotel Poytakht**, ehemals das sozialistische Vorzeigehotel ›Duschanbe‹. Der glasverkleidete Quader rechts ist das **Sadbarg**, eines der vielen Kaufhäuser.

Die verkehrsreiche Kreuzung quert man durch eine Unterführung, auf der anderen Seite kann man den Spaziergang auf

Die Oper

dem begrünten Mittelstreifen fortsetzen. Rechts prangt das zur Hotelkette der Aga-Khan-Stiftung gehörende Luxushotel **Dushanbe Serena**, links ist das älteste noch erhaltene Kino der Stadt zu sehen, das **Vatan**. Es folgen auf beiden Seiten die schönen, säulenverzierten **Regierungsgebäude**, die zwischen den 1930ern und 1950ern im Stil des Sowjetklassizismus erbaut wurden und die leider alle abgerissen werden sollen.

So geht es weiter bis zum **Opernplatz**, der eigentlich ›Platz 800 Jahre Moskau‹ heißt. Hier sollte man unbedingt auf die rechte (östliche) Straßenseite wechseln und an der Ecke Rudaki-Prospekt/Opernplatz das **Hotel Vakhsh** sehr genau betrachten. In diesem Gebäude, gebaut als Hotel ›Stalinabad‹, befand sich von 1941 bis 1945 das Evakuierungs-Hospital 4451 für im Großen Vaterländischen Krieg verwundete Soldaten und Offiziere. Auf dem Opernplatz selbst kann man am Springbrunnen eine kleine Pause einlegen und das prächtige Gebäude auf sich wirken lassen, das 1946 fertiggestellt wurde und mit den umliegenden Gebäuden ein harmonisches Ensemble bildet.

Weiter geht es auf der rechten Straßenseite bis zur Kreuzung Rudaki/Bukhoro mit Blick auf die umstrittene neue bauliche Errungenschaft der Stadt: den elitären, aber zu 70 Prozent leerstehenden Bürokomplex **Dushanbe Plaza** mit seinen beiden monströsen Türmen. Fast könnte man über dem Erschaudern über so viel Unverhältnismäßigkeit das überaus sehenswerte Mosaik an der benachbarten Fassade der **Staatlichen Rundfunk- und Fernsehanstalt** übersehen. Doch die Duschanbiner Zwillingstürme haben auch ihr Gutes: Man kann für 17 Somoni eine Führung mit Auffahrt in Anspruch nehmen und von der Dachterrasse einen phantastischen Rundblick über die Stadt genießen. Einfach vom torbogenähnlichen Eingang aus in den linken Gebäudeteil (›Б‹) gehen und nach einer ›Exkursiya‹ fragen. Während der Besichtigung erfährt man zum Beispiel, dass das bislang höchste Gebäude der Stadt von chinesischen und tadschikischen Baufirmen gemeinsam hochgezogen wurde und dass der Bau 3,5 Milliarden Somoni verschlungen hat. Das waren zum Zeitpunkt der Fertigstellung immerhin etwa 700 Millionen Dollar! Der Mietpreis von 20 Dollar pro Quadratmeter schreckt bis jetzt außer ein paar chinesischen

Flanieren bei über 40 Grad

Mosaik am Haus des Rundfunks

Vermittlungsfirmen von Arbeitskräften potentielle Mieter ab - und so kann das Gebäudemonster als teuerste Investruine der Stadt gelten.

Man wechselt wieder auf dem baumbestandenen Mittelstreifen und geht ein paar hundert Meter bis zum Maydoni Dusti (Platz der Freundschaft, bis 1991 Leninplatz, dann bis 1997 Platz der Freiheit), dort macht der Rudaki-Prospekt wieder einen Knick nach Norden. Hier gibt es allerhand Sehenswertes.

Auf der östlichen Seite des Platzes ist das prunkvolle rot-weiße **Gebäude des Parlaments** zu sehen, früher Regierungssitz, unverkennbar sowjetisch mit dem breiten Relief über den sechs weißen Säulen des Mitteltrakts und den fünfzackigen Sternen an den schmiedeeisernen Toren. Gegenüber prangt die **Somoni-Statue** für den Staatsgründer Ismoil Somoni, vor einem überdimensionalen Triumphbogen mit Krone (→ S. 122). Das Anfang der 1930er im Bauhausstil errichtete Postamt an der Südecke des Platzes wurde bereits abgerissen, der alte Regierungssitz soll demnächst folgen. Von diesem Platz aus kann man einen weiteren schönen Spaziergang unternehmen (→ S. 115).

▲ Karte: hintere Umschlagklappe

Nordteil des Rudaki-Prospekts

Für die Fortsetzung des Rudaki-Spaziergangs wählt man die rechte (östliche) Straßenseite. Hier passiert man alsbald die **drei schönsten Wohngebäude Duschanbes**. Das vom Stadtplaner Baranov entworfene Ensemble soll an seine Heimatstadt Leningrad (heute St. Petersburg) erinnern. Großzügige Torbogen, elegante Balkone und schön gegliederte Fassaden ziehen die Blicke auf sich. Nicht von ungefähr sind ausgerechnet hier im Erdgeschoss teure Boutiquen eingezogen. Ungeachtet dessen sind auch diese drei Häuser der Abrissbirne geweiht. Ein Stück weiter an der Kreuzung Rudaki/ Majakowski wurde 2017 bereits das Majakowski-Theater abgerissen, das sich seit 1939 hier befand. Auf der anderen Straßenseite schräg gegenüber prangt das viergeschossige, am Scheitelpunkt der Kreuzung abgerundete **TsUM** (Tsentralnyy Universalnyy Magazin), das größte Kaufhaus der Stadt zu sowjetischen Zeiten.

Der **Präsidentenpalast**, vorher Sitz des Zentralkomitees der Kommunistischen Partei Tadschikistans, an der Einmündung des Somoni-Prospekt in den Rudaki-Prospekt hat seine besten Zeiten hinter sich, mit seinem graubraunen Putz wirkt er uncharmant und finster. Der Schein trügt nicht. Hier, auf dem Platz, der damals Putovskiy-Platz hieß, begannen 1990 die Unruhen, die letztendlich in den Bürgerkrieg mündeten. Heute wird dieser Ort im Volksmund **Shahidon** genannt - Platz der Märtyrer.

Der finstere Eindruck wird gemildert durch das sich im Norden anschließende historische Teehaus **Rohat** und das **Lohuti-Dramentheater** (auch Lahuti-Theater), beides Bauwerke aus den 1950ern mit heiterer, südlicher Ausstrahlung. Nördlich vom Lohuti-Dramentheater ist nichts mehr wie früher; die hübsch verzierten Wohnhäuser aus den 1960ern mussten in den letzten Jahren Protzbauten mit Luxuswohnungen, Büros und teuren Läden weichen. Etwas zurückgesetzt folgen die **›alte‹ Moschee**, anschließend das **Hotel Avesto** und der **Palast der Einheit** (Kohi Vahdat) aus den Sternstunden des sozialistischen Funktionalismus auf der linken Straßenseite, gegenüber Viergeschosser in Plattenbauweise und schließlich die ersten Hochhäuser der Stadt aus den späten Siebzigern/frühen Achtzigern, acht Etagen hoch. Auch hier hat die Neuzeit schon ihre Spuren hinterlassen, Wohn- und Geschäftshäuser des neuen Jahrtausends überragen die breitkronigen Alleebäume. Sicher muss noch der eine oder andere von ihnen weichen, um dem neuen Bauboom Platz zu machen, der bis 2020 den gesamten Rudaki-Prospekt bis auf die wenigen denkmalgeschützten Gebäude radikal verändern soll.

Kurz vor der Einmündung der Loiq-Sheroli-Straße von rechts ist ein **Gebäude der Feuerwehr** aus den 1960ern zu sehen. Im Sommer hängen hier manchmal Teppiche zum Trocknen über den Feuerwehrautos – die Nachbarn nutzen die Dienste der Hochdruckwasserspritzen. Nördlich der Sheroli beenden zwei neue Wohn- und Geschäftshäuser die ›aufsteigende

Somoni-Denkmal und Präsidentenpalast

Das Lohuti-Dramentheater

Entwicklung‹, danach kehrt die Architektur langsam wieder zurück zu den 1960ern und 1950ern: Auf der linken (westlichen) Straßenseite paradieren die in diesen Jahren erbauten **Hochschulen**, großzügige, säulenverzierte Gebäude in weitläufigen Parks: die pädagogische, medizinische und landwirtschaftliche Universität, zwischen ihnen ein neuer Park und ein Hotel.

Auf der rechten Seite gibt ein großer, aber blickdicht ummauerter Park mit schlossähnlichem Torhaus Rätsel auf; die Wächter stellen sich taub und stumm, aber Wikimapia verrät, es sei die **Präsidentendatscha** mit Erholungspark. Eingeweihte wissen zu berichten, dass die Gebäude auf der anderen Seiten aus ›Sicherheitsgründen‹ abgerissen wurden – so ist kein Einblick in die Privatsphäre des Landesvaters möglich.

Nördlich dieser Anlage erfreut noch eine überdimensionale **Choykhona** das Auge, bevor sich wieder Baustelle an Baustelle reiht: Zweigeschossige Wohnhäuser aus den Anfangsjahren der Hauptstadt werden durch die üblichen wuchtigen, hohen Stahlbetonbauten ersetzt, die so gar nicht zum Stil des Rudaki-Prospekts passen wollen. Doch die alten hohen Bäume, bewässert durch Gräben beiderseits der Straße, beschirmen den Spaziergänger bis zum Ende seiner Wanderung.

Markt und Mahalla

Bozori Shohmansur hieß der berühmteste Markt der Stadt, auf dem Obst und Gemüse, Fleisch und Gewürze, Brot, Honig und Kräuter sowie Kleidung, Haushaltsgegenstände und Krempel aller Art verkauft werden. Er wurde auch **Zelyonnyi Bazar** (Grüner Markt) genannt und befand sich fast an derselben Stelle, an der Duschanbes namensgebender Markt an den Montagen traditionell abgehalten wurde. Im alten Marktgeviert aus der ersten Hälfte des 20. Jahrhunderts in unmittelbarer östlicher Nachbarschaft zu Shohmansur hausten bis vor kurzem noch die aus den Regionen angereisten Händler, aber auch die Ärmsten der Armen fanden im ziemlich heruntergekommenen Gemäuer Schutz.

Duschanbes Stadtregierung hat den historischen Wert des Viertels leider nicht erkennt und den Markt im Herbst 2017 per Dekret liquidiert. Das neue Handelszentrum ›Mekhrgon‹, das für 40 Millionen Dollar im Jahre 2014 fertiggestellt, aber von den Händlern lange nicht angenommen wurde, hat nunmehr die Stände des alten Shohmansur-Marktes übernommen; die Verkäufer mussten in das neue, teurere und ungünstig im Nordosten der Stadt gelegene Domizil umziehen. An der Stelle des traditionellen Marktes soll in naher Zukunft ein hypermodernes Handelsgelände entstehen. Das Gelände wird im Osten von einer großen **Mahalla** begrenzt. Hier herumzuspazieren heißt, das ursprüngliche Duschanbe kennenzulernen, dörflich, selbstorganisiert, kunterbunt und lebendig. Die Mahalla ist durchaus kein homogener Organismus aus kleinen, von Lehmmauern umfriedeten Einfamilienhäusern, obwohl man auch diese noch antreffen kann. Es gibt hier auch schicke Villen mit schmiedeeisernen Toren, zu Bürogebäuden umfunktionierte Wohnhäuser und kleine Boutique-Hotels in grünen Höfen. Geschäfte, Kantinen, Werkstätten und Lagerschuppen zeigen, dass zum Lebensmittelpunkt Mahalla auch die Arbeit gehört. Hier wohnt, kommuniziert und schafft man.

Auch diese Händler mussten auf den neuen Basar am Stadtrand umziehen

▲ Karte: hintere Umschlagklappe

Die Mahalla am ehemaligen Markt ist die kompakteste in der Stadt, aber es gibt noch zahlreiche andere: südlich vom Botanischen Garten, links und rechts von der Tursunzoda (Tursunzade), am Hang des Hügels mit dem Siegesdenkmal und andere. Allen Mahallas gemeinsam ist, dass die alten Häuser auf dem Rückzug sind; und es bleibt zu hoffen, dass sich ein Stück vom Gemeinschaftssinn der traditionellen Mahalla trotz Segregation erhält.

Parks am Varzob-Fluss

Der **Varzob** dürfte die entscheidende Rolle bei der Auswahl des Platzes für die Marktsiedlung Duschanbe gespielt haben: Das lebensspendende Wasser einerseits und die Furt durch den Fluss oberhalb des Zusammenflusses mit dem Kofarnihon (Kafirnigan) andererseits, welche die Karawanen hier zu einer Pause zwang.

Auch heute noch ist der Varzob die Lebensader von Duschanbe, und deswegen wird er hier, wo er durch die Stadt fließt, auch liebevoll und besitzergreifend ›Dushanbinka‹ genannt. Kaum tritt das wilde Gewässer aus der Varzob-Schlucht heraus und kommt in Berührung mit den nördlichen Ausläufern der Stadt, wird er auch schon zur Ader gelassen. Eine Kaskade von Sperrwerken, an denen Bewässerungskanäle abzweigen, nimmt dem Fluss mehr und mehr Kraft. Im Zentrum fließt er brav in einem betonierten Bett, und an der Stelle, an der er wieder aus der Stadt herauskommt, ist er ein seichtes, zahmes, bachähnliches Gewässer. Nur im Frühjahr zu Zeiten der Schneeschmelze und der Regenfälle ist das anders – aufgewühlte trübbraune Fluten toben dann hier entlang.

Links und rechts des Flusses und gut versorgt mit dem Wasser desselben liegen die schönsten Parks der Stadt.

Mahalla hinter dem Markt Shohmansur

Die vier Parks um den Palast der Nationen

Die größte Parkdichte hat Duschanbe direkt im Zentrum aufzuweisen. Vier Parks umgeben von allen Seiten den Palast der Nationen, wie der Präsidentenpalast offiziell genannt wird: Im Osten breitet sich der gut gepflegte ehemalige Stadtgarten, jetzt **Rudaki-Garten**, mit dem gleichnamigen Denkmal (→ S. 123) aus, im Norden liegt der neue **Parham-Park** mit einem großen Wasserbassin und dem hochverehrten Fahnenmast. Südlich des goldüberkuppelten Palastes rauscht die Springbrunnenkaskade hinter dem Somoni-Denkmal, es schließt sich der kleine, aber bombastische **Park des Wappens Tadschikistans** mit der gewaltigen, wappengekrönten Säule an. Die Fortsetzung dieser Achse bildet der **Sharshara-Park**, beginnend mit einer Aussichtsplattform über einem riesigen künstlichen Wasserfall, der das Wasser der Springbrunnen wieder nach unten zum Varzob fließen lässt. Treppen führen links und rechts vom Wasserfall nach unten, zu den Grünanlagen am Hippodrom, die bis zum Fuß des Präsidentenpalastes im Westen desselben reichen. Damit haben der Präsident und sein Gefolge

Varzob-Brücke am nördlichen Stadtrand

im Sommer einen Grünfilter, der sie vor Smog und Lärm schützt. Alle vier Parks sind aber für den Publikumsverkehr ausdrücklich zugänglich, sodass das Staatsoberhaupt von Bürgern geradezu umzingelt ist.

Park des Sieges

Nicht am Fluss, sondern auf dem großen Hügel im Osten der Stadt, bis 2009 mit ihr durch eine Seilbahn verbunden, liegt der riesige Park des Sieges, der 1985 zum 40. Jahrestag des Sieges über den Faschismus eröffnet wurde. Bereits zehn Jahre vorher, 1975, war der Ehrenhain eingeweiht worden. Die **Ewige Flamme**, die früher im Leninpark loderte, brennt jetzt hier oben. Bis zum heutigen Tag findet an diesem Ort alljährlich am 9. Mai eine Parade statt. Im Übrigen ist der Park, der nach der Schließung der Seilbahn nur noch zu Fuß über die Pomirstraße und die große Treppe beziehungsweise über die Straße Druzhby Narodov (Kreisverkehr an der Shohtemur) zu erreichen ist, ein beliebtes Ausflugsziel der Hauptstädter, besonders an den Wochenenden kommen zahlreiche Hochzeitspaare hierher. Abends hat man einen schönen Blick über die Stadt im Sonnenuntergang. Der hintere Teil des Parks ist verwildert und geht nahtlos in die Obstplantagen auf den Hängen über, man kann stundenlang über die Hügel wandern und dann irgendwo im Nordosten der Stadt wieder absteigen.

Botanischer Garten

Der 30 Hektar große Botanische Garten (auch ›Bogi Iram‹ genannt) liegt im Norden der Stadt am Steilufer des Varzob. Den Eingang erreicht man vom Rudaki-Prospekt aus, der Eintritt für Ausländer beträgt 5 Somoni. Der Garten wurde Mitte der 1930er Jahre geschaffen und zählt damit zu den ältesten botanischen Gärten der ehemaligen Sowjetunion. Einige der damals von den Mitarbeitern des Botanischen Instituts gepflanzten Bäume sind noch zu besichtigen, zum Beispiel die **Eiche von 1934**. Auch das Institut gibt es noch - es befindet sich im nördlichen Teil des Gartens. Die wenigen schlechtbezahlten Mitarbeiter kümmern sich um die **Orangerie**, deren schöne Glaskuppel vom Eingang aus zu sehen ist. Heute steht der Garten nicht mehr unter Verwaltung der Akademie der Wissenschaften, sondern gehört zur Präsidialverwaltung und ist in erster Linie ein beliebter Ort der Erholung und ein Ziel für Hochzeitspaare; der wissenschaftlich-didaktische Anspruch ist dem Garten abhanden gekommen. Diesem Umstand wurde 2010/2011 Rechnung getragen - einige schöne **Holzpavillons** (Aiwane) wurden aufgestellt, **Spiel- und Sportgeräte** sowie zahlreiche Bänke entlang der Allen platziert, und ein **Sommertheater** für 1500 Zuschauer nahm seinen Betrieb auf.
Bereits im Jahre 2007 wurde im nördlichen Teil des Botanischen Gartens eine Art **Volkskunst-Freilichtmuseum** geschaffen, in dem typische Wohnhäuser und Handwerksbetriebe der Bewohner der verschiedenen Landesteile zu sehen sind.

Kulturpark

Im äußersten Norden der Stadt, zwischen den Wohnvierteln und dem Industriegebiet mit Silikat- und Zementwerk, liegt am Steilufer des Varzob der alte, inzwischen modernisierte Zentrale Park für Kultur und Erholung (Kulturpark), heute **Sadriddin-Ayni-Park** genannt. An seinem Südrand breitet sich der kleine **Stausee** des Wasserpumpwerks aus.
Im Zentrum des etwa 20 Hektar großen Parks steht das marmorne **Mausoleum für den Dichter Sadriddin Ayni** (→ S. 124), von ihm gehen sternförmig die

Komsomolskoye-See mit Badenden

Alleen aus. Die berühmteste heißt **Allee der Freundschaft** – die Bäume hier wurden allesamt von Schriftstellern gepflanzt, die 1958 an der Ersten Konferenz der Schriftsteller Asiens und Afrikas in Taschkent und Duschanbe teilgenommen hatten. Inzwischen haben die meisten von ihnen eine stattliche Größe. Im Park sind auch Bobojon Ghafurov und Jabor Rasulov begraben.

Alisher-Navoi-Park

Unweit der Mikrorayons, westlich vom Varzob und südlich des Somoni-Prospekt liegt der **Komsomolskoye-See**, ein künstlicher See von 700 mal 300 Metern, der von 1937 bis 1939 angelegt wurde. Der namensgebende Komsomol war die sowjetische Jugendorganisation, auf deren Initiative der See geschaffen wurde. Das tadschikische ›Javoni‹ heißt Jugend – so gibt es eine gewisse Kontinuität in der Geschichte des am See gelegenen Parks (vormals Park der Jugend/Bogi Chavonon). Jugendliche trifft man hier auch wahrlich in Massen, sie baden, essen und trinken, fahren Karussell und bitten manchmal auch darum, von umherstreifenden Touristen fotografiert zu werden. Am Südostufer gibt es einen **Ruderbootverleih**. Im Winter wird der flache See für eine Reinigung abgelassen, erst Ende April wird er wieder befüllt.

Sehenswert ist auch das 2014 eingeweihte größte **Teehaus** (Choykhona) Zentralasiens westlich vom See direkt am Somoni-Prospekt.

Zoologischer Garten

Der einzige Zoo des Landes wurde 1961 eröffnet. Er befindet sich am Westufer des Varzob, an der Nordseite des Somoni-Prospekts, gegenüber vom Park der Jugend. Es gibt über 100 Tierarten mit knapp 1000 Vertretern, und es kann nicht hoch genug gewürdigt werden, dass sie über die mageren Jahre gerettet wurden.

Die Duschanbiner gehen am Wochenende gern mit ihren Kindern hierher, und mangels Vergleichsmöglichkeiten wundert sich auch keiner über die traurigen Umstände der Haltung von Löwen, Bären und Wölfen. Der Eintritt kostet 2 Somoni.

Museen

Von Duschanbes Museen sollte man mindestens fünf gesehen haben: das Nationale Altertumsmuseum (Archäo-

Spielplatz im Zoo

▲ Karte: hintere Umschlagklappe

Das Nationalmuseum von der Südseite

logisches Museum), das Ethnografische Museum, das (neue) Nationalmuseum, das Musikinstrumente-Museum und nicht zuletzt das Museum für Geologie. Diese fünf Sammlungen könnten unterschiedlicher nicht sein.

Nationalmuseum

Das auffällige Gebäude im eigenwilligen Design, das von weitem an einen umgekippten AKW-Kühlturm erinnert, ist seit 2013 das größte und repräsentativste Museum der Hauptstadt, aber das beste ist es (noch) nicht. Die meisten Exponate des ehemaligen Behzod-Nationalmuseums und zahlreiche Artefakte aus anderen Museen des Landes (Panjakent, Khujand, Kulob, Hisor und andere) sind hierher umgezogen. 50 000 Ausstellungsstücke nennt das Nationalmuseum nun sein eigen. Natürlich sind sie nicht alle in den 22 Sälen zu sehen, trotzdem droht die Gesamtaussage der Exposition im Bombast der 15 000 Quadratmeter zu ersticken.

Ein Besuch lohnt allemal, vor allem im Sommer. Das riesige Haus mit dem gigantischen Wappen auf dem Dach des schrägen runden Aufbaus ist angenehm klimatisiert, und man kann sich durchaus zwei bis drei Stunden hier von der Hitze draußen erholen und dabei die offizielle Vorgeschichte, alte und neue Geschichte Tadschikistans, aber auch die Natur, bildende und angewandte Kunst und die Staatsgeschenke von Präsident Rahmon an sich vorbeiziehen lassen. Eine Führung für Ausländer (englisch) dauert vier Stunden und kostet 30 Somoni pro Gruppe. Aber die meisten Exponate sind auch in Englisch beschildert, man kann sich somit selbst orientieren.

Interessant ist die Geschichte des Vorgängermuseums, das 1937 auf Anordnung des Zentralen Exekutivkomitees und des Rates der Volkskommissare der UdSSR geschaffen wurde. Man bedenke, dass Politiker in den entbehrungsreichen Aufbaujahren vor dem Zweiten Weltkrieg – nach der beeindruckenden Präsentation ausgegrabener Schätze aus der Region auf der Moskauer Volkswirtschaftsausstellung 1937 – begriffen hatten, dass man diese Kostbarkeiten schützen musste. Damals hatte man gerade einmal 530 Exponate. Das so geschaffene Behzod-Museum

Das Dach des Nationalmuseums

wurde 1959 zum Vereinigten Republikanischen Museum für Heimatkunde und Bildende Kunst reorganisiert. 1999 erhielt es den Status des Nationalmuseums. Als solches war es mit der Zeit zu eng für die Sammlungen geworden, nicht mehr repräsentativ genug, und die Arbeitsbedingungen in dem alten Haus waren eine Zumutung für die Mitarbeiter. Im neuen Museum scheinen nun alle glücklich. Als wertvollstes Exponat bezeichnen sie einen aus dem 9. Jahrhundert stammenden, sorgsam restaurierten hölzernen **Mihrab** (Gebetsnische, Altar) aus dem Bergdorf Iskodar im Kreis Ayni, auf dem auch Elemente verschiedener vorislamischer Kulturen und Glaubensrichtungen kunstvoll verwoben sind. Das zentrale Ornament dieses Altars wurde als Symbol des Museums ausgewählt.

Nationalmuseum, auf dem Platz nördlich vom Fahnenmast (hier ›Flaggstock‹ genannt), Zugang am besten von der Somoni; tägl. außer Mo 9–17 Uhr, Eintritt für Ausländer 25 Somoni.

Nationales Altertumsmuseum

Lange befanden sich die hier gezeigten Exponate in den viel zu engen Räumen des Instituts für Geschichte, dem das Museum untergeordnet ist. Erst 2001 war ein Umzug hierher möglich, in das wie dafür geschaffene schöne, sowjetklassizistische Gebäude von 1934. Ein Regierungsbeschluss sowie in- und ausländische Sponsoren hatten es möglich gemacht. Hier und nur hier liegt der echte Buddha im Nirvana, mit über zwölf Metern der längste **Terrakotta-Buddha** der Welt, ausgegraben 1961 im ehemaligen buddhistischen Kloster Ajina Teppa im Süden des Landes, unweit von Qurghonteppa. Seine Zerbrechlichkeit und eine gewisse freundliche Sturheit der Museumsleitung mit Verweis auf die Anwärterschaft zum UNESCO-Weltkulturerbe bewahrten ihn vor dem riskanten Umzug ins Neue Nationalmuseum. Auch die legendäre bronzezeitliche **Prinzessin von Sarazm**, gefunden an der bedeutenden Ausgrabungsstätte Sarazm unweit von Panjakent (→ S. 349), entging dem Wechsel ins Nationalmuseum.

Daneben sind auf den zwei Etagen des Gebäudes mit seinen anheimelnd knarrenden Dielenböden viele weitere Kostbarkeiten von der Stein- und Bronzezeit bis zum Beginn des Mittelalters versammelt, die dieses Haus für wahre Kenner nach wie vor zur ersten Museumsadresse in Duschanbe machen. In der Eingangshalle gibt es neben Polyäthylen-Schutzsocken einen kleinen **Laden**, in dem man Souvenirs, Bücher zur Geschichte Tadschikistans und Landkarten kaufen kann.

Nationales Altertumsmuseum (Museum für Antike, Archäologisches Museum), Rajabovho 7, Tel. +992/(8)37/2271350, 2277204; Di–Fr 10–17, Sa 10–16, So 10–14, Mo Ruhetag, Eintritt 50 Somoni.

Ethnografisches Museum

Das Ethnografische Museum ist 2018 umgezogen und befindet sich nicht mehr im Gebäude mit dem schönen Wandmosaik in der Rajabovho 7, sondern nunmehr gegenüber vom Nationalmuseum

▲ Karte: hintere Umschlagklappe

am Prospekt Somoni 14. Das Museum gehört zum Institut für Geschichte der Akademie der Wissenschaften, und man sieht der schönen Sammlung an, dass sie von kundigen Händen geordnet wurde. Zu besichtigen ist eine umfangreiche Ausstellung von Gebrauchsgegenständen der Völker Tadschikistans, angefangen von mannigfaltiger Kleidung und Schmuck über Teppiche und Suzanis bis hin zu Tongeschirr, Möbeln und Musikinstrumenten.

Ethnografisches Museum, Somoni 14, 1. Etage; Di–So, Eintritt 10 Somoni.

■ Museum Mukadarra Rustamova

Im neuen Gebäude des Ethnografischen Museums gibt es seit 2018 die Dauerausstellung ›Berühmte Frauen Tadschikstans‹ über die Wirksamkeit der Emanzipation, die ersten Lehrerinnen, Ärztinnen und Künstlerinnen. Bemerkenswert, wenn man bedenkt, dass vor 100 Jahren nicht eine Frau im Land lesen konnte.

■ Gurminj-Musikinstrumente-Museum

Das ehemalige Domizil im gemütlichen kleinen Haus Bokhtar 23 musste dem anbrandenden Stahlbeton-Fortschritt weichen.

Das kleine, seit 1990 existierende Museum beherbergte die liebevoll von der Familie gehütete, private Sammlung des Schauspielers, Musikers und Komponisten Gurminj Zavkibekov (1929–2003), der seit seiner Kindheit im Pamir historische oder besonders wertvolle, originelle Musikinstrumente, Gebrauchsgegenstände und Nationalkleidung sammelte – 200 Exponate aus ganz Asien hatte er zusammengetragen. Zum Glück fand sich ein Ersatz – und so kann man die Sammlung jetzt im Haus Shota Rustaveli 8 betrachten.

Auch Konzerte können organisiert werden. Jene kann man bei einem Besuch vereinbaren, man sollte aber zeitlich ein bisschen flexibel sein, denn die Musiker spielen oft auf Hochzeiten, um Geld zu verdienen.

Gurminj-Musikinstrumente-Museum, Shota Rustaveli 8, Tel. +992/93/5120276, basid68@ mail.ru, www.facebook.com/Gurminj-Museum-of-Music-Instruments-134588473301562; (fast) täglich 9–17 Uhr, Eintritt 5 Somoni, Konzerte extra.

Liegender Buddha aus dem Kloster Ajina Teppa im Altertumsmusem

Geologisches Museum

Die 4540 Exponate des im Jahre 2011 nach umfangreicher Rekonstruktion wiedereröffneten kleinen Museums der Akademie der Wissenschaften geben Auskunft über Tadschikistans geologischen Aufbau, seine mannigfaltigen Bodenschätze sowie über Paläontologie und Paläobotanik. Man meldet sich beim Wächter an, sagt ›Muzey‹ – und wenn man großes Glück hat, führt der Direktor selbst durch die Ausstellung. Herr Uktamjon Sidilov ist seit 1948 in der geologischen Erkundung seines Landes tätig, weiß einfach alles und teilt bereitwillig sein Wissen mit interessierten Besuchern.

Geologisches Museum, Behzod 13/83/ Ecke Lohuti, neben dem Telestudio, im Gebäude der Pamirexpedition; Di–Fr 8–17, Sa/So 10–16, siehe auch www.geoportal-tj.org.

Denkmäler

Mit dem Besuch aller Denkmäler der Stadt könnte man gut und gern zwei bis drei Tage füllen, aber das Schöne an ihnen ist, dass sie den Spaziergänger allerorten fast beiläufig grüßen. Gut ist es dann, wenn man schon einiges über die hier Geehrten weiß. Mit ihren jeweiligen Geschichten vermitteln sie einen guten Gesamteindruck von der jahrtausendealten Kultur des Landes und der kurzen, aber ereignisreichen Geschichte der Stadt.

Somoni

Ismoil Somoni (Ismail Samani, 849–907) aus der Dynastie der Somoniden (im europäischen Sprachgebrauch nennt man sie Samaniden) ist der Begründer eines mittelalterlichen Staates in Zentralasien, auf den die Tadschiken ihre Staatlichkeit zurückführen. Die überdimensionale Gestalt von Somoni steht an dem Platz, den bis 1991 ein bronzener Lenin einnahm und damit am zentralen Punkt der Stadt. Das 13 Meter hohe Somoni-Denkmal mit dem 43 Meter hohen Bogen wurde 1999 nach zweijähriger Bauzeit eingeweiht, anlässlich der Feier zum 1100sten Jahrestag der Dynastie der Somoniden. Der Bogen mit der fünf Meter hohen Krone erhebt sich auf einer Plattform, in deren Innerem sich ein Pantheon mit der Nachbildung des Mausoleums der Somoniden in Buchara aus dem 9./10. Jahrhundert befindet. Dass alles so groß geraten ist, hat sicher auch mit dem Wunsch zu tun, dass nach dem furchtbaren Bürgerkrieg der 1990er Jahre niemand an der Legitimität des einigen Tadschikistans und seiner Führungsriege zweifeln möge. Der volle Name des bronzelöwenbewehrten Denkmals lautet nicht von ungefähr ›Gedenkkomplex der nationalen Einheit Tadschikistans‹.

Zwischen Lenins Verschwinden und Somonis Erscheinen war der Platz keineswegs leer. Hier stand Firdausi, der Klassiker der tadschikisch-persischen

Rudaki-Denkmal im nach ihm benannten Garten

▲ Karte: hintere Umschlagklappe

Literatur. Derweil wurde nicht nur der große Lenin demontiert, ein kleinerer aus dem Park für Kultur und Erholung folgte ihm 2007. Auch der Lenin-Park hinter dem bronzenen Denkmal wurde abgeschafft - ein ganzes Stück Geschichte war somit aus der Vergangenheit der Stadt herausoperiert worden. Der Platz mit den identitätsstiftenden Denkmälern trug in den letzten 25 Jahren folgende Namen: Lenin-Platz, Platz der Freiheit und Platz der Freundschaft. Möge Somoni nun über die Freiheit und Freundschaft wachen.

Apropos wachen: Das Denkmal wird rund um die Uhr von zwei Polizisten bewacht. Im Sommer sitzen sie im Schatten der großen Löwen. Gern lassen sich die beiden die Pässe zeigen und tun besorgt, als ob man etwas ausgefressen hätte. Wenn man ungerührt sein Dokument zurückfordert, rücken sie mit der Sprache heraus: Sie brauchen Geld, ihr Sold reicht nicht zum Leben.

Rudaki

Abu Abdullah Jafar aus Rudak in Khorasan, genannt Rudaki, gilt als Begründer der neupersischen (und damit auch tadschikischen) Literatur (859–940, → S. 80) und hat gleich drei Denkmäler in Duschanbe. Das berühmteste und neueste ist jenes, welches unter einem schwungvollen, sternenübersäten Bogen in der Mitte des Rudaki-Gartens im Zentrum steht und den Dichter jung, energisch und trotzdem träumerisch zeigt. Es wurde 2007 aufgestellt.

Das erste Rudaki-Denkmal der Stadt steht seit 1964 am Ende des gleichnamigen Prospekts, im Rudaki-Park vor der Landwirtschaftlichen Universität. Und schließlich muss noch die ausdrucksvolle Rudaki-Büste erwähnt werden, die in bester Gesellschaft mit den Büsten anderer wortgewaltiger Männer am Eingang zur alten Nationalbibliothek die Leser begrüßt.

Avicenna-Denkmal

Rudaki wirkte zwar lange am Hofe des Somoniden-Herrschers Amir Nasr Ben Ahmad II., aber beliebt war und ist er vor allem im Volk, dem er durch viele Übersetzungen ins populäre Neupersische und durch volkstümliche Stilrichtungen (Fabeln, Zweizeiler, Vierzeiler) die Freude am Wort erschloss.

Firdausi

Der persische Dichter Abulqosim Firdausi (→ S. 81) war einer der größten Epiker aller Zeiten und Autor des weltgrößten Epos eines Einzeldichters, des etwa 60 000 Verse umfassenden ›Shahname‹ (›Buch der Könige‹), Nationalepos der persischsprachigen Welt. Sein Denkmal hat ein wechselhaftes Schicksal. 1992 an zentraler Stelle anstatt des Lenin-Denkmals aufgestellt, musste es 1997 dem politisch wichtigeren Denkmal für Ismoil Somoni weichen und wurde in den damals stark vernachlässigten Park der Völkerfreundschaft im Süden der Stadt abgeschoben, am westlichen Varzob-Ufer, unweit des Marktes Sahovat. Aber

Firdausi hat dem Park gutgetan, heute ist jener beliebt als Naherholungsgebiet der Einwohner der benachbarten Mikrorayons, er wird auch wieder leidlich gepflegt. Firdausi (940–1020) und Somoni können in direkter Verbindung gesehen werden. Die neupersische Literatursprache war im 10. Jahrhundert am Hof der Somoniden entstanden; Firdausi war einer der ersten Vertreter.

Avicenna

Der enzyklopädisch gebildete Universalgelehrte, Philosoph, Poet, Heiler und Musiker Abuali ibni Sino (Ibn Sina) wird im Westen Avicenna genannt, und kaum jemand weiß, dass er aus Buchara und somit aus dem persischen Kulturraum während der letzten Jahre der Somoniden-Dynastie kam. Im Buch ›Der Medicus‹ von Noah Gordon spielt er die Rolle des Lehrers in Hamadan/Isfahan. Er lebte von 980 bis 1037, und das schöne Denkmal für ihn auf dem Ibn-Sino-Platz an der Kreuzung Somoni/Ibn-Sino wurde anlässlich seines 1000. Geburtstages eingeweiht. Die sechs Meter hohe Bronzefigur mit dem Buch in der Hand blickt nachdenklich auf das Republikanische Krankenhaus. Umgeben ist die Statue von sprudelnden Wasserbecken und Marmorbänken. Auch Avicenna hat man eine Büste vor der Nationalbibliothek gewidmet.

Ayni-Denkmal

▲ Karte: hintere Umschlagklappe

Omar Khayyam

Das Denkmal für den berühmten persischen Mathematiker, Astronomen, Philosophen und Dichter Omar Khayyam (1048–1131) befindet sich im schönen kleinen Park am Hotel ›Avesto‹. Inmitten von Rosenbeeten lehnt der junge Khayyam halb liegend auf einem Hügel, in der von ihm selbst beschriebenen Haltung: »In einem Arm den Krug, im andern den Koran/bald auf dem graden Weg, bald auf verbotner Bahn/so bin ich unter dem türkisgewölbten Dom/kein ganzer Heide und kein rechter Muselman.«
Khayyam war Universalgelehrter. Sein Sonnenkalender, erstellt im Auftrag des Seldschuken-Herrschers Malik Schah I., war genauer als der 500 Jahre später entworfene Gregorianische Kalender. Omars Position als Naturwissenschaftler war es auch, die ihn in seinen philosophischen Texten den Islam moderat kritisieren ließ. Bis heute wird ihm deswegen in seinem Heimatland offiziell die volle Anerkennung verwehrt.

Ayni

Auch Sadriddin Ayni (1878–1954) war ein Mann des Wortes, aber viel später, zu sowjetischen Zeiten. Bereits vor der Oktoberrevolution trat er einer Bewegung der Aufklärer bei. Ayni schuf erstmals eine Anthologie der tadschikischen Literatur und gilt als Begründer der sowjetisch-tadschikischen Literatur. Er bestand auf einer Eigenständigkeit der tadschikischen Kultur und Nation. Der

Omar Khayyam vor dem Hotel Avesto

verdiente Wissenschaftler und Akademiker war der erste Präsident der Akademie der Wissenschaften der Tadschikischen SSR. Das Denkmal ihm zu Ehren wurde anlässlich seines 100. Geburtstages 1978 auf dem gleichnamigen Platz gegenüber vom ehemaligen Nationalmuseum Behzod aufgestellt. Eine Ayni-Büste schmückt die Reihe der Schriftsteller vor dem Eingang zur Nationalbibliothek, eine weitere steht im Ayni-Park im Norden der Stadt. Nicht zuletzt ist Ayni mit einem sehr ausdrucksstarken Denkmal verewigt, das ihn leicht überlebensgroß mit seinem russisch-sowjetischen Zeitgenossen und Schriftstellerkollegen Maxim Gorki zeigt. Die beiden sitzen, ins Gespräch vertieft, am Tisch vor dem Haus des Tadschikischen Schriftstellerverbandes am Somoni-Prospekt 8, unweit der Einmündung in den Rudaki-Prospekt.

Mirzo Tursunzoda

Tursunzoda (Tursunzade, 1911–1977) war Schriftsteller mit den Titeln ›Dichter des Volkes‹ und ›Held der Sowjetunion‹. Er schrieb auf Tadschikisch und Russisch und übersetzte zahlreiche Werke der russischen Literatur erstmals ins Tadschikische. Ihm sind drei Büsten in Duschanbe gewidmet: Vor dem gleichnamigen Staatlichen Kunstinstitut, im Mausoleum für den Dichter im städtischen Luchob-Park und – in einer Reihe mit anderen Poeten und Schriftstellern – vor dem Eingang zur Nationalbibliothek.

Abulqasim Lohuti

Geboren und aufgewachsen in Persien, kam der wegen seiner politischen Haltung in der Heimat verfolgte Schriftsteller Lohuti (Lahuti, 1887–1957) im sowjetischen Armenien mit den Ideen der Oktoberrevolution in Berührung, begeisterte sich dafür und wanderte in die Sowjetunion aus. Nach ihm ist das Tadschikische Dramentheater am Rudaki-Prospekt 86 benannt, und das Denkmal, das ihn konzentriert schreibend zeigt, steht direkt daneben, an der Nordseite des Gebäudes.

Sterne der Poesie

Ein sehr auffälliges Denkmal ist die direkt am Somoni-Prospekt 8 aufragende Südwand des Hauses des tadschikischen Schriftstellerverbandes, aus der elf Poeten und Schriftsteller gleichsam heraustreten. Alle haben für das Selbstverständnis der Tadschiken eine bedeutende Rolle gespielt. Es sind Rudaki, Abu al-Qasim Firdausi, Abu Ali Ibn-Sino, Omar Khayyam, Abdurahmoni Jomi (Nur ad-Din Abdur Rahman Dschami), Hofiz Sherozi (Hafez/Hofis Shirazi) und Saadi Sherozi (Sa'di Shirazi), Sadriddin Ayni und Maxim Gorki, Mirzo Tursunzoda und Abulqasim Lohuti.

■ Bobojon Ghafurov

Drei Büsten gibt es in Duschanbe, die den verdienten Orientalisten und Sprachforscher, Historiker und Staatsmann, Akademiker und Träger des Titels ›Held Tadschikistans‹ Ghafurov (1908–1977) ehren: Sie stehen am Eingang zur Nationalbibliothek, vor dem Haupteingang der Akademie der Wissenschaften und im Ayni-Park. Ghafurov ist der Verfasser eines immer noch hochgelobten Werkes über sein Volk. Seine wissenschaftliche Karriere gipfelte in seiner Tätigkeit als Direktor des Instituts für Orientalistik der Sowjetischen Akademie der Wissenschaften in Moskau. Von 1946 bis 1956 war er Erster Sekretär der Kommunistischen Partei Tadschikistans. Er wurde sechsmal mit dem Leninorden und einmal mit dem Rotbannerorden ausgezeichnet.

Zarathustra-Denkmal

▲ Karte: hintere Umschlagklappe

■ Zarathustra

Flankiert von zwei Greifen, eine Fackel in der rechten und eine Feuerschale in der linken Hand, thront der Religionsgründer auf dem weiten Platz vor dem neuen Nationalmuseum. Sein ernstes Gesicht mit dem edlen Profil wird umrahmt von einem lockigen Bart – und sofort begreift man, dass dieser Mann, von dem wir so wenig wissen, eine Autorität war. Noch heute, etwa 3000 Jahre nach Zarathustra, findet man überall in Tadschikistan Spuren der Religion der Zoroastrier.

■ Darius I.

Er ist die zweite achtungsgebietende Figur auf dem Platz vor dem neuen Nationalmuseum. Darius I. (Dareios der Große), Herrscher von Persien auf dem Höhepunkt von dessen Macht, (522–486 vor Christus), Vertreter der jüngeren Linie der Achämeniden. Der Großteil des heutigen Tadschikistan gehörte damals zu seinem Reich. Unter Darius I. ist ab 521 vor Christus das Bekenntnis zum zoroastrischen Glauben belegt. Links und rechts ein Löwe, in der Hand ein Zepter und auf dem Kopf eine Krone, zeigt das Denkmal das gleiche edle Profil wie jenes von Zarathustra – eine Andeutung in Richtung der indo-iranischen Abstammung der Tadschiken (→ auch S. 44).

■ Kuybyshev

Er ist der einzige der alten sowjetischen Führungsriege, der hier noch stehen darf. Valeriyan Kuybyshev (1888–1935) war ein glühender Verfechter der Sache des Bolschewismus, und im sowjetischen

Fahnenmast, von der Mahalla aus gesehen

Bürgerkrieg befehligte er die zentralasiatische Armee. Bis zu seinem Tod diente er der Sowjetunion ergeben als Politiker. Das Denkmal auf dem Bahnhofsvorplatz wurde 1937 aufgestellt.

Fahnenmast

Unweit von Zarathustra und Darius ragt seit 2011 ein gewaltiger, 165 Meter hoher Fahnenmast (auch ›Flaggstock‹ genannt) in den Himmel, und bis vor kurzen wurde er gerühmt, der größte Fahnenmast der Welt zu sein. Inzwischen gibt es in Jeddah (Saudi-Arabien) einen noch höheren Mast, und der lange andauernde Wettbewerb um ›den höchsten‹ ist verloren. Trotzdem: Beim leisesten Lufthauch erhebt sich die riesige, über 700 Kilogramm schwere seidene Flagge Tadschikistans und weht majestätisch und weithin sichtbar über der Stadt. Abends und nachts wird das Objekt angestrahlt, und so verwundert es nicht, wenn sich allabendlich hunderte Menschen hier versammeln und patriotisch beschwingt zu ihrer Flagge emporblicken. Vielleicht ist es aber auch das große Wasserbecken, welches das neueste Wahrzeichen Duschanbes umgibt, das mit seiner abendlichen Kühle Städter und Touristen gleichermaßen anzieht?

Siegesdenkmal

Der Volksmund hat den beiden mit Reliefs verzierten, nach oben spitz zulaufenden 25 Meter hohen Stelen am Platz des Sieges den Namen ›Eselsohren‹ gegeben. Wenn man daran denkt, wie viele Soldaten aus dem sowjetischen Tadschikistan im Zweiten Weltkrieg ihr Leben gelassen haben, mag man darüber nicht mehr lachen: 60 000 Menschen verlor die kleine, frontferne Sowjetrepublik im Krieg.
Ein sowjetischer Panzer IS-2 komplettiert das Ensemble am westlichen Ende der stark befahrenen Ayni-Straße, an der Stelle, an der sechs Straßen zusammenlaufen. Das ist kein gewöhnlicher Panzer. Komsomolzen aus Stalinabad hatten das Geld für ihn aufgebracht, er trug den Namen Stalins, und seine Besatzung kämpfte mit ihm an der Oder-Weichsel-Front. Auch die Panzerbrigade ›Bauern Tadschikistans‹, die an der Schlacht um

Stalingrad beteiligt war, kämpfte mit Panzern, die mit Spendenmitteln der tadschikischen Werktätigen gebaut worden waren.
Ein anderes Siegesdenkmal befindet sich im Park des Sieges auf dem Hügel im Osten der Stadt.

Duschanbe live

Ein Großteil des Lebens der Duschanbiner spielt sich unter den Augen der Öffentlichkeit ab, und als aufmerksamer Gast erkennt man schnell die Konzentrationspunkte der Geselligkeit.

Navruz im Park

Navruz ist das beliebteste Volksfest im Land (→ S. 92). Vom 21. bis 24./25. März haben so gut wie kein Laden und keine Behörde geöffnet. Die großen Geschäfte sind geschlossen, die Museen sind zu, selbst die beliebten Kantinen haben Ferien, und der Verkehr kommt fast gänzlich zum Erliegen. Aber in den Parks wimmelt das Leben – besonders im Botanischen Garten und im Park des Sieges, aber auch am See der Jugend und im Zoo. Wenn es nicht gerade regnet, sind die Wege voller festlich gekleideter Menschen – besonders Mädchen und Frauen sind an diesen Tagen auffallend schön angezogen, viele tragen Nationaltracht. Auf den Wiesen und in den Pavillons sitzen große Gruppen fröhlicher Menschen beim Picknick. Hier und da sieht und hört man Gruppen junger Männer, die mit Trommeln umherziehen, es wird auch getanzt. In den Parks um den Präsidentenpalast wird die Festtagsgarderobe ausgeführt, und auch im Zentralen Museum herrscht ein Riesenandrang – man fotografiert sich gegenseitig vor besonders auffälligen Exponaten. Abends sitzen alle draußen und genießen die laue Frühlingsluft – 20 Grad sind keine Seltenheit.

▲ Karte: hintere Umschlagklappe

Hochzeitsgesellschaft

Hochzeitspalast

Hier muss man einfach gewesen sein. Empfehlenswert sind Samstage, aber auch freitags und sonntags ist viel los, und wenn man in der Woche etwas wartet, hat man bestimmt auch Glück. Heiraten ist beliebt, und Heiraten auf tadschikisch ist sehens- und hörenswert. Sehenswert, weil Braut und Brautfreundinnen, Schwestern und Cousinen auffällig um die prächtigste Garderobe wetteifern. Und hörenswert: Eigentlich muss man nur dem Geräusch nachgehen, einem Dröhnen, das sich beim Näherkommen als Mix aus dumpfem Getrommel und Klängen wie von den Posaunen von Jericho entpuppt. Dann sieht man es, in der Tursunzoda 27a: Ein von Menschenmassen von allen Seiten umlagertes Gebäude mit großer Freitreppe, das (zumindest samstags) im Fünfminutentakt aufgeregte, prächtig gekleidete Brautpaare mitsamt ihrer Begleitung vorn verschluckt und hinten als ernst blickende Eheleute wieder ausspuckt. Hinter dem Hochzeitspalast namens ›Bakht‹ (Glück) lauern die Verwandten und Freunde, die nicht mit hineindurften, und schwenken die Sektflaschen. Sobald die Nase des Bräutigams zu erblicken ist, ertönt der archaische Tusch aus wildem Getrommel und den unglaublichen, durch Mark und Bein gehenden Geräuschen der Bläser mit ihren etwa zweieinhalb Meter langen kupfernen Karnay. Dann wird angestoßen (Ausnahme: streng muslimische Paare), flugs werden ein paar Schritte getanzt, und natürlich wird alles gefilmt - und die Frischvermählten werden in eine bereits wartende Luxuslimousine hineingeschoben. Das Gefährt rauscht davon, und dann erscheinen auch schon das nächste Paar und eine neue Feiermeute.

Osh essen

Eigentlich heißt das Gericht Palov (russisch Plov) oder Palau oder Pilau (Afghanistan) oder Pilav (persisch). Die Tadschiken aber nennen es einfach ›Osh‹ - ›das Essen‹, DAS Essen. Auch wenn es täglich Osh gäbe - es wäre nie zu viel: Reis, Fleisch, Möhren, eventuell noch Kichererbsen und Rosinen - und eine Gewürzmischung, die fast alles entscheidet (Rezept → S. 100). Das Tüpfelchen auf dem ›i‹ aber ist der Koch, denn eigentlich wird Osh von Männern gekocht. Für alle Probierwilligen: Osh bestellt man nicht abends im feinen Restaurant, in dem es 30 verschiedene Gerichte gibt; man isst ihn mittags in einer spezialisierten Oshkhona wie an der Ausfallstraße nach Hisor oder in der Nähe eines großen Marktes, da ist er ganz frisch und heiß (und gut!), denn man hat ihn wegen der garantierten Nachfrage ständig essbereit im Kessel. Osh isst man am besten dort, wo viele Einheimische sitzen - die wissen schließlich, wie er schmecken muss.

Osch-Kellnerin in Duschanbe

Illuminierte Sommerabende

Auf die leuchtenden Wasserspiele sind die Duschanbiner stolz. Kleinere Springbrunnen wie der vor dem Kohi Vahdat oder am Rudaki-Denkmal, singende und tanzende Wasserspiele wie die vor der Oper, ganze Kaskaden wie jene hinter dem Somoni-Denkmal, große Fontänen wie die am ›Flaggstock‹ oder gar ein künstlicher Wasserfall wie unweit der Wappensäule am Steilufer des Varzob - hier ist immer etwas los. Man geht abends kurz vor der Dämmerung hin und erlebt einen Massenauflauf. Alle sind hier, denn es ist angenehm frisch. Sehen und gesehen werden - die Jungen flanieren, kokettieren und fotografieren, die Alten sitzen auf den Bänken, schwatzen und schauen zu. Wenn sich in der Dunkelheit die Farbenpracht der Wasserspiele voll entfaltet, sind wohl alle Anwesenden froh, gerade in dieser Stadt zu sein. Auch als Gast spürt man das - und fühlt sich willkommen.

Freitags an der Moschee

Am auffälligsten versammeln sie sich freitags. Gläubige in Duschanbe, die, ihre Gebetsteppiche unter dem Arm, bedächtig zum Freitagsgebet in die Moschee schlendern.

Religionsausübung in Tadschikistan wird streng beäugt und limitiert (→ S. 71), das Gebet muss außerdem ein Zitat des Präsidenten enthalten. Im Zeitalter des ›Islamischen Staats‹ (IS) fürchtet man die Auswüchse des Islamismus, man will keinen zweiten Bürgerkrieg. Trotzdem hat man mit dem Emirat Qatar ein Abkommen geschlossen, und der reiche Wüstenstaat baut bis 2018, größtenteils auf eigene Kosten, die größte Moschee in den Ländern der ehemaligen Sowjetunion hier in Duschanbe. 70 Millionen Dollar wird Qatar in das Gotteshaus investieren, 115 000 Gläubige sollen im Gebäude und auf dem Hof der Moschee Platz zum Gebet haben. Die an den Bau geknüpfte Bedingung war, dass die Glaubensausübung nicht mehr nur auf den Freitag beschränkt werden darf. Man darf gespannt sein.

Ismailitisches Zentrum

Am Somoni-Prospekt 47, unweit vom See der Jugend (Komsomolskoye Ozero), gegenüber vom Hotel ›Hyatt‹ und vom Zentralen Konzertsaal, wurde 2009 im Beisein von Präsident Rahmon das erste Ismailitische Zentrum Zentralasiens eingeweiht, eine wichtige Stätte für das Selbstverständnis der Pamiri, die den kulturellen und friedensstiftenden Aspekt des Islam betont, den Stellenwert von Bildung, Toleranz und Verständigung.

Die Grundsteinlegung war bereits 2003 erfolgt, mit dem Bau wurde 2006 begonnen.

Der kanadische Architekt Farouk Noormohamed hat hier auf 16 Hektar ein sehr beeindruckendes Beispiel moderner islamischer Architektur geschaffen, das Offenheit, Besinnung und Schönheit symbolisiert und auch die Traditionen des Pamirhauses mit der Berücksichtigung der Elemente Erde, Wasser, Luft und Feuer einbezieht.

Der schöne Garten mit den persischen Maulbeerbäumen, den zahlreichen Wasserkanälen und den vier holzgeschnitzten Aiwans lädt zum Flanieren und Meditieren ein.

Das Zentrum wird gern für Konferenzen und andere Veranstaltungen genutzt. Siehe auch www.theismaili.org/ismaili-centres/dushanbe.

Hofleben

Kommen Sie doch mal vom Weg ab und schlendern Sie durch einen der Torbögen der 1950-er Häuser in einen der Höfe. Sie werden gerührt sein. Viel Grün, sorgsam angelegte Beete, kleine Spiel- und Sitzecken, Schachtischchen, ein bisschen Gerümpel, zum Trocknen aufgehängte kunterbunte Wäsche. Und viele große und kleine Leute, die sitzen, schwatzen, spielen, lesen, Tee trinken. Das ist Duschanbe live – und hoffentlich geht es nicht unter im Bauboom.

Das Ismailitische Kulturzentrum

▶ Karte: hintere Umschlagklappe

Duschanbe-Informationen

Allgemeine Informationen

Es gibt **keine Touristeninformation** in Duschanbe. Einige Reiseveranstalter bieten jedoch ihre Unterstützung bei der Registrierung, für die GBAO-Zutrittsberechtigung und andere Genehmigungen und weitere Informations- und Reisedienstleistungen an (→ S. 416).

■ Geldwechsel

Die ehemals zahlreichen Wechselstuben sind verschwunden. Der Staat will die Kontrolle über den Devisenmarkt. Und so kann man fast nur noch in den Filialen der **Banken** Geld tauschen. Bevor man in die Regionen reist, sollte man unbedingt genügend Geld (Euro oder Dollar) wechseln, da der Kurs in den Regionen deutlich schlechter ist und Euro dort oftmals gar nicht gewechselt werden können.

Geldautomaten (Somoni oder Dollar) gibt es inzwischen praktisch überall in der Stadt. Wer nicht lange suchen will: Fündig wird man gegenüber dem Stadtpark am Rudaki-Prospekt, in den großen Hotels, in den vielen Einkaufszentren und einigen Supermärkten. Mit Visa, Mastercard oder EC-Karten kann man eigentlich problemlos abheben, nur bei Stromausfall kommt es zu Problemen. Man sollte deshalb immer auch **Bargeld** (Euro, Dollar) einführen, dann erspart man sich auch die Gebühren.

■ Internet

Alle großen Hotels und die meisten der Boutique-Hotels und Gästehäuser haben freies WiFi, ebenso zahlreiche Restaurants und Cafés. Entlang des Rudaki-Prospekts finden sich etliche Internetcafés.

■ Post

Die **Hauptpost** in der Nähe der Somoni-Statue, Rudaki-Prospekt 57, Ecke Jalol Ikromi (ehemals Gorkovo), wird gerade völlig neu gebaut. Vorläufig wird man auf die verstaubte **Ersatzhauptpost** (Mo–Sa 8–18, So 8–15 Uhr) in der Bukhoro 47 und auf die zahlreichen Filialen ausweichen müssen. Es gibt hin und wieder Postkarten und schöne Sondermarken, letztere sind meistens an der Wand im Schalterraum ausgestellt.

Es gibt auch eine **Poststelle für Auslandssendungen**, sie befindet sich im Bahnhofsviertel in der Akademik Nazarshoev 35; Mo–Fr 8–18, Sa 8–13.

■ Mobiltelefone

Relativ günstig kann man eine **Prepaid-SIM-Karte** in einem der zahlreichen Mobiltelefonläden erstehen. TCell, Megafon, Babilon-M, Beeline (Takom) und TK-Mobil haben das breiteste Angebot.

Wenn man in den Pamir und in das Zarafshon-Tal (Fan-Gebirge) reist, sollte man eine Karte der Firma TCell erwerben. Aber auch dieser Anbieter garantiert keine Erreichbarkeit, die entlegenen Bergregionen haben teilweise kein Mobilfunknetz.

■ Botschaften und Vertretungen

Botschaft der Bundesrepublik Deutschland, 734064 Duschanbe, Somoni-Prospekt 59/1, Tel. +992/(8)37/2212189, +992/(8)37/2212198, +992/43/3773000, +993/(8)43/3773014. Visaabteilung Tel. +992(8)37/2212182, Notfalltelefon +992/90/7727583. Terminvereinbarung per Telefon bzw. über info@duschanbe.diplo.de, www.duschanbe.diplo.de.

Schweizerische Konsular-Agentur, Lev Tolstoy 3, Tel. +992/(8)37/2247316, +992/(8)37/2243897, duschanbe@sdc.net, www.swiss-cooperation.admin.ch/centralasia.

■ Anmeldung und Genehmigungen

OVIR (Meldebehörde), Mirzo Tursunzoda 5, Tel. +992/(8)37/2276711, +992/(8)37/2275684, +992/(8)37/2230336. Hier muss man sich anmelden, wenn man a) nicht als Tourist unterwegs ist, b) ein beliebiges mehrmaliges Visum hat, c) als Tourist länger als 45 Tage im Land bleiben

Zentraltadschikistan

will, d) ins Grenzgebiet zu Afghanistan reisen will. Auch Genehmigungen für den Besuch des Autonomen Gebietes Gorno-Badakhshan (GBAO) werden hier erteilt. Vorgelegt werden müssen der Reisepass mit dem Visum und je eine Kopie von beidem. Wenn man Glück hat, erfolgt die Ausstellung der Dokumente am Einreichungstag. Wer seine Nerven schonen will, beauftragt ein Hotel oder ein Reisebüro mit dieser Prozedur, Kosten 50 Somoni pro Person plus Servicegebühr.

An- und Abreise

Flughafen

Dushanbe International Airport (DYU), am Südrand der Stadt, Mirzo Mastangulov (ehemals Titov) 32/1, Auskunft Tel. +992/47/4494229, info@tajikairlines.com, http://dushanbeairport.com. Der Flughafen hat seit 2015 ein neues Passagierterminal, das sich sehen lassen kann. Funktional, freundlich und schnell wird man hier abgefertigt, und man kann sogar sein Visum hier am Schalter abholen, wenn man das vorher mit einer einladenden Organisation verabredet hat.

Vom Flughafen in die Stadt kommt man mit dem Trolleybus der Linie 4, mit dem Bus der Linie 1 und mit den Marshrutkas 1, 7, 8, 14, 16, 33. Ein Taxi in die Stadt sollte tagsüber nicht mehr als 20 Somoni kosten, nachts ist es ca. anderthalbmal so teuer.

Aus Europa wird Duschanbe von **Somon Air** (www.somonair.com, aus Frankfurt am Main) und **Turkish Airlines** (www.turkishairlines.com, aus Istanbul) angeflogen. **Umsteigeflüge über Bischkek oder Almaty** kommen auch in Frage.

Zahlreiche Flugverbindungen gibt es nach Russland, zum Beispiel mit **Aeroflot** nach Moskau.

Will man von Duschanbe **innerhalb das Landes** (nach Khujand und Khorugh) oder ins Ausland weiterfliegen, kann man sich in einem beliebigen hiesigen Reisebüro ein Ticket kaufen – die Preise sind teilweise niedriger als im Internet, die Bedienung sehr freundlich. Die größte Konzentration

Zwiegespräch

von solchen Büros findet man zwischen Oper und ehemaligem Markt Shohmansur. Flüge nach Khorugh sind von gutem Wetter und freier Sicht abhängig – man sollte sich darauf einstellen, dass es zu Verzögerungen bis zu mehreren Tagen und damit verbundenem Wartestress auf dem Flughafen kommt.

Bahnhof

Hauptbahnhof, Rudaki-Prospekt 35. Es gibt eine Eisenbahnverbindung Moskau (Kasaner Bahnhof)–Volgograd–Atyrau–Termez–Duschanbe, die Züge fahren dreimal pro Woche.

Freunde der langsamen Annäherung an ihr Reiseziel sollten das einmal versuchen. Die Reise von Berlin beispielsweise dauert 125 Stunden, man muss in Warschau, Moskau und Volgograd umsteigen und braucht Transitvisa für Weißrussland, Russland und Usbekistan.

Weiterreise von Duschanbe in die anderen Landesteile

Richtige Busse in die Regionen fahren vom **Asia Express Terminal**, Prospekt Abuali Ibn Sino 110, in der Nähe des Marktes Korvon.

Ein **Terminal** befindet sich auch am Südrand der Stadt im Mikrorayon 46, auf der rechten Seite des Varzob. Vom Zentrum ist er mit den Marshrutkas 15, 19, 25 oder den Bussen 18, 29 und dem Trolleybus 12 zu erreichen. Von hier fahren aber keine Busse, sondern Marshrutkas und Sammeltaxis nach Süden, Westen und Osten: nach Qurghonteppa, Shahr-i Tuz (Shaartuz), Norak (Nurek), Kulob, Hisor, Tursunzoda und Ob-i Garm.

Das gängigste und schnellste Fortbewegungsmittel, um in die Regionen und umliegenden Orte zu gelangen, ist das **Sammeltaxi**. Meistens sind es Jeeps, bei denen der Kofferraum auch zur Sitzreihe umfunktioniert wurde, das Gepäck kommt auf's Dach. Aber auch PKWs fahren als Taxis. Es gibt mehrere Sammelpunkte für die Abfahrt dieser Gefährte in die vier Himmelsrichtungen. Der Preis wird vor Abfahrt verhandelt, und es wird gewartet, bis das Auto oder der Jeep voll besetzt sind. Man kann auch allein oder zu zweit einen ganzen ›Salon‹ mieten, muss dann aber den Preis für die fehlenden Fahrgäste mitzahlen.

Man sollte **relativ früh** (zwischen 7 und 8 Uhr) diese Sammelpunkte aufsuchen, um ein gutes Auto zu bekommen und zeitig loszufahren. Je weiter man fahren will, desto besser sollte das Auto sein und desto früher sollte man aufstehen.

Besonders, wenn man auf schlechten Straßen unterwegs sein wird, sollte man auf die **Anzahl der Ersatzreifen** (mindestens einer, besser zwei), den allgemeinen **Zustand des Autos** (möglichst Jeeps) und besonders auf die Profile der Reifen achten. Bei der Auswahl des Autos sollte man nicht geizig sein, die Straßen sind streckenweise extrem schlecht. Ein guter Jeep ist in jedem Fall für Reisen in den Pamir und in die anderen Gebirgsregionen zu empfehlen. Seitdem die Straße in den Norden nach Ayni, Panjakent, Khujand nicht mehr über zwei Pässe, sondern durch Tunnel führt, könnte man theoretisch auch hier ein normales Auto nehmen. Die Straßen nach Hisor, Kulob und nach Qurghonteppa sind relativ gut, sodass der auf diesen Strecken beliebte Opel ausreicht. Prinzipiell gilt, dass ältere und somit erfahrenere und ruhigere Fahrer zu bevorzugen sind. Zusätzlich sollte der Fahrer natürlich nüchtern und wach sein und die Strecke kennen.

Als Anhaltspunkt hier unverbindliche durchschnittliche Preisangaben (einfach, Stand Sommer 2017) für einen Platz im Sammeltaxi aus Duschanbe.

Ayni: 70 Somoni.

Khorugh: 300 Somoni, Jeep dringend empfohlen.

Khujand: 100–120 Somoni, im Hyundai Starex 50–60 Somoni.

Gharm: 100 Somoni, Jeep empfohlen.

Kulob: 40 Somoni.

Qurghonteppa: 30 Somoni.

Panjakent: 100 Somoni.

Sammelpunkt Nord (Richtung Varzob-Schlucht, Ayni, Panjakent, Khujand), am nördlichen Ende des Prospekts Rudaki gegenüber dem Zementwerk. Mit dem Trolleybus kann man bis dorthin fahren. Interessant ist die etwa einen Kilometer lange ›Geschichte Tadschikistans in Bildern‹ links entlang der Mauer des Zementwerks, an der man beim Verlassen der Stadt vorbeifährt. Bei der Fahrt nach Varzob/Takob kann man auch vom Vodonasosnyi-Basar abfahren.

Sammelpunkt West (Richtung Hisor, Tursunzoda, Usbekistan), in der Verlängerung des Prospekts Somoni hinter dem Basar ›f‹ an der westlichen Stadtgrenze. Auf dem kleinen überdachten Basar kann man sich noch mit Proviant eindecken, die Preise sind hier meist etwas günstiger als in der Stadt. Mit der Marshrutka Nr. 8 kann man vom Zentrum (Grüner Basar, Station Putovskiy) zum Zarnisor-Basar fahren.

Sammelpunkt Süd (Richtung Qurghonteppa, Kulob, Shahr-i Tuz, Afghanistan):

beim Handelszentrum ›Sahovat‹ kurz vor dem Basar Korvon.

Alle Marshrutkas aus dem Zentrum mit der Aufschrift ›Korvon‹ fahren auch zum ›Sahovat‹, zum Beispiel vom Ayni-Platz/Ecke Lohuti oder von der Haltestelle Putovskiy. Die Fahrt durch die Wohnviertel dauert etwa 20 Minuten. Den Marshrutkafahrer sollte man nach Sahovat oder besser noch nach ›Avtocentr‹ fragen.

Sammelpunkt Ost (Richtung Vahdat, Gharm, Jirgatol): Am Ende der Ayni-Straße vor dem Supermarkt ›Nancy‹, in der Nähe des Einkaufszentrums ›Sitora‹ an einem Ort, der im Volkmund unter der Bezeichnung ›DOK‹ bekannt ist; früher gab es hier ein Kombinat für Türen und Fenster, der Sammelpunkt heißt immer noch nach ihm. Entweder dem Taxifahrer diesen Ort nennen oder von der Ayni-Straße am Ayni-Platz Richtung Osten eine Marshrutka Richtung Vahdat nehmen.

Sammelpunkt Pamir (Richtung Khorugh, Ishkoshim, Murghob), etwas versteckt nordwestlich des Flughafens; aus der Innenstadt kommend vor dem Flughafen und vor der Eisenbahnbrücke rechts (Akademik Nazarshoev). Nach etwa 200 Metern verbirgt sich hinter einem unscheinbaren Eisentor rechts ein großer Parkplatz, der Sammelpunkt der Taxis Richtung Pamir. Entweder mit der Marshrutka Nr. 8 Richtung Flughafen und vorher aussteigen und die letzten Meter nach rechts laufen oder den Taxifahrer direkt nach ›Pamirskaya Stoyanka‹ fragen. Der Sammelpunkt ist bekannt. Wenn man in einem guten Jeep bis nach Khorugh kommen will, sollte man hier spätestens um 7 Uhr erscheinen.

■ Taxi, Mietwagen, Fahrdienstleistungen

City-Taxi (vom Kleinwagen bis zum Bus, ganz Tadschikistan), Tel. +992/90/4004444, www.citytaxi.tj.

Allo-Taxi (Pkw vom Typ ›Samand‹, nur Fahrten in Duschanbe und Umgebung möglich), Tel. +992/(8)37/2333333; 3 Somoni/km.

Mietwagenverleih, Tel. +992/91/7113131, +992/91/7500909, www.rentacar.tj. Am Flughafen; bislang keine Erfahrungswerte. Manche Reiseveranstalter bieten auch Leihwagen mit und ohne Fahrer an.

Unterwegs in der Stadt

In der Stadt fahren zahlreiche Busse und Trolleybusse sowie Marshrutkas. Alle Trolleybusse und die Buslinie 3 und 4 fahren den Rudaki entlang, die Marshrutkas kreuzen ihn und sind die Zubringer in die Mikrorayons. In den Jahren 2014/2015 wurden fast alle alten chinesischen (und damit beengten) Tangem-Minibusse durch Mercedes Sprinter und Hyundai Starex ersetzt, sodass man mittlerweile recht komfortabel unterwegs ist. Die Taktfolge ist rasch, man muss nicht lange warten. Eine Marshrutka kann man überall anhalten, wo Halten erlaubt ist, und man kann auch an allen erlaubten Punkten um einen Haltestopp zum Aussteigen bitten.

Seit 2015 werden an zentralen Haltestellen **elektronische Anzeigetafeln** angebracht, die die jeweils bevorstehenden Abfahrtszeiten einiger Trolleybus- und Buslinien anzeigen.

Unterkünfte

■ Hotels der oberen Preisklasse

Hyatt, Somoni 26/1, Tel. +992/48/7021234, www.dushanbe.regency.hyatt.com; EZ/DZ ab 184/204 Dollar. Luxushotel am Komsomolskoye Ozero mit 200 Zimmern und 40 Suiten, eigenem Schwimmbad, italienischem Restaurant, mehreren Bars, Bäckerei, autonomer Wasser- und Stromversorgung und kleiner Kunst-Verkaufsgalerie (Noor).

Serena Dushanbe, Rudaki 14, Tel. +992/48/7014000, Fax +992/48/7024000, reservations.dsh@serena.com.tj, www.serenahotels.com/serenadushanbe; EZ/DZ ab 127/255 US-Dollar. Sehr zentral, neu, gediegen, mit allen Attributen eines internationalen Luxushotels.

Sheraton, Ayni 48, Tel. +992/48/7030000, Fax +992/48/7030001, info.dushanbe@she raton.com, www.sheraton.com/dushanbe; EZ/DZ ab 167 US-Dollar. Wuchtiges großes neues Hotel am südlichen Zentrumsrand, unweit vom Flughafen, von innen deutlich freundlicher als von außen.

Tadschikistan (Best Eastern), Shohtemur 22, Tel. +992/(8)44/6009933, Fax +992/(8)44/6009911, hotel@tojikiston.com, www.hoteltojikiston.tj; EZ/DZ ab 150/300 Dollar. Renoviertes sowjetisches Hotel im Zentrum am Rudaki-Park. Achte Etage besser meiden (geräuschvolles Lüftungssystem).

Vefa Apart Hotel, Bokhtar 37/1, Tel. +992/47/4410702, info@vefacenter.tj, www.vefacenter.tj; EZ/DZ+F ab 98/158 US-Dollar. 24 zweckmäßige Zimmer in einem bewachten Businesscenter.

Asia Grand Hotel, Mirzo Tursunzoda 21a, Tel. +992/(8)37/6007777, asiagh@mail.ru, www.asiagh.tj; EZ/DZ+F ab 73/93 Dollar incl. WiFi. Zentrumsnahes großes Hotel unweit vom Hochzeitspalast, mit Businesszentrum, Restaurant und großem Freizeitangebot. Rabatte bei Gruppen oder längeren Aufenthalten möglich.

Taj Palace, Mirzo Tursunzoda 21b, Tel. +992/(8)44/6207171, www.taj-palace.tj; EZ/DZ+F ab 61/122 Dollar. Sehr zentral, große Zimmer.

Boutique-Hotels

Im letzten Jahrzehnt sind in der Stadt einige kleine und mittelgroße Hotels entstanden, die mit ihrer ruhigen Lage in der Mahalla und dem Anspruch, den Gästen einen besonderen, individuellen Service zu bieten, gut mit gehobenen Hotels und Gästehäusern konkurrieren können. WiFi ist Standard.

Meridian, Repin 1, Einfahrt 28, Tel. +992/(8)37/6203399, info@meridian.tj, http://meridian.tj; EZ/DZ ab 80/100 US-Dollar. Unweit vom Funkturm und der EU-Vertretung gelegenes neues Hotel in ruhiger, grüner Umgebung, mit 35 sauberen und zweckmäßigen Zimmern, Café, Pool, Sauna, Fitnessraum und Konferenzzentrum sowie schönen Außenanlagen.

Das Hyatt-Hotel

Almaz, Mirzo Rizo 6, Tel. +992/(8)37/8177272, +992/(8)37/5256666, info@almos.tj, www.almos.tj; EZ/DZ ab 50/90 US-Dollar. In der Mahalla östlich des alten Marktviertels gelegenes Haus mit 15 großen Zimmern, Fitnessraum, Billard, Konferenzraum.

Twins, Adkhamova 21, Tel.+992(8)37/2213300, +992/(8)48/7024414, info@hoteltwins.tj, http://hoteltwins.tj; EZ/DZ ab 65/82 US-Dollar. In der Mahalla nordöstlich vom Marktviertel. 21 große Zimmer mit PC, kleines Businesszentrum, Fitnessräume. Abholung vom Flughafen, Exkursionen auf Wunsch.

Hotels der mittleren Preisklasse

Rohat, Rudaki 24, Tel. +992/(8)37/2211050, +992/93/5656433, info@rohat.hotel.tj, www.rohathotel.tj; EZ/DZ+F 61/90 Dollar. Renovierter und privatisierter Teil des alten Hotels ›Vakhsh‹, wunderschön gegenüber der Oper gelegen, freundlicher Service.

Vatan, Khuseynsoda 36 A, Tel. +992/(8)44/2273399, +992/(8)37/2274499, vatan.hotel@mail.ru, www.hotelvatan.ru; EZ/DZ+F ab 60/80 US-Dollar. Ganz neues, freundliches Hotel mitten im grünen Zentrum, Flughafentransfer, Fahrradverleih, Dolmetscher, Guides und Touren.

Avesto, Rudaki 105/1, Tel. +992/(8)37/22110461, Buchung über www.trip.tj/

dushanbe/hotel-avesto; EZ/DZ ab 50/80 Dollar. Ideal gelegen, schöner eigener Park mit Springbrunnen. Sowjetisches Haus von 1984, gern von russischsprachigen Gästen besucht, trotz Renovierung ist noch viel Sowjetcharme übrig. Restaurant, Bankautomat, Souvenirladen.

Tojikmatlubot, Rudaki 137, Tel. +992/(8)37/2246487, Tel. +992/91/9048482; EZ/DZ-Apartments 250/500 Somoni. Kleines Hotel mit 11 Zimmern in einem schmucklosen kastenartigen Betonbau im Norden des Zentrums, Restaurant, Konferenzsaal, Internet.

Dushanbe Palace, Ayni 34, Tel. +992/(8)37/8815135/4435454, Tel. +992/93/4435454, info@dushanbepalace.tj; EZ/DZ 300 Somoni. Mittelgroßes Hotel an einer sehr zentralen, belebten Ecke unweit vom Ayni-Denkmal.

Hotels der unteren Preisklasse

Poytakht (jetzt wieder ›Duschanbe‹), Rudaki 7, Tel. +992/(8)37/2219655, Fax +992/(8)37/2232019, Tel. +992/44/6003448, www.hotelpoytakht.tj. Von Mehrbettzimmern mit minimalem Komfort und Toilette/Dusche auf dem Gang ab 89 Somoni bis zu renovierten Zimmer für 464 Somoni pro Person ist alles zu haben. Das immer noch stattliche und staatliche Hotel-Flaggschiff aus Sowjetzeiten, im Zentrum am Ayni-Platz in der Nähe des Bahnhofs gelegen, 100 Zimmer, 4 Konferenzsäle, rote Teppiche und sowjetischer Charme. Sehenswert sind die Glasmosaiken. Für Low-budget-Urlauber gar nicht so übel. Renovierung läuft sukzessive.

Tajservice, Rudaki 6a, Tel. +992/(8)90/7065858; ÜN ab 27 Dollar, dafür kann man auch Abstriche am Design machen. Fahrradverleih.

Vakhsh (früher ›Stalinabad‹), Rudaki 24, Tel. +992/(8)37/2278188, www.hotelvakhsh.tj; EZ/DZ 90/110 Somoni, Luxusvariante 220 Somoni. Von 1941 bis 1945 war dieses schöne historische Gebäude an der Oper ein Militärhospital für im ›Großen Vaterländischen Krieg‹ verwundete Soldaten. 1948 eröffnete das Haus als staatliches Hotel. Es ist einfach ausgestattet und hat keine Klimaanlage, wird aber sukzessive renoviert, → Hotel ›Rohat‹, S. 135. Von der Decke blätternden Stuck (und im schlimmsten Fall das ganze Hotel) wird es bald nicht mehr geben.

Hotel Avesto

Gästehäuser

Comfort, Lev Tolstoy 59, Tel. +992/(8)37/2246904, Tel. +992/91/8624064, +992/91/8621119, ghcomfort@mail.ru, www.ghcomfort.tj; EZ/DZ auf Anfrage, Frühstück 5 Dollar. Nettes, renoviertes Haus im tadschikischen Stil westlich vom Rudaki-Prospekt im Norden des Zentrums. Für das Haus spricht ein großer Kreis von Stammgästen.

Atlas B&B Guesthouse, Mirzo Rizo 63, Tel. +992/(8)37/2264628, Tel. +992/90/7746444, info@atlasguesthouse.com, www.atlasguesthouse.com; EZ/DZ+F ab 70/90 Dollar incl. Frühstück. Eigentlich mehr stilvolles Businesshotel als Gästehaus, zentral, aber trotzdem ruhig gelegen. Alle zwölf Zimmer mit PC und Internet, Telefon und TV. Eigener Stromgenerator.

Marian's Guesthouse, Shohtemur 67/1, Tel. +992/93/5050089, gulya@tajnet.com; Zimmer+F 90 Euro pro Zimmer, bei längeren Aufenthalten 70 Euro, WiFi. Luxuriöses Gästehaus mit acht Zimmern und Swimmingpool in einem herrschaftlichen Gebäude mit schönem Garten in der Mahalla südlich vom Kinderpark (Detskiy Park), erste östliche Parallelstraße der Tursunzoda- schwer zu finden. Lassen Sie sich abholen.

Hostels

Immer mehr Hostels werden eröffnet, sie bieten in der Regel einen guten Service: Flughafentransfer, 24-Stunden-Service, englischsprechendes Personal und kostenloses WiFi sind Standard.

Green House Hostel, Khusravi Dekhlavi 98a, Tel. +992/91/5536186, +992/88/0082725, greenhousedushanbe@gmail.com, www.greenhousedushanbe.com. 2017 bestes Hostel in Tadschikistan. ÜN im Mehrbettzimmer ab 7, im DZ 20 Dollar. In der Mahalla östlich vom ehemaligen Marktviertel, modern und geräumig, 22 Betten, schöne Gemeinschaftsküche, großes Bad, freundliche Atmosphäre. Schwer zu finden; lassen Sie sich beim ersten Mal abholen, es ist rund um die Uhr jemand erreichbar.

Fassade des Hotels Vakhsh

City Hostel, Ozodi Zanon 44; ÜN ab 7 Dollar. Saubere 8-Bett-Zimmer. bestes Preis-Leistungsverhältnis bei Hostels. Günstige Lage in grünem Viertel am Nordrand des Zentrums, Frühstück, Flughafentransfer.

Yeti Hostel, Nisor Muhammad 4-16, Tel. +992/(8)98/7360004, +992/(8)98/7133005, yetihostels@gmail.com, www.yetihostel.com; ÜN+F ab 7 Dollar. Miskola kann auch Touren organisieren, sie hat ein eigenes Reisebüro.

Latifa, Rahmon Nabiyev, Einfahrt 2, Haus 23, Tel. +992/88/7081077; ÜN in Sechsbettzimmern 7 Dollar. Im westlichen Teil der Stadt, Flughafentransfer möglich.

Wohnen bei privaten Vermietern

Wenn man länger in der Stadt ist oder private Atmosphäre um sich herum haben möchte, kann es sich lohnen, eine Wohnung oder ein Zimmer zu mieten. Hier kann man sich helfen lassen: **Trip to Tajikistan**, Rudaki 38/1, Block B der Dushanbe Plaza (›Twin Towers‹), 20. Etage, Tel. +992/90/0905588, +992/90/1610303, Skype: tahmina_ut, info@trip.tj, www.trip.tj.

Restaurants

Wenn man stylish und im Kreis von Ausländern und reichen Tadschiken essen will, besucht man eins der **Restaurants in den**

Teehaus Rohat

größeren Hotels – sie sind alle gut, haben aber ihren Preis.

Auch die zahlreichen **Restaurants mit europäischer, chinesischer, koreanischer oder indischer Küche**, die man auf Seiten wie www.tripadvisor.de/Restaurants-g293964-Dushanbe.html findet, sind sicher nicht zu verachten, aber sie sind nicht typisch. Sie sind beliebt bei den Expats, die hier arbeiten und hin und wieder essen wollen ›wie zu Hause‹.

Authentische Atmosphäre findet man woanders, in den **Choykhonas** und **Oshkhonas**, den Teehäusern und Kantinen, aber auch in den Restaurants, in denen die einheimische Mittelschicht isst.

Neu in Duschanbe sind die zahlreichen Cafés, **Qahvakhonas** – sie sind immer gut für einen schnellen Kaffee oder Tee und etwas Süßes, das man hier meisterhaft zuzubereiten versteht, aber auch ein Mittag- oder Abendessen bekommt man. Exemplarisch seien das **Segafredo** in der Rudaki 70 gegenüber vom CUM und das beliebte **Art-Café Madlen** in der Bokhtar 37/1 genannt, Tel. +992/98/8773315.

Teehaus (Choykhona) Rohat, Rudaki-Prospekt 84, Tel. +992/90/7931347. Ein Muss, nicht nur wegen der zentralen Lage. Die Vorzeige-Choykhona der Stadt wurde in den 1950ern erbaut und ist seitdem sowohl bei den Hauptstädtern als auch bei ihren Gästen beliebt. Geboten werden gute Aussicht, ein frisches Lüftchen, einfache und preiswerte Küche. Zum Glück konnte das bei Einheimischen wie Ausländern gleichermaßen beliebte historische Teehaus 2017 vor der Abrissbirne gerettet werden, hoffentlich für immer.

Guten Palov und mehr gibt es in der **Oshkhona Shohmansur** an der Ecke Nisor Muhammad/Adkhamov. Hier, im ehemaligen Marktviertel, wurde überall gut und preiswert gekocht, mittags waren oft keine Sitzplätze zu kriegen. Bleibt abzuwarten, welche der Küchen sich halten können, jetzt, wo der Markt umgezogen ist.

Pivnoy Dvor. Direkt vor der Bierbrauerei (Pivnoy zavod) an der Ecke Druzhba Narodov/Anzob kann man draußen auf der Straße solide und preiswert essen und frisches Bier trinken, etwas edler geht es hinter der Brauerei im hauseigenen Restaurant zu.

Kurutob-Khona, im Zentrum des 12. Mikrorayon, keine genaue Adresse, einfach fragen – jeder kennt sie. Die beste Lokalität um das Nationalgericht aus Brot, Tomaten, Zwiebeln, Öl und Kräutern zu probieren. Alles wird aus einer großen Holzschüssel gegessen – und bitte mit den Händen. Eine kleine Kurutob-Khona findet man auch ganz zentral an der Ecke Behsod/Kurbonov.

Kishlok, Mirzo Tursunzoda, zwischen Feuerwehr und Ecke Shohtemur am Kinderpark, keine Hausnummer, Tel. +992/98/5990949. Das kleine Häuschen mit dem schönen Wandbild und dem netten Vorgarten, in dem man auch sitzen kann, beherbergt ein gemütliches Restaurant im usbekisch-tadschikischen Stil, guter Schaschlik.

Sado, schräg hinter der Oper im Park, einzeln stehendes zweigeschossiges Café mit Terrasse. Hier gibt es guten Schaschlik und andere Nationalgerichte, Salat und Brot immer frisch, Bier wird gezapft. Schöne Atmosphäre zum Draußensitzen.

Merve, Rudaki 52, Tel. +992/91/7871122. Das türkische Schnellrestaurant gegenüber vom Palast Kochi Vahdat ist immer voll; die meisten Gäste sind Jugendliche und Familien. Auf der Speisekarte ist für jeden etwas dabei, die Bedienung ist schnell und freundlich, es schmeckt und ist preiswert. Ein zweites ›Merve‹ gibt es südlich vom Kreisverkehr am Druzhba Narodov, am Fuß des Hügels mit dem Park des Sieges.

Sarez, Mirzo Tursunzoda 83/1, Tel. +992/91/9946518. Tadschikisches, russisches und europäisches Essen in einem gewächshausähnlichen Saal mit Papageien und Springbrunnen, auch Wild, erstaunlich preiswert.

Kutaisi, Husseynzoda/Behzod 2. Hinter dem Operntheater dessen belebten Park im Zustand einer ewigen Baustelle befindet sich ein Halbrund von recht düsteren Häusern aus den 1950ern. Im Keller eines dieser Häuser ist ein kleines unscheinbares Restaurant zu finden, in dem frisch und gut georgisch gekocht wird. Ein weiteres georgisches Restaurant ist das **Pirosmani** in der Puschkin 24, Tel. +992/93/8800152, pirosmanil@gmail.com.

Al Sham, Radzhabovho 11a, Tel. +992/(8)37/2271200, al-sham@mail.ru, arabisch. Geschmackvoll eingerichtetes, ruhiges Restaurant mit gutem Preis-Leistungsverhältnis.

Shiraz, Mirzo Tursunzoda 16/1, Tel. +992/90/2800800. Persische Küche, sehr angenehme Atmosphäre.

Marco Polo, Mirzo Tursunzoda 80/Ecke Foteh Niyozi, schräg gegenüber vom Handelszentrum Poytakht, Tel. +992/91/7027427. Düstere Atmosphäre, aber große Bandbreite an gutem Essen, von italienisch bis afghanisch ist alles dabei.

Kebap House, Nosir Maksum 61/1, Tel. 2357911. Großes modernes Restaurant am Somoni-Prospekt unweit vom Kreisverkehr Somoni/ibn Sino, sehr gute Fleischgerichte, oft gute Livemusik, fröhliche Atmosphäre.

Traktir, Tursunzoda 4, Tel. +992/44/6008888. Exzellente ukrainische Küche im rustikalen Ambiente.

Public Pub, Bokhtar 2, in der Gasse hinter der Dushanbe Plaza, Tel. +992/93/7103330. Gemütlicher Treffpunkt der Expats, Touristen und weniger Einheimischer.

Café Sado

Steak House, Behzod 1, Tel. +992/(8)37/2271151, hinter dem Opernpark. Teuer, aber gut.

Wer eine Pause von den relativ fettigen Gerichten Osh, Shurbo & Co. braucht, kann sich getrost in eines der guten indischen Restaurants setzen: Ins **Salaam Namaste** auf dem Rudaki 81, 150 Meter südlich vom CUM, Tel. +992/93/1060708, oder ins **Delhi Darbar** auf dem Rudaki 55/1, schräg gegenüber von der Dushanbe Plaza, Tel. +992/91/7340488. Auch das koreanische **Arirang** auf dem Rudaki 96 gegenüber vom Kohi Vahdat ist zu empfehlen.

Einkaufen

Die Einwohner Duschanbes kaufen fast alles auf dem **Großmarkt Korvon** im Süden der Stadt, im Mikrorayon 46 an der M384. Hier ist es am billigsten, und es gibt Kleidung, Stoffe, Schuhe, Haushalts- und Einrichtungsgegenstände.

Wer als durchschnittlicher Reisender nicht auf diese Waren angewiesen ist und nicht heftig sparen muss wie die meisten Tadschiken, kann auch im Zentrum fündig werden, und zwar überall.

Lebensmittel

Der erste Hypermarket der Stadt (›Ashan‹) hat 2016 in der Behzod, gegenüber von ›Tojikfilm‹, seine Pforten geöffnet. Viele Einkaufszentren westlichen Typs, bestückt vor allem mit chinesischen Waren, sind in den letzten Jahren entstanden und werden in den nächsten Jahren noch entstehen – die Bautätigkeit ist atemberaubend. So kann man zum Beispiel in der Rudaki Plaza nördlich der Rudaki/Loiq Sheroli in einem fast europäisch anmutenden Supermarkt einkaufen, auch am Anfang des Somoni-Prospekt hat man neben dem Fastfood-Restaurant ›Mr. Fast‹ im Supermarkt **TIM** ein vertrautes Einkaufsgefühl. Kleinere Selbstbedienungs-Lebensmittelgeschäfte gibt es inzwischen überall. Oft sieht man an der Straße **Verkaufswagen** mit Milch- und Backwaren – hier kann man bedenkenlos kaufen, es handelt sich um frische und preiswerte Ware direkt vom Erzeuger.

Obst, Gemüse, Trockenfrüchte, Nüsse und Pistazien, Fladenbrot und Milchprodukte, Honig, Fleisch, Kräuter und Gewürze sowie 1000 Kleinigkeiten gibt es leider nicht mehr auf dem asiatisch anmutenden Basar Shohmansur, sondern auf dem neuen **Basar Mekhrgon** an der Badakhshan/Surkhob im Nordosten der Stadt.

Kaufhäuser

CUM steht für Centralnyy Universalnyy Magazin – das sowjetische Zauberwort für ›Hier gibt es fast alles‹. Heute ist das Zentrale Universalgeschäft immer noch sehr zentral,

Supermarkt TIM

direkt am Rudaki, Ecke Foteh Niyozi. Die Atmosphäre ähnelt noch sehr einem sowjetischen Kaufhaus, und es gibt hier immer noch fast alles: Elektronik und Elektrotechnik im Erdgeschoss, Souvenirs und Ramsch, Spielzeug und Haushaltswaren darüber und ganz oben Einrichtungsgegenstände.
Ein ähnliches Sortiment findet man im Handelshaus **Sadbarg** am Ayni-Platz.
Auch im Handelszentrum **Poytakht** an der Tursunzoda gegenüber der Einmündung der Niyozi, nördlich vom Kinderpark, gibt es ein breites Angebot.
Seit 2015 konkurriert das palastähnliche **Mekhrgon** an der Surkhob/Mehnati mit allen anderen Handelshäusern für Kleidung, Einrichtungsgegenstände, Elektronik, Spielzeug und Lebensmittel.
Ein gutes **Geschäft für Kosmetikartikel** aller Art findet man in der Mitte der Loiq Sheroli, auf der südlichen Straßenseite. Auf kleinstem Raum gibt es einfach alles.

In der Oper

de aus sowjetischer Zeit findet. Etwas weiter nördlich auf dem Rudaki, jenseits des Opernplatzes hinter dem Haus Nr. 30, hat der keine Kiosk-Laden **Shark** auch ein recht gutes Souvenirangebot.

■ Souvenirs

Art Salon Ganjina, Rudaki 37, Tel. +992/93/4020269, damashon1986@mail.ru. Schräg gegenüber von den Towers. Samadkhon Musoev hat alle Arten historischer und neuer Volkskunst im Angebot.
Silk Road, im Souterrain der Shohtemur 32, unweit von der Ecke Bokhtar, Tel. +992(8)37/2274305, Tel. +992/91/7252976; Di–So 8–19 Uhr. Tadschikische Kittel und Kappen, bestickte Suzanis und Lederartikel, Teppiche und Brücken, Edelsteine und Schmuck, Bilder und Trachtenpüppchen.
Mir Samocvetov (World of Stones), direkt neben dem ›Silk Road‹, über eine kleine Außentreppe zu erreichen; 9–18 Uhr. Edelsteine und Schmuck.
Tadschikische Juweliererzeugnisse en masse werden auch im **Aqiqa** auf dem Rudaki 37a verkauft.
CCCP, auf dem Rudaki hinter dem Hotel ›Vakhsh‹. Kleiner Retro-Laden, in dem man hin und wieder schöne alte kunsthandwerkliche Gegenstände, aber auch liebenswert-skurrile Gebrauchsgegenstän-

■ Bücher

Donish, Rudaki 93, gegenüber von der Dushanbe Plaza. Bücher, auch Reiseführer, sowie Karten und sogar Postkarten kauft man am besten hier. Im Vergleich mit europäischen Buchläden ist das Geschäft aber eher sparsam bestückt.

■ Ausrüstung

Akademiya Turizma (Akademiya Sayohat), Rudaki 148, Tel. +992/93/4535909, turakademia@gmail.com. Duschanbes bisher einziger Outdoor-Laden, ist mit dem hiesigen Bergsteigerverein verbunden (→ http://alp.tj). Bergsteiger-Ausrüstung kann auch ausgeliehen werden.

Kultur

■ Theater, Oper und Ballett

Staatliches Theater für Oper und Ballett Sadriddin Ayni, Rudaki 28, Tel. +992(8)37/2216291, 2214422, www.operabalet.tj. Außen wie innen wunderschöner Bau, in dem von Freitag bis Sonntag Sehens- und Hörenswertes geboten wird, und das für nur 20 Somoni bei freier Platzwahl.

Tadschikisches Akademisches Lohuti-Dramentheater, Rudaki 86, Tel. +992(8) 37/2213751, 2214536. Nachfolger des ersten Theaters des Landes, eröffnete bereits 1929 (in einem anderen, inzwischen abgerissenen Gebäude)), den Namen Lohutis trägt es seit 1933. Viele weltbekannte Theaterstücke wurden hier adaptiert und in tadschikischer Sprache aufgeführt. Heute hat das Theater seine besten Zeiten vorerst hinter sich, aber an den Wochenenden gibt es Aufführungen.

Theater Padida, Rudaki, zwischen altem Regierungsgebäude und dem Teehaus ›Rohat‹, Tel. +992/(8)37/2247175. Zurückgesetzter Bau mit bröckelndem Putz, aber das hässliche Entlein unter den Kulturstätten der Hauptstadt hat es in sich. Hier wurde 1944 das bekannte Theaterstück ›Der Drache‹ von Yevgeni Schwarz uraufgeführt - und sofort danach verboten. Heute experimentelles Folklore- und Tanztheater, auch Projekte mit ausländischen Partnern. Es gibt außerdem noch das **Vohidov-Jugendtheater**, Qaraboev 23, Tel. +992/(8)37/2330048, 2333438 und das mit einem schönen Mosaik verzierte **Puppentheater Lukhtak**, östlich vom Kinderpark in der Shohtemur 54/1, Tel, +992/(8)37/2216658, zafar_rizo@yahoo.com, chodari_khayol@mail.ru. Beide sind chronisch unterfinanziert, werden aber bespielt und sind sehr beliebt. Im Puppentheater gibt es hin und wieder gute Gastspiele russischer Theatertruppen.

Kulturzentren und Veranstaltungsorte

Kulturzentrum Bactria, Mirzo Tursunzoda 12A, Haus in der in der zweiten Reihe, Zugang durch die kleine Straße links neben der Tursunzoda 10, Tel. +992/(8)37/2212558, +992/(8)37/2270554, bactria.culture@acted.org, bactria@acted.org, www.bactria.net, www.facebook.com/BactriaCC. Dieses Zentrum wurde mit Hilfe des französischen Entwicklungshilfeprogramms ACTED 2001 zwecks Entwicklung des kulturellen Austauschs und der Bildungsförderung geschaffen. Leider ist hier nicht mehr viel los. Hin und wieder finden Konzerte statt.

Ismailitisches Zentrum, Somoni-Prospekt 47, unweit vom Komsomolskoye Ozero, gegenüber vom Hotel ›Hyatt‹, www.theismaili.org/ismailicentres/dushanbe. Im Zentrum finden vielfältige Veranstaltungen sowie Konferenzen statt.

Zentraler Kino- und Konzertsaal Kohi Borbad, Somoni-Prospekt 26, westlich vom Hyatt, gegenüber vom Ismailitischen Kulturzentrum, Tel. +992/(8)37/2354864. Konzerte und Shows für ein breites Publikum.

Tadschikische Staatliche Rudaki-Philharmonie, 14. Mikrorayon, Ecke Hozifi/ibn-Sino. Im ehemaligen Gewerkschaftshaus finden zurzeit keine Konzerte statt.

Künstlerkolonie, Omar Khayyam 13, unweit des nördlichen Endes der Mirzo Tursunzoda, Tel. +992/(8)37/2242441. Voranmeldung empfohlen. In einem schattigen Hof, in den man durch ein schmiedeeisernes Tor gelangt, haben mehrere Künstler ihre Galerien, man darf sie bei der Arbeit beobachten: Maler, Bildhauer, Holzkünstler. Informieren kann man sich hier: www.tajikart.com.

Zirkus

Zirkus, Qaraboev 2. In dem auffälligen Gebäude, das an eine fliegende Untertasse erinnert, gibt es hin und wieder Gastspiele russischer Zirkustruppen. Auch andere Veranstaltungen wie z.B. Konzerte finden hier statt.

Medizinische Hilfe

Prospekt Medical Dushanbe, Foteh Niyozi 34, Tel. +992/(8)37/2243092, +992/90/0005501, +992/90/0005503, Fax 2243062, prospekt-clinic@tajnet.tj, www.prospektclinic.tj; Mo–Fr 8.30–16.30 Uhr. Eine Klinik, die mehr oder weniger nach westlichen Kriterien arbeitet und auf Mitgliedschaftsbasis funktioniert. Aber auch hier sollte man einen Heimflug vorziehen.

Notfallkrankenhaus, Ayni 46/1, Notfallnummer 03, TCell *03*, Babilon Beeline 103, Tel. +992/(8)37/2273441.

Duschanbe-Khujand. Eine Reise mit dem Zug (2010)

Mehrmals pro Woche fährt der Zug Duschanbe-Konibodom über Khujand. Durch drei Länder und über vier Grenzen. Zu Zeiten der Sowjetunion kein Problem, heute eine langwierige Angelegenheit. Aber spannend. Um 8.10 Uhr geht es in Duschanbe los. Schnell noch ein Instantkaffee (drei in einem: Kaffee, Milch und Zucker) im Bahnhofsbistro, jede Menge Hähnchenschenkel und Gurken einkaufen, die blau-weißen Karoservietten nicht vergessen und einsteigen. Die Schaffnerin begrüßt einen mit der Frage: ›Haben Sie eine Bibel dabei?‹ 2007 wurden in Tadschikistan die Zeugen Jehovas verboten, und sie scheint schlechte Erfahrungen gemacht zu haben.

Für den Reisenden, der schon einmal mit den russischen Zügen der Transib gefahren ist, ist der Zustand der Waggons in Tadschikistan ein kleiner Schock: Abgenutzt, ungewartet und in einem schlechten Zustand. Klimaanlage Fehlanzeige, von den Toiletten kann man das Vorbeigleiten der Gleise beobachten. Aber die Schaffner tragen Uniform, es gibt Betten und Bettzeug, und auch die sowjetischen Teegläser mit dem Metallfuß fehlen nicht, obwohl es nur wenige davon gibt und die meisten Reisenden aus Teeschalen trinken. Es ist ein Transitzug, dessen Fenster eigentlich geschlossen bleiben sollen, mittlerweile sind aber einige von ihnen herausgebrochen. Während der Fahrt sollen es noch mehr werden, dies ist im Sommer eher ein Vorteil für die Reisenden in den stickigen Waggons. Wie immer in Tadschikistan denkt man im Sommer nicht an den Winter.

Man kann nicht behaupten, dass der Zug schnell fährt, und so kann man in Ruhe die Landschaft betrachten. Die erste Grenze nach Usbekistan ist die härteste: Pakhtabad. Die Stimmung unter den Mitreisenden, fast alles Gastarbeiter, die

Am Bahnhof Kulob

sich auf den Weg nach Russland machen und von Khujand aus mit dem Bus weiterfahren, sinkt. Die Zugfahrt ist viel günstiger als ein Flug oder eine Autofahrt. Die Männer erzählen sich Geschichten, meistens vom Bau in Moskau. Davon, wie schwer sie es als Tadschiken in Russland haben, wie miserabel die Unterkünfte sind und wie unsicher ihre Arbeit und ihre Arbeitsplätze sind.

An der Grenze wird es stiller. Die Beziehungen zum Nachbarland sind seit dem Bürgerkrieg nicht gut und die Grenzer nicht gut drauf. Alle Frauen müssen einzeln zum Abtasten in die Schaffnerkabine. Mund auf, Zehen spreizen. Es werden Drogen gesucht. Jeder weiß, dass das richtige Drogengeschäft nicht in diesem Zug stattfindet, sondern in ganzen Lastern vorbeifährt. Nur ab und zu wird für die Presse ein Fall aufgedeckt. Die Armut verstrickt zu viele in diese Machenschaften. Und die kleinen Leute werden einfach mit kleinen Summen bestochen, die für sie lebensnotwendig sind. 2013 wurden etwa sieben Tonnen abgefangen, an den Kontrollen vorbei rollte das Zigfache. Trotzdem müssen wir uns in der Kabine bis auf die Unterwäsche ausziehen. Obwohl es eigentlich ein Transitzug ist, bekommt man auf das usbekische Visum einen Stempel, sollte also im Besitz eines solchen sein (Transitvisum, → S. 406).

Weiter geht es durch die sandigen Hügel Südusbekistans. Zum Glück sind die Türen offen beziehungsweise beschädigt, sodass man im Wind stehen kann. Nachmittags Ankunft in Termez an der afghanischen Grenze, bekannt durch den ehemaligen deutschen Militärstützpunkt. Von Turkmenistan soll man nicht viel sehen, und so erreicht man abends zum Sonnenuntergang die Grenze. Es besteht wohl eher die Gefahr, dass Menschen zusteigen als dass Personen abspringen. So wird der Zug menschlich verplombt. Für jeden Waggon zwei Soldaten. Die Toiletten sind geschlossen. Die Grenzer sind freundlich, gestriegelt und unbestechlich. Ohne Transitvisum (35 Dollar zahlt man für ein handgeschriebenes Transitvisum in der turkmenischen Botschaft in Duschanbe, → S. 406) hat man als Ausländer hier keine Chance.

Im Halbschlaf rattert man durch Turkmenistan und wieder nach Usbekistan. Karten spielen, Kreuzworträtsel lösen, Hühnerbeine essen, schlafen und reden. Aus dem Fenster sieht man Sandberge und Baumwollfelder, aufgehäufte Baumwollberge und Viehweiden. Kinder laufen am Zug entlang und winken. Bei Samarkand kommen die Brotverkäufer in den Zug und ans Fenster. Das Samarkander Brot hat einen besonders guten Ruf in Tadschikistan, kommt es doch aus einer ›eigentlich‹ tadschikischen Stadt. Auch das hört man auf der Reise immer wieder: »Eigentlich ist das hier alles tadschikisches Gebiet«.

Doch die Geschichte hat andere Grenzen gezogen, und der Zug rattert weiter durch usbekisches Flachland. Und wieder an der Grenze ins Herkunftsland. Der Zug hat mehrere Stunden Verspätung, in Russland würde so etwas nie passieren. Ab hier ist wieder alles ein bisschen anders. Herzliche Begrüßung am frühen Nachmittag in Nau, der ersten Station wieder in Tadschikistan. Einige atmen sichtlich auf. Es ist eine Reise durch Geschichte und Gegenwart, die dem russisch- oder tadschikischsprachigen Reisenden viele Zusammenhänge eröffnet: vom Zustand der Technik über die Beziehungen zu den Nachbarstaaten bis zur Realität der tadschikischen Gastarbeiter. Selten wird man so nah dran sein am tadschikischen Leben wie in den über 30 Zugstunden von Duschanbe nach Khujand.

Die Umgebung von Duschanbe

Gäste, die Duschanbe als Startpunkt für eine große Tadschikistan-Reise auswählen, werden in der Regel nur ein bis zwei Orte in der Umgebung der Hauptstadt besuchen, bevor sie ins Land aufbrechen: die **Festung Hisor** und vielleicht noch die allseits beliebte **Varzob-Schlucht** mit ihren mittlerweile hunderten von Ausflugsgaststätten.

Wer in Duschanbe arbeitet und an den Wochenenden Entspannung sucht, kann ein vielfältiges Spektrum von gängigen Ausflugsvarianten und ›Geheimtipps‹ nutzen: Baden in heißen Quellen und in kühlen Flüssen und Seen, leichte und anspruchsvolle Tages- und Mehrtageswanderungen im Gebirge; ein Besuch des Botanischen Gartens der Akademie der Wissenschaften im geschützten Kondara-Tal in der Mitte der Varzob-Schlucht (Kilometer 31 der M34) oder einfach nur ein Picknick irgendwo in den grünen Hügeln oder an einem der Flüsse.

Die Duschanbiner selbst verbinden ihre freien Tage in der Natur oft mit nützlichen Tätigkeiten: Sie sammeln Pilze, Kräuter und Beeren. Ein Sammelspaziergang mit tadschikischen Freunden ist lustig und lehrreich. Man erfährt eine Menge, zum Beispiel, aus welchen Kräutern man den besten Tee kocht, wann und wie man Maulbeeren sammelt, was man daraus zubereiten kann und wogegen Maulbeersirup hilft.

Generell ist es bei allen Bergtouren empfehlenswert, einen einheimischen Führer dabei zu haben, da es keine Ausschilderungen gibt und gerade in der Varzob-Schlucht und den stadtnahen Seitentälern viel gebaut wird und sich ständig Änderungen ergeben können.

Veranstalter, über die man Touren und Bergführer buchen kann: Pamir Adventure (pamirad@gmail.com, → S. 294), Aziana Travel (http://azianatravel.com, (→ S. 416). Ein guter Bergführer ist auch Umed Karimov, umedkarimov@gmail.com, umed-karimov@mail.ru.

Festung Hisor

Die Festung Hisor beziehungsweise Hissar (russisch: Gissarskaja krepost') etwa

Die Festung Hisor

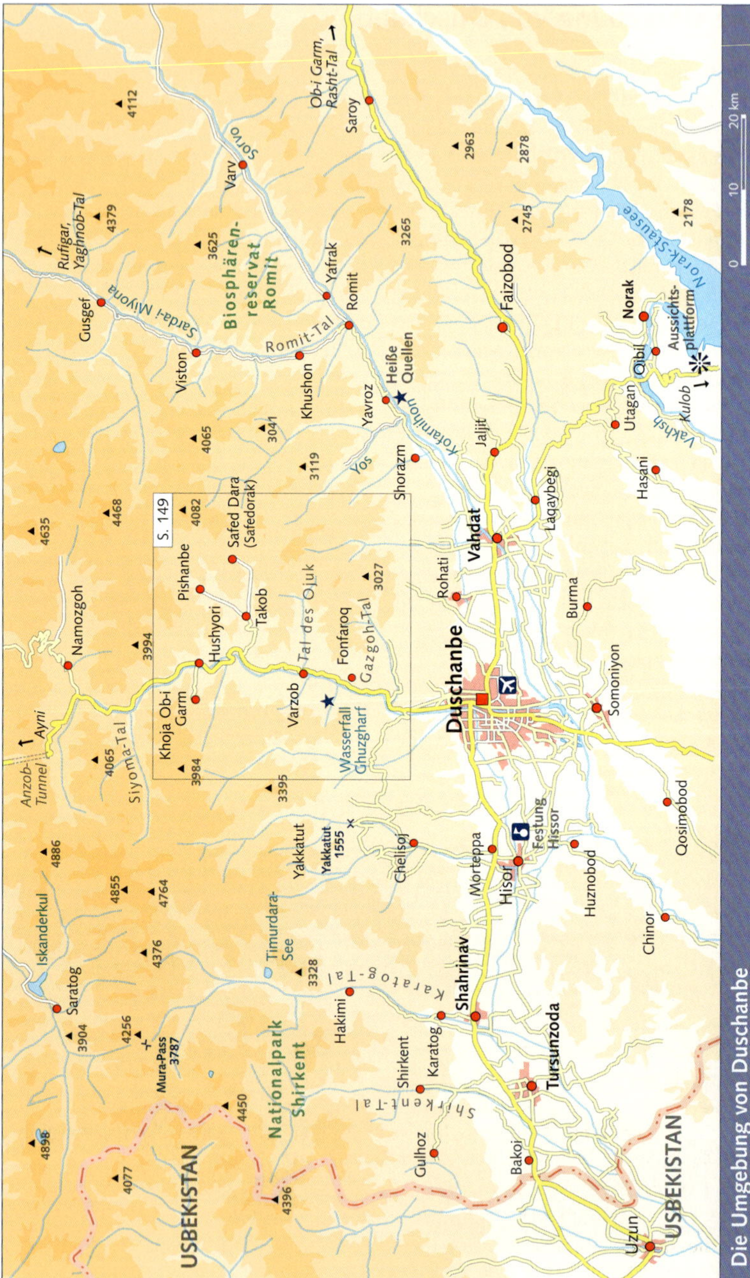

Die Umgebung von Duschanbe
Duschanbe
Vahdat
Faizobod
Shahrinav
Tursunzoda
Norak
Hisor
Festung Hissor
Somoniyon
Qosimobod
Huznobod
Chinor
Burma
Rohati
Laqaybegi
Jaljit
Shorazm
Yavroz
Heiße Quellen
Romit
Yafrak
Khushon
Romit-Tal
Viston
Gusgef
Sarda-i Miyona
Rufigar, Yaghnob-Tal
Biosphären-reservat Romit
Varv
Sorvo
Saroy
Ob-i Garm, Rasht-Tal
Norak-Stausee
Aussichts-plattform
Qibil
Utagan
Hasani
Vakhsh
Kulob
Yos
Kofarnihon
S. 149
Pishanbe
Safed Dara (Safedorak)
Takob
Hushyori
Khoja Obi-Garm
Varzob
Tal des Ojuk
Fonfaroq
Gazgoh-Tal
Wasserfall Ghuzgharf
Namozgoh
Ayni
Anzob-Tunnel
Siyoma-Tal
Iskanderkul
Saratog
Timurdara-See
Yakkatut
Yakkatut 1555
Chelisoj
Morteppa
Karatog-Tal
Hakimi
Karatog
Shirkent
Shirkent-Tal
Gulhoz
Nationalpark Shirkent
Mura-Pass 3787
Bakoi
Uzun
USBEKISTAN
USBEKISTAN
4112
4379
3625
3265
2963
2878
2745
2178
4065
3041
3119
4635
4468
4082
3027
3994
3984
4065
3395
4886
4855
4764
4376
3328
3904
4256
4450
4898
4077
4396
0
10
20 km

30 Kilometer westlich von Duschanbe ist für Touristen und tadschikische Hochzeitspaare gleichermaßen ein beliebtes Ausflugsziel. Mit dem Taxi fährt man schnell, mit der Marshrutka preiswert vom westlichen Sammelpunkt aus (→ S. 133) bis zum Busbahnhof nach Hisor.

Der Ort im dichtbesiedelten Hisor-Tal war vom 16. bis zum 19. Jahrhundert das politische und wirtschaftliche Zentrum von Ostbuchara. Am Busbahnhof des heutigen Hisor ist davon nichts zu bemerken. Gegenüber liegt ein kleiner Basar mit Gemüse, Obst und Hühnern, beschlagenen Hochzeitstruhen und sonstigen Gebrauchsgegenständen. Hier nimmt man sich am besten ein Sammeltaxi auf der Straße in Richtung des südlichen Ortsausgangs, direkt schräg gegenüber vom Busbahnhof. Nun sind es noch sechs Kilometer bis zur Festung, die bis 1920 dem Emir von Buchara beziehungsweise seinen Vertretern (Beks) als Residenz diente.

Lediglich das **Portal** der Festung war gut erhalten, bereits im 18. Jahrhundert war es an die Stelle des alten gesetzt und 1974 bis 1976 nochmals restauriert worden. Von 2014 bis 2015 wurde dieses Tor abermals restauriert, Phantasiemauern und -gebäude wurden hinzugefügt, der Vorplatz mit Betonplatten zugepflastert. Leider ging der historische Charme dabei weitgehend verloren. Doch Hisor ist einer der wenigen erhaltenen historischen Orte in Tadschikistan und der einzige in der Nähe der Hauptstadt, und so ist es nur verständlich, wenn der Staat hier einen Glanzpunkt setzen wollte. Hisor genügt nunmehr allen Anforderungen eines modernen Tourismus – mit Imbiss und Souvenirshops.

Steigt man hinter dem Tor rechts auf den Hügel, hat man den besten Blick auf die Anlage und das Umland. Der langgestreckte Hügel selbst birgt die Überreste der einstigen Zitadelle, die sich hier seit dem frühen Mittelalter befunden hatte.

Am Fuße des Hügels liegt alles, was von der alten Stadt Hisor übriggeblieben ist und nunmehr zum Kulturhistorischen Schutzgebiet Hisor gehört, der fast einen Quadratkilometer Fläche einnimmt: die neue **Medrese Nav** aus dem 17. Jahrhundert und die alte **Medrese Kuhna** aus dem 16. bis 17. Jahrhundert, seit 1982 Museum. In vielen der 27 ehemaligen Schülerzellen um den Innenhof herum kann man Tongefäße, alte Haushaltsgeräte, Bilder und Zeichnungen der Anlage und Dokumente der Restaurierung ansehen. Die letzten Schüler besuchten 1921 die Medrese. Rechts hinter dem Eingang, den großen verzierten Türen aus Holz, befindet sich im Eckraum die kleine Moschee mit Kuppel und Mihrab.

Neben der Medrese Kuhna fallen die **Überreste der Karawanserei Khishtin** (17./18. Jahrhundert) ins Auge, die als Unterkunft und Umschlagplatz für die Karawanen diente, denn eine Route der alten Seidenstraße führte durch Hisor.

Läuft man die Straße zwischen den beiden Medresen hinab, erreicht man nach einigen Metern links das **Mausoleum Mahdumi Azam** aus dem Jahr 11./12. Jahrhundert, erneuert 1547, mit mehreren einfachen Alabastergrabmälern und einem Gebetsraum. Einer Legende nach soll Muhammad Hayvoki, ein berühmter gottesfürchtiger Mann, hier beerdigt sein. Südöstlich vom Komplex befinden sich die **Überreste der steinernen Moschee Sangin** aus dem 16. Jahrhundert, und im Osten der Festung wurden die Ruinen einer weiteren Moschee ausgegraben.

Neben dem Portal der Festung rechts steht ein schlichter **Obelisk** aus sowjetischer Vorzeit, vor dem sich vor allem am Wochenende frisch getraute Paare fotografieren lassen. Die historischen

Gebäude taugen dabei bestenfalls als Kulisse. Die typische Hochzeitsmusikgruppe ist meist vor Ort und sorgt für Stimmung.

Hisor

Festung Hisor: Eintritt 5 Somoni.
Medrese Kuhna: Eintritt 4 Somoni; im Sommer tägl. 9–16 Uhr.

Varzob-Schlucht

Die Varzob-Schlucht im Norden von Duschanbe ist der beliebteste Ausflugsort der Hauptstädter. Das enge Tal mit der gut ausgebauten Straße Richtung Anzob-Tunnel/Nord-Tadschikistan ist entlang des namensgebenden Varzob-Flusses bebaut mit Cafés, Tapchanen, Restaurants und Swimmingpools, Erholungsheimen und Hotels. Immer mehr private Villen auf großen Grundstücken versperren ehemals frei zugängliche Plätze.

Das Tal ist etwa 70 Kilometer lang, die Straße mautpflichtig (3 Somoni). Elf Kilometer von der Stadt entfernt liegt der kleine **Varzob-Stausee,** in dem die Duschanbiner im Sommer gerne baden. Macht man sich jedoch in eines der schönen Seitentäler auf, so trifft man kaum jemanden mehr.

Varzob-Schlucht

In das Tal kann man bis zum Ort Varzob mit Marshrutkas fahren (je nach Entfernung 5 bis 15 Somoni). Diese fahren am Vodonasosnyi-Basar im Norden der Stadt ab (Sammelpunkt Nord, → S. 133), entweder direkt auf dem belebten Vorplatz vor dem Basar oder etwas weiter hinten von der kleinen Busstation. Gegen 17 bis 18 Uhr fahren die letzten Marshrutkas aus dem Tal wieder in die Stadt. Hat man diese verpasst, kann man einfach ein Auto als Taxi anhalten. Der Einfachkeit halber sind die aufgeführten Seitentäler mit der Kilometerzahl der Abzweigung auf der M34 versehen.

Wasserfall Ghuzgharf (Km 21)

Der Wasserfall ist nicht ganz einfach zu finden, aber es lohnt sich; am besten einen einheimischen Guide mitnehmen. Im Ort **Fonfaroq** links über die Stahlbrücke zum Resort Kohi Malika abbiegen (2017 war die Brücke mit ›Ghusgharf‹ ausgeschildert). Entweder hier an der Straße aussteigen oder den Fahrer über die Brücke und bis zum Ende der guten Straße weiterfahren lassen, da der erste Teil der Strecke – vorbei an den Häusern der Neureichen – nicht sehr

In der Varzob-Schlucht

Karte S. 149

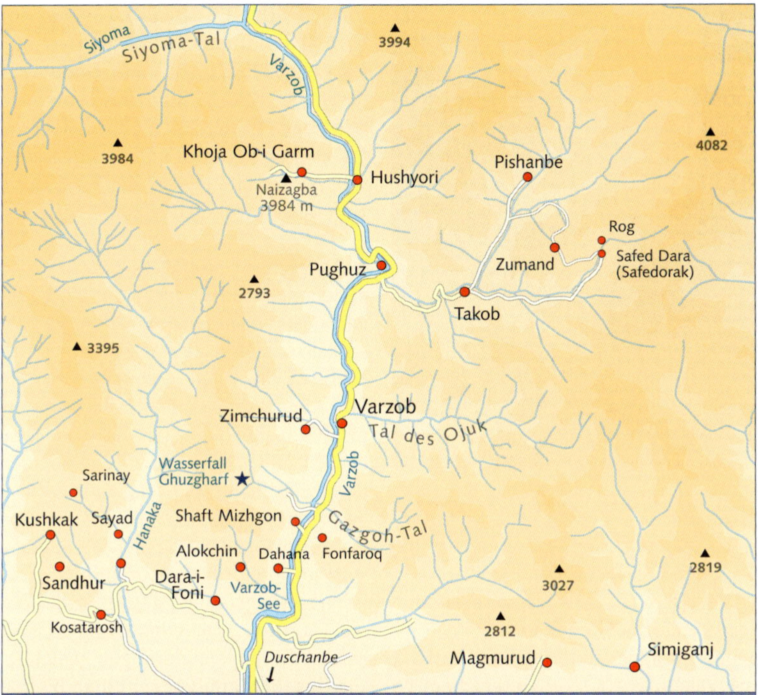

Die Varzob-Schlucht

erbaulich ist. Etwa einen Kilometer hinter dem Resort vor einer Brücke rechts den Pfad am Fluss entlang nehmen; dieser Pfad verjüngt sich zusehends. Nach etwa eineinhalb Stunden geht es nach der Flussüberquerung links in Serpentinen und über ein Geröllfeld über die Bergkette. Von der Kuppe sind es dann noch mal zehn Minuten hinab zu einem schönen Bergbach mit Becken zum Schwimmen (auf Schlangen achtgeben!) und schattigen Rastplätzen, auch zum Zelten. Maulbeerbäume, Zitronenmelisse und viele Blumen wachsen hier. Folgt man dem Bergbach nach unten, erreicht man nach etwa 500 Metern linker Hand ein steiles Geröllfeld. Wenn man über dieses hinuntergeklettert ist, steht man vor einem fantastischen, etwa 30 Meter hohen Wasserfall, der in ein kleines Badebecken mündet. Der Wasserfall hat im Frühjahr so viel Wasser, dass feine Wassertröpfchen zehn Meter über dem Becken Nebel bilden. Nach der anstrengenden Wanderung bietet der Wasserfall eine willkommene Erfrischung, jedoch sollte man sich nicht direkt unter den Wasserstrahl stellen, da dieser Steine mit sich tragen kann. Für diese Tour sollte man den ganzen Tag einplanen, die reine Gehzeit beträgt etwa fünf Stunden, hin und zurück sind 16 Kilometer zu laufen.

■ Tal des Ojuk (Km 25)

Das bei den Tadschiken bekannteste Seitental, auch **Tal der Sieben Brücken** genannt, liegt östlich des Ortes Varzob und ist besonders schön im Frühjahr,

Wasserfall im Tal des Ojuk

wenn die Wildobstbäume blühen, und im Herbst zur Zeit der Laubfärbung. Leider ist das im unteren Teil relativ breite Tal offenbar genau wegen dieser Schönheit in den letzten Jahren verstärkt mit Villen bebaut worden und ziemlich unübersichtlich geworden.

An der Endhaltestelle der Marshrutka aussteigen und den Weg rechts neben dem alten Kulturzentrum (heute ein Lebensmittelgeschäft) einschlagen. Nach dem letzten Haus immer dem Fluss folgen. Neben einheimischen Wochenendausflüglern, die meist nicht sehr weit kommen, trifft man Hirten und Angler. Vor der dritten Brücke (der Fluss liegt nun rechter Hand) direkt in einer engen Schlucht links einem Bächlein 50 Meter folgend, steht man vor einem **Wasserfall**, der an einer glatten, etwa zehn Meter hohen Felswand herunterperlt und -sprudelt. Das Tal verengt und verzweigt sich nach oben immer mehr, hier ist teilweise schon bergsteigerisches Können gefragt. Der anspruchsvolle und wunderschöne Übergang ins Takob-Tal dauert zwei bis drei Tage (siehe auch http://kanycma.ru/blog/2015-07-30-287). Für eine längere Wanderung und den Übergang ins Romit-Tal braucht man mindestens drei Tage, eine Campingausrüstung ist in beiden Fällen hilfreich. Vor allem im Frühling und Frühsommer hat der Fluss viel Wasser und lädt in kleinen Becken zum kurzen Eintauchen ein.

Takob und Safed Dara (Km 38)

60 Kilometer von Duschanbe entfernt liegen in einem linken Seitental des Varzob am Fuß schroffer Viertausender der Ort **Takob** sowie einige andere Bergdörfer und kleine Weiler, durch eine Straße malerisch zu einem Kreis verbunden. In einigen der Dörfer, etwa in Zumand oder Rog, wird noch heute das einzigartige Yaghnobi gesprochen (→ S. 363).

In Takob wurde zu sowjetischen Zeiten Flussspat gefördert, es gab auch eine Verarbeitungsfabrik. Heute hofft man auf Tourismus. Die Umgebung von Takob ist gut für Wanderungen geeignet: Vier bis fünf Stunden geht man bis zur bizarren **Obi-Safed-Schlucht** und den hier gelegenen Hirtencamps, in zwei bis drei Tagen kann man ins **Romit-Tal**

Rote Algen im Tal des Ojuk

▲ Karte S. 149

(→ S. 152) gelangen. Der Skiort **Safed Dara** (auch Safedorak genannt) liegt elf Kilometer oberhalb von Takob auf auf 2300 Metern. Es gibt ihn seit vier Jahrzehnten, und seit der Rekonstruktion 2016 kommen auch wieder mehr Erholungssuchende hierher. Tadschikistans einziger Wintersportort bietet mit seiner spektakulären Lage, sieben Monaten Schnee und mildem, windgeschütztem Mikroklima ideale Bedingungen für Ski, Rodel und Eislaufen und wäre somit bei richtiger Bewirtschaftung eine Goldgrube. Die Privatisierung 2015 erfolgte auch prompt durch einen Schwager des Präsidenten.

Ein moderner Doppelmayr-Kabinenlift von zwei Kilometer Länge wurde errichtet, 150 Meter unter den alten sowjetischen Anlagen wurde ein neuer Erholungskomplex gebaut, der allerdings nach der Eröffnung 2016 gleich wieder geschlossen werden musste. Wegen falsch ausgeführter Tiefbauarbeiten hatte sich der Boden unter dem Hotel gesenkt. Inzwischen scheint alles zu funktionieren.

Safed Dara

Wintersportgebiet Safed Dara, Tel. +992/44/6013030. Im Winter sollte man einen guten Jeep mieten, um nach Takob zu gelangen. Im Sommer fährt täglich eine Marshrutka dorthin, Abfahrt morgens vom Busbahnhof am Vodonasosnyi-Basar (Sammelpunkt Nord, → S. 133) in Duschanbe.

Khoja Ob-i Garm (Km 42)

Der älteste Kurort Tadschikistans, 1935 gegründet, liegt 48 Kilometer nördlich von Duschanbe auf einer Höhe von 1740 bis 1960 Metern im Tal des gleichnamigen Flusses, einem rechten Zufluss des Varzob. Vom Dorf Hushyori zweigt eine recht gute Straße nach Westen ab, den Kurort erreicht man nach sechs Kilometern.

Im Siyoma-Canyon

Khoja Ob-i Garm heißt ›Gesegnetes heißes Wasser‹ – diesen Namen trägt der Fluss schon seit uralter Zeit, was vermuten lässt, dass die Heilkraft der 65 bis 95 Grad heißen mineralischen Quellen und der heißen Dämpfe des Tals schon lange genutzt wird.

Heute findet man hier ein riesiges, 2014 auf Staatskosten saniertes Kurheim und ein paar kleine Pensionen. Gegen fast jede Krankheit und für fast jeden Geldbeutel ist etwas dabei – vom ›Gewerkschaftstarif‹ für 20 Dollar pro Tag (Tel. +992/90/7767427, +992/93/7419494) bis zur Luxusvilla. Man muss sich nicht unbedingt als Kurgast für Wochen hier niederlassen, ein Tages- oder Zweitagesausflug mit einem ›Testbad‹ ist auch machbar. Ein schöner Laubwald aus Walnussbäumen, Platanen, Kastanien, Akazien und Sträuchern, Wasserfälle, ein angenehmes Mikroklima und bis zu 3000 Sonnenstunden im Jahr sind auch für Herbst- und Winterspaziergänge gute Voraussetzungen. Auch anspruchsvolle Ein- und Mehrtageswanderungen ins Hisor-Gebirge sind vom Kurort aus

Ausblick auf der Wanderung vom Takob- zum Ojuk-Tal

möglich; man kann vom Tal des Khoja Ob-i Garm bis zum Tal des Siyoma und weiter zum See Iskanderkul (→ S. 357) wandern. Vorsicht: Schwierige Passquerung wegen Gletschern.

■ Canyon des Siyoma (km 54)

Noch hinter der Abzweigung zu den heißen Quellen und dem Erholungskomplex ›Khoja Ob-i Garm‹ mündet von Westen das schroffe, canyonartige Tal des Siyoma (Siama) ins Varzob-Tal, ein sehr beliebtes Ausflugsziel für die in Duschanbe arbeitenden ›Expats‹. Bis zum Ausgangspunkt der Wanderung muss man sich ein Taxi nehmen, da es bis hierhin keine öffentlichen Verkehrsmittel gibt. Nach dem Kilometerstein 54 aussteigen und links über die Stahlbrücke ins Tal eintauchen.

Der hellblau schäumende Fluss Siyoma entspringt aus einem Gletscher auf 3300 Metern und überwindet auf 21 Kilo-metern Länge 2000 Meter Höhenunterschied. Steigt man im Flusstal links hinauf, durch Birkenwäldchen mit Johannisbeersträuchern im Unterholz, kommt man nach etwa fünf Kilometern zur **Hütte von Ivan**, der bei guter Laune gerne Geschichten erzählt oder Wandertipps gibt. Geht man rechts, so kann man auf der Höhe von Ivans Hütte mit der Seilbahn übersetzen, wenn diese gerade auf der richtigen Seite ist. Ivan freut sich immer über etwas Nützliches wie Kerzen, Batterien, Obst oder Gemüse – schließlich gibt es hier keine Läden.

Romit-Tal

Folgt man dem **Kofarnihon** flussaufwärts nach Osten, gelangt man über den Ort Romit ins nördlich davon gelegene wunderschöne, wald- und wasserreiche **Biosphärenreservat** gleichen Namens. Es wurde 1959 als Naturschutzgebiet (Zapovednik) gegründet und erstreckt sich über 16 139 Hektar Bergland zwischen den beiden Flüssen Sorvo und Sarda-i Miyona, die in Romit zusammenfließen und ab hier den Kofarnihon bilden. Touren sind entlang beider Flüsse möglich, es gibt Fahrwege. In der vielfältigen Naturlandschaft aus Flussauen, ursprünglichem Berglaubwald, Wiesen und Trockenhängen sind an die 100 Vogelarten heimisch, und gibt es zahlreiche geschützte Pflanzenarten. Das **Informationszentrum** in Romit gibt eine gute Einführung zum Gebiet und seiner Artenvielfalt.

▲ Karte S. 149/146

Wanderungen im Romit-Tal
Den Sarda-i Miyona entlang, mit seinem herrlichen Auwald aus Walnuss- und Maulbeerbäumen, kommt man nach etwa ein bis zwei Stunden zum Ort **Khushon**. Für eine Tageswanderung genügt das – man überquert die Fußgängerbrücke und geht auf der anderen Seite (Naturreservat, Eintritt!) wieder zurück. Hier gibt es gute Bademöglichkeiten und sogar kleine Sandbuchten. Als anspruchsvolle Mehrtageswanderung bietet sich die Fortsetzung bis ins **Yaghnob-Tal** an (→ S. 360) – immer flussaufwärts bis zur Mine von Rufigar und dann über den Pass. Eine weitere schöne Wanderung, die mindestens drei Tage in Anspruch nimmt, ist der Aufstieg im Tal des Flüsschens **Yos** (10 Kilometer vor Romit) zum Pass Kumkaykutal und von hier am Oberlauf des Flüsschens Ojuk entlang bis zur **Varzob-Schlucht** (→ S. 148). Auch im **Tal des Sorvo** sind eindrucksvolle Mehrtageswanderungen oder Radtouren möglich. Über das Dorf **Yafrak** gelangt man zum Beispiel zum beeindruckenden **Wasserfall Kanask**. Eine schöne Wanderung kann man auch ins **Teufelstal** (Chertovo ushcheliye) unternehmen, eine enge Klamm, die sich unweit vom Ort **Yavroz** in die Berge schneidet. Hat man den Aufstieg am kleinen Flüsschen hinter sich, genießt man von oben einen wunderbaren Blick ins Tal. Yavroz ist auch bekannt für die heißen Quellen beim Erholungsheim ›Yavroz‹ (Kilometer 50 von Duschanbe aus), die man als Durchreisender gegen ein kleines Entgelt nutzen darf. Neben dem Bad gibt es eine Choykhona. Teetrinken am rauschenden Fluss – ein guter Abschluss des Ausflugs.

Romit-Tal
Mit der Marshrutka vom Bahnhof oder der Ayni-Straße (Sammelpunkt Ost, → S.134) Richtung Vahdat. Am Tor nach Romit, 37 Kilometer von Duschanbe entfernt, aussteigen und von dort entweder ein Taxi (30–50 Somoni) oder wieder eine Marshrutka nehmen, bis in den Ort Romit. Falls man mit dem eigenen Auto unterwegs ist, kann man der **Forellenzuchtanlage** einen Besuch abstatten.

Touren werden angeboten von **Aziana Travel** (→ S. 416).

Sowohl in **Yafrak** als auch in **Yavroz** (›Islom‹) gibt es freundliche Homestays, in denen man nicht nur übernachten und gut essen kann, sondern auch Wandertipps bekommt und sich mit handwerklichen und musikalischen Traditionen der Bergbewohner bekannt machen kann.

Tal des Karatog

Das Karatog-Tal im Westen von Duschanbe ist in Tadschikistan bekannt durch Karatog (Qaratog), den Geburtsort des Schriftstellers Mirzo Tursunzoda. Für einen langen Tagesausflug oder eine Wochenendtour mit Zeltübernachtung ist das Tal äußerst reizvoll. Durch die dichtbesiedelte Ebene geht es in Richtung Tursunzoda bis **Shahrinav** (Shahrinau), wo die Straße einen großen, flachen Hügel quert. Das sind die Überreste einer bedeutenden **Stadt aus der Kushan-Zeit** (1. bis 3. Jahrhundert), deren mit zahlreichen Türmen bewehrte Stadtmauer sieben Kilometer lang war. Man hat hier steinerne Säulenkapitelle ausgegraben, auf klassisch griechisch-römische Art mit Akanthusblättern verziert, in denen Greife mit Löwenpfoten ruhen, die auf die Verbindung zur ostiranischen Mythologie hindeuten.
In Shahrinav biegt man nach Norden ab und gelangt nach **Karatog**. Mit einem Jeep kann man noch 18 Kilometer weiterfahren, bis ins letzte Dorf, **Hakimi**.

Im Karatog-Tal

Weiter geht es nur zu Fuß oder mit dem Esel. In Hakimi überquert man den Fluss (von West nach Ost). Hinter dem Ort folgt man dem Pfad entlang des Baches Timurdara, der in den Karatog mündet, nach rechts hinauf und erreicht in etwa zwei Stunden Fußmarsch den herrlich gelegenen Bergsee **Timurdara** auf 1970 Metern, der sogar über einen kleinen Sandstrand verfügt. Wegen der Strömungen, die einen Sog bilden können, sollte man jtedoch lieber nicht hier schwimmen. Baden und auch zelten kann man auch an anderen Stellen. Da man sich im Karatog-Tal schon in der Nähe der usbekischen Grenze befindet, sollte man in jedem Fall seinen Pass dabeihaben. Etwa zwei Kilometer nach Hakimi kommt man an einem Grenzposten vorbei, bei dem die Passdaten registriert werden. Man sollte sich auf lange Diskussionen gefasst machen und dabei freundlich bleiben. Erst nach der Registrierung darf man weiterwandern.

Vom Karatog-Tal aus gibt es eine Wanderroute über den **Mura-Pass** (3787 m) bis zum **Iskanderkul** (→ S. 357) mit Übernachtungsmöglichkeit im Gästehaus in **Saratog**. Diese Tour dauert je nach Kondition und Wetter zwei bis vier Tage, man kann auch Packesel mieten.

Lohnenswert ist auch ein Abstecher ins benachbarte **Tal des Shirkent** und in den gleichnamigen, fast 32 000 Hektar großen Nationalpark, besonders zu den **Dinosaurierfußspuren**. Für diese Tour sollte man sich in Duschanbe einen Führer suchen, da die Spuren schwer zu finden sind. Die Wandergruppe von **Marian's Guesthouse** (→ S. 137, 161) bietet am Wochenende immer mal wieder geführte Ausflüge dorthin an.

Karatog

Am preiswertesten vom westlichen Sammelpunkt (→ S. 133) mit der Marshrutka bis Karatog, dort Jeep bis Hakimi mieten. Wenn man mit einer Gruppe unterwegs ist, bietet es sich auch an, schon in Duschanbe einen Jeep zu mieten.

Wasserkraftwerk Norak

Als Tagesausflug für Technikinteressierte zu empfehlen ist das etwa 80 Kilometer beziehungsweise anderthalb Fahrstunden von Duschanbe entfernte Norak (bekannter als Nurek), das Wasserkraftwerk flussaufwärts von der gleichnamigen Kleinstadt. Die billige Reisevariante mit der Marshrutka vom Bahnhof oder der Ayni empfiehlt sich hier nicht unbedingt, weil man dann nicht mobil genug für die weit auseinanderliegenden Sehenswürdigkeiten ist. Es lohnt sich durchaus, sich für einen Tag ein Auto samt Fahrer zu mieten (maximal 300 Somoni), da man dann noch einen Abstecher zum Aussichtsplateau oberhalb des Stausees machen kann. Bei erfolgreicher Verhandlung mit den Mitarbeitern des Kraftwerks – bei der ein Einheimischer hilfreich sein kann – darf man auch auf die Staumauer fahren und kann hier oben

▲ Karte S. 146

außer der Staumauer das Denkmal für den sowjetischen Bergbaukipper BELAZ bestaunen. Um zum Wasserkraftwerk zu gelangen, muss man den Ort komplett durchfahren, dabei der nach Lenin benannten Hauptstraße folgend. Der über 300 Meter hohe Schüttdamm oberhalb des Kraftwerks ist der höchste der Welt und hat ein Volumen von 56 Millionen Kubikmeter. Bereits zu Sowjetzeiten wurde das Kraftwerk geplant und fertiggestellt, 1980 ging es ans Netz. Die technische Ausrüstung stammte aus der Ukraine und aus Russland. Die erste der insgesamt neun Turbinen wurde in den 70ern eingebaut, die letzte 1980. Die 25-jährige Garantiezeit ist damit schon lange abgelaufen. Jede Turbine kann 330 Megawatt leisten, das Wasserkraftwerk insgesamt etwa drei Gigawatt.

Vom Parkplatz für die Mitarbeiter des Kraftwerkes (unterhalb der Staumauer) kann man die Staumauer, das Umspannwerk und die Entlastungstunnel überblicken und sieht auch den Fluss Vakhsh austreten, der hier, unterhalb des Stausees, seiner ursprünglichen Kraft beraubt, himmelblau und wie gefiltert vor sich hinfließt.

Ort Norak

Der Ort hat eine beachtliche **Leninstatue** am Hauptplatz. Auch oberhalb von Norak auf dem Berg leuchtet nachts der Kopf Lenins. Am Platz liegt das **Hotel Sayora.S** (Tel. +992/(8)8313/822071; ÜN 35, mit Dusche/WC 100 Somoni), an der Rückseite das passable **Restaurant Sayora.S.** Exklusiver übernachten kann man im **Beachresort Puli Sangin** auf der anderen Seite des Flusses (Tel. +992/91/8534444, www.pulisangin.tj; mit Badestrand, Hos-telzimmer vorhanden). Läuft man vom Hauptplatz Richtung Fluss, kommt man zu einem sowjetischen **Denkmal**, das an die Erbauer des Kraftwerks aus allen Unionsrepubliken erinnert. Unterhalb des Platzes liegt ein Café mit Ausblick auf den Vakhsh, der bei Sonnenschein in blau-türkis vorbeirauscht. Auf der anderen Flussseite befindet sich ein kleiner See, eindeutig wärmer als der Fluss und zum Baden besser geeignet.

Wenn man Norak-›City‹ links liegen lässt und in Richtung Kulob weiterfährt, vorbei an den Straßencafés vor und hinter der Brücke und dann aufwärts durch den relativ neuen Tunnel, erreicht man

Der Staudamm von Norak

nach etwa 15 Minuten die **Aussichtsplattform** mit Imbiss-Ständen und einem atemberaubenden Blick über den über 70 Kilometer langen Stausee. Möchte man im Stausee baden oder eher kurz eintauchen, fährt man noch etwas weiter und nimmt einen der staubigen Wege nach unten zum Ufer.

Das Rasht-Tal

Es müsste eigentlich Vakhsh-Tal heißen, nach dem reißenden Fluss, der landesweit Platz zwei in Bezug auf den Wasserdurchfluss einnimmt. Doch üblich ist der Name Rasht-Tal, nach dem Verwaltungskreis Rasht. Um die Verwirrung perfekt zu machen: Nach dessen Hauptort Gharm wird das Tal auch Gharm-Tal genannt. Es wird von etwa 300 000 ethnischen Tadschiken und Kirgisen bewohnt. Die Bewohner leben vom Kartoffel- und Weizenanbau und von den goldenen Äpfeln des Tales. Obst und Gemüse wird nach Duschanbe auf den Markt gebracht oder direkt an den Straßen verkauft.

Das Tal erstreckt sich von Duschanbe nach Nordosten und wird flankiert vom Karategin-Gebirge, dem Alai-Gebirge und dem Gebirgszug Peter der Große. Es gehört zu Zentraltadschikistan und wird von Duschanbe aus verwaltet. Die Straße durch das Tal ist mittlerweile recht gut ausgebaut, nur oberhalb von Ob-i Garm sind etliche Stellen schlecht befahrbar, diese werden aber nach der Fertigstellung des Roghun-Staudamms und der teilweisen Flutung des Tales sowieso ersetzt.

Entlang des Flusses Vakhsh liegen die Dörfer auf terrassenähnlichen Ebenen. In der Talmitte, 182 Kilometer von Duschanbe entfernt, befindet sich die größte Siedlung, der Ort Gharm, früher auch der Sitz des dort regierenden Beks. Für Touristen ist das Tal bislang eine Sackgasse, da die Grenze nach Kirgistan für Ausländer bisher nicht passierbar ist. Trotzdem ist es von Interesse, denn **Jirgatol** (Lakhsh) im nordöstlichen Talabschnitt taugt als Ausgangspunkt für die Besteigungen der höchsten Gipfel des Pamir und für schöne Wanderungen am Fuß der Kette Peter der Große.

▲ Karte S. 157

Im Bürgerkrieg ein umkämpftes Gebiet, war das Rasht-Tal noch bis in die späten 1990er Jahre für Reisende nicht sicher. Abends auf dem Tapchan erzählen die Gharmi davon. Seit 1996 engagiert sich hier die internationale Organisation UNDP (United Nations Development Programme). Wiederaufbauprojekten nach dem Bürgerkrieg folgten bis heute andauernde Projekte der Trinkwasserversorgung und der Unterstützung im Bildungsbereich. Auch die Deutsche Welthungerhilfe ist hier noch mit einem Disaster-Risk-Management-Programm präsent. Nach einigen politischen Zwischenfällen 2008 und einem blutigen Überfall auf einen Militärkonvoi 2010 und einer darauffolgende Militäroperation seitens der Regierung ist das Tal jedoch wieder relativ sicher zu bereisen. Ein schwelendes Konfliktpotential ist jedoch vorhanden. Man sollte sich also vorher in den Medien informieren, auch die Regierung hat ein scharfes Auge auf die Region, die angeblich nur offiziell entwaffnet ist. Im Rasht-Tal und besonders in der Gegend um Tavildara gibt es außerdem noch heute ungeräumte Minenfelder.

Wer einen Einblick in das traditionellere Tadschikistan bekommen und einen Fuß dorthin setzen möchte, wo bislang nur wenige westliche Touristen gewesen sind, der sollte ins Rasht-Tal fahren. Das Tal

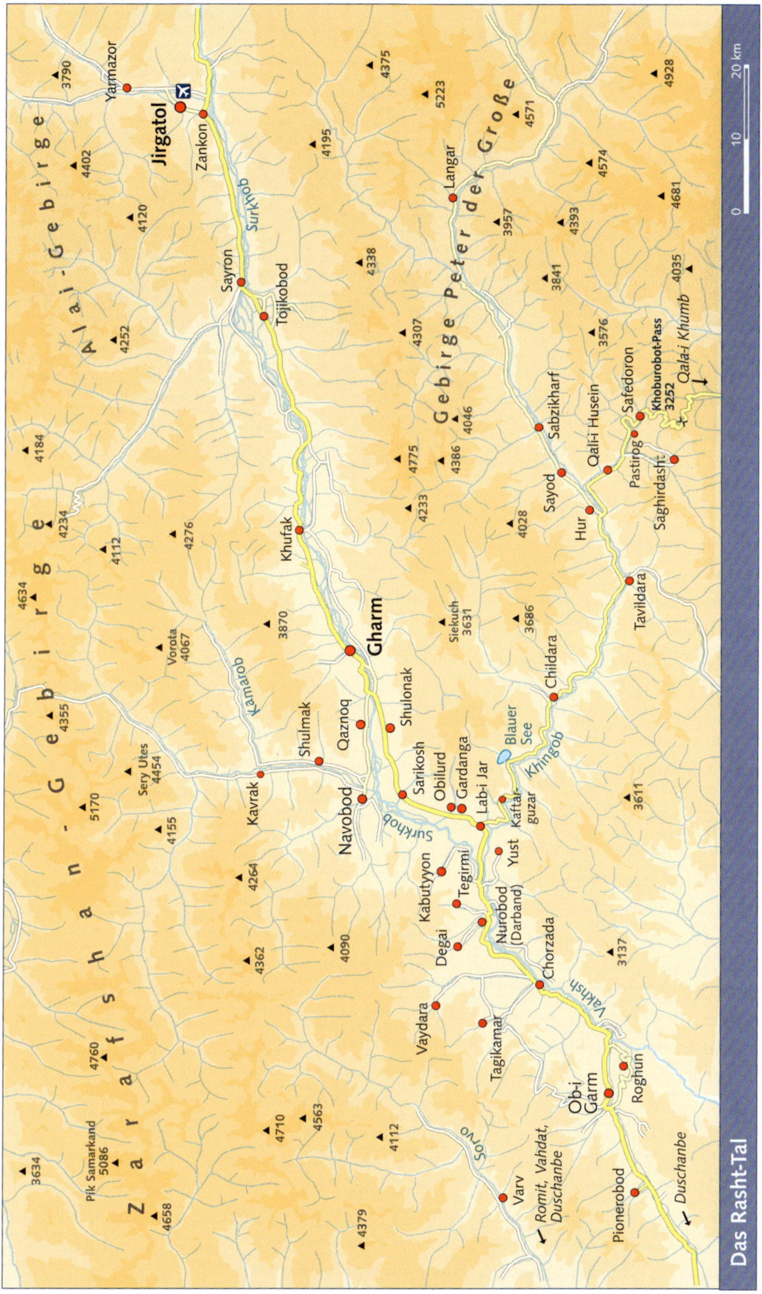
Das Rasht-Tal
0
10
20 km
Zarafshan-Gebirge
Alai-Gebirge
Gebirge Peter der Große
Jirgatol
Gharm
Navobod
Ob-i Garm
Yarmazor
Zankon
Sayron
Tojikobod
Khufak
Qaznoq
Shulonak
Shulmak
Kavrak
Sarikosh
Obilurd
Gardanga
Lab-i Jar
Kaftar-guzar
Yust
Kabutyyon
Tegirmi
Degai
Nurobod (Darband)
Chorzada
Vaydara
Tagikamar
Roghun
Varv
Pionerobod
Langar
Sabzikharf
Sayod
Hur
Qali-i Husein
Safedoron
Pastirog
Saghirdasht
Tavildara
Childara
Blauer See
Khoburobot-Pass 3252
Qala-i Khumb
Surkhob
Kamarob
Khingob
Vakhsh
Sorvo
Romit, Vahdat, Duschanbe
Duschanbe
Sery Utes 4454
Vorota 4067
Siekuch 3631
Pik Samarkand 5086
3790
4402
4120
4252
4184
4234
4112
4276
4634
3870
4355
5170
4155
4264
4362
4090
4760
4710
4563
4112
3634
4658
4379
4375
5223
4195
4571
4338
4307
4046
4775
4386
4233
4028
3686
3957
4393
4574
4681
3841
3576
4035
4928
3611
3137

Auf der Sommerweide über dem Rasht-Tal

gilt als traditionell muslimisch. Frauen verlassen hier die Häuser nur selten. Ihr langes Haar verstecken sie unter dem Kopftuch, das jedoch auch hier oft im Nacken gebunden wird. Häufiger als anderswo begegnet man hier Männern mit Turbanen, die auf eine Pilgerreise nach Mekka hindeuten. Im Tal gibt es etliche vergleichsweise große Moscheen, die mehrmals am Tag aufgesucht werden. Somit gestaltet sich hier das religiöse Leben sehr viel intensiver als etwa in der Hauptstadt und auch in anderen Regionen Tadschikistans. Islam hin oder her: Zum Selbstgebrannten wird man trotzdem immer wieder herzlich eingeladen. Die Bewohner freuen sich auch hier über Besuch und sind sehr gastfreundlich, und auch das Rasht-Tal ist landschaftlich äußerst reizvoll.

Ob-i Garm

Von Duschanbe kommend ist die Straße bis Ob-i Garm wunderbar ausgebaut, denn dank seiner heißen Quellen ist Ob-i Garm ein beliebtes Naherholungszentrum für die Hauptstädter. Das kalzium- und natriumhaltige Mineralwasser sprudelt mit 56 Grad aus der Erde. Wegen der Wochenendausflügler gibt es entlang der Straße einige Einkehrmöglichkeiten mit frischem Palov und Schaschlik, etwa die ›Esskurve‹ am Kilometer 79 von Duschanbe. In Ob-i Garm – nach 85 Kilometern und auf 1200 Metern über dem Meeresspiegel – warten mehrere schlichte Hotels auf Besucher.

Bei Ob-i Garm kann man einen Blick auf die größte Baustelle Tadschikistans erhaschen, den Staudamm für das **Wasserkraftwerk Roghun** (→ S. 193). Schon zu Sowjetzeiten in den 1970er Jahren geplant, angefangen und wieder verworfen, ist es heute ein vielumstrittenes, vier Milliarden Dollar teures Mammutvorhaben. Seit 2016 ist der Schüttdamm von 660 Metern Länge und 335 Metern Höhe im Bau, mit der Fertigstellung der ersten Baustufe wird Ende 2018 gerechnet. Oberhalb von Ob-i Garm wird die Straße schlechter, da dieses Gebiet nach Fertigstellung des Staudamms geflutet wird und sich Reparaturen nicht mehr lohnen.

▲ Karte S. 157

Gharm

Man durchfährt das Dorf **Khobkhona**, in dem samstags ein großer Viehmarkt stattfindet (sehr empfehlenswert!). An der Abzweigung geht es links nach **Nurobod** (auch Darband genannt, mit herrlichem Teehaus und Übernachtungsmöglichkeit im Gästehaus des Hukumats) und rechts Richtung Gharm. Hier fließen Surkhob und Khingob zusammen und gründen aus verschiedenen Farben den Vakhsh. Die Brücke in Richtung Gharm wurde angeblich von einem deutschen Ingenieur gebaut, einem Kriegsgefangenen, so erzählen es zumindest die Einheimischen und sind stolz, dass die Brücke dem Bürgerkrieg nicht zum Opfer gefallen ist.

Weiter auf der Hauptstrecke zweigt nach 138 Kilometern rechts eine Straße in Richtung Tavildara ab, zum Pamir. Folgt man dem linken Flussufer und und überquert schließlich eine weitere Brücke, so erreicht man die Kreisstadt Gharm. Die **Hauptstraße** wird von zahlreichen Banken und Mobiltelefonläden, Stadtverwaltung, Post und einigen Kantinen und Teehäusern gesäumt, von denen das zweistöckige **Bolo-i Ob** mit seiner schönen Schnitzerei, einem großen Saal und passabler Küche empfehlenswert ist. Am **Basar** schräg gegenüber fahren die Sammeltaxis nach Jirgatol, Tojikobod und Duschanbe ab.

Läuft man die Usmon am Basar entlang Richtung Fluss und dann rechts, erreicht man den neu gestalteten **Stadtpark**. Das Business Development Center wurde in Zusammenarbeit mit deutschen Entwicklungshilfeorganisationen aufgebaut und unterstützt unter anderem berufstätige Frauen. Oberhalb liegt das Stadion, gebaut zum Präsidentenbesuch 2006. In seiner Nähe gibt es zwei Hotels.

Ortsauswärts Richtung Jirgatol liegt in der Burkhon 80 am Ufer des Flusses die große **Moschee** mit einem schönen Ausblick auf das Tal. Feine Säulen stützen den Vorbau des Backsteingebäudes mit verzierten Türen und Fenstern aus Holz. Frauen sollten erst fragen, bevor sie die Moschee betreten und gegebenenfalls nur einen Blick durch die Tür werfen.

Jirgatol

Weiter talaufwärts führt die Straße durch Apfelplantagen und ermöglicht schöne Ausblicke auf die südliche Bergkette. Hier gab es 1949 ein starkes Erdbeben, das das Dorf Khaut zerstörte. Naturereignisse wie dieses sind an der Tagesordnung, auch Straßen oder Brücken werden manchmal weggeschwemmt, in diesem Fall muss dann für Wochen und Monate improvisiert werden, bis ein neuer passabler Zustand hergestellt worden ist.

Beim Straßenbau half und hilft China, die Lieferwege für die eigenen waren müssen sichergestellt werden. 87 Kilometer hinter Gharm erreicht man Jirgatol (seit 2017 Lakhsh). Über 70 Prozent der

Teestube in Garm

Kirgisisches und tadschikisches Mädchen auf einer Hochweide über dem Rasht-Tal

Einwohner sind ethnische Kirgisen, diese Zahl wird zurückgehen. In in den letzten Jahren wächst die Zahl der Auswanderer; die Lebensbedingungen im Nachbarland sind besser.

Am Ende der Hauptstraße liegt der kleine **Basar Barakat**, davor ist der Sammelplatz für Taxis und Marshrutkas - auch nach Kirgistan. Die Grenze ist für Ausländer gesperrt. Der Ort verfügt über einen winzigen **Flughafen**, der früher auch von Bergsteigern frequentiert wurde. Hier war der Startpunkt für die Besteigung des **Peak Somoni**, des mit 7495 Metern höchsten Bergs Tadschikistans und früher auch der Sowjetunion (→ S. 264). Expeditionen wurden mit dem Helikopter von Jirgatol aus zum Moskvin-Wiese genannten Basislager gebracht, das auf 4100 Metern am Fuß des heutigen Peak Somoni liegt. Früher sind auch Passagiermaschinen nach Duschanbe geflogen, etwa die Antonov 28. Heute ist nur noch sehr selten ein Charterflugzeug zu sehen, das Gras auf dem Flugplatz bietet eine hervorragende Weidefläche, und die Kartoffelfelder sind auf dem Vormarsch in Richtung Rollbahn.

Will man weiter in Richtung höchste Pamir-Berge, so lässt man Jirgatol links liegen und fährt auf der A372 flussaufwärts den Surkhob entlang, dessen namensgebendes rotes Wasser seine Farbe von den Gesteinen des Pamir-Alai-Tales hat. Bei **Dombrachi** quert man dieses wilde Wasser und nimmt die Piste den Muksu aufwärts.

In den weltabgewandten und vom Tal nicht einsehbaren Dörfern hinter der Seitenmoräne des ehemaligen Muksu-Gletschers lebt ein sehr nettes, ruhiges Völkchen, Tadschiken und Kirgisen in trauter Eintracht. Diese Dörfer sind ein idealer Ausgangspunkt für Wanderungen am Fuße der Kette Peter der Große. In **Koshtegirmen** gibt es ein gemütliches Gästehaus bei der Familie von Dilorom Azamova und Habibullo Saburov (Tel. +992/90/1212747 oder +992/90/7310489).

i Rasht-Tal

Es gibt kaum Geldautomaten und öffentliches Internet nur mit viel Glück. Mobiltelefone haben jedoch fast überall Empfang.

Richtungsangaben wie rechts/links bei den Beschreibungen der Unterkünfte gelten für die Strecke flussaufwärts. **Ob-i Garm**: **Hotel Ob-i Garm**, in der

▶ Karte S. 157

Ortsmitte an der Hauptstraße auf der Bergseite. Relativ neu.

Sanatorium Ob-i Garm; Mai–Nov., ÜN, VP und Baden ab 100 Somoni. Etwa 500 Meter hinter dem Ortseingang durch ein weißes Tor rechter Hand liegt das Sanatorium mit großem Schwimmbecken und insgesamt über 400 Betten.

Profilaktoriya, etwas weiter unterhalb rechts der Straße; ÜN 50 Somoni, Baden ohne ÜN möglich, Frauen und Männer abwechselnd.

Navobod: **Gästehaus des Hukumats**, in der Nähe des alten Teehauses (im Hukumat fragen); 30 Somoni. Gemütliche und einfache Übernachtungsmöglichkeit.

Gharm: **MSDSP Guesthouse**, Burkhon 51, links an der Hauptstraße hinter dem Teehaus im Gebäude von MSDSP (Mountain Societies Development Support Program) und der Micro Finance Bank, Tel. +992/(8)3131/22289; 20 Dollar ohne Frühstück. Vier Räume mit jeweils zwei etwas quietschenden Betten. Es ist nicht einfach, Zimmer zu bekommen, unbedingt reservieren. Freundlicher Service, aber kein angemessenes Preis-Leistungsverhältnis. Mittag- und Abendessen auf Anfrage (unbedingt nach dem vegetarischen Gericht Kurutob fragen, das hier sehr lecker ist).

Vakhdat, Usmon 7, Tel. +992/(8)3131/21277; ÜN 100–150 Somoni ohne Frühstück, Duschen kostet extra (15 min. 3 Somoni). Staatliches Hotel. Der Straße am Basar hinunter Richtung Fluss folgen, nach dem Basartor linker Hand.

Tojikobod: **Gästehaus des Hukumats**, hinter dem Hukumatgebäude; ÜN in Dreier- und Viererzimmern 40 Somoni, Frühstück extra. Damit man nachts keine Angst hat, bietet die Verwalterin an, mit im Zimmer zu schlafen. Dieser Service gilt wohl nur für Frauen.

Jirgatol: **Gästehaus des Hukumats**; ÜN im beheizbaren Mehrbettzimmer 40 Somoni. Dem Fußweg direkt hinter dem Hukumatgebäude geradeaus etwa 200 Meter folgen (kein Schild). Das Gästehaus hat einen privaten Zugang zum Flughafen, auf dem auch gezeltet werden darf. Wer also noch nie sein Zelt auf einem Rollfeld aufgeschlagen hat, kann dies hier tun.

Navobod: Schönes **Teehaus** mit kunstvoll gestalteter Terrasse im Dorfkern.

Gharm: **Teehaus Bolo-i Ob**, im Zentrum an der Hauptstraße.

Jirgatol: **Teehaus Dusti**, Lohuti. Großes Teehaus in der Nähe des verwaisten Flughafens. Hier sollte man den kirgisischen Eintopf probieren (Beshbarmak).

Krankenstationen gibt es in Gharm und Jirgatol.

Reiseveranstalter in Zentraltadschikistan

Caravan Tours to Rasht, Tel. +992/98/8256645, +992/93/8804474, jahongirflex@mail.ru, amah_11@mail.ru, www.facebook.com/CaravanToursToRasht. Bieten Touren vom Rasht-Tal in die Berge an (Wochenendausflüge aus Duschanbe z. B. 120 Dollar), beispielsweise mit Pferden durch das Tal.

Gulya's Outdoor Adventures
Marian's Guesthouse
Shohtemur 67/1, Duschanbe
Tel. +992/93/5050567
marians@tajnet.tj
Gulya ist eine gute Ansprechpartnerin für Wochenendausflüge rund um Duschanbe, jedes Wochenende bietet sie Wanderungen an, die jeweils im Newsletter ›What's on in Dushanbe‹ angekündigt werden. Diesen bekommt man wöchentlich durch einmalige Anforderung bei Marian.

Pamir Adventures in Duschanbe organisiert auf Anfrage sehr schöne Trekkingtouren am Fuße der Kette Peter der Große. www.pamirad.tj

Weitere, überregionale Reiseveranstalter in Tadschikistan → S. 416.

Wenn auch Dein Kleid zerrissen ist, Deine Seele ist nicht zerstört. Die geheimsten Winkel des Herzens sind Dir nicht verborgen, zeige Dein Gesicht, Du bist der Spiegel selbst.

Jalaladdin Rumi

Auf dem Dach der Welt ist es bunt

DER PAMIR

Das Dach der Welt

Das Dach der Welt – eine Wortverbindung, die bei vielen ein gewisses Fernweh verursacht. Bei historisch bewanderten Lesern wird dieser metaphorische Begriff eine Reihe von Assoziationen hervorrufen, die mit Marco Polo, Karawanen und einem großen Abenteuer zu tun haben. Der berühmte Venezianer ist laut seinen eigenen Aufzeichnungen um das Jahr 1275 mit seinem Vater und seinem Onkel hier entlanggekommen – durch den Wakhan-Korridor nach oben gestiegen auf das gewaltige, 4000 Meter hohe, von Fünf- und Sechstausendern umkränzte Plateau, wo ›kein Vogel mehr horstet‹. Marco Polo war Handelsreisender und kein Ornithologe, sonst hätte er so etwas nicht geschrieben. Man kann durchaus Vögel hier oben antreffen, und manch Vogelliebhaber geriet hier schon ins Schwärmen wegen Mauerläufer und Riesenrotschwanz, Berggimpel oder gar Himalaya- und Tibet-Königshuhn (→ S. 39); und auch andere Tiere kommen hier noch häufiger vor als in den von Wilderei gebeutelten, dichter besiedelten Regionen Zentralasiens.

Aber der Eindruck von fast lebloser Stille, der den großen Weltreisenden hier oben erfasst hatte, ist immer noch greifbar. Nur auf der Piste von Kulma über Murghob (Murgab) nach Khorugh ist es nicht mehr ganz still. Chinesische Trucks rumpeln schwerbeladen in Konvois zu Tal und scheppern leer oder halbleer wieder nach oben. Die Richtung der Warenströme ist eindeutig.

Wenn man künftig das unzugängliche Gebirge einer neuerlichen geologischen Erkundung unterzogen haben wird, könnte sich das ändern. Die unglaubliche Farbenvielfalt der kahlen Berge des Pamir bedeutet womöglich, dass hier oben allerhand Bodenschätze liegen, die mit steigenden Rohstoffpreisen irgendwann einmal einen Abbau lohnen. Das würde Reichtum für die jetzt so arme Region bedeuten. Aber als Pamir-Reisender mag man sich das gar nicht vorstellen – Bagger und anderes schweres Fördergerät, Abraumhalden, Staub und Kipperkolonnen, die Erz ins Reich der Mitte transportieren, mit Schwebstoffen und Schwermetallen belastete Flüsse. Hoffentlich kann der Status von Teilen des Pamir als Nationalpark und UNESCO-Welterbe ihn vor einem Raubbau an der Natur bewahren.

Außer der Fernverkehrsstraße M41 durch das Ghund-Toguzbulak-Tal und über die Alichur-Ebene (Pamir-i Alichur) sind die anderen Pisten hier oben so gut wie leer. Gorno-Badakhshan ist extrem dünn besiedelt. Nur in den Flusstälern, auf den schmalen fruchtbaren Schwemmlandstreifen und Schwemmfächern der Zuflüsse und auf den Bergen mühsam abgerungenen Terrassen drängeln sich die Häuser zahlreicher Dörfer, schmiegen sich schmale Felder an die Hänge. Hier wohnen die Pamiri.

Oben aber, auf dem eigentlichen ›Dach der Welt‹, gab es zu Marco Polos Zeiten nicht einmal Häuser, geschweige denn Ansiedlungen. Möglicherweise haben schon damals Nomaden sommers ihre Herden auf die Hochweiden getrieben, so, wie es der deutsche Offizier Wilhelm Filchner auf seinem Erkundungsritt 1900 notierte. Das waren und sind keine sesshaften Tadschiken beziehungsweise Pamiri, sondern Pamir-Kirgisen, ein dem Leben in den rauen Bergen bestens angepasstes Nomadenvolk, das in Filzzelten (Jurten) wohnte und sie heute zum Teil noch immer als Sommerbehausung nutzt.

▲ Karte S. 165

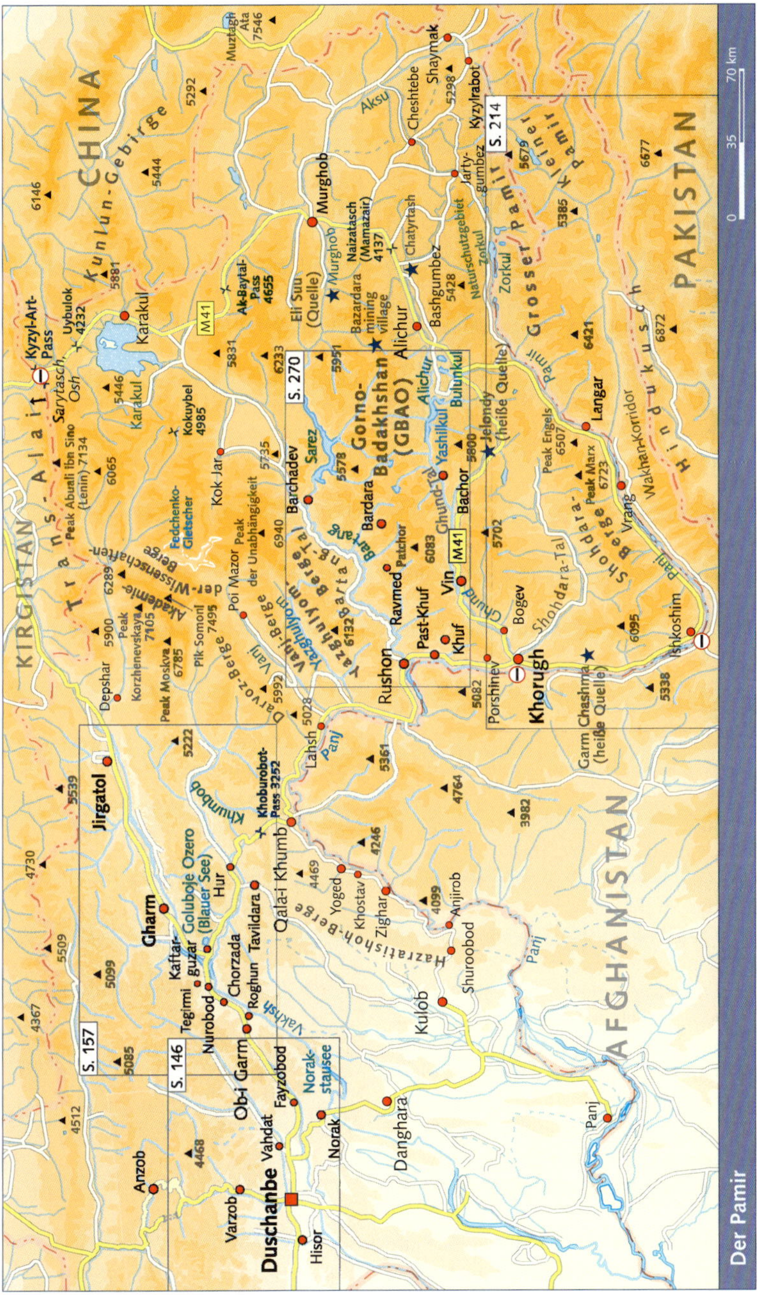
KIRGISTAN
CHINA
AFGHANISTAN
PAKISTAN
Trans-Alai
Kunlun-Gebirge
Grosser Pamir
Kleiner Pamir
Hindukusch
Duschanbe
Hisor
Varzob
Anzob
Vahdat
Fayzobod
Norak
Norakstausee
Danghara
Kulob
Panj
Ob-i Garm
Nurobod
Tegirmi
Roghun
Chorzada
Kaftar-guzar
Gharm
Goluboje Ozero (Blauer See)
Hur
Tavildara
Jirgatol
Qala-i Khumb
Khoburobot-Pass 3252
Yoged
Khostav
Zighar
Anjirob
Shuroobod
Hazratishoh-Berge
Lahsh
Darvoz-Berge
Vanj
Vanj-Berge
Yazgulyom-Berge
Yazgulyom
Bartang-Tal
Bartang
Rushon
Past-Khuf
Khuf
Ravmed
Vin
Patchor
Bardara
Barchadev
Sarez
Gorno-Badakhshan (GBAO)
Khorugh
Porshinev
Bogev
Shohdara-Tal
Shohdara-Berge
Garm Chashma (heiße Quelle)
Ishkoshim
Vrang
Wakhan-Korridor
Langar
Peak Marx 6723
Peak Engels 6507
Jelondy (heiße Quelle)
Bachor
Yashilkul
Bulunkul
Alichur
Bashgumbez
Naturschutzgebiet Zorkul
Zorkul
Chatyrtash
Bazardara mining village
Naizatasch (Mamazair) 4137
Murghob
Eli Suu (Quelle)
Ak-Baytal-Pass 4655
Karakul
Kokuybel 4985
Kok Jar
Fedchenko-Gletscher
Peak der Unabhängigkeit 6940
Poi Mazor
Pik Somoni 7495
Peak Korzhenevskaya 7105
Peak Moskva 6785
Akademie-der-Wissenschaften-Berge
Depshar
Peak Abuali ibn Sino (Lenin) 7134
Sarytasch
Osh
Kyzyl-Art-Pass
Uybulok 4232
Muztagh Ata 7546
Aksu
Cheshtebe
Shaymak
Jarty-gumbez
Kyzylrabot
M41
S. 146
S. 157
S. 270
S. 214
0 35 70 km
Der Pamir

Chinesische Trucks auf dem Dach der Welt

Siedlungen im Pamir

Die Siedlungen Alichur, Murghob und Karakul sind jüngeren Datums. Ihre Existenz verdanken sie dem Beschluss der russisch-sowjetischen Machthaber, hier oben eine Straße zu bauen – den ›Pamirskiy Trakt‹, heute **Pamir Highway** genannt. Diesem war ursprünglich eine rein militärische Bedeutung zugedacht, aber zu sowjetischen Zeiten spielte er auch eine wichtige Rolle bei der zivilen Versorgung. Eine Straße muss gewartet werden, erst recht auf solcher Höhe, wo von Oktober bis April Winter ist. Und so wurden Straßenmeistereien angelegt, die man heute noch sehen kann und die auch noch bewohnt sind: Die markantesten sind die am Anstieg zum Kyzyl-Art-Pass – sie liegt heute im ›Niemandsland‹ zwischen Kirgistan und Tadschikistan – und jene unterhalb des Ak-Baytal-Passes. Der Bau der Straßen erforderte außerdem die Anlage von Siedlungen für die Bauarbeiter und deren Familien, und mit der Zeit kamen andere Berufe hinzu – die Bauarbeiter mussten versorgt, Kranke geheilt werden, die Kinder zur Schule gehen, Fahrzeuge betankt und repariert, Reisende beherbergt werden. So entstanden in einer lebensfeindlichen Umgebung auf fast 4000 Meter Höhe mit einem Jahresniederschlag zwischen 50 und 200 Millimetern größere Siedlungen mit der notwendigen Infrastruktur: **Karakul** (heute etwa 1000 Einwohner), **Murghob** (Verwaltungszentrum, etwa 6400 Einwohner) und **Alichur** (etwa 1000 Einwohner) – und sie sind heute wichtiger denn je für die Straße und alle, die darauf von Ost nach West und von Nord nach Süd fahren. Das sind außer den chinesischen Truckern auch Touristen – und mit jedem Sommer werden es mehr. Fahrradfahrer, die sich allein oder in kleinen Gruppen über eine der herausforderndsten und schönsten Strecken der Welt kämpfen, vereinzelte Gruppen in Geländefahrzeugen und robusten Bussen, Trekkingtouristen in Begleitung von Eseln oder Yaks.

Der **Hohe Pamir**, das **Bartang-Tal** und der **Wakhan-Korridor** wurden 2014 in die Top 100 der Green Destinations aufgenommen, einem Zusammenschluss touristischer Unternehmen, die sich für nachhaltigen Tourismus einsetzen. Bleibt

Straßenmeisterei am Ak-Baytal-Pass

▲ Karte S. 165

Gewaltige Kräfte waren hier am Wirken

zu hoffen, dass dieses Signal wahrgenommen wird – sowohl von den Reisenden als auch von den Tourismusverantwortlichen im Lande. Es wäre großartig, wenn diese einmalig schöne Gebirgslandschaft so natürlich erhalten bleiben und einem verantwortungsbewussten Tourismus geöffnet werden könnte.

Ein geografisches Kurzportrait

Der ›Brockhaus‹ definiert den Pamir als Knoten großer Gebirgssysteme, des Tien Shan, Alai und Trans-Alai, Kunlun, Karakorum und Hindukusch – von hier streben sie nach ganz Zentralasien auseinander. Der Pamir selbst bildet gleichsam ein Dach, das ›Dach der Welt‹. Und in der Tat bedeutet der persische Begriff ›Bam-i Dunya‹ – Dach der Welt. Der schottische Forschungsreise John Wood (1812–1871), der als Offizier im Auftrag der Englischen Ostindien-Kompanie das Indusgebiet und die Pamirtäler erforschte, vermerkte in seinem Bericht 1838, dass der einheimische Ausdruck ›Bam-i Dunya‹ für den Pamir üblich sei. Plausibel wäre aber auch die Auslegung, dass ›Pamir‹ in einer der alten Turksprachen ›kalte Steppenweide‹ bedeutet – schließlich sind die Kirgisen, die hier oben auf der Hochebene leben, ein Turkvolk. Außerdem gibt es noch die etymologische Erklärungsvariante ›Zu Füßen des (Sonnengottes) Mithra‹ – wiederum entlehnt aus dem Persischen: ›po-i Mihr‹.

Von seinen Bewohnern wird der Pamir gern mit einer Hand verglichen – ein ziemlich geglückter Vergleich, wenn man davon absieht, dass diese Hand sechs Finger hat. Den ›Handrücken‹ bildet der östliche Pamir (High Pamirs) – ein Hochplateau von 4000 bis 5500 Meter Höhe; die ›Finger‹ sind die förmlich aus ihm wachsenden, von Osten nach Westen verlaufenden Gebirgszüge mit scharfen Kämmen, die durch bis zu 3000 Meter tief eingeschnittene Gebirgsflüsse voneinander getrennt sind: die mächtige **Akademie-der-Wissenschaften-Kette** im Norden (7495 m), auslaufend in der Bergkette **Darvoz** (6083 m), dann südlich die Bergrücken **Vanj** (4899 m), **Yazghulyom** (6132 m), **Rushon** (6083 m), **Shughnon** (5809 m) und **Shohdara** (6723 m), zwischen ihnen die Flüsse Vanj, Yazghulyom, Bartang, Ghund

Blick auf den Hindukusch

und Shohdara. Diese Gebirgsketten im westlichen Pamir sind das eigentliche Badakhshan.

Im äußersten Süden, bereits in Afghanistan, ragt jenseits des Grenzflusses Panj der gewaltige **Hindukusch** auf, mit Gipfeln bis 7690 Metern. Im Norden wird das kirgisische Alai-Tal mit dem Kyzyl-Suu (Roter Fluss) als Grenze zwischen Pamir und dem nördlich vorgelagerten, schroffen Alai definiert.

Der **Trans-Alai** südlich des Kyzyl-Suu gehört schon zum Pamir. Er ist dessen nördliche Umrahmung und hat mit dem **Peak Abuali ibn Sino** (früher Peak Lenin, 7134 m) an der Grenze zu Kirgistan den zweithöchsten Gipfel Tadschikistans vorzuweisen. Das Hochgebirgsland südlich dieser Ketten, den westlichen Pamir, bezeichnet man geografisch als Gorno-Badakhshan (die Provinz Gorno-Badakhshan geht darüber hinaus).

Den **östlichen Pamir** teilen sich Tadschikistan und China: eine Hochebene, bestehend aus breiten Tälern und teilweise abflusslosen Becken (Karakul-Becken, Alichur-Becken) mit gerundeten Bergformen, die zwar ›nur‹ 1000 bis 1500 Meter aus ihr herausragen, aber damit insgesamt Höhen über 5500 Meter erreichen. Diese Hochebene wird im Osten vom bereits zu China gehörenden **Kunlun-Gebirge** mit Gipfeln über 7000 Meter begrenzt.

Der Pamir ist durch alpidische Faltung entstanden, die immer noch anhält, was durch eine rege Erdbebentätigkeit unterstrichen wird. Die hier gefalteten Schollen wurden um 4000 bis 5000 Meter emporgehoben. Vielen Bergen des Pamirs sieht man diese ungeheure Hebungsarbeit an: Mächtige Schollen stehen senkrecht und diagonal, die Sedimentschichten sind von gewaltigen Erdkräften deformiert: gewellt, verdreht, gebrochen, übereinandergeschoben.

Die Verwitterungs- und die Abtragungsprozesse des Gesteins in diesem dynamischen Gebirge führten und führen nach wie vor dazu, dass mehrere hundert Meter hoch liegende lockere Gesteinshalden entstanden sind und entstehen. Diese können ins Rutschen geraten und gewaltige Bergstürze verursachen. Täler werden durch Gesteinsschutt versperrt, Flüsse stauen sich an und bilden neue Seen. Der **Sarez-See** im westlichen Pamir ist so entstanden. 1911 kam es hier nach einem Erdbeben der Stärke acht bis neun zu einem Bergsturz, infolgedessen das Tal des Murghob von einer mächtigen Gesteinsmasse versperrt wurde, die einen 600 Meter hohen und an der Basis acht Kilometer breiten natürlichen Damm bildete. Der mit der Zeit hier entstandene See ist heute 60 Kilometer lang und mehr als 500 Meter tief!

Der Pamir ist das am stärksten vergletscherte der zentralasiatischen Gebirge. Etwa zehn Prozent seiner Fläche sind unter Gletschern begraben. Der 70 Kilometer lange **Fedchenko-Gletscher**, weltweit der größte Gletscher außerhalb der Polargebiete, ist ›nur‹ der Rest eines einstmals viel größeren Gletschers, des Muksu-Gletschers, der, wie seine alte Moräne beweist, mit 164 Kilometer Länge bis auf 2000 Meter herunterreichte. Inzwischen gehen auch hier die Gletscher deutlich zurück.

(Zusammengefasst nach: Hochgebirge der Erde, Urania-Verlag Leipzig, Jena, Berlin, 1989)

Schutzgebiete

Große Teile des Pamirs sind im **Tadschikischen Nationalpark** formal geschützt. Dieses riesige Schutzgebiet von mehr als 25 000 Quadratkilometern wurde 2013 von der UNESCO als ›Berge des Pamirs‹ in die Liste des Weltnaturerbes aufgenommen. Das ist ein schöner Erfolg und dürfte potentiell die Anziehungskraft auf Reisende aus aller Welt erhöhen. Den tatsächlichen Schutz des Gebietes und vor allem seltener Tiere wie des Schneeleoparden und des Marco-Polo-Schafes verbessert es vorerst nicht. Wegen Unterfinanzierung der Schutzgebiete sind jene leider nicht in der Lage, effektive Maßnahmen zu ergreifen, sodass der wirksamste Schutz des Pamir mit seiner einzigartigen Fauna und Flora bisher noch seine abseitige Lage und das Engagement von gemeindebasierten Initiativen und einzelnen Jagdfirmen sind.

Die Bewohner des Pamirs

Der tadschikische Pamir ist identisch mit dem Autonomen Gebiet Gorno-Badakhshan (GBAO, Gorno-Badakhshanskaya Avtonomnaya Oblast), einem der vier Verwaltungsbezirke Tadschikistans, dessen Hauptstadt Khorugh ist. Obwohl Gorno-Badakhshan mit 63 700 Quadratkilometern der größte Verwaltungsbezirk von allen ist und fast die Hälfte der Fläche Tadschikistans einnimmt, leben hier nur drei Prozent der Einwohner des Landes.

Etwa 90 Prozent der etwa 226 000 Einwohner des Autonomen Gebietes Gorno-Badakhshan nennen sich stolz Pamiri. Pamiri (auch Pamir-Tadschiken genannt) leben auch in den angrenzenden Gebieten Afghanistans, Pakistans und Chinas. Sie betreiben vor allem Ackerbau und Almwirtschaft und sind schiitische Muslime, vornehmlich Nizari-Ismailiten. Viele Pamiri trifft man außerhalb der Grenzen von Gorno-Badakhshan – in Duschanbe, im Tiefland, in Russland auf Arbeitssuche – denn das karge Land kann die zu Sowjetzeiten stark gewachsene Bevölkerung mit althergebrachten Mitteln nicht ernähren. Die Migration ist eine einseitige – umgekehrt trifft man kaum Nicht-Pamiri in den Tälern des Pamir. Das Überleben hier oben will gelernt sein, ohne die überlieferte, jahrtausendealte Kultur der Anpassung an das raue, kahle Gebirge kann es in den schroffen Tälern niemand lange aushalten.

Den ›Pamiri an sich‹ gibt es gar nicht. Das Wort ist ein Sammelbegriff für die Bewohner der vielen Flusstäler beziehungsweise Gebiete, die sich nach ihrem jeweiligen Tal oder Flecken Darvozi, Shughni, Bartangi, Yazghulyomi, Rushoni, Wakhi oder Ishkoshimi nennen. Die administrative Gliederung des GBAO folgt den Siedlungsgrenzen der ethnischen Hauptgruppen. Die Regionen des Westpamirs Darvoz (Zentrum: Qala-i Khumb), Vanj (Zentrum: Vanj), Rushon (Zentrum: Vomar), Shughnon (Zentrum: Porshinev), Roshtqala (Zentrum: Roshtqala), Ishkoshim (Zentrum: Ishkoshim) werden von Pamiri bewohnt.

In der Region Murghob (Zentrum: Murghob) auf den Hochebenen des Ostpamirs, der größer ist als alle anderen Pamir-Regionen zusammen, lebt vor allem die winzige Minderheit der Pamir-Kirgisen.

Pamir-Kirgisen bei Murghob

▲ Karte S. 165

Der kleine Pamir-Knigge

Stefanie Kicherer

Die ethnische und kulturelle Landschaft in Tadschikistan ist äußerst fein differenziert: Alltägliche Verhaltensregeln, etwa der Pamiri, unterscheiden sich teilweise deutlich von denen anderer ethnischer Nachbargruppen (Tadschiken, Pamir-Kirgisen, Usbeken, Russen oder Yaghnobi). Stefanie Kicherer hat während eines fast zweijährigen Aufenthalts im Pamir als Ethnologin und ihrer damit einhergehenden ›Sekundärsozialisation‹ die Verhaltensregeln der Pamiri wie ein Kind neu erlernen müssen und einige davon zusammengestellt. Keine Angst: Diese Verhaltensregeln sollen lediglich als Hilfestellung dienen und helfen, bestimmte Verhaltensweisen, die Reisende möglicherweise irritieren, besser zu verstehen. Niemand wird von Reisenden aus anderen Ländern erwarten, alles richtig zu machen, und die Pamiri gehören sicher zu den tolerantesten Völkern Asiens. Ein Fehler wird eher mit einem unterdrückten Grinsen denn mit einer Rüge quittiert, aber ein paar Regeln zu kennen, kann dennoch nicht schaden.

Kleiderordnung

Frauen wie auch Männer sollten die Beine stets bis zu den Knöcheln bedecken. Frauen sollten außerdem T-Shirts zumindest mit Halbarm gegenüber Tops mit Spaghettiträgern bevorzugen. Im Hinblick darauf wundert man sich zwar gelegentlich, welch tiefe Ausschnitte manch ein einheimisches Kleid aufweist – dennoch ist es für Touristinnen ratsam, diese Freiheit nicht bis zum Extrem auszureizen. Kopftücher sind für Ausländerinnen nirgends ein Muss, denn selbst auf dem Land tragen viele einheimische junge Mädchen mittlerweile keine mehr. Verhüllen sich die Mädchen beim Arbeiten im Freien dagegen sogar ihr Gesicht mit einem Kopftuch, so geschieht dies nicht aus Keuschheit, sondern um das Braunwerden zu verhindern, da nämlich im Pamir vornehme Blässe als Schönheitsideal dominiert.

Ein wirklich schickes und zugleich bequemes Kleidungsstück für Frauen ist die Kurta, besonders angenehm in der baumwollenen Sommerversion. Es handelt sich um die Kombination aus einer Tunika und einer Pumphose mit Gummizug, ähnlich dem pakistanischen Shalwar kameez. Man kann sich auf dem Basar in Khorugh oder in Duschanbe eine fertige Kurta kaufen oder aber ein Stück Stoff (in der Regel reichen drei Meter, bei Übergröße besser vier), das man dann zu einer professionellen Schneiderin oder einer Frau im Besitz einer Nähmaschine bringt, die es einem für wenig Geld (je nach Erfahrung der Schneiderin und Aufwand etwa 15–25 Dollar) in einem halben Tag auf den Leib schneidert.

Begrüßung

Grundsätzlich sagt man zur Begrüßung, wie in den meisten islamischen Ländern, ›salomaleikum‹ (arabisch: ›Friede sei mit Dir!‹). Man kann dazu außerdem leicht nicken und die rechte Hand aufs Herz legen. Kennt man jemanden schon länger, kann man zur Begrüßung auch mit rechts die Hand schütteln und dabei gegebenenfalls ebenfalls die andere (in dem Fall linke) Hand aufs Herz legen. Bei der ers-

Zu Gast im Pamirhaus

ten Begegnung ist dies aber eher unüblich, insbesondere zwischen den Geschlechtern. Manch ein Gastgeber wird vielleicht auch einem Touristen (oder sogar einer Touristin) schon beim ersten Treffen die Hand schütteln, da er weiß, dass dies in Europa so üblich ist. Insgesamt sind die Geschlechterverhältnisse bei den Pamiri deutlich entspannter als etwa bei den Tadschiken.

Begrüßt man ältere Menschen, so kommt es in manchen Regionen vor, dass diese einem die Hand küssen – man sollte diesen Handkuss dann in jedem Falle erwidern.

›Salomaleikum‹ sagt man auch, wenn man ein Haus betritt – ungefähr in dem Moment, in dem man im Pamirhaus (Chid, → S. 226) die beiden Pfeiler, die den Eingang zum Hauptraum formen, durchschreitet. Dies tut man selbst dann, wenn man den Gastgeber bereits vorher begrüßt hat. Anzuklopfen ist übrigens unüblich, man tritt einfach so ins Haus oder in ein Zimmer ein.

Einladungen

Wer im Pamir unterwegs ist, besonders in etwas abgelegenen Dörfern, der wird praktisch von jedem Einheimischen auf einen Tee ins Haus eingeladen. Ob eine Einladung ernst gemeint ist oder nur höflich dahin gesagt, ist oft schwer zu unterscheiden. Die Floskel ›choy brecht!‹ (›Tee trinken!‹), die einem beständig entgegen geschmettert wird, wird fast inflationär benutzt. Möglicherweise wird sich die ursprüngliche Bedeutung irgendwann ganz abschleifen und der Ausdruck zu einem Synonym für ›Guten Tag‹ werden. Wenn man eine Einladung erhält und diese gerne annehmen möchte, sich aber nicht sicher ist, ob sie ernst gemeint ist, kann man zunächst mehrmals ablehnen. Nur wenn nachhaltig insistiert wird, kann man dann dem Einladenden in sein Haus folgen. Dabei ist die Wahrscheinlichkeit, dass die Einladung ernst gemeint ist, auf dem Land deutlich größer als in der Stadt. Besonders in entlegenen Ecken ist man von Herzen über die Abwechslung erfreut, die ein ausländischer Gast mit sich bringt. Zudem erhält ein Haushalt, der einen Gast beherbergt, durch diese Tat Gottes Segen (›barakat‹) – besonders dann, wenn der Gast überraschend kommt und von weit her stammt.

Um diesen Segen zu erhalten, darf eigentlich vom Gast kein Geld angenommen werden, und besonders in entlegenen, traditionelleren Gebieten werden sich die Gastgeber strikt weigern, welches anzunehmen – sie wollen für ihre Großmütigkeit von Gott entlohnt werden, nicht durch Geld. Ein oft akzeptierter Kompromiss ist es, stattdessen Gastgeschenke anzubieten. Süßigkeiten, Trockenfrüchte, Tee oder bei längeren Aufenthalten und falls verfügbar kleine Spielsachen für die Kinder, Stifte und Hefte, Taschenmesser, Stirnlampen, Kartoffelschäler, (nicht chinesische) Batterien oder Bilder aus der Heimat kommen gut an.

Falls keine Sachwerte verfügbar sind, so kann man es doch mit einem kleinen Obolus versuchen und beim Abschied der Gastgeberin (als Frau) beziehungsweise dem Gastgeber (als Mann) verdeckt einen Schein in die Hand drücken – für eine Übernachtung mit Abendessen und Frühstück außerhalb eines Gästehauses sind etwa 10 bis 15 Dollar pro Person (je nach Aufwand) angemessen. Für eine reine Mahlzeit sind 5 Dollar pro Person realistisch.

Die Erfahrung zeigt, dass besonders in häufig von Touristen besuchten Gebieten die Menschen mittlerweile eine finanzielle Entlohnung von Bewirtung und bereitgestellter Übernachtungsmöglichkeit erwarten, dies jedoch der Tradition entsprechend nicht selbst einfordern können. Als Reisender sollte man dies deshalb unbedingt anbieten.

Eine andere Methode, bei der niemand sein Gesicht verliert, ist es, auf dem Tischtuch (zum Beispiel unter der Zuckerdose) heimlich ein paar Scheinchen zu hinterlassen, die die Gastgeber erst entdecken, wenn man weitergezogen ist. Eine besondere (gegebenenfalls zusätzliche) Art von Bezahlung kann außerdem ein Gebet sein (→ unten). Die Tipps zum Mitbringen von Gastgeschenken und dem ›Entlohnen‹ gelten übrigens für alle ländlichen Regionen in Tadschikistan (→ auch S. 418). Außerdem sollte man sich die Großzügigkeit der Pamiri selbst zum Vorbild nehmen. Man teilt Lebensmittel oder bietet Fußgängern Plätze im Auto an – wobei die Auslegung von ›noch Platz haben‹ aus Pamiri-Sicht etwas anders aussehen kann als aus europäischer Sicht.

Ein wichtiges Detail des ›Teetrinkens‹ soll an dieser Stelle noch erwähnt werden, es bleibt selten beim Tee, es folgt ein Gang nach dem anderen, und ein bis zwei Stunden muss man für eine Einladung durchaus einplanen. Ehe man dagegen einschreiten kann, ist möglicherweise auch schon der Kopf eines Schafes gerollt.

Zu Gast bei den Pamiri I: Schuheausziehen und Platznehmen

Wird man in eine städtische Wohnung eingeladen, so ist es üblich, am Eingang die Schuhe auszuziehen. Auf dem Land kann dies anders sein: Grundsätzlich sollte man jedoch immer dann die Schuhe ausziehen, wenn irgendwo Laminatböden oder sogar Teppiche verlegt sind, was sich auch auf dem Land immer weiter durchsetzt. In vielen abgelegenen Gegenden besteht in traditionellen Pamirhäusern jedoch der Boden aus Zement oder Stampflehm und ist damit als ›unsauberer‹ Bereich klassifiziert, genauso wie der Boden im Freien. Entsprechend behält man hier seine Schuhe an, und möglicherweise kann man beobachten, wie Bewohner und Besucher Teereste auf den Lehmboden ausschütten, ihre Knochen beim Essen hinabwerfen oder sogar gelegentlich auf den Boden spucken – letzteres bitte nicht nachmachen, denn es gilt im Haus zunehmend als verpönt. Der Lehmboden wird mehrmals am Tag zunächst mit Wasser besprenkelt, um den Staub zu binden, und dann sauber ausgefegt – eine typische Aufgabe für junge Schwiegertöchter. Wichtig ist jedoch, dass man seine Schuhe abstreift, wenn man im Pamirhaus auf die mit Teppichen belegten Plattformen (*nech* oder *nöch* genannt) steigt – diese stellen den sauberen Bereich des Hauses dar, auf dem auch gegessen und geschlafen wird.

Als Gast wird man meist gebeten, komplett auf die Plattform zu steigen und an der Wand Platz zu nehmen. Die Plätze an der Kante gelten als schäbig – auch wenn diese für die meisten Europäer angenehmer sein dürften, da man hier ab und zu auch mal die Beine durchstrecken kann. Eventuell werden Sie auch aufgefordert, auf der Stirnseite der einstöckigen Plattform unmittelbar rechts oder links des Eingangs Platz zu nehmen – dies ist der Ehrenplatz, und als Gast darf man diesen einnehmen. Man sollte gegebenenfalls neben sich noch Platz für den Dorfgeistlichen (*khalifa*) lassen, und zumindest pro forma den Ehrenplatz anwesenden alten Männern (*mu-i safed*) anbieten.

Einheimische Frauen und Männer nehmen, besonders bei größeren Gesellschaften, oft auf unterschiedlichen Plattformen Platz. Der Gaststatus, insbesondere bei Ausländern, transzendiert aber oft die Geschlechtergrenzen: Als Frau kann es einem passieren, dass man aufgefordert wird, in einer größeren gemischten Runde bei den Männern zu sitzen (insbesondere dann, wenn man als Reisepartner ebenfalls Männer dabei hat). Dieses Angebot ist in der Regel ernst gemeint, und

Haidar beim Musizieren auf einer alten Rubob

es ist kein Affront, wenn man es annimmt. Allerdings wird gerade auch die Frauenrunde eine Reisende mit begeistertem Hallo in ihrer Mitte aufnehmen. Sich als Mann in die Frauenrunde zu setzen, wäre dagegen schon etwas ungewöhnlich.

Am Platz auf der Plattform lässt man sich nun kniend oder im Schneidersitz nieder (als Frau darauf achten, dass man dabei nicht unter den Rock gucken kann!). In ungezwungener, vor allem gleichgeschlechtlicher Runde kann man sich auch durchaus seitlich hinlegen oder es sich anderweitig herumlümmelnd gemütlich machen – wozu man auch ständig aufgefordert wird, begleitet von den Versuchen der Gastgeber, einem so viele Kissen wie möglich unter den Hintern zu stopfen. Bitte beim Platznehmen nicht auf das Tischtuch (*dastarkhon*, in ganz Tadschikistan verbreitet) treten – das wäre so, als würde man in Europa auf den Tisch klettern. Man steigt oder springt auch nicht über das Tischtuch, sondern läuft außen um die Sitzpolster und Sitzenden herum.

Zu Gast bei den Pamiri II: Es wird groß aufgefahren

Zu Beginn einer Mahlzeit wird einem im Pamir – aber auch sonst in Tadschikistan – oft Wasser in einer Kanne gereicht. Meist eine Person, die jünger ist als man selbst, wird einem damit die Hände über einer Spülschüssel übergießen. Dieses Angebot sollte man nicht ablehnen, um nicht als unhygienisch zu gelten.

Speisefolge und ›Spezialdelikatessen‹ für Gäste

Sollte man das Glück haben, zu einem Festessen eingeladen worden zu sein (zum Beispiel zu einer Hochzeit oder einem Opfer), so werden oft alle Speisen gleichzeitig aufgetragen – beliebt sind zu diesen Anlässen Salate, Pommes Frites, eingemachtes Gemüse, verschiedene Brote, Trockenfrüchte, Käse, Wurst, Marmeladen, Kekse und Bonbons. Nur das Fleischgericht, auf das alle am meisten gewartet haben, und das meist entweder aus Palov (Rezept → S. 100) oder großen Fleischplatten mit separat gereichter Fleischbrühe besteht, wird oft etwas später serviert – da erwartet wird, dass der Gast auch davon probiert, sollte man dafür genug Platz im Magen lassen. Die Vielfalt an Speisen auf Festen ist verführerisch, und man neigt dazu, alles durcheinander zu kosten. Das kann jedoch zu leichten Magenverstimmungen und zum Aufstoßen, begleitet vom Geschmack nach faulen Eiern, führen. Dieses Phänomen ist bei den Pamiri wohlbekannt und hat mancherorts sogar eine eigene Bezeichnung (*tuchp*). Also Vorsicht, besser mit den pikanten Speisen und dem Fleisch anfangen und mit Süßigkeiten, Milchspeisen und Obst abschließen, um das Ganze etwas in eine (dem europäischen Magen vertrautere) Ordnung zu bringen.

Als Gast bekommt man vom Fleisch die besten Stücke zugeschoben: Dies sind aus Pamiri-Sicht (die sich nicht immer mit dem europäischen Geschmack deckt) insbesondere fettige Stücke und die Knochen zum Abnagen. Auch Leber, Lunge, Niere und Fettschwanz gelten als besondere Delikatessen, die oft direkt nach dem Schlachten serviert werden. Die letzten Produkte, die vom Tier verwertet werden, sind übrigens der Kopf, die Füße und der Magen, die oft erst einige Tage später über mehrere Stunden ausgekocht und dann als Suppe oder als einzelne Happen serviert werden. Wer das Auge angeboten bekommt, der muss sich bewusst sein, dass er nach dem ersten auch das zweite Auge essen muss, denn man geht davon aus, dass zwei Personen, die jeweils ein Auge ein und desselben Tiers essen, zu Feinden werden. Umgekehrt ist es bei den Kirgisen: Dort teilt man sich zur Besieglung der Freundschaft die Augen! Grundsätzlich kann man natürlich auch einzelne Fleischteile ablehnen – bei den Pamiri hat sich schon herumgesprochen, dass Europäer bei der Fleischverwertung etwas zimperlich sind, und solange man wenigstens ein bisschen isst (vor allem, wenn extra für die Gäste geschlachtet wurde) wird auch niemand beleidigt sein.

Essgeschirr

Das Essen von einer großen gemeinschaftlichen Platte bringt für die Pamiri Segen (*barakat*). Für Europäer stellt man aber oft eigene Teller bereit, da man weiß, dass Europäer das gemeinsame Essen von einem großen Teller befremdlich finden. Das Essen von einem gemeinsamen Teller hat jedoch entscheidende Vorteile: So ist nicht nachvollziehbar, wer genau wie viel gegessen hat, und man kann sich unbemerkt darum drücken, unliebsame Speisen zu probieren. Wer einen Einzelteller erwischt hat und nicht möchte, dass immer wieder nachgeschöpft wird, sollte einen kleinen Rest auf seinem Teller übrig lassen. Dies ist keine Verschwendung, weil das übriggebliebene Essen später an die Tiere verfüttert wird. Nur Suppe und Milchtee, die jeder in einer individuellen Schale erhält, werden in der Regel ganz ausgelöffelt.

Wenn man zu mehr und mehr Nachschlägen genötigt wird, so sollte man irgendwann ruhig ablehnen, auch wenn man sich mit Händen und Füßen dagegen wehren muss. Viele Europäer denken, es gelte als unhöflich, Nachschläge abzulehnen. Sie bemerken nicht, dass es sich dabei vielmehr um eine Art Spiel zwischen Gast und Gastgeber handelt, bei denen beide versuchen, sich (sprachlich) an Höflichkeit zu übertrumpfen. Es wird jedoch nicht wirklich vom Gast erwartet, dass er fünf Nachschläge akzeptiert. Im Gegenteil, man wird sich andernfalls im Nachhinein über den ›verfressenen‹ Gast augenzwinkernd amüsieren.

Beginn und Beendigung des Mahls

Das Essen wird in der Regel begonnen, sobald man Platz genommen hat. Vor dem ersten Bissen murmelt man ein ›Bismilloh‹ (›Im Namen Gottes‹). Beendet ist ein Festmahl jedoch erst, wenn der Khalifa oder ersatzweise ein anderer älterer Herr das Segensgebet für den Gastgeber gesprochen hat – bis dahin sollten man in jedem Fall bleiben. Einen großen Gefallen erweist man dem Gastgeber, wenn man selbst das Segensgebet spricht, denn als weitgereister Besucher hat man besonders viel Macht, Gott um Segen für den Haushalt zu bitten. Man kann entweder auf englisch oder auf seiner Muttersprache ein Gebet sprechen, oder man lernt die Minimalversion des Segensgebetes auf Persisch/Arabisch auswendig: ›Khayri barakat, khona obod, Allahu Akbar!‹ (›Segen und Segen, das Haus [sei] fruchtbar, Gott ist groß!‹).

Bei einem informelleren Essen (oder auch, falls man ein formelleres Essen früher verlässt) legt man zur Beendigung der Mahlzeit die Handflächen für einen Sekundenbruchteil zusammen wie zum Gebet, streicht sich anschließend mit den offenen Handflächen über das Gesicht, und führt die Handflächen dann abermals kurz zusammen. Diese Geste gilt in ganz Tadschikistan. Handelt es sich um ein informelleres Essen im Familienkreis, wird man häufig aufgefordert werden, mit dem Essen zu beginnen, obwohl noch nicht alle da sind. Bezüglich der Mahlzeiten im Alltag ist die Essensetikette im Pamir weit weniger formalisiert als in Europa.

Man sollte es nicht persönlich werten, wenn man als Gast das Essen separat serviert bekommt und sich der Gastgeber nicht zu einem setzt: Das ist eine Respekterweisung, man hält die Familie fern, um den Reisenden beim Essen nicht zu stören. Jemand, der selbst mit dem Gast mitisst, gilt eigentlich als schlechter Gastgeber, denn ein guter Gastgeber sollte sich nicht hinsetzen, sondern ständig auf den Beinen sein, um den Gast zu bedienen und alles zu tun, damit dieser sich wohlfühlt.

Getränke

Als Getränk wird meist ausschließlich Tee serviert, und zwar in der Regel nach dem Essen (nur bei Hochzeiten kann es sein, dass bereits während des Essens Saftpackungen auf dem Tisch stehen). Dabei wird der Tee zuerst ›verheiratet‹: Dazu entnimmt eine Person (meist der Gastgeber) dreimal eine Schale Tee und gießt diese wieder in die Kanne zurück, damit der Tee gut durchmischt wird. Wenn man während des Essens bereits trinken möchte, so kann man um etwas Wasser bitten (Pamiri: ›chats‹ (gehauchtes ›ch‹, etwas ähnlich wie in Deich), Tadschikisch: ›ob‹). Man wird allerdings erstaunte Blicke ernten, und eventuell wird der Gastgeber das Wasser nicht im Glas anbieten, sondern dem Gast nur kurz eine Schöpfkelle unter die Nase halten, damit dieser schnell einen Schluck daraus nimmt, und sie dann wieder mitnehmen. Wassertrinken wird nicht ganz ernst genommen, und niemals würde man einem Gast von sich aus Wasser anbieten. Viele Pamiri trinken gar kein Wasser, schon gar kein kaltes, da man davon ausgeht, dass man sich davon erkälten kann.

Möglicherweise wird auch Alkohol angeboten – bei Hochzeiten, besonders auf dem Lande, voraussichtlich eher unter der Hand, denn offenes Trinken auf Hochzeiten ist unüblich (auch wenn die eine oder andere offensichtliche Schnapsdrossel anwesend sein mag). Man kann eine Einladung zum Trinken annehmen, muss dies aber in keinem Fall tun. Eine gewisse Trinkkultur existiert seit der Sowjetzeit auch im Pamir, besonders unter der älteren Generation und interessanterweise besonders bei Regierungsangestellten. Allerdings ist die Trinkkultur stark auf dem absteigenden Ast und besonders bei Jugendlichen oft verpönt – schließlich fordert der Aga Khan seine Anhänger zu Abstinenz auf. Anders als vielleicht in anderen Regionen der ehemaligen Sowjetunion gilt man daher, sofern man ablehnt (oder ›unterwegs aussteigt‹), nicht als Spielverderber, sondern erntet sogar Respekt. Übrigens: Einheimische Frauen trinken (außer vielleicht in einigen städtischen Kontexten) überhaupt nicht. Viele Pamiri glauben außerdem, die exzessive russische Trinkkultur existiere auch in Westeuropa. Um dieses Gerücht Lügen zu strafen, kann man es vorziehen, sich bezüglich des Alkoholkonsums zurückzuhalten.

Umgang mit heiligen Lebensmitteln

Getreide, Mehl und folglich auch Brot und andere Mehlprodukte sowie Milch gelten als heilige Lebensmittel, weswegen ihnen gegenüber ein besonders respektvolles Verhalten nötig ist. Niemals sollte Milch auf den Boden verschüttet oder Brot dorthin verkrümelt werden. Geschieht das versehentlich doch, so sollten Krümel aufgelesen und an einem sauberen Ort abgelegt werden – am besten eignet sich hierfür ein Felsen, eine Mauer oder ähnliches, also ein Ort, an dem auf jeden Fall niemand drauftritt. Im Haus gibt es meist einen Eimer, in dem ›Biomüll‹ gesammelt wird, der an die Tiere verfüttert wird. Dies ist ebenfalls ein legitimer Ort zur Entsorgung von Brot. Wer draußen auf dem Weg einen Brotkrümel findet, ihn aufhebt, küsst und an einem sauberen Ort ablegt, der kann dadurch sogar ›barakat‹ (Segen) gewinnen – viele alltägliche Praktiken der Pamiri sind darauf ausgerichtet, ›barakat‹ zu erwerben. Auch sollte Brot niemals verkehrt herum auf dem Tischtuch abgelegt werden, und in manchen Gegenden ist es unüblich, Brot mit dem Messer zu schneiden.

Brot als Symbol des göttlichen Segens wird übrigens auch zur Abwehr des bösen Blicks und anderer schädlicher Einflüsse benutzt: Wird dem Kind ein Stück in die Wiege gelegt, so schützt dies vor schlechten Träumen oder vor Geistern, die das Baby heimlich mit ihrem eigenen Kind vertauschen wollen.

Verschüttete Milch sollte mit einem Lappen aufgewischt werden – auch hier gilt: Nicht drauf treten! Sonst wird die entsprechende Ziege bald keine Milch mehr geben.

Zu Gast bei den Pamiri III: Richtig Schlafenlegen

Geschlafen wird im Pamirhaus auf den Plattformen, und zwar im rechten Winkel dazu. Wer sich längs der Plattform ablegt, insbesondere auf der Plattform, die dem Eingang gegenüberliegt, wird Reaktionen zwischen Bestürzung und Belustigung auslösen: So liegt man eigentlich nur einmal im Leben, und zwar bei der Leichenwäsche!

Wem die Plattformen in Querrichtung zu kurz sind (was bei Europäern in Überlänge schon mal vorkommen kann), kann sich leicht diagonal ablegen. Der Kopf zeigt grundsätzlich zur Kante der Plattform hin – den Kopf zur Wand und die Beine zur Kante abzulegen, ist insbesondere für Frauen unangebracht. Die Betten bestehen aus futonähnlichen, meist selbst hergestellten Matratzen und überzogenen Decken, die abends ausgerollt und morgens kunstvoll in der Ecke zusammengestapelt werden. Die Betten tagsüber liegen zu lassen, gilt als extrem schlampig. Man sollte nicht protestieren, wenn die Tochter des Hauses morgens darauf besteht und die Matratzen stapelt. Man sollte es auch nicht unbedingt selbst versuchen, denn man wird auch nach einjähriger Praxis niemals die erwünschte Perfektion erreichen. Eine Kompromisslösung (die gerade so statt des Stapelns akzeptiert wird) kann sein, die Matratze halb umzuschlagen, sodass das Bettzeug darauf abgedeckt ist.

Zu Gast bei den Pamiri IV: Sich richtig sauber halten

Einige Hygieneregeln, die auch im Pamir ihre Gültigkeit haben, dürften eingefleischten Asienreisenden bereits bekannt sein: So gilt es als unhöflich, jemandem allzu ostentativ die Fußsohlen entgegenzustrecken (besonders wenn beschuht oder mit dreckigen Füßen). Die Nase trompetend unter Leuten zu putzen ist in etwa so, als würde man bei uns unverhohlen und hörbar pupsen – dies sollte man nur auf der Toilette tun oder wenn man sich unbeobachtet wähnt. Es ist allerdings be-

Waschgelegenheit

sonders im Fall einer Erkältung in Ordnung, sich die Nase mit einem Taschentuch (geräuschlos) abzutupfen oder im Freien mit den Fingern zuerst die Nase und die Finger dann an einem Stein abzuwischen. Auch Ausspucken gilt (besonders bei der älteren Generation) nicht als unappetitlich.

Wie in anderen Ländern des Orients gilt die rechte Hand als rein und die linke als unrein, weswegen möglichst mit rechts gegessen werden sollte – wenn das nicht möglich ist, zum Beispiel beim Zerreißen von Fleisch, Fisch oder Brot, wird darüber hinweggesehen. Wenn man Gegenstände weiterreicht, so sollte man das aus Respekt ebenfalls mit rechts tun.

Grundprinzipien der Hygiene

Grundsätzlich gilt: Auch wenn viele Verhaltensweisen im Pamir in europäischen Augen unhygienisch wirken mögen, so heißt dies nicht, dass im Pamir keine Hygieneregeln existieren. Diese haben lediglich andere ›Schwerpunkte‹ als bei uns, und umgekehrt dreht es den Pamiri bei so manchen für Europäer akzeptablen Verhaltensweisen den Magen um. Den europäischen Hygienekodex zeichnet, wenn wir uns das einmal bewusst machen, aus, dass Gegenstände, die verunreinigt wurden, zumindest bis zu einem gewissen Grad wieder sauber gemacht werden können. Dies geschieht vor allem durch Erhitzen (zum Beispiel Auskochen) oder reinigende Substanzen (wie Seife). Vor allem das Konzept ›Seife‹, obwohl von manchen Nichtregierungsorganisationen propagiert, hat noch nicht in alle entlegenen Tälern des Pamirs Einzug gehalten. Wer darauf Wert legt, der sollte am besten immer ein kleines Stück Seife dabeihaben.

Im Pamir ist das grundlegende Reinheitsprinzip ein anderes, wie folgende Anekdote belegen mag: »Ich wohnte damals in einer sowjetzeitlichen Etagenwohnung in Khorugh, einschließlich Bad mit europäischer Sitztoilette. Leider nur gab es in unserem Wohnviertel lediglich morgens Wasser, weswegen man, solange das Wasser noch verfügbar war, schnell mehrere große Plastiktonnen in der Wohnung auffüllte. Eines Tages hatte ich eine größere Menge Wäsche zu waschen und erhitzte mir das Wasser hierzu mit einem Teekessel auf dem Herd. Als das Wasser in der Tonne in der Küche zur Neige ging, holte ich Wasser aus einer weiteren Tonne, die in der Toilette zur Entnahme von Toilettenspülwasser aufgestellt war. Der Toilettenraum an sich war sehr sauber, und das Wasser für die Toilettenspülung war es auch: Man entnahm daraus Wasser mit einem Eimer und kippte dieses in die Toilette, ohne dabei mit der Schüssel in Berührung zu kommen. Ich hätte – auch wenn sicher einwandfrei – das Wasser aus der Tonne in der Toilette zwar nicht unbedingt ohne Abkochen als Trinkwasser benutzt, aber zum Kleiderwaschen schien es mir in Ordnung. Und was den Teekessel anbetraf, so wurde dieser ja beim Erhitzen des Wassers automatisch mitsterilisiert. Als ich nun also mit der befüllten Teekanne von der Toilette zur Küche trippelte, bemerkte mich meine damalige Gastschwester und fragte, woher ich denn das Wasser hätte. Mir schwante Übles, aber ich war ehrlich. Und tatsächlich, Gastschwester und -mutter schlugen entsetzt die Hände über dem Kopf zusammen und riefen aus, dass man die Teekanne jetzt ja nie mehr benutzen könne. Mein Vorschlag, sie gründlich abzukochen, wurde nicht akzeptiert, und so besorgte ich am nächsten Tag zerknirscht eine neue Teekanne vom Basar. Die alte Kanne wurde tatsächlich entsorgt… «

Hier wird das grundlegende Prinzip deutlich: Gegenstände, die einmal kontaminiert wurden, können auch durch chemische oder physikalische Prozesse nicht mehr gereinigt werden. Dafür werden Gegenstände und Räume schon im Vorfeld klar als rein oder unrein klassifiziert, und ein Gegenstand, der mit einem unreinen in Berührung kommt oder sich auch nur in einem unreinen Raum aufhält, wird selbst unrein. Unrein sind sämtliche Vorgänge und Räume, die mit der Körperreinigung assoziiert sind.

Körperreinigung

Man sollte also niemals Speisegeschirr für Vorgänge der Körperreinigung benutzen, auch wenn man es aus europäischer Sicht wieder reinigen kann. Pamiri beispielsweise, die Touristen auf einem Trekking begleitet haben, können die einzigen Teetassen, die sie dabei hatten, nicht mehr verwenden, wenn die Touristen diese zum Auswaschen ihres Rasierers benutzt haben. Darauf sollte man achten. Auch wenn man sich in einer improvisierten Bucketshower (›Dusche‹ aus einem oder mehreren Eimern, einer flachen Wanne, in die man sich hineinkniet, und einer Schöpfkelle, mit der man sich übergießt) wäscht, so sollte man nachfragen, welche Gefäße dafür benutzt werden können.

Man stellt den Eimer, mit dem Frischwasser geholt wird, weit von sich weg, denn wenn man ihn versehentlich mit Waschwasser bespritzt, finden das Pamiri unhygienisch. Man sollte niemals in einem Eimer, der zum Trinkwassertransport benutzt wird, Kleidung waschen oder diesen gar zum Transport von Körper-Schmutzwasser benutzen!

Wem das übertrieben und irrational vorkommt, der bedenke, dass man sich in Europa ja auch die Hände wäscht, wenn man von der Toilette kommt, aber nicht, wenn man am Computer getippt hat oder am Kühlschrank zugange war – obwohl sich an letzteren Orten nachweislich mehr Keime tummeln als in einer Kloschüssel! Hygieneregeln basieren selten rein auf biologischen Überlegungen, sondern enthalten stets eine große Dosis Kultur. Und natürlich legt jeder die kulturspezifischen Regeln, in Europa wie in Tadschikistan, unterschiedlich streng aus.

Umgang mit Frischwasser

›Pingelig‹ sind die Pamiri auch, wenn es um Trinkwasser geht. Meist wird dieses ganz frisch aus der Quelle geholt, und man kann es getrost trinken. Falls es über dem Dorf Weideland gibt, man einen empfindlichen Magen und daher Bedenken hat, sollte man nach abgekochtem Wasser fragen oder das Wasser selbst mit Silberionen oder einem Filter desinfizieren. In manchen Dörfern wird das Trinkwasser auch aus den Kanälen entnommen – will man sich darin waschen, sollten man daher immer fragen, ob dies erlaubt ist, und im Zweifel das Wasser mit einer Schöpfkelle oder ähnlichem entnehmen und das zu waschende Körperteil dann über dem Gras und nicht über dem Kanal übergießen.

Sich nicht gehen lassen …

Viele Reisende mögen vielleicht vermuten, dass sich Pamiri eher selten waschen – schließlich besitzen die Häuser meist keine Bäder, man beobachtet selten jemanden, der sich gerade wäscht, und aufgrund der landwirtschaftlichen Tätigkeiten ist die Alltagskleidung oft etwas schmutzig. Aber der Schein trügt, die Pamiri waschen sich durchaus, zumindest an selektierten Körperteilen. Sie benutzen eine meist metallene Kanne (je nach Region oft als *dalkan* oder *oftoba* bezeichnet) und ziehen sich dazu an eine verborgene Stelle hinter dem Haus zurück, meist am frühen Morgen oder späten Abend. Einer Ganzkörper- einschließlich Haarwäsche unterziehen sich die Pamiri tatsächlich etwas seltener als die Europäer - aber erstaunlicherweise schwitzen sie auch deutlich weniger und bekommen erst nach mehreren Wochen fettige Haare. Man könnte an dieser Stelle gut darüber spekulieren, ob der europäische Hygienefanatismus und die Gewöhnung an die tägliche Dusche den Körper nicht vielleicht erst dazu bringen, mehr Fett, Talg, Schweiß und Schuppen zu produzieren...

Wie auch immer: Auch wenn man aufgrund des trockenen zentralasiatischen Klimas tatsächlich auch als Europäer etwas weniger transpiriert, sollte man sich - ohne längerfristige körperliche Anpassung - vielleicht doch nicht unbedingt dem Duschrhythmus der Pamiri anpassen.

Nützliche Tipps für die Körperreinigung

Aufgrund der trockenen Luft im Pamir wird die Haut an Händen und Füßen schnell rau und verhornt, und Schmutz haftet schneller an. Doch auch wenn viele Dorfkinder schwarze Hände und Füße haben, sollte man als erwachsener Tourist auf Hygiene achten. Ein Hornhauthobel und eine Wurzelbürste tun hier gute Dienste. Denn: Was bei Kindern legitim ist, wird bei Erwachsenen als ein Zeichen von Unhygiene oder zumindest Unreife gesehen. Dasselbe gilt übrigens auch für das Abwischen von Rotznasen. Ein ebenfalls sehr nützlicher Ausrüstungsgegenstand ist

Toilette mit Aussicht in der Kyzyl-Art-Schlucht

Trockenshampoo. Es kann dann zum Einsatz kommen, wenn man das Gefühl hat, dass mal wieder eine Haarwäsche fällig wäre, man sich aber in einem holzarmen Gebiet befindet und daher ein schlechtes Gewissen hat, um warmes Wasser zu bitten (kein Pamiri wird einem erlauben, sich mit kaltem Wasser zu waschen. Es wird angenommen, dass man davon sofort krank wird). In solchen Momenten findet man plötzlich auch die Möglichkeit, ein Kopftuch zu tragen, gar nicht so abwegig...

Während für eine ausgiebige Wäsche im Dorf meist eine improvisierte Eimerdusche herhalten muss, gibt es in der Stadt (und in manchen etwas besser ausgestatteten Gästehäusern) oft sogenannte Banjas im russischen Stil. Diese umfassen meist eine Kreuzung aus Sauna und Dampfbad sowie einen Raum mit heißen Duschen. Pamiri können sich dort stundenlang aufhalten, wodurch sie so gründlich aufweichen, dass sie sich gleich mehrere Schichten Haut abziehen können. Dabei gehen sie sich oft gegenseitig zur Hand, und in einer öffentlichen Badeanstalt kann es sein, dass man angeboten bekommt, dass einem der Rücken abgeschrubbelt wird (oder umgekehrt, man um Hilfe gebeten wird). Um nach mehreren Wochen Katzenwäsche eine solche Gelegenheit auszunutzen und mal wieder richtig porentief sauber zu werden, empfiehlt sich ein kratziger Luffaschwamm.

Hygienetechnisch sehr nützlich sind darüber hinaus für Frauen ›American style-Tampons‹ (die mit Einführhülse), besonders, wenn es an Gelegenheiten zur Handwäsche mit Seife mangelt. Da Tampons generell in Tadschikistan schwer aufzutreiben sind (es gibt sie verlässlich nur in Duschanbes größten Supermärkten), sollte man genügend von zu Hause mitbringen.

Zu Gast bei den Pamiri V: Richtig auf die Toilette gehen

Innerhalb desselben Geschlechts empfinden Pamiri deutlich weniger Scham als Europäer. Dies gilt in öffentlichen Bädern genauso wie beim Toilettengang. Öffentliche Toiletten auf dem Land oder in einfacheren städtischen Wohnvierteln erinnern oft an römische Latrinen: Im Holzboden befinden sich mehrere Löcher nebeneinander, oft ohne Sichtschutz dazwischen. In entlegenen Dörfern gibt es oft gar keine Toiletten – klar, unvermeidbar, dass man sich, vor allem in Regionen oberhalb der Baumgrenze, ab und zu mal beim Klogang ertappt, und besonders Alte und Gebrechliche machen sich selten die Mühe, besonders weit zu gehen und sich aufwendig zu verstecken. Widerfährt einem dies, so schaut man einfach geflissentlich weg und tut, als hätte man nichts gesehen. Als Toilettenpapierersatz werden im Pamir Steine verwendet, die oft in einen speziellen Eimer neben dem Klo geworfen werden (damit das Klo nicht so schnell aufgefüllt wird) – fürs ›Kleine‹ funktioniert das gar nicht mal so schlecht und man kann sich daran gewöhnen. Wie das bei größeren Geschäftchen klappt, bleibt allerdings eines der letzten Mysterien der Pamiri ... die sagen, das funktioniere einwandfrei.

Wer also auf Toilettenpapier nicht verzichten möchte, sollte immer ein paar Blätter davon in der Hosentasche haben. Achtung, am besten in ausreichender Menge in Khorugh oder Duschanbe besorgen, da es in Dorflädchen oft nicht verfügbar ist. In gut sortierten Supermärkten in Dushanbe gibt es sogar feuchtes Toilettenpapier. Notfalls kann man auch Servietten kaufen, die zuweilen weiter verbreitet zu sein scheinen als Klopapier. In manchen Haushalten gibt es als Toiletten- auch

Zeitungspapier (oder, in Lehrerhaushalten, zerschnittene Klassenarbeiten). Tipp: Etwas befeuchtet lässt sich herkömmliches Papier aufrauen und damit der ›Abrieb‹ erhöhen. Gut funktioniert auch eine Plastikflasche mit Wasser, mit auf den Abtritt genommen – es kann als eine Art Bidet-Ersatz gelten.

Wenn man in Gästehäusern übernachtet, so sind dort nach europäischen Maßstäben einigermaßen passable Toiletten zu erwarten.

Umgang mit Religion

Bezüglich ihrer Religion sind (insbesondere die ismailitischen) Pamiri sehr aufgeschlossen, beantworten gerne Fragen und lassen Gäste an Ritualen teilhaben, besonders auf den Dörfern. Als Reisender wundert man sich vielleicht, wie viele kleine religiöse Gesten in den Alltag integriert sind, ohne dass andererseits viel Aufhebens darum gemacht wird. Morgens und abends (Ismailis beten nur zweimal am Tag) wird man beobachten, wie sich so manch ein Gastgeber in eine Raumecke zum Beten zurückzieht, selbst wenn im selben Raum der Fernseher läuft oder die Kinder lärmen. Sitzt man direkt neben dieser Person, dämpft man beim Sprechen etwas die Stimme und läuft nicht direkt davor vorbei. Ein Besuch traditioneller Heiligtümer im Pamir (Oston) ist kein Problem. Wenn man ein Heiligtum zusammen mit Pamiri betritt, so berührt man zuerst einen Stein des Heiligtums, führt dann die aneinander gelegten Handflächen zunächst an die Stirn und dann an die Lippen – und dies dreimal. Üblich ist es, am Oston eine kleine Gabe zu hinterlassen, etwa eine Ein-Somoni-Note, ein paar Trockenfrüchte oder Bonbons. Der nächste Besucher kann, ja soll (da ihn das Schicksal dazu auserwählt hat) diese Gabe dann an sich nehmen. Es erwartet keiner, dass man das als ausländischer Gast tut, aber wenn man es tut, wird der Gastgeber davon berührt sein. Das Oston (oder den heiligsten Teil davon) verlässt man aus Respekt nur rückwärtsgehend.

Falls man einen Friedhof besuchen will und in Sichtweite von Einheimischen ist, sollte man kurz fragen, ob dies in Ordnung geht. Das Konzept, aus reinem Interesse im Rahmen eines Spaziergangs einen Friedhof zu besuchen, ist den Pamiri eigentlich fremd. Sie gehen in der Regel nur freitags oder an Feiertagen auf Friedhöfe, um dort eine Art kleine Fackel für ihre verstorbenen Verwandten anzuzünden. Ansonsten ist ihnen der Besuch von Friedhöfen eher unangenehm, denn es handelt sich um einen Ort, der ›wazmin‹ (›schwer‹, etwa in der Bedeutung von ›unheimlich‹) ist – genauso wie eine Stelle, an der jemand bei einem Unfall zu Tode gekommen ist, oder ein Haus, das einen frischen Todesfall zu beklagen hat.

Andere kleine Verhaltensregeln

Im Pamir gibt es einen Satz von kleinen Regeln, die oft nicht wirklich erklärbar sind und die auch zunehmend weniger befolgt werden – und auch längst nicht mehr allen Pamiri bekannt sind. Junge Pamiri achten vor allem darauf, diese Regeln auszuführen, wenn ältere Leute anwesend sind, um diese nicht zu verärgern – entsprechend werden diese Regeln als ›kisch-i kampiron‹ (sinngemäß übersetzbar als ›Altweiber-Verbote‹) bezeichnet. Hier nur exemplarisch drei Regeln, die von den meisten nach wie vor beachtet werden und die auch Reisende betreffen könnten:

1. Man sollte niemals im Haus pfeifen. Man nimmt an, dass dies die Engel verärgert und diese dann das Haus verlassen, das damit auch seinen Segen (*barakat*) verliert.

2. Man sollte niemals, ohne um Erlaubnis zu fragen, in einen Getreidespeicher klettern. Wird dieser von einem Nicht-Familienmitglied betreten, so kann das Getreide seinen Segen verlieren und die nächste Ernte schlecht ausfallen.

3. Beim Wäscheaufhängen sollte man diese auf links drehen. Wäsche wird nur nach einem Todesfall rechtsherum aufgehängt. Dies ohne den entsprechenden Anlass zu tun, ist demnach ein schlechtes Omen.

Die meisten Pamiri glauben außerdem an den bösen Blick. Dieser Vorstellung nach kann es passieren, dass, wenn ein Lob ausgesprochen wird, dem gelobten Objekt (sei es ein Mensch oder ein Gegenstand) hinterher etwas Schlimmes widerfährt. Wenn man bei traditionellen Familien unterkommt und beispielsweise den schönen Gemüsegarten oder das fleißige Kind loben möchte, so sollte man zusätzlich ›nomi khudoy‹ (›Name Gottes‹) sagen. Dieser Zusatz verhindert, dass ein versehentlich zugeworfener böser Blick wirken kann.

Fazit

Dies alles ist natürlich nur ein kleiner Auszug des komplexen sozialen Kosmos der Pamiri und keine erschöpfende Darstellung aller Lebensbereiche. Als Reisender soll man schließlich noch einiges selbst neu entdecken und beobachten dürfen! Mit der Zeit bekommt man auch ein zunehmendes Gespür für die vielen spannenden kleinen regionalen Unterschiede. Wenn man zu Hause seine (lustigen) Erlebnisse erzählt und Bilder zeigt, sorgt man dafür, dass die äußerst liebenswerten Pamiri – das vielleicht gastfreundlichste Volk der Welt – endlich auch über die Landesgrenzen Tadschikistans hinaus bekannter werden.

Stefanie Kicherer *ist Ethnologin an der Universität Tübingen. Sie hat fast zwei Jahre im Bartang-Tal geforscht (wo sie die meisten nur unter ihrem einheimischen Namen Lola kennen), bei verschiedenen Gastfamilien gelebt und den lokalen Pamiri-Dialekt erlernt. 2014 wurde sie mit dem ersten Geo-Stipendium ausgezeichnet; über ihren Forschungsaufenthalt wurde in diesem Rahmen ausführlich in der deutschen Zeitschrift ›Geo‹ (Ausgabe 1/15) berichtet. Ihre Ergebnisse arbeitet sie momentan in ihrer Doktorarbeit mit dem Arbeitstitel ›Von Erdbebenprophetinnen, Hochzeitszensoren und modernen Khalifas: Indigene Reflektionen über soziokulturellen Wandel im Bartang-Tal‹ auf. Ehrenamtlich berät sie lokale Tourismus-Startups und versucht mit der Initiative ›Bartang has a Future‹ (www.bartang-has-future.com) ihre zweite Heimat vor einer ökologischen Katastrophe zu bewahren.*

EXTRA

Sprache und Religion

Früher, als es keine Straßen gab, war das Zusammenkommen der Menschen aus den einzelnen Tälern erschwert, in den Wintermonaten ganz unmöglich. Es gab nur gefährliche Eselspfade und Klettersteige über Ovrings und hohe Pässe, und die meisten Menschen kamen nie aus ihrem Tal hinaus. Deswegen entwickelten sich in den Siedlungsgebieten eigene Sprachen und Dialekte. Darvozi und Vanji sind inzwischen de facto ausgestorben, Sarykoli, die Sprache der chinesischen Pamiri, wird noch gesprochen. Am verbreitetsten ist das Shughni, es kann als lingua franca des Pamirs gelten.

Alle Pamir-Sprachen gehören zur südostiranischen Gruppe der indoeuropäischen Sprachen, im Unterschied zum ›Flachland-Tadschikisch‹, das der westiranischen Gruppe zugeordnet wird, und auch im Unterschied zum Kirgisischen, das eine Turksprache ist und von den Pamir-Kirgisen auf den kahlen Hochebenen gesprochen wird. Jene sind sunnitische Muslime und leben von Viehzucht – vor allem von Yaks, Fettsteißschafen und Ziegen, vereinzelt auch noch von Kamelen. Beide hier ansässige Volksgruppen, Pamiri und Pamir-Kirgisen, haben sich trotz ihrer Zugehörigkeit zu unterschiedlichen Glaubensrichtungen im Islam Reste ihrer animistischen Anschauungen bewahrt. Das hat zweifellos mit dem unmittelbaren Erleben der Natur zu tun, mit der Wucht der Elementargewalten und dem Ausgeliefertsein an jene. Vor dem Islam waren im Pamir vor allem der Buddhismus und der Zoroastrismus verbreitet. Letzterer manifestiert sich deutlich im Aufbau des Pamirhauses und der Bedeutung seiner einzelnen Teile (→ S. 226). Buddhistische Stätten kann man noch heute vor allem im Wakhan-Korridor besichtigen.

Yaks am Fuße des Ak-Baytal-Passes

▲ Karte S. 165

Der Aga Khan und das Ismailitentum

Das Ismailitentum verdanken die Pamiri Nasir (Nosir) Khusraw, der im 11. Jahrhundert in den Pamir kam und um 1088 dort verstarb. Der Dichter und Philosoph floh vor Verfolgung wegen seiner religiösen Anschauungen aus Persien (heute Iran) in die Berge des heutigen Gorno-Badakhshan. Noch heute erinnern einige heilige Stätten (Mazare) an Nasir Khusraw.

Die ismailitische Richtung des Islam war im 8. Jahrhundert durch Abspaltung entstanden. Die Pamiri bezeichnen sich selbst als gemäßigte Muslime. Es gibt keine Moscheen, keinen wöchentlichen Feiertag, Bildung und Wissenschaft werden hochgehalten. Der Aga Khan steht über allem, zumindest über der Gruppe der so genannten Nizari-Ismailiten, zu der die Pamiri gehören. Es gibt kaum ein Auto, in dem der Führer von weltweit etwa 20 Millionen Ismailiten aus mehr als 20 Ländern nicht vom Spiegel baumelt, kaum ein Haus ohne sein Porträt

Glückwunsch für den Aga Khan im Pamir

an einer weißen Lehmwand oder einem Holzbalken, umkränzt mit Plastikblumen. Witze über den Aga Khan sind verpönt, und sollte man sich einmal abwertend über ihn äußern, kann man es sich mit den Pamiri ganz schnell verscherzen. Der in der Schweiz geborene Prinz Karim Aga Khan IV. hat in Harvard studiert und ist Großunternehmer auf Weltniveau. Er ist der 49. Imam, für die Gläubigen ein direkter Nachfolger Mohammeds, besitzt unter anderem eine Hotelkette (Serena), Banken, Zeitungen, Fluggesellschaften und vereint die Moderne mit dem Islam. Außerdem gilt er als einer der reichsten Männer der Welt und ist Initiator des Aga Khan Development Network (AKDN), einem der größten Netze von Entwicklungshilfeorganisationen.Der Aga Khan ist vielleicht der mächtigste Mann im Pamir. Unter seiner Hand entstehen Brücken, Schulen, Krankenhäuser und Straßen, sein Netz von Kultur- und Entwicklungshilfeorganisationen (beispielsweise MSDSP, Mountain Societies Development Support Programme) ist im Pamir dicht gespannt, und auch dem Reisenden werden die unzähligen Projekttafeln der Aga-Khan-Stiftung auffallen. Dabei liegen ihm vor allem die Bildung und die ismailitische Zusammengehörigkeit am Herzen. Jedoch – und das zeichnet das Aga-Khan-Netzwerk aus – investiert es auch in anderen, nicht-ismailitischen Regionen Tadschikistans. Auch bei der Beendigung diverser bewaffneter Auseinandersetzungen spielte der Aga Khan eine wichtige Rolle. Dennoch gibt es einen unterschwelligen Machtkampf zwischen der Regierung und dem Führer der Ismailiten, der manchmal auch in die Öffentlichkeit getragen wird. Dann etwa, wenn ein geplanter öffentlicher Auftritt des Aga Khan in Duschanbe in letzter Minute unterbunden wird oder den ausländischen Pilgern zum Besuch des Aga Khan in Khorugh die Genehmigung für Gorno-Badakhshan verweigert wird.

Vieles läuft im Pamir chaotisch, spontan ab, und so manches dauert länger als geplant, wenn überhaupt geplant. Nicht jedoch, wenn ein Besuch des Aga Khan ansteht, so wie 1995, 1998, 2002, 2008, 2009, 2012 und 2015. Alle sind auf den Beinen, streichen Häuser, säubern Straßen, hängen Fahnen auf und stellen ihre Blumentöpfe auf die Straßen. Während eines solchen Besuchs ist der sonst überfüllte Basar von Khorugh gähnend leer. Die Preise für eine Fahrt von Duschanbe nach Khorugh verdreifachen sich leicht.

Ali Mohammad Rachput

Er sitzt ruhig auf dem Tapchan vor seinem Haus neben der ›Pamir Lodge‹ im weißen Leinentalar: Dr. Ali Mohammad Rachput. Seine Hände liegen im Schoß, und sein weißer Bart bewegt sich auf und ab, während er spricht und man sich nicht traut, nach seinem Alter zu fragen. Er strahlt Ruhe und Gelassenheit aus. Seine weiße und moderne Visitenkarte scheint auf den ersten Blick nicht zu ihm zu passen, dennoch streckt er sie einem entgegen. Mehrere Titel sind darauf zu lesen – blau auf weiß.

Als Tourist kann man mit vielen möglicherweise vorhandenen Vorurteilen gegenüber dem Islam in Tadschikistan aufräumen, besonders bei den Ismailiten im Pamir, dem Islam ohne Moschee, ausgerichtet an Entwicklung, Bildung und Zukunft. Jeden Sommer verbringt Rachput in Khorugh, um auszuruhen. Im Winter kehrt er nach Birmingham zurück und ist wieder der Professor a. D. der University of Aston. 40 Jahre hat er gelehrt. In Dahar, in London und schließlich in Birmingham. Den Sprung aus seinem Heimatland Pakistan nach Europa hat er dem Großvater und Vorgänger des heutigen Aga Khan (Sultan Mohammed Shah Aga Khan III.) zu verdanken, der ihn anfangs finanziell unterstützte.

Nun sitzt er hier – barfuß und mit einer blauen Toki, der traditionellen Kopfbedeckung der Pamiri – und erzählt von den Sowjetzeiten, als die Menschen ihre religiösen persischen und arabischen Bücher in den Bergen des Pamirs versteckten und Angst hatten. Als erster Gesandter des Aga Khan, dem weltweiten Ismailitenführer, kam er 1991 über Osh in den Pamir, um Bericht zu erstatten. »Die Situation ist katastrophal«, schrieb er damals an seinen Auftraggeber. Der Pamir war von Moskau und Duschanbe abhängig. Nach dem Zusammenbruch der Sowjetunion, den Wirren nach der Staatsbildung und den Anfängen des Bürgerkrieges wurden die Lieferungen und finanziellen Unterstützungen aus Duschanbe eingestellt. Denn der Pamir stand auf der Seite der Opposition. Aga Khan finanzierte Essenslieferungen. Laster, gefüllt mit Weizen, Reis, Zucker, kamen über Osh und den Pamir Highway nach Khorugh, und die enorme Entwicklungsarbeit und Nothilfe des Aga Khan und seiner Stiftung begann. Es folgte der Bau von Straßen, Schulen und den vier Brücken nach Afghanistan, die den kulturellen und wirtschaftlichen Austausch der beiden Nachbarn wieder etablieren sollten. Auch die direkten afghanischen Nachbarn in Nordafghanistan sind Ismailiten.

Dr. Ali Mohammad Rachput

Die Gehälter der Lehrenden an der Universität in Khorugh wurden während des gesamten Bürgerkriegs von

Eine Menschenmenge wartet in Khorugh auf den Aga Khan

der Stiftung bezahlt. Bildung wird bei den Ismailiten großgeschrieben. Dann kam Aga Khan 1995 und 1998 selbst und kündigte den Bau einer neuen University of Central Asia in Khorugh an. »Eine moderne Universität nach europäischem Vorbild, die hier einzigartig ist«, fügt Ali Mohammad hinzu. Aga Khan veränderte die Lebensweise im Pamir. Er spornte die Menschen an, Englisch zu lernen, um in anderen Ländern studieren zu können. Er richtete ein Stipendienprogramm ein, und viele studierten und studieren nun in England, in den USA und in Kanada. Von diesen Englischkenntnissen der jüngeren Generation können heute auch die Touristen profitieren.

Auch Ali Mohammads eigene Kinder machten in England ihre Ausbildung und waren der Grund für ihn, nicht nach Pakistan zurückzukehren. Er lacht, und sein Bart wippt. Außerdem ist »England ein wunderbares Land, in dem man jede Religion praktizieren kann«. Seit fast 25 Jahren genießt er jedoch den Sommer in Khorugh und hat sich dafür ein traditionelles Pamirhaus bauen lassen. Hier ist es ruhig, es gibt frische Luft, kein Internet und keine Abgase. Und unter den Pamiri genießt er ein sehr hohes Ansehen. Die Khorugher kommen in sein Haus, suchen seinen Rat, erfragen seine Meinung zu Familienproblemen, Drogen, Korruption, Armut oder wollen einfach nur Beistand. »Ich versuche, ihnen gute Ratschläge zu geben. Ratschläge, wie ich sie auch meinen Kindern gebe oder geben würde«.

Um Saids Familie, die im Winter auf sein Haus achtgibt, ein weiteres Einkommen zu ermöglichen, baute er vor einigen Jahren die ›Pamir Lodge‹ (→ S. 205). Wenn auch etwas abseits gelegen, ist sie doch eine der schönsten Übernachtungsmöglichkeiten für Rucksacktouristen in Khorugh. Unter den Einheimischen ist sie aber nicht unter diesem Namen, sondern unter der Bezeichnung ›Haus des Rachput‹ bekannt.

Reisen über den ›Großen Pamir‹

Früher, als der Pamir noch nicht geteilt war zwischen Mächten, die hier eigentlich nichts zu suchen haben, nannte man die Gegend einfach Badakhshan. Außer dem heute in Tadschikistan gelegenen Westpamir und den Hochebenen von Karakul und Alichur gehörten dazu der Gebirgszug Sarykol (heute in China), das Hunza-Gebiet (heute in Pakistan) und die nördlichen Teile des Hindukusch (heute Afghanistan). Die hier lebenden Stämme hatten eine sehr ähnliche Sprache und Kultur und verkehrten friedlich miteinander. Die Trennung erfolgte im Zuge des sogenannten Great Game – Britisch-Indien und Russland teilten das Gebiet zwischen sich auf, der östliche Zipfel fiel an China. Der Einmarsch der Sowjetunion in Afghanistan ein Menschenalter später verschärfte die Situation ganwtz erheblich. Heute ist es, nicht zuletzt dank der länderübergreifenden Arbeit der Aga-Khan-Stiftung und den Bemühungen beider Regierungen wieder möglich, zwischen Tadschikistan und Afghanistan zu reisen. Man kann von Khorugh oder Ishkoshim aus den afghanischen Teil des Pamirs, den Wakhan-Korridor und Teile des Hindukusch besuchen.

Ein Visum für Afghanistan kann man vor Ort in Duschanbe (in der afghanischen Botschaft, → S. 406) und in Khorugh (im afghanischen Konsulat, → S. 203) ganz einfach beantragen, die Ausstellung dauert drei Tage, wenn man 60 Dollar investieren möchte und nur drei Stunden, wenn man noch einmal 40 Dollar Expresszuschlag bezahlt. Man sollte aber unbedingt darauf achten, dass man ein Doppelvisum für Tadschikistan hat, wenn man nach der Stippvisite im Nachbarland wieder hierher zurückkommen möchte. Wenn man mit dem eigenen Auto nach Afghanistan fahren will, benötigt man eine Extra-Genehmigung, die man mit dem Visum beantragt und bezahlt noch einmal 100 Dollar (Regelungen 2015). Beim Zoll muss man eine weitere Gebühr bezahlen und unbedingt darauf achten, dass einem die Genehmigung nicht abgenommen wird, da man diese bei der Ausreise noch einmal benötigt.

Wer zum Pamir will, hat die Qual der Wahl. Wenn man hier wandern oder bergsteigen möchte, wird man wahrscheinlich eines der Gebirgstäler im Westpamir (→ S. 261) anvisieren, die fast alle ›Sackgassen‹ sind, es sei denn, man

Blick vom Karakul-See auf die höchsten Pamirgipfel

▲ Karte S. 165

ist Bergsteiger. Oder man sucht sich die entlegenen Hochebenen des Ostpamirs (→ S. 245) aus, die zwar nicht so schroff sind, dafür aber ideal geeignet für einen Besuch bei den Hirten auf den Hochweiden und für Tierbeobachtungen. Viele wollen einfach nur einmal ›quer durch‹, sprich über den **Pamir Highway** fahren und dabei so viel wie möglich sehen.

Was man auch sehen will – vorerst gibt es eine durchgehende Strecke mit vier Varianten auf beziehungsweise über den tadschikischen Pamir. Eine beginnt in Osh in Kirgistan, zwei in Duschanbe, und seit 2017 darf man auch von China aus einreisen. Alle sind umwerfend schön, die Auswahl ist nicht leicht.

Von Osh über den Alai in den Pamir

Wer eine Kirgistan-Reise mit dem Besuch des Pamir verbinden möchte und weiß, dass er einen stabilen Kreislauf hat und nicht an Höhenkrankheit leidet, kann von Osh im kirgisischen Fergana-Tal anreisen. Osh wird von ›Turkish Airlines‹ und einigen kirgisischen Fluglinien angeflogen, viele kommen aber auch mit dem Auto von Bischkek hierher und statten unterwegs noch dem Issyk-Kul einen Besuch ab.

Osh liegt auf 1000 Meter Höhe. Von hier aus geht es in der ersten Tagesetappe über **Kulja** (Kuldzha) und das Alai-Gebirge (**Taldyk-Pass**, 3589 m) nach **Sarytash** oder **Sarymogol** in der Alai-Ebene (3150 m). Am nächsten Tag fährt man dann über den **Kyzyl-Art-Pass** (4336 m), um auf 3920 Metern am Karakul zu übernachten – spätestens hier spürt man die dünne Luft. Diese Anreise ist reizvoll vor allem wegen des Blickes, den man bei gutem Wetter vom Alai-Tal auf die mächtige Bergkette des Trans-Alai mit dem Peak Abuali ibn Sino (früher Peak Lenin) hat. Sie ist nicht zu empfehlen für

Flug zum Dach der Welt

Personen mit Kreislaufproblemen. Bei den beiden tadschikischen Anreisevarianten gewinnt man allmählich an Höhe und überwindet die 3500 Meter Höhenunterschied zwischen Hauptstadt und Pamir-Hochebene wahlweise in drei bis sieben Tagen; das ist besser verträglich.

Der Link zum Karakorum-Highway

Abenteurer können seit Herbst 2017 vom Karakorum-Highway und dem chinesischen Grenzort Tashkurgan über den Kulma-Pass den Pamir erklimmen. Bisher leidet diese Variante noch unter einem katastrophal schlechten Trassenabschnitt zwischen der chinesisch-tadschikischen Grenze und Murghob. Aber die chinesische Initiative ›One Belt, One Road‹ wird dazu führen, dass dieses Problem bis 2020 aus der Welt geschafft ist. Viele möge das bedauern, aber es wird zum Anschluss Tadschikistans an die Welt mehr beitragen als alle anderen Hilfsprojekte zuvor.

Von Duschanbe auf das Dach der Welt

Die tadschikischen Varianten der Anreise beginnen beide in Duschanbe auf 780 Metern Höhe und führen auf verschiedenen Trassen nach **Qala-i Khumb** (Kalai Khum, 1295 m) und von hier nach **Khorugh** (2070 m). Hier trennen sie sich. Die kürzere, auch von den Trucks befahrene Straße führt das Ghund- und Toghuzbulak-Tal hinauf über **Alichur** (3860 m) nach **Murghob** (3630 m) und von dort nach **Karakul** (3920 m) und hinab ins kirgisische Alai-Tal. Die andere führt von Khorugh nach Süden, immer an der afghanischen Grenze und am wilden Grenzfluss Panj entlang bis **Langar** (2800 m), zum Zusammenfluss von Wakhan und Pamir, dem eigentlichen ›Geburtsort‹ des Panj. Ab Langar geht es im Tal des Pamir hinauf bis zu einem einsamen Grenzposten und von hier über den **Khargush-Pass** auf das Dach der Welt – bei **Alichur** treffen sich die beiden Straßen wieder. Die **Wakhan-Straße** ist deutlich weniger befahren; bei Touristen ist sie eben aus diesem Grund und wegen der unvergleichlichen Aussicht auf den Hindukusch beliebt.

Südliche Strecke von Duschanbe in den Pamir

Von Duschanbe nach Qala-i Khumb gibt es zwei Anreisevarianten, beide sind gleichermaßen spektakulär. Die 80 Kilometer längere südliche Standardstrecke ist größtenteils gut ausgebaut. Sie führt am Stausee von **Norak** (→ S. 154) vorbei und dann über **Kulob** (→ S. 396), durch schroffe Canyons zum Panj, dann am wasserreichen, tobenden Fluss aufwärts bis Qala-i Khumb. Die Marshrutkas und Taxis nehmen meistens diese Strecke, man braucht für sie nur einen (langen) Tag.

Wenn man Zeit und ein eigenes Transportmittel hat, kann man etwa zehn Kilometer südlich vom Dorf **Zighar** am Panj einen Halt einlegen. Ayub Mulloyorov hat hier ein Gästehaus. Seine Familie hat ein Schutzgebiet für die gefährdeten, imposanten Schraubenziegen

▲ Karte S. 165

Blick auf den Trans-Alai vom Alai-Tal in Kirgistan

(Markhore) eingerichtet und kann eine Führung anbieten, bei der man eine eindrucksvolle Berglandschaft zu sehen bekommt, und mit etwas Glück neben den Markhoren auch Bären und sogar Schneeleoparden beobachten kann (Tel. +992/90/7753975, m-sayod@mail.ru). Ein ähnliches Schutzgebiet wird von einigen Familien in den Hazratishoh-Bergen östlich von Shuroobod betrieben, Hakim Abdulkhaev aus Anjirob (Tel. +992/98/8356179, +992/90/0605757; +992/98/7937373, hakim.abdulkhaev@mail.ru.) und Said-ali Nazarov aus Khirmanjo (Tel. +992/93/3204967) können hier führen, auch sie haben jeweils ein Gästehaus.

Weitere Gästehäuser auf dem südlichen Anreiseweg nach Qala-i Khumb:
Yoged: Langarsho Musamir, Tel. +992/98/8293808, +992/98/8136090; Qalandarsho Dodarjonov (›Kalandom‹), Tel. +992/98/5392021.
Togmai: Ibronov Dilshod, Tel. +992/93/3530940, +992/90/0504541.
Khostav: Azizkhon Aslamov.

Nördliche Strecke von Duschanbe in den Pamir

Die andere, nördliche Strecke über **Ob-i Garm** und **Tavildara**, an den nicht minder wilden Flüssen Vakhsh und seinem Zufluss Khingob entlang und über den **Khoburobot-Pass**, ist wenig befahren und eignet sich besser für die gemächliche Anreise. Für diese Tour sollte man besser zwei Tage einplanen. Die Straßen sind eine größere Herausforderung, es geht über einen hohen Pass und beeindruk-kende Serpentinen, die man aus Gründen der Sicherheit und Aussicht langsam befahren sollte. Für die Übernachtung unterwegs fasst man am besten Tavildara am Fluss Khingob oder Qala-i Khumb ins Auge. Mit dieser Anfahrt beginnen wir die Beschreibung der Reise zum Dach der Welt.

Von Duschanbe nach Qala-i Khumb

Man verlässt Duschanbe in Richtung Osten. Am Flughafen vorbei geht es nach **Vahdat**, bis hierher spürt man das hauptstädtische Ballungsgebiet, das man in Europa Speckgürtel nennen würde. Hier jedoch ist es eher ärmlich. Viele, die in den Bergen keine Arbeit finden, versuchen in der Nähe der Hauptstadt ihr Glück. In den Dörfern zwischen Vahdat und **Faizobod** wird Landwirtschaft betrieben, besonders fallen die Weinberge an den hier noch flachen Hängen auf.

Roghun

Der Asphalt reicht genau bis zum Tal des Flusses Vakhsh. Ab hier wird gerumpelt. Diese Straße wird niemals asphaltiert werden. Sie ist dem Tod durch Ertrinken geweiht, ebenso wie der kleine Kurort Ob-i Garm mit seinen Heilquellen und dutzende Dörfer talaufwärts am Vakhsh. Der höchste Staudamm der Welt wird seit den 1980er Jahren in Roghun bei Ob-i Garm gebaut, über 350 Meter hoch soll er werden. Das angestaute Wasser soll ein Kraftwerk von 3600 Megawatt antreiben. Wenn das Wasser im neuen Stausee steigt, wird alles hinter dem Staudamm allmählich in den Fluten versinken. Zwischenzeitlich gab es einen Baustopp wegen Finanzierungsproblemen und des anhaltenden Konflikts um die Wasserressourcen, die das flussabwärts gelegene Usbekistan für seine Landwirtschaft braucht. Im Falle der Flutung des Megasees würde, so die Usbeken, für die fünf bis sechs Jahre des Auffüllens des Stausees bedeutend weniger Wasser in den dortigen Megakanälen ankommen, und vor allem die Baumwolle stünde in Frage. Die Tadschiken hingegen bestehen auf dem Stauprojekt, bei dem sie nur den ihnen vertraglich zustehenden Anteil des Wassers nutzen würden. Die Weltbank, eingeschaltet als Schiedsrichter, finanzierte eine Machbarkeitsstudie, die im September 2014 fertiggestellt wurde und verkündete, das Projekt sei

Weinberge bei Faizobod

auch außenpolitisch verträglich, wenn Usbekistan und Kasachstan vertraglich in die Finanzierung und Realisierung eingebunden würden. Das Problem ist damit zwar nicht verschwunden, aber es wird weitergebaut, Präsident Rahmon selbst soll 2016 symbolisch die Baggerschaufel hier geschwenkt haben. Man kann einen Blick auf die entfernte Baustelle werfen, wenn man etwa zehn Kilometer hinter Ob-i Garm kurz vor der Linkskurve ins Vakhsh-Tal hält und an Ob-i Garm vorbei zum Ende des breiten Tales schaut. Noch ist das riesige natürliche Becken hinter der Staumauer leer, an seinem Grund tobt der Vakhsh. Die Flutung kann theoretisch 2019 beginnen.

Tadschikistan will Strom exportieren und riskiert dafür viel. Die usbekische Baumwolle ist ein äußeres Problem, wenn auch ein ernstes. Die 30 000 Familien des Rasht-Tals (Gharm-Tal), denen der See die Heimat nehmen wird, sind ein gewaltiges inneres Problem. Wohin mit diesen vielen Menschen? Die Ebene um Duschanbe ist auch ohne sie schon sehr dicht bevölkert. Konflikte sind vorprogrammiert.

Der Vakhsh bis Tegirmi

Noch führt die Straße hier entlang – immer am reißenden Vakhsh flussaufwärts. Hängebrücken schwingen sich kühn über die wilden Wasser, die einen nur für Fußgänger und Esel, die anderen auch für PKWs und sogar Kleinbusse.

Die Fahrt am Fluss entlang bietet abwechslungsreiche Perspektiven. Mal drängt sich das Wasser brüllend durch eine enge Felsenschlucht, mal breitet sich der Fluss ruhig in einer großen Ebene aus. Hier ist auch Platz für Dörfer, und Reisende kommen in einer der Choykhonas wieder zu Kräften. In **Chorzada** gibt es eine ganze Auswahl davon, mehrere Gerichte sind im Angebot, die Tapchane sind immer gut besetzt, vor allem Fahrer essen hier gern.

▲ Karte S. 165

Gut essen kann man jedoch auch ein paar Dörfer weiter in der einzigen Choykhona von **Nurobod**, das etwas seitab von der Hauptstraße liegt. Es gibt nur einen Tapchan und auch nur ein Gericht – aber das ist gut und preiswert und die Gastgeber sind sehr freundlich.

Bei **Tegirmi** am Eingang ins Rasht-Tal versperrt ein Militärposten die Straße. Hier muss man seine Papiere zeigen und darf weiterfahren – links geht es ins Rasht-Tal (→ S. 156) und rechts über den Fluss ins Tal des Khingob.

Tavildara

Auch der Khingob ist, obwohl nur ein Zufluss des Vakhsh, zur Hauptreisezeit im Sommer sehr wasserreich. Kein Wunder, trägt er doch das Wasser der westlichen Gletscher des Gebirgsmassivs Peak Somoni/Peak Garmo/Peak Moskva. Die Serpentinen der Straße bis Tavildara folgen dem Lauf des Flusses, der sich

Blick ins Staubecken in Roghun

Hängebrücke über den Vakhsh

hier und da tief ins Gestein gegraben hat. Bei **Kaftarguzar** sollte man einen Halt einlegen und sich die beeindruckenden, senkrecht gestellten und deformierten Gesteinsschichten an der hoch aufragenden Felswand am jenseitigen Flussufer ansehen. Auch das grüne Dorf mit seinen Flechtzäunen ist einen Blick wert.

An der Stelle, an der der Khingob sein Wasser in einem geräumigen Tal ausbreitet, liegt am anderen Ufer am Fuße einer weithin sichtbaren Felsformation der Ort **Tavildara**, ein Ort wie eine Filmkulisse. Im kommunalen Hotel (Gästehaus des Hukumats, erkennbar am Portrait des Präsidenten und an vielen Fahnen vor dem Haus) in der Ortsmitte kann man preiswert übernachten. Man sollte nicht zu viel erwarten, der Zustand von Bad, WC und Küche entspricht bei weitem nicht den westlichen Hygienevorstellungen. Aber die Betten sind in Ordnung, und es ist warm und trocken. Im Gärtchen vor dem Haus kann man auf Plastikstühlen sitzen und die Kulisse auf sich einwirken lassen.

Das Tor nach Gorno-Badakhshan

Für die nächste Etappe bis zum Pamir Highway nach Qala-i Khumb plant man am besten einen ganzen Tag ein, obwohl es nur 100 Kilometer sind. Wartezeiten und viele Fotostopps sind garantiert.

Nach dem Verlassen von Tavildara über die breite Hängebrücke folgt man dem Khingob noch reichlich zehn Kilometer bis zur Brücke vor dem Ort **Hur**. Hier geht es wieder über den Fluss. Auf dem anderen Ufer befindet sich der Grenzposten für den Eintritt ins Autonome Gebiet Gorno-Badakhshan. Man sollte alle Dokumente griffbereit haben (Pässe mit Visa und Sondergenehmigung für das Gebiet GBAO, Fahrzeugpapiere, eine Liste der Teilnehmer und die geplante Strecke) und ein bisschen Wartezeit einplanen. Hin und wieder erwarten die Posten etwas zusätzliche Motivierung; man sollte sich hier jedoch am Ehrenkodex des freilich besser bezahlten mitteleuropäischen Beamten orientieren und keinesfalls auf Bestechungswünsche eingehen. Sinnvoll ist es, ein paar Kopien von Pass, Visa und GBAO-Genehmigung dabei zu haben. Die lässt man bei den Beamten und spart sehr viel Zeit, da das Abschreiben der Daten ins Registrierungsbuch erst später erfolgen kann.

Hat man es geschafft, darf man aufatmen – es steht eine wunderbare, aussichtsreiche Strecke bis Qala-i Khumb bevor.

Khoburobot-Pass

Die Straße ist nicht gut, aber erträglich. Sie wird jedes Jahr zum Beginn der Saison planiert. Nach ausgiebigen Regenfällen kann besonders der Anstieg vor Pastirog verschlammt sein, Allradantrieb und gute Fahrkünste sind hilfreich. Wunderbare Aussichten hat man in **Qala-i Husein**, dem ersten Dorf auf der Strecke, dann oberhalb des Weilers **Pastirog** und schließlich auf dem 3252 Meter hohen Pass (auch **Sagirdasht-Pass** genannt). Bei gutem Wetter kann man von hier die höchsten Gipfel des Pamir im Nordosten sehen. Eine weitere Sehenswürdigkeit auf dem Pass ist eine der höchsten Bushaltestellen der Welt, ein denkwürdiges Überbleibsel aus sowjetischen Zeiten. Man sollte sich nicht weiter als fünf Meter von ihr entfernen, das Gelände war während des Bürgerkrieges heftig umkämpft und ist laut Warnschild noch nicht vollständig entmint.

Im Dorf Kaftargusar

▲ Karte S. 165

Hinter dem Pass beginnt eine spektakuläre Abfahrt durch Schluchten, über Serpentinen, an Abgründen entlang. Personen mit schwachen Nerven sitzen besser links. Die Piste erreicht das **Tal des Flusses Khumbob** und ist ab hier wieder asphaltiert. Der Fluss unterscheidet sich von Vakhsh und Khingob durch sein glasklares Wasser – es ist ein Quellfluss. Er begleitet die Reisenden durch das schöne Tal bis Qala-i Khumb, die ›Stadt am Khumb‹. Hier wird sein klarblaues Wasser buchstäblich vom Panj verschluckt, man sieht noch einen schmalen Streifen Blau im Schmutzigbraun – dann ist er weg.

Qala-i Khumb

Diesem Städtchen werden normalerweise nur wenige Worte gewidmet. Dabei liegt es malerisch an der Einmündung des Khumbob in den Panj, zieht sich, an die steilen Felshänge geschmiegt, an beiden Flüssen entlang. Die Mündung ist unbedingt sehenswert, man kann über einen kleinen Schleichweg hinlaufen: Hinter der Straßenbrücke über den Khumbob führt eine winzige Straße in Richtung Panj, diese wird nach 50 Metern zum schmalen Gässchen zwischen Häusern und Gärten, deren Steinmäuerchen an der Flussseite mit allen nur denkbaren Metallteilen wie Schüsseln, Wannen sowie Autoreifen verstärkt sind. Man geht etwa 200 Meter und steht plötzlich am Wasser, mit einem Rundumblick auf Khumbob, Panj, das Städtchen, die Berge und das gegenüberliegende Ufer, das schon zu Afghanistan gehört. Nur reichlich 100 Meter Wasser trennen beide Länder.

Mädchen in Qala-i Khumb

Wenn man über den Pass Khoburobot gekommen ist, richtet man hier seinen Blick zum ersten Mal auf Afghanistan. Man wird ihn mehrere Tage lang nicht abwenden können. Zu interessant und fremdartig ist das, was man auf der anderen Seite beobachten kann. Es gibt kaum Autos – Fortbewegungsmittel sind Mopeds und Esel. Auf diesen Vehikeln sitzen bis zu drei Personen, auch Wesen in langen, wallenden Burkas. Schulen unter freiem Himmel, winkende Kinder, Frauen, die auf den Dächern ihrer Häuser Aprikosen zum Trocknen ausbreiten – manchmal auch ohne Burka. Und die kunstvollen, mit Mäuerchen eingefassten Felder, die sich bis in schwindelerregende Höhen die steilen Hänge hinaufziehen. Diesseits und jenseits des Flusses leben sehr arbeitssame Menschen.

Qala-i Khumb

Gästehaus von Bahrom Sangakov (›Labi Daryo‹), östlich der Straßenbrücke über den Khumbob gleich rechts in der Gasse, Tel. +992/93/4102750, +992/93/8307210. Terrasse mit Flussblick. 12 Personen können unter Weinlaub auf dem Tapchan im Hof schlafen oder in den Zimmerchen der Galerie. Auch das Haus des Nachbarn **Rahmiddin (Roma) Juraev** ist für Gäste geöffnet, Tel. +992/93/4712117.

Khudo Rahmati, Tel. +992/93/5016943, **Madad Nazriev**, Tel. +992/93/5144442, **Bahriddin Surkho**, Tel. +992/93/5392525, +992/93/4712117, **Yusuf Karimov** (›Gilonbibi‹), Tel. +992/93/5303096, +992/91/5751187

Unerwartet edel für diesen Ort: **Karon Palace Hotel**, Shohmansur 25, Tel. +992/44640/4600, +992/90/5110066, www.karon-palace.com; ÜN 140 Dollar.

Darvoz Welcome Center des MSDSP (Gästehaus der Aga-Khan-Stiftung), im Ortsteil Dashtak, links, wenn man auf der Südroute kommt, Tel. +992/93/1019104, pamirexpress@gmail.com; ÜN+F 20 US-Dollar. Sauber und freundlich, Kantine ist vorhanden. Der Manager Maston spricht Englisch.

Ein **kleines Hotel** gibt es auch direkt über dem Supermarkt an der Hauptstraße.

Die **Restaurants neben der Brücke** direkt am Fluss sind bei Fernfahrern wie Touristen gleichermaßen beliebt. Hühnchengerichte vermeiden.

Etwa 100 Meter hinter der Brücke über den Khumbob gibt es rechter Hand einen **Supermarkt** sowie mehrere kleine Geschäfte.

Der Pamir

Von Qala-i Khumb nach Khorugh

Diese Etappe müsste eigentlich ›Panj-Tag‹ heißen. Egal, mit welchem Fahrzeug man sie absolviert, man wird abends, wenn man die Augen schließt, eines sehen: den Panj.

Die Straße führt ununterbrochen am Fluss entlang – der von Mitte Mai bis Mitte September bedrohlich wasserreich und schnell dahinschießt. Links und rechts von dem tobenden Gewässer steigen die Felswände empor, oft mehrere hundert Meter hoch, bisweilen fast senkrecht. Nur manchmal treten sie etwas zurück, vor allem an Stellen, an denen andere Flüsse einmünden. Hier trifft man auf Schwemmkegel, auf denen die Pamiri ihre Dörfer gebaut und ihre Felder angelegt haben, winzig erscheinend vor dem Hintergrund der alles dominierenden, großartigen Berglandschaft. Im Herbst hat der Fluss deutlich weniger Wasser, im Winter ist er regelrecht zahm. Im Hochsommer aber stürzen bis zu 1000 Kubikmeter Wasser pro Sekunde den Panj hinab! Zumindest ist das die Abflussmenge, kurz bevor der nicht ganz so wasserreiche Vakhsh in ihn mündet und sie gemeinsam als Amudarya den Weg fortsetzen. Für die 240 Kilometer von Qala-i Khumb bis Khorugh sollte man acht Stunden planen. Bei Gegenverkehr muss man ausweichen – was angesichts des Flusses auf der einen und der Felswände auf der anderen Seite Behutsamkeit und Zeit erfordert. Auch wird man sich nur schwerlich den einen oder anderen Fotostopp versagen können. Straßenposten an den Einmündungen von Vanj und Bartang kosten auch etwas Zeit, und schließlich kann man unterwegs eine Mittagspause einlegen, zum Beispiel in der Choykhona von **Lahsh**, an einem belebten Platz mit Tankstelle und Werkstatt, oder zwischen Deh und Voznavd im Lokal am Wasserfall.

▲ Karte S. 165

Porshinev

Der Ort Porshinev, etwa zwölf Kilometer vor Khorugh, hat bei den Ismailiten eine besondere Bedeutung. Hier, im Ortsteil Vozm (Oberdorf), befindet sich die heilige Quelle **Pir Shoh Nosir Chashma** für den geistigen Lehrer Shoh Nosir, den persischen Missionar, Poeten, Philosophen und Wahrsager Nosir Khusraw, der im 11. Jahrhundert nach Shughnon kam, das Ismailitentum hierher gebracht haben soll und im benachbarten Yumgon, heute Afghanistan, starb. In Porshinev lassen sich traditionell die ismailitischen Lehrer aus dem Iran nieder. Ein sehr schönes **Grabmal für den geistigen Lehrer Saidfarukhsho** gibt es auch im Ort. In dem kleinen Schrein kann man an der Holzdecke ein wunderschönes Beispiel islamischer Kalligrafie studieren, angefertigt vom hier ansässigen Kalligrafen Shozodamukhamad. Auch eine kleine **Juwelierwerkstatt** befindet sich im Ortsteil Vozm, in der Halbedelsteine aus den umliegenden Bergen verarbeitet werden: Lapislazuli, Obsidian, Karneol, Bergkristall, Amazonit und andere. Früher haben in den nun leerstehenden Hallen 150 Arbeiterinnen in drei Schichten gearbeitet, inzwischen sind nur noch acht Personen in einer Baracke beschäftigt. Man kann den Frauen bei ihrer Arbeit zuschauen und ihre Erzeugnisse günstig erwerben (Kontakt: Madnazar, +992/93/ 4500896).

Zwischen Qala-i Khumb und Khorugh

Deh: Anifa Nekqadamova, Tel. +992/88/ 0881968.

Voznavd: Rahmatnazar Imomnazar, Tel. +992/90/0040666, +992/90/4021439.

Vamd: Hostel Shohnosir, Tel. +992/90/ 9194032; Mamadnazar Davlatenov, Tel. +992/90/0556233, +992/90/0048322.

Vomar (Rushan): Davlatqadam Muborakqadam, Tel. +992/93/4052302, +992/93/5551177.

Khorugh

Wenn man Khorugh (Khorug, Chorog) im Internet sucht, findet man fast nur militärische Ereignisse und Anlässe. Schon der Gründung des Ortes am Ende des 19. Jahrhunderts lagen militärische Erwägungen zugrunde – das Great Game von Russland und Großbritannien führte zur Befestigung der Grenzen beider Einflusszonen. Und hier, an der Mündung des Shohdara in den Ghund und, wenige Kilometer westwärts, des Ghund in den Panj, war die strategische Lage günstig. Reichlich 100 Jahre später, 1996, wurde in Khorugh ein Truppenstützpunkt für Soldaten aus Russland und Kasachstan eingerichtet, um, so die offizielle Begründung, die Grenze zu Afghanistan zu sichern. Aber sicher hat auch das Bestreben eine Rolle gespielt, den tadschikischen Bürgerkrieg unter Kontrolle zu bekommen. Im Sommer 2012 wurde Khorugh durch Regierungstruppen beschossen, es gab Gefechte zwischen jenen und Oppositionellen. Anlass war die Ermordung des Generals Abdullo Nazarov am Stadtrand von Khorugh. Für dessen Tod wurde der Kommandeur der Grenztruppen in Ishkoshim verantwortlich gemacht. Hintergrund war offenbar ein Bandenkrieg im Drogengeschäft. Die Gefechte forderten zahlreiche Menschenleben und dauerten mehrere Tage. Erst nach zwei Monaten konnte endgültig Ruhe einziehen. Kenner behaupten, dass die Militärintervention in Khorugh gegen die Oppositionellen langfristig geplant war und die Opposition in Gorno-Badakhshan einzuschüchtern und unter Kontrolle bringen sollte. Im Mai 2014 gab es in der Stadt weitere Zwischenfälle mit Brandanschlägen auf staatliche Gebäude und einigen Toten (→ S. 61). Inzwischen ist die Zentralregierung jedoch bemüht, Khorugh ein besseres Image zu geben, was sich in reger Abriss- und Bautätigkeit äußert. Der Abriss vieler alter Gebäude zwischen Hauptstraße und Ghund macht Platz für ambitionierte Bauten wie ein neues Theater an der Kreuzung Lenin/Toshmuhamedov, die Anzahl der Präsi-

Blick vom Botanischen Garten auf Khorugh

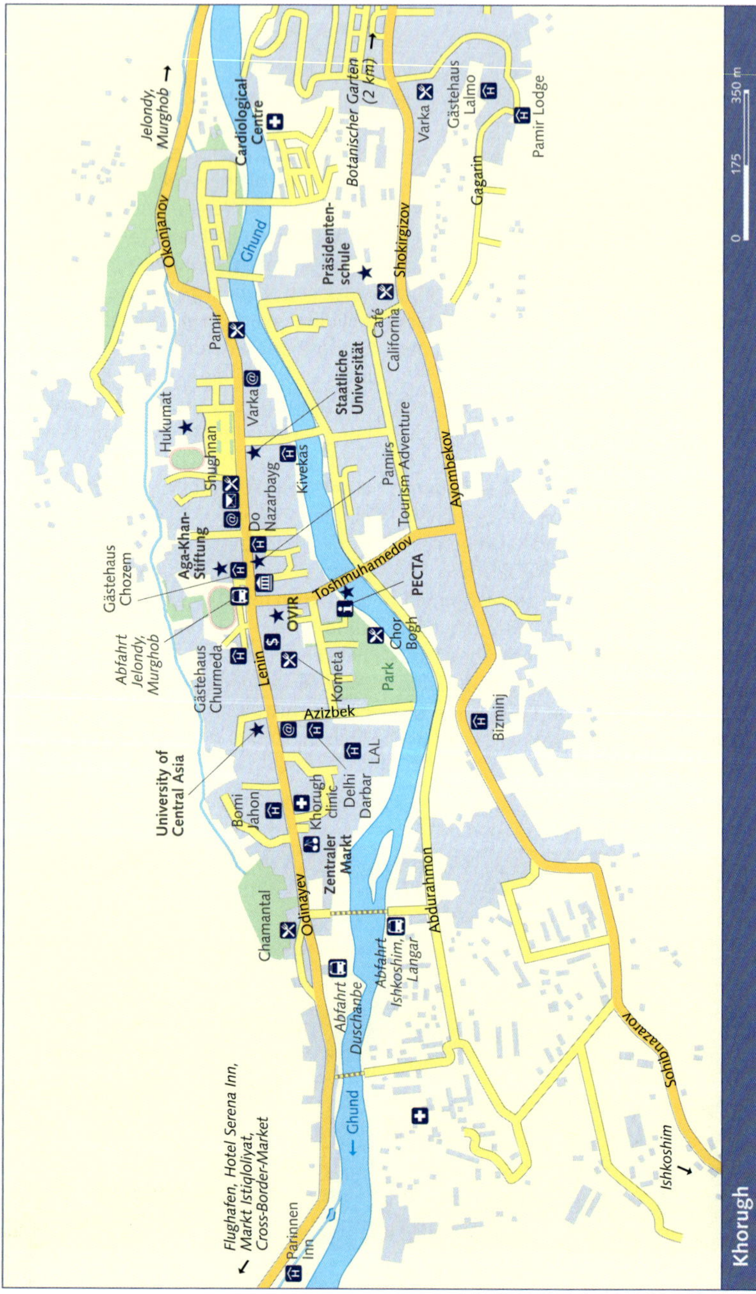
Khorugh
Jelondy, Murghob
Cardiological Centre
Botanischer Garten (2 km)
Varka
Gästehaus Lalmo
Pamir Lodge
Okonjanov
Ghund
Präsidentenschule
Shokirgizov
Gagarin
0
175
350 m
Pamir
Café California
Staatliche Universität
Varka
Hukumat
Shughnan
Kivekas
Do Nazarbayg
Pamirs Tourism Adventure
Ayombekov
Aga-Khan-Stiftung
Gästehaus Chozem
Toshmuhamedov
PECTA
OVIR
Abfahrt Jelondy, Murghob
Chor Bogh
Gästehaus Churmeda
Lenin
Kometa
Park
Azizbek
University of Central Asia
Bizminj
LAL
Delhi Darbar
Khorugh clinic
Bomi Jahon
Zentraler Markt
Abdurahmon
Odinayev
Chamantal
Abfahrt Ishkoshim, Langar
Abfahrt Duschanbe
Sohibnazarov
Ghund
Flughafen, Hotel Serena Inn, Markt Istiqloliyat, Cross-Border-Market
Parinnen Inn
Ishkoshim

dentenportraits und -Zitate im Straßenbild wird kontinuierlich erhöht.
Khorugh ist seit 1925 die Hauptstadt des Autonomen Gebietes Gorno-Badakhshan (GBAO). Es ist eine kleine Hauptstadt, hier leben nur etwa 30 000 Einwohner, Tendenz steigend. Wie es sich für die Hauptstadt eines Autonomen Gebietes gehört, ist hier einiges anders. Neben den allgegenwärtigen Präsidentenportraits fällt auch ein anderer Mann ins Auge, zwar nicht mit Portraits, aber in Gestalt von Losungen, Begrüßungs- und Gratulationssprüchen, die die Badakhshaner ihm gewidmet haben: der Aga Khan, das Oberhaupt der Ismailiten und aus deren Sicht rechtmäßiger und direkter Nachfolger des Propheten Mohammed. Ohne diesen Mann hätten die Menschen im Pamir die schweren Jahre des Bürgerkrieges kaum überlebt. Ein Großteil der Wirtschaft im Pamir verdankt dem schwerreichen Wohltäter und seinem Entwicklungsnetzwerk seine Existenz, und zwar nicht in Gestalt von Finanzspritzen, sondern als nachhaltige Investitionen in Bildung und Infrastruktur. Die Aga-Khan-Stiftung mit ihrem Netzwerk von Unterorganisationen und Initiativen (MSDSP, www.akdn.org/rural_development/tajikistan.asp) kann als größter Arbeitgeber in der nicht gerade vor Wohlstand strotzenden Stadt gelten (→ S. 186).
Die Anwesenheit der Stiftung und anderer Projekte der Entwicklungszusammenarbeit hat dazu geführt, dass es in Khorugh relativ viele Ausländer gibt, die hier arbeiten. Wenn man den Austausch mit diesen sogenannten Expats sucht, braucht man sich abends nur auf die schöne Terrasse des Restaurants **Choykhona Chor Bogh** am Ghund setzen. Hier treffen sich alle – Expats, Touristen, ein paar Musiker – und genießen bei gutem Essen die lauen Sommerabende am Fluss.

Khorugh ist eine Drehscheibe für Handel und Tourismus. Die chinesischen Trucks, die vom Pamir Highway herunterkommen, laden einen Teil ihrer Fracht hier aus. Auch aus Afghanistan kommt Ware, denn in Khorugh führt eine Brücke über den Panj. Einmal pro Woche gibt es an der Brücke im Vorort Tem den sogenannten **Cross-Border-market**, auch salopp Afghanen-Markt genannt.
Auch fast alle Touristen, die in den Pamir wollen, sei es nun direkt oder über den Wakhan-›Umweg‹, kommen hier durch. Sie bleiben wenigstens eine Nacht, und so verfügt Khorugh auch über einige passable Hotels, Gästehäuser und Restaurants. Der Tourismus ist ebenfalls vom Aga Khan und seinem Netzwerk geprägt. Es gibt ein Hotel der Aga-Khan-Stiftung, die University of Central Asia (mit einem Schwerpunkt unter anderem auf Tourismus) und ihr Campus sind fast fertig, und auch PECTA, die Pamir Eco-Cultural Tourism Association, agiert mit Unterstützung des MSDSP (Mountain Societies Development Support Programme) des Aga-Khan-Netzwerks (AKN) zur Unterstützung der ländlichen Entwicklung in entlegenen Bergregionen. PECTA unterhält ein gutes, freundliches **Informationszentrum** im Stadtpark in einem neuen dreigeschossigen Haus, dem **Pamir Tourism Welcome Center**, das auch einen ergiebigen **Souvenirladen** eines lokalen Handwerkervereins beherbergt.
Seit 2008 findet in Khorugh jährlich Ende Juli das ›**Roof of the World**‹**-Festival** statt (→ S. 87), organisiert und gesponsert von hier ansässigen Hilfsorganisationen.

Sehenswertes

Khorugh liegt 2070 bis 2300 Meter hoch an den Hängen am linken und rechten Ufer des Ghund, der westlich von der Stadt an der afghanischen Gren-

Auf dem Afghanenmarkt in Khorug

ze in den Panj mündet. Umgeben ist die Stadt von hohen, kahlen Bergen bis über 5000 Meter Höhe. Am Ostrand des Ortes, auf 2320 Meter Höhe, liegt der zweithöchste **Botanische Garten** der Welt, auf den die Stadt zu Recht stolz ist. Er wurde bereits im Jahr 1940 gegründet und nennt eine Sammlung von 3200 Arten von Bäumen, Sträuchern und Heilpflanzen sein eigen. Ein Besuch hier oben vermittelt zwar den Eindruck, dass der Garten seine besten Zeiten schon hinter sich hat und sich immer mehr in einen Privatpark für die mitten in ihm gelegene Villa eines hohen Würdenträgers verwandelt, aber immer noch beeindruckt die von den wenigen Mitarbeitern gepflegte umfangreiche Pflanzensammlung, und die Sicht auf Khorugh und die umgebenden Berge ist sehr schön (Anfahrt: Richtung Shohdara-Tal, etwa einen Kilometer hinter der ersten Brücke über den Shohdara links die Serpentinen hoch, Eintritt 15 Somoni). Sehens- und begehenswert ist der schattige, gepflegte und gern besuchte **Park** mit hohen Bäumen im Zentrum des Ortes. Das alte Heimatkundemuseum an der Lenin/Toshmuhamedov wurde trotz Denkmalschutz abgerissen. Die Sammlung mit 11 000 Exponaten befindet sich jetzt in der oberen Etage des alten Theaters neben dem Park, hier ist viel zu wenig Platz – und so kann der Besucher nur einen Bruchteil der sehenswerten Ausstellungsstücke zusammengepfercht im alten Ballettsaal betrachten (Tel. der Leiterin Davlatmo Sohibnazarova +992/93/5164747).

Den **Markt** sollte man sich auch nicht entgehen lassen – nicht zuletzt, um die Vorräte für die Weiterreise auf den Pamir aufzufüllen, denn ab hier ist die Versorgungslage nicht mehr so üppig. Die Markthalle ist gepflegt und durchaus sehenswert. Man kann sich hier noch mit frischem Obst und Gemüse, Käse und Wurst bevorraten. Pamirsocken gibt es zum Herstellerpreis. Ansonsten scheint der Basar mit seinen düsteren, schmutzigen Rändern ein Auffangbecken für Gescheiterte und Geschäftstüchtige gleichermaßen – lange mag man hier nicht verweilen.

i Khorugh

Vorwahl: +992/(8)3522.

Touristen-Information, Davronov 10e, Tel. +992/93/4425555, info@pecta.tj, www.visitpamirs.com; Mai–Sept. tägl. 8–18 Uhr. Khorugh ist die Stadt in Tadschikistan mit dem besten Touristen-Informationszentrum. Es wird von PECTA betrieben und befindet sich in der ersten Etage eines dreistöckigen neuen Hauses am Ostende des schönen Stadtparks. Bis dahin gibt es ein Behelfsbüro am westlichen Ende des Parks. Bereits auf den Internetseiten ist ersichtlich, was man hier alles erwarten kann: Kompetente Beratung in allen Reisefragen im Pamir, ein gutes Netzwerk

▶ Karte S. 200

von zuverlässigen Partnern, Hilfe bei der Organisation und Buchung von Touren und Übernachtungen, bei der Beschaffung von Visa und Genehmigungen, Verleih von Zelten und Ausrüstung, Infomaterial (Broschüren, Karten, Stadtplan), Postkarten und Briefmarken, Café, Internet, Waschservice - und immer ein gutes Wort in verständlichem Englisch.

American Culture Space, Lenin 53. Begegnungsstätte mit Computer und Internet zur Nutzung für jedermann.

Afghanisches Konsulat, 10 Min. vom Zentrum an der Straße zum Botanischen Garten, Shokirgizova 87/1, Tel. 25694. Für Visa-Beantragung ist persönliches Erscheinen notwendig.

Nach Khorugh existiert eine unregelmäßige Flugverbindung per Kleinflugzeug und Hubschrauber von Duschanbe. Die Flugzeuge fliegen nur bei hundertprozentig guter Sicht und stabilen Prognosen sowie guter Auslastung und können auch ganz kurzfristig wieder abgesagt werden - an den Erfolg des Fluges glauben sollte man erst, wenn man wirklich im Flugzeug drin sitzt (oder besser, heil wieder gelandet ist). Am besten ein bis zwei Tage vor dem Abflugdatum einen Platz reservieren lassen. Dazu muss man im **Ticketoffice am Flughafen** eine Kopie des Reisepasses abgeben und sich in eine Liste eintragen. Tickets werden meist erst am Abflugtag selbst ausgegeben. Sollte der Flug an den vorangehenden Tagen ausgefallen sein, so kann es allerdings passieren, dass man auf der Warteliste wieder weiter nach hinten rückt und erst einige Tage später zu seinem Ticket kommt. Wenn bereits bezahlt und ein Ticket erworben wurde, der Flug aber dann kurzfristig doch ausfällt und man nicht noch einen Tag warten will, so kann man das Ticket wieder zurückgeben und erhält sein Geld zurück.

Wer es ganz eilig hat, z.B. weil der Abflug aus Duschanbe am nächsten Tag ansteht, sollte sich nicht auf den Inlandsflug verlassen, denn zu dem Zeitpunkt, an dem klar wird, ob das Flugzeug am jeweiligen Tag abfliegt, sind auch die Geländewagen schon alle aufgebrochen, das heißt, man sitzt in Khorugh fest. Am besten lässt man sich bei dem Procedere helfen, z.B. durch PECTA oder eine Reiseagentur. Übrigens: Im Flugzeug sind nur ca. **10–15 kg Gepäck** (am besten selbst nochmals nach dem genauen Gewicht erkundigen!) erlaubt, und sobald man das kleine Flugzeugchen auftauchen sieht, sieht man auch ein, warum. Üblicherweise wird Übergepäck aber gegen eine (recht geringe) Gebühr akzeptiert.

Der **Flughafen** befindet sich zwischen Hauptstraße und Panj nördlich von der Mündung des Ghund.

Einen **Busbahnhof gibt es nicht**, die Marshrutkas fahren dezentral in verschiedene Richtungen ab:

Ghund-Tal und Murghob, Vomar, Bartang-Tal: am Basar. Preise: Rivak 7 Somoni, Jelondy 25, Murghob 120, Vomar 15, Basid 50, Ghudara 120.

Ishkoshim und Wakhan: auf der linken Flussseite, ungefähr auf gleicher Höhe. Preise: Garm-Chashma 20 Somoni, Ishkoshim 40, Langar 80.

Duschanbe, Vanj, Darvoz: ca. 200 Meter unterhalb des Basars in Richtung Panj, auf einem Hof hinter einem kleinen Park. Preis bis Duschanbe 300 Somoni (Abfahrt 8–9 Uhr), Vanj 80, Darvoz 120.

In Richtung Shohdara-Tal: auf der linken Flussseite, von einem Hof oberhalb der Hauptstraße abbiegen, erste Querstraße Richtung Panj. Preise: Roshtkala 7 Somoni, Javshangoz 30.

Richtige Busse gibt es kaum, sondern überwiegend Hyundai Starex, teilweise mit 4x4-Antrieb und Geländewagen (meist Toyota oder Mitsubishi).

Hotels

Khorug Serena Inn, Imomberdiev 14, direkt am Fluss zwischen Flughafen und der Brücke über den Panj, Tel. 29041, +992/93/5114474, zamira.kurbonova@serena.com.tj, www.serenahotels.com/serenakhorog; EZ/DZ 70/140 Dollar. Sechs sehr gemütliche Zimmer, Businesszentrum, Restaurant. Schönes kleines Haus aus Naturstein mit phantastischem Blick auf Fluss und Brücke, stylish, irgendwie unwirklich in dieser Gegend. Das beste Haus am Platz gehört natürlich zur Aga-Khan-Stiftung, sie betreibt auch das Restaurant ›Chor Bogh‹ im Park.

Parinnen Inn, Lenin 193, Tel. +992/93/4330077; 6 EZ+F je 30 Dollar, 2 DZ+F je 50 Dollar. Unweit vom Fluss, schöner Garten, eigenes Restaurant.

Delhi Darbar, Azizbek 2, Tel. +992/91/9261005, kharog@delhidarbar.in, www.delhidarbar.in; EZ/DZ+F 40/50 Dollar. Plattenbau im Zentrum, nordwestlich vom Stadtpark, gegenüber der Nationalbank. 10 Zimmer für 16 Gäste, indisches Restaurant, Internet, Waschservice.

Pamir Alibaba, Immatsho 42, Tel. +992/93/5882284, +992/93/5051008; ÜN+F ab 35 Dollar.

Emerald Inn, Ayni 31/1, Tel. +992/93/5152288, +992/93/6007777; ÜN+F 25–35 Dollar. Etwas außerhalb in der Nähe der Herzklinik gelegen.

Kivekas Hotel, Kirov 8a, Tel. 24242, Tel. +992/93/8091928, +992/93/5222662, kivekas67@mail.ru; EZ/DZ 20/40 Dollar. Winzig: vier Zimmer mit Dusche und WC.

Bizminj, über der Stadt in der Nähe der südlichen Ortsausfahrt, Tel. +992/91/9488909; ÜN 20 Dollar. Dusche, WC, Café unten im Haus; etwas laut.

Sarez, Lenin 101/1, Tel. +992/93/4019691; ÜN+F 15–35 Dollar. Gegenüber vom Basar.

LAL Inn, Azizbek 5/1, Tel. 23230, Tel. +992/93/5006996, lalhotel@inbox.ru, www.lalhotel.tj; ÜN+F ab 15 Dollar. Liebevoll eingerichtetes, ständig in die Höhe wachsendes Hotel in einer ruhigen Gasse 100 Meter westlich vom Stadtpark. Die teureren Zimmer haben Dusche und WC. Eigenes Café (Pizza & Burger) und Souvenirladen, winziger Garten, Tapchan, Internet, Waschservice.

Zafar, Lenin 205, Tel. +992/93/5126606, +992/93/5965454; ÜN ab 15 Dollar. Neu und sehr zentral, dafür etwas geräuschvoll.

Zarya, Milikbek Dodikhudo 80, Tel. +992/93/5550817, +992/93/4627241, zarya.khorog@gmail.com; ÜN+F ab 15 Dollar. Sauberes neues Hotel direkt am Ghund, Balkone mit Flussblick.

Do Nazarbaig Hotel, Nuralibek Atobek 40, Tel. +992/93/4107057, nazarbek_ashurov@mail.ru; ÜN+F 10–20 Dollar. Eigentlich ein Gästehaus, vier bescheidene Zimmer mit eigenem Bad, Gemeinschaftsküche, sehr preiswert.

Bomi Jahon, Lenin 64, Tel. 24641, +992/50/1063751, +992/93/4061634, bomijahon@inbox.ru; ÜN+F ab 10 Dollar. Relativ neu, sechs Zimmer.

Gästehäuser

Chaizan, Rakhmatov 23, Tel. +992/93/5146312; B&B 15 Dollar.

Jamila, Alijon Mamadnazarov 2, Tel. +992/90/0550706, +992/93/4019000; B&B 15 Dollar.

Gulpodsho, Milikbeki Dodikhudo, Tel. +992/93/5415937; B&B 15 Dollar.

Lalmo, Gagarin 2, Tel. 26999, Tel. +992/93/5086999, Lalmolodge@yahoo. com, mizgona92@mail.tu, Lalmo Muborakqadamova; ÜN+F 15 Dollar. 5 Zimmer, Dusche & WC, Waschservice.

Like Home, Navruzsho Qurbonhaseyn, Tel. +992/93/8904000, pamir.drive@gmail.com. B&B 15 Dollar.

Khorog Stay Hostel, Ayni 34, Tel. +992/93/5290022, +992/93/5141488; B&B 15 Dollar.

Maisara, Khubonsho 38, Tel. +992/93/5038880; B&B 15 Dollar.

Safira, Shohtemur 10, Tel. 992/93/8668686, safira.khorog@gmail.com; B&B 15 Dollar.

Sho homestay, Gagarin, Tel. +992/93/4348484, B&B 15 Dollar.

Nigor, Lenin 67, +992/93/5570033, ÜN+HP 15 Dollar.

▸ Karte S. 200

Umrinisso, Davronov 14, Tel. 23157, +992/93/5005330; B&B 15 Dollar. Dusche.

Pamir Lodge (Hostel), Gagarin 46, neben der Gagarin-Schule, Tel. 26545, Tel. +992/93/5921004, +992/91/9488958, pamirlodge@hotmail.com, www.pamirlodge.com; B&B 13 Dollar, im Sommer Übernachtung im Garten auf dem Tapchan und Aufstellen von Zelten für 5 Dollar möglich. Gemeinschaftsdusche und WC. Zubaida und Said Ilolov sind ein sehr nettes und unkompliziertes Gastgeber-Ehepaar, die Atmosphäre hier ist sehr angenehm (→ S. 189).

Café California, Dehoti 10, neben der Präsidentenschule auf dem Weg zum Botanischen Garten, Tel. +992/98/7840404, +992/98/7440752; 9–22 Uhr. Selbstbedienungsrestaurant in frischem Design, serviert wird lokale und internationale Küche.

Chars Café, Lenin 36/a, Tel. +992/91/9484946; 7–19 Uhr. Einziges Café für Frühaufsteher.

Choykhona Chor Bogh, Davronov 10, am rechten Ufer, im Stadtpark, Tel. +992/3/5114447; 11--2 Uhr. Gemütliche Sommerterrasse für die lauen Abende zwischen Mai und September, hier treffen sich die Gutbetuchten. Küche: tadschikisch und Fusion. Reservierung empfohlen.

Delhi Darbar, Azizbek 2, im gleichnamigen Hotel, Tel. 21299, Tel. +992/91/9261005; 11–22 Uhr. Gute indische Küche, Reservierung empfohlen. Viel Zeit mitbringen, es wird frisch gekocht.

Khorog Fried Chicken, Lenin 24, Tel. +992/93/9554919; 8–23 Uhr.

Pamir Restaurant (→ ›Serena‹-Hotel, S. 203), Tel. +992/93/5114447; 11–21 Uhr.

Shughnan, Lenin 34, Tel. 21444; 8–21 Uhr. Unscheinbarer Kellereingang neben der Post. Gehobene einheimische Küche mit liebevoller Einrichtung, ganz eigenem Stil und gutgelauntem Publikum. Auch bei Einheimischen beliebt, hier wird gern gefeiert und Gäste sind eingeladen mitzutanzen.

Solim, Saidmir Abdurakhmonov, Tel. +992/91/9264000; 10–22 Uhr.

Varqa, Gagarin 54, unweit der Pamir Lodge im Stadtteil UPD, Tel. +992/93/5014143; 10–22 Uhr. Bar und Restaurant mit gutem Essen à la carte, oft Musik und Tanz.

Heimatkundemuseum, nach Abriss des alten Gebäudes vorübergehend in einem viel zu kleinen Raum in der zweiten Etage des alten Theaters an der Rückseite des Stadtparks untergebracht, zukünftige Adresse noch ungewiss. Tel. +992/93/5878499, 5164747, Davlatmo Sohibnazarova.

Auf dem **Basar** an der Hauptstraße gibt es alles: Lebensmittel, Kleidung, Alltagsbedarf – und gute, preiswerte Pamirsocken!. Die **Pamir-Plaza** gegenüber hat Kleidung im Angebot. Hier wie da ist die Herkunft meist chinesisch. Europäische Qualitätsmaßstäbe sollte man zu Hause lassen.

Auf dem **Cross-Border-Market** im Vorort Tem kann man am Wochenende Kleidung, Souvenirs, Schmuck, Stoffe und Ramsch aus Tadschikistan und Afghanistan kaufen.

Schöne Souvenirs gibt es im Geschäft der Handwerker-Genossenschaft **De Pamiri Handicrafts**, im Haus des PECTA-Office am Ostende des Stadtparks, Tel. 24829, Tel. +992/91/9262002, info@depamiri.org, www.depamiri.org; außerdem im **Laden der Initiative Layoqat** im Jugendzentrum gegenüber vom Stadion in der Lenin-Straße.

Regionalkrankenhaus, Saidmir Abdurakhmonov 3.

Khorugh Clinic, Lenin, Tel. 22247.

Cardiological Centre, Ayni 3.

Private Stomatologie-Praxis, Ayombek, Tel. +992/93/8554343.

EXTRA

Den Pamir Highway entlang. Einmal von Khorugh nach Duschanbe

Vor der Abfahrt mit einem der großen weißen Toyota-Löwen werden die Ersatzreifen gezählt und die Reifenprofile in Augenschein genommen. Früher hat man hier wohl den Eseln in den Mund geschaut und die Beine befühlt. Gedränge am Busbahnhof in Khorugh. Ich darf vorne sitzen, dafür habe ich einen Jungen auf dem Schoß. Er schwitzt zum Glück kaum, im Gegensatz zur zehnköpfigen Pamiribande auf den beiden Rückbänken des Landcruisers. Getankt wird per Hand und durch einen großen Trichter.

Ein paar Kilometer weiter erster Halt an der Quelle. »Das ist heilendes Wasser und gut für die Fruchtbarkeit«. Wer ein Bier will, hebt die Hand. Einige Meter weiter Halt am Laden: Bier und Getränke in den buntesten Farben. Softdrinks – je greller, desto besser. Nach weiteren 20 Minuten erste Pinkelpause; und nach drei Liedern. Jeder Satz endet oder beginnt mit ›Badakhshan‹, dem Namen des autonomen Pamirs in Tadschikistan.

Nach einer Stunde dann ein anderer aufgeregter Song: »Balön! Balön! Balön!« (Der Reifen! Der Reifen! Der Reifen!). Shugni ist eine singende, auf- und absteigende Sprache. Jedes Tal hat hier seinen eigenen Dialekt oder seine eigene Sprache. Sprechen die Pamiri eine Fremdsprache, so erkennt man sie immer am auf- und abkletternden Singsang. Reifenwechsel in Rekordzeit: fünfeinhalb Minuten. Nach Beendigung des Standardpräludiums: »Bist du verheiratet? Wo ist dein Mann?« Und schließlich: »Hast du Kinder?«, geht es am sprudelnden Fluss entlang weiter.

Der Schoßjunge mit dem dunklen Schopf entpuppt sich als Problemmanager und DJ. Verantwortlich für die Problemeruierung und Verortung. Herausfallende Instrumente aus dem Armaturenbrett müssen wieder befestigt werden, Türen und Fenster mit Werkzeugen geöffnet. Und natürlich die vier Kassetten in der richtigen Reihenfolge ins Deck geschoben werden. Diese sind gegebenenfalls mit dem bereitliegenden Klebeband zu reparieren. Immer dann, wenn sie einer der verschiedenartigen Bodenwellen nicht standgehalten haben. Im Gegensatz zum eigenen Körper, bei dem die Knochen endlich wieder am richtigen Platz zu sein scheinen. Der DJ ist auch der erste, der schreit: »Balön, Balön«, als auch der linke Hinterreifen platzt.

Geröll, Fels, Dünen, Sand und immer wieder herrschaftliche Bergformationen und von Allah hingewürfelte Felsbrocken auf der Straße, die keine ist. Manchmal muss man aussteigen, sie zur Seite rollen und dafür danken, dass sie nicht später gewürfelt worden sind. Auf der afghanischen Seite des Flusses schweben wehende Burkas auf halsbrecherischen Fußwegen am Panj entlang, dem Fluss, der im Sommer, wenn die Gletscher schmelzen, zu einer grauen, sedimentführenden und reißenden Masse wird. Sonne blitzt über die gewaltigen Gipfel des Pamirs im Juli.

Um elf Uhr wieder Pause. Auswahl zwischen Palov und Palov. Auf dem Tapchan sitzend im Schatten der Bäume, schaufeln die Männer mit den Händen das fettige Gericht aus einer Schale in den Mund. Geschickt schieben sie den Daumen an den anderen Fingern entlang und befördern somit Fleisch, Reis, Möhren und Öl in den Mund. Nach dem Essen ein kurzes Gebet und weiter geht's.

Plötzlich sehen wir weiß. Die Motorhaube – von jahrelanger Massage gelockert – knallt gegen die Windschutzscheibe. Routiniert und ruhig reagiert der Fahrer,

Reifenpanne am Khoburobot-Pass

fährt an den rechten Straßenrand, links wäre auch der reißende Panj gewesen. Ihm entfährt nur ein kurzes: »Uups«. Aber der kleine DJ, besser Kassettenjockey, hat sich erschrocken. Kein Wunder, war uns doch so, als würde gleich die Windschutzscheibe splittern. Der Männerchor von hinten ruft: »Extrem! Extrem!«. Schnell die Motorhaube festschnallen, die sich etwas verbogen hat und sich nun – passend zur Landschaft – vor uns auftürmt. Zum Glück tragen die Männer Gürtel. Der Fahrer rückt seine Toki, die traditionelle Kopfbedeckung der Pamiri, zurecht. Alle lassen kurz ihre Hände über das Gesicht gleiten und leiten ein Stoßgebet in den Himmel, der hier so nah ist wie selten. Ausweichmöglichkeiten gibt es auf der Strecke eigentlich kaum, bleibt einmal ein Laster in einer engen Kurve stecken oder fällt um, so heißt es für alle: warten für ungewisse Zeit.

Schnell weiter und vorbei an und unter Wasserfällen und afghanischen Siedlungen und weniger schnell vorbei an auf der Straße parkenden stoischen Eseln. Am Straßenrand bieten Kinder Aprikosen, Halsketten aus Früchten und Pistazien an. Weiter nach Qala-i Khumb. Dort Reifen flicken und für den Männerchor noch ein Bier in der Hitze. Manchmal scheint Allah fern.

Noch ein weiterer Mann fährt mit. Als Kippbildchen, eine Erfindung wie für die Ruckelpiste gemacht, in vielen Posen hängt Aga Khan über dem Spiegel. Er wechselt seine Position, hebt die Hand zum Gruß oder sieht in sich gekehrt und ruhig auf den Betrachter. Weiter über uns die ›gefährlichste Flugstrecke der Welt‹, wie man aus dem deutschen Fernsehen weiß. Diese wird von kleinen Flugzeugen und Hubschraubern geflogen. Oft sind die Schluchten eigentlich zu eng und die Berge zu hoch für die alten Flugzeuge, die nur bei hundertprozentiger Sicht haarscharf an den Granitgiganten vorbeifliegen dürfen. Unten geht es weiter zwischen den marmorierten Bergmassen, die die Kraft der Natur nur erahnen lassen und von Rot, Lila, Grau über Braun in ein dunkles Blau wechseln. »Im Pamir liegt das ganze Periodensystem begraben«, sagte mal ein Mitreisender.

Weiter fahren wir ins Landesinnere und haben die afghanische Grenze und die wehenden Burkas hinter uns gelassen. 103 Tage haben die Pamiri in den 1940er Jahren angeblich nur gebraucht, um den abenteuerlichen Weg entlang des Grenzflusses zu bauen. Darüber informiert eine Gedenktafel im Khorugher Museum. Vorher gab es nur ausgetretene Eselspfade, wie man sie heute noch auf der afghanischen Seite sieht. Sprengen, schaufeln, schuften. Schon einige der sowjetischen Laster und auch der neuen chinesischen Transporter sind die Schutthänge hinabgerutscht und von den grauen Massen des Panj ins tadschikisch-afghanische Niemandsland mitgerissen worden. Kurz vor dem Khoburobot-Pass ein weiterer platter Reifen. Das Geruckel hat alle etwas müde gemacht, und der leise Singsang der Pamiri ist einschläfernd. »Balön, Balön....«. Zusätzlich ist die Luft dünn. Aber es hilft nichts; aussteigen, Reifen wechseln. Nachdem der Fahrer wieder auf seinen Platz rutscht, murmelt er: »Irgendjemand hat einen bösen Blick auf uns geworfen«. Damit ist nicht zu spaßen, und er denkt noch lange nach.

Wir fahren langsam weiter und schlängeln uns die Passstraße hinauf. Dass nun auch noch der Motor nicht mehr richtig funktioniert und wir alle 500 Meter anhalten, um ihn mit Gebirgswasser zu kühlen und zusätzlich anscheinend der Filter vom unreinen Benzin verstopft ist, nehmen wir Reisenden nur noch nebenbei wahr. Es zieht an uns vorbei wie die steilaufsteigenden Felswände. Und noch etwas zieht vorbei: eine Karawane. Früher waren es vielleicht mal Kamele, hier unweit der Seidenstraße. Heute ist es eine weiße Schlange aus dem Nachbarland China. Mehrere Dutzend frisch gebackener weißer Minibusse, die ›Tangems‹, auf ihrem ersten Weg. Sie winden sich die Passstraße hinauf. Vollgestopft mit Plastikware, Klopapier und Reissäcken. Bei dem Geruckel fällt bestimmt auch der eine oder andere Reissack um, aber niemand bemerkt es. In Duschanbe werden sie und ihre Innereien verkauft.

Der Toyota-Löwe schnauft, als wir endlich und im Schritttempo den Khoburobot-Pass erreichen. Ausgestiegen wird nicht, denn hier ist Minengefahr. Die Straße ist gesäumt mit roten Bändern. Immerhin etwas. Doch eigentlich weiß niemand genau, wo die Minen liegen, angeblich gibt es auch keine Karten. Spielende Kinder mussten erst brutal darauf aufmerksam machen. Tadschikistan ist auch das Land der Unwissenheit, ihrer eigenen und der Unwissenheit der Welt über sie, die Tadschiken, die Pamiri, die Shugni. Fast niemand kennt wohl das kleine Örtchen mit dem verwunschenen Namen, das wir bei Sonnenuntergang erreichen: Tavildara. Wäre es hell, würde man die Oasenhaftigkeit des Ortes erkennen, die vielen Pappeln sehen und die Schönheit des grünen Tals bewundern. Ansonsten gibt es nur noch wenige Bäume im Pamir. Die Winter sind kalt und Holz oftmals die einzige Heizressource. Im sowjetischen Versorgungssystem gab es auch Kohle.

On the road again. Seit dem letzten Platten sind auch wir eine Karawane. Drei Jeeps hintereinander, damit die Ersatzreifen im Ernstfall ausreichen. Die nächsten Stunden liegen im schaukelnden Dunkel. Die soeben mit Tesa reparierte Kassette ruft weiterhin »Badakhshan, Badakhshan«, während der Kopf immer wieder nach unten sinkt, an die Scheiben schlägt oder mit dem kleinen Kassettenjockey zusammenstößt. An einem kleinen See wird Halt gemacht. Über uns die nahen Sterne, der Fahrer schnarcht auf dem Tapchan eines Cafés für zwei Stunden, die Bande springt in das klare Wasser. Der blaue See wird er genannt. Weit und breit bin ich jedoch die einzige Frau, und baden kommt somit nicht in Frage. Obwohl Wasser eigentlich hier ein Element der Frauen ist. Sie sind es, die es kilometerweise, teils auf dem Kopf, teils mit steifen Armen zu ihren Dörfern tragen müssen. Zum Trinken, Kochen, Waschen und Abspülen. Wenn vorhanden, bersten die Wasserrohre in den harten Wintern oder sind seit dem Ende der Sowjetzeit schon lange verrostet. Ersatzteile aus China sind kaum verlässlich, und so wird Wasser getragen, Tag für Tag, Tropfen für Tropfen.

Dann erzählen sie singend Geschichten. Der Refrain ist immer gleich: »Ich bin auf dem Weg nach Moskau. Und arbeite dort auf dem Bau«. Sie sind alle auf dem Weg, nach Moskau, St. Petersburg, Novosibirsk, Samara. Bauen Hotels mit vielen Sternen, Hochhäuser, Shoppingzentren und neue Plattenbauten. Ohne die Devisen aus Russland könnte Tadschikistan nicht überleben, und so hängt es am Tropf tausender von Bauarbeitern. Im Sommer gibt es somit viel zu wenige Männer, um die Wasserleitungen zu reparieren, Brennstoff zu tragen oder Dächer zu flicken. Sie tauschen die wilde Bergwelt mit dem Moloch Moskau. Ein heißes Pflaster für die Pamiri, mit der sonnengebrannten Haut und den schwarzen Haaren. Sie wissen nicht, was Brain Drain bedeutet, sondern sie müssen Geld schicken und mit Geld zurückkehren. Es sind traurige Lieder, die sie nachts singen, in typisch tadschikischer, hockender Haltung am Ufer des blauen Sees.

Und wieder unterwegs. Durch die Nacht und durch das Gharm-Tal. In dem sich die Frauen die Haare nicht schneiden und das Autonome Gebiet Badakhshan endet. Zwischen uns und dem Ziel liegt noch das Tal der 40 Täler. Manchmal versucht man sie zu zählen, die scharfen Kurven und spitzen Seitentäler. Meistens kommt man jedoch im Schimmer der Nacht und im Geruckel des Löwen durcheinander.

Zwei Stunden vor Duschanbe wird die Straße glatt und die Einschlafgefahr für den Fahrer hoch. Es ist eine Teilstrecke des Präsidenten in seinen Heimatort Danghara. Eine der Straßen, bemuttert von der Macht. Die Aufgabe des Beifahrers ist es nun, den Fahrer wachzuhalten, aufgrund des unendlich sanften Dahingleitens durch die schwarze Nacht fällt es schwer. Der Kassettenjockey schläft auf meinem Schoß und vergisst endlich einmal, die Kassette zu wechseln, und es wird ruhig.

Kurz vor dem Ziel muss das Auto noch gründlich gewaschen werden. Alle helfen mit. Die Wahrscheinlichkeit, von den schon wartenden Milizionären in der Stadt angehalten zu werden, ist dann weniger groß. Dennoch schwingen sie zweimal ihre hässlichen Stöcke und zwingen zum Anhalten und Geldabdrücken. Pamiri sind hier nicht mehr zu Hause, ihren Singsang versteht hier niemand, und dennoch sind sie in ihrer Hauptstadt.

Nach 26 Stunden und beinahe 600 Kilometern endlich ankommen. Die Sonne lugt über die blau-verblassten Plattenbauten an der Jeep-Sammelstelle in der Nähe des Flughafens. Man umarmt sich und bedankt sich beim Fahrer. Sie sind Profis, die Fahrer vom Dach der Welt – der Rest ist ›Inshallah‹.

Anmerkung: *Der Text beschreibt eine Reise von 2006, heute braucht man für die Strecke nur noch 16 Stunden und sie ist nicht mehr so gefährlich wie damals.*

Von Khorugh durch das Ghund-Tal nach Alichur

Zwei Straßen verlassen Khorugh nach Osten, eine nach Südosten ins Shohdara-Tal und eine am Ghund entlang nach Nordosten. Wir nehmen erst diese Straße, die im Juli 2015 beim Ort Bargev durch eine mächtige Schlammlawine verschüttet wurde. Ein kleiner See hat sich dahinter gebildet, eine Umgehungspiste führt darum herum. Am Ortsrand passiert man das Wasserkraftwerk von ›Pamir Energy‹, davor steht ein interessantes Denkmal: Hier hat man den ersten LKW, der in den 30er Jahren über den Pamir Highway von Osh nach Khorugh kam, aufgebockt.

Der Ghund, der in der Alichur-Hochebene entspringt, dann mehrmals seinen Namen wechselt und erst nach seinem Austritt aus dem Yashilkul Ghund genannt wird, ist 296 Kilometer lang und fast ebenso wasserreich wie der Bartang. Im Oberlauf, an der Stelle, an der er noch Gurumdy, Irikyak und Alichur heißt, schlängelt er sich gemächlich durch versumpftes Gelände. Im Mittel- und Unterlauf hat er mit viel Kraft und Gefälle ein teils breites, teils schroffes Tal geschaffen, in dem es zahlreiche größere Ansiedlungen gibt. Die Menschen hier leben größtenteils vom Pamir Highway. Dreizehn Kilometer hinter Khorugh sind auf einem exponierten felsigen Berg über dem Dorf **Bogev** die Ruinen einer alten Festung mit Zitadelle zu besichtigen. Sie wird **Kofir-Qala** genannt. Besonders interessant sind zwei kreisrunde miteinander verbundene Mauerreste mit Durchmessern von neun und elf Metern. Entlang der Wände fand man flache Steinpodeste (persisch ›Sufa‹ genannt – hier hat unser ›Sofa‹ seinen Ursprung!), in der Mitte Überreste von Feuerstellen. Wegen ihres Aufbaus und der erhöhten Lage interpretieren die meisten Archäologen diesen Ort als zentrale zoroastrische Kultstätte der Region Shughnon.

Heiße Quellen

Die Straße schraubt sich im Tal des Ghund nach oben, die Geröllhänge zwischen Khorugh und Bogev sind so steil, dass man den Highway mit Überdachungen gegen Steinschlag schützen musste. Langsam und stetig steigt die Straße an; ganz allmählich geht das geschützte, fruchtbare Tal in eine windige, unwirtliche Hochebene über. Man fährt durch ein Gebiet, in dem man daran erinnert wird, dass gewaltige tektonische Brüche den Pamir durchziehen, an denen heißes Wasser aus dem Erdinneren zutage tritt. Auch in und um Jelondy gibt es radonhaltige heiße Quellen, sie werden zu balneologischen Zwecken genutzt. Wenige Kilometer vor dem eigentlichen Kurort gibt es auf der nördlichen Straßenseite im sogenannten **Sowkhoz** ein kleines Badehaus mit Über-

Im Tal des Ghund

Karte S. 165

nachtungsmöglichkeit, das von Khatmisurat und ihrer Familie betreut wird. (Tel. +992/50/1264945; Baden 3 Somoni, ÜN in 8 schlichten Mehrbettzimmern 25 Somoni, Gemeinschaftsküche). Wer es etwas komfortabler mag, sollte sechs Kilometerweiter bis **Jelondy** (Jilondy) fahren, einem Dorf aus zwei Handvoll über den kahlen Hang verstreuter Häuser auf etwa 3500 Meter Höhe. Hier gibt es einige private Mini-Badeanstalten mit Pension und das Kurheim ›Sarez‹ aus sowjetischer Zeit. Jenes ist inzwischen mit Plastikplatten verkleidet und (mit Ausnahme der Toiletten) etwas modernisiert. Dieses Sanatorium bietet auch für Durchreisende einen 24-Stunden-Service. Neben dem Baden in den großen Becken kann man in geheizten Zimmern übernachten (40 Somoni in Mehrbettzimmern, 60 Somoni im Doppelzimmer, Baden inclusive) und gegen Aufpreis in der kleinen Kantine essen.

Weitere Gästehäuser

Barchid: Maino Aknazarbekova, Tel. +992/93/7328306, +992/90/0054633. **Riwak**: Mamadakram Saidakramov (Oberdorf), Gavarsho Aidarov, Tel. +992/93/7646013; **Vuzh**: Elnazar Davlatnazarov, Tel. +992/50/1849068; **Pish**: Tanibek Khudobakhshov, Tel. +992/91/9260435.

Bachor: Sultonsho Kurboniev, Tel. +992/50/1849454; Sangmamad Marodmamadov (›Gulsimo‹), Tel. +992/50/1849443; **Jelondy**: Gulrukh & Sairam, Tel. 992/50/21855051, +992/50/21855052; Oshur Ojimamadov, Tel. +992/93/5663676, +992/93/5655004.

Bulunkul

Ab Jelondy wird es einsam auf der Straße: Keine Dörfer mehr, die Landschaft wird immer unwirtlicher. Es geht steil nach oben, und dann treten die bunten Berge immer mehr von der Straße zurück. Nach der Überquerung des unspektakulären **Koytezek-Passes** (4271 m) hat man das Hochtal von Alichur und damit den Ostpamir, das ›Dach der Welt‹, erreicht. Das weite Grasland der Hochebenen wird von den Pamir-Kirgisen schon sehr lange als Weidefläche genutzt. Überall finden sich Rückstände des Viehs, von denen der Pass möglicherweise seinen Namen hat: Koytezek ist das kirgisische Wort für Schafsdung.

Etwa 35 Kilometer östlich vom Pass, kurz bevor die Piste von Langar auf den Pamir Highway einmündet, fällt ein doppeltes Schild auf, das nach links weist und den Reisenden nach **Bulunkul** einlädt. Man sollte dieser Einladung folgen, denn nach 16 Kilometern relativ guter Trasse Trasse erreicht man das 400-Seelendorf Bulunkul auf 3740 Meter Höhe. Es liegt am gleichnamigen ›Hohen See‹ und ist umgeben von in allen Farben schillernden Bergen. Hochgebirgswüste auf der einen Seite, üppiges Grün am Seeufer auf der anderen – der Kontrast inspiriert zu Foto-Orgien. Im Sommer wimmelt es auf dem Dorfplatz von spielenden Kindern – dann ist es kaum vorstellbar, dass Bulunkul mit minus 63 Grad Wintertemperatur den Kälterekord Mittelasiens hält. Auf dem kleinen, an Wasserpflanzen, Fischen und Mücken reichen **See Bulunkul** können zahlreiche Wasser- und Watvögel beobachtet werden.Beim freundlichen Dorfältesten **Nazarbek** findet man für zehn Dollar einfache, gemütliche Unterkunft. In der Saison erhält man gegen Aufpreis eine gute Fischmahlzeit, fangfrische Forelle (Osman).

Gästehäuser in Bulunkul

Bakhten Ruzadorova, Tel. +992/93/8192725; Malika Elbonova, Tel. +992/50/1401614; Munira Niyozbekova, Tel. +992/50/1283177; Khubchehra Karamshoeva, Tel. +992/55/0157076; Maliknoz Taighunshoeva, Sharob Sharobov, Abypaz Kukolbekov, Atrigul Kurbonova.

■ Yashilkul

Unbedingt sollte man einen Abstecher zum benachbarten großen See Yashilkul (›Grüner See‹, 3734 m) machen, den man über die Brücke neben dem Dorfplatz und eine kurze, gut befahrbare Passstraße erreicht. Der Fluss Alichur fließt von Nordosten in den See und verlässt ihn im Westen als Ghund, um nach etwa 200 Kilometern in den Panj zu münden. Der Yashilkul entstand durch einen Bergsturz, der das Tal versperrte und das Wasser staute. Seit ein paar Jahren ist der Auslauf an der südlichen Seite reguliert, um den Wasserstand im Ghund im Winter erhöhen zu können und damit den Betrieb der Wasserkraftwerke Pamir-1 und Pamir-2 zu gewährleisten, die Gorno-Badakhshan versorgen. In der Nähe der Mündung des Alichur in den Yashilkul befindet sich die heiße Quelle **Issyk Bulak**. Das Wasser ist schwefelhaltig und hat etwa 60 Grad. Die Bewohner der Alichur-Ebene kommen gerne hierher, um sich ein heißes Bad zu gönnen, es gibt ein Becken in einer kleinen Hütte. Leider lässt die Sauberkeit der Umgebung sehr zu wünschen übrig.

Früher muss die Gegend am Yashilkul dicht besiedelt gewesen sein, über 50 (!) **steinzeitliche Siedlungsreste** sowie zahlreiche alte und sehr alte **Petroglyphen** (Sonnendarstellungen, Pferde) im Tal des Murghob-Flusses unweit des Sees lassen darauf schließen. Möglicherweise war das Klima hier oben vor etwa 10 000 Jahren freundlicher, anders kann man sich die Dichte der Fundorte nicht erklären. Auch später wurde hier noch gesiedelt – ein zoroastrischer Kultplatz für den Gott Mithra, dem man den Namen **Sumantash** gab, wurde an der Mündung des Flüsschens Marjanoy, ebenfalls am Nordufer des Yashilkul, gefunden. Später stand an diesem Ort eine Festung, die der westlichste Vorposten des chinesischen Reiches gewesen sein könnte, bevor die russische Krone während des ›Great Game‹ diese Gebiete für sich beanspruchte und mit einer Befestigungslinie die Ansprüche untermauerte. Bis hierher führt eine für geländegängige Autos befahrbare Piste – durch eine flache Furt durch den Alichur unmittelbar vor der Mündung in den See, vorbei an einem Mausoleum für einen lokalen Heiligen. Weiter geht es zu Fuß, bis zum natürlichen Staudamm des Yashilkul gibt es einen Pfad. Das Westende des Sees mit dem Damm ist auch über eine Piste vom Dorf Bulunkul aus zu erreichen, dieser Ausflug muss jedoch in der Verwaltung für Schutzgebiete in Duschanbe genehmigt werden. Auch eine Begleitung durch den Dorfältesten Nazarbek aus Bulunkul kann den Zutritt ermöglichen. Wer am Yashilkul übernachten möchte, sollte ein Zelt mitnehmen – es gibt keine festen Ansiedlungen. Im Sommer stehen aber oft Nomaden mit ihren Jurten hier, ihre Yaks wissen das saftige Gras im Alichur-Delta zu schätzen. Zu empfehlen ist auch der kleine **Geysir**, der an der Querfeldein-Verbindung zwischen Yashilkul und Alichur liegt. Ohne ortskundigen Fahrer (zum Beispiel Makhan aus Alichur oder Nazarbek aus Bulunkul) findet man ihn schwer. Einen Extra-Umweg lohnt er nicht, aber wenn man ohnehin diese Route wählt, sollte man kurz stoppen.

Wieder auf der M41, dem Pamir Highway, sind es nur noch zwei Kilometer bis zur Einmündung der Piste, die vom Wakhan-Korridor über den Khargush-Pass auf den Hohen Pamir führt, und nur noch reichlich längsrillenreiche 20 Kilometer bis Alichur (→ S. 236). Jetzt, erst jetzt ist man richtig auf dem Dach der Welt angekommen. Die Anreise auf den Hohen Pamir ist beendet. Weiter geht es – über das fast unbesiedelte Hochland bis zum jenseitigen Rand des ›Daches‹, dem Pass Kyzyl-Art über dem Alai-Tal.

▲ Karte S. 165

Der Wakhan-Korridor

Falls es jemanden gibt, für den der Pamir Highway eine schnell abzuarbeitende Sache ist, so sollte jener von Khorugh aus den kürzesten Weg nach Murghob nehmen – das Ghund-Tal hinauf. Diese 311 Kilometer schafft man zur Not an einem Tag, und zu sehen gibt es hier auch allerhand (→ S. 210). Der Klassiker jedoch ist das nicht. Reisende mit dem Motto ›Der Weg ist das Ziel‹, mit kulturellem Interesse und einem Abenteuerherzen, nehmen den Umweg. Dieser ist zwar 140 Kilometer länger, und drei, eher vier Tage braucht man mindestens, aber das ist es wert. Der Genießerweg führt reichlich 100 Kilometer nach Süden zum Panj-Knick nach Ishkoshim, und von hier ebenso weit nach Osten, den Pamir zur Linken, den Hindukusch zur Rechten, vorbei an legendären Festungen, buddhistischen Stätten, grünen Feldern und Pappelreihen, zum Zusammenfluss der Flüsse Pamir und Wakhan-darya bei Langar. Dieses breite Tal wird gemeinhin Wakhan-Korridor genannt, und jene großzügige Interpretation mag für alle gelten, die zu Hause stolz erzählen möchten, sie seien wie Marco Polo im Wakhan-Korridor gewesen. Marco Polo ist wirklich hier durchgezogen, wahrscheinlich am jenseitigen Flussufer entlang. Und Wakhan-Korridor ist politisch auch korrekt – so heißt im offiziellen Sprachgebrauch seit dem Höhepunkt und Ende des Great Game 1873/1893 der schmale Steifen Land zwischen Hindukusch und Pamir entlang der Flüsse Wakhan, Pamir und Panj, der als Pufferzone zwischen dem russischen Reich und Britisch-Indien vorgesehen war und den sich nunmehr die ›Hausmächte‹ Tadschikistan und Afghanistan teilen.

Im geografisch korrekten Sinne beginnt der Wakhan-Korridor jedoch erst am Ostende des breiten Tales, an der Stelle, an der der Wakhan-darya mit dem aus Nordosten kommenden Pamir zusammenfließt und beide ab hier den Panj bilden. Der ›eigentliche Wakhan-Korridor‹, von Marco Polo ›Vocan‹ genannt, führt fluss-

Blick in den ›richtigen‹ Wakhan-Korridor

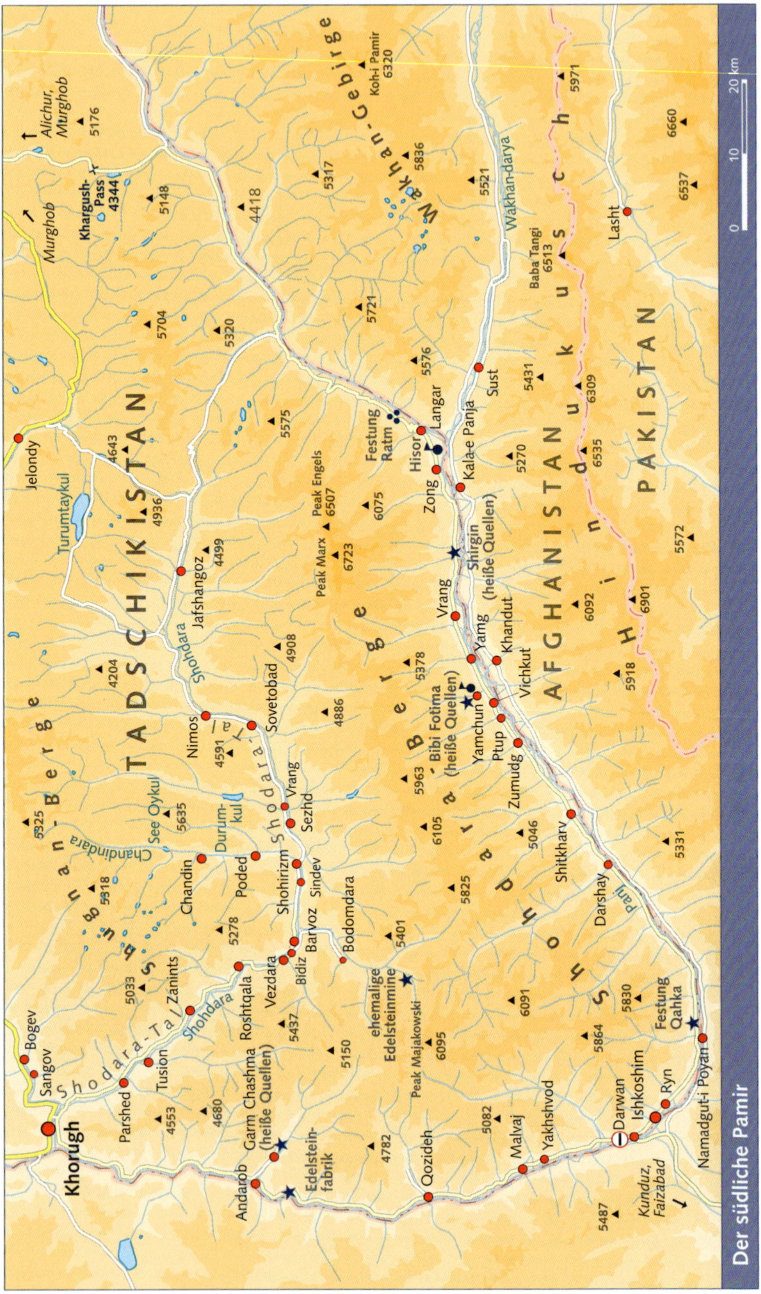
Der südliche Pamir
0 10 20 km
TADSCHIKISTAN
AFGHANISTAN
PAKISTAN
Shugnan-Berge
Shahdara-Berge
Wakhan-Gebirge
Hindukusch
Khorugh
Bogev
Sangov
Parshed
Tusion
Zanints
Roshtqala
Garm Chashma (heiße Quellen)
Andarob
Edelsteinfabrik
Shohdara
Shodara-Tal
Chandin
Chandindara
See Oykul
Durum-kul
Poded
Vezdara
Bidiz
Barvoz
Shohirizm
Sindev
Sezhd
Vrang
Nimos
Sovetobad
Jafshangoz
Jelondy
Turumtaykul
Murghob
Kharqush-Pass 4344
Alichur, Murghob
Bodomdara
ehemalige Edelsteinmine
Peak Majakowski
Peak Marx
Peak Engels
Qozideh
Malvaj
Yakhshvod
Darwan
Ishkoshim
Ryn
Namadgut-i Poyan
Festung Qahka
Darshay
Shitkharv
Zumudg
Ptup
Yamchun
Bibi Fotima (heiße Quellen)
Vichkut
Khandut
Yamg
Vrang
Shirgin (heiße Quellen)
Zong
Kala-e Panja
Hisor
Langar
Festung Ratm
Sust
Wakhan-darya
Panj
Lasht
Kunduz, Faizabad
Koh-i Pamir 6320
Baba Tangi 6513
5325
5318
5033
4553
4680
5278
5635
4591
4204
4643
4936
4499
5320
5704
5148
5176
4418
5317
5836
5721
5576
5575
4908
4886
5963
6105
5825
5401
5437
5150
6095
4782
5082
6091
5046
5378
6723
6507
6075
5270
5431
5521
6309
6535
6092
6901
5918
5572
5331
5830
5864
5487
6660
6537
5971

aufwärts am namensgebenden Wakhandarya entlang, im äußersten nordöstlichen Zipfel von Afghanistan. Mit Hilfe von Reiseveranstaltern aus Khorugh (→ S. 294) und mit einem afghanischen Visum kann man auch hierher gelangen. Kenner wissen zu berichten, dass es sich lohnt. Für diesen Reiseführer jedoch ist ab hier Schluss. Wir wenden uns nach Nordosten und folgen dem Lauf des Pamir-Flusses, immer aufwärts bis zum Grenzposten Khargush, dann nordwärts über den Khargush-Pass nach Alichur. Hier treffen wir wieder auf den ›richtigen ›Pamir Highway (M41).

Badende im Becken von Garm Chashma

■ Von Khorugh nach Ishkoshim

Für den kurzen Abschnitt von Khorugh nach Ishkoshim am Eingang zum Wakhan-Korridor kann man sich getrost einen ganzen Tag Zeit nehmen. Lohnenswert ist ein Seitensprung zu den heißen Quellen von Garm Chashma und ein Blick auf den Edelsteinberg Kuh-i Lal, und auch die Ausblicke im abwechslungsreichen Tal des Panj kann man nicht einfach unfotografiert lassen. Die letzten 15 Kilometer vor Ishkoshim haben es in sich: Hier möchte man (gute Sicht vorausgesetzt) eigentlich nur noch zu Fuß gehen, um die im Süden auftauchenden und immer mächtigere Gestalt annehmenden Berge des Hindukusch in ihrer ganzen Wucht und Schönheit auf sich wirken zu lassen.

■ Garm Chashma

Etwa 35 Kilometer südlich von Khorugh zweigt in **Andarob** links die Straße nach Garm Chashma ab, was auf tadschikisch nichts anderes bedeutet als ›warme Quelle‹. Bereits im Altertum wurden diese Quellen zu Heilzwecken genutzt, sie galten als heilig. Im Laufe der Jahrtausende hat das stark mineralisierte Wasser mit dem schwefeligen Geruch die Felsenterrassen mit einer weithin sichtbaren bräunlich-weißen Sinter-Kruste überzogen. Zu sowjetischen Zeiten wurden die 60 Grad heißen Quellen in ein **Bassin** gefasst, unweit davon ließ man ein **Kurheim** am Flüsschen bauen. Das Hotel **Somon TM** mit kleinem Park kam später dazu, es gibt weitere einige andere Unterkünfte für verschieden dicke Geldbeutel, zum Beispiel das **Gästehaus von Chaman Shogunbekova**, Tel. +992/93/5628323, außerdem einen Laden und eine Kantine. Von der Hauptstraße im Panj-Tal benötigt man für die zehn Kilometer zu den Quellen 15 Minuten. Frauen und Männer baden abwechselnd je eine knappe Stunde (Preis für Ausländer: 10 Somoni). Das Erlebnis sollte man sich nicht entgehen lassen, als soziale Erfahrung gehört es zu einem Tadschikistan-Aufenthalt einfach dazu.

■ Kuh-i Lal

Zurück auf der Hauptstraße, passiert man den Ort Kuh-i Lal, der oberhalb der Straße am Hang des gleichnamigen Bergs zu schweben scheint. Am Kuh-i Lal, dem Lal-Berg, wurde im Mittelalter im großen Umfang der begehrte tiefrote Edelstein ›Lal‹ (Spinell, Karfunkelstein) gefördert, der in allen vorderasiatischen Ländern als wertvollster Edelstein galt und die Kronen der Herrscher zierte. Oft wird er mit dem blutroten Rubin verwechselt. Marco Polo hatte in seinem Reisebericht diese roten Steine (die er damals Balasci oder Rubine nannte) erwähnt und vor allem der riskanten und unsagbar schweren Fronarbeit der Bergleute mehrere mitleidsvolle Sätze gewidmet. Auch über die Förderung von Lapislazuli berichtete er. Die Spinell-Förderarbeiten bei Kuh-i Lal wurden offiziell Ende der 1980er Jahre eingestellt. Kurz vorher hatte man noch einen Kristall mit einem Rekordgewicht von fast sechs Kilogramm gefunden. An der Rückseite dieses Bergmassivs, oben im Shohdara-Tal, wurde auch blauer Lazurit (bekannter als Lapislazuli) abgebaut. Einige der historischen Minen weit oben am Berg mit grandioser Aussicht konnten bis vor wenigen Jahren besichtigt werden. Im Moment ist der Besuch nicht gestattet, und auch die früher beliebte Wanderung von hier zu den Quellen von Garm Chashma ist nicht möglich. Eine diesbezügliche Frage bei PECTA in Khorugh ist jedoch nicht verboten – vielleicht ändern sich die Bestimmungen ja wieder. Es gibt ein Gästehaus in Kuh-i Lal, bei Shakarbek Qalandarbekov, Tel. +992/93/5463471.

Nach dem Ort **Qozideh** am Fuß des 6095 Meter hohen Peak Majakowski, den man aber von hier unten nicht sieht, kommen langsam sehr hohe, vergletscherte Gipfel in Sicht – und kurz vor **Yakhshvod** hält es dann keinen mehr im Auto oder auf dem Sattel: Zu großartig ist das Panorama. Das Tal das Panj ist hier breit und gibt die Sicht auf die mächtige Reihe der Eisriesen des Hindukusch frei. Von hier sind es nur noch 25 Kilometer bis Ishkoshim.

▲ Karte S. 214

Grenzüberschreitende Aktivitäten

Drei Kilometer vor Ishkoshim passiert man die Brücke über den Panj, die im Oktober 2006 eingeweiht wurde. Sie wurde am Ort der historischen **Furt von Dorkisht** gebaut, mit Mitteln der Aga-Khan-Stiftung finanziert, ist für Kraftfahrzeuge bis 30 Tonnen zugelassen und verbindet das tadschikische mit dem afghanischen Ishkoshim. Wenn man an einem Samstag von 9 bis 16 Uhr hier entlang kommt, die politische Lage stabil ist und ergo die Grenze geöffnet ist, kann man hier an einem interessanten Ereignis teilnehmen, dem sogenannten **Afghanen-Markt** (korrekt: Cross-Border-Basar) im Niemandsland an der Brücke. Afghanische Händler dürfen an diesem Tag mit ihren Handkarren voller afghanischer (und chinesischer) Waren herüberkommen – ohne Visum. Und auch ausländische Besucher können ungehindert teilnehmen, lediglich seinen Pass muss man am Brückenhäuschen als Pfand hinterlassen. Ein Zeichen der Hoffnung – viele hundert Jahre führte einer der Karawanenwege der Großen Seidenstraße hier entlang – und nun sind beide Ufer wenigstens samstags wieder ein bisschen vereint, in einem großen, bunten Flohmarkt. **Achtung**: Die Brücke bitte nicht auffällig fotografieren – Soldaten vom Grenzposten nebenan könnten sich durch die Fotoapparate provoziert fühlen.

Manche Reiseveranstalter in Duschanbe und Khorugh bieten grenzüberschreitende Touren an, die von Ishkoshim ein Stück nach Afghanistan führen. Der Wakhan-Korridor und die Seite, die der tadschikischen Region Rushon gegenüberliegt, gelten als relativ sicher. Die Route von Ishkoshim nach Fayzabad (vor allem die Region Jurm) hat sich jedoch in letzter Zeit zum Hotspot von Taliban-Aktivitäten entwickelt, deswegen von einem Besuch unbedingt Erkundigungen einziehen. **Achtung**: Wer auch in den afghanischen Teil des Pamir reist, sollte auf jeden Fall knöchellange Beinbekleidung bevorzugen. Frauen müssen

Der Panj zwischen Khorugh und Ishkoshim

außerdem lange Ärmel tragen, und die Oberschenkel müssen durch einen Rock verhüllt sein, sodass man den Beinansatz nicht erkennt. Auch ein Kopftuch ist hier ein Muss: Dieses wird, anders als im postsowjetischen Zentralasien, nicht im Nacken geschnürt, sondern, wie im Iran, locker um den Kopf geschwungen und vor dem Kinn gebunden. Im ismailitisch geprägten Teil Afghanisch-Badakhshans liegt oft ein Großteil der Haare frei und das Kopftuch ist schon kurz vor dem Abrutschen. Reist man dagegen in sunnitische Gegenden (und gerade die Gegend um Faizabad gilt als äußerst konservativ), so sollte man aber darauf achten, dass der Haaransatz komplett verborgen ist. Überhaupt sollte man sich bei Reisen ins Hinterland bei Einheimischen gut erkundigen, ob die Umsetzung weiterer (strengerer) Kleidervorschriften (wie das Tragen eines Hijab oder sogar einer Burka (hier ›Burqa‹ ausgesprochen) sinnvoll ist.

Ishkoshim

Vor hunderten von Jahren befand sich an diesem Ort die Karawanserei Nud. Heute leben in Ishkoshim (Ishkashim) etwa 6500 Menschen. Außer der bereits erwähnten Brücke hat der Ort heute nicht viel zu bieten – die Hauptsehenswürdigkeit ist der Blick auf den Hindukusch und die Tatsache, dass man sich hier am Eingang zum Wakhan-Korridor befindet. Irgendwann, wenn die Lage in Afghanistan wieder normal genannt werden kann, wird es hier hoffentlich auch wieder einen normalen Grenzübergang geben und die uralte Handelsstraße von Faizabad nach Kashgar wird wenigstens teilweise wieder auferstehen, allerdings nicht mit Kamelkarawanen, sondern mit lärmenden Trucks. Ishkoshim wird seinen Außenseiterposten bald aufgeben, östlich vom Ort wird bereits im Hinblick auf den erhofften Aufschwung eine Sonderwirtschaftszone errichtet.

Bisher aber können Reisende hier die Stille genießen. Nicht einmal der Flughafen ist in Benutzung. Der letzte Mann, der hier aus einem Flugzeug stieg, ist vermutlich der Aga Khan gewesen, für den eine unscheinbare Begrüßungstafel am Eingang zum Abfertigungsgelände

Der Wakhan im Herbst

Karte S. 214

angebracht wurde. Ein kleines Heimatkundemuseum in der Schule Nr. 21 zeigt liebevoll zusammengetragene Exponate. Es wird vom Museumsgründer Mavlodod ehrenamtlich betreut. Spaziergänge empfehlen sich auf die Hügel am Oberdorf oder zum Fluss – dafür bitte nur die Straße gegenüber von der Bank nach unten nehmen und auf Grenzgebietsschilder achten, die hier auftauchen können – in diesem Fall empfiehlt sich eine Umkehr.

Ishkoshim

Hinter Ishkoshim im Wakhan-Korridor gibt es nicht überall Handyempfang, Internet ist ab hier nur an wenigen Orten mit Megafon-Chip möglich.

Wie auch andernorts im Pamir lebt die Bevölkerung (außer den Beamten) hier nach der (inoffiziellen) ›Pamir-Zeit‹, das heißt, die Uhr wird eine Stunde vorgestellt. Bitte bei Verabredungen klären, welche Zeit gemeint ist.

Das Überschreiten der **Grenze nach Afghanistan** ist, wie auch in Khorugh, für Touristen mit afghanischem Visum (→ Botschaft in Duschanbe, S. 406) möglich.

Der **›Busbahnhof‹** liegt in der Nähe des Basars unterhalb der Hauptstraße. Sammeltaxis fahren fast täglich. Jene nach Khorugh verkehren Mo, Mi, Do, Sa, bei Bedarf auch Di, zwischen 6.30 und 10 Uhr, jene nach Langar Mo und Di und sonst bei Bedarf, Abfahrt nach 10 Uhr. Busstopps nach Khorugh befinden sich auch vor der Bank und vor dem Restaurant ›Sarez‹ am westlichen Ortsende. Einen individuellen Fahrer zu mieten ist jederzeit möglich, kostet aber dementsprechend mehr, nach Khorugh und Langar jeweils 300–350 Somoni und nach Murghob ab 1200 Somoni. Wer ein solches ›Privattaxi‹ braucht, kann einen Blick auf die Hauptstraße beziehungsweise auf die Straße vor dem Basar werfen. Manchmal stehen hier Autos, die auf Kundschaft warten.

Hanis Guesthouse (Hotel Anis), aus Khorugh kommend am Beginn des Hauptortes direkt vor der Polizeistation, fast am Ende der schönen Pappelallee, Tel. +992/93/4001225, +992/93/5825820 (Zulfija), vali4hope@gmail.com, skype: vali4hope1; ÜN ab 10 Dollar, Frühstück 3 Dollar, Abendessen 5 Dollar. Camping/Caravan-Stellplatz ab 3 Dollar. Die tüchtige Familie von Zulfiya Khonjonova, ihrem Mann Sanovbar und Sohn Vali macht das vor Jahren als Rohbau erworbene zweigeschossige Haus Schritt für Schritt bewohnbar. Dieser Prozess ist noch nicht abgeschlossen, aber jährlich gibt es Fortschritte. In der ersten Etage und in einem Anbau gibt es 12 Zimmer mit je 2–4 Schlafgelegenheiten, im großen Saal können Gruppen bis 20 Personen für wenig Geld ihre Matten ausrollen. Drei Duschen mit warmem Wasser und drei richtige Toiletten sind Luxus an diesem Ort. Auch Hilfe bei der Weiterreise ist kein Problem, Mitfahrgelegenheiten können organisiert werden. Es ist viel Platz zum Sitzen, Reden, Essen, vor dem Haus blühen Blumen. Wenn man Glück hat, kann man abends unter dem Sternenhimmel ein Pamirmusik-Konzert erleben.

Museum in der Schule Nr. 21, hinter dem Theater rechts, dann links durch das blaue Schultor, Tel. +992/(8)3553/21167. Das kleine Museum zeigt eine Ausstellung über die 1924 als erste in der Region gegründete Schule und ihre Schulabgänger sowie eine kleine heimatkundliche Sammlung mit allerlei Fundsachen, Handarbeiten, alten Jagdwaffen sowie einem Stein mit bislang nicht dechiffrierter altpersischer Inschrift. Der Museumsgründer Mavlodod wohnt nebenan. Bei Interesse kann man in der Schule nach ihm fragen. Es ist angebracht, ihm für seine Dienste etwas Geld zuzustecken oder liegenzulassen.

EXTRA

Reinhold Messner über die Menschen im Wakhan

Die folgenden Worte schrieb der bekannte Bergsteiger und Weltreisende Reinhold Messner über die Tadschiken (Wakhi) im afghanischen Teil des Wakhan. So hat er, selbst Bergbauernsohn aus großer Familie, das schwere Leben in diesem Tal wahrgenommen. Alles trifft fast genauso auf ihre Brüder und Schwestern jenseits des Flusses zu. Es ist eine alte Kultur, die bedauerlicherweise durch politische Umstände zerrissen wurde - hoffentlich nur vorübergehend.

»Im Wakhanstreifen (...) leben die Tadjiken, stolze, freiheitsliebende Menschen, die auf bodenständiges Recht bauen. Diese Bauern betreiben Bewässerungsfeldbau, Viehzucht und ein wenig Obstbau. Die Dörfer liegen - kleinen Oasen gleich - im Talgrund, dort, wo die Seitentäler in den Amu Darja (früher Oxus) münden. Die Felder sind großteils in Terrassen an den flachen Berghängen und zwischen den einzelnen Siedlungskernen angelegt, und nur ein weit verzweigtes Bewässerungssystem ermöglicht den Anbau von Feldfrüchten, Getreide und Kartoffeln. Jedem Gehöft steht je nach Größe eine bestimmte Wassermenge zu, Wasser, das aus den nahen Gletscherbächen kommt. Dieses ausgeklügelte Wasserrecht gehört zum kulturellen Erbe dieser Bergbauern, wie auch die reiche, jahrhundertealte Volkskunst. Wer selbst keine Felder und Herden besitzt, arbeitet als Knecht – ganz wenige als Handwerker. Die Felder werden mit dem einfachen Hakenpflug und mit Spaten aus Eisen bearbeitet. Ziegen und Schafe liefern Milch, Fleisch und Wolle. Die Tiere kommen im Sommer auf die Alm. - Auch wenn sich diese Bauern Touristen gegenüber gut organisiert haben, bleiben immer noch Schnee und Dürre, Wasserknappheit und Wildbäche ihre eigentlichen Gesetzgeber, denen sie sich mit Gelassenheit beugen.«

Aus: Reinhold Messner, Bergvölker, Bilder und Begegnungen. BLV Buchverlag München, 2012. Abdruck mit freundlicher Genehmigung des Autors.

Flussterrassen im Wakhan-Korridor

Von Ishkoshim nach Yamchun

Am Ende des 1. Jahrtausends vor der christlichen Zeitrechnung nahm die Handelstätigkeit zwischen Ost (China, Indien) und West (Iran, Europa) zu und auch der Kampf um Länder, Schätze und Einflusssphären. Alexander der Große marschierte nach Osten, die Perser fühlten sich bedrängt, aber auch Nachbarstämme aus östlicher Richtung kamen nicht nur mit friedlicher Absicht. Besonderen Schutz brauchten außer der Bevölkerung auch die Handelskarawanen, die hier zwischen Pamir und Hindukusch den einzigen weit und breit möglichen Weg von West nach Ost und umgekehrt nahmen. Es wurden Beobachtungs- und Wachposten errichtet, mächtige Verteidigungsanlagen und Fluchtburgen. Es ist überliefert, dass der Führungsclan des hier ansässigen Stammes der zoroastrischen Siahpush (›Schwarzhäute‹, so genannt wegen ihrer schwarzen Gewänder) von drei Brüdern repräsentiert wurde: Qahka, Zengibar und Zulqasham. Sie waren die Bauherren und Herrscher der im 3. Jahrhundert vor Christus errichteten drei großen Festungen am Eingang und Ausgang sowie in der Mitte des Tales, nach ihnen wurden sie auch benannt.

Afghanischer Bergriese

Festung Qahka

Die Weiterfahrt nach Osten wird bereits nach 13 Kilometern hinter dem Ort **Namadgut-i Poyon** unterbrochen. Zwischen Straße und Fluss erhebt sich auf einem Felsen eine Festung, deren Besichtigung lohnt. Es ist Qahka (Khahkala, Qahqa-Qala) die westlichste der mächtigen Festungsanlagen im tadschikischen Teil des Wakhan-Korridors. Sie misst 650 mal 200 Meter, ist aus ungebrannten Lehmziegeln erbaut und trotzdem recht gut erhalten – an der Flussseite sind einige der ehemals 56 Wehrtürme mit Schießscharten zu erkennen, auch Reste der Festungsmauer stehen noch. Obwohl als Sehenswürdigkeit beschildert und nicht eindeutig als Militärgelände gekennzeichnet, wird die Burg – ganz im Sinne ihrer einstmaligen Bestimmung – auch heute noch als Stützpunkt von Soldaten benutzt. Leider verwenden jene in Ermangelung anderer Materialien die Steine der uralten Grundmauern für den Bau ihrer Hüttchen. Die Soldaten sind freundlich und an Touristen gewöhnt. Wird man von ihnen angesprochen, sollte man sich defensiv verhalten, sich entschuldigen, darauf hinweisen, dass der Ort nicht als Militärgelände erkennbar ist (insofern man sich verständigen kann) und den Jungs einfach eine Zigarette oder ein Stück Schokolade anbieten. Am Fuß der Festung werden oft Souvenirs angeboten; der Familie gehört auch das **Gästehaus Intizor** nebenan. Es hat saubere Zimmer und die originellsten Abtritte im ganzen Pamir. **Weitere Gästehäuser**: Namadgut-i Poyon: Kurbonbek Sutonbekov, Tel.. +992/93/8731953, +992/50/2112457, Halimsho Sultonshoev.

Grabmal in Shitkharv

Mazare

Unweit der Festung kann auf der anderen Straßenseite in einem üppigen Aprikosenhain der schön verzierte **Mazar** des für die Ismailiten heiligen **Shoh-i Mardon** (Hazrati Ali, Mohammeds Schwiegersohn) besichtigt werden, eine nach dem Vorbild eines Pamirhauses errichtete Anlage, deren Bedeutung durch Gehörne von Steinböcken innerhalb der Umfriedung unterstrichen wird. Diese sind bei den Pamiri heilige Tiere, und Mazare von hochverehrten Verstorbenen werden immer mit mindestens einem Steinbock- oder Marco-Polo-Schaf-Gehörn verziert. Meistens ist es über dem Eingang auf einem Torbogen angebracht. Auch in **Shitkharv**, etwa 45 Kilometer ostwärts, gibt es auf der linken Straßenseite einen schönen großen Mazar, kleinere hat fast jedes Dorf (→ S. 94).

Auf der Weiterfahrt kann man gut die beiden Sechstausender erkennen, die den Höhenzug des Shohdara auf der linken Seite krönen – den **Peak Marx** (6723 m) und den **Peak Engels** (6507 m). Diese beiden Berge sind weltweit die buchstäblich höchste Ehrung, die den beiden Klassikern der kommunistischen Lehre je zuteil geworden ist. Auf der afghanischen Seite blicken ebenso hohe Eisriesen auf die Reisenden herab – sie stehen stumm in der zweiten Reihe des Hindukusch und sind immer dann gut zu sehen, wenn ein Zufluss in den Panj einmündet und das entsprechende Seitental den Blick nach Süden freigibt. Oft liegen Dörfer an beziehungsweise gar auf den Schwemmfächern dieser Zuflüsse, und die kunstvoll angelegten, mit Mäuerchen umgeben Terrassen fordern immer wieder zum Halten, Schauen und Fotografieren heraus.

Schutzgebiet Darshaydara

Etwa 30 Kilometer hinter Ishkoshim wird bei **Darshay** auf das nicht nur landschaftlich sehenswerte kommunale Naturschutz- und Jagdgebiet ›Darshaydara‹ in den Bergen über dem Ort hingewiesen. Es reicht vom Ort entlang des Darshay-Flusses bis zum Peak Majakowski (6095 m). Steinböcke, Bartgeier, Braunbären und sogar Schneeleoparden gibt es in Darshaydara. Urial-Wildschafe sind hier leider vor Jahrzehnten ausgerottet worden, können aber manchmal auf den gegenüberliegenden Hängen in Afghanistan beobachtet werden.

Das Gebiet eignet sich für Eintageswanderungen und ausgedehnte Mehrtagestouren, die bis ins Shohdara-Tal reichen können. Verwaltet wird das Schutzgebiet von der lokalen Organisation ›Yoquti Darshay‹ (Spinell von Darshay), einer von mehreren derartigen Initiativen einheimischer traditioneller Jäger, die sich im Rahmen des sogenannten tadschikischen Berghuftierprojektes das Ziel gesetzt haben, nachhaltig bewirtschaftete Schutz- und Jagdgebiete zu schaffen. Reisende können in einem

▲ Karte S. 214

traditionellen Pamirhaus unterkommen (ÜN+F 20 Dollar, Mittag-/Abendessen je 10 Dollar. Lunchpakete für unterwegs können bestellt werden, Vegetarier willkommen). Man kann qualifizierte Guides für Trekkingtouren, Wildtierbeobachtungen und Fotosafaris mieten, außerdem Packesel und Ausrüstung. Informationen auf www.tajwildlife.com, Auskünfte und Buchungen bei Kobil Shokirov, tourism@tajwildlife.com, oder Mustafa Berjandi, Tel. +992/91/8817855, office@tajwildlife.com.

Es gibt einen **Mazar** im Dorf Darshay, **Reste einer Burganlage** oberhalb des Dorfes, **Petroglyphen**, einen Ovring (hängender Pfad), eine warme Quelle, kleine Wäldchen und grüne Sommerweiden.

Gästehäuser in Darshay

Munavvar Alidodov, Tel. +992/93/5389183 (hier auch Informationen zum Schutzgebiet); **Partovi Khudoyorbekov** und **Sadbarg Atobekova**, Tel. +992/50/1160822, +992/50/1267318; **Laili Khujamrieva**, Tel. +992/50/1063542, +992/50/2156804; **Gulmamad Matobov**, Tel. +992/93/4594266.

Festung Yamchun

Reichlich 70 Kilometer östlich der Festung Qahka trifft man sieben Kilometer über dem Ort **Vichkut**, bei der Abzweigung zur heißen Quelle Bibi Fotima, auf eine weitere Festung. Unübersehbar thront sie auf über 3000 Meter derart majestätisch auf einem steilen und schmalen Vorsprung hoch über dem Panj-Tal, dass es den Besucher vor Ehrfurcht ein bisschen schaudert. Auch diese Festung wurde im 3. Jahrhundert vor Christus erbaut. Sie ist auch als **Zulqasham** oder **Zamr-i Otash Parast**, das ›Schloss der Feueranbeter‹ bekannt.

Die Aufteilung der 900 mal 400 Meter (!) großen Anlage in eine Zitadelle mit Bastion und Kaserne und zwei Übungs-

Uneinnehmbar: Die Festung Yamchun

plätze lässt ihre überwiegend militärische Funktion erahnen. Drei Ringe von doppelten Steinmauern und 40 leicht nach außen geneigte Wehrtürme (für den besseren Beschuss von unten kommender Angreifer!), dazu zwei tiefe Canyons, die den Felsvorsprung mit der Festung vom Talhang trennten, machten diese Trutzburg uneinnehmbar. Der bekannte Archäologe und Entdecker Aurel Stein, der 1906 auf dem Weg nach China durch den Wakhan kam, lobte Qahka und Yamchun als herausragende Beispiele der mittelasiatischen Fortifikationsschule in ihrer Hochgebirgsvariante.

Bibi Fotima

Oberhalb dieser kriegerischen Stätten liegt ein Platz voller Frieden: Bibi Fotima (Bibi Fatima), eine etwa 40 Grad warme Quelle, benannt nach Mohammeds Tochter. Die Quelle ist besonders bei den Frauen der näheren und weiteren Umgebung für ihre Wundertätigkeit bekannt. Ein **Kurheim** aus sowjetischen Zeiten unterhalb der Quellen kann einige hundert

Blick auf den Wakhan-Korridor bei Yamchun

Patienten aufnehmen, in den kleinen neuen Hotels direkt neben den Quellen kann man für 10 bis 15 Dollar übernachten (Zakhro, Tel. +992/93/8478989). Das Wasser der Quellen selbst schießt durch einen Felskanal ziemlich steil nach unten. Man hat einen Weg und Stufen in den Fels gehauen und an zwei Stellen Badehäuser über diesen Sturzbach gebaut. Handtuch und Badeschlappen sollte man mitbringen und versuchen, in den oberen Badebereich (dieser wechselt je nach Zeit zwischen Frauen und Männern) zu gelangen. Dies ist die ›richtige‹ Quelle. Man kann im neuen Umkleideraum seine Kleidung aufhängen und dann mit anderen Badenden in die Durchlaufbecken steigen, sich etwa unter den kleinen, angenehm warmen Wasserfall stellen oder im ausgewaschenen kleinen Bekken baden.

Für die Einheimischen ist dieser Ort sehr wichtig, denn er soll die Fruchtbarkeit fördern. Dafür müssen sie in die kleine Höhle rechts des Wasserfalls klettern und einige Augenblicke dort (betend) verharren. Für die meist zierlichen und schlanken jungen Tadschikinnen ist das kein Problem. Westliche Besucherinnen sollen schon in der kleinen Höhle festgesteckt haben. Das Bad ist nichts für Sauberkeitsfanatiker, aber ein Erlebnis ist es doch (Eintritt für Ausländer fünf Somoni).

Yamchun und Vichkut

Vielen Reisenden gefällt der Blick auf das breite Panj-Tal und den majestätischen Hindukusch gegenüber so gut, dass sie gern etwas länger verweilen möchten.

Gästehaus: An einer Straßenkehre unter der Festung Yamchun (2 km) liegt am Hang in einem hübschen Garten auf einer schmalen Terrasse das gemütliche Pamirhaus von **Chorshanbe Sultonasainov** (Tel. +992/93/8305239), seinem Sohn **Alisho** (Tel. +992/93/6002985, alisho-85@mail.ru, skype alisho550) und dessen Frau **Zamira**. Alisho spricht Englisch und steht auch als Guide und Fahrer zur Verfügung.

Weitere **Gästehäuser in Vichkut**: **Mobeka Shadodova**, Tel. +992/93/3146567, +992/93/4775116; **Bibioim Poyandashoev**, Tel. +992/93/8907907; **Gulmarvori Nazarova**, Tel. +992/93/4346802, +992/90/6669000; **Bibinamo Mamadshafieva**, Tel. +992/93/3147756.

Akimkhon Murodaliev (in Tughgoz), Tel. +992/93/4774883, +992/50/1937219.

▶ Karte S. 214

Von Bibi Fotima nach Langar

Während der Weiterfahrt nach Langar sollte man an drei Orten Halt machen: in **Yamg**, um das Museum im Wohnhaus des Gelehrten und Sufi Muborak Wakhoni zu besuchen, in **Vrang** für einen Besuch des Museums für den Mystiker und Poeten Abdullo Ansori und am östlichen Ortrand von Vrang, um zur buddhistischen **Stupa** hinaufzusteigen und sich im Anschluss die alte Wassermühle am Fuß des Hügels anzusehen.

Dieses Tagesprogramm ist so umfangreich, dass man mit Sicherheit erst abends in Langar ankommt, obwohl insgesamt nur 40 Kilometer zu bewältigen sind.

Yamg

Kommt man von Bibi Fotima, der Festung Yamchun und den gästehausgesäumten Serpentinen wieder auf die Hauptstraße hinunter, erreicht man nach wenigen Minuten das kleine grüne Dorf Yamg mit seinen weiß gekalkten Mäuerchen, Aprikosenbäumen und Wasserläufen. Auch in Yamg gibt es ein schönes und für Pamir-Verhältnisse recht komfortables Gästehaus, es gehört dem Lehrer Haidar Malik Mamadov, ein Hinweisschild zeigt ›Haidar's Guesthouse‹ an. Haidar ist der Leiter des Museums für seinen Vorfahren, den Sufi, Astronomen und Gelehrten Muborak Wakhoni (1842–1902). Wakhoni ist die Ortsbezeichnung – der hochverehrte Einwohner vom Yamg war also ›Muborak vom Wakhan‹. Das **Museum** zeigt im ältesten Pamirhaus des Ortes eine schöne Sammlung von Handschriften und wertvollen, teilweise außergewöhnlichen Musikinstrumenten des Gelehrten, seine Kleidung und Gebrauchsgegenstände. Das gut gepflegte Haus beeindruckt durch prächtiges Schnitzwerk an Säulen und Balken. Haidar kann stundenlang von Muborok erzählen, die Instrumente vorführen und die Elemente des Pamirhauses erklären. Oberhalb des Museums gibt es außerdem noch einen **steinernen Sonnenkalender** mit Loch, mit dessen Hilfe Muborok unter anderem den Zeitpunkt der Frühlings-Tag-und-Nachtgleiche und damit den Anbruch des Frühlingsfestes Navruz bestimmte.

Eingang zum Museum für Muborak Wakhoni

Der Pamir

EXTRA

Das Pamirhaus

Das Pamirhaus (auf Shugni auch›Chid‹ genannt) ist auf den ersten Blick ein unscheinbarer und recht niedriger Quader. Oft ist es ein Stück in die Erde eingelassen beziehungsweise teilweise in den Hang hineingebaut. Das Dach ist ganz flach, bis auf eine kleine Erhebung, die ein Oberlicht trägt, das wie ein Mini-Gewächshaus aussieht. Zur Straße hin gibt es traditionell keine Fenster – nur eine glatte weiße Mauer, die den Eindruck einer Festung vermittelt. Die anderen Fenster, sofern vorhanden, sind klein – aus Gründen der Wärmeisolierung. Auf dem flachen Dach kann man wunderbar Aprikosen und Maulbeeren zum Trocknen ausbreiten, Brennmaterial wie getrockneten Dung oder Teresken lagern oder ganze Berge von Heu auftürmen. Da es im Pamir kaum regnet, macht es nichts, dass das Dach keine Neigung hat. Oft sieht man, dass sich Häuser am Hang stufen- beziehungsweise terrassenförmig aneinanderschmiegen. So wird aus Gründen des Schutzes und der Gemeinschaft, der Wärmedämmung und der Stabilität gebaut, dieser Zusammenhalt ist aber auch dem nicht allzu reichlichen Platzangebot an den Hängen geschuldet. Die Konstruktion jedes einzelnen Hauses aus einem separaten Holzgerüst mit fünf Innensäulen und Lehmwänden ist relativ erdbebensicher.

Das Pamirhaus ist nicht nur ein Dach über dem Kopf, es ist auch eine Behausung für die Seele. Bei einem Blick ins Innere offenbart sich eine uralte Kultur und eine komplexe und pragmatische Philosophie des Zoroastrismus, die bei Bedarf den Islam gleich mit integriert. Der Legende nach hat Jamshid, König des Stammes der Arier, dieses Haus für seine Leute entworfen.

Im Zoroastrismus spielt die Zahl Sieben eine große Rolle, sie entspricht sieben Elementen oder Anfängen des menschlichen Lebens. Auch im Pamirhaus kommt die Sieben gleich mehrfach zur Anwendung. Es gibt drei Lebensräume im Haus – für Menschen, für Tiere (besonders im Winter, zum Beispiel für die Lämmer) und

Die hölzerne Decke eines Pamirhauses

für Pflanzen (Überwintern der Samen und Setzlinge) – sowie Platz für alle vier Elemente: Der Boden des Hauses (*chalak*) repräsentiert die Erde, der Herd und die Lampe stehen für das Feuer und die beiden erhöhten Sitzpodeste im Wohnraum (*loshnukh* und *barnekh*) für Luft und Wasser.

Die Elemente wiederholen sich bei der Konstruktion des Oberlichts.

Die Säulen

In jedem Pamirhaus gibt es fünf tragende Säulen. Im Zoroastrismus stehen diese für fünf Gottheiten/Prinzipien (Yazatas oder Izads): Soroush, Mehr (Mithra), Anahita, Zamyod und Azar. Jede Säule hat darüber hinaus ihren eigenen Namen:

1. Khasitan Shokhsutun symbolisiert Soroush, den Wächter von Gewissen und intuitiver Weisheit. Die Säule Khasitan Shokhsutun steht immer links vom Eingang in den Hauptraum. Sie ist manchmal mit geschnitzten Sonnensymbolen verziert. Früher wurde diese Säule immer aus Wacholder gefertigt, einem heiligen Baum, dem Symbol für Reinheit. Wacholderrauch gilt als heilend und desinfizierend. Wenn ein kleines Kind im Haus ist, wird die Wiege neben diese Säule gestellt.

2. Vouznek-sitan symbolisiert Mehr, den Wächter des Lichts der Redlichkeit, Freundschaft und Liebenswürdigkeit. Die Säule Vouznek-sitan steht diagonal links vom Eingang. Da Mehr auch das Symbol für Liebe und Verpflichtung ist, sitzt bei Hochzeiten das Brautpaar in seiner Nähe, in der Hoffnung, mit Barakat gesegnet zu werden, mit gemeinsamem Glück.

3. Kitsor-sitan symbolisiert Anahita, die Wächterin des Wassers und des Feuers und den Geist der Ernährung. Die Säule Kitsor-sitan steht diagonal rechts vom Eingang. Das ist der Ehrenplatz für Frauen bei der Verlobungszeremonie, die in roter Kleidung und mit vollem Schmuck (Armbänder, Ohrringe, Ringe) absolviert werden muss. Auch der Herd befindet sich in der Nähe dieser Säule.

4. Poiga-sitan symbolisiert Zamyod, den Hüter der Erde und den Geist des Schaffens und der Bodenständigkeit.

5. Barnekh-sitan symbolisiert Azar, den Hüter von Feuer, Treue, Güte und Weisheit.

Poiga-sitan und Barnekh-sitan bilden eine Doppelsäule, die oben durch einen Querbalken mit zoroastrischen Symbolen verbunden ist. Die Kapitelle dieser Säulen gehen ineinander über, das verbindende Element ist oft ein Holzornament in Form eines Marco-Polo-Schaf-Gehörns. Damit wird die enge Verbindung der beiden Hüter/Geister bekräftigt. Die fünfte Säule Barnekh-sitan ist der Ort für das Gebet. Hier darf auch der religiöse Lehrer sitzen, bei dessen Abwesenheit wahlweise ein anderer Ehrengast. Morgenzeremonien oder Dreitageszeremonien mit einer Lampe werden an der fünften Säule abgehalten.

Die Balken

Die Säulen tragen die beiden Hauptbalken, welche die materielle und die spirituelle Welt symbolisieren. Der erste Balken verläuft über die Säulen für Sourush und Mehr, der zweite Hauptbalken über die anderen drei Säulen. Diese Balken tragen dreizehn Zwischenbalken, sechs über dem Feuerplatz, die die Richtungen Ost, West, Nord und Süd sowie oben und unten symbolisieren. Und die andern sieben stellen die sieben Aspekte der Göttlichkeit dar. Insgesamt hat ein Haus zwischen 49 und 72 Balken, in Abhängigkeit von der Hausgröße und den lokalen Traditionen.

Podeste und Oberlicht

Die umlaufenden Podeste sind bis zu 50 Zentimeter erhöht, unter einem von ihnen ist Platz zum Aufbewahren von Gegenständen. Die Erhöhung gewährt eine gute Isolation gegen Bodenkälte. In alten Häusern ist der Herd in diese umlaufenden Plattformen integriert. Das Oberlicht besteht aus vier konzentrischen, ineinander verschachtelten Holzquadraten, die – von unten nach oben – für die Elemente Erde, Wasser, Luft und Feuer stehen. Dabei ist das Feuer dem Sonnenlicht am nächsten. Ein ganz perfektes Pamirhaus hat neben dem Speicher für Lebensmittel auch ein Reservoir für Wasser, wenn möglich sogar mit eigenem Zulauf.

Diese komplexen zoroastrischen Prinzipien geraten allerdings langsam in Vergessenheit, und so wird den Besuchern des Pamirhauses auch oft erklärt, dass die Säulen Mohammed, Ali und Fatima sowie deren Söhnen Hassan und Hussein gewidmet sind.

So kann man feststellen, dass die äußerlich ärmlich wirkenden Quader ein reiches und bereicherndes Innenleben haben, ihre Bauweise bis ins Detail durchdacht ist und ein Pamirhaus so etwas wie eine kleine Trutzburg gegen Kälte und Wind im Winter, Hitze und Staub im Sommer ist. Wer einmal in einem Pamirhaus gesessen und Tee mit seinen freundlichen Bewohnern getrunken hat, wird jene besser verstehen und dieses Erlebnis nie vergessen (→ auch Pamir-Knigge, S. 171).

Besonders schönes Pamirhaus im Oberdorf von Zong

Vrang

Das langgestreckte Vrang zehn Kilometer weiter hat gleich mehrere Sehenswürdigkeiten zu bieten. Da ist zum einen das kleine **Museum**, das dem hier hoch verehrten Mystiker und Poeten **Abdullo Ansori** gewidmet ist, einem Sufi, der im 11. Jahrhundert lebte.

Der Sufismus ist eine mystische Auslegung des Islam, und es ist kein Wunder, dass er, wie auch das Ismailitentum, hier oben im Pamir praktiziert wurde beziehungsweise wird. Gebirgsvölker auf der ganzen Erde verbinden in ihren religiösen Vorstellungen pragmatisch die Anbetung der Natur und andere, ›importierte‹ Religionen, oft in einer abgeschwächten Form. Zeugnisse für den Animismus findet man im Pamir überall – angefangen von den Hörnern der Bergschafe auf und in den Umfriedungen bis hin zu Stachelpflanzenpolstern von Acantholimon auf den Hausdächern, die den bösen Blick abwehren sollen. Die zoroastrischen Prinzipien beim Bau eines Pamirhauses werden kombiniert mit dem Islam. Die sufistische Auslegung des Islam war hier oben sehr willkommen, weil sie eine freie Glaubensausübung auch ohne Moschee und Mullah gestattet, eine innere Zwiesprache mit Gott durch Meditation, die an jedem Ort vorgenommen werden kann, auch auf der Hochweide, ohne Moschee und Imam. Das Ismailitentum wurde auch deswegen gern angenommen, weil es den Frauen weitgehende Gleichberechtigung gewährt – unabdingbar in den rauen Bergen, wo jede Hand zum Arbeiten gebraucht wird, nicht nur in den Hinterzimmern der Häuser, sondern auch auf dem Feld.

Und schließlich findet man im Wakhan-Tal auch Zeugnisse des Buddhismus – eben hier, in Vrang. Fährt man nach Osten, kann man auf der linken Seite der Straße zahlreiche Höhlen erkennen, die ins poröse Gestein geschlagen sind. Hier

Sanierte Stupa von Vrang

lebten in der vorislamischen Zeit (4. bis 7. Jahrhundert) buddhistische Mönche. Auch Überreste ihres Klosters wurden am östlichen Ortsrand von Vrang gefunden, am besten erhalten ist aber die aus Felssteinen geschichtete und gründlich restaurierte fünfstufige **Stupa** aus dem 7./8. Jahrhundert, die oben auf der fünften Stufe so etwas wie einen Fußabdruck erkennen lässt – dieser soll vom Buddha selbst stammen. Von diesen Klöstern soll es mehrere im Wakhan-Tal gegeben haben – das weiß man aus den Berichten des chinesischen Pilgermönchs Xuangzang um 630. Zu Zeiten der Seidenstraße wurde der Wakhan-Korridor auch ›Große Buddhastraße‹ genannt. An der Hauptstraße weist ein Schild den Weg zur Stupa. Den etwas halsbrecherischen Weg auf den Hügel, vorbei an kunstvoll angelegten kleinen Bewässerungskanälen, kann man sich von den Jungen zeigen lassen, die oft am Fuß der Erhebung auf Touristen warten. Einige von ihnen sprechen ein passables Englisch und erzählen ganz stolz von ihrem Englischlehrer, den sie sehr verehren. Sie freuen sich, wenn man sie nach ihrem Leben und ihren Familien fragt. Manche bieten kleine Rubine oder Spinelle zum Kauf an, die sie selbst aus den Bergen geholt haben. Man sollte den Jungs einen kleinen Obolus für ihre Dienste geben und sie zum Weiterlernen ermutigen, damit sie im Tourismus ihren Broterwerb finden und nicht saisonal auswandern müssen, wie die meisten ihrer Väter.

200 Meter unterhalb des Hügels am Eingang zum kleinen Canyon sprudelt eine **Mineralwasserquelle**. 150 Meter dorfwärts, direkt am Kanal, findet man eine alte und nichtsdestotrotz noch funktionierende **Getreidemühe** mit Wasserantrieb. Shodi, der freundliche Geographielehrer des Ortes, wohnt direkt daneben und erklärt gern und gut die Funktionsweise der Mühle.

Zwischen Vichkut und Vrang

Ptup: Saidbek Aidarmamadov, Tel. +992/93/4527801, +992/50/1239147.

Awalmo Jumakhonova, Tel. +992/93/8503762. Mit Dusche.

Yamg: Haidar ›Nickbahtmo‹ Malik Mamadov, Tel. +992/93/4565519; ÜN+HP 20 Dollar. 5 Zimmer, Dusche, WC.

Mirzoeva Navruzbekova, Tel. +992/93/8073309, +992/50/1021385.

Vrang: Jachonbegim Zevarova, Tel. +992/93/8592277.

Rano Tolibshoeva, Tel. +992/93/7711201, +992/50/2054515. Dusche. Es gibt eine **Krankenstation**.

Shirgin

Unweit des übernächsten Dorfes, Shirgin, fallen ziegelrote Ablagerungen an einem Bach auf. Das sind die mineralischen Spuren der **heißen Quellen**, die von den Einheimischen fast täglich im Wechsel genutzt werden, Frauen baden dienstags, donnerstags und samstags, Männer montags, mittwochs und freitags. Die Quellen sind überdacht und eingehaust.

▲ Karte S. 214

Der Lehrer Shodi und seine Tochter Durnamo aus Vrang

Die mit Blick zum Fluss links gelegene Quelle in einem Betongebäude sollte man entsprechend ›links liegen‹ lassen – sie ist sehr schmutzig und scheint nicht mehr in Betrieb zu sein. Rechts davon, etwas unscheinbar, findet sich dagegen ein netter kleiner Pool in einem Natursteingemäuer.

Zong

Am östlichen Ende des breiten Flusstales liegt das Dorf Zong. Am Eingang des Dorfes verfällt linkerhand eine sowjetische Bushaltestelle aus Beton-Fertigteilen mit eingeprägtem fünfzackigem Stern. Gegenüber am afghanischen Ufer sieht man neben einem Wachturm einen Ruinenhügel. Unwillkürlich denkt man an den sowjetischen Einmarsch in Afghanistan 1979. Gerade diese Ecke spielte wegen der Brücke über den Pamir-Fluss hinter Langar eine wichtige Rolle bei der Absicherung des militärischen Nachschubs. Aber der Ruinenhügel birgt tatsächlich nur die Reste einer weiteren alten Festung, **Qala-i Panj**. Sie ist leider fast komplett abgetragen worden, weil sie einer modernen Grenzschutzkaserne im Weg war, die jetzt hier steht. Von der alten Festung blieb nicht viel mehr als der Name übrig – das afghanische Dorf heißt Qala-i Panj.

Zong ist für die zoroastrische **Feuerkultstätte** bekannt, die man hier gefunden hat – eine kleiner, kreuzförmig angelegter Raum mit drei Sitzpodesten und einer halbrunden Feuerstätte an den vier Enden. Auch hier gibt es ein kommunales Wildschutzgebiet, es heißt **Yuz Palang** (frei übersetzt ›Schneeleopard‹) und wird betreut von der gleichnamigen lokalen Organisation. Nachdem ein Hirte mehr als ein Dutzend seiner Ziegen und Schafe an einen Schneeleoparden verloren hatte, wurden die Dorfbewohner von der Organisation ›Panthera‹ unterstützt, ihre Ställe gegen die Übergriffe zu sichern. Man kann Steinböcke beobachten, es gibt Luchse und Braunbären, und gelegentlich wird von aus Afghanistan einwandernden Urial-Wildschafen berichtet.

Oberhalb des Dorfes **Dirch** (Laufzeit von Zong anderthalb Stunden, Einstieg am Gästehaus Takhir) findet man am Hang Überreste der mittelalterlichen ›Seidenfestung‹ **Vishim Qala** (oder Abdrashim Qala) und eine Höhle, die vormals als Zufluchtsort gedient hat. Der Aufstieg lohnt schon allein deshalb, weil man von oben einen Blick in das Tal des Wakhandarya erhaschen kann und bei gutem Wetter und klarer Sicht an dessen Ende einige Gipfel des mächtigen Karakorum-Gebirges aufragen sieht.

Beim Abstieg ist ein Bad in den **heißen Quellen** am oberen Ortsrand von Zong angeraten. Geführte Touren, Packesel und Unterkünfte können unter tourism@tajwildlife.com gebucht werden, Preise auf www.tajwildlife.com. Kontakt vor Ort: Ghulomali, Tel. +992/93/4101558.

Hisor

In Hisor, dem vorletzten Dorf auf der tadschikischen Seite des Wakhans, am Ausgang des Tales, können die nicht allzu gut erhaltenen Reste der Festung des dritten Siahpush-Bruders besichtigt werden: **Zengibar**.

Eine weitere Sehenswürdigkeit: Amonsho Abdulasavov hält – als Einziger im tadschikischen Wakhan – einige baktrische Kamele. Im Sommer sind sie manchmal

Am Zusammenfluss von Wakhan und Pamir

Kartoffelernte mit dem Ochsenpflug

auf der Hochweide; wer eine **Kameltour** für etwa 40 Dollar pro Tag buchen will, muss rechtzeitig Bescheid geben, damit Amonsho die Tiere von dort ins Dorf holen lassen kann (Tel. +992/93/8187709).

Gästehäuser Hisor
Davlathon Bairambekov, Tel. +992/93/5148819, +992/93/8384032 (ÜN+HP 20 Dollar); Farrukh Davronov, Tel. +992/93/5148813; Tamo Shakarova, Tel. +992/93/4081640.

Langar

▲ Karte S. 214

Früher war der Ort Langar bedeutend – ein Sammelpunkt für Karawanen, die gemeinsam über das unwirtliche Dach der Welt weiterzogen. Heute ist hier kaum noch etwas los. Das Schönste an Langar (Aussprache: Lyangar) ist der Blick auf den Zusammenfluss von Pamir und Wakhan. Die beste Sicht hat man, wenn man am westlichen Ende des ziemlich langgezogenen Dorfes den Weg am Hang hochgeht. Je mehr Höhe man gewinnt, desto großartiger ist das Panorama und desto höher werden auch die Eisriesen des Hindukusch, die sich hinter der ersten Bergreihe hervorschieben. Besonders die gewaltige Pyramide des **Baba Tangi** (6513 m) fällt ins Auge. Ein kleines **Museum** gegenüber dem hörnergeschmückten **Heiligtum Shoh Kambari Oftob** im Unterdorf beherbergt eine **Heimatkunde-Ausstellung** und eine von Handwerkern des Dorfes kunstvoll neugestaltete **Jamoatkhona** – das ismailitische Pendant zur Moschee. Yodgor, der Direktor des Museums, stellt auch Nachtlager zur Verfügung.

Es empfiehlt sich, zum Oberdorf von Langar und von hier zu den **Petroglyphen** hinaufzusteigen, die hoch über dem Tal an den Felswänden versammelt sind. Man verlässt die Straße in Richtung Alichur genau an der Spitzkehre und geht von hier ein Stück nach unten, quert einen Wasserlauf und steigt jenseits von diesem zwischen Häusern und Gärtchen steil nach oben, am Friedhof vorbei, zu den großen Steinplatten. Die Dienste der Jungen, die an der Wasserstelle warten und Hilfe anbieten, sollte man gegen ein freundliches Gespräch und ein kleines Trinkgeld in Anspruch nehmen, denn die obere, größere und bedeutendere Ansammlung von Petroglyphen findet man nicht allein. **Vorsicht:** Auch wenn Sie sehen, dass die Einheimischen lässig in Gummischlappen den Hang hochkraxeln – machen Sie es nicht nach. Der Weg zur oberen Petroglyphen-Gruppe ist steil und führt über Geröll, und ein asphaltverwöhnter Europäer sollte hier unbedingt knöchelhohe Wanderschuhe mit Profilsohle an den Füßen haben.

Mit etwa 6000 in den Fels gravierten und geritzten Motiven ist Ansammlung von Petroglyphen bei Langar eine der größten in ganz Zentralasien. Es sind sehr ausdrucksvolle Motive dabei, die Bogenschützen und Steinböcke zeigen. Ärgerlich sind die Zerkratzungen neueren Datums. Auch von den Petroglyphen hat man einen tollen Blick auf den Zusamenfluss von Pomir und Wakhan-darya.

Langar

In Langar gibt es eine **Krankenstation.**

Nigina Avassronova (Oberdorf, ›bolo‹), Tel. +992/93/8483720, +992/93/4598575. Gute Unterkunft bei sehr freundlicher Familie, gute Bedingungen.

Gästehaus Yodgor Mulloev (Unterdorf, ›poyon‹), Tel. +992/93/4288869, +992/93/4598575. Englisch.

Gulshodbegim Tavaloeva ›Zumrat‹ (Unterdorf), Tel. +992/93/5550435. Im Zentrum des Unterdorfes..

Wakhan-Pappeln

Kurz bevor es heißt, vom Grün des Panj-Tales Abschied zu nehmen, seien ein paar Dankesworte an dieses Grün und seine Hüter gerichtet. Der Wakhan ist im Vergleich zu anderen Pamir-Tälern außerordentlich grün. Wilde Sanddornhecken, Maulbeer- und Aprikosenbäume in den Dörfern, Getreidefelder. Trotzdem gibt es nicht genug Bäume – und die Nachfrage ist immens. Sie werden als Bauholz für die wachsende Bevölkerung benötigt, und auch als Heizmaterial sind sie nicht zu verachten. Umso mehr Respekt und Unterstützung verdient die Aktion des Aga Khan Development Network, schnellwachsende Pappeln und Kopfweiden an allen erdenklichen Orten anzupflanzen. Wenn man die Bäume in Wassernähe platziert, kann man ihnen beim Wachsen zusehen. Und so freut man sich über die Pappel- und Weidenreihen allerorten: links und rechts der Straßen, an Flüssen und Bachläufen, ja sogar auf dem Schwemmland des Panj, wo sie allerdings vom Hochwasser bedroht sind. Ein größeres Risiko für die jungen Bäume sind aber die Ziegen, Schafe, Esel und auch Kühe. Aber da gibt es findige Baumschützer, die aus allem, was nicht gebraucht wird, abschreckende Baumschutzumhüllungen herstellen. Dornen, Lumpen, Plastiktüten, Cola-Flaschen – dem Erfindungsreichtum sind keine Grenzen gesetzt. Die Pappeln danken es den Beschützern – und wachsen.

Baumschutz aus Stoff …

… und aus Dornen

Von Langar nach Alichur

Langar ist der letzte Ort in milden Gefilden. Schon beim Verlassen das Oberdorfs bekommt man eine Ahnung, was einen im schroffen Tal des Pamirflusses erwartet: überwiegend nackte Schotterhänge. Auch der Wind, der vom Oberlauf des Flusses herunterweht, trägt spätestens ab Ende August eine eindeutige Botschaft mit sich: Zieht Euch warm an! Öffentliche Verkehrsmittel fahren nicht durch diese unbewohnte Einöde – wer nach Alichur oder Murghob will, sollte sich spätestens in Ishkoshim ein Auto mit Fahrer mieten. Auch die machen sich nur bei eindeutig guten Wetterbedingungen und bis zum ersten Schneefall im Frühherbst auf den Weg. Danach ist der **Khargush-Pass** bis zum Frühjahr für normale Fahrzeuge unpassierbar. Fünf Kilometer hinter Langar ist auf der rechten Straßenseite die Festung **Ratm** zu erkennen, auch sie stammt wahrscheinlich aus dem 3./2. Jahrhundert vor Christus. Zu Fuß benötigt man von der Straße etwa 15 Minuten bis zum Sporn mit den Mauerresten. Ratm ist nicht so gut erhalten wie Qahka und Yamchun. Man hat kaum Gelegenheit, darüber traurig zu sein, denn der Blick zurück nimmt einem den Atem. Schon von Ratm aus ist die Sicht phantastisch: Wakhan-Korridor und Hindukusch als Postkartenmotiv. Je höher man sich schraubt, desto höher scheinen die Eisriesen des Hindukusch zu wachsen und desto tiefer und schroffer wird der Canyon, den sich der Pamir ins Gestein gefräst hat. Und immer noch sieht man Terrassenfelder, vor allem auf der afghanischen Seite, am Nordwesthang des Wakhan-Gebirges. Mühsam dem Fels abgerungen, leuchten sie zartgrün auf dessen rotbraunem Gestein.

Nach etwa 35 Kilometern wechselt die Landschaft. Der Pamir ist plötzlich ein freundliches türkisfarbenes Flüsschen mit geringem Gefälle, das sich durch ein flaches Tal und dann durch eine weite Hochgebirgssenke windet. Man könnte ihn leicht zu Pferd durchqueren. Auf der afghanischen Seite sind hin und wieder Zelte zu sehen und Männer, die möglicherweise die gleichen Gedanken haben ...

Die Grenzstation **Khargush** kommt in Sicht. Wer weiter zum **Zorkul** und zum gleichnamigen Schutzgebiet (→ S. 245) will, muss sie passieren – das geht allerdings nur mit Sondergenehmigung, deren Beschaffung schwer ist und am besten

Geschafft: Radfahrer hinter dem Khargush-Pass

▲ Karte S. 165

einem lokalen Veranstalter überlassen bleiben sollte. Reisende zum Khargush-Pass zeigen mal wieder ihren Pass mit GBAO-Genehmigung und dürfen passieren, sie biegen nach links ab und rumpeln die Piste über den lehmig-steinigen Hang nach oben. Den flachen Pass erreicht man bei 4344 Metern. Bevor man ihn quert, sollte man sich noch einmal umschauen und den sanften Bergen des Wakhan-Gebirges ›Adieu‹ sagen. Mit seiner höchsten Erhebung, dem **Koh-i Pamir** (6320 m) ist das Wakhan-Gebirge deutlich höher als die beiden Ebenen, die es voneinander trennt: den **Kleinen Pamir** in Afghanistan und den **Großen Pamir** (oder Zorkul-Pamir) an der Grenze der beiden Länder. Der Koh-i Pamir und seine Nachbarn sind auch im Sommer mit Schnee und ewigem Eis bedeckt.

Willkommen im Pamir

Erst jetzt, nach dem Passieren des Khargush-Passes, ist man auf dem Dach der Welt angelangt. Nichts Spektakuläres ist zu sehen: Der Pamir, so scheint es, ist eine Enttäuschung. Reisende, die aus dem Wakhan kommen, müssen erst einmal umschalten. Es gibt keine schroffen Bergriesen mehr, die 3000 bis 4000 Meter aus dem Tal emporwachsen. Diese hier sind gefühlte 500 Meter hoch, und schroff sind sie auch nicht, eher abgerundet. Der deutsche Offizier Wilhelm Filchner, der den Pamir im Jahre 1900 zu Pferd in wenigen Tagen querte, schrieb sehr passend über diese Landschaftsform der Pamir-Hochebenen: »Die Nivellierungsarbeit der Witterungseinflüsse macht sich stark geltend. Die scharfen Bergformen sind vollkommen verschwunden, alles ist abgerundet, die relativen Höhen sind ganz gering geworden. Geröll und Sand hat die ehemaligen Täler ausgefüllt, die scharfen Bergkämme abgeschnitten und verschwinden lassen.

Anstieg zum Khargush-Pass

Der Eindruck ist einem von Schneewehen ausgeglichenen, scharf coupierten Gelände nicht unähnlich. Nun herrscht die blendend gelbe Farbe des Sandes vor. Sven Hedin vergleicht dieses Gebiet sehr treffend mit einer Mondlandschaft.« Zur gelben Farbe werden sich bald noch rotbraun, violett und anthrazit gesellen, verdoppelt durch große Seen, die diese Mondlandschaft spiegeln. Die ersten liegen unweit des Passes links und rechts der Trasse.

Egal, von welcher Seite man der Welt auf das Dach steigt, der Eindruck ist ähnlich. So schrieb Marco Polo: »Zwölf Tage reitet man über die Pamir-Ebene. Während dieser Zeit findet man weder Wohnstätten noch Unterkunft, daher muss man für den Mundvorrat selber sorgen. In solcher Höhe und Kälte horsten keine Vögel. Auf etwas Besonderes möchte ich Euch hinweisen: In der eisigen Höhenlust brennt das Feuer nicht so hell und rot wie andernorts, und die Speisen garen nicht richtig.« Am Anfang dominiert die Kargheit oder bisweilen auch Tristesse, wenn das Wetter trüb ist. Aber eines hat sich seit Marco Polo geändert: Es gibt sowohl Wohnstätten als auch Unterkunft. Die Augen gewöhnen sich schnell an die Weite, und bei den meisten Reisenden gewöhnen sich auch Herz und Kopf schnell an die Höhe von etwa 4000 Metern. Die bunten ›Hügelberge‹, die nur ein paar hundert Meter aus der Hochebene ragen, sind in Wirklichkeit fast 5000 Meter hoch.

108 Kilometer von Langar entfernt mündet die geisterhaft leere Piste auf die stärker befahrene Trasse Khorugh–Murghob; der Pamir Highway hat uns wieder, wir biegen nach rechts (Osten) ab. Links spiegeln sich bunte Berge wunderschön im großen **Sasikkul**, dem ›Stinkesee‹. So werden auf Kirgisisch oft abflusslose sogenannte Endseen mit Brackwasser genannt. Rechts taucht nach kurzer Zeit Alichur auf, eine sowohl von Kirgisen als auch Pamiri bewohnte Siedlung.

Alichur

Ein paar Reihen weißer Quader auf der kahlen Hochebene und viele Strommasten ohne Strom – das ist Alichur (Ali Chor). Keine Bäume, keine Zäune. Im Sommer ist man beeindruckt vom gleißenden Licht – aber man fragt sich doch, wie Menschen hier den Winter überleben können. Sie können: Die mehr als 1000 Einwohner von Alichur sind ein abgehärtetes und gelassenes Völkchen. Sie leben von Viehzucht und von den Vorbeifahrenden. Man hat ein paar Kantinen eingerichtet, eine ist gut sichtbar direkt an der Straße gelegen – **Stolovaya** (russisch für ›Kantine‹) wurde mit großen Buchstaben direkt auf die Wand gepinselt.

Straße durch die Mondlandschaft des Pamir

Wichtig für Reisende sind die Tankstelle, eine Autowerkstatt, ein paar Geschäfte und die Gästehäuser im Dorf, von denen besonders das Gästehaus ›Nur‹ von Alik und Shynara und das Gästehaus ›Samara‹ von Jeenali und Samarkhan östlich der Moschee, auf der Höhe des Truckstops, zu empfehlen sind. Der Lehrer Jeenali führt gern Gäste durch das Dorf und erklärt ihnen alles. Mit verhaltenem Stolz zeigt er die Krankenstation, die Schule mit Internat für die Kinder der weit verstreuten Jurtencamps, den Dorfclub und eine liebevoll gepflegte **Moschee** mit niedrigen, gedrungenen Türmchen. Es fällt auf, dass nirgendwo im ganzen Ort Müll herumliegt. In den drei Monate währenden Schulferien kann man bei Jeenalis Organisation ›Bar-Bar‹ Wandertouren mit Eseln und Yaks buchen – zu den Seen Sasikkul, Tuzkul, Bulunkul und Yashilkul (Tel. +992/90/6552424, janalim@mail.ru).

Auch bei Alichur wurde ein gemeindebasiertes Wildschutzgebiet eingerichtet, es wird von der lokalen Organisation ›Burgut‹ (Steinadler) betreut, in der sich ehemalige Wilderer zusammengeschlossen haben, und erstreckt sich zwischen Alichur und dem Felsen **Chatyrtash** (→ S. 239) nach Norden in die Berge. Auch diese Initiative soll Wilderern das Handwerk legen und die Tierbestände stabilisieren, um mit nachhaltiger Jagd Geld in die Gemeindekasse zu bringen. Weiterhin

▲ Karte S. 165

Alichur

wird lokalen Hirten geholfen, ihre Herden gegen Schneeleoparden zu schützen. Es können Trekkingtouren, insbesondere Yaktouren, und Tierbeobachtungen organisiert werden – Schwerpunkt sind die Marco-Polo-Schafe und Steinböcke, die die erfahrenen Wildhüter von ›Burgut‹ den Touristen zeigen können. Auch Bären, Luchse, Wölfe und die extrem schwer zu beobachtenden Schneeleoparden kommen hier wieder vor. Vogelbeobachtung an den Seen ist ebenfalls möglich. Ein Mitglied von ›Burgut‹ hat ein wohnliches Gästehaus errichtet, andere bieten Jurtenunterkünfte in verschiedenen Teilen des Gebietes an.

Alichur

Naturschutz-NGO Burgut (Nordseite des Ortes, Schild), Information: www.tajwildlife.com, Buchung: Kobil Shokirov, tourism@tajwildlife.com/Mustafa Berjandi, Tel. +992/91/8817855, office@tajwildlife.com; ÜN+F 20 Dollar, Mittag-/Abendessen je 10 Dollar. Gästehaus und Touren. Guides, Ausrüstung, Reit- und Packtiere. Vor Ort: Makhammatali Atabaev (Makhan), Tel. +992/90/0521035, makhan@tajwildlife.com.

Gästehaus Samara, Jeenali Mamutov und Samarkhan Turdukulowa, Tel. +992/90/7229313, +992/90/6552424 janalim@mail.ru. Zimmer und Jurte für 20 Personen, Touren mit Packtieren.

Gästehaus Nur, Suu-Bashi 42, Tel. +992/90/6553122, +992/90/0726776, www.homestaynur.simdif.com. Zimmer und Jurte. Strom, Sauna, eigenes Lebensmittelgeschäft.

Rahima Doronshoeva (Gästehaus Shukrona), Tel. +992/90/8482612, +992/93/1065658.

Gulnor Lailibekova, Tel. +992/90/0510196, +992/93/8288672.

Taigabek Patandayev (Gäsehaus Marco Polo), Tel. +992/90/0577161.

Asalbubu Satbaldieva, Tel. +992/90/9191153. Jurten-Übernachtung am Flekken Qara Qoom.

Mukhammed Joldoshov, Tel. +992/90/7122294, dj.ms94@mail.ru.

Bergarbeiterdorf Bazardara

Etwa 30 Kilometer nördlich von Alichur, im Tal des Flusses Bazardara (Bozor-Dara), eines linken Nebenflusses des Murghob, wurden zu sowjetischen Zeiten von mehreren Expedition unter der Leitung der Archäologin M. A. Bubnova sehr gut erhaltene Zeugnisse einer frühen Bergbaukultur ausgegraben, die unter Archäologen als **Ak-Jilga/Bazardara mining**

villages bekannt geworden sind. Das Tal ist 30 Kilometer lang, es beginnt bei den Gletschern auf 4600 Meter Höhe und mündet auf 3400 Meter Höhe ins Murghob-Tal. Auf 4200 Metern treten mächtige Granitformationen zutage, in denen es kristalline Bänder mit abbauwürdigem Gehalt an Wolfram, Zinn, Blei, Silber und Kupfer gibt. Ein fast einen Kilometer mächtiges Band zieht sich im oberen und mittleren Teil des Tals 20 Kilometer auf seiner rechten Seite entlang. Auch Gold könnte hier abgebaut worden sein.

An mehreren Stellen konnte man Spuren einer Bergbautätigkeit im 10./11. Jahrhundert nachweisen, deren bedeutendste die mittelalterliche Stadt **Bazardara** auf einer der rechten Flussterrassen ist. Sie überrascht durch ihre Größe von 700 mal 250 Metern (17,5 Hektar) auf dieser Höhe (3980 Meter!), durch eine gut durchdachte Struktur und den Stand der Konservierung – zweifellos dem trockenen Klima und der Entfernung zu den heutigen Siedlungen und Straßen geschuldet. Man fand fand die Mauern von etwa 85 aus großen Steinen gefügten Wohnhäusern mit Feuerstätten und Sitzpodesten, außerdem zahlreiche Bergbauschächte, einen Friedhof mit fast 500 Gräbern, eine Karawanserei, ein Verwaltungsgebäude und einige Petroglyphen (vor allem Darstellungen von Ziegen). Die mittelalterlichen Bewohner dieser Stadt waren offenbar Zoroastrier – diese Vermutung legt eine Feuerkultstätte nahe. Bemerkenswert ist auch, dass es öffentliche Badehäuser mit Fußbodenheizung gab!

An diesem und an mindestens drei weiteren Orten wurde das Erz nicht nur gefördert, sondern auch gleich an Ort und Stelle aus dem Gestein geschmolzen und dann zu Tal befördert. Die höchste Förderstätte im weiteren Umkreis liegt auf fast 5000 Metern. Man nimmt an, dass Teile der Stadt bis ins 18. Jahrhundert bewohnt waren und dann der Bergbau und der Erzhandel wegen räuberischer Überfälle eingestellt wurden.

Im oberen Teil des Tales, in der Bergtundra, gibt es außerdem **Siedlungsreste und Grabstätten** aus der Eisenzeit; und im unteren Teil wurden **Petroglyphen** aus der Bronzezeit entdeckt. Das lässt vermuten, dass mit der Erzförderung in dieser Gegend schon viel früher begonnen wurde, als es die bisher entdeckten mittelalterlichen Zeitzeugnisse belegen. Erst im 11. Jahrhundert wurde die Förderung im Zusammenhang mit der gestiegenen Silbernachfrage ausgebaut – im Mittelalter wurde der Zahlungsverkehr entlang der Seidenstraße und in Europa verstärkt mit Silbermünzen abgewickelt.

Bazardara

Anreise: Mit gutem Geländewagen kommt man durch. Knapp 15 km östlich von Alichur am kleinen See mit der Kantine nach Norden abbiegen, die ›Tankstelle‹ gegenüber passieren und auf der Piste zum eindrucksvollen Östlichen Bazardara-Pass (4664 m), dann das malerische Tal bergab bis zum Zusammenfluss mit dem Bazardara. Die Piste knickt dann nach links (Südwesten) ab, um flussaufwärts am Bazardara entlang nach ca. 6 km die Reste der Bergarbeiterstadt zu erreichen. Unterwegs sind Yakhirten mit ihren Jurten anzutreffen.

Zu Fuß: Mit einem Reit- und Tragetier der NGO ›Burgut‹ geht es auch (→ Alichur, S. 237). Von Alichur sind es zwei Tagesmärsche, 11 km an der Straße Richtung Murghob bis zum westlichen Bazardara-Tal, ab hier nordwärts ins Gebirge, etwa 20 Kilometer bis zum oberen Stollen, dann geht es talabwärts noch 10 Kilometer zur Bergarbeiterstadt. Bitte nur mit kundigem Guide gehen!

▶ Karte S. 165

Von Alichur nach Murghob

Die Weiterfahrt von Alichur auf dem Pamir Highway ist entspannt - die Straße ist gut, nur mancherorts plötzlich unerwartet wellig, es gibt keine Abgründe, und es ist genug Platz für Trucks und Touristen. Der Blick schweift weit über die Hochebene und bleibt nur an den mal entfernten, mal näher heranrückenden bunten Bergen hängen. Die Ebene des Flusses Alichur ist im Sommer grün - der Fluss mäandert breit, und es ist genug Wasser da. Man sieht Jurten und weidende Herden, und Ende August sind viele Menschen auf den Wiesen - es wird Heu gemacht. Unweit von Alichur am rechten (südlichen) Straßenrand an einem kleinen Quellsee taucht ein Häuschen auf, an dem **Stolovaya** (Kantine) steht. Man wird hier recht gut verpflegt. Der winzige, aber tiefe See trägt den seltsamen Namen **Ak Balyk**, ›Weißer Fisch‹. Angeblich kommen gelegentlich Schwärme von weißen Fischen in den See, um hier Schutz zu suchen und sich in dem glasklaren Wasser zu heilen. So gilt der Ort als heilig, viele der Einheimischen stoppen hier kurz und halten inne. Wer in dem See badet (was natürlich aufgrund seiner Heiligkeit und der Tatsache, dass er als Trinkwasserquelle dient, streng verboten ist und inzwischen auch durch eine Umzäunung erschwert wird), der wird angeblich von ihm verschluckt und, wenn er Glück hat, in einem anderen See des Ostpamirs wieder ausgespuckt. In der Kantine wird versichert, dass die angebotenen Fische natürlich nicht aus dem See stammen.

Nach Süden zweigt eine Straße in den Ort **Bashgumbez** ab, man erkennt den einzigen Ort weit und breit gut von der Straße aus. Neun Kilometer von der Haupttrasse entfernt kann man hier ein großes altes **kirgisisches Grabmal** sehen.

Einige Kilometer nach dem Abzweig nach Bashgumbez liegt mitten in der Alichur-Ebene ein großer Felsbrocken, der **Chatyrtash** (Zeltstein) genannt wird und das östliche Ende des von der NGO ›Burgut‹ betreuten Wildschutzgebietes markiert.

Hinter dem flachen Pass **Naizatash** oder **Mamazair** (4137 m) wird die Landschaft kahl, die Berge werden höher, felsiger und bunter und rücken näher an die Straße heran. Dort, wo die Straße den Murghob-Fluss erreicht und nach Osten abbiegt, sollte man einen Stopp einlegen und sich den **Canyon** links (westlich) von der Straße ansehen, den der Nebenfluss hier ins poröse Gestein gewaschen hat. Auch der Blick auf das Murghob-Tal wird den Reisenden eine Weile gefangen nehmen.

Murghob

Murghob (Murghab, Murgab) ist das Verwaltungszentrum der riesigen, aber extrem dünn besiedelten Region Murghob des Gebiets GBAO. Der Ort wird schon bald ein bedeutender Knotenpunkt sein, denn die hier in den Pamir-Highway mündende Straße aus China wird demnächst runderneuert und mit viel mehr Verkehr daherkommen. Wer hingegen auf dem alten Pamir-Highway nach Norden reist, hat spätestens ab Murghob keine chinesischen Trucks mehr vor sich - denn diese biegen zum Kulma-Pass und zum Karakorum Highway ab.

Gegründet wurde die Siedlung ein paar Kilometer östlich vom heutigen Murghob im Jahre 1892 als ›Pamirskiy Post‹ (›Shayanskiy Post‹) im Auftrag der russischen Krone - der militärische Außenposten des Russischen Reiches im äußersten Süden war *der* Joker im Great Game gegen die Briten. Von der Befestigungsanlage

Der See ›Weißer Fisch‹

östlich der heutigen Stadt ist bis auf wenige nichtssagende Mauerreste nichts mehr zu sehen – der eine oder andere Stein wird in den Häusern der etwa 6400 Einwohner verbaut worden sein.

Murghob (tadschikisch ›margh-ob‹, ›Über Weideland fließendes Wasser‹) auf 3630 Meter Höhe liegt im breiten Tal des Flusses, der als Aksu (kirgisisch: ›weißes Wasser‹) im Süden der Sarykol-Bergkette entspringt, sich dann unmittelbar östlich des Ortes mit dem Ak-Baytal vereinigt und hier zum Murghob wird. Mit seinem Wasser füllt er den bezaubernd schönen, großen Sarez-See, vereinigt sich unterhalb dessen mit dem Ghudara und bildet ab hier den reißenden Bartang. Jener mündet schließlich in den Panj. Und so finden sich die Wasser, die durch Murghob fließen, schließlich irgendwann im Amu-darya, dem großen zentralasiatischen Strom, der durch die Vereinigung der beiden wasserreichen Gebirgsflüsse Panj und Vakhsh entsteht. Das Wasser des Murghob endet also in sengender Hitze auf den Baumwollfeldern Usbekistans.

In Murghob selbst kann man sich das kaum vorstellen. Der Ort liegt im unwirtlichsten Teil des Landes, Kälte und Trockenheit sind hier extrem. Die Jahresdurchschnittstemperatur in der höchstgelegenen Stadt der ehemaligen Sowjetunion beträgt minus drei Grad Celsius, die Amplitude reicht von plus 40 bis minus 50 Grad. Das und eine Jahresniederschlagsmenge von nur 72 Millimetern erklärt, dass lediglich im Sommer entlang des Flusses ein grünes Band dem Auge Trost und den Tieren Nahrung spendet. Der Ort macht einen staubigen, trostlosen Eindruck, und nur

▲ Karte S. 241

hier und da wächst eine kümmerliche Weide im Windschatten einer Mauer.

Vor dem Hotel **Pamir** im Zentrum verbreitet im kurzen Hochsommer ein Blumenbeet etwas gute Laune. Dieses Hotel sollte man auch anlaufen, wenn man im Sommer in Murghob Station machen will. Es ist besser als sein (ehemaliger) Ruf: Saubere Zimmer (in der oberen Etage teilweise mit eigenem WC und Dusche), eine Gemeinschaftsdusche mit warmem Wasser, abends Strom, eine Kantine mit solider Küche sowie ein fließend Englisch und Deutsch sprechender Hotelmanager (Tair) stellen einen gewissen Basiskomfort dar, den man in den meisten Gästehäusern von Murghob in dieser Komplexität nicht finden wird, ausgenommen vielleicht noch das **Gästehaus von Ibragim und Anara**. Während der kalten Jahreszeit ist das Hotel allerdings geschlossen, da es schwer zu heizen ist.

Seine besten Zeiten hinter sich hat das **Murghob House** (auch als Yak House bekannt), das mit Unterstützung der Murghab Ecotourism Association (META) als Informations-, Verkaufs-, Ausstellungs- und Veranstaltungszentrum errichtet wurde und mehrere Jahre lang gute Arbeit bei der Unterstützung des lokalen Handwerks und der Organisation ›Yak House‹ geleistet hat. Die nichtkommerzielle Organisation META wurde 2003 von einheimischen Enthusiasten mit Hilfe der französischen Nichtregierungsorganisation ACTED und der UNESCO gegründet und sollte touristische Einkommensmöglichkeiten für die Bevölkerung im entlegenen Ost-Pamir organisieren. Dieses Ziel wurde erreicht. Das Murghob House ist mit der Assoziation ›De Pamiri‹ in Khorugh, einer der beiden Handwerkerassoziationen im Pamir, verbunden und bietet vor allem Frauen ein kleines Einkommen. Heute ist das Murghob House ein architektonisch interessantes, aber etwas verstaubtes rundes Gebäude am östlichen Stadtrand, das Elemente des Pamirhauses und der Jurte kombiniert

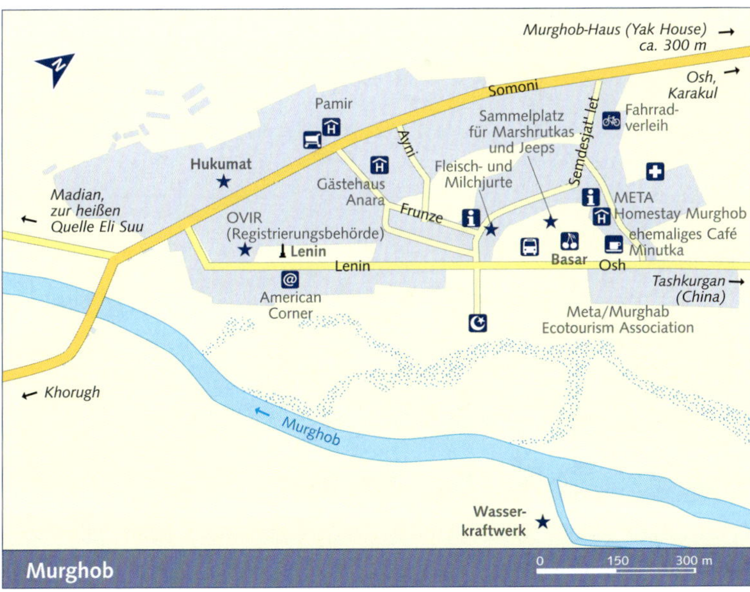

und Öffnungszeiten anzeigt, die nicht immer eingehalten werden. Das Angebot von Souvenirs ist wechselnd. META ist jedoch nach wie vor aktiv, koordiniert die Arbeit von Gästehäusern und Tourveranstaltern und organisiert im Spätsommer hin und wieder das Horse Festival und die Roof-of-the World-Regatta auf dem Karakul-See.

Murghob hat eine **Moschee**, idyllisch gelegen auf der Uferwiese des Flusses, außerdem einen kleinen **Basar**, bestehend aus zwei Reihen von Containern und zwei steinernen Pavillons in Jurtenform für den Verkauf von Fleisch- und Milchprodukten. Das Angebot ist sehr schlicht, lediglich in der Milchjurte kommt Kauflust auf, weil die freundlichen Frauen sichtbar um Sauberkeit bemüht sind.

Das kleine Kraftwerk jenseits des Flusses liefert abends schwach funzelndes Licht in die Häuser. Wer elektrische Geräte betreiben will, die 220-Volt-Spannung brauchen, muss einen Dieselgenerator anschaffen. Abhilfe wird geschaffen: Das kleine Wasserkraftwerk Aksu-1 von 800 kW Leistung, 2013 mit deutscher Hilfe generalsaniert, aber 2016 infolge von Erdrutschen stark beschädigt, wird instandgesetzt – abermals mit deutscher Hilfe. Das vor allem im Winter knappe Wasserangebot begrenzt natürlich dessen Leistungsfähigkeit.

In der Umgebung gibt es allerhand zu sehen (→ S. 245), Murghob selbst ist ein Ort für ein bis zwei Tage Rast. Bei guter Sicht kann man den gewaltigen Siebentausender **Muztagh-Ata** (7546 m) im Osten erblicken, er grüßt aus China herüber.

Was man garantiert noch sehen wird, wenn nicht gerade Schneesturm oder 40 Grad Frost herrschen, ist der Vieh-aus- und -eintrieb am Morgen und am Abend, und dieses Schauspiel vor der Kulisse des Perlmuttglanzes am kalten Himmel und der dünnen Rauchsäulen aus den Schornsteinen der lehmverputzten Häuschen führt einem anschaulich vor, dass die trügerische Aktivurlaubsidylle für die Einheimischen nichts weiter als sehr harter Alltag ist.

Wäschewaschen in Murghob

▲ Karte S. 241

Morgendlicher Viehaustrieb in Murghob

Murghob

Vorwahl: +992/(8)3554.

Zeit: Bei Verabredungen, z. B. mit Taxifahrern, darauf achten, dass die Zeit zwar inoffiziell, aber real in Murghob wie in weiten Teilen von Berg-Badakhshan eine Stunde vorgeht.

Information/Hilfe bei Reisefragen:

Touristen-Information, ca. 100 m westlich vor dem Markt, mit ›i‹ ausgeschildert, Tel. +992/550/850034, +992/900/502344; Mo–Fr 10–13/15–18, Sa/So 14–17 Uhr.

META (Murghab Ecotourism Association), www.meta.tj. META fungiert als Dachverband und wird von einer gut vernetzten Person im Ehrenamt repräsentiert: Gulnara Apandieva, Geschäftsführerin, arbeitet von ihrem virtuellen Büro aus (Osh oder Murghab). Sie spricht Englisch. Kontakt: Tel. Kirgistan +996/77/6187618, Tel. Tadschikistan +992/93/5181808, +992/90/9196569, director@meta.tj, Skype: gulnara.apandieva.

Kooperationspartner in Murghob:

Pamir Central Asia (ehemals Pamir Highway Adventure, de facto auch Seniorpartner von META), Kudaibergen Mamadiev, 70 Solagi Murghob 34, Tel. +996/55/3459393, tours@pamirhighwayadventure.com, www.pamirhighwayadventure.com, http://pamircentralasia.itap-world.com. Die Firma von Kudaibergen darf als der kundigste und am bes-ten organisierte Veranstalter hier oben gelten. Zuverlässige Auskünfte, Transfers, Übernachtungen in Gästehäusern und Jurten, Verleih von Ausrüstung, Jeep-, Rad-, Rafting-, Wander-, Pferde- und Kameltouren. Gut vernetzt mit allen anderen Veranstaltern dieser Gegend.

Pamir Guides, Saidali Gabuldaev, Ismanov 51, Tel. +992/93/5382545, +992/90/0059779, +992/91/7328228, www.pamirguides.org.

Pamir Adventure Travel, Borubekov 23, Tel. +992/90/0505801, +992/93/4018250, bakir-zaynidin@mail.ru, pamiradvanture travel.com@gmail.com. Birdwatching, Trekking und Jeep-Touren im Ost-Pamir, auch am Zorkul.

Pamir Off-Road Adventure Tours, Ayni 57, Tel. + 992/90/0503076, +996/55/8584890, janpamtour@gmail.com, http://pamirorat.com.

Pamir Special Tours, 15 Letie RT 8, Tel. +992/90/5051267, +992/93/1511052, pamirspecialtours@gmail.com. Birdwatching, Rad- und Abenteuertouren.

Sammeltaxis und Marschrutkas fahren vom **Basar** aus ab, auf dem kleinen Platz östlich der stilisierten Jurten für Fleisch und Milch. Zur Abfahrt nach **Khorugh** sollte man sich morgens einfinden, ebenso, wenn man einen Jeep mit Fahrer mieten möchte. Eine Fahrt mit der Marschrutka kostet ca. 130 Somoni.

Die Marschrutkas Richtung **Karakul-Sarytash-Osh** (Kirgistan) fahren nicht täglich, besonders nicht in der Nebensaison. Bei den Fahrern am Basar informieren und ggf. einen Platz für den nächsten Morgen reservieren. Eine Fahrt nach **Osh** kostet 200 Somoni, wenn man unterwegs aussteigen möchte, ändert sich der Preis nicht.

In den **Wakhan-Korridor** (Langar, Vrang, Ishkoshim) fahren keine öffentlichen Verkehrsmittel, für eine solche Fahrt kann man sich im Hotel ›Pamir‹ ein Auto mit Fahrer mieten. Die Preise liegen hier bei 80–90 Dollar-Cent pro Kilometer.

Hotel Pamir, Somoni 2, Tel. 21762, Tel. +992/90/0505863, +992/700/754836 (Whatsapp), pamir_hotel@mail.ru, www.pamirhotel.com. Früher eine staatliche und ziemlich vernachlässigte Einrichtung, ist das zweistöckige Haus direkt an der Hauptstraße jetzt in privater Hand und wird so gut bewirtschaftet, wie es hier oben nur möglich ist. Freundlicher Empfang, schlichte, aber saubere Zimmer, Gemeinschafts-WC und warme Dusche auf dem Korridor. Internet, eigene Geldwechselstelle, Tourenvermittlung und Taxiservice. Die Kantine bereitet solides Essen, im Sommer kann man die Mahlzeiten draußen in einer der Jurten servieren lassen. Ein Lebensmittelgeschäft befindet sich vor dem Gebäude. Die Preise sind teilweise günstiger als in den Gästehäusern.

Gästehaus Anara (Ibragim Gambarov), Frunze 30, unterhalb vom Hotel ›Pamir‹ an der Straße zum Basar, Tel. 21324, Tel. +992/91/9262748, +992/55/0152766; 3 DZ, 2 Zimmer für 4 Pers., mit Betten und Bettwäsche. Ganzjährig, eigenes Heizsystem und Generator. Ibragim bietet sich mit seinem Jeep/Bus auch als Fahrer an.

Andere Übernachtungsmöglichkeiten in Murghob (ausgeschildert, können auch von PECTA oder META vermittelt werden):

Eralis Gästehaus (Apal Doskulieva), an der Straße nach Osh, etwas östlich vom Zentrum, hinter der Bank links am Hang, Tel. 21618, Tel. +992/93/5473394. Ziemlich großes Haus mit netten Gastgebern und riesigem Frühstücksraum mit Panoramafenster Richtung China.

Gästehaus Filura, Zarifa Ismailova, im Zentrum unweit vom Hotel ›Pamir‹, auf der gleichen Seite der Straße nach Osh, etwas oberhalb der Straße, Tel. 21637, Tel. +992/93/5473957. Mit Sauna und Dusche, Jurtencamp kann organisiert werden.

Gästehaus Aiperi (Gulfiya Ibragimova), unterhalb von Ibragims Gästehaus, an der Straße, die vom Hotel ›Pamir‹ zum Basar führt, Tel. 21509, Tel. +992/91/9488036.

Gästehaus Gulnara, Osh 2/91, östlich vom Basar, schräg gegenüber vom Krankenhaus, Tel. +992/93/5181808, +996/776/187618, fazoipamir@gmail.com (englisch). Gemütlich; Internet, Organisation von Touren, Transfers, Übersetzungen.

Gästehaus Taalay (Doolat Mamadislamova), Tel. +992/91/5366851, +992/93/5631791.

Gästehaus Arzu (Turatbek Ibrayev), Tel. 880/881744, 889/990418.

Sari-Kol Lodge (Sulaimon Oljogiev), Tel. +992/91/9481648, +992/88/89992565, +992/93/5274013.

Kirgizmo Nazarbekova, Tel. +993/93/5389528. Englisch.

Gulzor Akimbekova, Tel. +992/90/7991945, +992/50/1293318.

Mansur Tulfabek, Tel. +992/93/5389159. Unterhalb von Eralis Gästehaus an der kleinen Tankstelle.

Am **Basar** gibt es einige Imbissstände, Garküchen und Lokale mit Separees, in

▶ Karte S. 241

denen man die Vorhänge zuziehen kann, mit einheimischem Essen.
Zartbesaitete Menschen mit ausgeprägtem Hygienebedürfnis sollten besser im **Restaurant des Hotels Pamir** oder in der jeweiligen Unterkunft essen.

Fahrradverleih von Kanibek Saparov, Semdesjat' let 62. Zwischen Basar und Hauptstraße. Trotz geringer Nachfrage hält Kanibek aus. Einziger Fahrradverleih auf dem Pamir, Routentipps gibt's gratis dazu.

Die wichtigsten **Lebensmittel** bekommt man auf dem Basar und im Laden vor dem Hotel ›Pamir‹.
Souvenirs kann man im Shop des **Yak House** (Murghob-Haus) am östlichen Stadtrand erwerben, zehn Gehminuten vom Zentrum entfernt, am Ortsausgang der Hauptstraße Richtung Osh auf der rechten Seite und ist mit seiner originellen, runden Form nicht zu übersehen. Im Shop gibt es Handarbeiten aus dem Pamir: Kissen, Teppiche, traditionelle Hüte, Filzpantoffeln, Handy-Etuis und anderes aus Yakwolle, Taschen und andere Mitbringsel mit traditionellen Mustern, hin und wieder auch Bücher und Postkarten sowie Landkarten.

Es gibt ein kleines **Krankenhaus**; man sollte es aber nur im äußersten Notfall aufsuchen.
Gegen **Höhenkrankheit**, die hier oben auftreten kann, hilft: Viel trinken, gemäßigte Bewegung an der frischen Luft, Tabletten gegen Kopfschmerzen beziehungsweise Reisekrankheit – und wenn alles nicht wirkt: Rückkehr in niedrigere Gefilde (bis 2000 m).

Tadschikistans ›Ferner Osten‹

Wenn auch der Ort Murghob selbst nicht viel zu bieten hat, so ist doch die Umgebung unbedingt ein paar Ausflüge wert. Die ortsansässigen Tourenveranstalter sind spezialisiert darauf, Reisenden auch die entlegensten Schönheiten ihrer Region zu zeigen: Den See **Rangkul** mit dem legendenumwittern Felsen **Chyrak-Tash** (›Lichtfelsen‹), den **Zorkul** im gleichnamigen Naturschutzgebiet an der afghanischen Grenze, Gipfel und Gletscher, idyllisch mäandernde Flüsse, **heiße Quellen**, 10 000 Jahre alte **Höhlenmalereien**, mittelalterliche **Bergbausiedlungen** und einen ganz neuen **Meteoritenkrater**. Man kann auf der Hochweide bei Yak- und Kamelzüchtern in einer Jurte wohnen und mit erfahrenen Guides auf die Fotopirsch gehen, um die hier noch relativ häufig und in recht großen Herden vorkommenden Marco-Polo-Schafe zu beobachten, Steinböcke, Wölfe, Bären, Turkestan-Luchse, Steinadler, Schneegeier und – wenn man ganz, ganz großes Glück hat – den Herrscher der Berge, den Schneeleoparden.

Zorkul und die Quelle des Oxus

Eine gute Chance, Wildnis zu erleben, hat man im 1610 Quadratkilometer großen **Naturschutzgebiet Zorkul** auf 4125 Metern Höhe. Der **See** wird von Gletschern gespeist. Wegen der zahlreichen an seinen Ufern vorkommenden Wasser- und Watvögel wurde er von Birdlife International als Important Bird Area (IBA) qualifiziert.
Während der Verteilungsrangeleien zwischen der russischen Krone und dem Commonwealth um den Pamir, dem ›Great Game‹, hatte der See den offiziellen Namen ›Lake Victoria of the Pamirs‹ – man wollte damit die britische Königin ehren. In alten Karten ist diese Bezeichnung noch zu finden. Mit dem Sieg der Sowjets und dem allmählichen Rückzug der Briten vom indischen Sub-

Jartygumbez im Dreiländereck mit Afghanistan und China

kontinent kam der Name allerdings schnell wieder aus der Mode.

Man benötigt eine Sondererlaubnis für den Besuch dieses abgelegenen Naturschutzgebietes an der afghanischen Grenze (erhältlich für 10 Dollar pro Person bei PECTA in Khorugh, → S. 202) sowie besonders geländegängige Fahrzeuge, um unterwegs nicht im Sumpf steckenzubleiben.

Das trotz der Höhe fischreiche Gewässer ist mehr als ein See. Hier nimmt der Pomir seinen Anfang, einer der Quellflüsse des Amu-darya, des legendären Oxus der Antike. Bei Langar vereinigt sich der Pamir mit dem Wakhan-darya zum wilden Panj. Viele hundert Kilometer strömt er durch die engen Schluchten des mächtigen Gebirges, nimmt dann im flachen Südwesten Tadschikistans den wasserreichen Vakhsh auf und wird ab hier zum Amu-darya.

Zum Zorkul kommt man am besten im Spätsommer durch, und zwar von Langar aus, indem man am Grenzposten Khargush die Straße zum gleichnamigen Pass und zur Alichur-Hochebene links liegen lässt und auf einer ziemlich schlechten Piste ›einfach‹ weiter geradeaus fährt. Eine andere Variante ist die Anreise von Murghob über das Tal des Aksu, Shaymak und Kyzylrabot.

Aksu-Tal

Die Straße von Murghob zum Kulma-Pass bietet zwar großartige Aussichten auf bizarr geformte Berge, ist jedoch in einem schlechten bis sehr schlechten Zustand, solange sie dem Aksu mit seinem schmalen grünen Ufersaum aufwärts folgt. Erst an der Gabelung Shaymak/Kulma-Pass wird sie plötzlich gut, allerdings nur in Richtung China. Man darf erwarten, dass dieser Zustand sich sehr schnell gen Westen ausbreiten wird, nachdem am 1. Oktober 2017 die Grenze für alle geöffnet wurde und somit auch der zu erwartenden chinesischen Ausbautätigkeit nichts mehr im Wege steht.

Das Dorf **Shaymak**, die östlichste Siedlung des Landes, wird davon nicht berührt. Schon von weitem kann man die über dem Ort steil aufragende, 1450 Meter hohe Felswand sehen, die das insgesamt 5265 Meter hohe Granitmassiv Aktash bildet.

▲ Karte S. 165

Aus der Ebene südlich von Shaymak kann man bei gutem Wetter nach China, Pakistan und Afghanistan blicken. Vermutlich war dieser Zipfel des Landes der einzige Ort des heutigen Tadschikistan, den Marco Polo betreten hat. Liest man seine Aufzeichnungen mit etwas Ortskenntnis, so kommt man zu dem Schluss, dass der große Reisende den Wakhan-Korridor bis zum Ende (heute Afghanistan) hochgegangen ist, um dann von hier den kürzesten Weg über das eigentliche Dach der Welt zu nehmen und im Tashkurgan-Tal wieder hinabzusteigen und anschließend über Kashgar seinem eigentlichen Ziel China zuzustreben: »Man steigt und steigt, bis man die höchstgelegene Ebene der Welt erreicht. Zwischen zwei Bergzügen erstreckt sich ein Hochland, von einem breiten Fluss durchflossen. So saftige, kräftige Weiden wie hier findet man nirgends. Ein mageres Stück Vieh wird in zehn Tagen fett. Zahllose Wildtiere leben da, darunter auch viele mächtige Wildschafe, deren Hörner gute sechs oder mindestens vier oder drei Spannen lang sind. Die Hirten schnitzen Hornschalen, um daraus zu essen. Die Schafshörner gebrauchen sie auch für ihre Pferche, wo sie das Vieh halten. Die vielen Wölfe überall reißen und fressen unzählige Schafe.«

Etwas weiter südwestlich liegt nur noch der Flecken **Kyzylrabot** (Kyzylrabat, Kizilrabat), den der deutsche Offizier Wilhelm Filchner im Alleinritt über den Pamir bereits 1900 ›bereist‹ hatte. Das, was er hier erlebt und 1903 in seinem ›Ritt über den Pamir‹ beschrieben hat, kann einem auch heute noch passieren: »Östlich der kleinen Kirgisenansiedelung Kizilrabat setzte ich über den ruhig dahinfließenden, aber ziemlich tiefen Aksu-Fluss, der den ganzen Talgrund versumpft hatte. Nach langem Suchen, nach etwa 70 Kilometern Ritt, fand ich, zwischen zwei Höhenzügen ganz versteckt, einen Kirgisenaul, an einem guten Weideplatz gelegen. Rasch richteten die Weiber das beste Zelt zurecht, räumten mit den Händen den Schmutz im Inneren der Jurte zusammen und trugen ihn in Fellen fort, brachten dann Pelze herbei und machten aus Hammel- und Kamelkot Feuer, da es kühl geworden war. (...) Nach ein paar Stunden war die Jurte voller Neugieriger, die von der ganzen Umgegend zusammengeritten waren, um mich als billige Neuigkeit zu schauen. Mit sichtlichem Interesse bestaunten sie meine Hieroglyphen im Tagebuch, während ich auf einem Wolfsfell im Kreise der Kirgisen lag, die mit Takt und Anstand Feuer und Mahlzeit mit mir teilten.«

Gästehäuser im Aksu-Tal

Shaymak: Zamira Akhmedova, Tel. +992/90/0068354; Anara Karabayeva, Tel. +992/90/0588931; Alifbek Akjolbekov, Tel. +992/90/5401881, +992/90/0582298.

Tokhtamysh: Gästehaus Ibragim, Tel. +992/80/997995.

Die Höhlenmalereien von Shakhty

In einer nur vier Meter tiefen Höhle auf 4199 Metern Höhe wurden 1958 von Archäologen zufällig einige bemerkenswerte Motive an einer Wand gefunden, die Jäger bei der Jagd auf Wildschwein, Bär und Yak zeigen, Pfeile, die in Richtung der Tiere fliegen. Es handelt sich um mit natürlichen roten Pigmenten aufgebrachte Darstellungen aus der Jungsteinzeit vor etwas 10 000 Jahren, die höchstgelegenen Felsmalereien, die bisher auf der Erde entdeckt wurden. Nach der letzten Eiszeit war es hier oben wärmer als jetzt und bei weitem nicht so trocken. Die Hochebenen von Alichur/Karakul wurden allmählich besiedelt. Die Jäger, unter denen dieser Künstler war, kamen hierher nicht nur, um zu jagen, sondern auch, um aus den hier vorkommenden Gesteinen Waffen und Werkzeuge zu fertigen. Man hat etwa 60 Lagerplätze dieser sogenannten Markansu-Kultur mit insgesamt über 10 000 Artefakten gefunden – die bedeutendste wird **Oshkhona** (›Speisesaal‹) genannt und befindet sich etwa 25 Kilometer nördlich des Karakul-Sees auf 4200 Metern Höhe!

Anreise: Die M41 Richtung Khorugh beschreibt etwa 20 Kilometer von Khorog entfernt eine große Schleife, hier zweigt am Kilometer 903/120 eine Piste nach Südosten ab, in Richtung **Cheshtebe**/Wildniscamp **Jartygumbez**. Knapp 20 Kilometer von dieser Stelle entfernt liegt im Kurteke-Tal die nach Norden geöffnete Höhle, etwas erhöht am Rande eines weiten, meist ausgetrockneten Flussbettes, einige hundert Meter rechts von der Piste. Die Öffnung im Felsen ist zu erkennen, am Fuß des Anstiegs befindet sich ein Schild.

Achtung: Die Zeichnung bitte auf keinen Fall berühren, um sie nicht zu beschädigen. Wie so oft in Tadschikistan, ist man selbst für den Erhalt der kulturellen Schätze verantwortlich.

Madian-Tal

Das breite, grüne Tal des Murghob unterhalb vom Ort Murghob heißt Madian-Tal – benannt nach einem Mädchen namens Madian (Madina), das der Legende nach mit 40 Mitstreiterinnen gegen die Mongolen kämpfte. Das Tal ist ein Stück weit befahrbar, aber die Hochwasser der letzten Jahre haben die Straße hinter dem Flecken Ak Tam stark beschädigt, sodass sie teilweise gesperrt ist. Für 2018 ist die Wiedereröffnung geplant. Die bei den Einwohnern von Murghob beliebte heiße Quelle Eli Suu in einem linken Seitental wurde samt Badehüttchen ebenfalls vom Hochwasser zerstört, ein Wiederaufbau ist fraglich.

Die Felsbrocken mit einigen **Petroglyphen** wenige Kilometer unterhalb der Einmündung des Eli-Suu-Tales sind noch da. Hier wurden vorwiegend Steinböcke in den Fels graviert – und die Originale aus vorislamischer Zeit haben offenbar in den letzten zwei Jahrhunderten etliche Kopierversuche erfahren. Wer weiß, vielleicht haben sich hier die Chinesen versucht, die im 19. Jahrhundert das Aksu- und Murghob-Tal zu besetzen versuchten. Vielleicht sind es auch Russen gewesen, die jene verdrängten und die Verteilungskämpfe auf dem Dach der Welt zugunsten der Zarenkrone entschieden, oder sowjetische Soldaten, die hier ihren Dienst schieben mussten.

Ebene des Murghob unterhalb von Murghob

▲ Karte S. 165

Von Murghob zum Karakul

Die nächste Etappe auf dem Pamir Highway beträgt 130 Kilometer, und man kann sie als das Kernstück des eigentlichen ›High‹ways bezeichnen, denn hier geht es wirklich am höchsten hinauf. Die 90 Kilometer von Murghob bis unter den Pass **Ak-Baytal** führen auf einigermaßen passabler Asphaltstraße am gleichnamigen Flüsschen entlang, das im Hochsommer ziemlich wenig Wasser führt. Auf der östlichen Straßenseite kann man zwei schöne **kirgisische Friedhöfe** sehen, die sich mit ihren ummauerten Gräbern gut in die Landschaft einfügen.

Eine Piste zweigt zum See **Rangkul** und zum gleichnamigen Ort unweit der chinesischen Grenze ab – in der Gegend weiß man zu berichten, dass China dieses Stück Land bereits erworben hat. Man darf aber noch herfahren und im Gästehaus Bayangul in Rangkul übernachten: Guldar Asanova, Tel. +992/ 88/9990654.

Die Berge erfreue das Auge durch einen außerordentlichen Farben- und Formenreichtum, der für den spärlichen Bewuchs der Hochebene entschädigt. Die Straße zum höchsten Pass der ehemaligen Sowjetunion (4655 m) führt durch eine der trockensten Landschaften der Erde. Trotzdem sieht man längs der Trasse immer wieder kleine Stauden, die sich mit ihrer halbrunden Form gegen Wind und übermäßige Austrocknung schützen. Wüste und schneebedeckte Berge – ein eindrucksvoller Kontrast.

Unterhalb des Passes liegt eine Straßenmeisterei, die immer bewohnt ist – ein Anlaufpunkt für Notfälle. Solche können am Pass durchaus eintreten, denn er ist bekannt für seine Wetterumschwünge. Schnee oder Hagel sind hier auch im Sommer keine Seltenheit, und vor allem Fahrradfahrer kann es auf dem Ak-Baytal kalt erwischen. Hinter dem Pass geht es hinunter zum breiten **Tal des Flusses Muzkul**, der in den größten See Tadschikistans mündet: den Karakul.

Unterwegs passiert man die stattlichen Überreste der russischen **Militärstation Muzkul**, des am besten erhaltenen Postens des russischen Zarenreiches im Pamir. Die dicken, solide gefügten Mauern und Gewölbe aus Naturstein liegen direkt am rechten (östlichen) Straßenrand, am sanften Abhang zum Fluss. Die Station wurde in den 1890ern errichtet, nachdem im sogenannten Great Game zwischen Russland und Großbritannien der Grenzverlauf zwischen dem Einflussbereich beider Großmächte festgelegt worden war; und bis in die 1980er Jahre wurde sie von der sowjetischen Armee genutzt!

Der See Karakul

Wenige Kilometer hinter dem Muzkul-Posten sieht man im Norden einen blauen Streifen schnell an Breite gewinnen – der Karakul. ›Mächtiger See‹ oder ›Schwarzer See‹ bedeutet das turksprachige Wort, aber der Namensgeber muss an einem finsteren Tag hier gewesen sein. Das 3914 Meter hoch gelegene Gewässer strahlt an wolkenarmen Tagen in einem intensiven Blau oder gar Türkis. Bei Sonnenuntergang wird der See perlmuttfarben-silbrig.Er ist 380 Quadratkilometer groß, wird von den umliegenden Gletschern gespeist und hat keinen Abfluss, sein Wasserspiegel wird allein durch Verdunstung reguliert. Von November bis April friert das leicht salzige Brackwasser des Karakul zu, die Eisschicht erreicht dabei eine Dicke von über einem Meter. Trotzdem gibt es kleine Fische in den von Süßwasserbächen gespeisten Buchten – nicht zuletzt die Anwesenheit von Möwen und Seeschwalben beweist das. Die endemischen Karakul-Bachschmerlen scheinen ihnen zu schmecken. Auch Hausschwalben ziehen sommers hier oben ihre Kreise – fast unglaublich bei dieser Höhe, aber die in Seenähe schwirrenden Mücken bieten offenbar ausreichend Nahrung für den kurzen Sommer. Der See wird in der Ramsar-Liste als Vogelgebiet von internationaler Bedeutung geführt. Von der Straße aus kann man im Spätsommer die seltenen Streifengänse bei ihrer Rast beobachten, bevor sie über den Himalaya nach Indien in ihre Winterquartiere ziehen.

Der Karakul ist ein besonderer See, und das nicht nur, weil er das größte Gewässer Tadschikistans ist. Er füllt eine Senke von 52 Kilometer Durchmesser, die auffällig rund ist – es ist der Einschlagskrater eines Meteoriten, der vor etwa fünf Millionen Jahre auf die Erde gefallen sein könnte. Der See ist nicht nur von vergletscherten Bergen umgeben, er liegt auch auf einer gigantischen Eislinse, die möglicherweise von der letzten Eiszeit übriggeblieben ist. Nichtsdestotrotz ist die Sonneneinstrahlung im Sommer so intensiv, dass die Wassertemperatur immerhin zwölf Grad Celsius erreicht – eine passable Badetemperatur für Mutige. Mancherorten taut die Eislinse unter der Oberfläche, es kommt zu Spaltenbildung und Einbrüchen, der See ändert ständig seine Gestalt.

Die ehemalige Militärstation Muzkul

▲ Karte S. 165

Heute ist der See 33 Kilometer lang und 24 Kilometer breit. Wissenschaftler wie Nikolay Korzhenevskiy äußerten die Vermutung, dass das Wasser früher, als die Gletscher noch mächtiger waren und die Abschmelzmenge bedeutend größer war, viel höher reichte – möglichweise so hoch, dass es nach Süden in die Kokuybel-Ebene und von dort in Richtung Bartang-Tal abfloss.

Heute führen die Flüsse Karajilga und Akjilga, Karaart und Muzkul dem See pro Jahr gerade so viel Wasser zu, dass der Wasserspiegel auf dem gegenwärtigen Niveau gehalten wird – im Sommer nach der Schneeschmelze ist er etwas höher, im Winter und Frühjahr niedriger.

Morgens liegt der See oft still da, er schimmert glatt und blau. Das ändert sich schon am Vormittag, Wind kommt auf, Staub und Sand wirbeln herum, Windhosen sind überall zu sehen. Wenn der Wind vom Trans-Alai heftig weht und die Wellen aufpeitscht, macht der Karakul seinem Namen alle Ehre: bleigrauer Himmel, schwarze Wolken, schwarzes Wasser mit weißen Schaumkronen. Diese Wetterlagen können mehre Tage anhalten. Trotzdem fällt kaum Regen hier oben, und schon wenige Meter vom Wasser entfernt wachsen – wenn überhaupt – nur noch Steppen- und Wüstenpflanzen: Steppengras, Wermut, Teresken.

Am Ufer des Karakul

Ort Karakul

Der einzige Ort am See, das Dorf Karakul (in manchen Quellen auch Karaart genannt), liegt am östlichen Seeufer direkt an der Straße. Unmittelbar am Ortseingang und gut ausgeschildert (›Guesthouse 14 m‹!) liegt das **Gästehaus von Erkin und Tillakhar** (Tel. +992/55/0858862), hier können bis zu 40 Personen in acht Zimmern, in den Veranden und in einer Jurte übernachten. Es gibt drei Aufenthaltsräume, eine Sauna und zwei Außenklos. Tillakhar bäckt, je nach Gästestrom, zwei- bis dreimal pro Woche ein ausgezeichnetes Fladenbrot im Ofen hinter dem Haus. Es gibt noch zwei weitere Gästehäuser im Ort: Aigerim (Makhmatjon Yusupov), Tel. +992/90/0512462, +992/90/6553609, und Sadat, Tel. +992/90/0512482).

Karakul hat eine Schule, eine **Moschee**, eine Krankenstation und einen schwer auffindbaren, nicht ausgeschilderten **Laden** im Zentrum. Jenseits der Straße liegt etwas erhöht eine Grenzgarnison, sie ist in einem erbarmungswürdigen Zustand. Die knapp 1000 Einwohner des Ortes sind Kirgisen und leben hauptsächlich von der Viehhaltung. Die Wiesen um den See geben etwas Heu her, das im August von den Männern und größeren Kindern des Dorfes gesichelt und eingebracht wird. Strom beziehen die Einwohner des Ortes aus privaten Solarkollektoren und Dieselgeneratoren. Als Heizmaterial gibt es nur den getrockneten Viehdung und Teresken, einen Halbstrauch, der früher die gesamte Hochebene bedeckte und jetzt immer knapper wird. Das extensive Sammeln von Teresken verstärkt den wüsten Charakter der Gegend, und die Erosion durch Wind und Wasser reduziert empfindlich die Verfügbarkeit von Winterfutter für Haus- und Wildtiere.

In Karakul sollte man mindestens einen vollen Tag bleiben, auch wenn die Armut des Ortes dem einen oder anderen Reisenden wohl auf's Gemüt schlagen kann. Der ständig die Farbe wechselnde See und die umliegenden Fünf-, Sechs- und Siebentausender haben einen unwiderstehlichen Charme. Am besten spürt man das, wenn man auf der großen,

Heuernte am Karakul

bergigen **Halbinsel** wandert, die den See von Süden her in zwei Hälften teilt, von denen die östliche nur um die 20 Meter tief ist, die westliche bis 230 Meter. Vom Pass in der Mittes dieser Halbinsel oder gar von den umliegenden, den See um nicht mehr als 1000 Meter überragenden Bergen hat man einen wunderbaren Rundblick über den See, auf den **Muzkol** im Süden (6128 m), den **Kurumdy** im Norden (6613 m), das **Trapez** (6048 m) und ein Stück vom Peak Abuali ibn Sino (früher Peak Lenin, 7134 m) im Nordwesten, die Fünftausender im Westen und – bei wolkenlosem Himmel – sogar auf den höchsten Berg Zentralasiens, den gewaltigen **Kongur** in China (7719 m), der sich mit seinem schneeweißen Gipfel hinter der Kette Sarykol im Osten hervorschiebt. Den Kontrast zum intensiven Blau des Sees und dem roten, von Millionen winzigen Salzpflanzen bewachsenen Ufer wird man schwerlich vergessen.

Mit einem geländegängigen Auto kann man bis zur Halbinsel fahren, man passiert dabei die Grenze zum Tadschikischen Nationalpark, der fast den gesamten Pamir einnimmt.

▲ Karte S. 165

Westlich vom Karakul

Etwa 30 beziehungsweise 45 Kilometer südlich des Karakul kann man den Pamir Highway verlassen, gen Westen – im Osten zieht sich, gut sichtbar und direkt an der Straße, der Zaun der zu Sowjetzeiten eingerichteten Sicherheitszone vor der Grenze mit China entlang. Hier und da sieht man Breschen im Zaun – offenbar scheren sich die Viehzüchter nicht sonderlich darum, ob ihre Tiere Sicherheitszonengras fressen – Hauptsache, sie werden vor dem Winter richtig satt. Die beiden abzweigenden Pisten vereinigen sich nach etwa 15 Kilometern. Die Touren nach Westen sind nicht ausgeschildert, die Pisten nicht asphaltiert – hier benötigt man ein robustes Fahrzeug und einen ortskundigen Fahrer.

■ Meteoritenkrater und Jahreszeitenkalender

Die Piste umfährt den Karakul weiträumig auf der Südseite und bietet dann drei Abbiegevarianten: Wählt man das erste, breite Tal Richtung Nordwesten, fährt man etwa 35 Kilometer am Fluss **Akjilga** entlang (flussaufwärts). Irgendwo bei den letzten Sommerweiden auf 4500

Metern endet die Piste. Würde man von hier weiterwandern, gelänge man bald zum Fuß des Peak Trapez und anschließend zur Südflanke des Peak Lenin.

Biegt man an der zweiten Abzweigung nach Nordwesten ab, kommt man, dem Kokuybel flussaufwärts folgend, zum **Kokuybel-Pass** (4985 m) – hier ist die Wasserscheide, von der anderen Seite grüßt schon der Westpamir. Der Fluss, der jenseits des Passes entspringt, der Balandkiik, mündet in den Muksu. So weit nach oben muss man nicht unbedingt laufen. Weit vorher, etwa zehn Kilometer hinter dem Abzweig, trifft man von Juni bis Mitte September auf die Sommerweide **Zhalang**; im Jurtencamp werden auch Touristen aufgenommen (Anmeldung über META, im Camp nach Raimbek Khudaybergenov fragen). Khudaybergenov kann auch die **Petroglyphen** in der Umgebung zeigen und den Weg zu den nächsten Sehenswürdigkeiten erklären.

Wieder zurück auf dem Hauptweg, erreicht man nach etwa 20 Kilometern eine Gabelung (56 Fahrtkilometer, gemessen ab der Abzweigung von Pamir Highway, ohne den Umweg nach Zhalang). Die linke Piste, parallel zum Kokuybel, ist kaum befahren, weil sie eine Sackgasse ist. Aber es lohnt sich, ihr etwa acht Kilometer zu folgen, um einen frischen kleinen **Meteoritenkrater** aus dem Jahr 2003 zu besichtigen. Er liegt westlich der Straße, knapp zwei Kilometer vor der Furt durch den Kokuybel am Fuße der Berge. Am besten entdeckt man ihn, wenn man sich einen erhöhten Punkt sucht. Der Hauptweg aber ist der andere Abzweig, nach Westen. Hier geht es zum **Kok Jar** (kirgisisch: Kök Jar), wie der flache Pass bezeichnet wird, an der Stelle, an der der Tanimas einen Knick nach Süden macht. Wenn man etwa 16 Kilometer nach der Weggabelung am Flecken **Shorolyu** (Shurali, Shirulu, so genannt nach dem gleichnamigen Flüsschen) am Schild ›Shorolu Lunar Calendar 26 m‹ die Piste nach links verlässt, kann man seltsame ebenerdige Steinformationen entdecken. Das sind Überreste skythischer **Kurgane** und Kultstätten, darunter ein **Sonnenkalender** in Form mehrerer, sternförmig zueinander positionierter Dreiecke, gelegt aus dunklen Steinen und hellen Quarzen, wahrscheinlich aus der Mitte des 1. Jahrtausends vor unserer Zeitrechnung stammend. Der Fund auf 3850 Meter Höhe war 2003 eine kleine Sensation, bewies er doch ein weiteres Mal, dass die Vorfahren der heutigen Pamir-Bewohner bereits vor 3000 bis 2500 Jahren auf dieser Höhe siedelten. Möglicherweise war das Klima damals milder (siehe auch www.lgakz.org/Work/Work.html). Der Grad der Erhaltung ist erstaunlich und verdeutlicht ein weiteres Mal, dass extrem trockenes Klima der beste Konservator ist.

Abstieg von 5000 Metern zum Karakul

Abstecher zum Meteoritenkrater

Trekking ab Kok Jar

Kok Jar, wo sich heute eine unwirtliche und trockene Einöde an der Grenze zwischen Ostpamir (Pamir-Hochland) und Westpamir erstreckt, deren größte Attraktion ständige Windhosen sind, war in der Sowjetzeit ein sogenanntes Provisionsdepot. Von hier verlief die erste Zufahrt zum Bartang-Tal. Das obere Bartang-Tal wurde zu sowjetischen Zeiten von Osh aus versorgt, das Versorgungslager war in Kok Jar. Mit Eseln kamen die Leute heraufgezogen, um sich ihre Rationen abzuholen. Später, nachdem die Straße von Osh über Sarytash und Karakul mit Ghudara verbunden worden war, wurde die Station nach Ghudara und anschließend nach Savnob, die ›Hauptstadt‹ des oberen Bartang-Tals, verlegt. Bemerkenswert ist auch, dass in den 1950er Jahren die Bevölkerung des oberen Bartang-Tals einmal zwei Jahre lang komplett über Osh nach Westtadschikistan umgesiedelt wurde – es wurden neue Arbeitskräfte für die Baumwolle gebraucht.

▲ Karte S. 165

Nach dem Zerfall der Sowjetunion war dieser Nachschubweg durch die neuen Landesgrenzen obsolet geworden; deswegen musste in den 1990ern die westliche Zufahrtstraße von Rushon fertiggestellt werden.

Das Depot in Kok Jar verfiel, auch die Straße hier oben entlang wurde nicht mehr gewartet, sie kann heute nur noch von guten Allradfahrzeugen befahren werden. Zum Laufen ist sie jedoch perfekt. Von hier aus kann man eine Trekkingtour hinab ins **Bartang-Tal** starten, an den Zuflüssen Tanimas und Ghudara entlang.

Erfahrene Bergsteiger können von Kok Jar aus in eine Trekking- und Klettertour zum legendären **Fedchenko-Gletscher** (→ S. 266) und den umliegenden Gipfeln einsteigen.

Vor allem die letztgenannte Tour ist ausdrücklich nur mit erfahrenem Wander- beziehungsweise Bergsteiger-Guide und der entsprechenden Ausrüstung inklusive Proviant zu empfehlen.

Ein Tag auf der Hochweide

Tobias Kraudzun

Aufstehen und Melken

So langsam dämmert es. Zum Schlafengehen war es mollig warm und stickig von den mitunter schlecht ziehenden Öfen, doch nachts kriecht die Kälte zunehmend durch jede Ritze in der Jurtenhaut. Zum Glück sind die Frauen früh auf den Beinen und heizen als erstes den Ofen.

Es ist Zeit aufzustehen. Sobald die Sonne über den Bergkamm kriecht, wärmen die starken Sonnenstrahlen die eisige Morgenluft. Die Frauen hocken längst bei den Tieren und melken mit klammen Fingern. Im Verlauf des Tages werden sie die meiste Arbeit im Weidelager verrichten. Das Melken von 100 bis 200 Schafen und 20 bis 40 Yaks kann dauern, je nachdem, wie viele mitmachen.

Frühstück

Der Tag auf den Hochweiden wird kühl und windig, also muss die Energieaufnahme stimmen: Eine gute Vorbereitung auf den kalten Hochgebirgsmorgen ist Buttertee (*ak choy* = weißer Tee): Grüner Tee wird mit frisch gemolkener Milch und Salz aufgekocht. In dieser Minimalvariante trinken die Pamir-Kirgisen ihn jedoch selten. Um den Nährwert zu erhöhen, geben sie noch Sahne und trockene Brotstückchen hinzu. Das Ganze wird dann als eine Art Milchsuppe gelöffelt. Erst danach wird der wach machende grüne Tee pur gereicht, je nach Wirtschafts- und Versorgungslage des Haushalts auch mit Zucker. Am Dastarkhon, dem mobilen ›Tisch‹ in Form eines Tischtuchs, herrscht eine feste Sitzordnung. In traditionelleren Haushalten sitzen die Frauen abseits, in einigen dürfen sie mit Gästen und Gastgebern zusammen essen und manchmal sogar an der Konversation teilnehmen. Generell verlaufen ihre Mahlzeiten jedoch nicht ungestört, der kleinste Wink männlicher Bewohner hat umgehend Aktivitäten der Frauen zur Folge.

Herde auf dem Dach der Welt

EXTRA

Weidegänge

Auf der Sommerweide soll das Vieh vor allem eines: sich fett fressen. Also ist es ist Zeit, Schafe und Ziegen aus dem Pferch zu lassen, die oft kahl gefressenen Bereiche rund um das Lager zu verlassen und sie auf die Weiden weiter oben zu treiben.

Die Erledigung dieser Aufgabe obliegt dem Haushaltsoberhaupt, viel Auswahl hat er meist nicht, Weidegänge sind grundsätzlich Männersache. Mal ist es der Eigentümer selbst, mal Bruder oder Söhne, nicht selten noch Kinder, die den ganzen Tag mit Schafen und Ziegen umherziehen und sich dem harten Wetter auf der Hochweide aussetzen. Wohlhabende Viehzüchter stellen für diese Aufgabe Lohnhirten an, die mit ihren Familien ebenfalls im Lager wohnen.

Beim Brotbacken

Die Yaks hingegen erfordern wesentlich weniger Arbeit: Während nicht gemolkene oder säugende Tiere zusammen mit Bullen und Ochsen ununterbrochen durch höhere Täler streunen, werden Mutterkühe und ihre Kälber nach dem Melken auf die Weiden in Sichtweite getrieben. Dort grasen sie größtenteils unbeaufsichtigt.

Milchverarbeitung

Schon während des Frühstücks wird die Milch in großen Kesseln (*kazan*) durch Aufkochen notdürftig sterilisiert. Doch diese einfache Methode hält nicht lange vor – Frischmilch (*süt*) hält sich über den Tag nur wegen der in diesen Höhen auch im Sommer geringen Temperaturen. Zuerst wird der von den Kirgisen gefragteste Bestandteil – die fette Sahne (*kaymak*) – abgetrennt. Meist kommt hierbei ein Separator zum Einsatz, der durch Zentrifugieren die Sahne von den flüssigen Bestandteilen der Milch trennt. Diese Magermilch wird durch Zugabe von Joghurtkulturen angesetzt. Wenn der nun entstehende Joghurt (*ayran*, *kefir*) nach ein paar Tagen stockt, wird er in Mehlsäcke gefüllt, damit die Flüssigkeit abtropfen kann. Nach einigen Tagen wird die dicke Masse zum Verdampfen der restlichen Flüssigkeit einige Stunden geköchelt, bis sie zäh ist. Auch sie bereichert den Tisch (*süzmö*), der größte Teil aber wird – gerollt oder in Formen gepresst – auf Gestellen (zum Schutz vor Tieren) eine weitere Woche getrocknet. Steinharte weiße Stücken (*kurut*) sind das Resultat dieses Prozesses, sie halten sich bis zur nächsten Melksaison. Das haltbare Eiweißkonzentrat wird (mit guten Zähnen) geknabbert oder nach Wasserzugabe zum Kochen verwendet. Zusammen mit abgekochter Butter ist Kurut im Winter die einzige lokale Quelle für vitaminhaltige Milchprodukte.

Brotbacken

Mit Glück ist man gerade auf der Hochweide, wenn das Brot (*non*) zur Neige geht. Aus Mehl und Wasser – oder unter Zugabe der reichlich vorhandenen Milch – wird mit Hilfe eines aufbewahrten Hefeteigrests ein Teig geknetet. Die Fladen werden dann in den eben noch für die Milchverarbeitung verwendeten Kazan geklebt, der dann über das offene Feuer gestülpt wird. Heraus kommen die für Zentralasien typischen flachen, runden und überaus leckeren Fladenbrote.

Das Innere der Jurte

Interessant ist die einfache, aber effiziente Innenausstattung der Jurte, die mit einem Minimum fester Möbel auskommt. Zentral gegenüber dem Eingang prangt oft ein großer Turm aus Matten und Decken, die Plätze davor haben deshalb eine weiche Rückenlehne und werden vom Haushaltsoberhaupt immer für die Gäste freigemacht. Rechts von diesem Platz stehen meist ein bis zwei kleinere Schränke für Habseligkeiten und empfindliche Vorräte wie Tee.

Mehr oder weniger weit ausgedehnt und oft durch eine Wand aus Hartgras abgetrennt, befindet sich auf dieser Seite der Hauswirtschaftsbereich der Jurte. Eine Vielzahl Eimer, Schüsseln, Geschirr und andere Gefäße, meist gefüllt mit Nahrungsmitteln verschiedenster Herstellungsstufen, stehen überall im Küchenbereich – vom Eingang bis zu den Schüsseln, die unter dem Deckengestell stehen und in denen Vollmilch zum Abschöpfen der Sahne ruht.

Zentrales Element in der Mitte ist natürlich der Ofen (früher eine offene Feuerstelle). Diese Modelle aus dünnem Blech speichern kaum Wärme, können aber mit besserer Transportierbarkeit und schneller Reaktionszeit im Kochbetrieb trumpfen.

Auf der linken Seite hingegen herrscht Ruhe: Hier schlafen und erholen sich auch tagsüber oft Männer und Kinder. An den Wänden hängt die Kleidung und Ausrüstung der Hirten, manchmal findet sich sogar eine Flinte für die (allerdings verbotene) Jagd.

Mittags

Im ›Hochsommer‹ ist es den Schafen mittags selbst auf den höheren Weiden zu warm zum Fressen. Dies freut die Hirten, sie können dann für zwei bis drei Stunden zum Lager zurückkehren, um sich zu stärken und auszuruhen.

Pamirkirgisen sind immer noch Sommernomaden

EXTRA

Nahrungsreserven und Arbeitskapazität der Frauen beeinflussen den Speiseplan. Alles ist möglich – von Brot mit Joghurt (*ayran*) und Sahne (*kaymak*) bis hin zu opulenten Fleischmengen, falls kürzlich ein Schaf oder gar Yak geschlachtet wurde. Ohne Anlass wie zum Beispiel Gäste gibt es aber selten Fleisch. Grüner Tee darf aber nie fehlen. Nach einem gelegentlichen Mittagsschläfchen ziehen die Hirten wieder mit den Tieren los.

Jailoo

Die von Touristen aufgesuchten Jurten bilden die Sommer- und Herbstweidelager. Im Gegensatz zu Winter- und Frühjahrsstandorten findet hier der Großteil der Produktion statt, denn das jetzt nahrhafte Futter sorgt neben schnellem Gewichtszuwachs der Tiere auch für hohe Fettanteile in der Milch (sieben Prozent in der Yakmilch). Ersteres ermöglicht gute Viehverkäufe im Herbst, letzteres erleichtert die Vorratshaltung der Butter im Winter. Jetzt müssen sich die Tiere die Reserven anfressen, die sie zum Überleben der bevorstehenden Eiseskälte dringend benötigen, denn im Unterschied zu anderen Viehzuchtregionen stehen sie auch im Winter auf den Weiden.

Doch trotz aller wichtigen Aufgaben ist die Sommerweide für die meisten Kirgisen vor allem eines: Erholung. So verwundert es nicht, dass sich alle Verwandten ohne Verpflichtungen im Ort einfinden. Kinder und Enkel verbringen hier die Schulferien, Angestellte ihren ›Jahresurlaub‹. Auch wenn die ruhige Distrikthauptstadt Murghob oder die verträumten Dörfer des Ostpamir in europäischen Augen nicht gerade Hektik ausstrahlen und die Luft auf 3600 bis 4000 Meter Höhe alles andere als zu warm ist – Hektik und Hitze sind nach Meinung der Pamir-Kirgisen die beiden wichtigsten Gründe für die sommerliche Auszeit.

Weideperioden und Umzüge

Ein Tag im Jurtenlager jenseits der 4000-Meter-Grenze kann recht angenehm sein, doch wenn sich ein paar Wolken vor die Sonne schieben oder auch nur leichter Wind weht, bekommt man eine Vorstellung vom hiesigen Winter.

Im Gegensatz zu Kirgistan kann die spärliche Vegetationsdecke im Pamir kaum ausreichend Winterfutter (Heu) für das Vieh liefern. Die Tiere müssen also auch im Winter und Frühjahr auf die Weiden geführt werden. Ähnlich wie im Sommer entscheiden Erfahrung und Engagement der Hirten über Gedeih und Verderb der Tiere: Sie kennen die Orte, an denen der Wind Pflanzen von Schnee freigeblasen hat. Die Schneemengen unterscheiden sich von Tal zu Tal, und notfalls muss sehr schnell die Entscheidung für einen zusätzlichen Umzug getroffen werden, der den Tieren Nahrung sichert und ihr Leben rettet.

Doch bis dahin ist es noch eine Weile. Wir lassen den ruhigen und scheinbar ereignislosen Tag in der Jurte hinter uns und ziehen weiter, über den Pass, nach Murghob, Osh oder Khorugh.

Autor Tobias Kraudzun verbrachte einige Monate im Pamir und viele Tage auf der Hochweide. Als Forscher interessieren ihn Viehwirtschaft und Lebensunterhalt der Pamir-Kirgisen – heute wie auch vor und während der Sowjetzeit.

Vom Karakul nach Sarytash

Die letzte Etappe des Pamir Highways führt ein Stückchen um den See herum nach Norden. Es geht vorbei an den unscheinbaren **Geoglyphen** auf der Seeseite der Straße - einer skythischen Sonnenuhr, aus Steinen gelegt - und von hier, mit einem letzten schönen Blick auf den See, stracks zum **Pass Uybulok** (4232 m). An dieser Stelle bricht regelmäßig der Asphalt der Straße ein, es ist keine Seltenheit, dass man seitlich vorsichtig auf die hier glücklicherweise flache Böschung ausweichen muss.

Auf der rechten (östlichen) Straßenseite ist wiederum der Grenzzaun ein treuer Begleiter. Jenseits von ihm liegt ein breiter Streifen Sicherheitszone, dahinter schon China. Scheint die Sonne, kann man die Berge in allen Farben leuchten sehen; wie schon während der vorherigen Etappen ist das der einzige, aber deswegen nicht minder effektvolle Schmuck der Landschaft.

Einige Kilometer hinter dem Pass taucht auf der linken (westlichen) Straßenseite eine fast mannshohe metallene Buchstabenkolonne auf einem Betonsockel auf, die von einem stilisierten Yak angeführt wird. Das ist ein Willkommensgruß des Kreises Murghob. Gern besteigen die Pamir-Reisenden dieses Kunstwerk oder lassen von hier den Blick in das breite **Markansu-Hochtal** schweifen, das sich nach Osten auftut. Bei schönem Wetter kann man sich kaum vorstellen, warum dieses Tal den Namen ›Tal des Todes‹ oder ›Tal der tausend Tornados‹ trägt. An anderen Tagen jedoch ist es schier unmöglich, auch nur die Autotür gegen den Wind aufzustemmen.

Der **Kyzyl-Art-Pass** (4336 m) wird fast unmerklich nach einer geschwungenen Steigung erreicht, man erkennt ihn an einer doppelten Grenzmarkierung. Die tadschikische Grenze wird durch einen prächtigen Steinbock auf einem Sockel und eine Stele mit stilisierter Tadschikistan-Karte gekennzeichnet, die kirgisische nur durch Stele und Kirgistan-Karte.

Der tadschikische Zoll und der dazugehörige Grenzposten liegen auf der nördlichen Seite des Passes in direkter Nachbarschaft. Mit ausländischen Reisenden besetzte Fahrzeuge erfreuen sich oft besonderer Aufmerksamkeit, besonders, wenn sie mit kirgisischem Kennzeichen unterwegs sind. Die schlecht bezahlten

Der Grenzzaun zu China

Zöllner spekulieren auf ein paar Motivierungsscheinchen. Wer hier rot sieht, tut es garantiert nicht wegen der intensiven Färbung der Berge, sollte aber freundlich und prinzipienfest bleiben.

Hat man diese Posten passiert, hat man erst die Hälfte des Kontrollpensums geschafft. Die Grenze nach Kirgistan kommt etwa 25 Kilometer abwärts. Vorher passiert man einstweilen eine **Straßenmeisterei** im Niemandsland, die trotz ihrer Armseligkeit bewohnt ist und wo man gegen einen kleinen Obolus auch Tee kochen und sein mitgebrachtes Essen verzehren kann. Man sollte dies auch tun und sich so in einen satten, gelassenen Zustand versetzen, denn es ist durchaus nicht auszuschließen, dass man 30 Minuten später eben jene Gelassenheit braucht. Die kirgisischen Zöllner des Grenzpostens am Fuße des Gebirges sind bisweilen recht streng. Sie berufen sich auf die Tatsache, dass Tadschikistan Drogen-Transitland ist und wollen daher ganz genau wissen, was man mit sich führt.

Hat man das alles hinter sich, kann man aufatmen. Man lässt die rote, links und rechts von mächtigen Fünfeinhalbtausendern flankierte **Kyzyl-Art-Schlucht** hinter sich und fährt auf einer recht guten Schotterpiste ins breite **Alai-Tal** hinein. Bald kreuzt man den Fluss Kyzyl-Suu, ›Rotes Wasser‹ (flussabwärts dann auf tadschikisch Surkhob) – eine sehr treffende Bezeichnung für das schnelle, ziegelrot gefärbte Gewässer, das nach Westen fließt und dort seine Wasser erst dem Vakhsh und dann dem Amudarya zuleitet.

Auf der anderen Seite wartet **Sarytash**, der erste kirgisische Ort, ein ärmlicher Knotenpunkt mit Tankstelle auf 3153 Metern Höhe. Hier oder im benachbarten **Sarymogol** kann man in einem der CBT-Gästehäuser (Community based tourism) übernachten, bevor man sich dann auf die Weiterreise begibt: in Richtung **Irkeshtam-Pass**, chinesische Grenze und Kashgar im Osten oder über die schroffen Alai-Berge nach Osh und ins Fergana-Tal gen Norden.

An der tadschikisch-kirgisischen Grenze

Karte S. 165

Der Westpamir

Viele, die nach Tadschikistan fahren, meinen die Berge. Aber sie fahren in die Täler, denn hier sind die Straßen – auch wenn sie nicht immer gut sind. Hier sind auch die Dörfer mit ihren Gästehäusern, Teestuben und – Menschen. Sie helfen ihren Gästen gern, auch die Berge zu sehen.

Gemeindebasierter Tourismus

Das Tal des Panj, im südlichen Teil auch Wakhan-Korridor genannt, und das Tal des Ghund als klassischer Pamir Highway sind den Pamir-Reisenden bekannt. Viele Gäste des Pamir verbinden eine Tour über den Pamir Highway mit dem Besuch eines der übrigen Täler des Westpamir oder kommen extra deswegen nach Tadschikistan, um sich hier eine Auszeit bei einer Trekking- oder Bergsteigertour zu gönnen. Eine solche Tour zählt, obwohl es inzwischen zahlreiche Anbieter sowohl in Tadschikistan, als auch im Ausland gibt, immer noch zu den ganz exklusiven Erlebnissen. Das liegt an der schwierigen Anfahrt – schon die zwei Tage von Duschanbe zum Ausgangspunkt einer solchen Tour stellen den Reisenden auf die Probe; und am besten erholen sich hier Menschen mit der Lebensmaxime ›Der Weg ist das Ziel‹. Aber das ist es nicht allein. Es ist der Pamir selbst und vor allem diese ›Sackgassentäler‹, die einem das Gefühl geben, in eine andere Zeit katapultiert worden zu sein. Hier gibt es noch Straßen ohne Asphalt, Dörfer ohne Strom, Handyempfang und Internet, Häuser ohne fließend Wasser und Menschen ohne Terminkalender – aber auch fast ohne Hab und Gut. Wer einmal hier war, wird es nie vergessen. Wer sich darauf eingelassen hat und die Pamiri in sein Herz geschlossen hat, kommt wieder.

Dieses Kapitel soll ein Hohelied auf den gemeindebasierten Tourismus (CBT, Community based tourism) und die Veranstalter sein, die sich ihm verschrieben haben, weil sie den entlegenen Dörfern in den Pamir-Tälern helfen wollen. Es sind Veranstalter vor Ort wie Pamir Horse Adventure in Bachor, Sarez Travel im Bartang-Tal oder in Khorugh ansässige Firmen wie Pamir Silk Travel und der Dachverband PECTA. Es gibt auch Veranstalter in Duschanbe, die nicht in erster Linie versuchen, auf dem Rücken der Pamiri das große Geld zu machen, sondern mit Tourismus etwas anzuschieben versuchen, exemplarisch seien Pamir Adventure und Pamir Trekking (→ S. 294/295) genannt.

Auch Veranstalter in Europa haben erkannt, dass Reisen in solche Länder nicht nur die großartige Landschaft zeigen sollen, sondern in erster Linie Reisen zu den Menschen sind, und bieten Reiseprogramme mit einem hohen CBT-Anteil an – Diamir, Faire Ferien, Ikarus und andere (→ S. 414). Sie schaffen Arbeitsplätze in den winzigen Ortschaften, geben Menschen eine Perspektive und machen ihnen Mut. Sie bringen die Welt in den Pamir – in Gestalt von Touristen, die möglicherweise zum ersten Mal im Leben sehen, wie arm man sein kann, aber dass Armut nicht den Verlust von Würde bedeutet. Sie machen den Austausch möglich und – Schrittchen für Schrittchen – den Aufbau von Infrastruktur.

Falls auch Sie sich entscheiden sollten, diese Weltgegend aufzusuchen, werden Sie es nicht bereuen. Sie werden großartige Landschaften und zu Herzen gehende Gastfreundschaft erleben, und Sie werden merken, wie wenig man braucht, um ein Mensch zu sein.

Wilde Nebenflüsse

Alle vier großen Nebenflüsse des Panj im Pamir kommen von den Gletschern und haben starke jahreszeitliche Wasserschwankungen. Im Winter sind sie kaum zu sehen, im Juli toben sie so in ihren engen Flussbetten, dass man an manchen Stellen das Fürchten lernt. Drei Viertel der Jahreswassermenge von **Yazghulyom**, **Vanj**, **Bartang** und **Ghund** fließen in den Sommermonaten von Juni bis September ab. Über das Jahr verteilt wird die durchschnittliche Abflussmenge in Kubikmetern pro Sekunde angegeben. Der Yazghulyom bringt es auf 36, der Vanj auf 50, der Bartang auf 128, der Ghund auf 103 Kubikmeter pro Sekunde, wovon allein 36 aus dem **Shohdara** kommen, der ein ebenfalls beeindruckendes Tal im Süd-Pamir geschaffen hat.
Es gibt Waghalsige, die diese Flüsse zum Rafting nutzen. Wer es nicht glaubt, kann ein sehr beeindruckendes Video einer Raftingtour auf dem Yazghulyom im Internet anschauen: www.youtube.com/watch?v=CORHfv_ZJ3o.

Tal des Vanj

Hoch über dem Tal thront der gezackte **Armavad**, 5992 Meter hoch, und blickt hinunter auf das breite Tal, dass der Vanj mit seinen stark schwankenden Wassermassen geschaffen hat. Hat man das Felsentor an der Mündung des Flusses in den Panj passiert, kann man durch das schnurgerade Tal mit seinen walnussbaumgeschmückten Dörfern bis zu den Gletschern an seinem Ende sehen. Die mächtigen Gipfel, an denen diese Gletscher ›wachsen‹, sind der Hauptgrund für die eher seltenen Besuche von Touristen im – vor allem oberen – Vanj-Tal.
Der Vanj entsteht aus zwei Quellflüssen. Der linke nimmt seinen Anfang am Nordhang der Vanj-Bergkette mit dem etwas zurückgelagerten **Peak Istiqlol** (Peak Revolution, 6940 m), der rechte, **Abdukagor**, entspringt aus den Gletschern an den Westhängen der höchsten Bergkette Mittelasiens mit dem sperrigen Namen ›Akademie der Wissenschaften‹. 103 Kilometer fließt der Vanj von hier nach Westen – im Tal zwischen der Vanj-Bergkette im Süden und der Darvoz-Bergkette im Norden.
Das Tal ist chronisch von Überschwemmungen bedroht, die sich selten, doch mit einer bestimmten Regelmäßigkeit mit Wassermassen von 1000 Kubikmetern pro Sekunde im Tal entlangwälzen. Grund dafür ist der pulsierende **Bärengletscher** (Lednik Medvezhiy) am Oberlauf des rechten Quellflusses Abdukagor, der an der Gletscherzunge von Zeit zu Zeit so plötzlich wächst (um zwei Kilometer in wenigen Monaten), dass er das enge Tal versperrt und sich dahinter ein See bildet, der dann plötzlich abgeht. Solche Katastrophen hat es 1916, 1937, 1951, 1963, 1973 und 1989 gegeben. Inzwischen kann man recht gut voraussagen, wie sich der Gletscher entwickeln wird und das Tal rechtzeitig evakuieren.

Gästehäuser Vanjtal (flussaufwärts)

Ghijovast: Gulmahmad Yorov, Tel. +992/50/1887854.
Vishkarvak: mukhabbatovtolib@mail.ru. Hotelähnliches Haus mit großem Anwesen.
Dursher: Zigherdavlat Kholinov.
Ghumast: Ziyoratsho Sharipov, Tel. +992/93/4658519.
Poi Mazor: Jafar Kholov.

Der Pamir-Knoten

Unweit vom ›Geburtsort‹ des Vanj ragt der wuchtigste Gebirgsknoten von ganz Zentralasien auf. Am auffälligsten sind drei Gipfel der 110 Kilometer langen Kette ›Akademie der Wissenschaften‹ – der **Peak Somoni** (7495 m) in der Mitte, der nördliche

▲ Karte S. 165

Getreidesieben in Zong

Wildes Wasser, schroffe Hänge: Am Panj

Peak Korzhenevskaya (7105 m) und der südliche **Peak Garmo** (6595 m). Insgesamt übersteigen 24 Gipfel der Kette die 6000 Meter. Westlich davon steht einzeln der **Peak Moskva** (6785 m). Etwa 80 Kilometer nordöstlich in der mächtigen Bergkette des Trans-Alai ragt der dritte Siebentausender Tadschikistans auf, der **Peak Abuali ibn Sino** (ehemals Peak Lenin, 7134 m), und südwestlich am Scheitelpunkt der Bergketten Vanj und Yazghulyom der **Peak Istiqlol** (Peak Revolution, 6940 m).

Peak Somoni

Der Peak Somoni (7495 m) ist der höchste Gipfel Tadschikistans und mit seiner Lage an der Kreuzung der Bergketten ›Akademie der Wissenschaften‹ und ›Peter I.‹ sozusagen das Dach vom Dach der Welt. Seine Namensgeschichte ist bewegt – unter Bergsteigern ist er eher unter seinem spätsowjetischen Namen Peak Kommunismus bekannt, den er bis 1998 trug. Vorher hieß er Peak Stalin, und davor nannte man die gesamte Kette ohne Unterscheidung einzelner Gipfel Seltau. Zum ersten Mal wurde der Berg 1933 von Yevgeniy Abalakov bezwungen. Auch heute noch ist er bei Bergsteigern beliebt. Es gibt eine ganze Reihe von Routen auf den Gipfel, die populärsten sind die über den **Peak Duschanbe** (6950 m) von der Seite des großen Firnplateaus oder von Jirgatol aus (→ S. 159).

▶ Karte S. 165

Peak Korzhenevskaya

Der Peak Korzhenevskaya, 13 Kilometer nördlich vom Peak Somoni, wurde 1910 vom russischen Geographen Nikolay Korzhenevskiy entdeckt und von ihm nach seiner Ehefrau und Expeditionsbegleiterin Yevgenia Korzhenevskaya benannt. Er wurde erst 1953 bezwungen. Auch zu diesem Gipfel gibt es etwa ein Dutzend verschiedenen Aufstiegsrouten, die beliebteste führt vom **Korzhenevskiy-Gletscher** über die Nordflanke. Der Berg ist nach dem Peak Abuali ibn Sino (Lenin) der am zweithäufigsten frequentierte Hauptgipfel im Pamir.

Der Panj kurz vor der Vanj-Einmündung

Blick zum Zentralen Pamir

Peak Garmo

Der Peak Garmo, 20 Kilometer südlich vom Peak Somoni, hieß bei den Einheimischen schon immer Garmo. Von den Bergsteigern und Forschern wurde er zuerst gar nicht für voll genommen beziehungsweise mit einem rätselhaften höheren Berg verwechselt. 1928 tauchte auf Karten ein Berg mit der Bezeichnung Garmo und einer Höhenangabe von 7495 Metern auf, die Höhe hatte man 1925 vom Fedchenko-Gletscher aus bestimmt. Eine Gruppe von Topographen bestimmte 1931 – wiederum von unterhalb des Gipfels – die Höhe des Garmo allerdings mit 6615 Metern und bemerkte, dass die Position dieses Garmo nicht mit jener des vermeintlichen Garmo aus den Karten übereinstimmte. So entstand das Garmo-Rätsel, das erst 1932 gelöst wurde, als eine Gruppe von Bergsteigern endlich über den Garmo-Gletscher auf die Schulter des Berges vordrang. Hier bemerkte man, dass es zwei Berge gibt: einen, der Garmo heißt und nicht 7495 Meter hoch ist, und einen, der 7495 Meter hoch ist und nicht Garmo heißt. Letzterem gab man kurzentschlossen den Namen Peak Stalin. Im Zuge der Entstalinierierung wurde er 1962 in Peak Kommunizm umbenannt, seit 1998 heißt er Peak Somoni.

Gletscher

Diese Gebirgsgruppe ist für ihre riesigen Gletscher bekannt, darunter der längste außerpolare Gletscher der Erde, der **Fedchenko-Gletscher** (77 km Länge), und der **Garmo-Gletscher** (30 km). Zahlreiche kleine Seitengletscher münden in größere Gletscher, diese wiederum münden in die Hauptgletscher. Allein zum System des Fedchenko-Gletschers gehören 45 Gletscher. Die gesamte Fläche aller Gletscher dieses Knotens beträgt 1500 Quadratkilometer!

Das Wasser dieser Gletscher fließt sämtlich in den Amu-darya: ein Teil über Yazghulyom und Vanj in den Panj, der andere über den Muksu und Surkhob in den Vakhsh. Auch diese Gletscher sind vom globalen Gletscherrückgang betroffen.

EXTRA

Der längste Berggletscher der Welt: der Fedchenko-Gletscher

Er ist eine äußerst beeindruckende Gletscher-Persönlichkeit: Sein Auftritt beginnt in einer Eisarena auf 6280 Meter Höhe. Diese Arena ist von Osten, Süden und Westen von hohen Gipfeln der Yazghulyom-Kette umschlossen, die den Gletscher um 70 bis 660 Meter überragen: dem Peak der Pariser Kommune (6350 m), dem Peak der Baku-Kommissare (6848 m) und dem Peak Istiqlol (früher Peak Revolution, 6940 m).

Die Namen der Gipfel geben Kunde von der Zeit, in der sie vermessen und kartographiert wurden. Es war 1928, die Zeit kurz nach der Oktoberrevolution und der Gründung der Sowjetunion. Die legendäre Pamir-Alai-Expedition unter Gesamtleitung von Nikolay Gorbunov, an der je elf sowjetrussische und deutsche Wissenschaftler und Bergsteiger teilnahmen, darf als für diese Zeit ungewöhnliches Paradebeispiel deutsch-sowjetischer Bergfreundschaft und wissenschaftlicher Zusammenarbeit gelten. Die organisatorische Leitung der fünfmonatigen Expedition zum Fedchenko-Gletscher und zum Peak Lenin (heute Peak Abuali ibn Sino), die zusammen mit Trägern, Dolmetschern und anderen Helfern 65 Mann umfasste, außerdem 160 Pferde und 60 Kamele, hatte der deutsche Abenteurer, Bergsteiger und Forschungsreisende Willi Rickmers, der schon 1913 eine kleinere deutsche Pamir-Expedition geleitet hatte. Rickmers, der sowjetischen Bergsteigern und älteren Tadschiken immer noch ein Begriff ist, hat die Ergebnisse später in seinem Buch ›Alai! Alai!‹ beschrieben.

Die Ergebnisse der Expedition verdeutlichen die Bandbreite der Forschungsprojekte: Mineralogie, Petrographie sowie die strategisch wichtigen geodätisch-astronomischen Arbeiten hatte die sowjetrussische Seite übernommen. Geologie, Vermessung und Kartierung, Glaziologie sowie Sprachenforschung waren das Metier der deutschen Teilnehmer. Die viel beachteten Resultate wurden in fünf Textbänden und einem Kartenband veröffentlicht, in den die Arbeitsergebnisse des stellvertretenden deutschen Expeditionsleiters Richard Finsterwalder eingegangen waren: Durch 400 photogrammetrische Aufnahmen war das Gebiet kartographisch erfasst worden, der Fedchenko-Gletscher war erstmalig vermessen worden, seine Länge wurde mit 77 Kilometern und sein Volumen mit 46 Kubikkilometern angegeben. Es wurde eine Karte des gesamten Gletschergebietes im Maßstab 1:50 000 erstellt.

Die Mitglieder dieser Expedition waren es auch, die einigen der umliegenden Gipfel ihre neuen Namen ›zuteilten‹, sicher nicht ganz ohne Hilfe des Expeditionsleiters Gorbunov, ›nebenbei‹ Direktor des Rats der Volkskommissare. Der Gletscher selbst aber hatte zu diesem Zeitpunkt schon seinen Namen. Bereits 1878 war der untere Teil des Gletschers von Vassiliy Oshanin ›entdeckt‹ worden, der ihn, von seiner Größe beeindruckt (aber seine wirkliche Größe nicht einmal annähernd ahnend), nach seinem Freund, dem unerschrockenen russischen Forschungsreisenden Alexey Fedchenko, benannte. Fedchenko hatte den Trans-Alai und den Pamir als erster systematisch erforscht. Zum Zeitpunkt der Entdeckung ›seines Gletschers‹ lebte er schon nicht mehr – er war 1873 mit erst 29 Jahren auf dem Mont Blanc verunglückt.

Der Fedchenko-Gletscher, der seit Oshanins Zeiten mindestens zwei Kubikkilometer Volumen und mehr als einen Kilometer seiner Länge eingebüßt hat, ist heute in seinem Mittelteil immer noch etwa 1000 Meter stark. Diese Eismassen fließen auf dem um nur 1,5 bis 2,5 Prozent geneigten Untergrund mit bis zu 67 Zentimeter pro Tag zu Tal. An den Ablagerungen im Muksu-Tal erkennt man, dass das Gletschersystem früher mehr doppelt so weit nach unten reichte und auf 2000 Meter Höhe endete. Heute entspringt aus dem Gletschertor des Fedchenko der Fluss Seldara, der sich 25 Kilometer weiter nördlich mit dem von der Südflanke des Peak Abuali ibn Sino (Peak Lenin) kommenden Sauksay zum wasserreichen Muksu vereinigt.

An der linken Seite des Eisriesen, unweit von der Mündung des Kashlayak-Gletschers, steht auf einem Felsvorsprung von 4169 Meter Höhe das Gebäude einer hydrometeorologischen Station. Diese wurde bereits 1933 errichtet, damals eine logistische Meisterleitung. Die 16 Tonnen Baumaterial wurden auf Kamelen und Pferden hergebracht. Leider stellte die Station 1995 ihre Arbeit ein. Auch die glaziologische Forschungsstation ›Vikovskiy-Gletscher‹, die von 1957 bis 1959 im Rahmen des ›Geophysikalischen Jahres‹ auf 4900 Meter Höhe ihren Dienst tat, gibt es nicht mehr. Schade, denn gerade in einer Zeit, in der es eiskalten Persönlichkeiten wie dem Fedchenko-Gletscher nicht so gut geht, würde man sich mehr Aufmerksamkeit für ihn wünschen.

Der Fedchenko-Gletscher

Bergsteigerparadies

Für Bergsteiger und Bergfreunde gibt es ein professionell organisiertes Basislager auf der sogenannten **Moskvin-Wiese** am Fuß der Gipfel Somoni und Korzhenevskaya, das von Juli bis Mitte September geöffnet ist. Es befindet sich auf 4200 Metern Höhe auf einer zehn Hektar großen, lawinensicheren subalpinen Terrasse am Rande des langen, schmalen Gletschers Fortambek, dort, wo der **Walter-Gletscher** und der **Moskvin-Seitengletscher** von Osten einmünden. Der **Fortambek-Gletscher** liegt westlich der beiden Gipfel, von Westen wird er von einem kleinen Gletscher des **Peak Moskva** verstärkt. Neben dem Basislager lädt ein von Quellen gespeister See ganz Mutige zum Kurzbaden ein. Es gibt ein paar gut isolierte Zweierzelte, in denen die Leitung des Camps untergebracht ist, elf Hütten aus Holz und Alu für die Bergsteiger, ein paar Armeezelte als Reserve, eine Dusche, eine Sauna und eine Kantine, in der mit Gas gekocht wird. Die Stromversorgung wird durch einen Dieselgenerator gewährleistet. Hubschrauber können auf einem Landeplatz direkt neben dem Camp landen, für Nachschub an Diesel, Gas, Lebensmitteln und Bergsteigern sorgen und gegebenenfalls Verletzte aufnehmen. Für eine Besteigung der beiden benachbarten Siebentausender mit Anreise, Akklimatisation, eigentlicher Besteigung und Abreise sollte man 30 Tage einkalkulieren. Individuelle Anfragen nach anderen Touren (auch Peak Abuali ibn Sino/Peak Lenin oder Siebentausender in Kasachstan, Kirgisistan und China) sind willkommen.

Gratwanderung im zentralen Pamir

Karte S. 165/270

Anreise: Entweder anderthalb Stunden mit dem Hubschrauber aus Duschanbe oder 350 Kilometer auf der Straße am Vakhsh, Surkhob und Muksu entlang, bis zum Dorf **Depshar** bei Jirgatol (Lakhsh). Von hier geht es in Begleitung von Trägern sieben Tage zu Fuß zum Camp – über vier Pässe an der Nordseite der Bergkette ›Peter I.‹ – die Akklimatisierung verkürzt sich so ein wenig.

Das Basislager wird von der erfahrenen Firma **Navruz** in Duschanbe betreut; die Mitarbeiter können auch alle anderen Arten von Reiseservice übernehmen: Home office von Rano in Duschanbe: Sheroz 30/1, Tel. +992/91/8631422, rano@navruz.tajik.net, www.alpnavruz.tj.

Tal des Yazghulyom

Der Yazghulyom (Jasgulem, Yazgulyam), im Oberlauf auch Mazardara oder Obimazar genannt, hat seinen Ursprung an den Gletschern am Nordhang der Yazghulyom-Kette mit ihrem höchsten Gipfel, dem Peak Istiqlol (früher Peak Revolution, 6940 m). Der nur 80 Kilometer lange Fluss wird also fast ausschließlich vom Schmelzwasser des langen Yazghulyom-Gletschers und einiger kleinerer Gletscher gespeist und führt deshalb in den Sommermonaten Juni bis

September Hochwasser. Zwischen Ende November und Februar ist er so zahm, dass er einfriert.
Das Flusstal ist sehr schroff und tief, Platz zum Siedeln und für Ackerbau ist nur am Unterlauf. Es gibt lediglich sechs kleine Dörfer hier – **Matravn**, **Shavud**, **Budun**, **Anderbak**, **Jamak** und **Zaich**. Die Einwohner sind sunnitische Muslime und sprechen ihre eigene Sprache – Yazghulyomi.

Bartang-Tal und Sarez-See

Von allen Pamir-Tälern mit Ausnahme des schon beschriebenen Wakhan/Panj-Tals ist das Bartang-Tal wohl das bekannteste, das schroffste, jenes mit den größten Problemen und mit den meisten Hilfsansätzen. Die Anreise ist beschwerlich, auf der Piste im Tal kommt man nur mit 15 bis 30 Kilometer pro Stunde vorwärts, oft sind Streckenabschnitte wegen Erdrutschen oder Hochwasser zeitweilig gesperrt. Und doch sollte man die Mühe nicht scheuen.

Der Bartang

Der Bartang ist der Hauptzufluss des Panj im Pamir, und wenn er nach 528 Kilometern Länge seine durchschnittlich 128 Kubikmeter Wasser pro Sekunde unweit von Rushon dem größeren Fluss ›anvertraut‹, hat er ein ziemlich abwechslungsreiches Vorleben hinter sich. Sein Einzugsgebiet umfasst mit fast 25 000 Quadratkilometern fast die Hälfte des Pamir. Er entspringt als Flüsschen im See Chakmaktyn im äußersten Nordosten von Afghanistan, unweit der Wasserscheide der Flusssysteme des Wakhan und des Bartang. Seine Kindheit vertrödelt er schlängelnd als Aksu (Oksu) im überwiegend versumpften Gebiet zwischen Kyzylrabot (Kizilrabat) und kurz vor Murghob. Nach Verstärkung durch den Ak-Baytal nennt er sich nunmehr Murghob und strebt, sichtlich gewachsen und schon etwas schneller, dem Sarez-See zu. Hier sammelt er sich und staut sich auf zu einmaliger Schönheit. Fast sieht es aus, als hätte der Fluss hier seine Bestimmung gefunden, der Wasserspiegel ruht glatt, nichts deutet darauf hin, dass der Murghob den See an seinem westlichen Ende klammheimlich durch die Aufschüttung des natürlichen Stauwalls wieder verlässt. Wenige Kilometer unterhalb vom Sarez vereinigt er sich mit dem aus Nordosten kommenden Ghudara; zusammen bilden beide endlich den Bartang, der in seinem engen Flussbett noch 133 Kilometer unter dieser Bezeichnung zu Tale strömt.

Esel-Shuttle im oberen Bartang-Tal

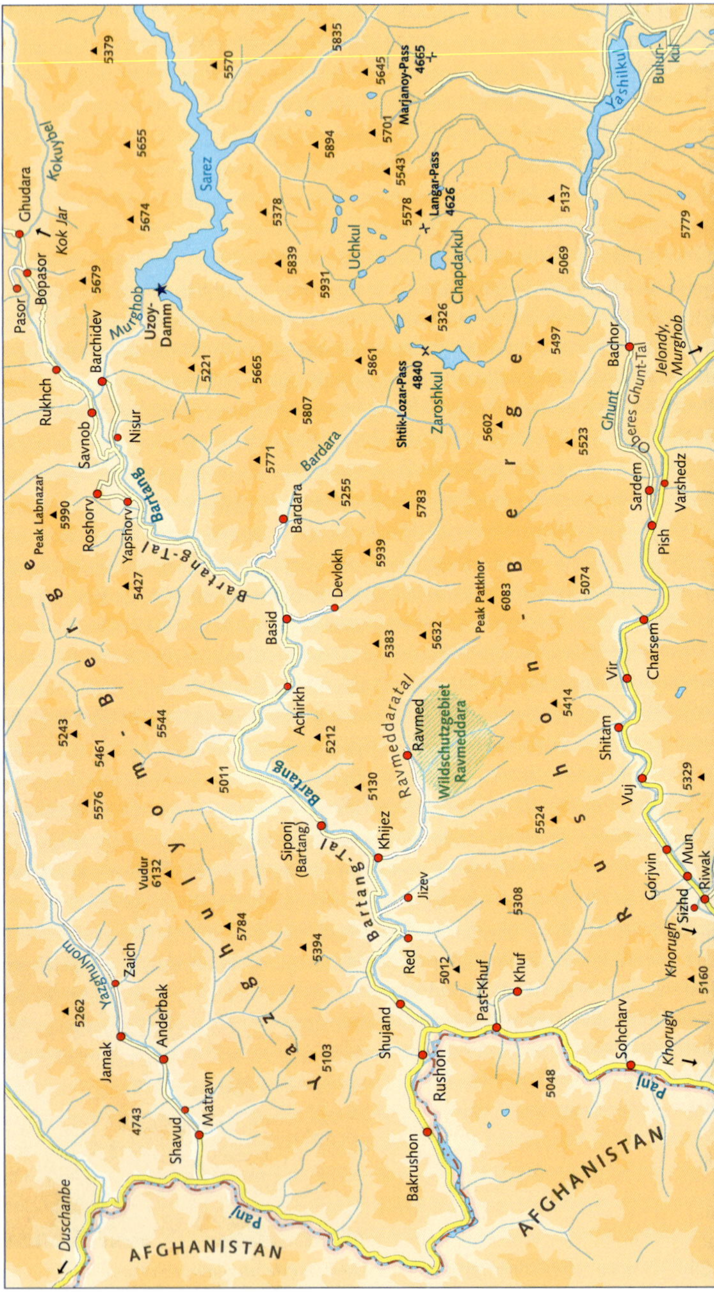

Bartang-Tal und oberes Ghund-Tal

Savnob im oberen Bartang-Tal

Bartang-Tal

Als Bartang-Tal bezeichnet man dieses 133 Kilometer lange Kernstück mit dem Seitental bis zum Sarez-See und dem Zufluss Ghudara. Bis zum Dorf **Ghudara** (158 Kilometer von der Mündung in den Panj entfernt) ist das Tal bewohnt. Eine fast normale Straße und einigermaßen verlässlichen Strom gibt es aber nur bis zum Dorf **Bardara**. Touristen können ihre Kameras und Handys in allen Dörfern außer in Nisur, Rukhch, Bopasor und Ghudara aufladen. Ab Ghudara wird nicht nur die Piste immer schlechter. Von Ghudara aufwärts kommt man ab Mitte/Ende Mai und bis zum ersten Schnee mit einem guten Geländewagen, einem Zweirad (mit und ohne Motor) oder mit zwei oder vier Beinen weiter. Diesen Umstand nutzt die in **Bachor** am Oberlauf des Ghund ansässige Firma **Pamir Horse Adventure**, um auch im Bartang-Tal schöne Wandertouren mit Pferden und Eseln anzubieten (→ S. 297).

Auch Firmen wie **Pamir Adventure** (→ S. 294) und **Pamir Trekking** (→ S. 295) haben schöne Wandertouren im Bartang-Tal oder Tälerhopping mit Bartang im Angebot. Die meisten kooperieren mit Pamir Horse Adventure. Man kann auch den freundlichen Service der in Barchidev/Khorugh ansässigen kleinen Firma **Ibex** in Anspruch nehmen, die jede Art von Wanderung oder Rundreise möglich macht (→ S. 296).

Von **Ghudara** am Zusammenfluss von Tanimas und Kokuybel erreicht man über den Punkt Kok Jar den Pamir Highway südlich vom Karakul-See. Diese 121 Kilometer durch trockenes, steiniges und trotzdem schönes Hochland kann man, immer an Flüssen entlangreitend oder -wandernd, in vier bis sechs Tagen zurücklegen. Man hätte mit dieser Querfeldein-Variante von insgesamt 279 Kilometern gegenüber der Variante über den Pamir Highway (505 Kilometer) fast die Hälfte an Entfernung ›gespart‹.

Der See von Jizev in einem Seitental des unteren Bartang

Ökodörfer am Unterlauf des Bartang

Im unteren Viertel des Bartang-Tales bzw. in seinen Seitentälern liegen die als Ökodörfer bekannten Orte **Jizev** (Gizev), **Khijez** und **Ravmed** sowie das kommunale Naturschutzgebiet Ravmeddara. Sie sind relativ leicht erreichbar, und es gibt Strom – sicher zwei gute Gründe für die Existenz von mittlerweile über einem Dutzend Gästehäuser. Veranstalter aus Khorugh und Duschanbe schicken Gruppen für mehrere Tage hierher, damit sie am Dorfleben teilnehmen können. Im Bartang-Tal sind die kulturellen Traditionen noch besonders lebendig; das äußert sich in sozialen Gepflogenheiten, Kleidung, Essen und Festen. Aber auch Landwirtschaft und Handwerk werden wegen des Mangels an Technik und der Stromknappheit noch ganz traditionell betrieben – wo in Europa findet man noch Ochsenpflüge, Dreschflegel oder Wassermühlen, die nicht für Touristen, sondern für die Mehlherstellung in Betrieb sind? Es gibt geschickte Juweliere unter den Männern und Filzherstellerinnen unter den Frauen, man kann bei der Versorgung des Viehs dabei sein und beim Kochen und Backen zusehen. Falls man plant, Souvenirs zu kaufen, tut man das am besten hier – jeder Somoni in der Haushaltskasse ist willkommen.

Lohnenswert ist auch der Besuch des 2009 gegründeten und damit ältesten kommunalen **Wildschutzgebietes im Tal des Ravmeddara**. Es umfasst 490 Quadratkilometer unterhalb des Peak Patkhor (6083 m) und wird von der Organisation ›Parcham‹ gemanagt. Dank des Schutzes vor Wilderern durch die traditionellen Jäger ist die Zahl der hiesigen Steinböcke wieder auf über 500 Tiere angewachsen, eine willkommene Beute auch für den Schneeleoparden. Touristen, die hier wandern oder Tiere beobachten möchten, sind sehr willkommen; die Wildhüter von ›Parcham‹ sind ausgezeichnete Führer und zeigen den Besuchern Steinböcke, Himalaya-Königshühner und andere Tierarten, die der ungeübte Besucher selbst nicht finden würde. Sehenswert sind außerdem die Wassermühlen und Petroglyphen.

▲ Karte S. 270

Ökodörfer

Das **Kommunale Naturschutzgebiet Ravmed** bietet Unterkünfte in drei Dörfern und Touren von hier an. Informationen auf www.tajwildlife.com, Auskünfte und Buchungen bei Kobil Shokirov, tourism@tajwildlife.com; Mustafa Berjandi, Tel. +992/91/881-855, office@tajwildlife.com. Kontakt vor Ort: Munavvar, munavvarshoh@mail.ru, Gulbek, Tel. +992/93/5229099, +992/93/7710383. ÜN+F 20 Dollar, Mittag-/Abendessen je 10 Dollar. Guides für Trekking, Tierbeobachtungen und Fotosafaris, Esel als Tragetiere, Ausrüstung.

Anreise: Zumindest nach Jizev kommt man ganz ökologisch zu Fuß. Die acht Kilometer zwischen Hauptstraße und Ort sind für Autos nicht befahrbar, man lässt sich einfach an der spektakulären Hängebrücke zwischen Red und Khijez absetzen. Khijez liegt an der Hauptstraße, Ravmed ca. 18 Kilometer oberhalb von Khijez im Tal des Ravmeddara. Zu Fuß oder mit Esel gelangt man am besten hierher, denn ein Auto wäre nicht viel schneller.

Jizev: Nazarbegim ›Lola‹ Nazarshoeva (Tel. +992/90/6886676), Imomnazar Nazarshoev (Tel. +992/90/5901987), Tavakal Bulbulov (Tel. +992/90/0560883, +992/90/0046474), Sohibdavlat Palaeva (Tel. +992/90/0502532).

Khijez: Khayrullo Shamirov (Tel. +992/93/1561655, munavvarshoh@mail.ru), Dilshod Mirzoeva (Tel. +992/93/3338539, +992/93/7019169), Mavlyuda Juraeva (Tel. +992/93/1176686, +992/50/1165766) – sie können auch Tipps zum Schutzgebiet Ravmeddara geben.

Ravmed (oberes Dorf im Seitental): weg: Ganzhina Bakhtibekova, Mehriniso Fuzaylova, Anzhir Zaurbekova (Tel. +992/93/9319832).

Drei Gästehäuser gibt es auch im untersten Abschnitt des Bartang, in den grünen Dörfern **Shujand** (Tohir Boimamadov, Tel. +992/93/5802744), **Yemtc** (Mastali Ghabribmamadov, Tel. +992/93/4773498) und **Baghu** (Shodigul Noyobshoeva, Tel. +992/90/5152009).

Sarez-See

Der Sarez ist zwar nicht der größte, aber vielleicht der schönste See des Pamirs. An weiteren Superlativen wäre hinzuzufügen, dass er auch der jüngste, geheimste, gefährlichste und am besten gehütete See ist. Bis vor reichlich 100 Jahren gab es dieses Gewässer gar nicht. 1911 ging am Unterlauf des Murghob, nur 20 Kilometer vom Zusammenfluss mit dem Ghudara entfernt, infolge eines verheerenden Erdbebens der Stärke 8 bis 9 ein gewaltiger Erdrutsch zu Tal. Die Gesteinsmassen, die von einem 4500 Meter hohen Berg 1800 Meter hinabstürzten, begruben das kleine Dorf Uzoy vollständig unter sich. Bis auf einen Mann, der zum Zeitpunkt der Katastrophe nicht im Dorf war, kamen alle 90 Einwohner um. Es entstand der mit fast 600 Metern weltweit höchste natürliche Staudamm, nach dem verschütteten Dorf **Uzoy-Damm** genannt, hinter dem sich in den nächsten Jahrzehnten ein See aufstaute, der heute 55 Kilometer lang ist und sage und schreibe 17 Kubikkilometer Wasser hat. Das Wasser überflutete mit der Zeit auch das hinter dem Damm gelegene kleine Dorf Sarez, nach dem der See schließlich benannt wurde. Die Bewohner von Sarez, das einstmals eines der klimatisch mildesten und reichsten Dörfer im Bartang-Tal war, konnten sich retten. Sie flohen ins obere Ghund-Tal und ins obere Bartang-Tal. Die Siedlung Ghudara auf dem ehemaligen Weideland von Savnob und Rukhch entstand so.

Erst Monate nach der Katastrophe wurde bekannt, was sich ereignet hatte – und der sich ziemlich schnell aufstauende See wurde erst 1932 von einer eigens ausgerüsteten Expedition ›entdeckt‹. Man begriff damals schon die Gefahr, sperrte die gesamte Region und plante die vollständige Evakuierung. Dieser Plan wurde durch den Ausbruch des Zweiten Weltkriegs aufgeschoben und später offenbar vergessen. Der Damm ist an der Krone fünf Kilometer lang und an der Basis bis zu drei Kilometer breit, er besteht aus etwa zwei Kubikkilometern Gesteinsschutt. Der Wasserspiegel des bis zu 500 Meter tiefen Sees liegt 38 Meter unter dem niedrigsten Punkt der Dammkrone. Das Wasser tritt mehr als 100 Meter unterhalb aus der riesigen Aufschüttung, als mächtige ›Quelle‹, mit 23 bis 70 Kubikmetern pro Sekunde.

Ob der Damm trotz seiner Dicke ein weiteres Erdbeben von der Stärke des vormaligen oder einen weiteren Bergsturz mit plötzlicher Anhebung des Wasserspiegels aushalten würde, kann kein Mensch mit Sicherheit voraussagen. Wenn er brechen oder reißen würde, wäre das eine unvorstellbare Katastrophe für alle Bewohner des Bartang- und des Panj-Tals. Die Wassermassen würden in einer anfangs 150 bis 170 Meter hohen Flutwelle alles mit sich fortreißen, fünf Millionen Menschen bis zum Amu-darya und sogar bis zum Aralsee wären betroffen. Deswegen bewachen Einheiten des Katastrophenschutzes den Damm rund um die Uhr, Seismologen führen seit 2014 ein ständiges Monitoring durch, und Hydrologen sowie Ingenieure überlegen, wie man dieses Problems Herr werden könnte. In allen Dörfern flussabwärts sind solar- und akkuversorgte Sirenen installiert. Es ist nicht möglich, mit dem Auto in das Seitental zu fahren, in dem der Murghob den See unterhalb des Damms verlässt. Auch zum Damm hochsteigen darf man nicht, Heimlichkeiten sind zwecklos. Die einzige Möglichkeit, den mystischen See legal zu erblicken, ist eine Tour mit Sarez Travel; die Firma beschafft Genehmigungen, ein Tag am See kostet 50 Dollar. Trekking-Touren der Firmen Pamir Horse Adventure, Pamir Adventure, Pamir Trekking und anderen hingegen umgehen den Uzoy-Damm und den kleinen, ebenfalls infolge des Erdbebens entstandenen **Shadau-See**. Man erreicht den Sarez dann an seinem Mittelteil. Er beeindruckt durch seine riesige Wasseroberfläche von etwa 80 Quadratkilometern auf 3260 Metern Höhe, die bei sonnigem Wetter in einem kräftigen Türkisblau bis Aquamarin strahlt und von über 5000 Meter hohen, steilen, teilweise schneebedeckten Bergen umgeben ist.

Der gut gehütete Sarez-See

Karte S. 270

Wer nicht in Bartang war, hat den Pamir nicht gesehen

Stefanie Kicherer

Dies schrieb einst der russische Forschungsreisende Pavel Luknizki, der sich in den 1930er Jahren in das Bartang-Tal verliebte. Doch nicht nur unter Ausländern, sondern auch unter den Pamiri selbst genießt das Bartang-Tal den Ruf als das Herz des Pamirs, der Ort, an dem die Landschaft am dramatischsten, der Weg am gefährlichsten, die Tradition am authentischsten und die Gastfreundschaft am herzlichsten ist.

Wie die meisten Bewohner des westlichen Pamirs sprechen die Bewohner des Bartang-Tals Dialekte aus der Familie der indoeuropäischen, nicht-verschriftlichten Pamir-Sprachen. Sie bekennen sich zum Nizari-Ismailitentum, einer Konfession des schiitischen Islams. Nizari-Ismailiten betrachten Aga Khan IV. als Nachfahren des Propheten Muhammad und als Reinkarnation des göttlichen Lichtes. Seine Anweisungen sind absolut bindend.

Der Aga Khan propagiert einen fortschrittsfreundlichen, dem Westen zugewandten Islam, den auch seine Anhänger im Bartang-Tal aktiv leben, vermischt mit zahlreichen lokalspezifischen Praktiken. Einen hohen Stellenwert genießt die Schulbildung, insbesondere von Mädchen: Seit der Aga Khan eine Anordnung erlassen hat, dass eine Familie mit mehreren Kindern zuallererst an die Ausbildung der Mädchen denken solle, versuchen fast 100 Prozent der Schülerinnen eines Abschlussjahrgangs, einen Studienplatz zu ergattern. Doch auch schon vorher waren die Bartangi sehr bildungshungrig: Man wird auf alte Männer mit Rauschebärten und traditionellen Mützen treffen, die einen in dialektische Diskurse über Hegel, Rumi und andere große Denker aus Ost und West verwickeln wollen.

Alle Bartangi sind Subsistenzbauern und Viehzüchter, manche sind gleichzeitig im Staatsdienst beschäftigt (zum Beispiel als Lehrer) oder arbeiten als Fahrer. Weil das Einkommen selten ausreicht, um den Lebensunterhalt zu decken, verdingen sich meist einige Familienmitglieder als Gastarbeiter in Russland und schicken Geld zurück ins Dorf. Dennoch, die wenigsten jungen Leute verspüren den Wunsch, dauerhaft in der Fremde zu leben: In Bartang sei die Natur am saubersten, das Wasser am reinsten, hier liegen die heiligen Orte, die der Gemeinschaft Segen spenden, und wohnen die geliebten Verwandten, ohne die sich ein Bartangi wie ein Fisch ohne Wasser fühlt. Oftmals hört man: ›Das Leben in Bartang wäre eigentlich wie im Paradies, wenn nur unser Elektrizitätsproblem gelöst würde.‹

Das Energieproblem ist ein typisches Problem des Zerfalls der Sowjetunion. Der Pamir bildete nämlich einst einen der südlichsten Zipfel der Sowjetunion. Die Sowjetregierung betrachtete die Region als eine der ›unterentwickeltsten‹ und wollte mit einer umfassenden Modernisierung (nach sowjetischen Maßstäben) ein Exempel statuieren. Auch wenn der ›Entwicklungsrückstand‹ bis zum Ende der Sowjetzeit nicht aufgeholt werden konnte, so wurden die Pamiri dennoch mit zahlreichen, vor allem infrastrukturellen Maßnahmen verwöhnt, etwa durch die Lieferung stark subventionierter Kohle selbst in entlegene Ecken wie das Bartang-Tal. Ein Erbe aus dieser Zeit ist auch die plötzliche Bevölkerungsexplosion: Die sowjetische Politik ermunterte die Familien, so viele Kinder wie möglich zu bekommen – für das zehnte erhielt die Mutter eine besondere Auszeichnung verliehen. Zugleich, auf-

Paradies ohne Strom: Roshorv im oberen Bartang-Tal

grund einer nun vergleichsweise guten medizinischen Versorgung und mit einer der höchsten Ärztedichten der Welt, erreichten auch die meisten Kinder tatsächlich das Erwachsenenalter. Der plötzliche Einbruch kam 1991, mit dem Zusammenbruch der Sowjetunion, der Unabhängigkeitserklärung Tadschikistans und einem darauffolgenden Bürgerkrieg von 1992 bis 1997, der die tadschikische Infrastrukturentwicklung um Jahrzehnte zurückwarf. Die Bartangi waren gezwungen, sich wieder so zu versorgen wie vor 100 Jahren – jedoch mit einem Vielfachen der damaligen Bevölkerungsgröße. Zudem fanden sie sich plötzlich in einem Staat mit einer der schwächsten Volkswirtschaften der Welt wieder.

Seither muss Brennmaterial wieder vor Ort beschafft werden. Als ›Holz‹ kann die spärliche Ausbeute, die vor allem Frauen und Kinder von ihrer stundenlangen Brennstoffsuche mitbringen, eigentlich nicht bezeichnet werden: ›Halbsträucher‹ ist der treffendere Ausdruck. Bald werden aber auch die letzten Überbleibsel hiervon gerodet sein. Der Brennstoffmangel dominiert, so konstatieren die Bartangi, ihren gesamten Alltag, und er ist Mitauslöser der meisten anderen Probleme, mit denen sie zu kämpfen haben:

1. Da fast aller Dung ebenfalls verheizt wird, steht er nicht als Dünger für die Felder zur Verfügung. Diese haben folglich wesentlich geringere Erträge, als eigentlich erzielt werden könnten.

2. Eines der größten wirtschaftlichen Potenziale des oberen Bartang-Tals, das sogar noch ausbaufähig wäre, liegt in der Viehzucht. Jedoch konkurriert das Vieh mit den Brennstoffsammlern um den letzten Rest an Vegetation, sodass Kühe und Ziegen zu mager sind und häufig nur noch ein Rinnsal an Milch geben.

3. Viele Familien in Bartang wünschen sich ein eigenes Einkommen; jedoch sind Berufsmöglichkeiten bislang rar gesät. Eine Elektrifizierung würde das Spektrum deutlich erweitern: Möglich wären etwa Handwerksbetriebe wie Nähereien und

Schweißereien; Handwerke, in denen viele Bartangi gute Kenntnisse besitzen. Auch indirekt hätte eine Lösung des Energieproblems einen positiven Nebeneffekt für die Einkommensmöglichkeiten. Ein gutes Vorbild ist das Dorf Bardara im mittleren Bartang-Tal: Es verfügt über ein relativ starkes Wasserkraftwerk, das genügend Energie für den Alltag liefert, sodass die Frauen fast keine Brennstoffe mehr zu sammeln brauchen. Die freiwerdende Zeit nutzen sie dafür, die traditionellen Pamirsocken in größeren Mengen herzustellen, deren Verkauf in der Stadt hohe Gewinne erzielt.

4. Ein Mangel an Bewuchs fördert die im Pamir ohnehin schon ausgeprägte Erosion und erhöht damit das Risiko für Steinschlag, Lawinen und Erdrutsche. Durch eine Schlammlawine wurde bereits ein komplettes Dorf im Bartang-Tal ausgelöscht.

5. Viele Frauen, die regelmäßig Holz sammeln gehen, beklagen sich über gesundheitliche Probleme wie etwa Rücken- und Gliederschmerzen. Da es sich oft nicht lohnt, schon nach einem Tag von der Holzsammelstelle wieder ins Dorf zurückzukehren, ziehen es viele vor, an Ort und Stelle zu übernachten. Da aber fast niemand eine wärmende Campingausstattung besitzt, ziehen sich viele dabei eine chronische Stirnhöhlenentzündung oder Nierenbeckenentzündung zu; zwei der häufigsten Erkrankungen der Region.

6. Weil die Arbeitskräfte nicht ausreichen, bleiben Kinder gezwungenermaßen oft der Schule fern, um sich am Holzsammeln zu beteiligen. Andere, die am Unterricht teilnehmen, und auch die Lehrer selbst sind oft so erschöpft vom Holzsammeln am Vortag, dass sie sich kaum auf den Lernstoff konzentrieren können. Da bei den Bartangi Bildung seit jeher einen großen Stellenwert genießt, betrachten sie die leidende Unterrichtsqualität als eine der schlimmsten Konsequenzen ihrer Energiekrise. Sie befürchten, dass Bartang im Vergleich mit Standorten ohne Energieproblem im Bildungssektor weiter zurückfallen wird.

7. Bis noch vor wenigen Jahren war es unüblich, außerhalb der zehn Dörfer des oberen Bartang-Tals zu heiraten. Mittlerweile kommt jedoch auch dies vor, allerdings in asymmetrischem Geschlechterverhältnis: Viele junge Mädchen aus dem oberen Bartang-Tal sagen bereitwillig zu, wenn Brautwerber aus einem der tiefer gelegenen Dörfer vor der Tür stehen. Der Grund: Dort fällt die Energiekrise weniger heftig aus, und den Frauen wird folglich nicht die schwere Last des Holzsammelns aufgebürdet. Umgekehrt würden die wenigsten Frauen von dort ins obere Bartang-Tal heiraten, weswegen viele der Jungs aus Bartang künftig Junggesellen bleiben oder abwandern werden, wenn das Problem nicht gelöst wird.

8. Bartangi, die ihr Leben im oberen Bartang-Tal grundsätzlich schätzen und auch der Migration vorziehen würden, sind nicht mehr bereit, die Bürde des Brennstoffsammelns weiter auf sich zu nehmen oder ihren Kindern aufzulasten. So bleibt nur noch der Umzug in die Stadt oder gleich nach Russland, das für Gastarbeiter aus Zentralasien aber nicht immer ein lebensfreundliches Milieu bietet.

Das Bartang-Tal zu elektrifizieren ist aufgrund der extremen Abgelegenheit und der harschen Landschaft zugegebenerweise nicht ganz einfach und auch nicht billig. Dennoch wird es keine Alternative geben, soll die Gemeinschaft im oberen Bartang-Tal nicht umgesiedelt werden.

Von vielen Seiten wurde den Bartangi schon ein großes Wasserkraftwerk für eine umfassende Elektrifizierung des Bartang-Tals versprochen, aber bislang konnte bis auf kleinere ›Zwischenlösungen‹ keine der Projektideen umgesetzt werden.

Leider verfügt der einheimische Energiekonzern ›Pamir Energy‹ bislang nicht über die notwendigen Mittel zur Umsetzung der Pläne. Ein klassischer Fall für die Entwicklungszusammenarbeit, schließlich handelt es sich um ein in jeder Hinsicht nachhaltiges Projekt. Ein sinnvoller Auftakt wäre es, wenn unabhängig davon als erstes das Dorf Roshorv an ein leistungsstarkes Kraftwerk angeschlossen werden könnte: Roshorv liegt mit bis zu 3200 Metern über dem Meeresspiegel von allen Dörfern am höchsten und hat die größte Einwohnerzahl (rund 800). Gleichzeitig ist es dort auch am kältesten, und Nahrung wird aufgrund der Höhe später als anderswo gar, weswegen hier am meisten Brennstoff verbraucht wird. In anderen Dörfern des Bartang-Tals bezeichnet man daher Fleisch, das nur halbgar ist, scherzhaft als ›roshorvij böchj‹ – ›gekocht auf Roshorver Art‹, denn in Roshorv geht beim Kochen nicht selten das Brennmaterial aus.

Stefanie Kicherer ist Ethnologin an der Universität Tübingen (mehr → S. 185). Sie ist auch Autorin des Pamir-Knigge (→ S. 171). Die von ihr gegründete Initiative ›Bartang has a Future‹ betreibt Lobbyarbeit speziell für das obere Bartang-Tal und fördert über Spendenkampagnen kleinere Entwicklungsprojekte, viele davon lokale Initiativen. Infos und Kontakt über www.bartang-has-future.com

Das Projekt arbeitet sehr eng mit dem Berchtesgadener Verein Pamir-Hilfe e.V. zusammen, der wiederum – ebenfalls spendenfinanziert – insbesondere die medizinische Versorgung des mittleren Bartang-Tals in engster Zusammenarbeit mit einheimischen medizinischen Personal ausbaut (www.pamir-hilfe.de).

Frau beim Holzsammeln im Bartang-Tal

Oberes Bartang-Tal

Überall im Bartang-Tal stößt man auf Spuren der Geschichte: Petroglyphen, Sonnensteine zur Bestimmung des richtigen Zeitpunktes religiöser Feiertage, heilige Bäume, die trotz der Holzknappheit niemand anrührt, heilige Gräber wie jenes in **Pasor**: Das **Heiligtum vom Khoja Alamdor** enthält eine Art Grab oder Kammer, deren genauer Inhalt nicht bekannt ist. Zu diesem Heiligtum pilgern vor allem kinderlose Paare. Bis vor etwa 15 Jahren reisten besonders entschlossene Pilger barfuß an und blieben die ganze Nacht wach, um betend das Heiligtum zu umkreisen. Zur Besiegelung ihres Wunsches opferten sie am Morgen danach ein Tier, das sie mit der gesamten Dorfgemeinschaft teilten, die in der angrenzenden Versammlungshalle Platz fand.

Volksreligiöse Praktiken wie der Kult an Schreinen wurden auch in der Sowjetzeit weitgehend toleriert. Nach der ›Wende‹ und der Einführung der Religionsfreiheit nahmen diese im Pamir – anders als in den meisten anderen Teilen Zentralasiens – allerdings eher etwas ab. Viele Pamiri finden etwa, dass Heiligtümer als Verbindung zum Göttlichen heutzutage ausgedient haben, denn schließlich ist ihr religiöses Oberhaupt Aga Khan IV. (der das ›Licht Gottes‹ selbst in sich trägt) jetzt wieder direkt für sie greifbar. Respektiert werden die heiligen Orte jedoch vor allem im Bartang-Tal nach wie vor von den meisten, und es kommt immer noch vor, dass Menschen (vor allem Frauen) zum ›Heiligtum ihres Vertrauens‹ pilgern.

Orte im oberen Bartang-Tal

Im oberen Bartang-Tal kommen zu den historischen Überbleibseln und heiligen Orten noch die spektakulären Blicke dazu. Vom windumtosten **Roshorv** zum Beispiel, das wie ein Adlernest auf 3200 Meter Höhe hoch oben über dem Bar-

Peak Labnazar über Roshorv

tang thront, hat man einen sensationellen Blick auf den 5990 Meter hohen **Peak Labnazar**, der auch als ›Matterhorn des Pamirs‹ bezeichnet wird.

In **Nisur** richtet der Umweltaktivist und Heimatfreund Roziq Yaftaliev ein kleines Dorfmuseum ein und versucht in seinem eigenen Haus, lokale Bau-traditionen mit modernen ökologischen Standards in Einklang zu bringen. Für den Umweg nach **Barchidev** (Barchadiv, Barchidif) wird man mit einem einmaligen Panorama auf den Fluss belohnt, der hier noch Murghob heißt und in reinstem karibischem Türkis leuchtet, da sich alle Schwebepartikel kurz davor im Sarez-See abgesetzt haben. **Savnob** wirkt wie eine grüne Oase in der kargen Landschaft, mit einem lauwarmen Badetümpel, einer Burgruine, einem Sonnenkalender, im Dorf verteilten Petroglyphen und vielen anderen kleinen Sehenswürdigkeiten, deren Legenden man sich am besten vom Englisch sprechenden Geschichtslehrer Tobchibek Bekov erzählen lässt. In den obersten Dörfern hinter **Rukhch** werden vor allem Geologie-Interessierte von den vielfarbigen Felswänden und aufregenden Schichtungen, die aufgrund der fehlenden Vegetation komplett sichtbar

Schmied in Pasor

sind, beeindruckt sein. Der auffällige Hügel, den man hinter Rukhch bei der Weiterfahrt nach **Bopasor** erklimmen muss, ist übrigens ein ehemaliger Staudamm, der ähnlich dem Sarez-See bei einem Bergsturz entstanden sein könnte, aber bereits vor einigen Jahrhunderten wieder gebrochen ist – ein Ereignis, das in Legenden weiterlebt und von dem einsam zurückgebliebene Friedhöfe mutmaßlich weggespülter Ortschaften zeugen.

In **Pasor** gibt es eine der letzten traditionellen Schmieden des Pamirs, die zugleich ein Heiligtum für den heiligen David, Schutzpatron der Schmiede, ist – weswegen das Arbeiten und Besuchen der Schmiede nur an bestimmten Tagen und nach einem definierten Ritus erfolgt. Wer die Ehre bekommt, der sollte gemäß dem Brauch einen Geldschein auf dem Amboss hinterlassen.

Ein starkes Erdbeben im Dezember 2015 zerstörte vieles in diesen Dörfern. Nach dem Wiederaufbau sieht es nicht mehr so traditionell aus – aber die Menschen haben ein Dach über dem Kopf.

▲ Karte S. 270

Wandern im oberen Bartang-Tal

Als kleinere **Halbtages- oder Tagestouren** eignen sich der direkte Abstieg von **Roshorv** nach **Yapshorv** auf einem recht ausgesetzten Pfad sowie der Fußweg von Roshorv nach **Savnob** oder von Savnob über **Rukhch** (und eine weitere abenteuerliche Hängebrücke) nach **Barchidev** (Barchadiv, Barchidif). Von Roshorv kann man sich den Weg zum Heiligtum **Bor Khadsidsh** erklären lassen – von einem 4200 Meter hohen Pass auf dem Weg dorthin kann man weite Teile des oberen Bartang-Tals und die umliegenden 5000er und 6000er überblicken.

Auch **anspruchsvolle Trekkingtouren** sind hier möglich. Die meisten geführten Touren starten in **Bardara**, folgen dem Verlauf des Bardara-Tals und queren dann in sechs bis zehn Tagen die mächtige Bergkette Rushon über einen oder mehrere der Pässe **Langar** (4626 m), **Marjanoy** (4665 m) oder **Shtik Lozar** (4840 m), um über die schönen Seen **Chapdarkul**, **Zaroshkul** (über 4500 m) und **Uchkul** (3400 m) ins Ghund-Tal zu führen. Hier enden sie an den Seen **Bulunkul/Yashilkul** (→ S. 211) oder im Dorf **Bachor** (→ S. 286). Auch andersherum, von Bachor aus, sind diese Touren möglich.

Ein spektakuläres **Fünf- bis Sechstage-Trekking** mit hellblauen Bergseen, zackigen Felsriesen, gastfreundlichen Schäfern und am Ende einem einmaligen Panorama auf den Grum-Grzimailo-Gletscher bietet sich im **Seitental des Khafrazdara** hinter Pasor an. Eine weniger bekannte Alternative ist das **Ruch-Tal**, das zwischen Savnob und Rukhch nach Norden abzweigt und von wo aus man den Peak Revolution (6940 m) aus nächster Nähe begutachten kann.

Man sollte an körperlichen Voraussetzungen Fitness, Ausdauer, Trittsicherheit, Schwindelfreiheit und Höhentauglichkeit mitbringen. Gute Ausrüstung ist ein Muss (→ S. 403), ebenso Disziplin. Zeitiges Aufstehen und Losgehen sichert gefahrlose Flussquerungen – die meisten Gletscherflüsse führen spätestens gegen 11 Uhr so viel Wasser, dass man sie nicht mehr sicher queren kann.

Flussquerungen im Bartang-Tal

Ganzjährig befahrbare Brücken gibt es wenige im Bartang-Tal, das hat mit dem saisonal sehr stark schwankenden Wasserstand zu tun. Oft muss bei den Flussquerungen improvisiert werden. Schulkinder im oberen Bartang-Tal benutzen zum Beispiel den Esel, um von Pasor nach Bopasor und zurück zu gelangen, weil sie den großen Umweg über die Brücke vermeiden wollen. Eine sehr abenteuerliche Alternative, die es unter anderem in Yapshorv, zwischen Yapshorv und Nisur und am Zusammenfluss von Murghob und Ghudara wie auch im Wildschutzgebiet Ravmeddara gibt, nennt sich **Parom**: Bei dieser Methode hängt man sich mit einer Rolle oder auch nur einem Karabiner an einem fixierten Stahlseil ein. Mit dieser Rolle oder Karabiner ist wiederum eine Seilschlinge verbunden, durch die man entweder direkt die Beine schiebt oder ein Stöckchen, das als improvisierter Sitz dient. Darauf überquert man dann den Fluss mit der Kraft seiner Armmuskeln. Bis zur Flussmitte rollt es fast noch wie von alleine, aber ab der Stelle, an der das Seil praktisch bergauf geht, ist mehr Krafteinsatz gefragt. Viele Einheimischen haben an dieser Methode selbst viel Spaß – aber auch ein bisschen Angst, denn es kommt immer wieder zu (mitunter auch tödlichen) Unfällen, vor allem, wenn neben dem eigenen Körpergewicht auch noch schwere Lasten (wie zum Beispiel Holz) gequert werden müssen und einen plötzlich Kraft oder Balance verlassen.

Flöße aus zusammengebundenen und aufgeblasenen Ziegenbalgen, die früher ebenfalls zur Querung oder sogar zur Überwindung einzelner Flussabschnitte benutzt wurden und die oft auf alten Fotos zu erkennen sind, sind in den letzten Jahren aus der Mode gekommen.

In **Yapshorv** gibt es eine sehr schöne Hängebrücke, die jährlich im Sommer vor dem Hochwasser eingeholt wird. Wenn der größte Gletscherabfluss ›durch‹ ist, wird sie wieder aufgespannt. Eine andere Hängebrücke im mittleren Talabschnitt, die auf halbem Weg **zwischen Achirkh und Basid** hinter einem kleinen Felshügel (der sich an einer Stelle rechter Hand zwischen Straße und Fluss schiebt) versteckt ist, jagt manchen Reisenden Angstschauer über den Rücken – nicht alle bestehen die Mutprobe, sie zu queren. Kühe hingegen trotten ganz gelassen hinüber.

Saisonale Hängebrücke bei Yapshorv

Der Pamir

Bartang-Tal

Anreise: Anders als für andere Täler gibt es für die (oft recht musealen) Fahrzeuge, die im Bartang-Tal verkehren, keine festen Abfahrtspunkte, da hier alles auf individuellen Zeit- und Orts-Absprachen zwischen den (in der Regel ebenfalls aus dem Tal stammenden) Fahrern und ihren Fahrgästen beruht. Wer viel Zeit in Khorugh verbringt, kann versuchen, sich durch Durchfragen Zugang zur Bartangi-Community zu verschaffen und sich so über aktuelle Abfahrtstermine zu informieren. Wesentlich einfacher, aber natürlich deutlich teurer ist es, sich z. B. über PECTA einen guten Geländewagen mit Fahrer zu chartern; empfehlenswert, wenn man zu einem bestimmten Termin wieder zurück in Khorugh sein muss.

Gästehäuser im mittleren/oberen Tal (Reihenfolge flussaufwärts):

Siponj: Gulnorf Zulobieva, Tel. +992/93/3145182, +992/93/4812227; Sultonsaid Davlatshoev, Tel. +992/93/4140651.

Basid: Niyozbek Niyozbekov, Tel. +992/55/0156034, +992/93/5140491, +992/93/8305825; Sabzpari Mahramova, Tel. +992/90/0417205.

Devlokh: Sultonmamad Vataniev, Tel. +992/90/0709244.

Bardara: Muborakqadam Muborakqadamov (Tel. +992/90/9195740), Mamadyor Kazakov (Tel. +992/90/0706910), Aslibegim Muzofirova, Orifsho Safarakov (OT Mithonchud)

Roshorv: Saradbek Tohirbekov, Tel. +992/50/1139501; +992/50/1129501, spricht Englisch), Zafar Kholmamadov (Tel. +992/93/5081967).

Nisur: Nosirsho Khubongul, Tel. +992/55/5557689, +992/93/8725298; Muborkkhotun Gurgalieva, +992/50/1067347.

Savnob: Mahmadsho Guliev, Tel. +992/90/0540127, +992/93/5821993.

Barchidev: Nurmuhammad Roziq (Sarez Travel), Nakubakht Nafasova (Tel. +992/93/1069734, 880889076).

Pasor: Gulsiyat Yakhshibekova, Tel. +992/90/0505573.

Bopasor: Sheriddin Yoraliev (Tel. +992/90/0048218, +992/93/4077203).

Gudara: Sharob Otamov, Tel. +992/90/0050273; Balkhi Shikoriev, Tel. +992/55/0858638; Sofiya Tulegova, Tel. +992/90/0571553), Nazarboy Tulegov, Akyol Khudododov, Tel. +992/55/0850063.

Khuf

Eine ›leichte‹, aber doch fast vollwertige Alternative zum Bartang-Tal, besonders für den Fall, dass die Straße gerade mal wieder unpassierbar ist, bietet ein Ausflug nach Khuf.

Von Khorugh (unterhalb des Basars) fahren Marshrutkas bis nach **Past-Khuf** südlich von Rushon. Nur ein Allradfahrzeug schafft jedoch den steilen Anstieg von Past-Khuf in den spektakulär gelegenen Ort Khuf oberhalb der Hauptstrecke. Man kann auch in Past-Khuf übernachten und hinaufwandern.

Khuf liegt am Fuße eines der beiden ›Matterhörner von Tadschikistan‹, einem markanten spitzen Berg mit über 5000 Metern Höhe. Die Umgebung des langgezogenen Ortes bietet zahlreiche Möglichkeiten zum Wandern und zu ersten Erkundungen.

Übernachten unter einfachsten Bedingungen ist bei den Betreibern einer kleinen Molkerei möglich (im Dorfladen direkt am Ortseingang nachfragen), nach Absprache mit den Hirten kann man auch am Ortsende auf den Weideflächen zelten.

▲ Karte S. 270

Gästehäuser in Khuf und Past Khuf

Past Khuf: Nazribegim Rashidbekova, Tel. +992/93/8244377, +992/50/1661725.

Khuf: Nodal Safarbekov, Tel. +992/93/6008601, +992/936018601.

Das Shohdara-Tal

Der Shohdara ist kein Nebenfluss des Panj, er mündet oberhalb von Khorugh in den Ghund. Sein Tal ist eng, Platz für Siedlungen ist nur an der Mündung der Zuflüsse. Durch die geschützte Lage ist es fruchtbar und daher von alters her relativ dicht besiedelt. Shoh-Dara – das Tal des Schahs, das königliche Tal. Aprikosen und Äpfel sowie Tabak und Getreide wachsen hier, und Ruinen bei **Roshtqala**, **Charykqala** und **Jafshangoz** zeugen davon, dass es Festungen gab, die offenbar eine alternative Route zum Wakhan-Zweig der Seidenstraße schützen sollten. Schutz brauchten auch die Lasttiere und ihre Begleiter, die bis ins 20. Jahrhundert den Lapislazuli von den hiesigen Abbaustellen ins Tal brachten.

Der Fluss Shohdara ist zwar nur 142 Kilometer kurz, hat es aber in sich. Auf seinem Lauf nimmt er 40 Nebenflüsse von den steilen, großteils vergletscherten und schneebedeckten Hängen der Shugnon- und Shohdara-Bergkette auf und entwickelt sich so vom kleinen Flüsschen Jafshangoz, das auf 4640 Metern aus einem Gletschersee entspringt, zum wasserreichen Fluss, der in manchen Jahren im Sommer einen Abfluss von bis zu 200 bis 400 Kubikmeter pro Sekunde hat. Sein Gefälle ist beträchtlich, und so friert er auch im Winter nie zu. Zahlreiche kleine und winzige Dörfer ziehen sich entlang der ehemaligen Asphaltstraße bis weit oben.

Man kann gut den Wechsel der Vegetation erkennen: Bis Roshtqala ist es so mild, dass sich die Anlage von Obstgärten lohnt. Weiter oben gedeiht im Haupttal und in einigen Seitentälern ein relativ üppiger Auwald, der dank eines Waldmanagement-Projekts mit Unterstützung der deutschen Gesellschaft für Internationale Zusammenarbeit (GIZ) erhalten werden konnte. Zwischen **Vezdara** und der Einmündung des Vrang gibt es immerhin noch Buschvegetation, vor allem Sanddorn und Wacholder, und ganz oben liegen die Sommerweiden, auch sie überraschend grün. Die Straße führt in einem großen Bogen durch das Tal, wird hinter Jafshangoz zum Feldweg und endet als bescheidene Piste oberhalb des Sees **Turumtaykul** wieder am Pamir Highway.

Für Wanderer und Bergsteiger ist das Shohdara-Tal ausgesprochen attraktiv, man kann einige der Seitentäler gut nach oben steigen und hat Zugang zu drei sehr schönen und anspruchsvollen Gipfeln: dem **Peak Majakowski** (6095 m), **Peak Marx** und **Peak Engels** (6723 und 6507 m). Karte Shohdara-Tal → S. 214.

Tal des Bodomdara und Peak Majakowski

Eine schöne Dreitageswanderung in Richtung des Peak Majakowski und zurück bietet das Tal des Bodomdara. In das Tal einsteigen kann man hinter dem Ort **Bidiz/Barvoz** in Richtung Süden. Nach gut zwölf Kilometern talaufwärts erreicht man die Sommersiedlung **Bodomdara**, wo man sein Zelt aufschlagen kann. Auch in den Häusern der Hirten ist man willkommen.

Weiter aufwärts, nach etwa sechs Kilometern dem rechten Tal (fünftes rechtes Seitental oberhalb vom Haupttal) weiter folgend, kann man zum **Peak Majakowski** blicken und sich dem Berg und seinen Gletschermassen nähern. Zu Sowjetzeiten führte eine befahrbare Piste bis zu einer Abbaustätte für Lazurit (Lapislazuli) in der Nähe des Berges, heute ist diese noch ein guter Fußweg. Wer den 6096 Meter hohen, schönen Gipfel mit seiner atemberaubenden Aussicht über den

Aprikosenbäume im Shohdara-Tal

Wakhan-Korridor und auf die Berge des Hindukusch besteigen möchte, wählt den Weg von Süden, vom Wakhan-Korridor aus.

Eine von Pamir Adventure (→ S. 294) betreute Trekking- und Bergsteigertour beginnt im Dorf **Darshay** (→ S. 222), führt über vier Zwischencamps zum Gipfel und endet nach elf Tagen am Ausgangspunkt. Eine weitere recht anspruchsvolle Tour führt das Bodomdara-Tal aufwärts, über den Pass in das **Tal des Darshaydara** und hinab in den **Wakhan**.

Die Täler Chandindara und Durumdara

Ab Shohirizm führt die Straße nur noch am rechten (nördlichen) Ufer des Shohdara entlang. Links und rechts wandert der Blick in schroffe Seitentäler und Canyons. An den Oberläufen der rechten Nebenflüsse gibt es ausgedehnte Weiden. Durch zwei der Täler bieten sich recht einfache Wanderungen zu diesen Hochweiden an.

▲ Karte S. 270

Ab **Shohirizm**, einem Dorf mit Laden und einem Gästehaus, verengt sich das Tal zu einer Klamm und bietet eine spektakuläre Fahrt bis zum nächsten größeren Ort namens **Sezhd**. Wenige Kilometer hinter Shohirizm zweigt nach links (Norden) ein noch etwa zehn Kilometer befahrbarer Weg ins Seitental des Chandindara/Podzarif ab, das sich schon bald zu einer Schlucht verengt. Die Piste führt durch das kleine Dorf **Poded** und endet in **Chandin**, sie stammt noch aus Sowjetzeiten, als Fahrzeuge der Kolchose regelmäßig hierher fuhren und sich einige der Bewohner sogar ein Moped leisten konnten. Heute haben die Menschen ihren bescheidenen sowjetischen Wohlstand aufgebraucht, zu Fuß geht man mehrere Kilometer bis zur nächsten Mitfahrgelegenheit in Shohirizm, dort fahren werktags im Morgengrauen die Busse ab.

Von Chandin hat man bereits einen phantastischen Blick auf die Sechstausender der Shohdara-Kette. Von hier aus lohnt eine Zweitageswanderung (hin und zurück) flussaufwärts ins **Tal des Podzarif** zum kleinen, türkisfarbenen See **Oykul**, zu den Sommerweiden. Für das in der schneefreien Zeit gehütete Vieh, das mehreren Besitzern gehört, gibt es ein gut durchdachtes System: Jede Familie schickt für einige Tage eine Person zum Hüten der Tiere in die Berge, bis die Ablösung kommt. Der schmale Pfad wird also regelmäßig begangen und ist deshalb gut erkennbar. Er führt bis zum Zusammenfluss von Podzarif und Chandindara, dann linker Hand an den recht schroffen Berghängen des Podzarif talaufwärts. Der Pfad quert drei Seitentäler, das erste mit einem beeindruckenden **Wasserfall**. Etwa zwölf Kilometer oberhalb von Chandin klettert man hinter einer traditionellen Brücke und einer kleinen Hütte noch etwa eine Stunde über Geröll bis zum

Oykul, wo sich talaufwärts ausgedehnte Sommerweiden ausbreiten. Auf den grünen Flächen kann man zelten oder unter einfachsten Bedingungen in einer der Hirtenhütten aus Stein unterkommen.
Von **Vrang** aus ist eine recht einfache Wanderung zum malerischen, langgestreckten See **Durumkul** (3345 m) möglich, der acht Kilometer nördlich vom Haupttal im Tal des rechten Shohdara-Nebenflusses Durumdara liegt. Ein sehr schmaler Pfad führt dann am steilen östlichen Ufer zu den grünen Matten oberhalb dieses Sees, auch hier stehen Hirten mit ihren Herden, zelten ist möglich.
In welches Tal man auch wandert – ein willkommenes Geschenk für die Hirten, die fern ihrer Dörfer leben, sind Lebensmittel wie Tee, Reis, Zucker, Nudeln, Mehl und exotische Güter wie Obst, Gemüse, Schokolade und Zigaretten (→ auch Pamir-Knigge, S. 171).

Jafshangoz

Jafshangoz (Jaushangoz, Javshangoz) auf 3470 Metern ist der letzte Ort im Tal des Shohdara, unweit der beiden

Der Durumkul

Giganten Peak Marx und Peak Engels, deren Spitzen man von hier über die Vorberge leuchten sieht und die majestätisch emporwachsen, wenn man den Hang nördlich über dem Dorf hochsteigt. Die Ruinen der alten Festung **Deruzh** thronen am Hang über dem Fluss, nördlich davon kann man bedeutende bronzezeitliche Grabstätten finden. Das letzte Gebäude im Ort war bis vor kurzem noch eine Molkerei. Obwohl die frischen Milchprodukte des 2004 errichteten Betriebes ausgezeichnet waren, hat die schwierige Vermarktung (120 Kilometer auf schlechter Straße bis zum nächst größeren Basar in Khorugh) ein dauerhaftes Überleben der Initiative offenbar verhindert.
Ab hier ist die Piste nur noch ein Feldweg, der sich aber stellenweise besser fährt als der vom Zahn der Zeit zerfressene Asphalt im mittleren Talabschnitt. Mit Geländewagen oder Zweiradfahrzeug kommt man durch. Auf dem Weg zum 4202 Meter hoch gelegenen großen See **Turumtaykul** und zur Trasse des Pamir Highways fallen rechts immer wieder die zwei riesigen, von Schnee und Eis bedeckten Felsmassive auf, ein spitz zulaufendes und ein breiteres. Die anspruchsvollen Gipfel **Peak Marx** und **Peak Engels** sind bei Bergsteigern sehr beliebt. Der Peak Marx (6723 m) trug zuvor den Namen ›Peak des Zaren-Friedensstifters‹, nach dem zeitgenössischen Ehrentitel des russischen Zaren Alexander III., während dessen Regentschaft ab 1881 das Russische Reich im Gegensatz zu früheren Epochen keine Kriege geführt hatte. Der Peak Engels ist etwas niedriger (6507 m), aber mindestens genauso ansehnlich. Er war früher nach der Zarengattin Maria Fyodorovna, geborene Dagmar von Dänemark, benannt – ›Peak der Imperatorin Maria‹. Natürlich hat auch hier das Great Game eine Rolle gespielt, und die Namensgebung erfolgte nach

Peak Marx

der Entscheidung, der russischen Krone den Pamir ›zuzusprechen‹.

Die **Besteigung** der beiden Eisriesen kann vom Wakhan-Korridor aus erfolgen (Peak Marx ab Vrang, Peak Engels ab Zong), das Herankommen von der nördlichen Seite ist ebenfalls möglich. Das Tourismusinformationszentrum der PECTA in Khorugh (→ S. 202, 295) vermittelt **Pferdetrekkingtouren** von Jafshangoz zum Turumtaykul und zum Basislager des Peak Marx. Verschiedene Trekkingrouten werden auch von **Bachor** aus angeboten (Pamir Horse Adventure, → S. 297). Das kleine Dorf liegt am Oberlauf des Ghund und ist von der Straße zwischen Khorugh und Murghob zu erreichen, der Abzweig befindet sich in der Region Vanqala, zwischen Pish und Varshedz. Von hier aus kann man zu den Seen **Yashilkul**, **Chapdarkul** und **Zaroshkul** wandern oder reiten. Es gibt auch ein Gästehaus.

Shohdara-Tal

Mit **Bus** oder **Marshrutka** werktags von Khorugh bis Barvoz, Shohirizm oder Sezhd, ab hier geht es talaufwärts nur mit Mitfahrgelegenheit oder Taxi.

Gästehäuser Shohdara-Tal (flussaufwärts):

Rijest: Kurbonsho Nazrinov (Tel. +992/50/1166197), Savrigul Nazarkhudoeva (Tel. +992/93/1067785).

Tusyon: Rahmatbek Tohirbekov (Tel. +992/93/4655547), Nekruz Shohinbekov (Oberdorf, Tel. +992/50/1115132, +992/93/4330011).

Midensharv: Zohir Alamshoev.

Midenved/Barvoz: Afsalsho und Zebo Bandishoev, Tel. +992/93/5080022, bandi6oeva@gmail.com. Wunderbarer Aprikosengarten, Platz zum Zelten.

Vezdara: Shanbe Ilnazarov, Atogul Khudododov (Tel. +992/93/8807060).

Shavoz: Gulkhunzo Manzarshoeva (Tel. +992/93/8283374, +992/50/1111000).

Bodomdara: Khandongul Dorobshoeva (Tel. +992/93/7448172).

Shohirizm: Badavlat Zarchabekov und seine Frau Lalbegim (Tel. +992/93/4564693).

Durum: Aslinamo Mavlododova (Tel. +992/90/6554665, +992/90/0599971).

Sovetobod: Sayora Mirzoazizova (Tel. +992/90/6552902).

Rubot: Nemat Butaev (Tel. +992/93/4683219).

Jafshangoz: Davlatbegim Virijaeva (Tel. +992/93/8664748).

▶ Karte S. 270

Mit dem Rad durch den Pamir

Von Thomas Krech

In Duschanbe glüht die Sonne unbarmherzig, 38 Grad zeigt das Thermometer und wir streben auf dem M41, dem legendären Pamir Highway, den Bergen entgegen, das heißt natürlich, es geht nach oben. Der Schweiß fließt in Strömen, als wir die ersten Hügel hochfahren. Gerade einmal 40 Kilometer liegt die tadschikische Hauptstadt hinter uns, als wir in die erste Teestube einkehren, es ist Zeit für ein zweites Frühstück. Der Wirt ist ganz aus dem Häuschen, aus Deutschland seien wir und auch noch aus Ostdeutschland, er habe 1986 in Oranienburg gedient, als Fahrer und als Techniker, man habe Potsdam besichtigt und das KZ Sachsenhausen, ersteres wunderschön, letzteres schrecklich. Nach Berlin hätten die Genossen nie einen Ausflug gemacht. Jetzt brutzelt er hier in einer schlichten Raststätte Spiegeleier und schenkt grünen Tee aus. Er wird nicht der einzige ehemalige Soldat sein, der in der DDR in der Roten Armee seinen Dienst ableisten musste, manchmal hatten wir das Gefühl, die Hälfte der Pamiri im entsprechenden Alter waren irgendwo im Osten Deutschlands kaserniert.

Weiter geht es nach oben, gleich am ersten Tag noch auf 1700 Meter, es ist nicht mehr so warm, aber am Abend geht es hinter Ob-i Garm wieder runter in den Hitzekessel. Unten fließt der Vakhsh träge dahin, der etwas weiter das größte Kraftwerk des Landes, Norak, antreibt. Ein zweiter Damm soll genau hier gebaut werden, schon seit Jahren, aber die Bauarbeiten kommen nicht recht voran. Wegen des geplanten Damms gibt es wohl auch keinen Grund, die Straße zu modernisieren, die eh irgendwann überflutet werden wird. Bezüglich der Baugeschwindigkeit ließen sich gut Wetten abschließen, was eher fertig wird: der Berliner Flughafen BER oder der Damm am Vakhsh. Für uns bedeutet es mit Sicherheit nur: Ende des Asphalts. Im letzten Jahr waren wir hier von Truck-Kolonnen zugestaubt worden, dieses Jahr hält sich der Verkehr in Grenzen, möglicherweise wegen des Ramadan; das ist der Vorteil. Der Nachteil ist, dass ein Teil der ohnehin nicht gerade reichlich vorhandenen Lokale geschlossen hat. Hinter der Abzweigung der A372 nach

Schlechtes Wetter am Ak-Baytal-Pass

Nordosten scheinen wir die Straße ganz für uns alleine zu haben, trotzdem gibt es einen Checkpoint, an dem unsere GBAO-Permits kontrolliert werden, dazu hat man sogar einen Kopierer angeschafft. Den gab es im letzten Jahr noch nicht, da wurden die Daten mit Kugelschreiber in ein dickes Buch eingetragen, und man konnte neugierig nachgucken, wie viele Leute hier in den letzten Tagen durchkamen, heute fragen wir: ein Jeep mit zwei Ausländern und gestern zwei Radfahrer. Wenn man im Pamir radeln oder reisen will, braucht man neben dem Visum eine Genehmigung für die Region Gorno-Badakhshan, eben jenes GBAO-Permit. Normalerweise wird dieses mit dem Visum beantragt und von der Botschaft mit genehmigt, aber eben nur normalerweise. 2012 wurden alle Genehmigungen gestrichen, da die Region wegen militärischer Auseinandersetzungen ab Juli geschlossen war. 2013 bekam ich das Permit ohne Probleme von der Botschaft in Berlin, in diesem Jahr (2014) musste ich noch ein zweites Mal dorthin, erst sollte es (momentan) keine geben, als ich aber dann eine Woche später mit dem nächsten Pass zur Botschaft ging, gab es wieder Genehmigungen. Ich habe meine dann nachtragen lassen. Vor Ort war es 2013 möglich, innerhalb von zwei Tagen persönlich oder über eine Agentur das Permit in Duschanbe zu besorgen, dieses Jahr bekamen auch die Agenturen Probleme, und es war ein reines Glücksspiel, an manchen Tagen gab es welche, an anderen keine, berichten die Radler, denen wir in Duschanbe im ›Adventurers Inn‹, einem beliebten Travellertreff, begegnen. Die Adresse dazu hier: http://caravanistan.com/visa/tajikistan/gbao-permit.
Das Tal ist wild und atemberaubend, die Wände ragen steil nach oben, in den Kurven überqueren kleine Bäche die Straße, und hier werden erstmals Erinnerungen wach. Vor 23 Jahren haben wir unsere maßlos überpackten Räder hier durch wilde Sturzbäche geschoben, es war nach einem heftigen Gewitterguss. Damals war die Straße durchgehend asphaltiert, heute gibt es nur noch ab und an Asphaltreste um die Schlaglöcher herum. Vor allem sammeln wir Höhenmeter, obgleich es immer am Fluss entlang geht, ist es mehr als hügelig, 50 Meter hoch und gleich wieder runter. Daran wird sich bis Khorugh auch nicht viel ändern, außer dass der erste Pass, der Khoburobot, dazwischen liegt. In Tavildara kann man sich noch einmal den Bauch vollschlagen und die Packtaschen mit Lebensmitteln füllen, dann geht die Kletterei bald los, erst mäßig, dann ein wenig steiler, dann wieder etwas mehr als gemächlich in Serpentinen. Auf 2500 Metern gab es letztes Jahr noch eine schöne Teestube, aber die ist aufgegeben worden. Als Rastplatz taugt der Ort aber noch, Brot, Joghurt und glasklares Wasser aus dem Quellbächlein, dann reicht die Kraft wieder für die nächsten 800 Höhenmeter.
Oben wartet eine grandiose Aussicht über den Pamir, vielleicht einer der schönsten Weitblicke im Pamir überhaupt, eine lange, mit Schnee und Eis bedeckte Bergkette erstreckt sich vor dem erschöpften Betrachter. Und es gibt die höchste Bushaltestelle der Welt, ›3252,80 Meter über dem Meeresspiegel‹ steht daran geschrieben. Wann der letzte Bus hier fuhr, lässt sich nicht erraten. Vor 23 Jahren waren die Ruinen im Hintergrund noch eine kleine Kaserne, wir waren damals beim Feldwebel der Einheit eingeladen, der hauste in einem riesigen ausrangierten Dampfkessel von vier Metern Durchmesser. Im Inneren bollerte ein Ofen, und überall waren Kräuter zum Trocknen aufgehängt. Da die kleine Einheit nicht viel zu tun hatte, schickte sie der Spieß fast täglich zum Kräutersuchen, die ließen sich

Begegnung im Pamir

in Duschanbe für ordentliches Geld verkaufen. Heute traben drei träge Kühe auf dem Gelände herum, von den Hirten ist nichts zu sehen oder zu hören.

Nach einer grandiosen Abfahrt erreichen wir vor Qala-i Khumb einen weiteren Checkpoint. Nach der Registrierung in einem dicken Buch wird eine Registrierungsgebühr verlangt, ich zücke halbherzig mein Portemonnaie und frage nach einer Quittung. Der junge Leutnant schaut mich mit hochgezogener Augenbraue an: »Eine was«? »Eine Quittung«, wiederhole ich. Zwei Sekunden Schweigen, dann schallendes Gelächter und eine Handbewegung, die bedeutet, dass wir uns schleunigst verkrümeln sollen, was wir auch tun, ohne bezahlen zu müssen. Immer noch lachend erzählt der Leutnant die Geschichte draußen dem Soldaten, der das Gatter beiseiteschiebt: »Eine Quittung wollte der, wirklich lustig«.

Bis nach Khorugh geht es immer an der afghanischen Grenze entlang, dazwischen der Panj. Drüben sind kleine saubere Dörfer zu sehen, zwar Lehmhäuser, aber sorgfältig verputzt, Glasfenster, spielende Kinder. Vor 23 Jahren sah es finsterer aus, da standen meist nur mickrige Hütten, und ein schmaler Pfad klebte am Abgrund über dem reißenden Panj. Dort sah man damals wagemutige Eselstreiber entlangbalancieren, jeder hatte eine Waffe auf dem Rücken, auch die größeren Kinder. Heute sieht es anders aus, der Pfad ist zum Weg geworden, ein Minibagger räumt einen Erdrutsch zur Seite. Ab und zu jagt ein Moped den Weg entlang und zieht eine Staubfahne hinter sich her ... keine Waffen zu sehen, alles scheint friedlich an der nördlichen Peripherie Afghanistans.

Khorugh ist ein Ort zum Entspannen und zum Krafttanken für den Hauptpamir, man kann über den Markt bummeln, einen verkrauteten Botanischen Garten besichtigen, im Stadtpark spazieren gehen und mit den Pamiri plaudern. Das geht auch ohne Russischkenntnisse erstaunlich gut, denn im Städtchen gibt es zwei Universitäten, und von den 22 000 Einwohnern scheint jeder zweite eine Fremdsprache zu sprechen. Die Verkäuferin im Laden zählt: »Eins, zwei, drei, fünf,

Radfahrer vor dem Ak-Baytal-Pass

das Messer, der Löffel ...«, das hat sie mal in der Schule gelernt, ist aber schon eine Weile her. Die Kinder laufen mit Büchern durch die Stadt, Puschkin, ich bin verblüfft. Trotzdem wollen die meisten Jugendlichen Taxifahrer in Duschanbe werden, da kann man recht gut Geld verdienen, hier in den Bergen gibt es ja kaum Jobs. Die Pamiri sind Ismailiten und damit wesentlich offener als andere Muslime, daher auch der Durst nach Wissen und Bildung. Auch die Frauen müssen nicht verhüllt herumlaufen, nur die wenigsten tragen ein Kopftuch.

Wir folgen dem M41 und nicht dem Panj an der afghanischen Grenze, das hebe ich mir für die nächste Tour auf, die Strecke soll nicht so gut zu radeln sein, viel Sand und Schieberei des Rades, sagen die Radler, die sich in der ›Pamir Lodge‹ versammeln. Doch auch der M41 Highway hat seine Höhepunkte, wunderschöne Täler mit relativ viel Grün, kleine romantische Dörfer und schöne Wiesen zum Zelten. Die Bauern vom Gehöft bringen Milch und kommen zum Smalltalk, der hagere Mann hat sowjetische Literatur studiert, in Leningrad, ist auch schon eine Weile her, und er liest immer noch gern. Das war letztes Jahr, in diesem Jahr ist die Freude groß, als wir wieder die Räder am Hof vorbeischieben und ich die Familienbilder auspacke.

Hinter Jelondy beginnt dann der Anstieg zum ersten 4000er-Pass, und die Landschaft wird öde und trocken, das Flüsschen entschwindet nach rechts. Wir klettern höher und höher, die Piste ist staubig, steinig und ungemein steil, hier hat es an einigen Stellen 8 bis 10 Prozent Steigung, und man fängt an zu keuchen. Ein Blick auf den Höhenmesser verrät dann auch, warum. Oben öffnet sich das Tal zu einem einsamen, trockenen Hochplateau, einige der Berge rundherum haben noch Schnee, aber das richtig große Panorama fehlt hier und: Wo ist eigentlich oben? Da der Wind böig ins Gesicht schlägt, hat man kein Gefühl mehr, ob die Straße noch steigt oder schon wieder leicht abfällt. Ab 4290 Meter sinkt der Höhenmesser wieder, das war also der Koytezek-Pass, reichlich unspektakulär. Die Sicht wird aber ein paar Kilometer weiter wieder grandios, als sich der Blick in eine gigantische, trockene Ebene öffnet, der einzige Bach endet irgendwo im Nichts. Zwar weiden weiter oben noch Schafe, aber dann gibt es nur noch Steine und ein paar trockene Riedgrasbüschel. Erst 25 Kilometer weiter dann noch einmal ein kleiner Bach und die einzige kleine Wiese, der beste Zeltplatz weit und breit. In 4000 Metern Höhe wird es sofort empfindlich kühl, als die Sonne hinterm Berg verschwindet, doch im Schlafsack bleibt es kuschelig, und durch den offenen Zelteingang habe ich einen wunderbaren Blick auf den Himmel. Den Sternen sind wir hier viel näher, es scheint zehnmal mehr zu geben als in Berlin, und die Milchstraße ist ein hell leuchtendes Band, das sich über den ganzen Himmel zieht. Im Fünf-Minuten-Takt ziehen die Sternschnuppen ihre Spur und schon nach der dritten gehen mir die Wünsche aus ...

Auch der zweite 4000er-Pass ist wieder unspektakulär, diesmal haben wir den Wind im Rücken und werden hinab getrieben nach Murghob. Wir freuen uns, dass es unten wieder ein wenig grüner ist. In dem Städtchen ist ein Homestay schnell gefunden, die Banja wird angeworfen, und ich brauche kein Essen mit dem Kocher bereiten, die junge Frau des Hauses kocht vorzüglich. Die ›City‹ ist schnell erkundet, es gibt ein Hotel, eine Leninstatue, ein Restaurant, ein Tourist-Office, ein Krankenhaus, zwei oder drei Moscheen und die ersten Männer mit spitzen

Filzhüten, also nicht mehr nur Tadschiken und Pamiri, sondern die ersten Kirgisen. Die touristische Hauptattraktion ist der Basar: zwei Reihen von Containern, in denen entweder Lebensmittel oder billige Klamotten aus China verkauft werden. Wir füllen unsere Vorräte auf, das Angebot an Gemüse ist lausig, es gibt Karotten, Zwiebeln, Knoblauch und Babykartoffeln, ein paar Gurken finden sich, die Tomaten sind in schlechtem Zustand. Wurst und Konserven sind kein Problem, ebenso wie Nudeln und Tomatenmark. Käse ist leider nicht aufzutreiben. Durchgehend gut im Pamir ist lediglich die Versorgung mit ›Snickers‹, die gibt es in jedem Laden, auch wenn es sonst nichts mehr gibt.

Doch wir haben genug für die nächste Etappe über den höchsten Pass. Die Straße dorthin ist recht gut, und hinter Murghob steigt sie in einem weiten Tal relativ gemütlich an, und das bleibt noch bis zu einer Höhe von 4000 Metern so. Bis dahin ist es recht trocken, aber dann finden sich ein paar schöne Zeltplätze, zwischen den Bergen blinzelt ab und zu einmal ein Eisriese mit über 6000 Metern durch. Frisch gestärkt geht es dann am Morgen dem Pass entgegen, das Passschild gibt es schon bei 4350 Metern an einer alten, aufgegebenen Straßenbaustation. Wir machen unsere Fotos, schieben einen Snickers nach und strampeln die letzten 300 Höhenmeter hoch, die Piste ist jetzt wieder sehr schlecht und recht steil, aber das Ende kommt spürbar näher, dann der Durchbruch und der Blick auf das nächste Tal wird frei. Wir sind oben, ganz oben auf dem Dach der Welt, 4655 Meter Höhe zeigt das GPS, und wir sind glücklich.

Das Glücksgefühl hält sich nicht allzu lange, zwar geht es mit tollen Ausblicken auf die Pamir-Berge abwärts, aber die eh schon schlechte Trasse wird nun komplett zur Wellblechpiste und es gibt keine Alternative. Fast 40 Kilometer werden wir gründlich durchgeschüttelt. Etwas Trost bringt, das der Japaner mit Klapprad und Anhänger, auf dem ein Reisekoffer ruht, noch schlechter dran ist als wir, er hat Gegenwind, es geht aufwärts, und wir haben den größten Teil des Wellbleches hinter uns gebracht. Hinter dem nächsten kleinen Pass werden wir entschädigt, vor uns liegt ein Plateau, umrandet von Schneebergen und in der Mitte ein großer dunkelblauer See. Die Straße führt schnurgerade hinunter, fast 30 Kilometer geradeaus, eine Linie, dazu leichter Rückenwind, was für eine entspannte Fahrt, das sind die Momente, für die man die gesamte Strampelei in Kauf nimmt. Das Gelände wurde bei einem Meteoriteneinschlag vor fünf Millionen Jahren geformt. In dessen Krater hat sich der ›Schwarze See‹ gebildet, der recht salzhaltig ist. Fische soll es geben, ein paar kleine, so groß wie ein kleiner Finger, und man hat mehrfach ›Drachen‹ im See gesehen, es soll sogar einen Film davon geben, natürlich wie bei allen ›Nessie‹-Sichtungen nur verschwommene Bilder und starkes Gegenlicht. Wir bleiben in Karakul, dem Ort am See, im Homestay, spazieren einmal durchs Dorf zum See und genießen den Sonnenuntergang, bevor uns die Kälte wieder ins Haus zurücktreibt.

Am nächsten Tag blicken wir dann noch einmal zurück auf den See und kämpfen ordentlich mit Gegenwind und noch einmal zehn Kilometern Wellblechpiste. Irgendwann hinter einer Kurve taucht dann die tadschikische Grenzstation auf, ein paar kleine Baracken und Container und einige verfrorene Soldaten. Wir werden ausgestempelt und können auch Geld tauschen, vermutlich nicht zum besten Kurs, aber besser, als ohne Zahlungsmittel in Kirgisien einzureisen. Doch bis Kirgisien ist es noch ein gutes Stück, erst geht es noch die letzten 150 Höhenmeter über den Kyzyl-Art-Pass mit 4336 Metern, und dann stürzt die Straße in ein enges Tal. Mit jedem Kilometer wird es wärmer und grüner. Unten öffnet sich ein weites Tal mit grünen Wiesen, Pferdeherden und ein paar kirgisischen Jurten. Dort ist auch die Grenzstation, den diensthabenden Soldaten müssen wir im Schlafsaal wecken, das anschließende Einstempeln dauert genau zehn Sekunden. Der Wachhabende wirft sich sofort auf die Pritsche und schläft weiter, wir sind in Kirgisien und werfen noch einmal einen Blick zurück auf die 6000er, die in der Nachmittagssonne zu strahlen beginnen und uns zu grüßen scheinen: ›Kommt uns bald wieder besuchen!‹ Keine Angst, das war nicht meine letzte Visite hier, nächstes Jahr klappt es nicht, aber in zwei Jahren sehen wir uns wieder.

Nun geht es bis Sary Tash durch die grüne Ebene, der Asphalt beginnt nicht nur wieder, sondern es gibt eine Superstraße, chinesischer Flüsterasphalt, im Dorf eine große Auswahl an Homestays und gut bestückte Läden. Wir sind zurück in der Zivilisation, zwar gibt es bis Osh noch ein paar Berge, aber der Pamir liegt hinter uns und wir haben es wieder einmal geschafft!

Thomas Krech aus Berlin ist Radfahrer seit 30 Jahren, Blogger und Radreiseleiter für Südostasien und seit 2013 auch im Pamir unterwegs (www.tomtomtravel.com).

Radfahrer und Zuschauer am Grenzzaun in Karakul

EXTRA

Reiseveranstalter für den Pamir

Reiseveranstalter in Duschanbe

Pamir Adventure
Mohammad 1/3-17
Tel. +992/(8)/37/2211812, +992/(8)/37/2272384, Tel. +992/93/5087019
surat@pamir-adventure.com
www.pamir-adventure.com
Skype: pirat-pamirad1
Das Original von vielen Kopien, die heute ähnliches anbieten. Der erfahrene und hilfsbereite Biologe, Bergsteiger und Fotograf Surat Toimastov bietet alles aus erster Hand an: Trekking, Bergsteigen, Fotosafaris und Naturtouren, Rundreisen per Jeep für kleine Gruppen. Empfehlenswert.

Pamir Peaks
International Mountaineering Center
Rudaki 44, im Gebäude des Landwirtschaftsministeriums, Zimmer 191
Tel. +992/(8)48/7010333, Tel. +992/93/5001111
info@pamirpeaks.tj
www.pamirpeaks.tj
Auf anspruchsvolle Gipfelbesteigungen und Abenteuertouren spezialisierte Firma, technisch gut ausgerüstet, Basecamp und Hubschrauber verfügbar.

Pamir Travel
Alisher Khasanov (engl.)
Tel. 992/(8)37/2240213
Tel. +992/93/5993737, +992/93/8963505
pamirtourservice@mail.ru, alisher-pamir@mail.ru
www.pamir-travel.com, www.pamirtourservice.com.
Große Firma, die alle Arten von kulturhistorischen und Aktivtouren im ganzen Land und alle touristischen Dienstleistungen anbietet.

Explore Pamir
Tel. +992/90/4278662 whatsapp & imo
oriz.dildorbek@gmail.com
https://www.facebook.com/orizd
Oriz Dildorbek spricht Deutsch und kann jede Art von Hilfe für Reisende leisten.

Reiseveranstalter in Khorugh

Badakhshan Travel
Direktor: Manukhehr Qadamshoev
Azizbek 2
Tel. +992/93/5711349
info@visitbadakhshan.com
www.visitbadakhshan.com
Kultur- und Abenteuertouren per Auto, zu Fuß, Pferd und Yak auf dem Gebiet von ganz Badakhshan, also auch im afghanischen Pamir. Besuch des Afghanen-Marktes, Autovermietung.

Pamir Alpine Club
Lenin 10
Tel. +992/93/5427339, +992/93/5009947
pamirguides@gmail.com, pamirstourism@yahoo.com
www.facebook.com/pamiralpineclub
Qualifizierte Tourbegleitung (englisch) bei Trekking- und Bergsteigertouren.

Pamir Mount Tour
Odina Nurmamadov
Mirsaid Mirshakar 11
Tel. +992/91/9366772
info@pamirmount-tour.com
www.pamirmount-tour.com
Kleiner, sozial engagierter Veranstalter vor allem für Trekking und Bergsteigen. Jeeptouren über den Pamir Highway, Trekkingtouren vom und zum Bartang-Tal, Besteigung von elf Sechs- und Siebentausendern. Träger, Lasttiere, Ausrüstung, Fahrzeuge verfügbar. Genehmigungen können beschafft werden.

Pamir Silk Travel
Direktor: Shagarf Sherzod Mullo-Abdol
Azizbek 1
Tel. +992/(8)3522/22299,Tel. +992/93/5052361
info@pamirsilk.travel
www.pamirsilk.travel
Kulturreisen, Jeep- und Hubschraubertouren, Trekking, Bergsteigen, Rad- und Reittouren, Rafting, Tierbeobachtungen im tadschikischen und afghanischen Teil des Pamir. Shagarf als Pionier des Tourismus

Straße am Pass Ak Baytal

in Khorugh unterstützt das Netzwerk des Community based tourism.

Pamirs Tourism Adventure (PTA)
Tel. +992/93/5009947
pamirstourism@yahoo.com
www.pamirs-tourism.org
NGO in Khorugh.

Pamir Trekking
Saidbek Shakarov
Lenin 88
Tel. +992/93/8757593
saidbek.shaka@gmail.com
www.pamirtrekking.com
Exzellente Ortskenntnis, gutes Netzwerk und Management – passable Voraussetzungen für die Organisation und Durchführungen sicherer Bergtouren.

PECTA
Pamirs Eco-Cultural Tourism Association
Davronov 10e, am Ostende des Stadtparks
Tel. +992/93/4425555
info@pecta.tj
www.visitpamirs.com, www.e-broschuere.info/Mit-Yak-und-Pack-Pamir-Tadschikistan
Mai–Sept. tägl. 8–18 Uhr
Touristen-Informationszentrum mit Tourenangebot und Netzwerk von Homestays: Kompetente Beratung in allen Reisefragen im Pamir, gutes Netzwerk von zuverlässigen Partnern, Hilfe bei der Organisation und Buchung von Touren und Übernachtungen sowie bei der Beschaffung von Visa und Genehmigungen. Verleih von Zelten und Ausrüstung, Infomaterial (Broschüren, Karten, Postkarten und Briefmarken). Beratung in gutem Englisch.

Tour de Pamir
Direktor: Ergash Fayzullobekov
Tel. +992/ 93/5007557
tourdepamir@yahoo.com
Jeep- und Trekkingtouren sowie Expeditionen aller Längen und Schwierigkeitsgrade im gesamten Pamir, Begleitung durch Englisch, Deutsch oder Französisch sprechende Fahrer und Guides.

Pamir Mountain Bike
Tel. +992/93/5774929
Verleih von Rädern, Beratung.

Oxustours
www.oxustours.com
Junges, flexibles tadschikisch-deutsches Team mit bisher überschaubarem Angebot und Wachstumsplänen.

Farid Beknazarov
Tel. +992/90/5402200
beknazarov2200@gmail.com
Farid steht als Fahrer eines guten Land Cruisers im gesamten Pamir und landesweit zur Verfügung.

Reiseveranstalter im Bartang-Tal

IBEX Pamir Tourism
Avazbek Alifbekov
Savnob (Bartang-Tal)
Tel. +992/90/1118090
ibexpamirtourism@yahoo.com
www.pamirtourism.com
Avazbek (genannt Avaz) hat Geschichte und Philologie studiert, er spricht Englisch. Seine Heimat ist das Bartang-Tal, hier hat er als Lehrer für Englisch, Tadschikisch, Geschichte und Ethik gearbeitet. Seine Touren sind ein Tribut an seine Herkunft und ein Versuch, dem Tal eine Zukunft zu geben. Er ist universell gebildet – seine Ausführungen über seine Heimat sind eine Freude und eine Bereicherung. Wenn man mit ihm reist, kann man sicher sein, dass der Erlös den Menschen im Bartang-Tal zugutekommt.

Pamir Mount Tour
Basid/Khorugh
Tel. +992/91/9366772
info@pamirmount-tour.com
www.pamirmount-tour.com
Büro in Khorugh (→ S. 294), Beginn fast aller Touren in Basid.

Sarez Travel
Barchidev
Tel. +992/93/5004150,
+992/93/5654920
www.sarez.travel
info@sarez.travel, saidmamad@sarez.travel
Skype: saidmamad.gulomshoev
www.sarez.travel
Die Firma von Nurmuhammad (›Nurmamad‹) Roziq und Saidmamad Gulomshoev wurde 1991 gegründet und bietet Touren im ganzen Pamir an. Der Fokus liegt dabei auf dem oberen Bartang-Tal mit dem Sarez-See, eine Genehmigung erlaubt das Übernachten auf dem Uzoy-Damm. Wegen des Nichtvorhandenseins von regulärer Stromversorgung und Internet befindet sich das Büro in Duschanbe, kooperiert aber eng mit

Brücke im Bartang-Tal zwischen Achirkh und Basid

den Dörfern im oberen Bartang-Tal. Beantragung von Genehmigungen und Hotelbuchungen möglich. Sprachen: Englisch, Russisch, Französisch.

Bartang-Guide Nasrullo Alinazarov
Tel. +992/93/6001936
www.facebook.com/nasrullo.alinazarov
www.pamirecotourism.com

Reiseveranstalter im Ghund-Tal

Pamir Horse Adventure
Leiter: Aslisho Kurboniev
Bachor
Tel. +992/93/4089325,
+992/93/5661504
aspamir@gmail.com
www.pamirhorseadventure.com
Die 2010 gegründete Firma hat ein Netzwerk weit über das Ghund-Tal hinaus aufgebaut. Touren beliebiger Länge bis in den Wakhan-Korridor, ins Bartang-Tal, nach Murghob und zum Karakul können organisiert werden. Die Bewohner der Dörfer werden maximal einbezogen, sie stellen Übernachtung, Essen, Tourbegleitung, Trag- und Reittiere. Geländegängige Autos gibt es auch. Wichtiger Bestandteil der Touren ist die Teilnahme am Alltagsleben, an traditionellen Festen und sportlichen Wettkämpfen. 2014 bekam die Firma für ihr Engagement bei der Verbindung von Tourismus, nachhaltiger Entwicklung und Naturschutz von der International Climbing and Mountaineering Federation den Mountain Protection Award verliehen.

Reiseveranstalter in Rushan (Vomar)

World Roof Tours (ehemals Bomijahon)
Direktor: Khudoguy Shohnazarov
Rushan, Youth Center
Tel. +992/93/5637141,
+992/90/0500499
info@worldroof-tours.com, triptopamir@gmail.com, www.triptopamir.com, www.worldroof-tours.com
Trekking, Reittouren, Offroad-Touren und Expeditionen, Rundreisen, Selbstfahrertouren.

Reiseveranstalter in Murghob

Pamir Central Asia
(ehemals Pamir Highway Adventure)
Kudaibergen Mamadiev
70 Solagi Murghob 34
Tel. +996/55/3459393
tours@pamirhighwayadventure.com
www.pamirhighwayadventure.com
http://pamircentralasia.itap-world.com.
Auskünfte, Transfers, Übernachtungen in Gästehäusern und Jurten, Verleih von Ausrüstung, Jeep-, Rad-, Rafting-, Wander-, Pferde- und Kameltouren.

Pamir Guides
Saidali Gabuldaev
Ismanov 51
Tel. +992/93/5382545,
+992/90/0059779,
+992/91/7328228
info@pamirguides.com
www.pamirguides.org

Pamir Adventure Travel
Borubekov 23
Tel. +992/90/0505801, +992/93/4018250
bakir-zaynidin@mail.ru
pamiradvanturetravel.com@gmail.com
Birdwatching, Trekking und Jeep-Touren im Ost-Pamir, auch am Zorkul.

Pamir Off-Road Adventure Tours
Ayni 57
Tel. + 992/90/0503076,
+ 996/55/8584890
janpamtour@gmail.com
http://pamirorat.com

Pamir Special Tours
15 Letie RT 8
Tel. +992/90/5051267,
+992/93/1511052
pamirspecialtours@gmail.com
Neuer Veranstalter, der Birdwatching, Rad- und Abenteuertouren anbietet.

Weitere, überregionale Reiseveranstalter in Tadschikistan → S. 416.

Ich habe mein Herz in den Fanbergen verloren,
Jetzt laufe ich lustlos durch die Ebenen,
Und in ruhigen Gesprächen und auf lauten Festen,
träume ich schweigend von den blauen Gipfeln ...

Aus einem Lied von Yuriy Vizbor

DER NORDEN

Landschaft im mittleren Zarafshon-Tal

Der Bezirk Sughd

Der Verwaltungsbezirk Sughd hat seinen Namen von der persischen Provinz Sogdien (Sogdiana, Sogd), die sich zwischen den beiden Strömen Amu-darya (im Altertum Oxus/Jayhoun) und Syr-darya (im Altertum Yaxartes/Sayhoun) erstreckte und damit ein wesentlich größeres Territorium einnahm als das kleine, zerfranste nördliche Stückchen Tadschikistans, das heute auf 24 600 Quadratkilometern das **Zarafshon-Tal** und ein Stückchen **Fergana-Tal** um die Provinzhauptstadt **Khujand** (Chudzhand, Chudschand, Chodschent, früher Leninabad) umfasst. Letzteres ragt wie eine Halbinsel aus dem Gebirgsmassiv des Turkestan-Rückens heraus, im Westen von Usbekistan und im Osten von Kirgistan umgeben und nur durch einen schmalen Streifen mit dem restlichen tadschikischen ›Festland‹ verbunden. Ein paar winzige Enklaven liegen wie Inselchen auf usbekischem beziehungsweise kirgisischem Territorium, schwierige Nebenprodukte der Delimitierung der ehemaligen sowjetischen Grenzen.

Das fruchtbare Fergana-Tal wurde bei der Bildung der Sowjetrepubliken unter jenen aufgeteilt. Noch heute leben Usbeken im Norden Tadschikistans, und viele Tadschiken haben Verwandte im Nachbarland. Etwa zweieinhalb Millionen Einwohner leben in der nördlichen Provinz, ein Viertel von ihnen im Ballungsgebiet Khujand.

Die Bezeichnung Sughd erinnert an die große Vergangenheit – das ist gewollt. Denn so viele kulturhistorische Denkmäler und Merkwürdigkeiten auf so kleinem Raum hat kein anderer Verwaltungsbezirk des Landes vorzuweisen. Bei einer Reise nach Tadschikistan sollte also der Norden auf keinen Fall fehlen.

Die Reise nach Norden

▲ Karte S. 337

In den Norden Tadschikistans gelangt man per Flugzeug (mehrmals wöchentlich von Duschanbe nach Khujand, etwa 50 Euro) oder mit dem Sammeltaxi beziehungsweise der Marshrutka von Duschanbe aus. Möglich ist auch die Anreise aus Usbekistan mit dem Zug (Buchara–Khujand, Taschkent–Khujand) sowie mit dem Auto. Hier gibt es seit März 2018 endlich wieder die Wahl zwischen dem Grenzübergang Oybek/Buston (Fotehobod) südlich von Taschkent und dem Grenzübergang Jarteppa/Sarazm östlich von Samarkand. Beide Übergänge sind täglich rund um die Uhr geöffnet. Die direkte Verbindung zwischen den beiden nur 65 Kilometer voneinander entfernten Seidenstraßenstädten Samarkand und Panjakent war acht Jahre lang wegen politischer Querelen zwischen Usbekistan und Tadschikistan gesperrt, und so musste man 750 Kilometer ›außen herum‹ rumpeln, die Turkestan-Bergkette weiträumig umfahrend. Der Königsweg auf der alten Seidenstraße ist wieder befahrbar, eine außerordentlich gute Nachricht für den Tourismus im Zarafshon-Tal und für Reisende aus alles Welt. Die Kombination aus den Höhepunkten der Timuriden-Zeit in Buchara und Samarkand, vorchristlichem Altertum in und um Panjakent (→ S. 343) und großartigen Gebirgslandschaften im Zarafshon-Tal (→ S. 336) und im Fan-Gebirge (→ S. 356) gilt als Geheimtipp unter Zentralasienreisenden. Die Einreise mit dem Auto ist auch aus Kirgistan möglich, der Grenzübergang Batken/Isfara hat täglich von 9 bis 18 Uhr geöffnet.

Anreise auf dem Landweg

Wer Zeit hat, sollte dem Landweg den Vorrang geben und sich auf eine legen-

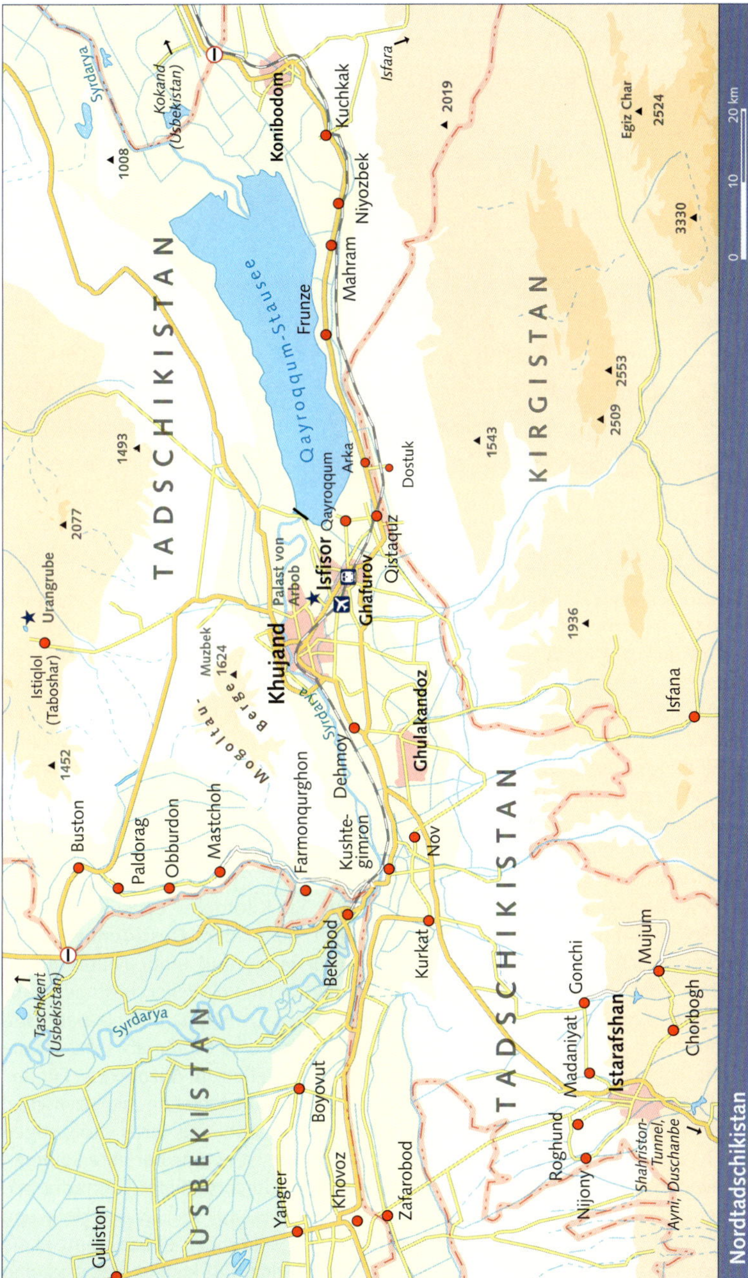
Nordtadschikistan
TADSCHIKISTAN
USBEKISTAN
KIRGISTAN
Qayroqqum-Stausee
Syrdarya
Khujand
Isfisor
Ghafurov
Konibodom
Kuchkak
Niyozbek
Mahram
Frunze
Qayroqqum
Arka
Dostuk
Qistaquz
Palast von Arbob
Urangrube
Istiqlol (Taboshar)
Muzbek 1624
Mogoltau-Berge
Ghulakandoz
Dehmoy
Kushte-gimron
Farmonqurghon
Mastchoh
Obburdon
Paldorag
Buston
Nov
Kurkat
Bekobod
Taschkent (Usbekistan)
Kokand (Usbekistan)
Isfara
Isfana
Boyovut
Yangier
Guliston
Khovoz
Zafarobod
Istarafshan
Madaniyat
Gonchi
Mujum
Chorbogh
Roghund
Nijony
Shahriston-Tunnel, Ayni, Duschanbe
Egiz Char 2524
2019
1008
1493
2077
1452
1543
2509
2553
1936
3330
0 10 20 km

Der Norden

Am Abzweig zum Anzob-Pass

däre Strecke begeben, die schon vor zwei Jahrtausenden Baktrien und Sogdien verband, gefahr- und mühevoll damals, zu Fuß und mit Eseln und über 3000 Meter hohe Pässe.
Die Anreise mit dem Auto ist inzwischen nur vier bis fünf Stunden länger als jene per Flugzeug, aber um wieviel mehr sieht man auf diesen etwa 320 Kilometern über drei mächtige Gebirgsrücken! Früher, als es die von Iran und China gebauten Dusti-, Anzob- und Shahriston-Tunnel noch nicht gab, war diese Variante eine Strapaze und vom Spätherbst bis in den Frühling hinein überhaupt nicht befahrbar.
Heute ist die Straße von Duschanbe in den Norden zwar gebührenpflichtig (der Gesamtpreis, der an den Mautstationen zu entrichten ist, beträgt etwa fünf Euro pro PKW), dafür ist sie aber auch gut bis sehr gut und wird ständig gewartet. Man hat unzählige Schutztunnel an lawinen- und steinschlaggefährdeten Stellen gebaut, und die langen Tunnel Anzob und Shahriston machen die zwei Passquerungen überflüssig.

▲ Karte S. 337

Anzob-(Istiqlol-)Tunnel

Die erste der drei Bergketten, die man auf der Reise in den Norden quert, ist die **Hisor-Kette**. Man fährt das Varzob-Tal hinauf, und irgendwann nach dem Abzweig Khoja Ob-i Garm hat man die Naherholungsgebiete der Dushanbiner und die Villen der Neureichen hinter sich gelassen. An der Stelle, an der die Steinschlag- und Lawinenschutztunnel beginnen, mag keiner mehr seine Villa hinklotzen.
Etwa 20 Kilometer nach Khoja Ob-i Garm, hinter dem **Dusti-Tunnel** (1047 Meter lang) und einer Mautstation, zweigt in einem Weiler, bestehend aus einer rosa Oshkhona und ein paar Hütten, rechts eine Straße ab – das ist die alte Passstraße zum **Anzob-Pass**. Für den regulären Autoverkehr ist sie inzwischen gesperrt – aber mit ihren großartigen Ausblicken ist es eine perfekte Sommerroute für durchtrainierte Fahrradfahrer. Der Pass liegt auf 3373 Meter Höhe und war früher die einzige Verbindung in die Nordprovinz. Oft kam es vor, dass man

hier noch im April oder Mai steckenblieb, weil Lawinen die Straße unpassierbar gemacht hatten.

Die neue Hauptstraße M34 aber schraubt sich jetzt zum Anzob-Tunnel hoch, dessen Bau 1988 begonnen und ab 1999 vom iranischen ›Saber‹-Konsortium fortgesetzt wurde. Eröffnet wurde er 2006 vom Präsidenten Rahmon. Die Fahrt durch den 5040 Meter langen Tunnel, dessen offizieller Name ›Istiqlol‹ (Unabhängigkeit) lautet, war jedoch lange ein abenteuerliches Unterfangen, denn er war bis 2015 in einem miserablen Zustand und auch immer wieder wegen Bauarbeiten gesperrt.

Das größte Problem war das Wasser im Tunnel, der Wasserpegel konnte bis zu einem halben Meter anschwellen. Der Tunnel war nur sehr spärlich beleuchtet, und es tropfte und rann von allen Seiten. Auch auf tiefere Pfützen und kleinere Tümpel musste man sich gefasst machen. Da der Asphalt im Tunnel löchrig war und man die Tiefe der Schlaglöcher unter dem Wasser und in der Dunkelheit nicht erkennen konnte, kam es immer wieder zu Achsenbrüchen. Ein Achsenbruch und jeder andere Unfall oder auch einfach nur ein Steckenbleiben im Tunnel war lebensgefährlich – es gab kein Ventilationssystem, und bevor man durch die Finsternis bis zum Ende des Tunnels gelangt war, konnte man bereits an einer Kohlenmonoxidvergiftung ums Leben gekommen sein. Daher war es ratsam, vor der Einfahrt das Fahrzeug gut durchlüften und im Tunnel Fenster und Außenluftzufuhr geschlossen halten. Stellenweise ragten auch Armatureisen aus dem erodierten Straßenbelag. Unbeleuchtete Baumaschinen und Baumaterialien sowie liegengebliebene Fahrzeuge stellten weitere Hindernisse dar.

Wegen dieser gravierenden Mängel wurde im März 2015 zwischen Tadschikistan und dem Iran ein Abkommen unterzeichnet, das den Iran verpflichtete, den Tunnel mit Ventilations- und Beleuchtungssystemen nachzurüsten. Im November 2015 wurde er nach halbjähriger Bauzeit mit temporärer Schließung offiziell wieder eröffnet, und die beschriebenen Probleme sind großteils ausgeräumt.

Auf der nördlichen Seite des Anzob-Tunnels ändert sich die Landschaft schlagartig – sie ist trockener, die Vegetation in den tieferen Lagen ist deutlich ärmer. Und noch etwas fällt auf dem Weg nach unten auf: Zahlreiche verlassene Dörfer am Straßenrand, deren kleine, sorgsam aus Steinen gefügte Häuser aussehen, als ob sie alle mit einem Mal fluchtartig verlassen wurden. Es sind die Reste der alten Kultur der Yaghnobi, die hier zu Anfang der 1970er Jahre fast ausgelöscht wurde (→ S. 363). Das Tal des Flusses Yaghnob, in dem die meisten der Yaghnobi lebten und wohin seit den 1990ern einige zurückgekehrt sind, zweigt nach

Landschaft hinter dem Anzob-Tunnel

rechts (Osten) ab (→ S. 360). Man kann einen Blick in diese steile Klamm werfen, wenn man kurz vor **Takfon**, einem großen Dorf in der Talsohle, nach rechts blickt. In Takfon quert man auch den Yaghnob, der sich am Bergarbeiterstädtchen **Sarvoda** (Zarafshon I) mit dem Iskander-darya vereinigt und ab hier den im Sommer wilden, wasserreichen Fan bildet. Würde man von Sarvoda nach links fahren und flussaufwärts dem Lauf des Iskander-darya folgen, käme man nach etwa 25 Kilometern zum schönen Gebirgssee **Iskanderkul** (→ S. 357).

In diesem engen Tal um den Ort Sarvoda wird in teils schwindelerregender Höhe Kohle abgebaut, und das schon seit Jahrtausenden. Schon der römische Geschichtsschreiber Plinius der Ältere wusste zu berichten, dass bei den Baktriern nachts die Berggipfel glimmen - gemeint waren Schwelbrände in den Flözen, die teilweise heute noch andauern. Bis ins Mittelalter nutzte man diese Brände gezielt zur Salmiak-Gewinnung.

In Sarvoda kann man noch die Reste des ehemaligen Bergbaukombinats erkennen, auch die Reihe der Plattenbauten und ein Denkmal für die Bergarbeiter erzählen von der Geschichte der sowjetischen Industrialisierung selbst der entlegensten Gebirgsregionen. Im 20. Jahrhundert wurde hier neben Kohle auch Gold gewonnen, und man darf gespannt sein, was die geologische Erkundung dieser schroffen Berge noch alles ans Tageslicht bringt.

■ Tal des Fan und Shahriston-Tunnel

Den nächsten Höhenzug, das schroffe, fast 5000 Meter hohe **Zarafshon-Gebirge**, quert man weder über einen Pass noch durch einen Tunnel. Der Fluss Fan (Fon, Fon-darya) hat hier ein senkrechtes Tal ins Massiv gefräst, in dem auch noch die Straße Platz hat. Freilich führt sie

Das Tal des Fan

zum Teil unter überhängenden Felsen hindurch, und beim Blick nach oben wird einem etwas blümerant. Aber der Asphalt ist gut, und Marshrutka-Fahrer drehen hier gerne richtig auf. Aus (begründeter) Angst vor Steinschlag rasen sie an Stellen vorbei, an denen man lieber innehalten und auf Erkundungstour gehen sollte, zum Beispiel an der Mündung des Flüsschens Pasrud in den Fan. Unweit von hier fanden spielende Kinder 1979 in einer Höhle in der Nähe des Dorfes Sarvodi eine alte, aber sehr gut erhaltene Holzfigur. Der sitzende schnurbärtige Mann von etwa einem Meter Größe war eine Art Rüstung gekleidet und hatte ein Zepter in der Hand. Man fand heraus, dass es **Mithra** (Mehr) ist, der altpersische Gott der Freundschaft und des Rechts, später dann als Gott der Sonne und des Feuers in den Zoroastrismus integriert. Ganz in der Nähe

▲ Karte S. 337/301

befand sich im 5./6. Jahrhundert eine Festung mit einem Feuertempel, deren Ruinen man heute noch sieht. Offenbar hatten die Bewohner des Tals ihren Gott vor den heranrückenden, alles Bildhafte zerstörenden Arabern in Sicherheit gebracht. Heute sitzt Mithra, allerdings ohne Rüstung, im Altertumsmuseum in Duschanbe.

Kurz bevor man Ayni erreicht, bietet sich nach einer Linkskurve hinter einem Anstieg ein Stopp in der Oshkhona **Rajabboy** auf der linken Straßenseite an. Wenig später wird der Fluss Zarafshon gequert und man durchfährt **Ayni** (→ S. 341) Hinter dem pittoresk gelegenen Städtchen und einer weiteren Brücke über den Zarafshon gabelt sich die Straße – Richtung Westen geht es nach Panjakent, Richtung Norden nach Khujand. Nach dem hübschen Dorf **Khushekat**, inmitten dramatisch rot gefärbter Berge gelegen, gewinnt die Straße schnell an Höhe. Man durchfährt einen grünen Weiler mit einigen netten Choykhonas, und dann schwingen sich die Serpentinen hoch hinauf zum Kamm des Turkestan-Rückens, mit großartigen Ausblicken auf den benachbarten Höhenzug des Zarafshon-Gebirges.

Bis 2012 musste man diese Bergkette über den **Shahriston-Pass** queren; jetzt gibt es den gleichnamigen **Tunnel**, fertiggestellt 2012 nach sechsjähriger Bauzeit von chinesischen Bauarbeitern. Es ist der längste Tunnel der GUS-Staaten, mit 5253 Metern verdrängte er den Anzob-Tunnel als bisherigen Rekordhalter. Seit seiner feierlichen Eröffnung kann man zu jeder Zeit von Duschanbe in den Norden und vom Norden nach Duschanbe fahren. Vorher war das nur sechs Monate im Jahr möglich. Die Fahrzeit verkürzte sich um viereinhalb bis fünf Stunden.

Und wieder ändert sich die Landschaft auf der anderen Seite des Gebirges. Der Nordhang des Turkestan-Rückens ist dicht von Wacholderbüschen bewachsen, die die Größe von Bäumen haben, fast könnte man von einem Wald sprechen, der die Hänge bedeckt. Diese Hänge sind längst nicht so schroff wie jene an der Südseite, und sie laufen in flachen Wellen aus, zwischen denen sich große Dörfer in üppigen Pappelhainen ausbreiten.

Das Tal des Syr-darya

... am Ufer des wunderbaren und wasserreichen Syrdarya, von allen Seiten von Bergen umgeben, an deren Hängen üppige Gärten grünen – und all das zusammen: Wasser, Berge und das Sommergrün – machen, bei all der hiesigen Hitze und Trockenheit, die Luft angenehm frisch und klar; die Winter sind gemäßigt.

Sankt Petersburger Nachrichten, Nr. 215, 1868

Verglichen mit dem Rest von Tadschikistan ist der Norden relativ flach. Zwischen dem Nordhang der Turkestan-Kette und den Kuramin-Bergen an der Grenze zu Usbekistan hat der Syr-darya eine breite Ebene geschaffen. Durch diese Ebene, immer am Fluss entlang, führte früher ein bedeutender Zweig der Seidenstraße, überall lagen Oasen, in denen Landwirtschaft und Handwerk blühten und ein schwunghafter Handel betrieben wurde. In einem Artikel der ›Sankt Petersburger Nachrichten‹, Nr. 219 von 1868, kurz nach der Eroberung Mittelasiens durch das russische Imperium, heißt es: »Chodzhent ist ganz und gar von herrlichen Gärten umgeben, von denen es hier mehr gibt als an anderen Orten des Gebiets. Es sind allesamt Obstgärten, die Früchte reifen hier in wundersamer Vielfalt, und alle umliegenden Städte werden mit ihnen versorgt.«

Dank des wasserreichen Stroms hat die Region heute ein eigenes, wenn auch

Abendstimmung am Syr-darya in Khujand

künstliches Meer: den **Qayroqqum-Stausee** östlich der Provinzhauptstadt, auch Khujander Meer genannt.
Nicht immer war dieser Teil des **Fergana-Tals** so fruchtbar wie heute. Die Niederschlagsmengen sind gering – und so war vor den großen Bewässerungsprojekten der Sowjetzeit und der Urbarmachung weiter Landstriche die sogenannte Hungersteppe die dominierende Landschaftsform. Auch heute noch kann man Reste dieser Wermutsteppe am Fuß der Kuraminberge und im Südosten des Gebiets ausmachen. Hier ist nur extensive Viehzucht möglich, und sie wurde und wird auch betrieben, vor allem von Kasachen und Kirgisen, die seit Jahrhunderten in den hiesigen Bergen und Vorbergen siedeln.
Während der Sowjetzeit kam es in Nord-Tadschikistan zu einem großen Bevölkerungszuwachs und Entwicklungsschub. Russen, Ukrainer, Deutsche, Tataren und andere Völkerschaften wurden angesiedelt, bauten Bewässerungssysteme und verwandelten große Teile der Hungersteppe in sogenanntes Neuland. Auch die Umsiedlungsprogramme der Bergbewohner, zum Beispiel aus dem Yaghnob-Tal (→ S. 360) trugen zum Bevölkerungswachstum bei. Noch heute liegt der Norden mit über 95 Einwohnern pro Quadratkilometer weit über dem tadschikischen Durchschnitt.
Quer durch die Region verläuft die Bahnstrecke, die von Usbekistan (Samarkand) durch Nord-Tadschikistan wieder nach Usbekistan (Kokand) führt und für den Anschluss der tadschikischen Wirtschaft an den Weltmarkt wichtig ist. Da wäre zum ersten die Baumwolle, die früher in gigantischen Mengen transportiert wurde. Das Fergana-Tal ist ein traditionelles Anbaugebiet für Baumwolle. Schon im 19. Jahrhundert wurde der Baumwollanbau vom Zarenreich unterstützt. Zu sowjetischen Zeiten und auch in den ersten beiden Jahrzehnten der Unabhängigkeit wurde ihr Anbau vom Staat forciert. Die staatlich vorgegebene Quote von 70 Prozent gibt es heute jedoch nicht mehr. Die Bauern bauen an, was

▲ Karte S. 301

sie wollen, sprich: was sich verkaufen lässt; Obst, Gemüse, Wein, Weizen, Maulbeerbäume als Seidenraupenfutter. Baumwolle lässt sich auch verkaufen: an die italienische Jeansfirma ›Carrera‹ in Khujand, die hier schon über 15 Jahre tätig ist und qualitativ hochwertige Jeans für den Export herstellt. Somit wird das ›weiße Gold‹ vor Ort verarbeitet und muss nicht mehr als Rohstoff exportiert werden und sich gnadenlos den schwankenden Weltmarktpreisen unterwerfen. Aber auch Erze und Produkte der Metallverarbeitung werden von der Bahn transportiert – Sughd ist das industrielle Zentrum des Landes. Hier wird sogar Erdöl gefördert. Neben der Lage in der fruchtbaren Ebene, neben Silber-, Schwermetall- und Uranbergbau und Industrie hat der Großraum Khujand noch einen weiteren Vorteil. Die Stadt und die Region waren vom Bürgerkrieg nicht direkt betroffen, ein relativ normales Leben konnte vor Ort fortgeführt werden. Erst nach dem Friedensvertrag kam es 1998 zu einer bewaffneten Auseinandersetzung unter Mahmud Khudoberdiev und Schießereien in der alten Zitadelle von Khujand. Es war aber nur ein kurzes Wiederaufflammen regionaler Interessen, das relativ schnell unter Kontrolle gebracht werden konnte.

Khujand

Die Hauptstadt der Provinz Sughd ist Khujand (Chudzhand, Chudschand, Chodschent, früher Leninabad). Die mit 400 000 Einwohnern zweitgrößte Stadt des Landes ist die einzige Stadt Tadschikistans, die an einem großen Fluss liegt. Khujand wird durch den Syr-darya in zwei Teile getrennt. Die Altstadt liegt am flachen Südufer, die Neustadt jenseits der vier Brücken am Nordufer, das zu den **Mogoltau-Bergen** ansteigt, deren höchste Erhebung der Berg **Muzbek** mit 1624 Metern bildet. Weiter nordwärts bilden die **Kuramin-Berge** mit dem 3769 Meter hohen **Bobo-i Ob** die nördliche Grenze des Landes.

Khujand und Umgebung sind das industrielle Zentrum des Landes. Über die Hälfte des Bruttoinlandsprodukts wird hier und im Umland erwirtschaftet. Bergbau, Verarbeitung von Erzen und Naturstein, Textil- und Lebensmittelindustrie – der Norden hat mehr Arbeitsplätze zu bieten als der Rest des Landes, und man sieht den relativen Wohlstand allerorten. Nördlich von Khujand wird gerade der Boden für eine völlig neue Stadt vorbereitet – der Staat sorgt für die Infrastruktur, gebaut wird anschließend privat. 150 000 Menschen sollen hier einmal wohnen, in einer Stadt, die Zeyhun heißen soll, nach dem antiken, im Türkischen heute noch gebräuchlichen Namen für den Syr-darya.

In Khujand wurde seit den 1940ern und bis zum Bürgerkrieg auch die sowjetische Politelite ›produziert‹. Die Khujandi spielten in der kommunistischen Partei Tadschikistans und in der tadschikischen Regierung die führende Rolle.

Nirgendwo anders in Tadschikistan begegnen sich wie in Khujand Zeitzeugnisse des Altertums und Mittelalters sowie zahlreiche Bauten aus der Zeit des sowjetischen Aufschwungs. Dazu kommt ein neuzeitlicher Bauboom, der keinen Stadtteil auslässt. Das vorsowjetische und sowjetische Antlitz der Stadt wird allmählich überformt durch dominante neue Wohn- und Geschäftshäuser, Sportstätten, Hotels und Restaurants, Parks und Denkmäler.

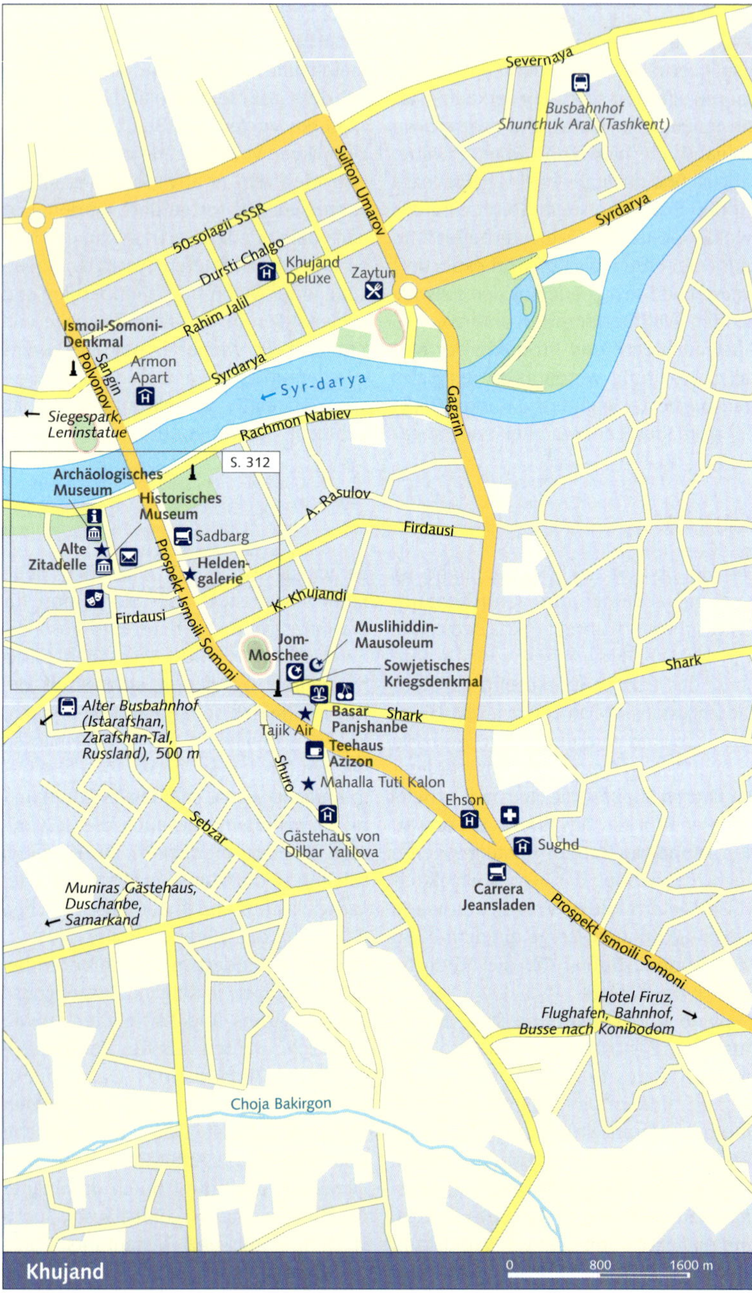

Severnaya
Busbahnhof Shunchuk Aral (Tashkent)
Sulton Umarov
Syrdarya
50-solagii SSSR
Dursti Chalgo
Khujand Deluxe
Zaytun
Rahim Jalil
Ismoil-Somoni-Denkmal
Polvonov
Sangin
Armon Apart
Syrdarya
Syr-darya
Gagarin
Siegespark, Leninstatue
Rachmon Nabiev
S. 312
Archäologisches Museum
Historisches Museum
A. Rasulov
Firdausi
Sadbarg
Alte Zitadelle
Helden-galerie
Prospekt Ismoili Somoni
K. Khujandi
Firdausi
Muslihiddin-Mausoleum
Jom-Moschee
Sowjetisches Kriegsdenkmal
Shark
Alter Busbahnhof (Istarafshan, Zarafshan-Tal, Russland), 500 m
Basar Panjshanbe
Shark
Tajik Air
Teehaus Azizon
Shuro
Mahalla Tuti Kalon
Ehson
Sebzar
Gästehaus von Dilbar Yalilova
Sughd
Carrera Jeansladen
Muniras Gästehaus, Duschanbe, Samarkand
Prospekt Ismoili Somoni
Hotel Firuz, Flughafen, Bahnhof, Busse nach Konibodom
Choja Bakirgon
Khujand
0
800
1600 m

Geschichte

Am rechten Ufer des Syr-darya, von den alten Griechen Yaxartes genannt, befand sich zur Zeit des Achämeniden-Reiches vor 2500 Jahren eine ziemlich bedeutende Stadt, die nach dem persischen Herrscher Kyros II. Kurushata (griechisch: Kyropolis) genannt wurde. Historiker sind sich nicht einig, wo genau diese Stadt lag – die meisten vermuten sie an der Stelle, an der sich das heutige Istarafshan befindet, manche lokalisieren sie eher in Richtung heutiges Khujand. Erwiesen ist, dass im Jahr 329 vor unserer Zeitrechnung Alexander der Große auf seinem Feldzug den Ort erreichte, an dem sich heute Khujand befindet. Der Ort war bereits besiedelt; Alexander nahm ihn ein und ließ ihn befestigen. Diese Festung wurde Alexandria Eskhata genannt, das ›entfernte Alexandria‹ oder ›Alexandria am Rand‹. Von hier aus bewegte sich Alexanders Heer noch etwa 200 Kilometer nordostwärts ins Fergana-Tal, bevor es sich nach Süden gen Indien wandte. ›Alexandria am Rand‹, das heutige Khujand, darf somit als die nordöstlichste Festung von Alexander dem Großen gelten. Als Handelsstadt an der Seidenstraße zwischen Kokand und Samarkand (damals Marakanda) gewann sie zunehmend an Bedeutung und wurde zu einer der wichtigsten Städte im zentralasiatischen Zweistromland Maverannahr zwischen den Flüssen Oxus und Yaxartes. Im 8. Jahrhundert eroberten die Araber den Ort. Den arabischen Quellen aus dem 10./12. Jahrhundert ist zu entnehmen, dass die Stadt eine über zehn Kilometer lange Stadtmauer mit sieben Toren hatte und von fünf Kanälen mit Wasser versorgt wurde. ›Tirozi Jahon‹ – ›Weltbraut‹ wird sie hier genannt. Ihre Schönheit und Weltläufigkeit sollte jedoch nicht mehr lange dauern. Für die heldenhafte Verteidigung der Stadt

Die Neustadt von Khujand mit dem umgesetzten Lenin-Denkmal

gegen Dschingis Khan 1219/1220 ist Timur Melik bekannt, die Stadt fiel dennoch und wurde zerstört. Einige der Verteidiger konnten sich auf die befestigte Insel im Syr-darya zurückziehen und von dort aus fliehen.

Bekannte Persönlichkeiten des mittelalterlichen Khujand sind der Astronom Abumakhmud Khujandi, der im 10. Jahrhundert geboren wurde und der Poet Kamol Khujandi, der im 14. Jahrhundert das Licht der Welt erblickte.

Die alte **Zitadelle** am Syr-darya, damals der nördliche Teil der Stadt, wurde im 18. Jahrhundert teilweise wiederaufgebaut, um gegen eventuelle Überfälle der Nachbarn gewappnet zu sein. Khujand gehörte im 18. und 19. Jahrhundert zum Emirat von Buchara und wurde von einem Bek im Namen des Emirs verwaltet. Die günstig gelegene Stadt wuchs unaufhörlich, eine große Rolle bei diesem Wachstum spielte die Seidenherstellung. Es gab weit über 100 Handwerkerviertel, einzelne Mahallas mit jeweils einer Moschee und einem Teehaus. Rund um den **Panjshanbe**, den großen Basar der Stadt, kann man diese Viertel noch deutlich erkennen. 5000 Häuser hatte Khujand im Jahre 1866, als sie ins russische Zarenreich eingegliedert wurde. In die Zitadelle zogen russische Soldaten ein, und die Stadt wurde zum Zentrum des Kreises Khojent (Khodzhent) der Provinz Samarkand. Der Fortschritt hielt Einzug: Man baute die erste Brücke, und 1897/1898 wurde eine Eisenbahn durch das Fergana-Tal verlegt. Ihr war eine strategische Rolle im Rahmen des Great Game zugedacht, als Russland und die englische Krone ihre Einflussgebiete in Zentralasien aufteilten und es zu einigem Säbelgerassel kam. Die Stadt kam zu ihren ersten neoklassizistischen Prachtbauten, dieser Baustil wurde in den ersten Jahrzehnten der Sowjetmacht fortgesetzt.

Dichter, Seide und Uran

Zu Beginn des 20. Jahrhunderts hatte Khujand das Antlitz einer Stadt aus dem Morgenland: 146 Viertel, die nach Berufsgruppen und Verwandtschaftsverhältnissen aufgeteilt waren, gruppierten sich um 154 Moscheen, mehr als 100 Wasserbecken, 37 Karawansereien und 300 Teehäuser. Nur Buchara und Samarkand hatten mehr Koranschulen als Khujand. Die Anzahl der Gelehrten, Dichter und Musiker, welche die Stadt hervorgebracht hat, geht in die Hunderte; und sie war bekannt für die Kunstfertigkeit ihrer Handwerksmeister.

In der sozialistischen Anfangszeit gehörte die gesamte Region um Khujand zur Sozialistischen Sowjetrepublik Usbekistan, erst 1929 wurde sie in die Tadschikische Republik eingegliedert. 1936 bekam die Stadt einen neuen Namen – Leninabad. Noch heute steht die mit zwölf Metern größte Leninstatue des Landes am rechten Flussufer und erinnert an diese Zeit, die 1991 mit der Rückbenennung zu Ende ging. 1939 wurde entsprechend des Generalplans zur Stadtentwicklung auch die Besiedlung des rechten Flussufers angegangen.

Parallel zur Erschließung von Neuland für den Baumwollanbau wurden Textilfabriken gebaut, etwa die große Teppichfabrik am Qayroqqum-Stausee und

Büsten berühmter Khujander

Karte S. 308

Textilfabriken in Khujand. Die legendäre Seidenfabrik am Rand der Altstadt gab es schon im 19. Jahrhundert - der russische Ingenieur Khludov hatte sie 1872 gegründet. Zeitgleich waren bis in die 1920er Jahre bis zu 3500 Meister und Arbeiterinnen in diversen kleinen und mittleren Werkstätten mit verschiedenen Stufen der Seidenherstellung beschäftigt. 1932 wurde die Fabrik ›Krasnyi Tkach‹ (Roter Weber) geschaffen, zu ihren besten Zeiten hatte sie 6000 Arbeiterinnen. Auch über diese Seidenfabrik schreibt Egon Erwin Kisch in seinem begeisterten Bericht ›Asien gründlich verändert‹. Für die forcierte Industrialisierung wurden auch in den tadschikischen Norden zehntausende Menschen aus anderen Regionen zwangsumgesiedelt, darunter auch aus den Bergen. Der sowjetische Fortschrittsbegriff rechtfertigte diese Politik. Leider ging mit der Industrialisierung dieses Gewerbes ein großer Teil des Spezialwissens der Herstellung unterschiedlichster Seidenstoffe verloren. Heute bemüht man sich um die Wiederbelebung des alten Handwerks.

Als Leninabad hatte die Stadt einen besonderen Status - sie war ›geschlossen‹, Ausländer durften sie nicht besuchen, und selbst die Einwohner durften keine Fotos aus den oberen Etagen der Häuser machen. Das hatte mit dem Atomprogramm der Sowjetunion zu tun, das in der Gegend um Leninabad (vor allem in **Taboshar/Istiqlol** und **Chkalovsk**, → S. 327) seine Grundfesten hatte. Diesem Status trauert heute manch einer nach - die Versorgungslage in solchen Städten war außergewöhnlich gut, die Lage auf dem Arbeitsmarkt entspannt.

Heute ist Khujand eine offene Stadt, die sich rasant verändert. In den letzten Jahren ist viel getan worden, um das Stadtbild zu verschönern und den Einwohnern der Industriemetropole Tadschikistans

Denkmal für den Poeten Kamol Khujandi

ein angenehmes Umfeld zu schaffen. Zahlreiche Parks und Sportstätten sind entstanden, und die Pastellfarben der renovierten historischen Häuser verströmen eine gewisse Leichtigkeit, die jedoch nicht darüber hinwegtäuschen kann, dass es auch in der reichsten Stadt Tadschikistans nicht einfach ist, die wachsende Bevölkerung zu beschäftigen und zu versorgen.

Stadtrundgang

Einen Stadtrundgang beginnt man am besten am zentralen Basar, dem **Panjshanbe**. Panjshanbe bedeutet Donnerstag - das lässt darauf schließen, dass früher donnerstags Markttag war. Heute pulsiert hier täglich von früh morgens bis abends das Leben, und alles dreht sich um frischen Fisch, Gemüse, Obst, getrocknete Früchte, Reis - und natürlich um Non, das Fladenbrot, das im Viertel südlich vom Markt gebacken wird. Die beiden zentralen Eingänge werden von großen, kunterbunt verzierten Halbkuppeln überdacht. Das Gebäude stammt aus den 1950er Jahren und gilt als die größte historische Markthalle Zentralasiens. Um einen Überblick über das bunte Treiben zu erhalten, sollte man seitlich vom hinteren Eingang des Gebäudes in die erste Etage hinaufsteigen und von der Empore nach unten blicken.

Auch außerhalb des Basars wird laut angepriesen, gefeilscht und verkauft. Draußen befindet sich auch die **Fischabteilung** mit auf den Tischen zuckendem frischem Fisch aus dem nahen Stausee Qayroqqum. Fisch ist eine Delikatesse in Tadschikistan, und auch der geräucherte Fisch ist hier empfehlenswert. Leider ist das Wasser im Syr-darya durch den übermäßigen Einsatz von Chemikalien für den Baumwollanbau kontaminiert, Ernährungswissenschaftler raten sogar von seinem Einsatz für den Bewässerungsfeldbau ab. Rund um den Basar gibt es frische und gute Sambusas, obligatorisch mit Fleischfüllung, aber auch mit Reis-, Kürbis- oder Kräuterfüllung. Vegetarische Sambusas sind eher eine Seltenheit in Tadschikistan, und man sollte zugreifen.

Mausoleum des Scheichs Muslihiddin

Gegenüber dem Haupteingang auf dem geräumigen Platz sieht man das schöne Mausoleum des Scheichs Muslihiddin aus

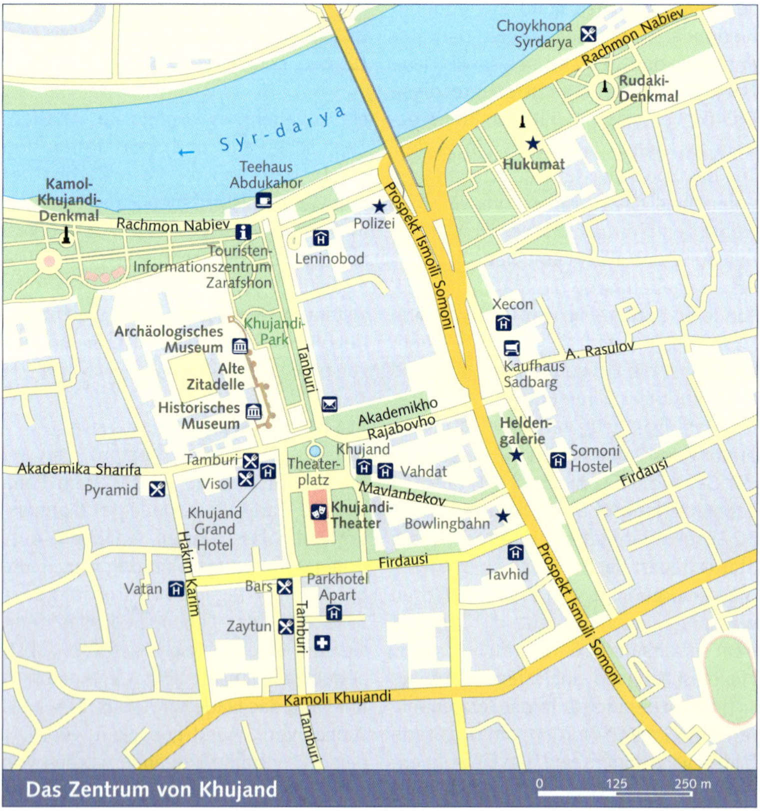

Das Zentrum von Khujand

Eingang zum Basar Panjshanbe

dem 12. Jahrhundert. Der Kuppelbau ist nicht in seiner Ursprungsform erhalten, sondern wurde mehreren Umbauten unterworfen. Das, was man heute sieht, datiert eher aus dem 14. bis 18. Jahrhundert, die komplette Renovierung von 1982 hat, wenigstens äußerlich, auch die letzten Spuren aus dem Mittelalter getilgt. Nur im Inneren sind noch einige alte Fragmente erhalten, aber man bekommt sie kaum zu Gesicht, denn das Mausoleum ist, nachdem es jahrelang als Museum gedient hatte, nun wieder Gebetsort und selten für Besucher geöffnet.

Jom-Moschee

Neben dem Mausoleum steht die geräumige Jom-Moschee mit einem einzeln stehenden, über 20 Meter hohen Minarett aus dem 19. Jahrhundert. Bemerkenswert an der Moschee sind außer den bemalten Decken die hölzernen nummerierten Schuhschränke rechts neben dem Eingang. In angemessener Kleidung darf man die Moschee auch als Besucher betreten.

Ältester Maulbeerbaum

Ebenso vertreten am Platz ist das sowjetische **Denkmal für die Gefallenen des Zweiten Weltkrieges**. Gegenüber von diesem Denkmal, auf der anderen Straßenseite, liegt das reich verzierte Teehaus **Azizon**. Wenn man hinter ihm ins Labyrinth der **Mahalla Tuti Kalon** eintaucht, kann man mit Hilfe der Bewohner den ältesten und größten Maulbeerbaum (Tuti, tuti kalon) Tadschikistans finden. Er ist 1000 Jahre alt und steht inmitten der Mahalla auf einem kleinen, erhöhten Platz. Der mächtige, weit ausladende Baum wird von einer Seite von einem Mäuerchen gestützt, auf der anderen Seite halten Stahlseile einen Teil der Krone zusammen. Die liebevollen Bemühungen, den Riesen zu erhalten, sind beeindruckend.

Somoni Avenue

Zurück auf der Hauptstraße, der Somoni Avenue, ehemals Lenin-Prospekt, schlendert man Richtung Norden und passiert dabei Läden, Werkstätten, Banken und Imbissbuden. Die breite Hauptstraße ist

In der Markthalle

Jom-Moschee und Mausoleum für Scheich Muslihiddin in Khujand

für die vielen Autos schon zu eng, und zu Stoßzeiten gibt es Stau. Nach etwa 15 Minuten erreicht man ein neues **Denkmal für den Poeten Kamol Khujandi** und die **Heldengalerie** älteren Datums. Büsten wichtiger Persönlichkeiten säumen die kleine Promenade, die von der Hauptstraße umschlossen wird, unter ihnen beispielsweise der Historiker Bobojon Ghafurov (1908–1977), der aus der Nähe von Khujand stammte und dessen Bücher über die Geschichte der Tadschiken für viele eine identitätsbildende Rolle spielen.

Theaterplatz

Jetzt geht es bergab, man spürt die Nähe des großen Flusses. Rechts erkennt man das Gebäude des Hotels ›Xecon‹ mit Läden und einem Restaurant. Es folgen des Kaufhaus **Sadbarg** mit Restaurant und die städtische **Bibliothek**. Über die Mavlonbekov auf der gegenüberliegenden Straßenseite erreicht man - vorbei an den beiden kleinen staatlichen Hotels **Vahdat** und **Khujand** - den Theaterplatz. An der Ecke Akademikho Rajabovho befindet sich das Gebäude der **Post**, davor eine bronzene Wölfin, die ein Kind säugt - eine Anspielung auf römische Münzen, die man unweit von hier in Onzhikat gefunden hat, und auf die jahrtausendealten Handelsverbindungen von Khujand mit der Welt. In der Mitte des Platzes steht ein großes graues Gebäude mit Säulen und einem Giebelrelief aus den 1950ern. Das ist das **Khujandi-Theater**, das regelmäßig bespielt wird und von den Einheimischen als niveauvoll eingeschätzt wird.

Der Theatervorplatz um den schönen **Springbrunnen** ist gut gepflegt. Er wird noch übertroffen vom neuen **Khujandi-Park**, der sich an der restaurierten Mauer der Zitadelle entlangzieht. Man betritt ihn durch ein überdimensionales stilisiertes Tor, das in typisch tadschikischer Aiwan-Art gestaltet ist.

Historisches Museum der Region Sughd

An der Nordwestseite des Platzes, im Eckturm der teilweise restaurierten Zitadelle, befindet sich das 2006 eröffente Historische Museum der Region Sughd, eines der besten Museen in Tadschikistan. Für seinen Besuch sollte man mindestens eine Stunde einplanen (Di–So 9–16 Uhr, Eintritt für Ausländer 10 Somoni).

Im Keller sieht man zwei gut gemachte Dioramen, Stein- und Bronzezeit darstellend, den ›arischen Saal‹ sowie das Leben Alexanders des Großen in künstlerisch wertvollen Wandmosaiken aus Stein. Im großen Saal im Erdgeschoss nimmt den zentralen Platz die Statue von Timur Melik ein, der im 13. Jahrhundert die Stadt gegen Dschingis Khan verteidigte. Hier wird außerdem die Geschichte von Sarazm bis zur Neuzeit kompakt und gut dargestellt, fast alle Beschriftungen sind dreisprachig - tadschikisch, russisch, englisch. Für ein kleines Trinkgeld darf der neugierige Besucher auf das Dach steigen und einen Blick auf die alte Zitadelle und den Theaterplatz werfen.

Zitadelle und Park

Weiter spaziert man nun in Richtung Syrdarya, vorbei an der Zitadelle aus dem Mittelalter, die auf den Grundmauern jener berühmten Zitadelle steht, mit der Alexander der Große den Ort befestigte. Die östliche Mauer der Festung wurde restauriert. Ist der Torbogen geöffnet, sollte man hineingehen und von hinten auf die Mauer und die dicken Wachtürme steigen, es bietet sich ein guter Ausblick über den Park und auf das jenseitige Flussufer. In diesem Zusammenhang empfiehlt sich auch die Besichtigung des kleinen **Museums für Archäologie und Fortifikation**, das sich direkt in der Mauer befindet (nur unregelmäßig geöffnet, Eintritt 3 Somoni). Hier werden

Tor der Khujander Zitadelle und Eingang zum Historischen Museum

neben alten Plänen der Zitadelle auch einige interessante Fotos und keramische Fundstücke ausgestellt.

Die alten, nicht rekonstruierten und ziemlich ansehnlichen Mauerreste schließen sich nach Norden an. Früher umringten die mächtigen Stein-Lehmmauern einen Platz von etwa 300 mal 200 Metern. Zuletzt war die Zitadelle zum Ende des Bürgerkriegs Ort einer kurzen bewaffneten Auseinandersetzung. Auch heute sind hier einige Soldaten in den alten russisch-sowjetischen Baracken stationiert, was die Besichtigungsmöglichkeiten für Touristen einschränkt.

An der Flussseite des Parks gibt es ein **Touristen-Informationszentrum** mit gut bestücktem Souvenirladen und Café, außerdem große holzgeschnitzte Aiwans, ein **Denkmal für Kamol Khujandi** und ein ihm gewidmetes neues **Mausoleum**. Der aus Khujand stammende Poet ist zwar im Iran beerdigt, aber man hat Erde von seinem Grab in seinen Heimatort gebracht, um ihn hier zu ehren – und das Mausoleum steht nun über dieser Erde.

Am Syr-darya entlang

Endlich hat man das Ufer des Syr-darya erreicht. Sein Wasserstand variiert je nach Jahres- und Tageszeit und in Abhängigkeit vom Wasserbedarf der Flussanlieger am Oberlauf – das Fergana-Tal ist immer durstig. Manchmal, vor allem nach lang anhaltenden Frühjahrsregenfällen oder bei starker Schneeschmelze in den Bergen, erlebt man den Syr-darya als das, was er einmal war, bevor er zur Ader gelassen wurde – ein mächtiger Strom, der sein türkisfarbenes Wasser eilig durch die Stadt an seinen Ufern trägt.

Am Ufer vor dem Zitadellenpark wartet das kleine Teehaus **Abdukahor**, das zum Verweilen mit Blick auf den Fluss einlädt. Ein säulengeschmücktes Halbrund zeigt schön gestaltete Büsten berühmter Akteure der Regionalgeschichte: die massagetische Zarin Tomiris, Devashtich, Ibni Sino, den Astronom Abumahmud Khujandi, die Dichterin, Musikerin und Tänzerin Mahasti Khujandi und Bobojon Ghafurov. Läuft man weiter am Fluss in Richtung Osten, vorbei am großen

▲ Karte S. 308/312

sowjetischen Vorzeigehotel **Leninabad**, erreicht man die Hauptbrücke der Stadt. Man kann sie unterqueren und erblickt auf der anderen Seite das **Hukumat** mit einem schönen Park davor. Ein **Rudaki-Denkmal**, Springbrunnen und die obligatorische Wappensäule komplettieren das Ensemble. Am Fuße der Säule stehend, hat man abends bei Sonnenuntergang einen schönen Blick auf den Fluss, die Brücke und die Neustadt am Fuß der Mogoltau-Berge.

Auch auf der anderen Seite des Flusses gibt es ein paar interessante Entdeckungen zu machen. Am nördlichen Ende der Somoni Avenue erhebt sich seit 2017 ein **Aussichtsturm** mit Somoniden-Krone und Restaurant. Nicht alle Einwohner finden ihn schön. Ismoil Somoni, dem der Platz vorher zustand, schaut nun von seitwärts auf das Getümmel. Bis 1974 wachte hier oben der ehemalige Namenspatron der Stadt: Lenin. Jenen gibt es auch noch, er wurde nicht entsorgt, sondern nur umgesiedelt. Ein schönes Fleckchen am Flussufer hat man ihm zugesprochen, inmitten eines kleinen Parks mit einem gepflegten Rosenbeet. Hier steht er nun, neben sich das Hammer- und Sichel- Denkmal, das früher den Leninprospekt schmückte. Mit zwölf Metern Höhe ist er der größte Lenin Tadschikistans, und sein neuer Aufenthaltsort heißt Park des Sieges.

Jeansfabrik und Seidenwerkstätten

Am Südostrand der Stadt, in der Somoni 177 und 238, hat die italienische Jeansfabrik Carrera (beziehungsweise ihr tadschikischer Partner SATN) zwei Werksläden, in denen man hochwertige Jeans und Hemden in allen Farben und Zuschnitten kaufen kann. Eine Hose kostet ab zwölf Euro! Wenn man weiß, dass die knapp 600 Arbeiterinnen im Monat nicht mehr als 60 Euro verdienen, kann man sich diesen Preis erklären. Die Baumwolle kommt von den Feldern vor den Toren der Stadt – 4000 Tonnen Baumwollfasern werden pro Jahr in der Fabrik zu Jeans, T-Shirts, Hemden, Haushaltwäsche und anderen Artikeln verarbeitet – insgesamt 3000 verschiedene Erzeugnisse stellt das Werk her, Stückzahl pro Jahr etwa eine halbe Million. 98 Prozent der Produktion werden exportiert.

Ein weiteres Carrera-Werk in Khujand hat 1600 Personen unter Vertrag. Insgesamt sind in der Stadt etwa 4000 Menschen im Textilbereich beschäftigt. Zusätzlich zu den genannten Erzeugnissen stellen sie Garne, Sportbekleidung und Seidenstoffe her.

Eine kleine Werkstatt, in der nach traditioneller Art Atlas-Seide und Baumwoll-Adras gefärbt und gewebt werden, kann in der Ismoilov 126 besichtigt werden. Jedes Stück ist ein Unikat! Kauf ausdrücklich erwünscht (Zulfiya Bahriddinovna, Tel. +992/92/8424537).

In der **Seidenfabrik** arbeiten noch 60 Frauen an uralten Webmaschinen. Es ist ein Arbeitsbeschaffungsprojekt, das keinen Gewinn abwirft. Eine Besichtigung (mit Kaufmöglichkeit) kann unter Tel. +992/3422/7730001 (Gulnora) vereinbart werden.

Mausoleum für Kamol Khujandi

Khujand

Vorwahl: +992/(8)3422.

Touristen-Informationszentrum Zarafshon, Akademikho Rajabovho 59, im Khujandi-Park, neben der Festung, Tel. +992/92/7746202, +992/92/7703995, ztda_ zarafshon@yahoo.com, www.ztda-tourism.tj. Jamshed Yusupov und Munira Akilova sprechen gut Englisch und bieten mit ihren Mitarbeitern professionellen und freundlichen Service: Touren und Transfers für den gesamten Landesnorden, Übernachtungen, Karten, hochwertige Souvenirs aus lokalen Handwerksprojekten der eigenen Genossenschaft ›Armughon‹, ein gemütliches Café, Internet – eine Oase!

Die meisten Hotels und viele Restaurants im Zentrum haben **WiFi**. An der Somoni gibt es Internetcafés.

Flughafen Khujand (LBD), ca. 20 Min. von der Innenstadt entfernt im Ort Ghafurov, Tel. +992/92/8414174. Mit der Marshrutka Nr. 2 gelangt man ins Zentrum. Wird von S7 und Ural Airlines aus Russland angeflogen. Tickets unter www.tajikair.tj und in den Reisebüros. Ein Ticket von/nach Duschanbe kostet etwa 50 Euro. Bei schlechtem Wetter und Nebel kommt es häufig zu Verspätungen und Flugausfällen.

Die Station, an der noch der alte Name Khujand zu lesen ist, heißt inzwischen **Ghafurov** und liegt außerhalb der Stadtgrenze im Städtchen Ghafurov, gegenüber vom Markt Farovoy. Es fahren Züge von und nach Taschkent und Russland.

Alter Busbahnhof (Terminal), Khujandi, 2 km von der Somoni Richtung Westen. Hier fahren Marshrutkas nach **Istarafshan**, in das **Zarafshon-Tal** und nach **Duschanbe**, außerdem Busse nach **Russland**.

Die **Marshrutkas nach Westen** (Konibodom, Kokand/Usbekistan) fahren an der Somoni Richtung Chkalovsk/Flughafen an einer Bushaltestelle ab, dort, wo sich auf der anderen Seite die Abzweigung zum Qayroqqum-Stausee befindet.

Busbahnhof Shunchuk Aral, im Nordosten der Stadt: Busse Richtung **Taschkent**. Aus dem Zentrum ist der Busbahnhof entweder mit dem Taxi oder mit der Marshrutka Nr. 55 zu erreichen. Morgens fahren von hier aus auch die Sammeltaxis nach Duschanbe.

Khujand Grand Hotel, Tanburi 20, Tel. 60599, 60699, info@grand-hotel.tj, http:// grand-hotel.tj; EZ/DZ mit HP ab 550/650 Somoni, WiFi. Schönes neues Hotel am Theaterplatz, freundliches Personal, gutes Restaurant.

Hotel Tavhid, Firdavsi 117, Tel. 67766, Fax 67772, hotel-tavhid@mail.ru, smukim@gmail.com; ÜN+F im EZ/DZ ab 40/75 Dollar. Etwas abgewohnt, zentral gelegen, Zimmern mit Balkon und Blick auf die Berge.

Firuz, Somoni 223, Tel. +992/92/6872222, info@firuz-hotel.tj, www.firuz-hotel.tj; ÜN+F im EZ/DZ ab 400/500 Somoni. Am südöstlichen Stadtrand, unweit von Bahnhof und Flughafen.

Xecon, Somoni 3b, Tel. 64885, EZ/DZ 45/55 Dollar. Kleines Hotel unweit vom Fluss, Restaurants und Läden im gleichen Gebäude.

Armon Apart Hotel, Sirdaryinskaya 7/6, Tel. +992/92/7716967, www.armon-hotels.tj; EZ/DZ ab 40/45 Dollar. Sieben schöne und praktisch eingerichtete Wohnungen mit Blick auf den Garten, am Fluss.

Vatan, Hakim Karim 52, Tel. 42080, Tel. +992/92/7022020; EZ/DZ 40/55 Dollar ohne Frühstück. Kleines, relativ neues Hotel mit 8 hellen Zimmern und einer Suite.

Vahdat, Mavlonbekov 3, Tel. +992/(8)3422/65101; EZ/DZ 300/400 Somoni. Kleines staatliches Hotel (im Winter empfehlenswert, da immer Strom) mit 7 Einzel- und einem Doppelzimmer schräg gegenüber der Oper. Direkt daneben in der Mavlonbekov 1 liegt das Hotel ›Khujand‹ des Hukumats mit 5 Zimmern, Tel.

▶ Karte S. 308/312

+992/ (8)3422/65997; EZ/DZ 250/400 Somoni für Ausländer. In beiden gibt es jedoch kein Frühstück, und man muss immer damit rechnen, kurzfristig abgewiesen oder sogar ausgesiedelt zu werden, wenn eine Regierungsdelegation plötzlich die Zimmer braucht.

Khujand Deluxe, Rahim Jalil 63a, Tel. 55444, Tel. +992/92/6055444, hotel@khujand- deluxe.tj, www.khujand-deluxe.tj; EZ/DZ+F 300/380 Somoni. Schwer möbliertes und üppig tapeziertes neues Hotel, das sich 4 Sterne gegeben hat.

Ehson, Somoni 193 a, Tel. +992/98/7075989; ÜN für Ausländer ab 20 Dollar. Unübersehbar ragt das zwölfstöckige Gebäude mit den runden Balkonen an der Ecke Gagarin/Somoni empor, ist aber als abgetakelte Absteige verrufen und Anlaufpunkt für weniger betuchte Geschäftsleute. Von den oberen Stockwerken hat man allerdings einen tollen Blick über die Stadt.

Parkhotel Apart, Tanburi 1, Tel. +992/92/8791563, ÜN ab 20 Dollar.

Sughd, Somoni 179a, Tel. 41188, Fax 44401, hotel_sugd@mail.ru; ÜN+F ab 135 Somoni, DZ 285 Somoni. Dreisternehotel mit relativ neuer Einrichtung, etwas abseits des Zentrums, mit kleinem Souvenirladen. Telefon und Kühlschrank im Zimmer.

Leninobod, Rahmon Nabiev 51, direkt am Fluss, Tel. 65535; EZ/DZ für Ausländer ab 100/160 Somoni. Früher das Prestigehotel am Ufer des Syr-darya; heute ist alles veraltet und abgenutzt, aber es gibt Dusche und WC in den Zimmern. Wer abgewrackten Sowjetcharme liebt, ist hier richtig. Nach der Privatisierung hat eine schrittweise Renovierung begonnen. Der Fahrstuhl funktioniert manchmal, der Blick von den oberen Etagen auf die Berge, die alte Zitadelle und die Innenstadt ist lohnenswert.

Somoni Hostel, Prospekt Ismoili Somoni 7A; ÜN 10 Dollar, DZ ab 16 Euro.

Hostel Sharq 21, Sharq 21, Tel. +992/92/8038800.

Muniras Gästehaus, 8-Marta 20, Tel. +992/92/7703995, im Viertel Yova, der westlichen Mahalla, unweit der Zufahrtsstraße aus Duschanbe; ÜN+F 20 Dollar, nur für Paare und Frauen. Die fröhliche Künstlerin Munira und ihre drei Kinder haben in ihrem typischen Mahallahaus eine Art privates Volkskunstmuseum und eine Oase der Herzlichkeit geschaffen, in der man sich gleich zu Hause fühlt. Munira spricht Englisch, zwei der Kinder besuchen die Goethe-Schule und sprechen Deutsch.

Gästehaus von Jamshed, Ecke Abdullo Rahimboev/O.-Kalonov-Gasse 7a, Tel. +992/92/7746202, jamshedusupov@mail.ru. Anruf und Abholung empfohlen, Jamshed spricht Englisch.

Gästehaus von Dilbar Yalilova, Shuro 119, Tel.40800; ÜN 15 Dollar, ÜN+F 17. Schöne, in einem alten Stadtteil (Mahalla) gelegene Unterkunft mit Garten und Schlafmöglichkeit auf Baumwohlmatten oder auf dem Tapchan unter freiem Himmel. Zwischen dem Teehaus ›Azizon‹ und der Bushaltestelle am Panjshanbe dem Weg etwa 500 Meter bis zu einer kleinen Moschee mit Minarett folgen. Dort rechts und nach 20 Metern auf der rechten Seite am großen weinroten Tor klingeln. Dilbar spricht ein wenig Deutsch.

Zaytun, Tamburi 13 (auch wenn an der Fassade noch die 28 zu lesen ist), schräg hinter dem Theater, Tel. +45308; tgl. 7–22 Uhr. Traditionelle tadschikische Gerichte, serviert in Tracht und im gemütlichen Ambiente von Suzanis und Tapchan. Keine alkoholischen Getränke. Wer echt, originell und üppig tadschikisch essen gehen möchte, ist hier richtig – vor allem der Palov in allen nur denkbaren Varianten ist legendär. Eine große Filiale vom ›Zaytun‹ gibt es auch im 31. Mikrorayon, jenseits des Flusses hinter der ›Taubenbrücke‹ am Rondell, im neuen Gebäude an der Ecke Syr-darya/60-let-Oktyabrya.

Azizon, Somoni, schräg gegenüber dem zentralen Platz mit dem Panjshanbe. Riesiges traditionelles tadschikisches Teehaus, das Essen ist jedoch nicht so gut wie im ›Zaytun‹. Ein Blick in den Speisesaal lohnt sich dennoch.

Visol, Khujandi-Platz. Gegenüber dem Historischen Museum gelegenes Restaurant mit exzellenter Küche. Eine Filiale befindet sich im 20. Mikrorayon, Haus 67, an der südlichen Ecke des Uni-Campus, auf der Höhe des Rudaki-Denkmals, sie heißt ›Choykhona‹; auch hier ist es drinnen und draußen sehr gemütlich, und es schmeckt.

Sadbarg, A. Rasulov 1a, Tel. 42861. Stimmungsvolles Kellerrestaurant, aber auch schön zum Draußensitzen auf grünem Rasen in kleinen Oasen. Hier gibt es Bier, Schaschlyk und vieles mehr.

Tamburi, zwischen ›Visol‹ und ›Zaytun‹, neben dem Grand Hotel ›Khujand‹, in einem Hinterhof. Im Sommer kann man draußen oder im kühlen Keller sitzen. Das Essen ist tadschikisch und russisch und gut.

Omar Hayam. Gediegenes Restaurant des ›Grand Hotel Khujand‹, zwischen jenem und dem ›Visol‹, etwas zurückgesetzt.

Choykhona Syr-darya, am Fluss in der Nähe von Hukumat und Rudaki-Denkmal. Stimmungsvolles Teetrinken und Essen vor allem in den Abendstunden, mit Blick auf den Sonnenuntergang jenseits des Mogoltau-Rückens.

Gute Souvernirläden befinden sich im Informationszentrum und im Historischen Museum, einen kleinen Andenkenladen gibt es im ›Grand Hotel Khujand‹.

Carrera Jeansläden, Somoni 177 und Somoni 238. Schräg gegenüber vom Hotel ›Sughd‹ beim kleinen Kriegerdenkmal kann man für 12 Euro Jeans aus tadschikischer Baumwolle erwerben.

Der **Panjshanbe** eignet sich vorzüglich zum Essenseinkauf.

Es gibt mehrere Krankenhäuser in Khujand, darunter die **Poliklinika Nr. 1** in der Tamburi, gegenüber vom Restaurant ›Zaytun‹ (mit Unfallstelle) und das **städtische Krankenhaus** gegenüber dem Hotel ›Ehson‹ an der Y-Kreuzung der Gagarin/Somoni. Aber auch hier gilt: Der Aufenthalt in einem Krankenhaus sollte möglichst vermieden werden.

Seidenstoffe aus Khujand

Karte S. 308/312

Die Umgebung von Khujand

Im Ballungsgebiet um Khujand lebt fast eine Million Einwohner. Zahlreiche Vororte waren schon früher de facto mit der Stadt verschmolzen, wie zum Beispiel **Chkalov**, wegen seiner Uranaufbereitungsanlagen zu sowjetischen Zeiten ebenfalls eine ›geschlossene Stadt‹ mit dem Decknamen Leninabad-31, außerdem die Geologenstadt **Syrdarinsk**, die Teppichstadt **Qayroqqum** und **Ghafurov**, hier befinden sich Bahnhof und der Flughafen. Aber in der Umgebung der Gebietshauptstadt gibt es auch Strände, Wein- und Obstplantagen bis zum Horizont, entlegene Dörfer mit legendärer Vergangenheit und einsame kahle Gebirgszüge, in denen außer Ziegenhirten und Geologen niemand unterwegs ist.

Ihrer Freizeitlieblingsbeschäftigung, dem Essen, Teetrinken und Entspannen, gehen die Khujandi am Wochenende gerne im Naherholungsgebiet am ›Khujander Meer‹ nach. Hier gibt es frischen Fisch und frische Luft für die städtischen Großfamilien.

Die **Mogoltau-Bergkette** würde zum Wandern einladen, aber wie überall gibt es auch hier keine gekennzeichneten Wanderwege. Eine Möglichkeit, in die Berge einzusteigen, gibt es oberhalb der ›Carrera‹-Jeansfabrik im Nordosten der Stadt (Taxifahrer fragen). Wer sich länger in Khujand aufhält, sollte neben dem Ausflug zum **Qayroqqum-Stausee** auf jeden Fall auch einen Tagesausflug nach **Istarafshan** (→ S. 331) und Umgebung in seine Reiseplanung aufnehmen.

Reisende mit Interesse für sowjetische Geschichte sollten unbedingt den ehemals deutschen Ort **Taboshar/Istiqlol** (→ S. 327) aufsuchen, in dem Uran gefördert wurde, und auch den Vorort **Chkalov**, in dem ebenjenes Uran atomwaffenfähig gemacht wurde. In beiden Städten scheint die Zeit stehengeblieben zu sein. Der prächtige **Palast von Arbob** (→ S. 323), die Verwirklichung des ungewöhnlichen Traums eines Kolchosvorsitzenden, ist auch ein Stück Sowjetgeschichte – sie kann hier buchstäblich angefasst werden. Im äußersten Südosten des Gebietes, schon fast in Kirgistan, findet man in und um das Städtchen **Isfara** (→ S. 330) einige interessante historische Denkmäler und Pilgerstätten und traumhaft gute Aprikosen.

Qayroqqum-Stausee

Die Khujandi nennen ihn ›das Meer‹. Sie wirken gekränkt, wenn man ›See‹ sagt. Auch die anderen Tadschiken sprechen stolz vom tadschikischen Meer.

Der Qayroqqum-Stausee 22 Kilometer östlich von Khujand ist das Naherholungsgebiet der Einwohner von Nordtadschikistan, und in den Sommerferien kommen auch die ›Südländer‹ gern an den zweitgrößten tadschikischen See, um ein paar Tage oder gar Wochen in einem der Erholungsheime und Resorts am Nordwestufer zu verbringen.

Qayroqqum bedeutet übersetzt ›Wüste ohne Grundwasser‹, ein etwas seltsamer Name für ein Meer. Wenn man aber weiß, dass an dieser Stelle, an der sich heute schier endlose Aprikosen- und Apfelplantagen und Weingärten erstrecken, früher wirklich Wüste vorherrschte, versteht man es besser. Nichtsdestotrotz siedelten hier in grauer Vorzeit bereits Menschen – beim Dammbau und bei der Vorbereitung des Stauprozesses fand man zahlreiche steinzeitliche Artefakte, dort, wo heute der Grund des tadschikischen Meeres ist.

Der künstliche See wurde nach dem Dammbau von 1950 bis 1956 drei Jahre lang aufgestaut, um die trockene Ebene durch Bewässerung zum fruchtbaren Neuland zu machen. Außerdem sollte das hier errichtete Wasserkraftwerk die neu erbaute Teppichfabrik und das eigens dafür gebaute Arbeiterstädtchen **Qayroqqum** mit Strom versorgen. Die Fabrik wurde 1960 eingeweiht. Heute lebt man noch immer von der Teppichfabrik, auch wenn nur noch ein knappes Fünftel der ehemals 6000 Arbeiter hier eine Anstellung hat. Früher kam jeder siebte industriell hergestellte Teppich in der Sowjetunion aus Qayroqqum! Der Ort ist blitzblank und gepflegt, alles ist grün und großzügig. Die Schäden, die ein Erdbeben hier 1985 anrichtete, sieht man nicht mehr.

Der Stausee ist etwa 65 Kilometer lang und bis 20 Kilometer breit, aber im Schnitt nur acht Meter tief. Er macht einen sauberen Eindruck, die Schwebstoffe des wilden Syr-darya sinken hier auf den Grund, übrig bleibt ein klares Blau. Wer ein einsames Badeplätzchen sucht, kann die Marshrutka Richtung Konibodom nehmen, irgendwo in Sichtweite des Sees an der Strecke aussteigen und sich jenseits der Bahngleise ein gemütliches Eckchen suchen. Kurz, völlig grenzkontrollfrei und problemlos fährt man hier auch durch Kirgistan, das kirgisische Dorf **Dostuk** wird gerne zum Tanken genutzt – Benzin und Diesel sind hier deutlich billiger. Außerdem hat es ein paar Casinos, die man auf tadschikischer Seite vergeblich sucht.

Auf der anderen Uferseite tobt an den lauen Sommerabenden das Leben – Erholungsheime, Cafés und Restaurants säumen das Ufer. Hinter dem Ort Qayroqqum, hinter der Staumauer rechts, gibt es ein paar schöne Stellen zum Baden, die mit ›Strand‹ (*plyazh*) ausgeschildert sind. Schön ist beispielsweise die Bucht des **Plyazh Sayod**, etwa 200 Meter hinter der Staumauer rechts. Im Restaurant hinter dem aufgebockten alten Schiff kann man leckeren frischen Fisch bestellen und sich auf dem Tapchan vom Schwimmen in der Bucht ausruhen. Vermietet werden auch kleine Blockhütten.

Ganz in der Nähe steht der Hotelkomplex **Sohil** aus chinesischem Plastik, im Teehaus am Ufer wird auch europäisch gekocht.

Aprikosenplantagen am Südufer des Qayroqqum-Stausees

▲ Karte S. 301

Unterhalb der Staumauer

Wer sich verwöhnen lassen will, sollte das Sanatorium **Bahoriston** auswählen. Die ehemalige sowjetische Vorzeigeanlage gehört inzwischen einer Tochter des Präsidenten und ist sehr gepflegt – Empfangshalle und Restaurants sind fürstlich, Gartenanlagen und Springbrunnen wie aus einem Märchen aus dem Morgenland, der Strand schön und die Zimmer in Ordnung.

Zum ›Tadschikischen Meer‹ kommt man am besten von der zentralen Bushaltestelle am Panjshanbe (Somoni). Dort auf die Rufe der Fahrer und die Aufschriften der Marshrutkas achten (Fahrt 3 Somoni).

Qayroqqum-Stausee

Kur- und Erholungsheim Bahoriston, Qayroqqum, am Ufer des Stausees, Tel. +992/44/6406640, +992/92/8585555, +992/91/7997788, info@bahoriston.tj, www.bahoriston.com; ÜN+F ab 20 Dollar.

Der Palast von Arbob

Am Südostrand von Khujand liegt, eingefasst in Obstplantagen und einen Park mit Springbrunnenkaskade und symmetrischer Bepflanzung, der Palast von Arbob. Die Khujandi kommen gerne am Wochenende hierher, und besonders bei Hochzeitspaaren ist der Palast für den obligatorischen Fototermin beliebt. Die prächtige **Choykhona** neben dem Palast kann man für private Feiern mieten, das können sich allerdings nur wenige leisten.

Der feudal anmutende Palast stammt aus der Blütezeit des Sozialismus, er wurde 1956 fertiggestellt. Regelmäßig wird er liebevoll renoviert und erstrahlt heute in frischem Gelb mit weißem Hammer-und-Sichel-Ornament am Giebel. Erbauen ließ diesen Palast für seine Bauern (!) der damalige Kolchosvorsitzende Saidkhoja Urunkhojaev (→ S. 325) nach dem Vorbild der Sommerresidenz der russischen

Freitreppe am Arbob-Palast

Zaren in Peterhof bei St. Petersburg. Zwar fehlt es ein wenig an zarengoldenen Figuren im Springbrunnenbereich, aber ansonsten weckt der Palast durchaus hochherrschaftliche Assoziationen. Er ist zur Besichtigung geöffnet, und man sollte sich dieses Erlebnis nicht entgehen lassen. Ein **Prunksaal** mit 16 Marmorsäulen macht den Anfang. Ganz bewusst wurde er 1992 für die 16. Sitzung des Obersten Sowjets Tadschikistans ausgewählt. Hier wurde Emomali Rahmonov zu dessen Vorsitzenden bestimmt. Zwei Jahre sollte es dann noch dauern, bis er zum Präsidenten gewählt wurde – aber die Wiege seiner Herrschaft ist Arbob.

Der prächtige **Theatersaal** mit den samtüberzogenen Sesseln, den Leuchtern und vor allem dem Farbenfeuerwerk der einzigartigen Holzdeckengemälde kann einem durchaus die Sprache verschlagen. Ein kleines lohnenswertes **Museum** (Eintritt fünf Somoni) berichtet über die Region, den Gründer des Palasts, die Errungenschaften der Kolchose und den Baumwollanbau. Noch heute befindet sich im Gebäude die landwirtschaftliche Verwaltung der Region, die Mitarbeiter sind stolz darauf. Ab und zu finden hier wichtige, repräsentative Veranstaltungen statt.

Die Marshrutka (Richtung Uruchi) fährt in der Shark direkt vor dem Panjshanbe ab. Den Fahrer nach der Straßenkreuzung Arbob (*povorot Arbob*) fragen und hier aussteigen – nach etwa 10 bis 15 Minuten Fahrt. Den letzten Kilometer zum Palast flaniert man hinauf. Vor der großen Freitreppe, die links und rechts von der Springbrunnenkaskade zum Palast hinaufführt, ist inmitten eines Rondells ein Globus auf einem Postament zu sehen; hier stand früher Lenin – vor einem Palast für die Bauern.

▲ Karte S. 301

Der Palast für die Kolchosbauern

Es ist keine Fata Morgana. Diesen Palast gibt es wirklich, und zwar am südöstlichen Rand von Khujand, auf einer Anhöhe, mit einem imperialen Blick auf die Stadt und den Fluss, die einem hier buchstäblich zu Füßen liegen. Genau der richtige Platz für einen hochherrschaftlichen Palast. Hier herrschten, man glaubt es kaum – sowjetische Baumwollbauern gemeinsam mit ihrem Kolchosvorsitzenden.

Saidkhoja Urunkhojaev, geboren 1901, Mitglied der Kommunistischen Partei der Sowjetunion seit 1929 und Vorsitzender der landwirtschaftlichen Kollektivwirtschaft (Kolchos) ›Kuybyshev‹ in der Nähe von Khujand, hatte einen Traum. 1935 sah er während einer Dienstreise nach Leningrad den Sommerpalast des Zaren in Peterhof. Er war schwer beeindruckt. Und fasste einen Beschluss. Warum sollten seine Bauern, die tagein, tagaus auf den Feldern schufteten, nicht auch so einen Palast haben?

1937 wurde er Opfer der stalinistischen Säuberungskampagne. Er wurde verleumdet und verhaftet, in ein Straflager verfrachtet – und überlebte. Wie durch ein Wunder wurde er 1939 aus dem Gulag entlassen. Seinen Traum an die lichte Zukunft der schwer arbeitenden Bauern hatte er nicht vergessen, aber mit der Verwirklichung musste er noch warten. Der Krieg verschlang alle Ressourcen. Doch bereits 1946 begann Saidkhoja Urunkhojaev mit der Umsetzung seines Plans. Er legte 20 kleinere Kolchosen zusammen und begann mit diesem neuen Riesenkolchos namens ›Moskau‹, Riesengewinne zu erwirtschaften – der Kolchos wurde Rubelmillionär. 1947 war sich der Vorsitzende sicher, den Bau des Palastes finanzieren zu können und lud einen Architekten ein. 1951 wurde mit dem Bau begonnen – den Grundstein legte der Erste Sekretär der Kommunistischen Partei Tadschikistans, Bobojon Ghafurov. Eines der Fotos im Museum des Palastes zeigt ihn gemeinsam mit dem Bauherrn.

Die ursprünglich anvisierte Bausumme von 50 Millionen wurde um 31 Millionen unterschritten. Urunkhojaev hatte seine Kolchosbauern mobilisiert. Sie bauten mit großem Enthusiasmus selbst und sparten so immense Kosten. Diese traditionelle tadschikische Form des gemeinsamen Arbeitens an einem großen Vorhaben wird ›Hashar‹ genannt. Vier alte Meister für Holzdeckenbemalung arbeiteten zum Beispiel drei ganze Jahre lang kostenlos an den Decken des Palastes. Ihre einzige Bedingung war, sich mit den Namen an der Decke verewigen zu dürfen. Die Farben wurden nach uralten Rezepten gemischt und sehen heute noch so aus wie 1956. 100 Jahre Farbechtheit hatten die vier Meister garantiert. Diese bemalten Holzdecken,

Saidkhoja Urunkhojaev

EXTRA

an denen sich kein Motiv wiederholt, gehören zum schönsten, was Tadschikistan an Kunsthandwerk zu bieten hat.

Der Palast beeindruckt durch seine harmonischen Proportionen, die Säulenhalle, das liebevoll eingerichtete Museum und den riesigen, wunderschön ausgestatteten Theater- und Konzertsaal. Hier hatte man für Saidkhoja Urunkhojaev einen Sitz mit Doppelbreite installiert, denn der Vorsitzende war nicht nur wirtschaftlich und politisch ein Schwergewicht. Der zweifache ›Held der sozialistischen Arbeit‹ und dreifache Träger des Leninordens, Deputierter des Obersten Sowjets während drei Legislaturperioden, war fast zwei Meter groß und wog 186 Kilogramm, und sein Gürteltuch, das im letzten Saal des Museums ausgestellt ist, maß zwei Meter.

Urunkhojaev starb 1967 und ist im Park vor dem Palast beerdigt. Eine Büste spiegelt gut die Eigenschaften dieses einzigartigen Menschen wider: ein breitschultriger Mann der Tat, über dem mächtigen Schnurrbart die Augen eines gutmütigen, etwas sentimentalen Träumers.

›Verlasse Dich nur auf gute und arbeitssame Menschen – nur sie sind in der Lage, Tugend und Würde wertzuschätzen.‹: Dieser Ausspruch von Saidkhoja Urunkhojaev charakterisiert ihn selbst sehr zutreffend.

Kunstvoll bemalte Holzdecken

Taboshar/Istiqlol

Ein hochinteressanter Ort für zeitgeschichtlich Interessierte ist die Kleinstadt Istiqlol, 37 Kilometer nördlich von Khujand gelegen und bekannter unter dem Namen, den sie bis 2012 trug: Taboshar. Kaum ein Tourist verirrt sich in die Stadt am Fuße der Kuramin-Bergkette. Die Straße hierher führt durch eine kahle, trockene Ebene, nur am Gebirgsrand sieht man hin und wieder größere Orte. Es sind samt und sonders Ansiedlungen, die in der sowjetischen Ära zwecks Förderung von Bodenschätzen errichtet wurden. In den Kuramin-Bergen gibt es eine Menge davon. Gold, Silber, Schwermetalle, seltene Erden. In Choruqdarron wird Wolfram abgebaut, Blei und Zink in Sarnison, und in Konsoy ist ein tadschikisch-chinesisches Joint Venture mit Goldabbau beschäftigt.

Ein ganz besonderer Bodenschatz war auch der Grund dafür, dass Stalins Geheimdienstchef Beriya 1936 persönlich den Befehl zum Bau des Ortes Taboshar gab: Uran, dessen Vorkommen in der Gegend bereits 1926 nachgewiesen worden war. Freiwillig wollte offenbar keiner hierherkommen, und so wurden Strafgefangene und deportierte Russlanddeutsche, später wohl auch Kriegsgefangene hier eingesetzt, billige Arbeitskräfte für eine ungesunde Plackerei. Sie bauten in der ersten Hälfte der 1940er den Ort Taboshar für die Arbeitskräfte des sowjetischen Atomprogramms.

Erst später, als die Produktion lief, es ordentliche Häuser und eine ungewöhnlich gute Versorgungslage gab, kamen Arbeitskräfte auch freiwillig hierher. In seinen besten Zeiten hatte Taboshar 24 000 Einwohner. Heute sind es immerhin noch 16 000. Arbeit gibt es so gut wie keine im Ort. Nur vor dem Betriebsgelände von ›Wostokredmet‹ (›Seltene Erden Ost‹) sind einige Autos geparkt. 2014 waren 70 Prozent der arbeitsfähigen Männer von Taboshar als Gastarbeiter in Russland.

Die **Grube**, knapp zwei Kilometer nordöstlich vom Hauptort, liegt verlassen, ein See hat sich in ihr gebildet, der bei schönem Wetter trügerisch blau leuchtet. Er ist radioaktiv verseucht, wie auch die bis zu 300 Meter hohen Halden ringsumher. Menschen wie Schafe haben freien Zutritt; in unmittelbarer Nähe steht eine Schule. Die meisten der zehn ehemaligen sowjetischen Uranabbaustätten in Tadschikistan wurden versiegelt; Istiqlol gehört nicht dazu. Der Staat hat kein Geld dafür. Mit Hinweisschildern und Aufklärungsarbeit versuchen Nichtregierungsorganisationen, die Anwohner auf die Gefahren aufmerksam zu machen – keine Fische aus dem See zu essen, die Kinder hier nicht spielen und Tiere hier nicht weiden zu lassen.

Wenn man sich Istiqlol nähert und die Straße sich durch die ehemalige Datschensiedlung schlängelt, durch Brombeerhecken, an einem weidenbestandenen Flüsschen vorbei, hat man den Eindruck einer Idylle. Kommt man in die Stadt, verstärkt sich dieser Eindruck. Zweigeschossige ziegelgedeckte Natursteinhäuser mit Türmchen, Dachgauben, Arkaden, Fenstersimsen und Gartenzäunen, alles akkurat gebaut und gut gepflegt, bilden das Zentrum. Es sieht aus wie in der Normandie oder in Deutschland, nicht wie in Mittelasien – nur die Aprikosenbäume passen nicht so recht dazu. Taboshar hatte zu spätsowjetischen Zeiten 95 Prozent russischsprachige Einwohner, die Hälfte von ihnen waren Deutsche. In den 1960ern waren die Gulag-Zeiten vorbei, die Leute richteten sich ein, es ging ihnen gut. Alle hatten ein Auto. Am Wochenende kamen Leute aus Taschkent zum Einkaufen hierher, denn es gab die berühmte

Sonderversorgung für die Bewohner strategisch wichtiger Orte. Und strategisch wichtig war Taboshar allemal. Das Uran für die sowjetischen Atomwaffen kam von hier. Entsprechend einem Geheimdekret vom November 1942 sollten Anlagen geschaffen werden, die das Uran für militärische Zwecke aufbereiten. 1945 wurde in unmittelbarer Nähe von Taboshar die erste sowjetische Uranaufbereitungsanlage gegründet, eine zweite nahm zeitgleich in Chkalovsk (heute Chkalov) ihren Betrieb auf. Die Aufbereitung erfolgte manuell. Nachdem das tadschikische Uran hier waffenfähig gemacht worden war, wurden die Sprengköpfe in Semipalatinsk in der Kasachischen Sowjetrepublik getestet. Schon 20 Jahre vor dem Ende der Sowjetunion war Schluss mit der Uranförderung und -anreicherung in Taboshar. Der Ort wurde noch eine Weile staatlich gestützt, aber mit der Unabhängigkeit war auch das vorbei und er verlor seine Existenzberechtigung. Fast die Hälfte der Bewohner zog weg, darunter fast alle Deutschen. Deren solide Häuser fanden schnell neue Bewohner – die Leute aus den Plattenbausiedlungen am Stadtrand zogen hierher. Und so ist heute der alte Ortskern gut bewohnt, die Betonbauten stehen zum Teil leer. Das Leben geht weiter, die Einwohnerzahl steigt seit ein paar Jahren wieder. Auffallend viele kasachische Gesichter sieht man hier – es sind die ehemaligen Viehzüchter aus den Bergen, die in halbverlassenen Städte wie Taboshar kommen, um sich hier preiswert eine neue Existenz aufzubauen. Die ungeschützten Schutthalden mit 55 Millionen Tonnen Abraum scheinen sie nicht zu interessieren.

Istiqlol bedeutet ›Unabhängigkeit‹. Es wäre gut, wenn Tadschikistan unabhängig vom Rohstoffexport werden könnte. Die Verarbeitung der wertvollen Bodenschätze vor Ort würde die Wertschöpfungskette verlängern und könnte jede Menge Arbeitskräfte schaffen.

Anreise: Mit dem Bus 33 vom Busbahnhof am nordöstlichen Stadtrand von Khujand oder mit dem Taxi.

Chor der Goetheschule in Khujand

Karte S. 301

Deutsche in Tadschikistan

Die ersten deutschen Siedlungen entstanden im 19. Jahrhundert im Khujander Gebiet. Mit der russischen Machterweiterung in Zentralasien kamen auch russische Bevölkerungsgruppen und mit ihnen die Deutschen. Die Bevölkerung in Nord-Tadschikistan wuchs Ende des 19. Jahrhunderts stark an, ebenso der Anteil russischer und deutsche Siedler. Von den Missernten der südlichen Regionen Russlands getrieben, machten sich die so genannten Russlanddeutschen oder Wolgadeutschen auf zu den neuen Gebieten des Zarenreiches. Dass es hier keine Wehrpflicht gab, war ein zusätzlicher Anreiz. Auf die kleine Anzahl von mennonitischen und baptistischen Deutschen in Nord-Tadschikistan folgten bald weitere Siedler zur Erschließung von Agrarland. In den 1930ern und 40ern kamen weitere Deutsche, allerdings nicht mehr freiwillig. Sie waren Opfer der von Stalin angeordneten Enteignung der Großbauern (Entkulakisierung) sowie der kompletten Deportation der Wolgadeutschen nach Sibirien und Mittelasien nach Beginn des Zweiten Weltkrieges. Auch deutsche Kriegsgefangene waren hier im Einsatz. Nach Stalins Tod und der Aufhebung des sogenannten Kommendantura-Regimes (der Siedlungs- und Meldepflicht der Deutschen an ihnen zugewiesenen Orten), wählten viele der Russlanddeutschen den sonnigen Süden als Wohnort, denn ins Wolgagebiet durften sie nicht zurück. So kamen einige auch freiwillig aus Sibirien und Nordkasachstan in die Sowjetrepublik Tadschikistan.

Glaubt man der Volkszählung von 1989, lebten in Tadschikistan etwa 33 000 Deutschstämmige und machten 1,6 Prozent der Gesamtbevölkerung aus. Im Vergleich zu anderen Sowjetrepubliken war das jedoch wenig. In Kasachstan lebte zu dieser Zeit etwa eine Million Deutschstämmige. Anfang der 1990er Jahre verließen fast alle Deutschen das Land. Mit der Unabhängigkeit hatten sie die Möglichkeit dazu und mit dem Bürgerkrieg den Grund dafür erhalten. In Nordtadschikistan zählt man heute nur noch 250 bis 300 Deutschstämmige. Einige ihrer Kinder besuchen die Goetheschule in Khujand. Die deutsche Botschaft fühlt sich den Deutschstämmigen verpflichtet, im Krisenwinter 2008 wurden sogar Lebensmittel verteilt, die mit einem schwäbischen ›Dankeschön‹ von Menschen mit dem Familiennamen Baum oder Wald freudig entgegengenommen wurden. In ganz Tadschikistan wird die Zahl der Deutschstämmigen heute auf etwa 1500 geschätzt, aber es werden immer weniger.

Die meisten Tadschiken haben ein sehr positives Bild von den Deutschen. Zu den Erinnerungen an die fleißigen Arbeiter und Häuserbauer, bekannt für ihre Genauigkeit, ihr technisches Wissen und natürlich die Pünktlichkeit, mischen sich die Erfahrungen mit den Entwicklungshilfeorganisationen. Die deutsche Botschaft in Duschanbe war auch eine der ersten diplomatischen Vertretungen nach der Unabhängigkeit. Hinzu kommt die Präsenz der Deutschen Welthungerhilfe seit dem Bürgerkrieg bis heute, auf die ein entwicklungspolitisches Engagement vieler anderer deutscher Organisationen folgte. Die Deutschen sind somit für die Tadschiken ein vertrautes Volk, und man wird mit Freude und Gastfreundschaft begrüßt. Einen Teil zu dieser positiven Einstellung trägt natürlich auch die angebliche Verwandtschaft der Deutschen mit den Tadschiken bei, die allerorts betont und den Reisenden auf Schritt und Tritt begleiten wird (→ S. 44)

Isfara und Umgebung

Ein schöner Tagesausflug von Khujand führt in den äußersten Südosten des Gebietes. Erst geht es durch üppige Plantagen am Südufer des Stausees Qayroqqum entlang, dann durch kahle Vorberge, wo hier und da einsame Ölförderpumpen an der Straße stehen. Man erwartet nichts Schönes mehr – und landet plötzlich in einer paradiesischen Oase.

Der Ort Isfara wurde im 10. Jahrhundert erstmals erwähnt und spielte lange Zeit eine Rolle als Ort an der Seidenstraße. Er liegt gut geschützt in einem fruchtbaren Flusstal inmitten kahler, auffällig gefärbter Lehmberge und ertrinkt förmlich in Aprikosengärten. Die zuckersüßen Aprikosen aus Isfara sind in ganz Mittelasien bekannt. Im Winter werden sie getrocknet auf den Basaren angeboten. Verkostung und Kauf: Golden Fruits, Khayrullo, Tel. +992/92/9005553, hairulloh_1990_9@mail.ru

Die fruchtbare Flussaue ist offenbar schon lange besiedelt, man fand Überreste sowohl der iranischen Zivilisation aus dem 1. Jahrtausend vor unserer Zeitrechnung als auch zahlreiche **Siedlungsreste** aus dem 4. bis 7. Jahrhundert. Auf den umliegenden Erhebungen und sogar auf dem Gelände das Sanatoriums ›Sumradshah‹ gibt es **Ruinen alter Festungen**.

Im östlichen Vorort Navgilyom ist die schöne Moschee-Medrese **Abdullakhana** aus dem 16. Jahrhundert erhalten, die gemauerten Gewölbe des Innenraumes sind sehenswert. Das einzeln stehende Minarett im Hof wurde erst 1909 hinzugefügt. Wenn man darum bittet, darf man hinaufklettern. Beleibte Personen laufen allerdings Gefahr steckenzubleiben.

Grabmal für Hazrati Shoh

Im Süden von Isfara, im Dorf Chorkuh, ist das Grabmal (Mazar) für Hazrati Shoh unbedingt sehenswert. Im Gewirr der Gassen ist es schwer auffindbar, aber die älteren Männer unter den Einwohnern können helfen. Es handelt sich um das einzige erhaltene Holzmausoleum aus dem 10./11. Jahrhundert und befindet sich – wie eine Perle in der Muschel – in einer später hinzugefügten Ummauerung aus Lehm und jene wiederum im Hof der Moschee Kharati Shoh. Sieben Säulen und eine umlaufende arabische Inschrift auf einem Fries, Deckenplatten mit auf-

Heiligtum Khoja Rushno bei Isfara

▲ Karte S. 301

Landschaft bei Isfara

wändigem ornamentalem Schnitzwerk – die ganze Komposition ist sensationell. 39.973332, 70.576567.
Wenn man die Augen offenhält, wird man in dieser abgelegenen Gegend vielerlei Zeugnisse von beachtlichem Volkskunstschaffen und Volksglauben finden. So gibt es zum Beispiel nur wenige Kilometer nordwestlich von Isfara eine Pilgerstätte für Frauen, deren Besuch bei der Erfüllung von Kinderwünschen helfen soll. Auch hier ist eine alte Grabstätte eines Heiligen (Khoja Rushno, ebenfalls 10. Jahrhundert) innerhalb einer neueren Mauer verborgen.
Anreise: Von Isfara in Richtung Yaqqachinor/Baland, immer auf den rötesten Felsen der Umgebung zu. An der Stelle, an der der Fluss Isfara ganz dicht an die roten Felsen herankommt, die hier das Steilufer bilden, befindet sich am linken Ufer direkt am Fuß der roten Felsen das Heiligtum, bestehend aus einigen Gräbern, einer kleinen Betstube und einigen Gebäuden und Pavillons, in denen man sitzen, kochen, essen und auch übernachten kann. Alles ist von einem gepflegten Garten mit einem kleinen Wasserlauf umgeben.

Istarafshan

Eine der ältesten Städte Mittelasiens ist Istarafshan, 75 Kilometer südwestlich von Khujand. Es wird vermutet, dass sich an diesem Ort das legendäre Cyropolis befand, bekannt auch als Kurushata (Kurukada), das im 6. Jahrhundert vor unserer Zeitrechnung vom persischen Herrscher Kyros II. als eine der äußeren Satrapien (Provinzen) des Persischen Reiches gegründet wurde. Alexander der Große hatte 200 Jahre später seine liebe Not, den Ort einzunehmen.
Die Festung mit einem dreifachen Mauerring auf dem Hügel inmitten der heutigen Stadt hatte eine strategisch günstige Position. Der Ort war ein idealer Knotenpunkt – hier trafen sich zwei Handelsstraßen: jene von West nach Ost zwischen Samarkand und Kashgar, über Khujand, Isfara und Osh, und jene von Nord nach Süd zwischen Sogdien und Baktrien. Und so verwundert es nicht, dass Istarafshan als Handelsstadt weit über die Landesgrenzen hinaus bekannt war.
Im 9. Jahrhundert wurde auch diese Gegend Teil des arabischen Kalifats. Mit dem Islam kamen Moscheen, Medresen und Hammams – Istarafshan blühte auf. Im

14. Jahrhundert durch Dschingis Khan zerstört, wurde die Stadt ein Jahrhundert später unter dem Namen Uro-Teppa wiederbelebt und gehörte nun zum Reich der Timuriden, später zum Emirat von Buchara. Als Istarafshan im 19. Jahrhundert von den Russen eingenommen wurde, zählte man 68 Moscheen. Ein paar Jahrzehnte später folgten die Sowjets und zerstörten die meisten der Gotteshäuser. Aber einige der schönsten sakralen Bauwerke sind erhalten geblieben und können heute besichtigt werden. Auch den Titel ›Stadt des Handwerks‹ und ›Stadt des Handels‹ trägt Istarafshan immer noch zu Recht. Unter den 70 000 Einwohnern kursiert der Witz, der ehemalige usbekische Präsident Karimov solle gesagt haben: »Den Kurs des Sum (usbekische Währung), erfährt man zuerst in Istarafshan«.

Ein Blick auf den Basar und vor allem auf die handwerklichen Erzeugnisse lohnt sich. Früher war die Stadt bekannt für ihren feinen Silber- und Goldschmuck, heute kann man – in den 13 kleinen Buden gegenüber dem Basar – beim Schmieden von Messern, Äxten, Schaufelblättern, Werkzeugen und Armaturen zusehen. Die meisten Schmiede freuen sich über das Interesse an ihrer Arbeit.

Die Altstadt von Istarafshan

Die Altstadt erstreckt sich südlich des Basars, von Khujand kommend rechts der Hauptstraße (Somoni, ehemals Lenin). Am Rand der Altstadt, direkt an der Somoni, neben dem kleinen Park Adibon und hinter zwei viergeschossigen gelben Plattenbauten aus den 1970ern, liegt der Medrese-Komplex **Hazrati Shoh** mit der Moschee Namozgoh aus dem 19. Jahrhundert und zwei Mausoleen aus dem 15./16. Jahrhundert. Eines der Mausoleen ist Hazrati Shoh und seinen Angehörigen gewidmet. Er war ein Neffe des Sufi-Gelehrten Sayid Ali Hamadhoni (1314–1384), dessen Grabmal in Kulob verehrt wird. Das andere Mausoleum ehrt Khudoyora al-Ami. Erhalten ist auch noch das typische Wasserbassin (Hauz) vor der Moschee mit klarem Quellwasser. Die Moschee war das geistige Zentrum des Viertels Namozgoh, das im 19. Jahrhundert als kulturelles, religiöses und geschäftliches Zentrum von Istarafshan galt. Deswegen kamen an Freitagen und religiösen Feiertagen viele Bürger der Stadt zum Beten hierher. In sowjetischer Zeit wurde das schöne Gebäude zum Getreidelager umfunktioniert. Die Decke des Innenraums und auch des mit 28 Säulen gestützten Vordachs ist kunstvoll geschnitzt und bemalt. Der freundliche Wächter, Saidullo, freut sich, wenn er deutschsprechende Gäste in seinem Gotteshaus begrüßen kann. Er hat in den 1970ern in der DDR als Soldat gedient und zählt gern alle Orte auf, die er gesehen hat – sein Gedächtnis ist phänomenal.

Das schlanke, freistehende Ziegelminarett der Moschee Hazrati Shoh ist eine Zierde der Stadt, man erkennt es gut vom Hügel **Mugh Teppa**, den man mühelos in 15 Minuten erreicht, wenn man gegenüber vom Hotel ›Istarafshan‹ die Straße hinaufgeht, vorbei am Historischen Museum rechter Hand. (Achtung, streunende Hunde!). An dieser Stelle, an der sich früher die Zitadelle mit dem Herrschersitz befand, sieht sich der Besucher einem rekonstruierten **Stadttor** aus dem 16. Jahrhundert gegenüber. Das zum 2500-jährigen Stadtjubiläum 2002 nachgebaute Tor bröckelt vor sich hin, das Reiterdenkmal davor sieht mit dem abgebrochenen Pferdeschweif auch eher kläglich aus.

Man sollte seinen Blick lieber auf die Altstadt **Shahr-i Kuhna** richten, die von hier oben komplett zu überblicken ist. Gut zu sehen ist die türkisfarbene Kuppel der **Kok-Gumbaz-Moschee** aus dem 15. Jahrhundert, die man sich auch aus der Nähe

▲ Karte S. 301

Die Blaue Kuppel – Kok Gumbaz in Istarafshan

ansehen sollte; zwischen Leninstatue und Hotel ›Istarafshan‹ einbiegen und immer den krummen Gassen folgen, vor der großen Moschee mit der rot-grauen Steinfassade links und dann wieder rechts – in der Tursunzade findet man schließlich die **Blaue Kuppel** (Kok Gumbaz).

Die quadratische Moschee mit vorgelagerter Medrese, errichtet um 1420 bis 1450 von Abd al-Latif Mirza, einem Sohn des gelehrten Fürsten Ulugh Beg von Samarkand, beeindruckt durch ihre harmonische Gesamtkonzeption und das schöne Portal mit dem aufwändig geschnitzten Tor. Im Inneren der Moschee wird schon seit Jahren an den Wänden herumrestauriert, es scheint aber an Geld oder Professionalität zu fehlen – der Zustand der verbliebenen Majolikafliesen ist bedrückend. Auf dem Rückweg nach unten kann man das Schlendern durch die kleinen verwinkelten Gässchen zwischen den einstöckigen Feldstein- und Lehmziegelbauten der Altstadt genießen. Hin und wieder sollte man den Blick durch eines der kunstvoll geschnitzten Tore in die grünen Innenhöfe schweifen lassen – ohne dabei in eine der allgegenwärtigen Wasserrinnen mitten auf der Gasse zu fallen.

Eine weitere Moschee, **Chahor Gumbaz** aus dem 19. Jahrhundert, liegt in einer abgelegenen Gasse der Altstadt, besitzt vier Kuppeln (*chahor gumbaz*) und eine zentrale Säule. Auch das Wasserbecken dieser Moschee ist erhalten – es liegt im Garten im Schatten eines alten Baumes.

Am nordwestlichen Rand der Altstadt gibt es noch das **Mausoleum für Bobo Tago** aus dem frühen 16. Jahrhundert. Erst zum Ende des 19. Jahrhunderts wurde der Iwan angebaut.

Der unscheinbare Fluss Kattasay, der sich durch Istarafshan schlängelt, hat es in sich. 1947 trug er eine Schlammlawine mit sich und begrub einen Teil der Stadt unter sich. 1964 wurde, sechs Kilometer von der Stadt entfernt, ein **Stausee** angelegt, der solche Überschwemmungen in Zukunft vermeiden soll. Heute ist er das Naherholungszentrum der Bewohner Istarafshans.

Rekonstruierte Vergangenheit: Reiterdenkmal und Stadttor auf dem Hügel Mugh Teppa

▲ Karte S. 301

Istarafshan

Vorwahl: +992/(8)3454.

Sammeltaxis findet man auf dem Vorplatz des Basars. Direkt vor dem Hotel ›Guli Zirkh‹ fahren die Taxis nach Khujand, gegenüber stehen die Autos Richtung Duschanbe.

Hotel Presidential, Dusti 24, Tel. 22911; EZ/DZ 70/100 Dollar.

Sadbarg, Somoni 103, Tel. 20968, Tel. +992/91/9887048, +992/92/7978002; Zimmer mit Dusche und WC 20 Dollar. Dreigeschossiger Bau mit 18 Zimmern und Restaurant direkt gegenüber vom Komplex Hazrati Shoh. Annehmbar, sauber, preiswert, verdiente drei Sterne.

Istarafshan, Somoni 80, Tel.24456. Akzeptabel, vor fünf Jahren renoviert.

Buhid, blickt man in Richtung Basar, dann am rechten Ende des Basars; ÜN 20 Somoni. Für Hartgesottene, die Atmosphäre von Marktgeschrei und Gefeilsche gibt es umsonst.

Guli Zirkh, direkt am Basar, 15 Zimmer; ÜN 15 Somoni in einfachsten Zimmern. Unten ist eine kleine Bäckerei, sodass es im ganzen Haus nach Plätzchen riecht.

Umari Chayom, gegenüber dem Basar, dort, wo die Sammeltaxis nach Duschanbe abfahren. Der schöne Innenhof vermag nicht wirklich für die heruntergekommen Zimmer zu entschädigen. Die Übernachtung in Mehrbettzimmern kostet 10 Somoni.

Choykhona Abdurahim, Somoni. Beliebtes Teehaus mit gutem Schaschlyk.

Museum für Regionalgeschichte, Oli Somon 18, Tel. 23758, gegenüber der Polizeistation (Miliz), auf dem Weg von der Hauptstraße zum Mugh Teppa; geöffnet meistens Di–Sa. Man erkannt das Museum leicht an den je drei hohen Bogenfenstern links und rechts vom Eingang. Gezeigt werden Ausgrabungsstücke (vor allem Münzen, Schmuck und Keramiken) und traditionelle Handwerkserzeugnisse regionaler Meister.

Die Umgebung von Istarafshan

In der Umgebung von Istarafshan gibt es zahlreiche weitere Kulturdenkmäler der letzten Jahrhunderte zu entdecken: Das **Mausoleum für den Sufi Abdukadyr Jeloni** (15. Jahrhundert) im Dorf **Tutka**, **Moscheen** mit wunderschön geschnitzten Säulen und bemalten Holzdecken in den Dörfern **Roghund**, **Dalyoni-Bolo** und **Gazantarak**. Unweit vom Ort **Shahriston**, 25 Kilometer südwestlich von Istarafshan, liegen die Ruinen der alten Hauptstadt des Gebiets Ustrushana, **Bunjikat**, die Istarafshan die Rolle der wichtigsten Stadt zeitweilig abjagen konnte. Unter vielen Hügeln der Umgebung sind Ruinen alter Städte verborgen, die davon künden, dass das Fergana-Tal tausende Jahre Siedlungsgeschichte hinter sich hat.

Minarett und Mausoleum Hazrati Shoh

Das Zarafshon-Tal

Betrachtet man das Tal des Zarafshon (Zerafshan) von oben, so sieht man ein langgezogenes Fischgerippe aus Bergketten und unzähligen Seitentälern, das sich zwischen Nord- und Süd-Tadschikistan von Ost nach West zieht. Die Region wird auch Kuhistan, Land der Berge, genannt. Administrativ besteht das Zarafshon-Tal aus drei Regionen: Panjakent, Ayni und Gorno-Macha. Alle gehören zur Region Sughd mit Khujand als Provinzhauptstadt.

Im Norden ist das Tal durch die **Turkestan-Kette** begrenzt, die das Fergana-Tal vom Zarafshon-Tal trennt. Der höchste Berg der Turkestan-Kette ist der **Peak Piramidalnyi** mit 5510 Metern im Norden der Region Gorno-Macha und am östlichen Ende der Bergkette. Im Süden liegen das Zarafshon- und Hisor-Gebirge (auch Gissar- oder Hissar-Gebirge). Die unterirdische Kraft der Natur lässt sich an den farbigen Faltenstrukturen der Berge erahnen. Vor allem unterhalb des Iskanderkul, bei Ayni und im unteren Teil der Region Gorno-Macha faszinieren die rot-lila-weiß-blauen Bergflanken, die besonders im Licht des Sonnenuntergangs außerirdisch schön aussehen.

Während in den niedrigeren Gegenden auch Obst- und Maulbeerbäume wachsen, sind die oberen Regionen von Sanddorn, Berberitze und vor allem Wacholder geprägt. In den Bergen gibt es neben Braunbären, Wölfen und Hasen vor allem Wildschweine. Steinböcke sind auf die höheren Lagen beschränkt, wie auch der hier sehr seltene Schneeleopard und das fast ausgestorbene Severtzov-Wildschaf, das erst kürzlich durch tadschikische Wissenschaftler wiederentdeckt wurde.

Der Fluss Zarafshon

Der Fluss Zarafshon hat seinen Ursprung im über 20 Kilometer langen Zarafshon-Gletscher in der Region Gorno-Macha. Von dort zieht er sich in 877 mäandernden Kilometern durch das Tal bis weit hinein nach Usbekistan, weniger als die Hälfte seiner Länge fließt er durch Tadschikistan. Er ist die Lebensader des Tals und macht den Ackerbau in den Ebenen möglich – auch in Usbekistan, dort wird der Fluss bis auf den letzten Tropfen für den Baumwollanbau genutzt. Das anfangs enge Tal verbreitert sich nach Westen hin bis in die Ebene von Panjakent. Auf dem fruchtbaren

Am Tabaspin-Pass zwischen Zarafshon und Yaghnob-Tal

▲ Karte S. 337

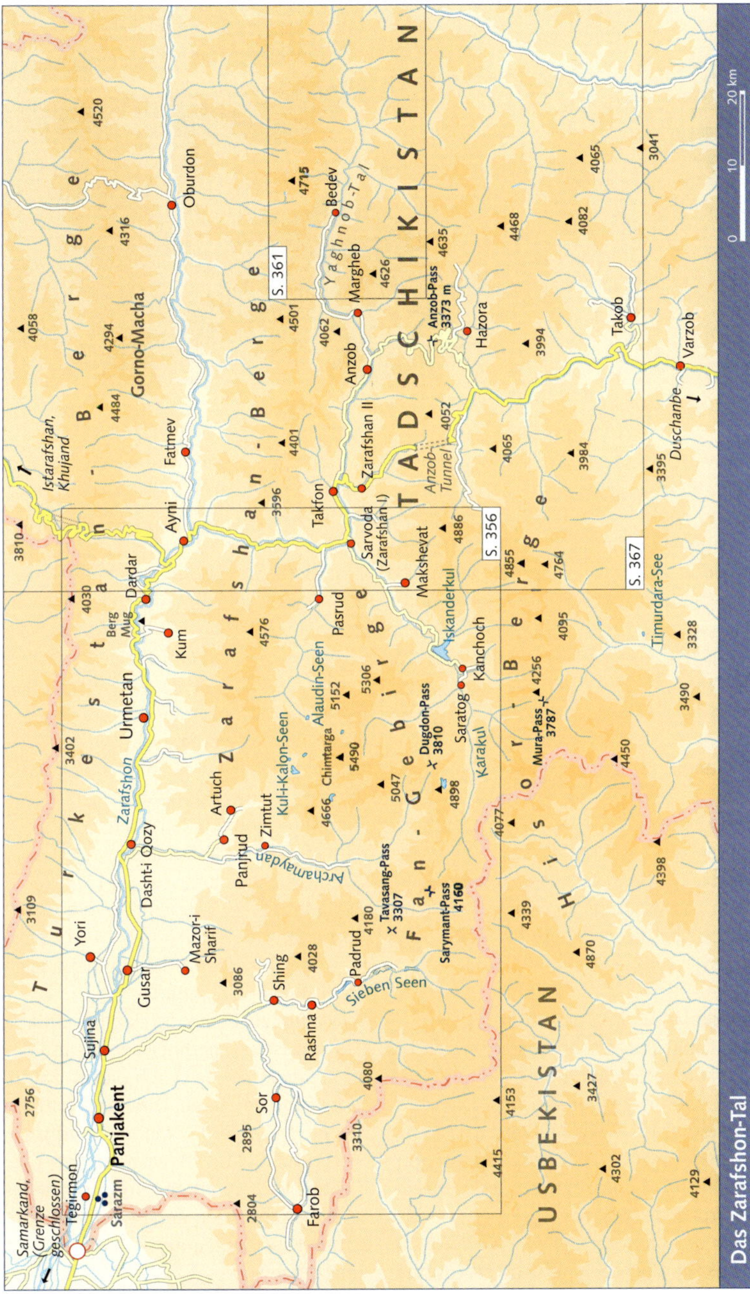

Das Zarafshon-Tal
TADSCHIKISTAN
USBEKISTAN
Turkestan-Berge
Zarafshan-Berge
Fan-Gebirge
Hisor-Berge
Samarkand, (Grenze geschlossen)
Tegirmon
Sarazm
Panjakent
Sujina
Yori
Gusar
Dasht-i Qozy
Urmetan
Zarafshon
Berg Mug
Dardar
Ayni
Fatmev
Oburdon
Gorno-Macha
Istarafshan, Khujand
Kum
Artuch
Panjrud
Zimtut
Archamaydan
Kul-i-Kalon-Seen
Alaudin-Seen
Chimtarga
Mazor-i Sharif
Shing
Rashna
Padrud
Sieben Seen
Sor
Farob
Tavasang-Pass 3307
Sarymant-Pass 4160
Dugdon-Pass 3810
Pasrud
Takfon
Sarvoda (Zarafshan I)
Zarafshan II
Anzob
Margheb
Bedev
Yaghnob-Tal
Anzob-Pass 3373 m
Anzob-Tunnel
Hazora
Makshevat
Iskanderkul
Kanchoch
Saratog
Karakul
Mura-Pass 3787
Timurdara-See
Takob
Varzob
Duschanbe
S. 356
S. 361
S. 367
0 10 20 km
4520
4316
4058
4294
4484
4715
4501
4062
4626
4635
4401
3596
3810
4030
4052
4886
4855
4764
4576
5306
5152
5490
4666
5047
4898
3402
3109
3086
4028
4180
2756
2895
2804
3310
4080
4153
4415
4077
4339
4870
3427
4302
4129
4398
4450
3490
3328
4095
4256
3994
4468
4082
4065
3041
3984
3395

Straße bei Bunjikat

Schwemmland am Unterlauf werden Reis, Gemüse, Sonnenblumen, Baumwolle, Melonen, Aprikosen und Wein angebaut. Ein Großteil der über 300 000 Einwohner lebt vom Ackerbau und natürlich von der Arbeitsmigration Verwandter nach Russland – wie in vielen Regionen Tadschikistans. Zarafshon bedeutet ›goldtragend‹. In der Nähe des Flusses wird noch heute Gold abgebaut, in Gorno-Macha in der Nähe des Ortes Langar und unterhalb der Sieben Seen bei Panjakent. Letztere Goldmine wurde 2007 von den Engländern an die Chinesen verkauft, erstere ist noch in englischem Besitz. Inwieweit Tadschikistan selbst noch am Abbau seiner Schätze verdient, ist spekulativ, die Umweltschäden trägt es jedenfalls allein.

Tourismus im Zarafshon-Tal

Das Fan-Gebirge (der westliche Teil des Zarafshon-Rückens, übergehend in das Hisor-Gebirge) war bereits zu sowjetischen Zeiten ein beliebter Ort für Besucher aus der ganzen Sowjetunion. Begünstigt wurde das durch die damalige Sperrung des Pamir für den Tourismus, aber der Hauptgrund war und ist die attraktive Nachbarschaft von elf Fünftausendern (die bekanntesten sind Chimtarga, 5490 m; Ganza, 5306 m; Bodkhona, 5300 m; Chapdara: 5050 m) und zahlreichen schönen Bergessen. Die Täler des Iskanderkul, der Kul-i-Kalon-Seen, der Alaudin-Seen und der benachbarten Sieben Seen (Haft Kul, Marguzorskie Ozera) sind infrastrukturell einigermaßen erschlossen und ideale Ausgangspunkte für Wanderungen. Seit Jahren arbeiten Entwicklungshilfeorganisationen an der Wiederbelebung des Tourismus im Fan und im gesamten Zarafshon-Gebiet. Die Schaffung von touristischen Strukturen hat sich gelohnt, es kommen wieder mehr Gäste in das schöne Tal. 2011 gewann die ›Zerafshan Tourism Development Association‹ (ZTDA, → S. 318, 369) den Preis ›To-Do!‹ auf der Internationalen Tourismusmesse in Berlin.

Schon früher reisten die Händler entlang des Zarafshon auf einer der Routen der alten Seidenstraße durch dieses traumhafte Land der Berge. Die Handelsstraße ist seit März 2018 wieder geöffnet – Hoffnung für die Bewohner der Tals, die am Warenverkehr und Tourismus teilhaben möchten und bereit sind, ihre ganze Kraft und ihren Charme dafür einzusetzen.

▲ Karte S. 337

Anreise in das Zarafshon-Tal

Das Tal ist vom Süden (Duschanbe) durch den **Anzob-Tunnel** zu erreichen (→ S. 302). Die alte Straße über den Anzob-Pass (3375 m) ist für den regulären Autoverkehr inzwischen gesperrt. Vom Norden (Khujand) erreichte man das Tal seit 2012 durch den **Shahriston-Tunnel**, der über fünf Kilometer lang ist (→ auch S. 304). Bis zur Eröffnung des Anzob-Tunnels (2006) und des Shahriston-Tunnels war das Tal im Winter de facto vom Rest des Landes abgeschnitten, denn die Passstraßen waren meist unbefahrbar. Nur an klaren Wintertagen gab (und gibt) es manchmal eine Flugverbindung von Duschanbe nach Panjakent. Aktuelle Informationen zu diesen Flügen erfragt man direkt am Flughafen.

In Duschanbe beginnt man seine Reise in das Tal vom nördlichen Sammelplatz (→ S. 133). Die Fahrt in einem Sammeltaxi nach Panjakent kostet zwischen 130 und 150 Somoni und dauert nur noch etwa sechs Stunden. Bis nach Ayni zahlt man etwa 90 bis 100 Somoni. Die Straßen von Duschanbe beziehungsweise Khujand bis Panjakent sind seit 2016 in einem tadellosen Zustand, zahlreiche Brücken wurden erneuert und der Asphalt lässt nichts zu wünschen übrig.

Anfahrt aus Khujand

Die Abreise aus Khujand startet am alten Busbahnhof am frühen Morgen. Der Preis für einen Platz in der Marshrutka von Khujand nach Panjakent liegt bei 100 Somoni, die Fahrtzeit auf der neuen Straße durch den Shahriston-Tunnel beträgt zwischen ca. fünf Stunden. Fährt man diese Strecke mit einem eigenen Auto oder mit dem Taxi, sollte man unbedingt einen Halt in Istarafshan einplanen (→ S. 331).

In **Ayni** treffen sich die beiden Routen und folgen dem Fluss Zarafshon auf der alten Seidenstraße Richtung Westen, mal auf der rechten, mal auf der linken Seite des Flusses.

Hinter **Dardar** an den Quellen machen die Fahrer üblicherweise Pause im Teehaus. Eine abenteuerliche Toilette liegt am Steilhang. Der Ort wird überragt vom Berg **Mug**, auf dessen Festung Devashtich, der Verteidiger des Alten Panjakent, vor den Arabern floh. In den **Ruinen der Festung** fand man über 70 sogdische Dokumente, mit deren Hilfe man überhaupt erst von der Existenz der Alten Stadt Panjakent erfuhr.

Eine dritte Möglichkeit ist die Anfahrt über Samarkand/Usbekistan. Samarkand liegt von Panjakent etwa 65 Kilometer

Wacholderbäume beim Shahriston-Tunnel

entfernt, der Grenzübergang bei Sarazm war lange geschlossen, ist aber seit März 2018 wieder rund um die Uhr befahrbar.

Wandern im Zarafshon-Tal

Wie überall in Tadschikistan gilt: Eine gute Ausrüstung ist ein Muss! Neben der Campingausrüstung gehört dazu ein Gas- oder Benzinkocher, um die immer kleiner werdenden Wacholderbaumbestände zu schonen, außerdem Wanderkarten. Zu empfehlen sind die alten sowjetischen Militärkarten (→ S. 411). Außerdem gibt es eine Kuhistan-Karte von 1992 (1:110 000), die man aber nur mit viel Glück in einem Buchladen in Khujand oder Duschanbe findet.

Etwas veraltet sind die sowjetischen Reiseführer ›Po Tadschikistanu‹ von F. G. Patrunov (1987) und ›Po Iskanderkulyu‹ von Ashurov. Sie haben jedoch relativ ausführliche Routenbeschreibungen (Fan-Gebirge) für russischsprechende Reisende, letzterer sogar mit Routenzeichnungen. In den Antiquariaten oder Buchläden in Duschanbe und Khujand sind sie mit Glück noch erhältlich, man sollte direkt danach fragen.

2009 wurden drei neue Wanderkarten für das Zarafshan-Tal ausgearbeitet: das Fan-Gebirge (1:100 000), das Zarafshon-Tal (1:400 000) und das Yaghnob-Tal (1:100 000). Diese sind bisweilen in Duschanbe und im Historischen Museum in Khujand käuflich zu erwerben sowie in Saratog im Gästehaus Dilovar, am Iskanderkul im Gästehaus Khayom und bei Jumaboy im Gästehaus in Nofin an den Sieben Seen.

Besser noch als der Besitz guter Karten ist die Begleitung durch einen Führer, von denen es im Zarafshon-Tal inzwischen etwa 500 gibt. Einige verfügen über Basiskenntnisse in Französisch, Englisch oder Deutsch. Die meisten Guides gehen mit ihren Eseln auf Tour, die als Pack- aber auch als Reittiere eingesetzt werden können. Man kann selbst auf die Suche

Beim Wandern werden Esel als Reit- und Packtiere eingesetzt

▲ Karte S. 337

gehen oder sich einen Guide über ZTDA (→ S. 345, 369) vermitteln lassen. Ein Guide kostet etwa 40 Dollar, ein Esel 30 Dollar am Tag. Der Preis sollte vor der Tour verhandelt und schriftlich fixiert werden.

Manche Reiseveranstalter bieten Komplettreisen an, s o etwa Biss Reisen, die die Route Iskanderkul–Sieben Seen–Samarkand im Angebot haben, Diamir oder Henkalaya (→ S. 414).

Ayni

Etwa 12 000 Einwohner leben in dem hübschen Ort im Zentrum des Zarafshon-Tals, der früher Varzi Manor hieß und dann nach dem Schriftsteller Sadriddin Ayni (1874–1954) benannt wurde. Hier treffen sich die Straßen aus dem Norden (Khujand), dem Süden (Duschanbe), dem Osten (Gorno-Macha) und dem Westen (Panjakent). Ayni liegt 140 Kilometer von Duschanbe und 183 Kilometer von Khujand entfernt und ist somit ein Rast- und Übernachtungsort für Durchreisende auf halber Strecke.

Die bekannteste Sehenswürdigkeit in Ayni ist eine **Moschee** direkt an der Hauptstraße, deren etwa acht Meter hohes Lehmminarett aus dem 12. Jahrhundert zum Schutz überdacht worden ist. Auf der Bank vor dem Minarett treffen sich die Dorfältesten. Der kleine Innenraum der Moschee ist recht bunt gestaltet, und ein Blick hinein ist lohnenswert. Ein Streifzug durch die **Mahalla** lohnt sich ebenfalls, Lehmbauten mit teilweise sehr schönen Innenhöfen sind von den oftmals sehr schmalen Gässchen nördlich und südlich der Hauptstraße einzusehen.) Bedingt durch die günstige Lage des Ortes und durch die strukturelle Hilfsbedürftigkeit der benachbarten Täler haben sich in Ayni einige Entwicklungshilfeorganisationen angesiedelt. Die touristische Infrastruktur hat sich in den letzten Jahren etwas verbessert, immerhin gibt es zwei Hotels.

Ayni

Vorwahl: +992/(8)3479.

Internetcafé (Telecomm Technology), etwas oberhalb des Zentrums auf der linken Seite der Hauptstraße.

Einmal am Tag fährt ein **Bus nach Panjakent**. Abfahrt vor dem alten Hotel ›Zarafshan‹ in der Straßenbiegung. Hier stehen morgens auch manchmal **Sammeltaxis Richtung Khujand**. Sollte dem nicht so sein, so findet man Autos an der Abzweigung der Straße nach Khujand am Straßenposten (*post*).

Sammeltaxis nach Duschanbe fahren morgens (zwischen 6 und 10 Uhr) an der Straßenkreuzung Duschanbe/Gorno-Macha (*povorot*) vor der Brücke ab.

Nuri Rahmon, Tel. +992/92/7775634; ÜN ab 30 Dollar mit geteiltem Bad, die beiden Suiten kosten jeweils 90 Dollar (!). Etwas abgelegen an der Straße Richtung Gorno-Macha etwa zwei Kilometer nach der Straßenkreuzung Duschanbe/Gorno-Macha (*povorot*) linker Hand hinter einem Eisenzaun. Das neue Hotel hat beeindruckende Doppelbetten, die Preise sind jedoch auch beeindruckend.

Varz, Tel. +992/92/7743672, ÜN+F 100 Somoni. Hotel im Zentrum an der Hauptstraße gegenüber der Moschee. Im dem großen, gelben Gebäude mit vielen Fenstern, einem Supermarkt und einem Restaurant befindet es sich im 1. Stock.

Gästehaus von Sabohad Hasanova, Zarafshon 27, Tel. 22264; ÜN 12 Dollar. Bei der Post eine schmale Seitengasse hinein, dann einmal nach links abbiegen, dann liegt die Unterkunft rechter Hand (blaue Tür). Am besten im Zentrum direkt nach Sabohad fragen. Gästehaus mit 4 Zimmern, sehr schönem Innenhof mit Blumen und Weinreben und einem schönen Verandazimmer. Geschlafen wird traditionell auf Baumwollmatten (*kurpacha*), die Toilette des familiären Gästehauses befindet sich ein einem kleinen weißgetünchten Häuschen.

Gästehaus von Bobo Azizov, Tukhdomurodov 29, Tel. 22243; ÜN 12 Dollar, ÜN+F 16 Dollar. Hinter dem Denkmal der trauernden Soldatenfrau geradeaus, an der Straße rechts, dann zweimal links. Am besten nach Bobo fragen. Im Gästehaus gibt es drei etwas heruntergekommene Mehrbettzimmer mit durchgelegenen Betten. Pluspunkt ist, dass sich Bobo gut auskennt und einen bei der weiteren Reiseplanung unterstützen kann.

Gästehaus von Tante Vinya, an der Straßenkreuzung Duschanbe/Gorno-Macha (*povorot)*, Tel. 22729; ÜN 20 Somoni. Kommt man aus dem Ort, vor der Brücke den Hang nach rechts unten klettern und nach Tante Vinya (Tyotya Vinya) fragen. Privatunterkunft bei Vinera Safarova mit schönem Hof und Schafen. Sie hat acht Schlafplätze im blumigen Stil. Die Toilette ist interessant, aber gewöhnungsbedürftig, und die Waschmöglichkeiten sehr einfach. Hier übernachten vor allem Einheimische.

Gästehaus des Hukumats, Hauptstraße, Tel. 22744; ÜN 10 Dollar. Im Hof, in dem sich auch das UNDP-Büro befindet (Straße zwischen Post und Leninstatue). Die 3 Zimmer haben schöne Holzdecken, es gibt jedoch kein Wasser bzw. nur aus Eimern.

Saidbahrom, an der Straßenkreuzung Duschanbe/Gorno-Macha (*povorot*). Restaurant mit europäischer (russischer) Küche.

Sabrina, schräg gegenüber der Moschee. Bierbar mit Billardtischen.

Im Komplex **Varz** an der Hauptstraße gegenüber der alten Moschee im Zentrum von Ayni gibt es ein großes Restaurant und einen ›Supermarkt‹.

In Richtung Gorno-Macha außerhalb von Ayni gibt es ein **öffentliches Krankenhaus**. Ein Aufenthalt ist wie so oft in Tadschikistan aus hygienischen Gründen zu vermeiden.

Sonnenuntergang an den Kul-i-Kalon-Seen

Karte S. 337

Panjakent

Panjakent wird von Archäologen gerne als ›Pompeji Zentralasiens‹ bezeichnet. Die Stadt mit 42 000 Einwohnern liegt im Zarafshon-Tal in einer etwa fünf Kilometer breiten Ebene, die in ihren Ausläufern in sanfte, helle Hügel übergeht, auf 900 Metern an der linken Flussseite. Das alte Panjakent und Marakanda, das heutige Samarkand, waren bekannte Städte im Sogden-Reich, dessen Bewohner sich vor allem als Händler und Handwerker den Lebensunterhalt verdienten und entlang der Seidenstraße überall anzutreffen waren.

Auf die Blütezeit des Handels folgte im 8. Jahrhundert die Eroberung des Sogden-Reiches durch die Araber, 721 wurde das alte Panjakent besetzt. Unter der Führung von Fürst Devashtich kam es zu einem Aufstand und zu einer kriegerischen Auseinandersetzung mit den Arabern. Devashtich musste fliehen und zog sich auf die Festung des Berges Mug zwischen Panjakent und Ayni zurück. Im Jahr 722 wurde er gefangengenommen und getötet. Das Reich der Sogdier war gefallen, und auf die Lehre Zarathustras folgte der Islam.

Schon immer hatte Panjakent eine enge Verbindung zum heutigen Usbekistan. Die Städte Buchara und Samarkand waren Handelspartner, die Felder und Industriebetriebe Usbekistans auch in Sowjetzeiten Einkommensquelle für viele Bewohner des Zarafshon-Tals. Nach dem Bürgerkrieg kam es jedoch zu ernsthaften Dissonanzen zwischen beiden Ländern, 2010 wurde die Grenze komplett geschlossen. Verwandte und Freunde auf beiden Seiten konnten sich nur noch mit Genehmigungen und über den entlegenen Grenzpunkt Oybek besuchen. Für den seit Sowjetzeiten gut entwickelten Tourismus in Panjakent und in den Fan-Bergen war dieser Umstand ruinös. Panjakent wurde zur Sackgasse und zu einem der vielen Orte in Tadschikistan, die ihr Haupteinkommen von den Gastarbeitern aus Russland beziehen.

Dennoch setzte man demonstrativ Hoffnungszeichen und schuf Arbeitsplätze im Tiefbau: Von 2014 bis 2017 wurde die Hauptstraße Rudaki saniert und dabei verbreitert, einige der alten Häuser wurden abgerissen, ein besonders mutiger Reiseveranstalter baute ein Hotel. Diese Erweiterung erwies sich als vorausschauend und gerechtfertigt, denn im März 2018 wurde der Grenzübergang Panjakent (Sarazm)–Samarkand (Jarteppa) feierlich wiedereröffnet. Das Tauwetter zwischen Usbekistan und Tadschikistan wird für die westlichste Stadt Tadschikistans bedeuten, dass bald wieder fröhlicheres Leben hier einzieht.

Panjakent liegt nunmehr wieder direkt auf der klassischen Seidenstraße, die Touristenströme aus Buchara und Samarkand können ihren Weg durch das Zarafshon-Tal nehmen, die Fan-Berge werden aus ihren Dornröschenschlaf erwachen.

Ein Rundgang

Sehenswert ist die Medrese **Alim Dodkho** aus dem 18./19. Jahrhundert gegenüber dem Basar. Vom Basar aus kann man freitags hier die herausgeputzten Männer Panjakents auf dem Weg zum Freitagsgebet beobachten.

Der **Basar** selbst mit seinem schönen Tor und dem runden Pavillon ist in jedem Fall einen Besuch wert. Das bunte Treiben kann man am besten vom Teehaus **Muhiddin** aus beobachten. Von dort hat man auch gleichzeitig noch einen schönen Blick ins Tal und auf die bunten Berge.

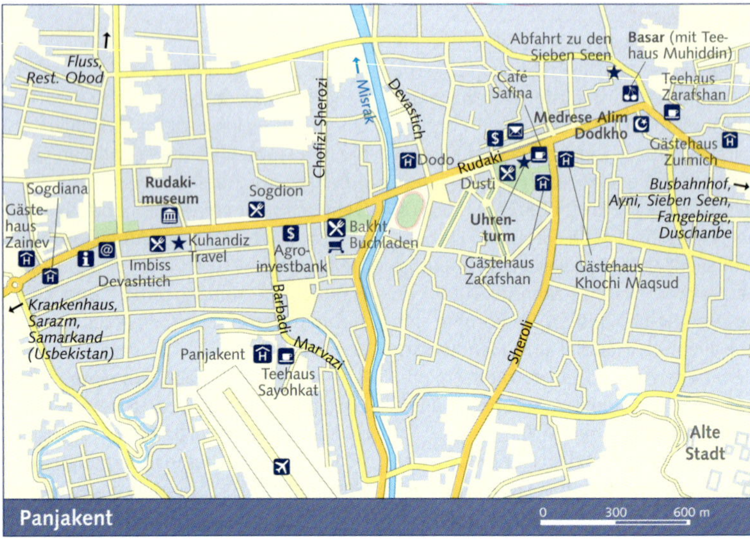

Um die Stadt zu erkunden, geht man nach Besichtigung von Medrese und Basar immer entlang der Hauptstraße Rudaki in westliche Richtung. An der Post vorbei, liegt gegenüber das Restaurant ›Dusti‹, daneben der Uhrenturm und etwas weiter der Fußballplatz mit der großen Aufschrift: ›Sport ist der Botschafter des Friedens‹. Nun überquert man eine Brücke über ein meist wasserloses Flüsschen, und die Straße steigt leicht an. Linkerhand steht das alte sowjetische Kino, heute beherbergt es ein Kleidungsgeschäft.

Auf der Hügelkuppe befindet sich links der kleine **Buchladen**. Weiter entlang der Hauptstraße liegt links die Universität und die ›Agroinvestbank‹ und rechts das unscheinbare Restaurant ›Sogdion‹. Kurz darauf erreicht man das **Rudaki-Museum** (etwas zurückgesetzt rechts der Straße hinter dem Rudaki-Denkmal), dem man unbedingt einen Besuch abstatten sollte. Das imposante Museum wurde 2008 umfassend renoviert, eine Führung ist zu empfehlen. Neben den Keramiken, Waffen und Schmuck aus der Alten Stadt und Sarazm sind interessante Ausstellungsstücke wie das sogdische Alphabet und einige Steinmalereien in sogdischer Sprache zu bestaunen. Ebenfalls gibt es einen Gedenkraum für Rudaki und einen Raum zur Tierwelt des Zarafshon-Tals. Im Eingangsbereich kann man schönen und günstigen Steinschmuck kaufen.

Einzig die **Rudaki** ist etwas städtisch; sie ist durchgehend gesäumt von mehrstöckigen Häusern aus den 1950ern und 1960ern sowie Plattenbauten aus den 1970ern und 1980ern.

Wer die dörfliche Seite von Panjakent kennenlernen möchte, der braucht von der Hauptstraße nur seitwärts in die **Mahalla** abzubiegen. Der ruhige und doch geschäftige Mikrokosmos dieser Viertel, das viele Grün, die kleinen Lachtauben überall – all das wirkt irgendwie zeitlos und besänftigend.

Besonders schön ist ein Spaziergang am Kanal entlang vom Altstadthügel im Südosten Richtung Hotel ›Panjakent‹ im Südwesten der Stadt.

Panjakent

Vorwahl: +992/(8)3475.
Geldautomat (ohne Funktionsgarantie), in der Post, Rudaki 159.
Internetcafé, Rudaki 40.
Zerafshan Tourism Development Association (ZTDA), Tel. +992/92/7746202, Tel. +992/92/7703995, ztda_ zarafshon@yahoo.com, www.ztda-tourism.tj) Der Direktor Jamshed Yusupov (jamshedusupov@ mail.ru, ein sympathischer, erfahrener, Englisch sprechender Tourismusfachmann, organisiert Touren und nimmt Reservierungen von Gästehäusern, Buchungen von Fahrern, Jeeps, Eseln, Bergführern usw. vor. Die ZTDA ist auch auf Facebook zu finden.
Das ehemalige Informationszentrum der ZTDA in Panjakent gibt es nicht mehr, auf der Internetseite finden sich jedoch zahlreiche Informationen über Gästehäuser und Touren im Zarafshon-Tal. Das offizielle Büro und Touristen-Informationszentrum der Assoziation befindet sich nunmehr in Khujand und kann in jeder Hinsicht empfohlen werden (→ S. 318).

Busbahnhof und Abfahrtsplatz für Sammeltaxis, am östlichen Ortsausgang. Vom Zentrum kann man mit der Marshrutka Nr. 2 dorthin fahren.
Kleinbusse fahren mehrmals täglich nach **Panjrud**, **Zimtut** und **Urmetan**, einmal am Tag nach **Shing**, **Artuch** und **Ayni**. Die Busse sind ein billiges, aber auch langsames Fortbewegungsmittel. Alternativ stehen auf dem Vorplatz Jeeps nach **Duschanbe** und **Khujand**.
Zu den **Sieben Seen** kommt man mit Jeeps, die nicht am Busbahnhof abfahren, sondern unterhalb des Basars links, nach etwa 100 Metern vor dem Basar mit den Baumaterialien. Man sollte sich am besten schon morgens dort einfinden und einen Platz besetzen (40 Somoni). Die Autos fahren ab, wenn sie voll besetzt sind.
Einen Jeep mit Fahrer können meist auch die Betreiber der Hotels und Gästehäuser in Panjakent bzw. an den Sieben Seen organisieren.

Dodo, Devashtich 34, Tel. +992/92/7525255, hotel_dodo@mail.ru; EZ+F 20 Dollar. Kleines Hotel der Familie Khuzeynov im Zentrum mit 6 Zimmern, modernen Toiletten und TV. Vom Basar Richtung Rudaki-Museum, vor der Brücke die kleine Straße rechts, nach etwa 100 Metern auf der linken Seite. Der Sohn Daler spricht ein wenig Englisch.
Panjakent (ehemals Intourist), Barbadi Marvazi; ein Zimmer kostet für Ausländer 20 Dollar. Das alte Hotel ist schön gelegen und hat einen grünen Innenhof. Das Haus mit den 58 Zimmern wurde jahrelang renoviert und hat 2015 wieder eröffnet. Leider gibt es nach wie vor nur wenig Wasserdruck in den Bädern bzw. nur morgens und abends Wasser. Im Seitengebäude befindet sich das Restaurant **Afrosiyob**, das am Wochenende gern von den Einheimischen besucht wird, auch die folkloristisch eingerichtete Bar im Keller hat dann geöffnet.
Hotel Sogdiana (ehemals Gästehaus Elina), Rudaki 24, etwas zurückgesetzt schräg hinter einem Plattenbau (gut ausgeschildert, am gestreiften Turm erkennbar), Tel. +992/93/5993737, +992/93/8963505, +992/92/7719321, sogdianahotel@mail.ru, sadoullo@mail.ru; EZ 25 Dollar, DZ 30 Dollar, Frühstück 5 Dollar, TV und WLAN. Neues, empfehlenswertes Hotel der der alteingesessenen, erfahrenen Firma Pamir Tour Service für Gruppen bis 27 Personen. EZ/DZ+F in Zimmern mit Dusche/WC und Wifi ab 20/30 Dollar, 10 Dollar für ÜN mit Etagendusche und WC. HP oder VP möglich, eigenes Café, Terrasse. Jeep- und Trekkingtouren können organsiert werden. Verleih von Campingausrüstung, abschließbarer Stellplatz für Motor- und Fahrräder. Nachdem das Tourismus-Informationszentrum schließen musste, gibt es hier im Gästehaus auch Informationen, Karten und Dienstleistungen wie Vermittlung von Fahrern etc.

Hotel Sughd, Murodilloi Sherolizod 2, Tel. +992/92/7711210. Zentral, mit schönem Apfelgarten und vielen Holzverzierungen schräg gegenüber vom Café ›Safina‹.

Gästehaus Zurmich, Bakkoli 24, 150 Meter nordöstlich vom Basar in der Mahalla, Tel. 54543, Tel. +992/92/9267100, +992/90/7487100 n.sukhrob.zurmich@gmail.com; ÜN+F 15 Dollar, mit HP 20 Dollar. In Verlängerung zur Rudaki rechts vom Teehaus ›Zarafshan‹ am Basar einige Stufen hinunter, dann einem Fußweg folgen – nach etwa 50 Metern erreicht man das Haus mit dem blauen Holztor und der Nummer 24. Schönes und sehr zweckmäßig eingerichtetes Gästehaus mit drei Zimmern, Küche, Aufenthaltsraum, Gemeinschaftsduschen und Billardraum. Es können Gruppen bis zu zwölf Personen untergebracht werden. Der Betreiber Nasriddin Nizomov spricht Deutsch, sein Sohn Sukhrob Englisch. Das hauseigene Reisebüro **Zurmich** organisiert alle Arten von Touren in der Umgebung, vor allem Ökotourismus und Trekking (Campingausrüstungen können ausgeliehen werden).

Gästehaus Zarafshan, Loiq Sheroli 24, rechter Eingang, im oberen Stockwerk über der Schneiderwerkstatt, Tel. +992/92/9025999; ÜN+F ab 80 Somoni. 5 DZ, 3 Dreibettzimmer, Gemeinschaftsraum, WLAN. Der Eigentümer heißt Faridun. Zentral gelegen neben dem Café ›Safina‹.

Zafar Norov, Tel. +992/92/7807716, zafarnorov@gmail.com. Zafar hat jahrelang das Zarafshan Tourismus Board geleitet, das es aber in dieser Form nicht mehr gibt. Zafar kann seine reichen Erfahrungen als Guide und Organisator einbringen und auch Gäste in seinem Haus unterbringen. Er spricht Englisch.

Café Safina, Sheroli; tägl. außer Sa. Am Beginn der Sheroli/Ecke Rudaki gelegen, die russische Köchin Marina ist berühmt für ihre Kochkünste.

Dusti, Rudaki 160. Schönes Restaurant gegenüber der Post, mit einem reich verzierten Speisesaal. Oftmals kann man hier aber nur nach Vorbestellung essen, ein Blick in den Saal lohnt sich trotzdem.

Imbiss (Oshkhona) **Devashtich**, Rudaki 67, gegenüber vom Rudaki-Museum mit schönem Innenhof; preiswertes, klassisches Essen (Schaschlyk, Palov, Shurbo usw.).

Obod. Etwas abseits gelegenes großes Teehaus mit guter Küche, herrlicher Terrasse sowie gemütlichen Tapchanen am Fluss. Die Holzdecken und Säulen wurden von Künstlern aus dem Dorf Zebon geschnitzt. Eingang durch das Gelände des Krankenhauses etwa 100 mwestlich vom Fluss. Der gleiche Betreiber unterhält auch noch ein weiteres Restaurant am Fluss. Demnächst wird es hier auch ein Hotel geben.**Sogdion**, Rudaki 87. Schräg gegenüber der ›Agroinvestbank‹. Tadschikische Küche (Schaschlik, Palov), man kann recht schön draußen sitzen.

Teehaus Muhiddin, Rudaki 189, direkt am Eingang des Basars rechts. Reiche Speisekarte und immer alles frisch und schnell. Dazu gibt es die bunte Basaratmosphäre und einen schönen Ausblick ins Tal gratis.

Teehaus Zarafshan, Rudaki 197, 50 Meter rechts neben dem Basar, direkt gegenüber der Moschee. Das Haus mit der traditionellen bemalten Holzdecke hat schon bessere Zeiten gesehen, aber man kann bei freundlicher Bedienung gut draußen sitzen und das rege Treiben beobachten.

Teehaus Sayohkat, Barbadi Marvazi. Direkt neben dem Hotel ›Panjakent‹ liegt das relativ neue Teehaus mit reich verzierter hölzerner Veranda und folkloristischer Ausstattung. Der nette Eigentümer Muhammadrasul Sharifbadolov ist seit den 1980ern im Tourismus aktiv und kann Beherbergungen und Touren organisieren. Spezialität ist hier der klassisch-tadschikische Palov.

Rudaki-Museum, Rudaki 33, Tel. 53096; tgl. 9–17 Uhr, Eintritt 10 Somoni, Fotoerlaubnis 10 Somoni, eine deutsche Führung (empfehlenswert) kostet 35 Somoni.

▸ Karte S. 344

Einkaufen kann man am besten auf dem **Basar**. Besonders das innere Marktgebäude mit seinen Säulen und Spitzbögen ist einen Besuch wert. Zu empfehlen sind auch die vielfältigen Gewürze wie Safran oder oder Sumakh. Dies ist der richtige Ort, um sich vor dem Aufbruch in die Berge gut zu versorgen. Vom Basar in Richtung Zentrum gibt es außerdem einige kleine Geschäfte links und rechts der Hauptstraße.

Einen spärlich ausgestatteten **Buchladen** gibt es unterhalb des Restaurants ›Bakht‹ in der Rudaki 110.

Das **Krankenhaus** befindet sich am westlichen Ende der Stadt.

Abendstimmung am Basareingang in Panjakent

Die Alte Stadt Panjakent

Die Alte Stadt erstreckt sich etwa zwei Kilometer südlich vom Zentrum entfernt auf einem weithin sichtbaren Hügel. Beim Uhrenturm an der Hauptstraße biegt man in die Sheroli ein und folgt dieser. Auch vom Markt/der Moschee kann man über die Beruni hierher gelangen. Ein Taxi hin und zurück kostet zehn Somoni.

Schon 1946 hat man hier mit den Ausgrabungen begonnen. Die Existenz der Alten Stadt wurde durch die auf dem Berg Mug gefundenen sogdischen Dokumente bekannt. Diese konnten mit Unterstützung der Yaghnobi (→ S. 363) entschlüsselt werden. Die Überreste des kleinen Fürstentums des Sogdischen Reiches, der Stadt selbst (Shahriston), eine Nekropole (Friedhof) und eine Zitadelle stammen aus dem 5. und 6. Jahrhundert. Die Stadt verfügte über ein erstaunliches Kanalsystem aus Keramik. Die Wohnhäuser hatten zwei Etagen, die Häuser wohlhabender Eigentümer waren mit Wandmalereien versehen und hatten sogar Empfangsräumlichkeiten. Durch die arabische Eroberung wurde die Stadt im 8. Jahrhundert zerstört, gebrandschatzt und verlassen.

Einige der Ausgrabungsstücke (Keramik, Glas, Schmuck, Holzskulpturen und Teile von Wandmalereien) sind im Rudaki-Museum in Panjakent ausgestellt. Die spektakulärsten Funde und darunter auch das größte Fresko (15 Meter) wurden in Sowjetzeiten nach Leningrad (St. Petersburg) gebracht und sind noch heute dort in der Eremitage ausgestellt. Auch das neue Nationalmuseum in Duschanbe forderte seinen Tribut, die elegante ›Tänzerin‹, eine Holzfigur aus der Alten Stadt und einer der interessantesten Funde, wurde vom Panjakenter Rudaki-Museum nach Duschanbe überführt. Die ›Tänzerin‹ ist Zeugin der Holzschnitzkunst, die im Zarafshon-Tal zur Blüte gelangte, und ihr verbrannter Körper steht gleichzeitig für den Untergang des alten Panjakent.

Yuriy Yakubovski, einer der ersten Archäologen, sollte 1949 mit seiner Vermutung, dass die Alte Stadt ein wahres Königreich tadschikischer Malerei sei, Recht behalten. Heute ist die Stadt unter Archäologen weltweit als ›Pompeji Zentralasiens‹ be-

Die Alte Stadt Panjakent

▲ Karte S. 344

kannt. Die Wandmalereien jener Zeit widmeten sich verschiedenen Themen: Religion, Verehrung von Feuer, Abbildungen des Alltags, Märchen und Sagen. So etwa die Abbildung der Heldentaten des Rustam (auch bekannt als der sogdische Fürst Siyavush), die Firdausi (932–etwa 1200) in seinem Heldenepos ›Shahname‹, dem ›Buch der Könige‹, nacherzählt. Für den Laien sind die Überreste der Stadt, die Zitadelle und die Mauern nur schwer zu differenzieren. Jahr für Jahr verwischen Wind und Wetter das ungeschützte Terrain immer mehr. Ziegen weiden hier, es gibt keine gekennzeichneten Wege, und Kinder spielen in den Mulden der ehemaligen Zitadelle. Jedoch gibt es einen groben Plan und einen Aufriss eines Eckturmes am Eingang, dort befindet sich auch ein kleines **Museum**, in dem man Keramiken und Kopien der Wandmalereien ansehen kann (Eintritt zwei Somoni). Wenn man Glück hat, bekommt man hier auch das englische Heftchen des Archäologen Isakov, ›Ancient Pyanjekent‹, oder man fragt im Rudaki-Museum danach. Der historisch interessierte Besucher sollte versuchen, über das Rudaki-Museum eine Führung zu buchen.

Ruinen der Alten Stadt

Besonders schön ist die Ausgrabungsstätte im Abendlicht, wenn die Kinder die Schafe und Ziegen nach Hause treiben, man bei guter Sicht die Gipfel der Berge im Osten leuchten sieht und die Ebene rund um den strategisch ideal gelegenen Hügel in den letzten Sonnenstrahlen erglüht.

Die Umgebung von Panjakent

Die Umgebung von Panjakent ist vielfältig und durchaus ein paar Tage Aufenthalt wert. Das flache Tal geht in sanfte Hügel und dann in die Zarafshon-Berge über. Panjakent ist Ausgangspunkt für Touren nach **Sarazm**, zu den **Sieben Seen** (Haft Kul, → S. 351), nach **Artuch** (→ S. 360), nach **Panjrud**, in den Geburtsort des Poeten Rudaki (→ S. 354), nach **Mazor-i Sharif** zum schön verzierten Mausoleum von Muhammad Bashoro (11.–14. Jahrhundert, → S. 355) oder gar ins beliebte **Fan-Gebirge** (→ S. 356).

Die Ausgrabungen von Sarazm

Sarazm liegt etwa 15 Kilometer westlich des heutigen Panjakent rechter Hand der Straße nach Usbekistan. Von Panjakent (Rudaki) aus kann man die Marshrutka Nr. 8 nehmen, die allerdings nur selten fährt. Ein Taxi hin und zurück (Abfahrt zum Beispiel an der Rudaki, gegenüber vom Rudaki-Museum) sollte nicht mehr als 60 Somoni kosten.

Die überdachten Ausgrabungen befinden sich vor dem Dorf Sarazm und sind von der Straße aus gut zu sehen. Außerdem

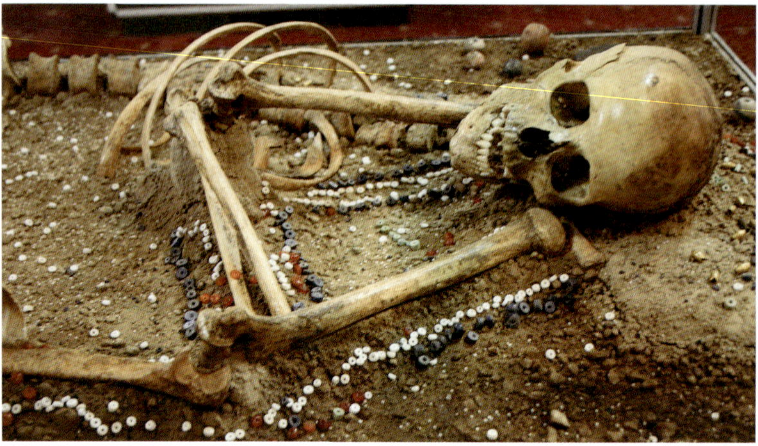

Die Prinzessin von Sarazm

ist die Ausfahrt durch ein großes Schild mit der Aufschrift ›Sarazm 5500‹ gekennzeichnet. Sarazm geht auf eine noch viel ältere Siedlung als die Alte Stadt Panjakent zurück und wurde von einem Dorfbewohner, der die Oberflächenstrukturen der Weidegründe merkwürdig fand, 1976 zufällig entdeckt.

Man schätzt die Größe der Lehmsiedlung auf etwa 70 bis 130 Hektar. Christoph Baumer datiert die Siedlung ins 4. Jahrtausend vor unserer Zeitrechnung, somit ist sie eine der ersten Städte Asiens.

Bearbeitete Steine und Gewichte, Messer und Äxte aus der Bronzezeit wurden hier gefunden, außerdem sechs Brennöfen für Keramik. Die Bewohner lebten von Acker- und Viehwirtschaft, von Metallurgie und vom Fernhandel. Viele der Funde, unter anderem die Keramiken, machen eine Verbindung mit anderen Ländern (Indien, Afghanistan, Iran, Turkmenistan) nachvollziehbar – man profitierte von der Erfindung des Rades und der Domestizierung des Kamels.

Ein weiterer beeindruckender Fund ist die **Prinzessin von Sarazm** (etwa 3000 vor Christus). Das Skelett der mit 180 Zentimeter erstaunlich großen jungen Dame war von hunderten von Perlen aus Lasurit umgeben – offenbar waren sie auf die Kleidung aufgenäht, die jedoch im Laufe der Jahrtausende zerfallen ist. Die Prinzessin, ihr Schmuck und die Perlen liegen in Duschanbe im Museum für Antike; Fotos und Skizzen kann man aber auch im Rudaki-Museum in Panjakent betrachten.

Auch für die Besichtigung von Sarazm empfiehlt sich ein Führer, nach dem man im Rudaki-Museum oder bei ZTDA fragen kann, zum Beispiel der Archäologe Dr. Abdurauf Razzorov. Zwar gibt es Schautafeln, die jedoch dem interessierten Besucher nur unzureichende Informationen bieten. Die historische Bedeutung von Sarazm wurde durch die Aufnahme des Ortes in die Liste des UNESCO-Weltkulturerbes 2010 unterstrichen. Die Ausgrabungsstätte ist die erste und einzige in Tadschikistan, die bisher in die Liste aufgenommen wurde, dennoch sollten die Erwartungen nicht allzu hoch gesteckt werden. Dem Laien bietet Sarazm ohne eine Führung leider wenig; zumindest sollte man die Aus-

▲ Karte S. 337

stellung zu Sarazm im Rudaki-Museum in Panjakent vorher gesehen haben, um die Bedeutung dieser Stätte würdigen und die Mauerreste besser einordnen zu können.

Die Sieben Seen

»Vor langer langer Zeit lebte im Dorf Shing ein stolzer Bauer. Dieser hatte sieben Töchter, die eine schöner als die andere. Erzählungen über ihre Schönheit hatten schon lange die Grenzen des Dorfes und der Umgebung überwunden. Eines Tages entschloss sich ein Mann aus einem weit entfernten Dorf, der von der Schönheit der Mädchen gehört hatte, nach Shing aufzubrechen, um um die Hand einer der Bauerntöchter anzuhalten. Jedoch war er grob und hässlich, sodass der Vater, der seine Töchter über alles liebte, dem Fremden die Hand einer seiner Töchter verweigerte. Der enttäuschte Fremde entpuppte sich als ein böser Zauberer und verwandelte die sieben Schönheiten in sieben Seen.« Mijgon, Soya, Khusher, Nofin, Khurdak, Marguzor und Hazorchashma sind die sieben Schönheiten des Tales heute, die eigentlich auf ein Erdbeben zurückzuführen sind. Die Sieben Seen (auch Haft Kul oder Marguzorskie Ozera genannt) sind sehr unterschiedlich in ihrer Größe, der Farbe ihres Wassers und ihrer Umgebung.

Der erste See, **Mijgon** (›Wimper‹, auf 1598 Metern Höhe), ist ein See mit fast schwarzem Wasser, der in geschwungener Form in einem engen felsigen Tal liegt. **Hazorchashma** auf 2400 Metern bedeutet ›Tausend Quellen‹. Mit seinem blau-türkisen Wasser speist er alle Seen unter sich. An seinem Ufer gibt es grüne Wiesen und einen in Stein gehauenen Eselspfad entlang des Sees, der dann hinauf zu den Hochweiden des Tales führt.

Die sieben Schönheiten liegen alle im **Shing-Tal**. **Shing** bedeutet grüner Garten und ist gleichzeitig die Bezeichnung für das zwölf Kilometer unterhalb des ersten Sees gelegene Dorf mit einer schönen kleinen Moschee direkt auf einem Felsvorsprung. Das Tal war früher Anziehungspunkt für viele Touristen, vor allem aus Russland. Das größte Erholungsheim ist jedoch einer Schlammlawine zum Opfer gefallen, mit Hubschraubern wurden die Touristen im oberen Teil des Tales ausgeflogen und die Bevölkerung versorgt. Heute erinnern nur noch die

Marguzor, der sechste See

Gästehaus Najmiddin in Nofin

verrosteten Eisentore an den ehemals beliebten Urlaubsort. Kleinere und größere Naturkatastrophen gibt es hier häufiger, sie zwangen einige der Bewohner zur Umsiedlung. So entstanden neue Dörfer nahe der usbekischen Grenze. Verschiedene Nothilfe- und Entwicklungshilfeorganisationen unterstützen die Bewohner des Tales heute bei der Anpflanzung und Terrassenbildung an den Hängen zur Katastrophenvorsorge.

Das Leben in den Haft-Kul-Dörfern ist hart – wie überall in den schwer zugänglichen Gebirgstälern. Gemeindebasierter Tourismus trägt auch hier sichtbar zur Verbesserung der Lage bei. Viele Männer aus dem Tal haben außerdem (schlechtbezahlte) Arbeit in der Goldmine gefunden, die sich in einem Seitental befindet, das vom unteren Shing-Tal abzweigt. Die Mine hat sichtbare Wunden in der Landschaft hinterlassen, aber das eigentliche Tal der Sieben Seen ist davon nicht betroffen.

Wenn man hierherkommt, sollte man mindestens zwei bis drei Tage einplanen. Sehr zu empfehlen ist eine Wanderung von Padrud zum sechsten oder siebten See (10 beziehungsweise 20 Kilometer hin und zurück) – ein breiter, aber kaum frequentierter Fahrweg führt vorbei an Gärtchen, Terrassenfeldern, schroffen Felswänden und Bergdörfchen, in denen man winkend gegrüßt wird.

Sieben Seen

Infos zu Gästehäusern und Wanderrouten findet man auf der Seite www.ztdatourism.tj. Damit sich die Betreiber der Gästehäuser auf die Besucher vorbereiten können, ist es gut, über die ZDTA zu reservieren: Tel. +992/92/7746202, ztda_zarafshon@yahoo.com. Gästehäuser gibt es außer in Nofin (2), Padrud, Shing, Zimtut im Tal der sieben Seen auch den etwas seitab gelegenen Dörfern Gazza, Guitan und Magian, wo ZTDA Besuche von Kunsthandwerkerinnen organisieren kann.

Jeeps fahren täglich hinauf zu den Sieben Seen, außerdem gibt es einen Bus bis nach **Shing**. Die Betreiber der Gästehäuser in Panjakent können außerdem ein Auto mit Fahrer bereitstellen. Auch eine Abholung kann organisiert werden. Der Shuttle von Tuychi (Gästehaus Mijgon) kostet hin und zurück 100 Dollar (ins Auto passen vier Personen und viel Gepäck) – das ist es aber auch wert, denn die Straße ist eine Herausforderung für Fahrer und Auto. Um Kosten zu sparen, empfiehlt es sich, sich mit anderen Touristen zusammenzutun.

Gästehaus Guldara, Sarvar Khojamovin, Shing; ÜN+F 12 Dollar, vier Gästeräume. Das 42 Kilometer von Panjakent entfernte Dorf Shing ist ein guter Ausgangspunkt für Wanderungen entlang der Sieben Seen. Bis hierher fährt ein Bus. Der Pharmazeut Sarvar zeigt gern die Umgebung, er hat Bienen und stellt neben Honig leckeren Maulbeersirup her. Im Dorf lebt auch ein

Karte S. 337

Deutschlehrer, Herr Azrorov, bei Verständigungsschwierigkeiten kann man nach ihm fragen.

Gästehaus Mijgon, in Padrud auf 1900 Meter, Höhe, Tel. +992/92/7651877, +992/92/9970384, homestay_midgon@gmail.com; ÜN+F 12 Dollar. Tuychikul Boturov, genannt Tuychi, führt mit seiner Frau Sohira, der Hebamme und Krankenschwester in der Krankenstation Padrud, das Gästehaus direkt am rauschenden Fluss. Im Sommer kann man wunderbar draußen sitzen und dem Gesang der Bachpfeifdrossel lauschen. Tuychi hat einen Geländewagen, mit dem er die Gäste aus Panjakent abholen kann. Er spricht etwas Englisch, kennt sich exzellent in den Bergen aus und kann Trekkingtouren mit Packeseln zu den Kul-i-Kalon-Seen, zum Iskanderkul und zu den Alaudin-Seen organisieren und als Guide begleiten.

Gästehaus Najmiddin, Behmamad Shahmaev, Nofin (auf 1850 Meter Höhe), Tel. +992/92/7589567; ÜN+F 12 Dollar. Es gibt zwei WCs und warme Duschen. Behmamad wurde an einem Freitag geboren und ist im Dorf deshalb auch unter diesem Namen bekannt (Jumaboy). Die Gästezimmer sind mit traditionellen Wandbehängen (Suzani) dekoriert. Draußen auf dem Tapchan unter den Aprikosenbäumen lässt es sich herrlich frühstücken. Das Gästehaus liegt nicht direkt am See, sondern etwas oberhalb, mit einem schönen Gemüsegarten, ist jedoch gut ausgeschildert. Der Blick auf die 4000 Meter hohen schroffen Berge oberhalb des Dorfes ist atemberaubend. Jumaboy ist sehr aufmerksam und professionell, sodass es einem hier an nichts fehlt. Die Frauen des Hauses stellen Suzani, Webteppiche und Perlenschmuck her, man kann alles hier erwerben. Auch das legendäre Allheilmittel Mumiyo gibt es bei Jumaboy, ebenso die Wanderkarten vom Zarafshon-Tal.

Es gibt eine kleine Krankenstation in **Padrud**, an der ein Vorhängeschloss hängt. Vielleicht öffnet sie eines Tages wieder.

Von den Sieben Seen zu den Kul-i-Kalon-Seen

Vom sechsten See, dem Marguzor, kann man Richtung Artuch (vier bis fünf Tage) oder Kul-i Kalon (Kulikalon, Kuli Kalon, Kuli-Kalon; fünf bis sechs Tage) oder zu den Alaudin-Seen (sechs bis sieben Tage) wandern. Etwa an der Mitte des sechsten Sees führt ein kleiner steiler Serpentinenpfad nach links über den **Tavasang-Pass** (3307 m). Der Weg ist auch für Esel geeignet. Am Ende des Abstiegs, bei der Flussmündung, befinden sich eine Quelle und ein guter Lagerplatz. Dann folgt man dem **Sarymant-Fluss** talabwärts und trifft auf die Straße bei der ersten Siedlung **Khumarigunk**. Schließlich fließt der Sarymant in den **Archamaydan**, dem man weiter folgt. Den nächsten Laden und eine schöne Übernachtungsmöglichkeit mit fünf Gästezimmern und

Straßenarbeiter im Tal der Sieben Seen

Ovring am siebenten See der Haft Kul

leckerem Essen gibt es bei Salokhiddin (Tel. +992/92/7697093) in **Zimtut** für 20 Somoni. In seinem Garten kann man auch zelten. Für ausdauernde Wanderer empfiehlt sich die Fortsetzung des Treks von Zimtut aus weiter nach Artuch. Man hat den steilen Guitang-Pass (2600 m) zu überqueren und steigt von dort ab zu den Kul-i-Kalon-Seen beziehungsweise zur Turbaza nach **Artuch** (→ S. 360). Hier gibt es einen Bus nach Panjakent. Eine weitere Tour führt von den Kul-i-Kalon-Seen zu den Alaudin-Seen (→ S. 359).

Die Südroute zum Iskanderkul

Diese Route ist für erfahrene Bergsteiger in fünf bis sechs Tagen zu schaffen. Auch sie führt vom sechsten See über den **Tavasang-Pass** und den **Sayrymant-Fluss**, danach über den **Munora-Pass** (3620 m). Von dort entlang des linken Flussufers absteigen und hinter der Brücke dem **Archamaydan-Fluss** Richtung Südosten folgen. Am Fuß des **Kujgur** (3005 m) die Flussseite wechseln und weiter am Archamaydan entlanggehen. Hier lässt es sich gut zelten. Dann über den **Dugdon-Pass** (3810 m) und steil und teilweise in Serpentinen absteigen bis zum **Karakul-Fluss** und schließlich dem **Saratog** bis zum gleichnamigen Dorf folgen (Übernachtungsmöglichkeit in Saratog → S. 358). Von dort sind es noch neun Kilometer auf einem bequemen, aussichtsreichen Schotterweg talwärts bis zum Iskanderkul. Für diese Route ist ein Führer zu empfehlen, der auch Aussagen über die Schneelage machen kann.

Panjrud

Mit dem Bus (Abfahrt vormittags, sechs Somoni) kann man einen Tagesausflug zum **Mausoleum von Rudaki** nach Panjrud, etwa 60 Kilometer von Panjakent entfernt, machen. Der Poet Abuabdulloh Rudaki (858–941) ist der Begründer der modernen persischen Sprache und soll angeblich über eine Million Verse verfasst haben, bevor er im Jahr 941 in Panjrud starb. Der Poet starb erblindet, eventuell war er schon von Geburt an blind, eine andere Version erzählt davon, dass er zu Lebzeiten geblendet worden sei. Als man 1956 das Grab öffnete, um

Das Mausoleum von Rudaki in Panjrud

▲ Karte S. 356

die Gebeine zu identifizieren, konnte man an der Haltung des Kopfes und der sich daraus ergebenden Verformung der Knochen das Skelett eines blinden Mannes erkennen und somit die Gebeine dem Poeten zuordnen. Das Mausoleum wurde zum 10. September 2008, dem 1150-jährigen Geburtstagsjubiläum, komplett restauriert.

Neben dem Mausoleum, das mit seiner strahlend blauen Kuppel einen schönen Kontrast zu den rötlichen Bergen bildet, gibt es ein kleines **Museum** und eine **Bibliothek**. Im Museum kann man die ›Stars of Poetry‹ Tadschikistans kennenlernen, die Bilder des Mausoleums von 1958 und 1999 betrachten und die Rekonstruktion des Gesichtes von Rudaki nachvollziehen.

Neben dem Museum gibt es auch noch ein schönes, reich verziertes **Teehaus** und ein kleines **Hotel** mit sechs Zimmern (Übernachtung acht bis zwölf Dollar). Verwaltet werden Museum, Hotel, Teehaus und Bibliothek vom Dorflehrer Kholikul Juraev (Tel. +992/927037492).

Panjrud bietet sich als Startpunkt für eine Bergtour an. Zu Fuß oder mit einem privaten Taxi kommt man gut bis nach **Zimtut** oder **Artuch** und steigt von hier in die Berge. Andernfalls fährt mit demselben Bus und demselben Busfahrer, der sich mittlerweile im Teehaus gestärkt hat, wieder zurück nach Panjakent.

Mausoleum von Muhammad Bashoro

Das schöne Mausoluem von Hoja Muhammad Bashoro (Bakhshar) liegt etwa 35 Kilometer von Panjakent entfernt im malerisch gelegenen Ort **Mazor-i Sharif,** eingebettet in Aprikosenhaine und Wacholdergehölze.

Eine Busverbindung in den acht Kilometer südlich von Gusar liegenden Ort ist nicht bekannt, am besten man fragt in der Un-

Fisch-Ornament am Mausoleum von Muhammad Bashoro

terkunft nach einem Auto mit Fahrer oder auf dem Busbahnhof nach einem Taxi.

Das Mausoleum ist eines der ältesten in Tadschikistan. Nachweislich im 14. Jahrhundert wurde das imposante, reich verzierte Portal errichtet, möglicherweise stammen andere Teile gar aus dem 11./12. Jahrhundert. Die Ornamentik am Portal, an der Holztür und am Mihrab ist durchaus nicht nur muslimisch, auch christliche Symbole (Fische) und zoroastrische Motive sind hier zur Anwendung gekommen. Der Mullo Shamsullo ist sehr freundlich und liest gern die persischen und arabischen Inschriften von der Vorderfront des Mausoleums vor.

Es ist nicht bewiesen, dass der islamische Missionar Muhammad Bashoro, der 866 starb, hier auch tatsächlich begraben wurde. Historiker vermuten auch, dass das Mausoleum früher eine Moschee war und erst später zu einem Mausoleum umgewandelt wurde. Welche Fakten auch stimmen mögen, einen Ausflug ist dieses kunstvolle Mausoleum in jedem Fall wert.

Die Seen im Fan-Gebirge

Ausgangspunkt für die Fahrt zu den bekanntesten Seen des Fan-Gebirges, dem Iskanderkul oder zu den Alaudin-Seen, ist der Ort **Sarvoda** (in den Karten teilweise als Zarafshan I eingezeichnet, unter den Einheimischen wird diese Bezeichnung kaum benutzt). Vor der Brücke stehen hier die Autos nach Duschanbe und auch die Fahrer für die Touristen. Man sollte einen guten Jeep wählen, etwa einen Toyota Landcruiser oder zumindest einen Lada Niva, eventuell findet man sogar noch einen UAZ. Am besten ist es, früh morgens mit dem Auto aus Duschanbe zu kommen, dann in Sarvoda auszusteigen (den Preis muss man bis Ayni zahlen)

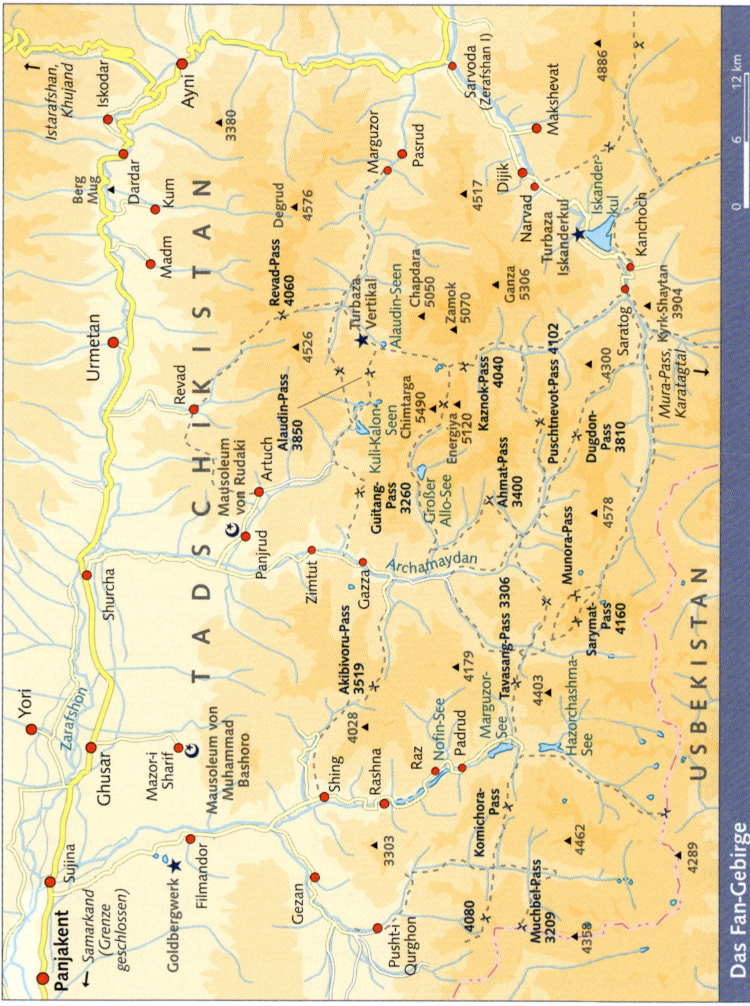

Das Fan-Gebirge

und einen geeigneten Fahrer zu suchen. Sicherer ist es, über die ZTDA (→ S. 318, 369) einen Fahrer zu buchen, der in Sarvoda wartet. Jenseits der Brücke am Parkplatz gibt es im Ort es einen kleinen Basar, auf dem man noch Brot, Gemüse und Obst kaufen kann, bevor man in die Berge aufbricht.

Iskanderkul

Auf der Fahrt von Sarvoda zum Iskanderkul sollte man zwischen Sarvoda und Zarafshon II die Berge links oben beobachten. Hier gibt es ein unterirdisches Feuer beziehungsweise unterirdisch schwelende Kohle, und Rauch steigt aus dem Berg **Kantagh**. Die rote Farbe hat ihm seinen Namen geschenkt, Kantagh bedeutet so viel wie ›Blutiger Berg‹. Laut Überlieferung ›brennt‹ der Berg schon tausende von Jahren. Von der Abzweigung an den alten Industrieruinen und dem schönen Mosaik ›Serafshon 2‹ sind es noch 24 Kilometer bis zum See. Die Piste führt über eine historisch anmutende Hängebrücke über den Iskander-darya, durch ein staubiges Tal mit sowjetischen Arbeitersiedlungen und zwei Dörfer im Wandel und schraubt sich dann in einem beeindruckenden Canyon mit stark erodierten bunten Lehmhängen nach oben. Der Iskanderkul - der See des Alexander - liegt malerisch auf 2255 Metern Höhe und ist bis zu 72 Meter tief und etwa fünf Kilometer lang. Laut Legende musste hier Alexander der Große sein Pferd Bucefalus zurücklassen. Dieses steigt in Vollmondnächten aus dem Wasser und weidet auf den Wiesen. Eine andere Legende erzählt von einem untergegangenen Ort, Alexander der Große soll mit Hilfe eines Damms Wasser aufgestaut und den Ort geflutet haben. So entstand der See. Tatsächlich dürfte es so gewesen sein, dass ein ehemals noch größerer, tieferer See teilweise abgegangen ist,

Auf dem Weg zum Iskanderkul

als der natürliche Damm infolge eines starken Erdbebens wegbrach. Man sieht es dem Seebecken noch an, dass der Wasserspiegel einmal deutlich höher gelegen haben muss.

An der Schranke kurz vor dem See entrichtet man 18 Somoni Gebühr pro Person und Tag für das Befahren des Nationalparks. Links und rechts von der Brücke hinter dem Wächterhäuschen erstrecken sich auf ein paar hundert Metern zwei kleine Urlaubersiedlungen - links die etwas besseren, rechts die schlichteren, allen voran das Sommerlager (Turbaza) Iskanderkul. In den kleinen, sehr einfachen Bungalows, die an sozialistische Ferienlager erinnern, kann man von Mai bis September übernachten. Ein kleiner Laden mit Getränken und Schokoriegeln und auch eine Kantine haben im Sommer geöffnet. Genügend Proviant kann dennoch nicht schaden. Direkt an der Turbaza liegt auch der große Felsbrocken **Kniga** (Buch), auf den man klettern kann und von dem man einen guten Überblick über den See hat. Forscher, Reisende und Touristen haben sich hier verewigt, wie etwa die Mitglieder der russischen

Expedition mit Alexander Fedchenko: ›Russkiye.1870.VI‹. Direkt hinter der Brücke am Austritt des Flusses führt ein steiler Fahrweg nach oben, biegt dann nach rechts ab und endet nach etwa 500 Metern an einem Sandplatz. Von hier führt ein Pfad den Iskander-darya abwärts und erreicht nach weiteren 500 Metern einen schönen Wasserfall, der auch **Fan-Niagara** genannt wird. Von einer vibrierenden Aussichtsplattform kann man direkt auf den Wasserfall blicken, der 20 Meter in die Tiefe braust. Gegenüber von der Turbaza führt ein weiterer kurzer Fahrweg auf ein kleines Plateau. Hier oben liegt der kleine **Moron-See**, der auch als Schlangensee (russ. Zmeynoe Ozero) bekannt ist. Vorsicht, Schlangen gibt es hier wirklich. Überall am Iskanderkul hat man (geringe) Chancen, auf die giftige ›Gyurza‹ zu treffen. Die Levante-Otter liebt die Mischung von warmen Hängen und Wasser. Seit ein paar Jahren werden im Schlangensee Graskarpfen gezüchtet, man kann sie sich an Ort und Stelle braten lassen.

Auf der gegenüberliegenden Uferseite des Iskanderkuls steigt ein halbrunder Berg empor, der auch die **Mütze Alexanders** genannt wird oder der ›Regenmesser‹ (russ. Dozhdemernaya, 3342 m), auf Tadschikisch heißt der Berg **Chulbui**. Liegt er in den Wolken, so wird es regnen, heißt es in einer Legende. Seine russische Bezeichnung hat er jedoch wohl eher von der Wetterstation auf seinem Gipfel. In einer Bucht am Fuße des markanten Bergs liegt eines der Sommerhäuser des Präsidenten.

Zwischen Turbaza und Präsidentendomizil liegt direkt am Ufer das **Gästehaus Khayom** von Asliddin Sirodshidinov, (Tel. +992/92/7642052, asliddin51@mail.ru) mit zwei Zimmern. Weitere Übernachtungsmöglichkeiten gibt es unterhalb des Sees in Narvad im **Gästehaus Bunyod Ghafur** bei den Ghafurovs und hinter der Schranke im **Minihotel Sherzod**, Tel. +992/92/7339592. Neun Kilometer oberhalb der Iskanderkul findet man am Berg der 40 Teufel (Kyrk-Shaytan, 3904 m) in **Saratog** auf einer Höhe von 2380 Metern ebenfalls Gästehäuser, zum Beispiel bei Familie Yokubov oder bei Karima Davlatova (Gästehaus Dilovar) mit einer schönen Veranda. 300 Meter hinter dem Ortsende auf einem schönen, großen Grundstück verwaltet selbiger Dilovar noch ein Gästehaus im Schweizer Stil (nur äußerlich), in

Am Iskanderkul

Karte S. 356

dem von März bis November Touristengruppen von bis zu 30 Personen unterkommen können (ÜN+F 22 Dollar, VP 17 Dollar), Tel. +992/92/7882235, +992/90/1107340). Hier kann man auch die Wanderkarte zum Zarafshon-Tal erwerben und mit etwas Glück abends einem Konzert lokaler Musiker lauschen.

Von Saratog zu den Alaudin-Seen

Von Saratog aus führt eine zwei-bis dreitägige Wanderroute zu den türkisfarbenen Alaudin-Seen. Es geht am Fluss Arg entlang, dann folgt man dem Kaznok. Am Fuß des Passes kann man zelten, um dann am Morgen seine Bezwingung anzugehen. Die Überquerung des steilen **Kaznok-Passes** ist wegen des herrlichen Blicks auf den **Energiya** (5120 m) und den höchsten Berg des Fan-Gebirges, den **Chimtarga** (5490 m) reizvoll, empfiehlt sich aber wegen der 4040 Meter Höhe und dem Eisfeld selbst im Hochsommer nur für erfahrene Bergsteiger mit Ausrüstung (Eispickel, Seilsicherung) und möglichst mit Führer.

Hat man den Pass hinter sich gelassen, kann man am **Maloye Mutnoye Ozero** (›Kleiner trüber See‹) auf 3540 Metern inmitten der Gletscher-Runde malerisch sein Zelt aufschlagen. Von hier sind es etwa noch drei bis vier Stunden steinigen Abstiegs bis zu den Alaudin-Seen. Eine andere - etwas einfachere, aber dennoch nicht zu unterschätzende - Route führt über den **Dugdon-**, den **Munora-** und den **Tavasang-Pass** zu den Sieben Seen (→ S. 351).

Alaudin-Seen

Man verlässt die Straße Duschanbe–Khujand zwischen Sarvoda und Ayni nach links in Richtung Pasrud. Der Schotterweg führt durch ein enges Tal und in Serpentinen durch mehrere Dörfer. Im

Tal des Arg und Peak Chimtarga

vorletzten Dorf, **Pasrud**, kann man bei Familie Makhkamov übernachten, in der letzten Siedlung, Marguzor, im schön am Hang gelegenen Haus mit Terrasse des Geographielehrers Makhmud Jumaev, jeweils für zwölf Dollar mit Frühstück. Hier gibt es auch einen kleinen Laden. Das schönste Gästehaus ist jedoch das von Rahmatullo Inoyatov in einer herrlichen Ebene unterhalb des Chapdara (5050 m) und noch etwa sechs Kilometer vom ersten der Alaudin-Seen entfernt. Dort, wo man den Fluss über- oder durchquert und einen Bogen in südwestliche Richtung macht, ist es das einzige Haus in der Ebene. Über das Hotel ›Sogdiana‹ in Panjakent oder die ZTDA (→ S. 318, 369) sollte man sich hier anmelden, da das abgelegene Haus nicht durchgängig bewohnt ist. Direkt unterhalb der Seen bietet auch die **Turbaza Vertikal-Marguzor** eine freundliche und günstige Übernachtungsmöglichkeit mit Bungalows, Strom, Kantine, Kochstellen, Duschen und Toiletten, Verleih von Ausrüstung. (www.fanyvertical.ru, fany-vertical@mail.ru, muha.yar@mail.ru, ÜN 10 Dollar, mit eigenem Zelt 2 Dollar. Für den Notfall gibt es ein Satellitentelefon, und die

An einem der Alaudin-Seen

Betreiber helfen bei der Vermittlung von Transfers (z.B. Duschanbe-Iskanderkul 160 Dollar/Jeep), Berg- und Kletterführern (40–100 Dollar/Tag), Köchen und Trägern (40 Dollar/Tag) sowie Eseln (mit Treiber 30 Dollar/Tag). In den kleinen Holzhütten treffen sich vor allem Kletterer und Bergsteiger, außerhalb des Hochsommers ist jedoch geschlossen.
An der Turbaza endet der befahrbare Weg, und nach etwa 20 Minuten erreicht man zu Fuß den ersten türkis schimmernden Alaudin-See auf etwa 2780 Metern. Links davon steigt der **Politekh** in die Höhe (4400 m). Von hier aus kann man über den **Alaudin-Pass** (3850 m) an einem Tag (acht Stunden) bis zu den **Kul-i-Kalon-Seen** wandern. Der Pass ist recht steinig, aber ansonsten gut begehbar und ermöglicht einen tollen Blick über das Fan-Gebirge. An den oberen Kul-i-Kalon-Seen kann man zelten und dann zur nächsten Turbaza, dem alpinen Lager **Artuch** (www.artuch.tj, artuch@bk.ru) auf 2200 Metern absteigen. Die 1971 eröffnete Turbaza bietet Übernachtungsmöglichkeiten vom Bettenlager (10 Dollar) bis zum komfortablen Zweibettzimmer (40 Dollar pro Person) in Bungalows, und man kann auf dem idyllisch gelegenen Gelände auch zelten (zwei Dollar). In der Hauptsaison gibt es Vollverpflegung und eine Sauna, ein kleines Schwimmbecken und einen Laden mit den nötigsten Lebensmitteln. Die Saison beginnt am 1. Mai und endet Anfang Oktober. In dieser Zeit werden in Zusammenarbeit mit dem Ministerium für Jugend und Tourismus etliche Sommerlager für Kinder und Jugendliche veranstaltet, deshalb Übernachtungswünsche am besten vorher absprechen. Von Artuch aus fährt im Hochsommer auch ein Bus nach Panjakent. Die Wanderung lässt sich auch bis zum Mausoleum von Rudaki in Panjrud (→ S. 354) fortsetzen.

Yaghnob-Tal

Wer die Abgeschiedenheit liebt und ein Faible für Sprachgeschichte hat, der ist in diesem einzigartigen Teil Tadschikistans gut aufgehoben. Das Yaghnob-Tal ist ein zwischen der Zarafshon-Kette und dem Hisor-Gebirge ostwestlich verlaufendes, etwa 120 Kilometer langes Längstal, beginnend an der Quelle des Yaghnob-Flusses am Fuß des 5086 Meter hohen Peak Samarkand und endend am Zusammenfluss des Yaghnob mit dem Iskandar-darya zum Fan-darya in der beeindruckenden Anzob-Schlucht. Die Zarafshon-Kette trennt dieses Tal vom Gebiet Gorno-Macha am Oberlauf des Zarafshon-Flusses. In zwei fast parallelen Linien erstrecken sich die beiden Täler des Zarafshon und des Yaghnob, bis sie das schluchtartige Quer- und Durchbruchstal des Fan verbindet. Sowohl von Norden

▲ Karte S. 356/361

als auch von Süden aus ist das Yaghnob-Tal über verschiedene Gebirgspässe erreichbar. Von **Takfon** an der Hauptstraße Duschanbe–Khujand führt eine aus den frühen 1940er Jahren stammende Schotterpiste bis **Margheb** und endet hier vor dem beeindruckenden, über 4700 Meter aufragenden Kalkblock des **Zamin Karor**. Um ihn herum führt nord- und dann ostwärts ein neuerer Fahrweg hinein in das obere Yaghnob-Tal und passiert auf den nächsten 25 Kilometern bis zu einer engen Klamm mehrere Weiler und Ortswüstungen. Diese bis ins Dorf **Chukat** (etwa in der Talmitte) führende Piste war nach dem Bürgerkrieg in Eigenregie der Talbewohner und ohne staatliche Unterstützung aus dem Fels gesprengt worden, vorerst endet sie an der Klamm hinter **Bedef** (Fahrzeit für die 18 Kilometer Margheb–Bedef: zwei Stunden). Ab hier werden die restlichen Dörfer mit Eseln versorgt. In diesem oberen, schwer zugänglichen Teil des Tales leben aktuell etwa 500 bis 600 Menschen, die Zahl stagniert. Es gibt zwar Schulen in den größeren Dörfern, in denen jedoch kaum vollständiger Unterricht gewährleistet werden kann, so dass viele Eltern ihre Kinder in Internate zum Beispiel nach Khujand schicken. Viele Jugendliche und Erwachsene gehen in die Städte auf der Suche nach Arbeit und einem sorgloseren Leben. Das letzte bewohnte Dorf im Tal ist **Kiryonte**. Oberhalb sind nur noch einheimische Viehhirten auf den Sommerweiden anzutreffen; für Touristen stellen die schmalen, unbefestigten Ziegenpfade an den steilen Hängen eine gefahrvolle Herausforderung dar. Ein Stück weiter beginnt die Gletscherwelt der **Yaghnob-Quellen**.

In Richtung Süden kann man den oberen Teil des Tals per pedes über eine nicht mehr befahrbare Zufahrtsstraße sowjetischer Geologen über **Rufigar** und **Romit** verlassen. Eine Verbindung besteht auch zur **Varzob-Schlucht**. Von **Kok-Tepe**, einem der Dörfer, die von Yaghnobi-Sprechern bewohnt werden, deren Vorfahren bereits im 19. Jahrhundert Yaghnob verlassen hatten, gelangt man in ein bis zwei Tagesmärschen über den **Laylyakul-** und den **Aghbakul-Pass** (3941 m) ins Tal des **Tagobakul**, eines Zuflusses des Yaghnob. Beim Abstieg passiert man den wichtigsten Pilgerort des Tals, das **Heiligengrab Hatti Mullo**, sowie die Dörfer **Qul**, **Sokan** und **Gharmen**. Auf das Haupttal trifft man unterhalb von **Pskon**, dem größten von Yaghnobi-Sprechern bewohnten Dorf. Flussaufwärts liegen noch die Orte **Debaland**, **Kanshe** und **Kiryonte**.

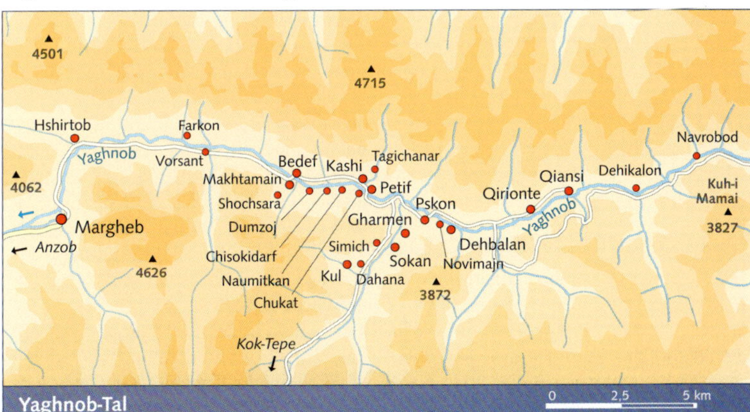

Yaghnob-Tal

Gegenverkehr im Yaghnob-Tal

In nördlicher Richtung kann man die Zarafshon-Kette an einigen Stellen überqueren und in die Dörfer der Region Gorno-Macha (→ S. 366) absteigen, so vor der Brücke nach Bedef nordwärts über den **Darg-Pass** und hinter Novobad über den **Tabaspin-Pass**. Das Yaghnob-Tal ist eines der wenigen Gebiete in Tadschikistan, das nicht an das sowjetische Straßen- und Elektrizitätsnetz angeschlossen wurde. Gab es 2010 nur in wenigen Dörfern Strom, so sind mittlerweile alle versorgt. Von den Talbewohnern wurden in Eigeninitiative Wasserkraftwerke und Dieselkraftwerke gebaut, deren Leistung jedoch nur für elektrische Geräte mit wenig Verbrauch, wie Fernseher, Radios oder Glühlampen ausreicht.

Yaghnob-Tal

Ab 2018 soll in der Schule von Bedef eine **Schwesternstation** eröffnen. In vielen, aber nicht in allen Dörfern des Tals haben **Mobiltelefone** mittlerweile Empfang (TCell), hier und da gibt es Strom – man sollte sich jedoch nicht darauf verlassen. Von November bis April ist das Tal nicht zugänglich. Will man im oberen Yaghnob-Tal wandern, kommen Batterien, Taschenlampen, Kerzen, Trockenfrüchte und Schokolade als kleine Geschenke bei den Einheimischen besonders gut an. Für 2018–2020 ist die Verbreiterung der Straße und die Verlängerung bis zum Talende geplant.

Offizielle **Gästehäuser**, buchbar über **ZTDA** (→ S. 318, 369) gibt es nur am Beginn des Tales in Margheb, am Fuße der Wand des Zamin Karor. **Margheb** liegt 22 Kilometer vor Bedef, man biegt im Haupttal im Dorf Poyon rechts ab und findet das große Dorf hinter einer gewaltigen Moräne, die von eiszeitlichen Gletschern des Yaghnob-Haupttales und des Tagrich-Nebentales aufgebaut wurde (Ü+F 10–12 Dollar, VP 10 Dollar).

Das große Haus des Geographielehrers und Jägers **Safar Rasulov** im oberen Dorfteil hat eine schöne Terrasse (Tel. +992/93/5040201). Safar spricht Tadschikisch, Russisch, Farsi und Usbekisch. Übernachten ist auch möglich beim Mathematiklehrer **Dustmahmad Dustbekov** (ebenfalls im oberen Dorfteil, Tel. +992/92/8162774) und im Haus der Familie von Sharifmurod Malikov (**Gästehaus Veterok**, Tel. Subhiddin Malikov +992/93/4550577), die oberhalb des Dorfes einen Obstgarten und eine Sommerweide besitzt.

Will man in **Bedef** oder **Pskon** im oberen Yaghnob-Tal übernachten, hilft Familie Malikov bei der Organisation dieser Aufenthalte und der Transfers.

▶ Karte S. 361

Geschichte der Yaghnobi

Nachrichten aus dem ›weiten Tal‹ (so die Bedeutung der autochthonen Bezeichnung ›Jaghdnov‹) und seinen Bewohnern gab es bis ins 20. Jahrhundert nur sehr spärlich. 1870 reiste A. L. Kun als Teilnehmer der russischen Iskanderkul-Expedition dorthin, in deren Folge die gesamten Landschaften des oberen Zarafshon-Tals in ein Verwaltungsgebiet zusammengefasst wurden. Dabei gerieten bereits die besondere Siedlungsstruktur des Tals und die Sprache seiner Bewohner ins Blickfeld.

Das Yaghnobi gehört zu den schriftlosen neuostiranischen Sprachen und stellt die einzige noch gesprochene Nachfolgeform des Sogdischen dar, der mitteliranischen Sprache, die im Kulturraum entlang des Zarafshon und seiner Oasenstädte (Buchara, Samarkand) und an anderen Orten der Seidenstraße bis ins 12. oder 13. Jahrhundert gesprochen wurde. Aufgrund der Abgelegenheit der Region konnte das Yaghnobi zusammen mit einigen anderen isolierten ostiranischen Sprachen (den so genannten Pamir-Sprachen) überleben. Anders als die meisten Sprecher der Pamir-Sprachen sind die Bewohner des Yaghnob-Tals durchweg Sunniten.

1913 unternahmen die Orientalisten Heinrich Junker und Robert Gauthiot eine Forschungsreise ins Yaghnob-Tal. Gauthiot war es, der als einer der ersten Yaghnobi dazu benutzte, um die ebenfalls zu Beginn des 20. Jahrhunderts gefundenen Fragmente des Sogdischen zu entschlüsseln. Im ersten Jahrzehnt der Sowjetherrschaft arbeiteten M.S. Andreev und E.M. Peshchereva sprachwissenschaftlich und ethnographisch im Yaghnob-Tal. Ihre erst 1957 publizierte Sammlung von Erzähltexten zählen neben den von Albert Khromovin den 1970er Jahren veröffentlichten Materialien bis heute zu den Grundlagen der Erforschung des Yaghnobi. Seit der tadschikischen Unabhängigkeit gibt es am Rudaki-Institut für Sprache und Literatur der Tadschikischen Akademie der Wissenschaften eine von Sayfiddin Mirzozoda geleitete Abteilung für Yaghnobi-Studien. 2007 wurde von Taghoimurod Yorzoda eine neue Sammlung von Yaghnobi-Texten und deren Übersetzung ins Tadschikische herausgegeben.

Bereits bei den ersten Untersuchungen des Yaghnobi wurde festgestellt, dass die Sprecher des Yaghnobi neben ihrer Muttersprache auch Persisch (Tadschikisch) sprachen. Dies war notwendig, da Yaghnobi nur innerhalb der Talgrenzen verstanden wurde und Persisch in Mittelasien darüberhinaus die Sprache des Islam war und ist. Im 20. Jahrhundert gesellten sich Russisch und für einen Großteil der Bevölkerung nach ihrer Zwangsumsiedlung 1970 auch Usbekisch als überregionale Verkehrssprachen dazu. Die genaue Sprecherzahl des Yaghnobi ist unbekannt. Optimistische Schätzungen gehen von etwa 10 000 Sprechern aus. Heute findet man größere yaghnobisprachige Gemeinden in Zafarobod in Nordtadschikistan, in einigen Dörfern und Siedlungen südlich der Hisor-Kette, dort vor allem in der Varzob-Schlucht (beispielsweise in Kok-Tepe, Zumand und Rog) und nach der Rückkehr einiger der Umgesiedelten in den 1980er und 1990er Jahren auch wieder im Yaghnob-Tal selbst.

Innerhalb des Yaghnob-Tals lassen sich zwei voneinander unterscheidbare Dialekte (ein östlicher und ein westlicher) ausmachen, wobei vor der Umsiedlungsmaßnahme nicht in allen der knapp 30 Dörfer im Tal Yaghnobi gesprochen wurde. Nur in den 22 Dörfern des mittleren Talabschnitts, vom Dorf Makhtamain bis Dehbalan, lebten Yaghnobi-Sprecher. In den restlichen Dörfern sprach man Tadschikisch.

Die Umsiedlung

Im Jahr 1970, zur Feier des 100. Geburtstags Lenins, sollte in der Sowjetrepublik Tadschikistan die Produktion von Baumwolle noch einmal gesteigert werden. ›Kommt in die Neulandgebiete‹ lautete eine der Aufforderungen, mit denen die Bevölkerung zum Zuzug in die neu erschlossenen Anbaugebiete motiviert werden sollte. Seit Mitte der 1920er Jahre waren große Teile der Bewohner der Berggebiete Tadschikistans in die wenigen für den intensiven Baumwollanbau geeigneten Regionen im Süden und Norden des Landes umgesiedelt worden. Nun, im poststalinistischen Sowjet-Tadschikistan, sollte der Ortswechsel ›aus der Dunkelheit (der Berge) ans Licht (der sowjetischen Zivilisation)‹ freiwillig erfolgen. Doch die so dringend benötigten Arbeitskräfte blieben aus und die Sollzahlen der Umsiedlungspläne Jahr für Jahr unerfüllt. In einigen Gebirgsregionen gab es seit den 1960er Jahren auch behördlichen Widerstand gegen neuerliche Umsiedlungsmaßnahmen. Doch die Bewohner des Yaghnob-Tals hatten keine derartige administrative Rückendeckung. Ende 1969 beschloss man im Kreiskomitee Ayni die Umsiedlung der gesamten Talschaft in den Bezirk Zafarobod in Nordtadschikistan. Zwei Jahre später war das ›weite Tal‹ menschenleer und konnte so als Weideland für Herden aus der Region Leninabad genutzt werden.

As Kreiskomitee bediente sich dabei mehrerer Vorwände. Bereits im Oktober 1969 wurde ein an das Kreiskomitee Ayni und das Zentralkomitee in Duschanbe gerichtetes Gesuch der Bewohner Yaghnobs in Umlauf gebracht, in dem diese von den Behörden ihre kollektive Umsiedlung nach Zafarobod oder Yavon verlangten. Um die angeblichen Antragsteller dazu zu bewegen, ihre Heimat zu verlassen, bedurfte es jedoch einer weiteren List. Anfang März 1970 flogen Helikopter in das tief verschneite Tal und vollzogen die zwangsweise Räumung und Umsiedlung der drei zentral gelegenen und ›von Erdrutschen bedrohten‹ Ortschaften Dumzoy, Qiansi und Pskon.

Nicht alle Talbewohner waren gegen die Umsiedlung. Mit Versprechungen, Drohungen, Gewalt und der Unterstützung der örtlichen Dorfsowjets brachte man die Bevölkerung schließlich dazu, ihre Dörfer und traditionelle Lebensweise aufzugeben. Die Bewohner des Yaghnob-Tals wurden mit Hubschraubern ausgeflogen und auf Lastwagen in das der Hungersteppe abgerungene Neulandgebiet Zafarobod in Nordtadschikistan transportiert. Ihr Hab und Gut blieb im Tal zurück. Die beiden zuvor als unproduktiv eingestuften Kolchosen wurden aufgelöst. Vieh- und Weideflächen übernahmen die Kolchosen aus

Kartoffelbauern im Yaghnob-Tal

dem Bezirkszentrum Ayni. Im Nachhinein wurde die gesamte Zwangsumsiedlung als Schutzmaßnahme deklariert – eine Einverständniserklärung der Bevölkerung zur Umsiedlung war von da ab nicht mehr notwendig.

Vor der Umsiedlung gab es im Yaghnob-Tal 29 bewohnte Dörfer. Anfang 1969 lebten dort knapp 3200 Personen, ein gutes Drittel davon wurde von den Behörden als ›arbeitsfähig‹ eingestuft. Ende 1970, nach dem Abschluss der ersten Umsiedlungsaktionen, waren von den ehemals über 500 Haushalten nur noch 141 im Tal. Die letzten Dörfer (Hshirtob, Dahana und Kul) wurden im Spätsommer 1971 geräumt. Aus ›unproduktiven‹ Bergbauern, die ihren Lebensunterhalt aus einer Kombination aus Ackerbau (vornehmlich Kartoffeln) und Viehwirtschaft bestritten, wurden ungelernte Baumwollarbeiter. Aber weit schlimmer als die ökonomische Kalamität wog die menschliche Katastrophe.

Die Situation für die Bergbewohner in den neu gegründeten Baumwollsowchosen Zafarobods war verheerend. In den ersten Jahren starben sehr viele Umsiedler (vor allem Kinder und Frauen). Dafür waren in erster Linie die für Bergbewohner gänzlich ungewohnten klimatischen Bedingungen und die schlechte Qualität des Trinkwassers in Zafarobod verantwortlich. Menschen und Baumwolle wurden mit demselben, aus dem Syr-darya durch zwei Kanäle abgezweigten, pestizidbelasteten Wasser versorgt. Auch die für die Neuankömmlinge nötige Infrastruktur war nicht fertiggestellt. In den ersten Jahren fehlte es an geeigneten Unterbringungsmöglichkeiten, und die Versorgung mit Wasser, Strom, Gas und Heizmaterial war nicht immer gewährleistet. Diese Unzulänglichkeiten waren den Behörden durchaus bekannt, dagegen unternommen wurde kaum etwas.

Die katastrophalen Lebensbedingungen bewogen über 40 Familien Mitte der 1970er Jahre zur heimlichen Flucht und illegalen Rückkehr nach Yaghnob. Die zurückgelassenen Häuser und alten Bewässerungssysteme waren zum Teil noch intakt. Einige der umgesiedelten Yaghnobi hatten in den Sommermonaten als Hirten im Tal nach dem Rechten gesehen.

1978 wurden die meisten Rückkehrer erneut gezwungen, das Tal zu verlassen. Nur diejenigen Familien, die ins tadschikischsprachige Dorf Qirionte zurückgekehrt waren, wurden vor der erneuten Zwangsumsiedlung verschont.

Mitte der 1980er Jahre setzte eine zweite Rückkehrwelle ein. Bis zum Ende der Sowjetunion lebten diese Rückkehrer ohne Registrierung und damit unversorgt in ihren Dörfern. Heute leben weniger als 500 Personen dauerhaft im Yaghnob-Tal. Von vielen Dörfern sind nur noch Ruinen übrig. Das Tal zählt noch immer zu den ärmsten Regionen in Tadschikistan. Seine Bewohner stehen in engem ökonomischen Kontakt mit ihren noch immer in Zafarobod lebenden Verwandten. Dort waren 2001 knapp 7000 Personen als Yaghnobi registriert.

Der Autor Thomas Loy besuchte in den frühen 2000er Jahren häufiger das Yaghnob-Tal und andere yaghnobi-sprachige Gemeinden. 2005 erschien als Ergebnis seiner Forschung zur Umsiedlung der Talschaft ›Jaghnob 1970 – Erinnerungen an eine Zwangsumsiedlung in der Tadschikischen SSR‹. Seine 2013 abgeschlossene Dissertation über Lebensgeschichten bucharischer Juden befindet sich im Druck. Thomas Loy ist Mitbegründer und Redakteur des Zentralasienblogs Tethys (www.tethys.caoss.org).

Gorno-Macha

Die Turkistan-Kette erreicht hier ihre größten Höhen – Gorno-Macha mit seinen kühnen Felszähnen und dramatischen Granitflanken wird von Kennern als das ›Patagonien Zentralasiens‹ bezeichnet. Gorno-Macha, das obere Zarafshon-Tal, erstreckt sich östlich von Ayni entlang des Zarafshon-Flusses bis zu dessen Quelle. Die Straße, die nach 200 Kilometern endet, ist nur schlecht ausgebaut und erfordert mindestens einen Lada Niva. Im Herbst kommen auch die alten russischen Kamaz-Laster, vollgeladen mit Kartoffeln, in Schrittgeschwindigkeit aus dem Tal herunter. Die Kartoffeln aus Gorno-Macha sind die besten Tadschikistans, aber ihre Reise ist lang und schwierig, sodass die Fahrer manchmal die Luftfilter ausbauen, damit der Motor genügend Kraft für den Anstieg hat. Mit einem Drittel Preisaufschlag für den Weg werden die Kartoffeln dann in Duschanbe auf dem Basar verkauft. Gorno-Macha ist ferner bekannt für den letzten Widerstand der Lokalbevölkerung gegen die sowjetische Macht 1935. Die Aussichten auf das teilweise schluchtartige Tal, dessen Hänge jeden Moment abzurutschen scheinen, und die bunten Faltenstrukturen der Berge machen einen Besuch lohnenswert. Bewundernswert ist auch die Lebensweise der Talbewohner. Einfache, aber geniale und kilometerlange Bewässerungskanäle aus dem 18. Jahrhundert ermöglichen Ackerbau auf den wenigen ebenen Flächen und Flurterrassen. In vielen Dörfern gibt es zudem noch kleine private Wasserkraftanlagen, die wenigstens ein bisschen Strom schenken, schließlich braucht man jetzt Strom in Gorno-Macha, um die Mobiltelefone aufzuladen. Die Region ist 2007 mit einem Funkmast (gegenüber von Langar) beglückt worden. Die zentrale Stromversorgung aus Ayni ist unzuverlässig. Hat man Zeit, sollte man das gesamte Tal bis zum **Zarafshon-Gletscher**, dem Ursprung der Fruchtbarkeit des Tales, hinauffahren. Eine Fahrt bis ans Ende der Straße dauert von Ayni etwa zehn bis zwölf Stunden. Ein typisches Touristenziel ist Gorno-Macha nicht, eher ein Geheimtipp. Wer sich aber für die Menschen und ihr Leben interessiert, für historische Wasserkanäle, originelle Hangbefestigungen, improvisierte Stromversorgung und überhaupt für Überlebenskünstler, und noch dazu eine Vorliebe für gute Kartoffeln hat, der sollte die Mühe auf sich nehmen.

▲ Karte S. 367

Veshab

Das bekannteste Dorf im Tal ist das 2000-Einwohner-Dorf Veshab, 48 Kilometer und etwa zwei Stunden von Ayni entfernt, eines von 15 Milleniumsdörfern, die die Deutsche Welthungerhilfe 2006 weltweit auswählte. Hier sollen die von den Vereinten Nationen gesetzten Milleniumsziele zur Armutsverringerung anschaulich gemacht werden. So wurden neue Geschäftsmodelle ins Leben gerufen, Imker und Obstbauern mit Aus- und Weiterbildungen unterstützt. Nicht nur Veshab, sondern das ganze Tal wird von der Deutschen Welthungerhilfe, von der Gesellschaft für Internationale Zusammenarbeit (GTZ) und anderen Organisationen unterstützt. Trinkwasserleitungen, Brückenbau, Saatgut und Schulen: Überall sieht man die Tafeln der Organisationen am Wegrand.

Sehenswert in Veshab ist das **Mausoleum von Shamsiddin Tabrezi**, einem in der muslimischen Welt bekannten islamischen Wissenschaftler, Philosophen und spirituellen Lehrer von Mavlavi Rumi. Seine Bestattung im Dorf ist wissenschaftlich nicht bewiesen, aber die Veshabi glauben daran und sind stolz darauf.

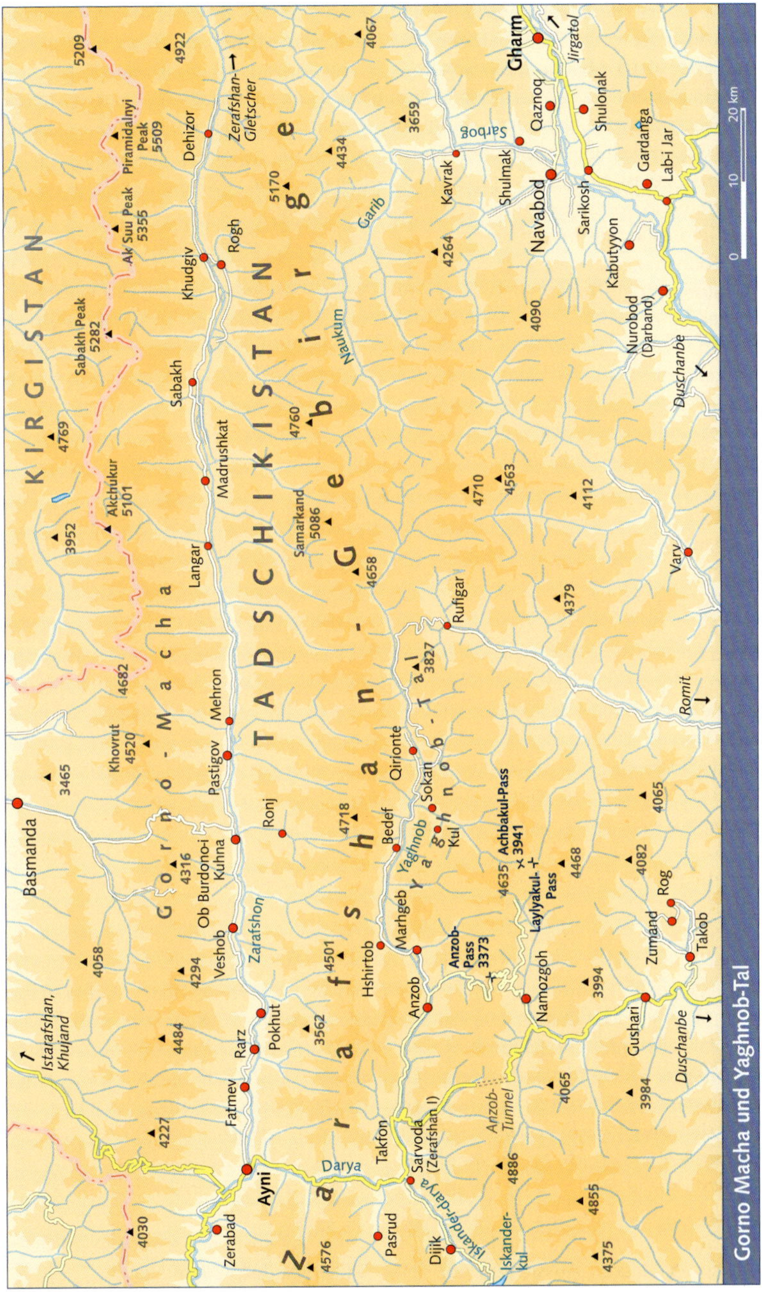
Gorno Macha und Yaghnob-Tal
KIRGISTAN
TADSCHIKISTAN
Gorno-Macha
Zarafshan-Gebirge
Gissar-Gebirge
Yaghnob-Tal
Istarafshan, Khujand
Basmanda
Zerabad
Ayni
Fatmev
Rarz
Pokhut
Veshob
Ob Burdono-i Kuhna
Ronj
Pastigov
Mehron
Langar
Madrushkat
Sabakh
Khudgiv
Rogh
Dehizor
Zerafshan-Gletscher
Zarafshon
Darya
Takfon
Sarvoda (Zerafshan I)
Pasrud
Dijik
Iskander-darya
Iskander-kul
Anzob-Tunnel
Anzob
Anzob-Pass 3373
Hshirtob
Marhgeb
Bedef
Yaghnob
Kul
Sokan
Qirionte
Rufigar
Achbakul-Pass 3941
Laylyakul-Pass
Namozgoh
Gushari
Zumand
Rog
Takob
Duschanbe
Romit
Vary
Naukum
Garib
Kavrak
Sarbog
Shulmak
Navabod
Qaznoq
Gharm
Jirgatol
Shulonak
Sarikosh
Gardanga
Lab-i Jar
Kabutyyon
Nurobod (Darband)
Sabakh Peak 5282
Ak Suu Peak 5355
Piramidalnyi Peak 5509
Akchukur 5101
Khovrut 4520
Samarkand 5086
5209
4922
4067
3659
4434
5170
4264
4090
4760
4769
3952
4682
3465
4316
4058
4294
4484
4227
4030
4576
3562
4501
4718
4658
3827
4710
4563
4112
4379
4065
4082
4468
4635
3994
4065
3984
4886
4855
4375
0 10 20 km

Der Norden

Noch eine andere Besonderheit kann man in diesem Dorf beobachten: die Bauweise. Fast übereinander scheinen die Häuser am Hang zu kleben. Kaum ein Plätzchen, das nicht von einem der über 300 Haushalte bebaut worden ist. Platzmangel ist ein großes Problem, das Ackerland in der Umgebung reicht nicht aus, und viele müssen umsiedeln.

Für Touristen gibt es verschiedene Übernachtungsmöglichkeiten in Veshab, entweder bei den Atoevs (mit Sauna!), den Sultanovs oder den Hojievs. Alle drei **Gästehäuser** liegen im oberen Teil des Dorfes am Hang, und die Übernachtung kostet zwölf Dollar mit Frühstück. Einfach den Weg rechts am Teehaus vorbei nach oben einschlagen und nach einer der Familien fragen. Es gibt auch einen Deutschlehrer im Ort, der bei Verständigungsproblemen helfen kann und sich über deutschen Besuch freut.

Vor der Weiterfahrt kann man im **Teehaus** direkt an der Straße eine kleine Pause einlegen. Weiter talaufwärts empfiehlt sich nach etwa fünf Kilometern ein Abstecher nach **Darg** in einem Seitental jenseits des Zarafshon-Flusses. Schon die Querung der Brücke über den engen Canyon gibt Aufschluss über interessante tektonische Strukturen, und auch die rund zehn Kilometer hinauf zum Ort bieten ein landschaftliches Glanzlicht nach dem anderen.

Die Siedlung Darg ist trotz ihrer relativ peripheren Lage ziemlich lebhaft bevölkert. Offizielle Homestays gibt es hier zwar nicht, jedoch hat man kein Problem damit, eine freundliche Bleibe zu finden. Von Darg aus kann man Tageswanderungen in mehrere Richtungen machen oder über den **Darg-Pass** in anderthalb Tagen ins benachbarte Yaghnob-Tal wandern.

Zurück im Haupttal, gelangt man über die Dörfer **Oburdon** und **Mehron** nach drei Stunden Fahrt auf kurviger Straße mit spektakulären Aussichten auf den Fluss und die Berge, wie beispielsweise den **Khovrut** mit 4520 Metern, in den Ort **Langar**. Dort wartet links der Straße beim jungen, engagierten **Habib Kholov** und seiner Familie ein traditionelles Gästehaus mit herzlicher Bewirtung. Es gibt einen schönen Apfelgarten im Innenhof, die Kholovs sind – wie viele – Kartoffelbauern. Habib hilft gerne weiter und organisiert Fahrer und Bergführer bei Bedarf. Bei der Buchung der Gästehäuser in Veshab und Langar kann ZTDA behilflich sein (→ S. 369. Im nächsten Dorf **Madrushkat** kann man bei Familie Kamolov übernachten (Übernachtung mit Frühstück in beiden Häusern zwölf Dollar).

▲ Karte S. 367

Weitere Ziele in der Region

Von Gorno-Macha gibt es Wandermöglichkeiten auf Hirtenpfaden in das **Yaghnob-Tal**, etwa von Madrushkat aus oder von Oburdon über Ronj. Entweder man sucht sich hier einen ortskundigen Hirten oder man fragt bei der ZTDA (→ S. 369) nach einem Führer. Auch die Familien in den Gästehäusern können weiterhelfen, denn die Bevölkerung des Tals ist klein, jeder kennt jeden. Will man bis zum **Zarafshon-Gletscher** kommen, sollte man eine Übernachtung in **Dehizor** (190 Kilometer von Ayni), dem letzten Dorf im Tal, einplanen und von dort aus starten. Ein befahrbarer Weg führt von Dehizor etwa sieben Kilometer das Tal hinauf, bis zum Gletscher sind es dann noch weitere 15 Kilometer Fußmarsch. Der Zarafshon-Gletscher hatte 2009 eine Länge von 27,8 Kilometern; laut eines staatlichen Expeditionsberichts (www.meteo.tj) verkürzte sich der Gletscher zwischen 1991 bis 2009 um durchschnittlich 91 Meter im Jahr. In **Dehizor** sollte man sich betreffs Übernachtung und etwa einem Führer oder Eseln beim dortigen Mullah Abdullo erkundigen.

Reiseveranstalter in Nordtadschikistan

Reiseveranstalter in Khujand

Assoziation zur Entwicklung des Tourismus im Zarafshon-Tal (ZTDA), Touristen-Information Stadtpark, ztda_zarafshon@yahoo.com, www.ztda-tourism.tj. Jamshed Yusupov (Tel. +992/92/7746202, jamshedusupov@mail.ru) organisiert Touren, bucht Gästehäuser, Fahrer, Jeeps, Esel, Bergführer usw. Auf der Website Infos über Gästehäuser, Guides und Touren (→ S. 318, 345).

Paramount Journey
Tel. +992/92/7173422, www.paramountjourney.com. Alovvadin Kalonov spricht exzellent Englisch. Guter Guide und ausgezeichneter Fotograf mit Ortskenntnis in Yaghnob, Gorno-Macha und darüber hinaus. Auch Touren auf dem Pamir und im Karakorum.

Reiseveranstalter in Panjakent

Pamir Tour Service
Rudaki 24 (Hotel ›Sogdiana‹), Tel. +992/92/7759321, +992/93/1879321, sadoullo@mail.ru, www.pamir-travel.com, www.pamirtourservice.com.Tourismus-Erfahrung seit 1991, Touren im ganzen Land und bis Usbekistan.

Chil Mehrob
Rudaki 85, Tel./Fax +992/(8)3475/55880, Tel. +992/92/7181534, chilmehrob@mail.ru, www.chilmehrob.tj. Das Team von Amondullo Nasrulloev bietet Touren durch die Fan-Berge, zu den Sieben Seen sowie Rundreisen durch das Land an.

Reisebüro Zurmich
Bakkoli 24, Tel. +992/(8)3475/54543, +992/92/9267100, +992/90/7487100, n.sukhrob.zurmich@gmail.com, zurnach@mail.ru. Alle Arten von Touren in der Umgebung, vor allem Ökotourismus und Trekking (Verleih von Campingausrüstung). Nasriddin Nizomov spricht Deutsch, sein Sohn Sukhrob Englisch.

Kuhandiz Travel
Rudaki 13/7, Tel. +992/(8)3475/56744, Tel. +992/92/77543252, dilya68@mail.ru, kuhandiz-tour@mail.ru. Die passionierte Historikerin Dilovara Bahromova organisiert Touren in der Umgebung und in ganz Tadschikistan.

Panjakent Intour
B. Marvazi 12, neben dem Hotel ›Panjakent Intourist‹, Tel. +992/93/5812173 faridunh@mail.ru, sharifbadalov@mail.ru www.panjakent-intour.tj, Skype: panjakent-intour.tj. Organisiert Touren im Zarafshon-Tal und darüber hinaus.

Reiseveranstalter in Istarafshan

Tajikistan Travel
Sitora Nabieva, Guli-Surh 12, Tel. +992/92/7211771, +992/90/7211771, tajikistantravel@yahoo.com, www.tajikistantravel.tj, Skype: tajikistantravel. Alle touristischen Dienstleistungen.

Wander- und Bergsteigerherbergen

Turbaza Artuch
Rudaki 85, Tel. +992/3475/5666, Tel. +992/92/8886888, +992/92/7307939 artuch@bk.ru, kasim_muzafarov@mail.ru, www.artuch.tj. Trekking im Zarafshon-Tal und Pamir.

Turbaza Vertikal-Marguzor
fanyvertical@mail.ru, www.fanyvertical.ru. Guter Ausgangspunkt für Touren in den Fan-Bergen. Umfassender Service rund ums Trekking und Bergsteigen. Nur im Sommer in Betrieb. Organisatoren sind drei Enthusiasten aus Russland und Litauen: Pavel Berestov (Tel. +7/903/7386963, p.berestov@mail.ru), Lena Borozdinskaya (Tel. +7/903/6915249, muha.yar@mail.ru) und Alexander Kreytsberg (Tel. +371/27771625, alehandre@inbox.lv).

Mubin Nuraliev
Dorf Ven, Tel. +992/92/8127151 mubin-ven@mail.ru. Mubin kommt aus den Fan-Bergen, kennt das Terrain sehr gut und spricht Deutsch.

Weitere, überregionale Reiseveranstalter in Tadschikistan → S. 416.

Eingebettet in teils schroffe, teils hügelige Höhenzüge erstreckt sich entlang der Flüsse eine uralte Kulturlandschaft aus Obsthainen, Pistazienhängen und Weinbergen, Baumwoll- und Melonenfeldern, Kanälen, Gräben und Alleen, gepflegten Dörfern und quirligen Städten, deren buntes Mosaik bezaubert.

DER SÜDEN

In Südtadschikistan

Baumwolle und Festungen

Auch im Verwaltungsbezirk Khatlon, dem Süden von Tadschikistan, bestimmen Berge das Bild. Von Norden nach Süden ziehen sich die Höhenzüge des **Tuyuntau**, **Aruktoy**, **Tereklitau** und **Karatau**, sie sind selten höher als 1500 Meter und laufen hier und da in sanften Hügeln aus. Den Ketten des **Vakhsh** und **Hazratishoh** im Osten des Gebiets merkt man schon an, dass es Richtung Pamir geht – sie ragen bis über 3000 Meter auf.

Zwischen den Bergketten haben Flüsse breite Niederungen geschaffen, in deren Oasen schon seit Jahrtausenden gesiedelt wird. Der wasserreichste von ihnen ist der **Vakhsh**, der von den Gletschern des Pamir kommt. Mit seiner Kraft treibt er das Wasserkraftwerk von Norak an. Weiter südlich, nach seinem Austritt aus den schroffen **Sarsarak-Bergen**, verwandelt er mit seinem Wasser ein etwa 100 Kilometer langes Tal in eine einzige große fruchtbare Oase, bevor er sich mit dem tadschikisch-afghanischen Panj zu einem der beiden mächtigen zentralasiatischen Ströme vereinigt: dem Amu-darya, im Altertum Oxus genannt.

Im Hochsommer ist das Klima wüstenhaft heiß mit bis zu 50 Grad: ideale Bedingungen für die Baumwolle, die ›nasse Füße und einen heißen Kopf‹ braucht. Und tatsächlich bestimmt das ›weiße Gold‹ das Leben der Einwohner von Khatlon. An der Baumwolle, die das tadschikische Wappen schmückt, haben sie den halben Anteil. Aber auch Getreide, Kartoffeln, Melonen und Kürbisse, Obst und Gemüse, Nüsse und Zitrusfrüchte werden in den Tälern des Vakhsh, Kofarnihon, Kizilsu und Yakhsu angebaut. Die kleinen akkuraten Felder vor den fast immer frisch verputzen Häusern, die größeren Baumwollfelder zwischen den Dörfern, die langen Alleen knorriger Maulbeerbäume und die Haine von

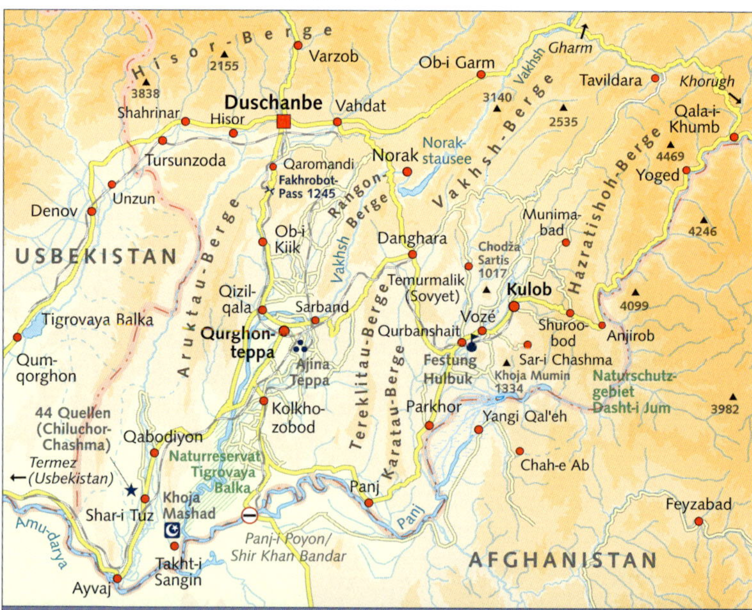

Südtadschikistan

Uralte Maulbeerbäume bei Anjirob

Pfirsich-, Aprikosen- und Apfelbäumen sowie Granatbüschen – dieses Mosaik ist ganz charakteristisch für den Süden. Zu Beginn des 20. Jahrhunderts war die Region nur schwach besiedelt. Dann kam die sowjetische Planwirtschaft und mit ihr die Gewinnung von Neuland und der Bau von Bewässerungssystemen. 1933 wurde der **Große Vakhsh-Kanal** fertiggestellt, die ersten Hektar bis dahin unfruchtbarer Wüstenlandschaft bewässert. Dutzende von Kollektivwirtschaften und Staatsfarmen wurden etabliert. Parallel wurden die Straße von Duschanbe nach Qurghonteppa (Kurgan-Tyube) und die Eisenbahnlinie zwischen Duschanbe und Termez (Usbekistan) gebaut – die Voraussetzungen für den Abtransport der geplanten Baumwollmengen waren gegeben. 1980 erntete man hier etwa die Hälfte des Gesamtbaumwollertrags von Tadschikistan, die Region bekam den Beinamen ›Tal des weißen Goldes‹. Für diesen Sprung benötigte man aber auch Bevölkerung. Mit Hilfe von Umsiedlungsprogrammen wurden vor allem Gharmi (Bevölkerung aus dem Gharm-/Rasht-Tal) am Vakhsh angesiedelt. Insgesamt wurden über 130 000 Haushalte (zwangs-)umgesiedelt. Ein Bevölkerungsmischmasch entstand, der sich im Bürgerkrieg in den 1990er Jahren als explosiv erweisen sollte.

In der Region Khatlon lebt heute mehr als ein Drittel der Gesamtbevölkerung Tadschikistans, und es werden immer mehr – die Geburtenrate ist hier am höchsten. Das bringt viele Probleme mit sich, von denen der begrenzte Arbeitsmarkt das prekärste ist. Man sieht es an den Städten, in denen sich die Männer an den Busbahnhöfen und Märkten drängeln, um Fahrgäste für ihre Autos anzuwerben, aber auch einfach nur flanieren, herumstehen, diskutieren, warten.

Im Südwesten von Khatlon, unweit vom linken Ufer des Flusses Vakhsh, liegt die Gebietshauptstadt **Qurghonteppa**, im Südosten die Stadt **Kulob** (Kulyab). Beide Städte waren zu Sowjetzeiten mit regulären Flügen mit der Hauptstadt verbunden, in Kulob wurde sogar ein neuer Flughafen gebaut. Doch dann wurde der Süden abgehängt.

Auf dem Weg von Duschanbe nach Qurgonteppa

Im Bürgerkrieg war hier das am stärksten zerstörte Gebiet, seit 2010 war es zudem durch die Schließung der usbekisch-tadschikischen Grenze seiner Eisenbahnverbindung beraubt, und schließlich gab es trotz der so hoffnungsvoll eingeweihten Brücke nach Afghanistan Panj-i-Poyon/Shir Khan Bandar Handelseinbußen durch die Verschärfung der Lage in Afghanistan. Das Frühjahr 2018 brachte Hoffnung: Der Eisenbahnübergang zwischen Usbekistan und Tadschikistan Amusang–Galaba wurde wiedereröffnet. Im Rahmen der Wiederbelebung der Beziehungen zum westlichen Nachbarn Usbekistan könnte des einen Entwicklungsimpuls geben.

Touristisch interessant in der Region sind die rekonstruierte Festung **Hulbuk** (→ S. 390) in der Nähe von Kulob und etliche kleine und größere **Festungen**, deren zum Teil beachtliche Ruinen einer Restaurierung oder wenigstens Ausschilderung harren. Außer der ›Alten Stadt‹ **Logman** bei Qurghonteppa finden sich Überreste von Festungen aus der vorchristlichen Zeit der Achämeniden in **Kolkhozobod** und **Qabodiyon**. Archäologisch Interessierte können sich in **Takht-i Sangin** (→ S. 381) auf die Spuren des Oxus-Schatzes begeben. Einheimische beim Entspannen erleben kann man an den **44 Quellen, Chilu-chor Chashma** (→ S. 379), in der Nähe von Shahr-i Tuz.

Wer sich für die Tierwelt Tadschikistans interessiert, hat die Auswahl zwischen dem **Naturreservat Tigrovaya Balka** (→ S. 384) und ein paar interessanten kleineren, kommunal verwalteten Schutzgebieten in landschaftlich einmaliger Umgebung.

Der Weg nach Süden

Von Duschanbe aus hat man den flachen Bergrücken Rangon zu queren, um in den Süden zu gelangen. Unbedingt sollte man einen Blick zurück werfen, um das beeindruckende Panorama des Konglomerats der Hauptstadt und ihrer Vororte vor den schneebedeckten Viertausendern der Hisor-Kette zu bewundern. In sanften Serpentinen erklimmt man auf einer guten Straße den Pass zwischen **Qaromandi** und **Chimbuloq.** Er ist nur 1245 Meter hoch, und so verwundert es nicht weiter, links und rechts der Straße Weinberge und Obstplantagen zu sehen. Die Abfahrt hinunter in die Vakhsh-Ebene gestaltet sich abwechslungsreich. Zahlreiche Garküchen und hunderte Tapchane, die malerisch auf den Hügeln dahinter drapiert wurden, laden von April bis September zum Verweilen ein, der Ausblick ist schön, das Essen gut, wenn auch teurer als in der Stadt. In den wenigen Dörfern am Südhang der Berge leben die Leute vor allem von Viehzucht, die relativ steilen Hänge bieten keinen Platz für die Anlage von Feldern.

Ab **Ob-i Kiik** ist die Ebene bis an den Fuß der steil aufragenden Bergkette Aruktoy dicht besiedelt. Hinter **Qizilqala** überquert man den breiten Vakhsh und erreicht die Hauptstadt des Verwaltungsbezirkes Khatlon.

▲ Karte S. 372

Qurghonteppa

Die Stadt Qurghonteppa (Kurgan-Tyube, Kurgan Tepe, Qurghon Teppa), 100 Kilometer von Duschanbe entfernt, liegt in einer Oase des Vakhsh. Sie soll nach archäologischen Schätzungen etwa im 7. oder 8. Jahrhundert entstanden sein und war im Mittelalter unter dem Namen Levakand bekannt. Die Stadt liegt an der Eisenbahnstrecke nach Termez in Usbekistan, die 1973 eröffnet wurde und im Moment stillgelegt ist. Kommt man per Taxi oder Marshrutka aus Duschanbe, erfolgt die Ankunft am **Busbahnhof** am nordwestlichen Ortseingang, gut zu erkennen am überlebensgroßen Wandbild von Ismail Somoni am sowjetklassizistischen Gebäude des Terminals. Auch der **erste Traktor des Vakhsh-Tals** ist einen Blick wert, er steht auf einem Postament am Scheitelpunkt der Straßen Vahdat und Kosmonavtov etwa 150 Meter stadteinwärts vom Busbahnhof, dahinter prangt in einem kleinen Park das neue **Denkmal für die Unabhängigkeit** mit der goldenen Samanidenkrone obendrauf.

Vom Busbahnhof hier gelangt man mit Marshrutkas bis zum **Basar,** gut zu erkennen an einem großen stilisierten Torbogen mit zwei blaubekuppelten

Auf dem Markt von Qurghonteppa

Türmchen. Hier sind sie, die Früchte des Südens, aufgereiht und aufgetürmt, im Sommer gehen einem die Augen über: Granatäpfel, Zitronen, rote und gelbe Birnen, Äpfel, Melonen und süße Trauben. Schräg gegenüber steht das **Hotel Qurghonteppa**, das auch schon einmal bessere Zeiten gesehen hat – nur die schönen Holzschnitzereien im Foyer zeugen noch davon.

Geht man vom Basar aus am Hotel vorbei und biegt dann links in die Vahdat (früher Leninprospekt) ein, passiert man die kläglichen Überreste des **Stadtparks** mit uralten Karussell-›Denkmälern‹, der nördliche Teil des Parks musste einem großen Neubau weichen. Man lässt das Gebäude des Musiktheaters links liegen, überquert die Ayni-Straße am Kreisverkehr, passiert das Hotel ›Ramz‹, den Kanal und den schmalen Park des Sieges direkt dahinter – und steht vor dem **Museum Bibikhanum**. Die originelle architektonische Komposition befindet sich auf einem Hügel mit von Treppen flankierter Springbrunnenkaskade. Ein minarettartiger Turm krönt ein rundes Gebäude mit vier schönen geschnitzten Türen. Das Museum wurde 1983 eröffnet und war sicher einmal sehenswert.

Eingang zum Basar

Der Süden

Inzwischen ist der Turm gesperrt, und auch die Aussicht vom umlaufenden Balkon der zweiten Etage kann man nur bedingt genießen, denn man muss aufpassen, dass man nicht durch die teilweise morschen Spanplatten bricht, mit denen der Boden ausgelegt ist. Im schlecht beleuchteten Erdgeschoss kann man undeutlich Erzeugnisse der Volkskunst, Gemälde, alte Fotos und Erzeugnisse des Gebietes Khatlon aus der Sowjetzeit erkennen (Transformatoren, Baumwollerzeugnisse, Säfte, Marmelade). Früher mal ein stolzes Museum der Gegenwart, ist das Haus mittlerweile zu einem verstaubten historischen Museum geworden.

Gegenüber, auf der anderen Seite der breiten Straße, steht eine etwas seltsam proportionierte, wuchtige **Reiterstatue von Somoni**, rechts am Kanal liegt ein beliebtes **Teehaus**.

Qurghonteppa

Vorwahl: +992/(8)3222.

Busbahnhof, am nordwestlichen Ortseingang an der Straße aus/nach Duschanbe. Sammelpunkt auch für Taxis, diese sind zusätzlich auf dem Basarvorplatz zu finden. Ein Platz im Sammeltaxi nach Duschanbe kostet 20 bis 30 Somoni.

Ramz, Ayni 51a, neben dem Kreisverkehr und vor dem Museumshügel, am Kanal, Tel. 23463, Tel. +992/98/8001919, ramzhotel.tj@mail.ru; ÜN+F ab 280 Somoni. Relativ neues Hotel mit freundlichem Service. Sauber, breite und bequeme, frisch bezogene Betten, akzeptable sanitäre Anlagen, eigenes Restaurant. Das Haus wird regelmäßig renoviert. In der warmen Jahreszeit kann man draußen auf der Terrasse am Kanal sitzen,

Maftuna Hotel, Vahdat 44, Tel. +992/90/1112157; DZ ab 40 Dollar. Vom Busbahnhof Richtung Zentrum, nach etwa 500 Metern rechter Hand, schräg gegenüber vom Rondell im kleinen Park. Abgewohntes Feierhotel.

Hotel Qurghonteppa, Ghafurov 24, schräg gegenüber vom Basar; ÜN ab 30 Somoni. Unansehnlicher Klotz, ›Luxusapartment‹ mit Badewanne und Boiler für 130 Somoni. Nur für Masochisten oder Feldforscher postsowjetischen Hotelniedergangs zu empfehlen, eigener Schlafsack erleichtert die Antwort auf die Frage: Bett benutzen oder lieber doch nicht?

Didor, Norinov, 16, ca. 200 m rechts neben dem Basareingang, Tel. +992/90/5056333, +992/90/5058333; EZ/DZ 95 Somoni. Relativ frisch verputztes Haus mit rotem Dach, Eingang neben dem ›Megafon‹-Büro und der Apotheke. Privates Hotel mit höherem Standard (Wasser und Toilette im Zimmer, Stromgarantie). Beim Einchecken wird man gefragt, ob man stunden- oder tageweise mieten will ...

Bokhtariyon, Vahdat, Tel. +992/44/6105252. Neues akzeptables Hotel an der Straße zum Busbahnhof.

Levakand, Ghafurov 7/9; ÜN+F ab 70 Somoni. Funktionaler Kasten.

Historisches Museum Bibikhanum, Vahdat, auf einem Hügel gegenüber dem Somoni-Denkmal; tägl. 9–16 Uhr, 3 Somoni. Das Museum ist die Hauptattraktion für einheimische Touristen und schon allein wegen seines außergewöhnlichen, wenn auch vernachlässigten Gebäudes sehenswert.

Das alte **Museum für Regionalgeschichte** befindet sich im Osten der Stadt, an der Ayni/Kurganov.

Der **Basar** ist, wenn man einmal die beachtliche Ansammlung der chaotisch umherrennenden und schreienden Taxifahrer überwunden hat, wohlgeordnet

▶ Karte S. 372

und sauber. Hier gibt es je nach Jahreszeit frische und getrocknete Kräuter, alle Arten von Gemüse und Obst inklusive saftiger saftiger Zitronen (die hier orange sind) und im Hochsommer herrliche Melonen, rund um's Jahr sind Pistazien und Nüsse im Angebot. Haushaltsgegenstände aller Art, Kleidung und Spielwaren komplettieren das Ganze, nicht zu vergessen die zahlreichen Stände mit frischem Essen – von fleisch- und kräutergefüllten Teigtaschen über Fleischspieße bis zu frischem, duftendem Popcorn, Torten und Fladenbrot. Wer Lebensmittel lieber im Supermarkt kaufen möchte, kann das schräg gegenüber vom Hotel ›Ramz‹ tun, der Laden **Ayni** hat rund um die Uhr geöffnet.

Ausflüge von Qurghonteppa

Die Gegend um Qurghonteppa bietet dem Reisenden eine große Auswahl von archäologischen Stätten, Pilgerorten und Naturschutzgebieten, aber auch Einblicke in die Kultur eines seit Jahrtausenden sesshaften Volkes, das buchstäblich jeden Quadratmeter entlang der natürlichen und künstlichen Wasserläufe urbar gemacht hat. Schwer wird man sich dem Charme der zahlreichen Dörfer entziehen können: Wassergräben entlang der Straßen, daran spielende Kinder, Weinlauben an den Häusern, schmucke schmiedeeiserne oder holzgeschnitzte Tore in frisch verputzten Lehmmauern, fahrradfahrende Männer in langen Mänteln mit den typischen Kappen, viele von ihnen mit langem weißen Bart, eselreitende Jungen, auf den Feldern arbeitende Frauen in bunten Kleidern, Menschen, die einfach nur vor ihren Häusern stehen und schwatzen. Man sollte auf der Fahrt zu den archäologischen und anderen Sehenswürdigkeiten unbedingt aus dem Fenster schauen, um die Hauptsehenswürdigkeit nicht zu verpassen – die Menschen inmitten ihrer sehr präsenten Alltagskultur.

Der liegende Buddha von Ajina Teppa, heute im Nationalmuseum Duschanbe

Baumwollfuhre

Ajina Teppa

Zwölf Kilometer östlich von Qurghonteppa machte man Mitte der 1960er Jahre einen sensationellen Fund: Eine 13 Meter lange Buddha-Statue, der Buddha im Nirvana - heute ein Highlight des Museums für Antike in Duschanbe. Von mehr als zwei Meter dicken Lehmziegelmauern umgeben, stand hier auf dem Hügel von Ajina Teppa im 7./8. Jahrhundert ein buddhistisches Kloster. Es ist das bedeutendste buddhistische Denkmal, das bisher in Zentralasien entdeckt worden ist.

Der harmonisch-symmetrische Komplex bestand aus einem **Tempel** mit einer mehrstufigen **Stupa** und einem von Mönchszellen umgebenen Hof. Außer dem liegenden Buddha fand man in den zahlreichen Nischen etwa 100 weitere Figuren und Kompositionen aus Lehm, an den Postamenten und Wänden zahlreiche Malereien und Reliefs, außerdem über 300 Münzen aus dem 8. Jahrhundert. Die von 1960 bis 1975 geborgenen über 600 Artefakte wurden teilweise in die Eremitage nach Leningrad (heute St. Petersburg) gebracht, andere Teile, darunter der über fünf Tonnen schwere Buddha, reisten nur bis Duschanbe. Die Rettungsaktion für ihn verlief schwierig – er musste in über 60 Teile zerlegt werden und wurde dann in Duschanbe wieder zusammengesetzt.

Leider ist die Besichtigung der Ausgrabungsstätte selbst wenig spektakulär. Die Gemäuer, irgendwann einmal einer halbherzigen partiellen Rekonstruktion unterzogen, verfallen, Kühe klettern zwischen den Ruinen herum, und es gibt keinerlei Erläuterungen. Dies gilt bedauerlicherweise auch für die Ausgrabung der Alten Stadt **Logman** (10. bis 13. Jahrhundert) am Ufer des Vakhsh ganz in der Nähe von Qurghonteppa.

Anreise: Von Qurghonteppa fährt man sechs Kilometer nach Nordosten in Richtung Flughafen, biegt dann nach rechts auf eine schmale Straße in Richtung Kirov ab, überquert den Kanal und erreicht nach weiteren sechs Kilometern durch Felder und Dörfer den Ausgrabungshügel. Er befindet sich rechts der löchrigen Straße auf dem jenseitigen Ufer eines schmalen Kanals und ist über eine kleine Brücke zu erreichen. Wenn das Brückentor abgeschlossen ist, kann man seitlich über die Balustrade klettern.

Shahr-i Tuz

Die quirlige Kreisstadt Shahr-i Tuz (Shahrituz, Shaartuz) unweit der afghanischen Grenze ist ein guter Ausgangspunkt für Ausflüge nach Chilu-chor Chashma, Khoja Mashhad und Takht-i Sangin. Diesen liebenswerten Mikrokosmos sollte man nicht einfach links liegen lassen, sondern wenigstens der legendären **Teestube Tojikiston** am Basar einen Besuch abstatten und, im Schneidersitz auf einem Tapchan sitzend, das geschäftige Treiben an sich vorüberziehen lassen. Die Teestube wurde von Abdujobbor Saidov, dem

▲ Karte S. 372

Großvater des heutigen Besitzers, einem schwerverletzten und hochdekorierten Kriegsheimkehrer, gegründet und ist seitdem der Mittelpunkt von Shahr-i Tuz. Empfehlenswert ist auch die **Kurutubkhona** in der nächsten Seitenstraße; preiswert übernachten kann man im bescheidenen **Hotel Umed** am Stadtrand, hinter dem Krankenhaus.

Chilu-chor Chashma

Der Zungenbrecher Chilu-chor Chashma bedeutet ›44 Quellen‹. Zwischen Mitte April und Oktober empfiehlt sich ein Besuch dieses bei allen Tadschiken beliebten Ausflugsziels etwa zwölf Kilometer westlich von Shahr-i Tuz in Richtung Bishkent. Aus einem Fels entspringen 44 Quellen, von denen jede einen Namen hat und, der Legende nach, jede gegen eine bestimmte Krankheit hilft: von Haarausfall über Malaria, Herzerkrankungen und Kopfschmerzen. Natürlich ist auch eine fruchtbarkeitsfördernde Quelle für Frauen dabei. Auf einem Hügel oberhalb der Quellen befindet sich in einem Mausoleum das **Grab von Kambar Bobo,** einem der ersten Verbreiter des Islam aus einer syrischen Dynastie der Nomaniden. Viele Muslime kommen zum Beten hierher.

Neben den Quellen in einem Haus mit bunter Veranda liegt der Familiensitz der Familie Ismail. Laut Familienchronik wanderte sie im Jahr 701 aus Saudi-Arabien ein und steht in verwandtschaftlicher Beziehung zum Propheten Muhammed. Heute kann man Vertreter der Familie in 28. Generation antreffen und von ihnen mehr über die Legenden dieses verwunschenen Ortes erfahren.

Dort, wo die Quellen sich zu einem glasklaren kleinen **See** vereinigen, kann man Fische und Schlangen, beispielsweise die Würfelnatter, aus nächster Nähe beobachten und füttern. Angeln ist an

Fische füttern an den 44 Quellen

diesem heiligen Ort verboten. Heilige Ruhe herrscht hier allerdings höchstens während des Ramadans. Etwas weiter unten gibt es eine Badestelle für Männer und hinter einer Abtrennung eine für Frauen. Kinder springen kreischend ins Wasser, Frauen waschen Geschirr im heiligen Nass. Nebenan wird Palov gekocht und gegrillt, auf Tapchanen und Matten lagern Großfamilien.

Gegen ein kleines Entgelt darf man auf einem der Tapchane übernachten. Essen und Schlafsack sollte man mitbringen.

Khoja Mashhad

Eine weitere Sehenswürdigkeit unweit von Shahr-i Tuz ist das Mausoleum Khoja Mashhad (Hodzha Mashkhad) in Sayod. Von Shahr-i Tuz folgt man der Straße nach Termez etwa sechs Kilometer und biegt dann an einer kleinen weißen Säule mit der kyrillischen Aufschrift ›Ходжа Машхад‹ (Khoja Mashhad) nach links zum Dorf **Sayod** ab. Etwa 500 Meter nach dem Ortseingang wendet man sich noch einmal nach links und fährt bis zu einem schönen Tor am Ende der Straße

– vorsichtshalber sollte man vor dem Abbiegen einen Einheimischen fragen.

Das **Mausoleum** erreicht man durch einen schönen kleinen Nutzgarten. Es besteht aus zwei etwa zwölf Meter hohen Kuppeln, die mit einem prächtigen Torbogen und Gewölbegang verbunden sind. Auffallend sind die perfekten Proportionen und die schönen Ziegelornamente. Das aus gebrannten Ziegeln errichtete Mausoleum stammt höchstwahrscheinlich aus dem 9./10. Jahrhundert und ist damit eines der ältesten erhaltenen Mausoleen Zentralasiens. Das erklärt seinen kulturellen Wert und die Tatsache, dass es erst unlängst mit Hilfe der US-amerikanischen Botschaft und mit Sponsorengeldern aus dem Iran restauriert wurde.

Die Beschädigungen aus der Zeit Dschingis Khans sind nicht mehr zu sehen, und das Gebäude entfaltet jetzt seine ganze Schönheit. Kenner schätzen aber, dass einiges vom ursprünglichen Charme des Heiligtums verlorengegangen ist. Gewidmet ist das Mausoleum dem aus dem Iran stammenden muslimischen Missionar Khoja Mashhad, der mit seiner Familie hier begraben ist. Im 10./11. Jahrhundert wurden Torbogen und Gewölbegang angebaut und ein Hof mit Wohnnischen und Gebetsräumen für Koranschüler errichtet – die Funktion des Mausoleums wurde um jene einer **Medrese** erweitert, hier befand sich nunmehr ein Zentrum islamischen Lebens. Dieser Teil des Gebäudekomplexes ist heute als Ruine hinter dem restaurierten Teil zu sehen. Wegen der Bauweise aus ungebrannten Ziegeln ist er stark verfallen. Irgendwann wird auch er restauriert werden, weiß der freundliche Wächter des kleinen **Museums** rechts hinter dem Tor zu berichten. Er heißt Muhammad Jusuf Azimov und pflegt das Heiligtum schon in zweiter Generation.

Im Museum sind Fotos vom Zustand des Komplexes vor und während der Restauration zu besichtigen, außerdem Scherben und einfache Öllampen, die bei der Rekonstruktion gefunden wurden.

Reste des Oxustempels in Takht-i Sangin

Karte S. 372

Takht-i Sangin

Die Überreste des unter Archäologiekennern berühmten, einst mächtigen steinernen Tempels Takht-i Sangin (Taxt-i Sangin, Tacht-i Sangin) liegen etwa 40 Kilometer südlich von Shar-i Tuz am Ufer des Amu-darya, des größten Flusses Zentralasiens. Der Platz für das 160 mal 235 Meter große Heiligtum, das auch **Oxustempel** genannt wird, wurde sicher sehr bewusst ausgewählt. Die Bergkette Teshiktash fällt hier steil zum Fluss ab. Zwischen den mächtigen gelbbraunen Felsen, die offenbar auch das Material für den Bau geliefert haben, und dem verschilften Flussufer liegt eine etwa einen Kilometer breite natürliche Terrasse. Ein paar Kilometer östlich von hier mündet der wasserreiche Vakhsh in den noch wasserreicheren Panj, ab hier bilden sie zusammen den Amu-darya. Im Altertum, zur Zeit der Erbauung des Tempels, wurde dieser mächtige Strom Oxus genannt: im 4./3. Jahrhundert vor unserer Zeitrechnung, während der Epoche der Achämeniden. Laut einer griechischen Inschrift hatte man den Tempel dem Gott des Flusses Oxus geweiht. Diese Inschrift könnte ein Hinweis darauf sein, dass der Tempel kurz nach der Eroberung Baktriens durch Alexander den Großen gegründet wurde. Er gilt als einziger Kultbau Baktriens bis in die Kushan-Zeit. Der Tempel wurde mehrfach zerstört und wieder aufgebaut. Man vermutet, dass er bis ins 4. Jahrhundert von Pilgern besucht wurde, die zahlreiche Schätze als Opfer brachten. Jene wurden in speziell dafür angelegten Schatzkammern verwahrt. Bei den Ausgrabungen hat man über 5000 Artefakte aus Gold, Silber, Bronze, Eisen, Elfenbein, Knochen, Alabaster, Stein, Lehm und Glas gefunden. Das, was vom Gemäuer freigelegt wurde, deutet darauf hin, dass es zwei quadratische Räume mit von Säulen getragenen Kuppeln gegeben hat, die jeweils an drei Seiten von Korridoren umgeben waren und von diesen durch drei Eingänge betreten werden konnten. Die sowjetischen Archäologen Boris Litvinskiy und Igor Pichikyan, die von 1976 bis 1991 diesen Tempel und die benachbarte Zitadelle ausgegraben haben, sehen den vorgefundenen Grundriss als Kennzeichen dafür, dass es sich bei der letzten Version der Anlage um einen typischen Feuertempel der Epoche der Kushan gehandelt hat. Heute ist der Ort, an dem angeblich auch Alexander der Große verweilt haben soll, verlassen. Steinerne **Altäre** sowie **Postamente** für Skulpturen und Säulen sind zu sehen und ein paar Säulenfragmente liegen herum, man erkennt die Überreste mächtiger, kunstfertig gefügter **Mauern**. Jene, bis zu drei Meter dick, wurden aus gewaltigen quadratischen Ziegeln von 50 Zentimetern Kantenlänge und 15 Zentimetern Höhe geschichtet. Eines der Kapitelle der ehemals etwa sechs Meter hohen Säulen kann man im Museum für Antike in Duschanbe bewundern. Es erinnert mit seiner ionischen Form an griechische Tempel. Vieles ist unter einer dicken Lehmschicht verborgen. Unweit der Tempelreste fallen systematisch angeordnete **Steinreihen** auf – das ist vermutlich die Siedlung gewesen, in der die dem Tempel dienenden Menschen wohnten.

Ein einsamer **Wachturm** ragt südlich am Stacheldrahtzaun auf. Etwa fünf Kilometer westlich liegt ein Grenzposten mit einem ständig besetzen Wachturm. Die Aufmerksamkeit des Militärs vor Ort gilt jedoch eher der afghanisch-tadschikischen Grenzlinie.

■ Der Weg zum Tempel

Die Anreise zum Oxus-Tempel ist dreifach mühevoll. Zum einen muss man eine dreistufige Anmeldeprozedur durchlaufen:

► Bestätigung vom **OVIR Duschanbe** einholen, dass man das Recht hat, sich im Grenzgebiet zu Afghanistan aufzuhalten (→ S. 131).

► In Shahr-i Tuz die **Garnison der Grenztruppen** aufsuchen, die sich unweit der nordöstlichen Einfahrt in die Stadt am Ufer des Kafirnihon befindet, dort die Bestätigung vorlegen und um Erlaubnis und einen Begleiter bitten. Achtung! Ein Platz im Fahrzeug muss also für jenen frei sein.

► Mit diesem uniformierten Begleiter in Richtung Shahr-i Tuz fahren und sich vor der Besichtigung der Ruine beim vorgelagerten Grenzposten **Takht-i Kuwad** anmelden. Hier bekommt man einen weiteren (!) Begleiter gestellt. Das ist insofern von Vorteil, da dieser genau erklären kann, wo man die Ruinen findet. Dieser Begleiter samt Gewehr quetscht sich jetzt noch mit ins Fahrzeug – und endlich nähert man sich dem Ziel.

Zum anderen ist natürlich fast nichts ausgeschildert. Auch der erste uniformierte Begleiter muss nicht zwangsläufig Bescheid wissen. Man verlässt also Shahr-i Tuz wieder Richtung Nordosten, überquert den Kofarnihon und biegt am ersten Kreisverkehr nach rechts (Süden) ab. Dann geht es reichlich 20 Kilometer durch die Dörfer, immer nach Süden, die schroffe, etwa 1000 Meter aus der Ebene aufragende Bergkette Kaypiaztau/Teshiktash zur Linken. Etwa zwei Kilometer nach dem letzten Dorf erblickt man verwundert ein großes Präsidentenplakat inmitten verlassen aussehender Weinstöcke, hier fährt man links, dann wieder rechts. Am nächsten Scheideweg steht tatsächlich ein Wegweiser: Takht-i Sangin nach links. Dann wieder parallel zur Bergkette. Wenn der Asphalt aufhört, folgt man immer der Trasse, die am meisten befahren aussieht – es geht jetzt durch steinige Berge und nach links über einen kleinen Pass. Eine großartige Aussicht auf den Amu-darya und Afghanistan auf der anderen Seite – und dann quält sich das Auto nach unten, dort geht es rechts zur Anmeldung am Posten.

Zu guter Letzt ist die Straße auf den letzten zehn Kilometern nicht mehr asphaltiert, sehr steinig und an einem Stück auch relativ steil, sodass ein Fahrzeug mit Allradantrieb von Vorteil ist. Es wurden zwar auch schon alte Opel hier beobachtet, aber man sollte es besser nicht darauf ankommen lassen. Ein Lada Niva ist gut, auch Hyundai Starex hat sich bewährt – letztere gibt es in Qurghonteppa am Busbahnhof oder am Markt.

Tipp: Den sehr netten Marshrutka-Fahrer Hakim fragen, er kennt den Weg und spricht sowohl Russisch als auch Tadschikisch, was unterwegs von Vorteil ist, wenn man nach dem Weg fragen muss (Tel. +992/93/5855680). Für 100 Dollar fährt er an einem Tag von Qurghonteppa nach Takht-i Sangin, zu den Quellen von Chilu-chor Chashma und zum Mausoleum von Khoja Mashhad. Man kann auch bei ihm übernachten – sein Haus steht in **Sarband** nordöstlich von Qurghonteppa.

Armreifen aus dem Oxusschatz

▲ Karte S. 372

Der Oxus-Schatz

Unter Archäologen und Historikern ist der Oxus-Tempel besonders durch den Oxus-Schatz (auch Amu-darya-Schatz) bekannt geworden. Die Geschichte dieses Schatzes liest sich wie ein Kriminalroman. Gefunden wurde er von Einheimischen im Jahr 1877. Im gleichen Jahr erwarb eine Gruppe von Kaufleuten aus Buchara den Schatz, offenbar mit der Absicht, ihn in Britisch Indien zu verkaufen. Auf dem Weg nach dort wurden die Kaufleute zwischen Kabul und Peshawar von Räubern überfallen und gefangengesetzt. Dem britischen Captain F. C. Burton, bevollmächtigter Vertreter der Zivilverwaltung der angrenzenden Gebiete des Empires in Afghanistan, gelang es, die Männer zu befreien. Er konnte sogar die Rückgabe des Schatzes erwirken, wofür die Kaufleute ihm aus Dankbarkeit einen Armreif verkauften. Dieser befindet sich heute im Victoria and Albert Museum in London. Die Händler setzten ihren Weg nach Ravalpindi fort und veräußerten dort den Rest des Schatzes. Diese 180 exquisiten Gold- und Silbergegenstände und außerdem zahlreiche Münzen gelangten schließlich in die Hände des Kunstkenners und -sammlers Sir Augustus Wollaston Franks, Direktor der Antikenabteilung des British Museum, der sie 1897 dem Museum übereignete. Hier werden sie seit 1900 ausgestellt. Unter ihnen befinden sich ein identischer Armreif zu dem oben erwähnten, eine 19,5 Zentimeter lange Komposition aus zweirädriger Kutsche mit vier Pferden samt Kutscher und Fahrgast (www.britishmuseum.org), diverse Tierfiguren und Miniaturbüsten, Schmuckketten, Siegel, ein zierlicher Vogelanhänger und ein wunderschöner goldener Armreifen, dessen Enden in Greifenköpfen auslaufen. Letzterer ist typisch für den höfischen Kunststil im Persien der Achämeniden. Ähnliche Armreife sind auch auf Reliefs aus Persepolis abgebildet. Xenophon beschrieb, dass solche Armbänder Ehrengeschenke des persischen Königs waren.

Die Funde stammen ursprünglich nicht nur aus dem alten Persien, sondern aus verschiedenen Großräumen Eurasiens und aus unterschiedlichen Epochen, manche sind älter als der Oxus-Tempel selbst. Auch griechische, indische und skythische Einflüsse sind erkennbar – das alles legt die Vermutung nahe, dass der Tempel ein besonderes kulturell-religiöses Zentrum war und seine Besucher aus den unterschiedlichsten Himmelsrichtungen kamen.

Sehr wahrscheinlich war der Tempelschatz ursprünglich größer, und der heute als Oxus-Schatz klassifizierte Fund ist nur ein Teil davon. Man wird wohl nie herausfinden, wie groß der Gesamtschatz war und in welche Kanäle und Sammlungen der Rest geflossen ist. Eine Rückgabe des Schatzes an Tadschikistan ist unwahrscheinlich, da nicht zweifelsfrei nachgewiesen werden konnte, wo er genau gefunden wurde. Favorisiert wird der Fundort Takht-i Kuwad, etwa fünf Kilometer westlich von Takht-i Sangin am tadschikischen Ufer des Panj gelegen. Definitiv aus Takht-i Sangin stammen einige der spektakulärsten Artefakte, die auf dem Gebiet des heutigen Tadschikistan gefunden wurden. Sie können im Museum für Antike und im Nationalmuseum in Duschanbe angesehen werden: filigrane Figuren aus Keramik, Münzen, Messer- und Schwertgriffe aus Elfenbein mit kunstvollen Eingravierungen.

Nachlesen kann man das alles in: Igor R. Pitschikjan: Oxos-Schatz und Oxos-Tempel. Achämenidische Kunst in Mittelasien, 1992.

Schutzgebiet Tigrovaya Balka

Die ›Tigerniederung‹ ist das älteste und neben dem Tadschikischen Nationalpark wohl bekannteste Schutzgebiet (Zapovednik) Tadschikistans. Sie liegt etwa 50 Kilometer südlich von Qurghonteppa und erstreckt sich bis zur afghanischen Grenze, wo sich der Vakhsh mit dem Panj vereint. Von hier sind es noch etwa 40 Kilometer bis ins afghanische Kunduz.

Das Territorium (50 000 Hektar) mit einem Landschaftsmosaik aus Auenwäldern, Wüste, Hügelland und zehn Seen beheimatet eine Vielfalt an Vögeln und Wildtieren. An lauen Sommerabenden soll man hier das schaurige ›Lachen‹ der Hyänen hören können. Größer sind aber die Chancen, Schakalen zu begegnen. Außerdem bietet das Schutzgebiet einen Lebensraum für Buchara-Hirsche, Uriale, Kropfgazellen, Rohrkatzen und Stachelschweine. Der namensgebende Tiger ist jedoch seit den 1950er Jahren ausgerottet. Das Gebiet ist als Vogellebensraum von besonderer Bedeutung (Important Bird Area) und durch die Organisation BirdLife International anerkannt. Die heimischen Fischarten sind wegen der Ausbreitung der ursprünglich aus China stammenden Schlangenkopffische und der gestörten hydrologischen Verhältnisse selten geworden. Das Schutzgebiet eignet sich sehr gut zur Vogel- und Wildtierbeobachtung (→ S. 34 und 39) und stellt das letzte zusammenhängende Flussauenwaldgebiet Tadschikistans dar. Durch das Ausbleiben der Überschwemmungen, verursacht durch den flussaufwärts gelegenen Norak-Staudamm und den seit Jahren andauernden illegalen Holzeinschlag, ist das Gebiet jedoch stark beeinträchtigt. Dennoch, oder vielleicht gerade deshalb kann man das formal streng geschützte Areal nur mit Genehmigung aus Duschanbe besichtigen. Außerdem braucht man eine Genehmigung der zentralen Meldebehörde OVIR (→ S. 131) für den Aufenthalt im grenznahen Gebiet.

Tigrovaya Balka kann man entweder an einem langen Tagesausflug von Duschanbe aus besuchen, besser ist jedoch, eine Übernachtung in der Nähe einzuplanen, um mehr Zeit zu haben. Es gibt auch die Möglichkeit, im Schutzgebiet selbst zu übernachten (gegen ein kleines Trinkgeld an den Ranger), zum Beispiel in der

Wildhüter und Touristen beobachten Schraubenziegen

Karte S. 372

Korolevskaya, der königlichen Datscha. Diese Unterkunft entspricht ihrem Namen jedoch leider nicht, man übernachtet hier unter einfachsten Bedingungen. Schlafsack, Isomatte und natürlich Fernglas sollten mitgebracht werden, ideal ist auch ein Moskitonetz, denn hier im Süden des Landes befindet man sich im Malariarisikogebiet. Um auf den Wegen im Schutzgebiet voranzukommen, benötigt man mindestens einen Lada Niva. In einem kleinen **Museum** am Eingang kann man sich über die Tierarten des Schutzgebietes informieren.

i Tigrovaya Balka

Genehmigung für das Schutzgebiet: State Agency for Natural Protected Areas, Duschanbe, Druzhba Narodov 64, im grünen Hof unterhalb des russischen Friedhofs, Tel. +992/(8)722/261243; ca. 5 Dollar pro Person und 5 Dollar pro Fahrzeug je Aufenthaltstag.

Gemeindebasierte Naturschutzgebiete

Biologen und Tierschützer wissen zu berichten, dass die Erlebnisse in staatlichen Schutzgebieten wie Tigrovaja Balka, Dasht-i Jum, Tadschikischer Nationalpark (Pamir) eher verhalten sind und man nur im Ausnahmefall größere Tiere zu Gesicht bekommt. Sicher hat das vor allem damit zu tun, dass es nur sehr wenige Wildhüter gibt, die diese großen, unübersichtlichen und schwer zugänglichen Territorien nicht wirksam vor Wilderern schützen können. Zudem ist die Bezahlung dieser Ranger so miserabel, dass sie nur in Ausnahmefällen wirkliches Interesse an einer ausgezeichneten Arbeit im Naturschutz haben. Als weit wirksamer hat sich ein anderes Konzept erwiesen, das am Anfang sehr umstritten war und es bei den meisten Behörden immer noch ist: Die Einrichtung kleinerer, überschaubarer gemeindebasierter Schutzgebiete an sogenannten Hotspots, wo es noch seltene Tiere wie Marco-Polo-Schafe, Schraubenziegen, Steinböcke, Hyänen, Bären, ja gar Schneeleoparden gibt. Ehemalige Wilderer werden von international anerkannten Experten zu Wildhütern umgeschult. Anschließend werden zuerst die Bestände stabilisiert und dann, wenn sie groß genug sind, wenige Exemplare pro Jahr per käuflich zu erwerbender Lizenz für Jäger aus dem Ausland zum Abschuss freigegeben. Hierbei handelt es sich um alte Böcke von Steinbock, Marco-Polo-Schaf und Schraubenziege sowie um Wölfe und Bären. Die Wildhüter arbeiten dabei als Jagdführer. Ein Teil des Erlöses geht an den Staat, der überwiegende Teil verbleibt in den entsprechenden Gemeinden und wird für soziale Zwecke eingesetzt.

Man hält sich streng an die Jagdzeiten, der Schutz ist effektiv, die Bestände haben sich so weit vergrößert, dass man die Tiere in der Natur erblicken kann. Die Fluchtdistanzen haben sich verkleinert. Diesen schönen Erfolg nutzend, bieten die Gemeinden jetzt auch außerhalb der Jagdzeit, also zur besten Reisezeit von

Urial im Schutzgebiet

Frühjahr bis Spätsommer, Touren an. Zielgruppen sind ›nichtschießende Naturliebhaber‹: Aktivtouristen, Tierfreude, Ornithologen, Fotografen. In den Dörfern wurden Gästehäuser eingerichtet, Übernachtung und Verpflegung sind ländlich rustikal und sehr nah am Leben. Die Wildhüter begleiten die Gruppen, es gibt Reit- und Packtiere.

Zwei dieser Schutzgebiete, beide ganz neu, kann man in den Bergen westlich, nördlich und nordöstlich von Qurghonteppa besuchen. Das Gebiet **Obi Safed** befindet sich in den Aruktoy-Bergen unweit von Ganchina, ein Teilstück des Gebietes liegt jenseits der Straße nach Duschanbe bei Ob-i Kiik. Diese Territorien wurden ausgewählt, weil es die letzten Rückzugsorte für Hyänen in Tadschikistan sind. Ein weiteres interessantes Schutzgebiet heißt **Sarsarak** und befindet sich in den gleichnamigen Bergen südwestlich des Stausees von Norak.

Information und Buchung: www.tajwildlife.ord, tourism@tajwilflife.org.

Pistazienreich

Zwischen Qurghonteppa und Danghara erstreckt sich ein bergig-welliges Gebiet, das trotz seiner Kargheit eine ganz eigenartige Schönheit ausstrahlt. Grün ist es hier nur im Frühjahr, danach versiegen die Niederschläge und die meisten Wasserläufe aus den Bergen, Staub legt sich über die Landschaft. Ein gelbbrauner Teppich bedeckt alles, Viehherden wie Autos ziehen gleichermaßen lange Staubfahnen hinter sich her. An die trockenen, sonnigen Hänge klammern sich knorrige, auslandende Pistazienbäume. Im September wird die Ernte an an der Straße verkauft: kleine, geröstete und leicht gesalzene Schätze, mühevoll von Hand gesammelt. Am **Heiligtum Okmazor** sind immer mehrere Stände aufgebaut. Außer Pistazien und Kurut werden am Straßenrand mancherorts auch Brotbacköfen verkauft. Die wenigen Dörfer passen sich farblich der Landschaft an und sind eigentlich nur an der bunten Wäsche zu erkennen, die an Leinen zwischen den einstöckigen Lehmbauten flattert. Wer weiß, vielleicht zieht schon bald ein bescheidener Wohlstand hier ein. Das Gebiet bei Mehrvar/Sargazon ist als Teil der Sonderwirtschaftszone Danghara ausgewiesen, eine Chemiefabrik hat sich schon niedergelassen.

Die gelben Hügel von Danghara

▲ Karte S. 372

Der Osten des Gebiets Khatlon

Die meisten Reisenden werden dieses Gebiet nicht um seiner selbst willen aufsuchen, sondern es für die Durchreise in den Pamir wählen – hier führt die zwar etwas längere, aber wegen der besseren Straße nicht so zeitaufwändige Südroute entlang. Aber auch diese Region hat einiges zu bieten, und man kann durchaus, auch wenn man nur auf der Durchreise ist, hin und wieder einen Halt einlegen.

Von Duschanbe bis Kulob fährt man etwa 200 Kilometer auf einer überwiegend sehr guten bis guten Straße. Sie führt zuerst über Vahdat, durch Weinberge, dann in Serpentinen nach oben, durch einen neuen 4,5 Kilometer langen Tunnel bis **Norak** (Nurek). Hier sollte man nach links etwas vom Weg abweichen, durch Norak mit seinem riesigen Lenin-Denkmal fahren und am Ortsende einen Zwischenstopp am Fuß des 310 Meter hohen Staudammes einlegen (→ S. 154). Wieder auf der Hauptstraße, geht es abermals nach oben und durch einen Tunnel. Wenn man diesen verlassen hat, fährt man ein paar Kilometer oberhalb des 70 Kilometer langen **Stausees von Norak** entlang, mit einer beeindruckenden Aussicht auf den Südteil desselben. Etwa einen Kilometer hinter dem Tunnel lädt ein Parkplatz mit Aussichtspunkt und zahlreichen Garküchen und Verkaufsständen ein. Je nach Jahreszeit werden hier frische Wildzwiebeln, Pilze und Kräuter der umliegenden Berge, frische und getrocknete Früchte angeboten – die Verkäufer sind oft Kinder.

Weiter geht es auf der besten Straße Tadschikistans, nicht von ungefähr, denn östlich von der Straße liegt Danghara, der Geburtsort des Präsidenten. Ein kleiner Umweg über den Ort zeigt heftigen Bauboom. Gebaut wird nicht nur hier, die Bevölkerung wächst, und das Baumaterial liegt den Leuten zu Füßen. Allerorten sieht man Lehmhügel, die für Ziegelherstellung abgetragen werden, überall wachsen neue Lehmhäuser aus dem Boden. Das flachgewellte Land entlang der Wasserläufe ist dichtbesiedelt, weiter oben in den Hügeln sieht man nur Hirten mit ihren bunten Herden aus Kühen, Schafen und Ziegen.

Hügellandschaft bei Danghara

Temurmalik und die grünen Hügel

Wolfgang Holzwarth

Der Kreis Temurmalik liegt zwischen Danghara und Kulob. Der gleichnamige Haupt- und Verwaltungsort liegt im Tal des ›Roten Flusses‹ (usbekisch: Qizilsu, tadschikisch: Surchob oder Surkhob); der Ort hieß bis 1953 Qizilmazor (›Roter Schrein‹), danach bis 2003 Sovyet. Seitdem heißt der Hauptort (und somit auch der zugehörige Landkreis) Temurmalik – und trägt damit den Namen eines tadschikischen Volkshelden aus der Zeit der mongolischen Eroberungen im 13. Jahrhundert. 2010 zählte der Kreis etwa 60 000 Einwohner, davon lebten rund 10 000 im Hauptort. Im Tal des Roten Flusses und im links und rechts angrenzenden Hügelland siedeln Tadschiken (2010 etwa 40 000) und Usbeken (2010 etwa 20 000). Viele Tadschiken wurden in sowjetischer Zeit aus den angrenzenden Bergregionen hierher umgesiedelt.

Noch um 1910 beschäftigten sich die usbekischen Gruppen, etwa die Laqay und die Qarluq, vorwiegend mit Viehzucht (Pferde- und Schafzucht), und die hier ansässigen Tadschiken eher mit Ackerbau, der aufgrund günstiger Niederschläge im Hügelland in Höhen von 700 bis 1200 Metern auch ohne künstliche Bewässerung gute Ernten bringt. Nicht nur Getreide, sondern auch Leinsaat, Kichererbsen, Melonen und sogar Weintrauben gedeihen hier im Regenfeldbau (*lalmi*). Bewässerte Landwirtschaft gibt es in nennenswertem Umfang nur im Talbecken des Qizilsu. Heute ist die wirtschaftliche Spezialisierung der ethnischen Gruppen nicht mehr so stark ausgeprägt wie einst, wiewohl man immer noch große Viehherden eher in usbekischen als in tadschikischen Dörfern findet. Seit den 1990er Jahren ist die Arbeitsmigration (vor allem nach Russland) zur Haupteinkommensquelle der ländlichen Bevölkerung geworden, wie an so vielen Orten in Tadschikistan.

Überweisungen aus Russland subventionieren ein Dorfleben, das auf den ersten Blick sehr traditionell und gemächlich anmutet und vom Rhythmus der morgens zur Weide in die Hügel getriebenem und nachmittags von dort zurückkehrenden Schafe, Ziegen und Kühe bestimmt wird. Truthähne und Esel gehen ihre eigenen Wege. Die Esel dienen den Kindern als Reit- und Lasttiere, wenn es Trinkwasser aus Brunnen und Quellen für ihre Höfe herbeizuschaffen gilt.

Reiten und Ringen

Wer es sich erlauben kann, hält und züchtet auch Pferde. Es handelt sich dabei um eine Rasse von Bergpferden, eigentlich Ponys, die bis etwa 1940 ›Laqay-Pferd‹ hieß und heute – nach diversen Einkreuzungen – als tadschikisches Pferd bezeichnet wird. Diese Pferde kommen als Reittiere sowie bei Wettkämpfen wie Pferderennen und ›Ziegenziehen‹ (*buzkashi*) zum Einsatz. Letzteres ist ein Reiterkampf, der in alten Zeiten der Vorbereitung auf Raubzüge und Kriege diente – eine Art Militärtraining ohne Kasernen und Kommandos. Es geht dabei darum, den Kadaver einer Ziege anderen Kämpfern zu entreißen und in einen Kreis zu werfen. Ellbogen und Reitpeitsche können nach Belieben eingesetzt werden. Sieger in diesem ›Sport für echte Männer‹ gewinnen neben den ausgelobten Preisen (das kann auch schon einmal ein Gebrauchtwagen sein) großes Ansehen. Der Marktwert für Pferde, die sich in diesem Härtetest bewähren, kann auf über 50 000 Dollar steigen, was wiederum Pferdezucht und -sport zu einem recht einträglichen Geschäft macht (→ auch S. 297).

Ein anderer Volkssport ist das Ringen. Aus dem Kreis ist mit Saidmumin Rahimov sogar ein Ringkampfweltmeister hervorgegangen (1975 im Sambo-Ringen), dem sein Heimatdorf ein Denkmal setzte. Leidenschaftliche Reiterwettkämpfe und Ringkämpfe spielen in den Feiern zu Beginn des Frühlings (Navruz) – aber nicht nur dann – eine besondere Rolle in der Region (→ S. 92).

Tourismus

In den Dörfern um Temurmalik möchte man gern in den Ökotourismus einsteigen. Man hat auch alle Voraussetzungen dafür: idyllische Dörfer, eingebettet in eine schöne Landschaft aus sanften Hügeln und Bergen, die besonders zwischen Anfang März und Ende Mai üppig grün und voller Blumen und Kräuter sind. Man möchte neugierige Reisende zu Entdeckungstouren zu Fuß, zu Pferd oder auch auf dem Esel einladen.

Eine Teilnahme am Alltag der hier lebenden Menschen kann zeigen, wie man dünne Fladenbrote oder kräutergefüllte Teigtaschen bäckt, wie man schmackhafte Kräutersuppen und Reisgerichte zubereitet oder wie man Joghurt herstellt. Man kann melken und reiten lernen oder beim Abbau des Steinsalzes an einem Felsabbruch am Schrein von Khoja Sartez zusehen. Die Männer kommen mit Eseln hierher und graben das Salz mit Meißeln und Schaufeln aus den Steilhängen. Wem das alles zu viel ist: Auch einfach nur über die Hügel spazieren, den Hirten zuschauen und vor sich hin träumen ist möglich.

Die Unterbringung erfolgt im Kurheim (Sanatorium) der Kreisstadt Temurmalik oder/und bei Familien, die lernen wollen, wie Tourismus beiden Seiten Freude und Nutzen bringt. Wem dieses Konzept gefällt, der kann sich bei **Rustam Abdunazarov** melden (Tel. +992/90/1071978, rustam-0878@mail.ru). Rustam kann maßgeschneiderte Aufenthalte inklusive Touren bis zu drei Wochen in diesem vom Tourismus noch völlig unberührten Gebiet – sowie in den angrenzenden Bergregionen – organisieren.

Die beste Reisezeit ist von Mitte September bis Mitte November und von Mitte Februar bis Mitte Mai. Die Sommermonate sind sehr heiß und auch wegen Schlangengefahr in den Hügeln nicht zu empfehlen. In den Sommermonaten kann Rustam jedoch Touren in die angrenzenden, kühleren Bergregionen organisieren.

Wer Temurmalik auf eigene Faust entdecken will, sollte wissen, dass in diesem Gebiet – anders als etwa im Pamir –bislang nur wenige Leute Englisch sprechen. Sammeltaxis, die nach Temurmalik fahren, sind in Duschanbe am Nordende des Basars ›Sahovat‹ zu finden. In Temurmalik gibt es in der Nähe der Kreisverwaltung eine Behörde für ›Jugend, Sport und Tourismus‹, deren Leiter, Asliddin Gadoev, Englisch und Deutsch spricht.

Wolfgang Holzwarth ist *ein historisch arbeitender Ethnologe und Iranist am Orientalischen Institut der Universität Halle-Wittenberg. Seit 2013 forscht er zum Thema ›Geschichte und Kultur Süd-Tadschikistans seit dem späten 19. Jahrhundert‹.*

Geschichte wird restauriert

Hulbuk

Die Region um Kulob, ein fruchtbares, von kleinen Flüssen durchzogenes Hügelland zwischen den Bergketten Hazratishoh und Vakhsh, ist schon seit langer Zeit besiedelt. Einfache Werkzeuge aus der Stein- und Bronzezeit fand der Archäologe Muzaffar Azizov. Zahlreiche Dynastien wechselten hier in den letzten 3500 Jahren einander ab. Ein Höhepunkt der Siedlungsgeschichte war das 9. bis 11. Jahrhundert, als Hulbuk im Rahmen des Großreichs der Samaniden die Hauptstadt des relativ selbständigen Reiches von Khuttal oder Khuttalon (heute Khatlon) war.

Hulbuk, jetzt Qurbonshait, ist auch heute noch ein Höhepunkt der Reise durch dieses Gebiet. In der Mitte des Ortes nördlich der Hauptstraße fällt die rekonstruierte **Zitadelle** mit der Residenz der Herrscher von Hulbuk sofort ins Auge. Man sollte unbedingt anhalten und sich diese Stätte ansehen. Wenn man großes Glück hat, übernimmt der Direktor des kulturhistorischen Denkmals Hulbuk, Dr. Abdullo Rajabovich Khojaev, selbst die Führung. Er kann stundenlang interessante Geschichte(n) erzählen, und man merkt ihm an, dass dieser Ort und seine Historie untrennbar mit seinem Leben verbunden sind. Seit 1978 gräbt, forscht und schreibt er hier und kämpft um die Erhaltung dieses bedeutenden archäologischen Komplexes für die Nachwelt. Leider wurden bei der Rekonstruktion Teile der historischen Struktur zerstört und Stahlbeton und untypische Ziegel eingesetzt.

Kontakt: Dr. Abdullo Rajabovich Khojaev, Direktor des kulturhistorischen Denkmals Hulbuk, Tel. +992/90/8001708, +992/90/6667766.

Vozé

Südlich und nördlich der Straße Qurbonshait–Kulob ragen zwei Berge ziemlich abrupt aus der Ebene auf. Sie bestehen aus schierem Salz und heißen **Khoja Sartez** und **Khoja Mumin**. Letzterer liegt südlich der Orte Qurbonshait und Vozé und ist mit seinen 1334 Metern von der

▶ Karte S. 372

Festung Hulbuk aus gut zu erkennen. Die Salzberge wurden schon von Marco Polo in seinen Aufzeichnungen erwähnt, der meinte, dieses Salz würde wohl für die ganze Welt bis ans Ende ihrer Tage ausreichen. Vorsichtige geologische Schätzungen gehen mittlerweile von 50 Milliarden Tonnen Salz aus.

Zu sowjetischen Zeiten war Vozé bekannt für seine Rekord-Baumwollernten von bis zu 45 Zentner pro Hektar, die der hiesige Kolchos erbrachte und für die er mit dem Leninorden ausgezeichnet wurde. Die Baumwolle war der Grund, warum das Gebiet wieder besiedelt wurde. Vor dem Einzug der Sowjetmacht in Süd-Tadschikistan war die Gegend kaum bewohnt, einige Orte waren Wüstungen, die Bewohner hatten sich – wie die von Hulbuk – in die Berge zurückgezogen. Dann jedoch wurden viele Bewohner der Bergregionen zwangsweise im Tiefland angesiedelt, um das ›weiße Gold‹ anzubauen.

Anschaulich kann man die Bevölkerungsentwicklung an der größten Stadt des Gebietes, Kulob, erkennen: 1926 lebten hier etwa 3000 Menschen, jetzt hat sich die Bevölkerung verdreißigfacht!

Absichtlich mal vom Weg abkommen

Zwischen Vozé und dem gänzlich unbesiedelten Dasht-i-Jum-Naturreservat erstreckt sich ein Gelände, das kaum jemand außer den Einwohnern und ein paar Jägern je besucht hat. Die Grenzlage zu Afghanistan macht eine Sackgasse aus diesem ohnehin schon zerklüfteten, schwer zugänglichen Land. ›Asphalt‹ ist ein Fremdwort.

Ein Abstecher lohnt sich für jene, die bereit sind, für die Beobachtung seltener Tiere gewisse Opfer zu bringen. Im privaten **Schutzgebiet Morkhur** südöstlich von Sar-i Chashma kann man mit etwas Glück die extrem seltenen Markhore (Schraubenziegen), Buchara-Uriale und Bären sehen. Der Preis sind Pisten, die Fahrern den Angstschweiß auf die Stirn treiben und im Feinstaub förmlich versinken. Doch für diese eindrucksvolle Landschaft mit ihren Bewohnern lohnt es sich. Zu letzteren sind außer den Tieren auch die liebenswerten Menschen in **Navobod** und den winzigen Weilern südlich davon zu zählen. In diesen abgeschiedenen Bergdörfern, die malerisch in Obsthaine

Der Direktor von Hulbuk

Frauen in Navobod

eingebettet sind, leben Menschen, für die schon ein Ausflug nach Kulob eine Weltreise darstellt. Begegnungen mit Ausländern sind für sie gänzlich ungewöhnlich. Man wird außerordentlich herzlich empfangen und bekommt oft spontan Obst über den Flechtzaun gereicht. Das Naturschutz- und Jagd-Projekt verhilft vielen von ihnen zu bescheidenem Wohlstand und macht die Versorgung der Dörfer mit Trinkwasser möglich. Übernachtungsmöglichkeiten findet man in **Guliston-Obiyo** und in den Häusern der Wildhüter in den Bergen und im Tal des Flüsschens Spilhu, zum Beispiel in **Kavok**. In einem der kleinen Seitentäler des Flusses gibt es auch ein einsam gelegenes, ganz neues Gästehaus für stille Zwiesprache mit der Natur.

Über das Tal des Spilhu, der in den Panj mündet, kann das Gebiet relativ bequem wieder verlassen werden, wenn der Fluss nicht gerade viel Wasser führt. Die anschließende Fahrt am hier schon sehr breiten **Panj** und der afghanischen Grenze entlang ist ein Erlebnis. Allerdings bleiben einem auch hier Staub und Gerumpel nicht erspart, denn ab **Bahor** geht es über ein nur schlecht als Straße getarntes Trockental zurück nach Sar-i Chashma. Diese Strecke ist etwas komfortabler als die Anreise über Navobod. Für beide Strecken wird ein sehr guter Geländewagen benötigt. Kratzer im Lack sind nicht zu vermeiden, man fährt durch dorniges Gestrüpp. Gepäck sollte gut abgedeckt, empfindliche Ausrüstung in einem luftdichten Beutel verpackt werden, ein Staubfilter für das Gesicht (ein Tuch tut's auch) ist von Nutzen.

Anreise: Eine Abholung aus Vozé oder Sar-i Chashma ist sinnvoll, in diesem Gelände kann man sich nur verfahren. Vorherige Anmeldung und Preisabsprache über www.tajwildlife.com, tourism@tajwildlife.com wird empfohlen. Achtung: Grenzgebietsgenehmigung notwendig! (→ S. 131).

Guliston-Obiyo

Gästehaus in Guliston-Obiyo: Tuychi Ikromov: +992/98/ 8345955, morkhur@mail.ru, Tyuchi und seine Tochter Dilnoza sprechen Englisch. Dilnoza und ihre Schwestern zeigen den Gästen gern das Dorf und ihre Schule.

Karte S. 372

Hulbuk. Zwei Stunden mit Dr. Abdullo Rajabovich Khojaev

Unser Opel hält mit quietschenden Bremsen in Qurbanshait. Die Festung haben wir sofort erkannt, sie sieht aus wie das Modell im Nationalmuseum in Duschanbe, ringsherum ein großer Garten. Das schmiedeeiserne Tor ist geschlossen, aber im Garten arbeiten drei Menschen, ein Mann im schwarzen Mantel, eine Frau und ein Mädchen mit bunten Kopftüchern. Ich suche mir eine gute Fotoposition aus und mache ein paar Bilder. Als ich zurückkomme, ist das Tor geöffnet, und der Mann im mehrfach geflickten schwarzen Mantel schaut einladend auf meine Begleiter und mich. Meine Frage, ob geöffnet ist, beantwortet er mit einem lächelnden Nicken. Dann stellt er sich vor: »Abdullo Rajabovich Khojaev, Kandidat der Wissenschaften, Direktor des staatlichen kulturhistorischen Schutzgebietes Hulbuk, Autor von sieben Büchern – in welcher Sprache soll ich mit Ihnen sprechen?« Über unsere Antwort – Russisch – freut er sich, auch wenn er nach vielen Wörtern suchen muss. Er lebt in einer Umgebung, in der nur noch tadschikisch gesprochen wird, und die wenigsten der 8000 Besucher im Jahr sprechen Russisch. Aber Englisch wäre auch im Angebot gewesen!

Er führt uns langsam durch den schönen Garten und erzählt: von der Seidenstraße und den drei Reichtümern Khuttalons – dem Salz der beiden riesigen Salzberge, dem Gold, das unweit von hier abgebaut wurde, und schließlich der Baumwolle, die in den Flussauen optimale Wachstumsbedingungen findet und deswegen seit 1929 forciert angebaut wird. Er erzählt auch von den Menschen, die hier während der Bronzezeit siedelten, Zoroastrier waren und sich Arier (Oriyon) nannten. Von deren Sonnenkult und dem Sonnenrad, der Swastika. Genau in diesem Moment sind wir am großen Tor zur Festung angekommen, und Herr Khojaev macht uns auf die Swastiken aufmerksam, die den Torbau schmücken. Er weiß um die Bedenken, die man in Deutschland wegen dieser Hakenkreuze hat und geht mitfühlend darauf ein. »Sehen Sie, diese Symbolik ist uralt. Die eigentlichen Arier mit ihrem Symbol des Sonnenrades sind ja nicht daran schuld, was ein gewisser Herr Hitler dann aus ihnen gemacht hat. Sie huldigten den vier Elementen Sonne beziehungsweise Feuer, Erde, Wasser und Luft. Wenn Sie so wollen, stellen die vier Ecken der Swastika genau diese Elemente dar. Diese Menschen hatten große Achtung vor der Erde, auf der sie lebten, und gingen sehr behutsam mit ihr um. Ihre gesamte Symbolik drückt das aus.« Er reicht mir einen großen Schlüssel und deutet mit dem Kopf auf das dicke Schloss am Tor. »Schließen Sie auf – Hulbuk gehört Ihnen.«

Ich schließe das Schloss auf und drücke gegen das große Holztor mit den schönen Schnitzereien, das sich mit einem Knarren öffnet. Innerhalb der rekonstruierten Außenmauer ist alles noch originalgetreu erhalten. Darauf legt Dr. Khojaev Wert. »Mein Reich endet hier«, er deutet auf die Mauer, »fast alles andere habe ich seit 1978 ausgegraben.«

Und das ist viel. Nachdem bereits 1951/1953 der sowjetische Archäologe Boris Litvinskiy mit der Erforschung von Hulbuk begonnen hatte, wurden ab den späten 1970ern die Grundmauern von drei Verteidigungswällen samt den dazugehörigen Toren freigelegt, die Mauern von Moschee, Verwaltungsgebäude und einem Wächterhaus, Fußböden aus wabenförmigen Ziegeln, darunter eine Fußbodenheizung, die über Keramikrohre mit heißer Luft aus dem Wächterhaus beheizt wurden, in dem sich der zentrale Ofen befand. Eine Wasserleitung, die Wasser aus den etwa 20 Kilometer entfernten Bergen lieferte, eine Regenwassersammelanlage und eine Kläranlage, gedeckelte Schächte mit 55 Grad Neigung, die den Müll vor die Festungsmauer beförderten. »Hulbuk hat der Welt den Müllschlucker geschenkt!« freut sich Dr. Khojaev. Es gab einen Empfangssaal und ein Theater mit Herrscherlogen, eine Weinstube mit einem 80-Liter-Behälter, in dem sich unter einem dicken Holzdeckel Reste von Wein bis in die 1980er erhalten hatten! »Die strengen Vorschriften des Islam wurden von den Herrschern nicht allzu ernst genommen - sie waren nur für die Untergebenen bestimmt. Wir haben hier auch Wandfresken gefunden, die Rubob spielende Frauen zeigten.« Er zeigt uns die Reste von Harem, Badebecken, kleinen Separees für das Beisammensein von Gästen des Palastes und Haremsdamen. Zahlreiche Artefakte aus Metall, Glas, Alabaster und Elfenbein wurden aus der lehmigen Erde geborgen, darunter eine Wimpernzupfpinzette in Vogelform und ein sehr ausdruckvoller bronzener Leuchter in Form eines Löwen, der lange in der Eremitage in St. Petersburg zu sehen war und nun wieder in Duschanbe bewundert werden darf. Eine Kopie steht im Nationalmuseum, das Original im Altertumsmuseum. Dort sind auch andere in Hulbuk ausgegrabene Gegenstände zu sehen. Mir fallen die wunderschönen dreidimensionalen Majolika-Wandfliesen ein, die mich im Altertumsmuseum so fasziniert haben.

Dr. Khojaev steht mit uns auf dem höchsten Hügel innerhalb der Umfriedung. Er weist auf die Landschaft ringsum. »Sehen Sie, Hulbuk ist von Westen, Norden und Osten von Bergen umgeben. Im Süden ist - bis auf den Salzberg dort vorn - alles flach. Dort fließt der Panj. Die Eroberer kamen immer von Süden. Alexander der Große kam von da, aber er richtete keinen großen Schaden an. Er hinterließ seine Statthalter in der Gegend und zog weiter in Richtung Pamir. Die Araber kamen auch von da - mit ihnen war es ernster. Sie konnten Hulbuk nicht einnehmen, dreimal kamen sie. Beim dritten Mal zerstörten sie die Wasserleitung, anders konnten sie die Verteidiger der Festung nicht zermürben. Diese sammelten sich und flohen in der Nacht in die Berge. Widerstand hätte den Tod aller bedeutet. Die Bewohner Khuttalons aber wollten überleben, sich und ihre Kultur retten. Das ist ihnen gelungen.«

Der tadschikische Staat hat die Festung von Hulbuk 2003 zum Kulturhistorischen Denkmal erklärt. 2004 wurde mit dem Wiederaufbau begonnen; vorerst ist die Festungsmauer rekonstruiert worden. Einem Wiederaufbau des Innenlebens der Festung steht Dr. Khojaev vorsichtig gegenüber - schließlich gilt es, so viel wie möglich Authentizität zu erhalten.

Wir verlassen die Festung, unser freundlicher Gastgeber schließt das Tor selbst zu. Wir gehen durch den Garten zurück zum Tor und unterhalten uns noch ein wenig. 8000 Besucher sind 2014 hier gewesen, fast 1000 mehr als 2013. Darüber freut sich der heutige Herrscher von Hulbuk. Auch darüber, dass ich ihm verspreche, ihn und sein Lebenswerk im vorliegenden Buch zu erwähnen. Vor dem Abschied bückt er sich und sucht mit den Händen in einem Rosenbusch herum. Strahlend richtet er sich auf und reicht mir - im März! - eine voll erblühte lachsrote Rose, die einen umwerfenden Duft verströmt, einen Duft nach Sommer, Sonne, Seidenstraße.

Childukhtaron

Gestrandet in Kulob, ein Tag Zeit und keine Ahnung, wie sie verbringen? Man sollte unbedingt die Stadt verlassen, mit einer Jacke im Gepäck, und nach Norden in Richtung Hazratishoh-Berge fahren. Schon nach zehn Minuten auf einer guten Straße hat man das staubige Kulob vergessen und fährt durch himmelhohe Hügel mit steilen Flanken immer bergauf. Nach einer Stunde quert man das Städtchen **Muminobod**, von hier geht es weiter durch Felder bis zum grünen **Ghesh**. Das Dorf verlässt man hinter der schönen kleinen, unter riesige alte Bäume geduckten Moschee. Ab hier wird die Straße zur Piste, aber das macht nichts – die Aussicht ist es wert. Eine weitere Stunde rumpelt man ein wildes Flusstal aufwärts, bis zum letzten Ort in diesem Sackgassen-Tal, Childukhtaron. Wenn man diesen vollständig durchquert hat, sieht man das Ziel vor sich aufragen – gesetzt den Fall, der afghanische Sandstum treibt nicht gerade sein Unwesen. Eine unwirkliche Kulisse aus zahnartig gezackten Bergen ragt abrupt hinter dem Dorf auf. ›Die vierzig Töchter‹ – so die Entsprechung von *chil dukhtaron*. Was immer die Mädchen mit den spitzen Mützen zu solch imposanten Bergen hat erstarren lassen – es muss ein großer Schreck gewesen sein.

Eine kleine Wanderung auf etwa 2000 Meter Höhe oder noch ein paar Kilometer Weiterfahrt, bevor die Piste zum Eselspfad wird – man wird sich fragen, warum hier so wenig los ist. In Europa wäre ein solcher Ort längst touristisch vereinnahmt. Hier jedoch — Stille. Man genießt sie eine Weile und kehrt zurück ins lärmige Kulob.

Childukhtaron

Kulob

Etwa 100 000 Menschen leben in der Stadt Kulob (Kuljab, Kulyab) im Osten des Gebietes Khatlon, einer jungen Stadt, die eher an ein großes Dorf erinnert, eingebettet in grüne (ab Juli gelbbraune) Hügel. Ein touristisches Highlight ist sie nicht, aber wer es nicht eilig hat, kann einen Übernachtungsstopp wagen.

Der Ort wurde erstmals im 13. Jahrhundert erwähnt, er lag an der Seidenstraße und war für den Handel mit Salz, Silberschmuck und Gold bekannt. Seit dem Mittelalter war Kulob, inzwischen dem Khanat und dann dem Emirat von Buchara zugehörig und dessen bedeutendste Stadt im Osten, bekannt für sein entwickeltes Handwerk (Seidenweberei, Schmiedekunst und Schmuckherstellung, Tischlerei und Holzschnitzerei, Lederverarbeitung und Töpferkunst) und Handel sowie für sein reges geistiges und geistliches Leben. Es gab hier zahlreiche Schulen und Koranschulen, Literatur- und Wissenschaftszirkel. Das **Literaturmuseum für Mir Said Ali Hamadoni** legt Zeugnis davon ab. Von 17. bis zum 19. Jahrhundert lebten und wirkten in Kulob 40 Poeten.

Wenn man sich heute in Kulob umsieht, entsteht der Eindruck, dass von all den oben aufgezählten Gewerken nichts übriggeblieben ist. Die Stadt ist voll von arbeitssuchenden Männern. Der Handel jedoch blüht nach wie vor,

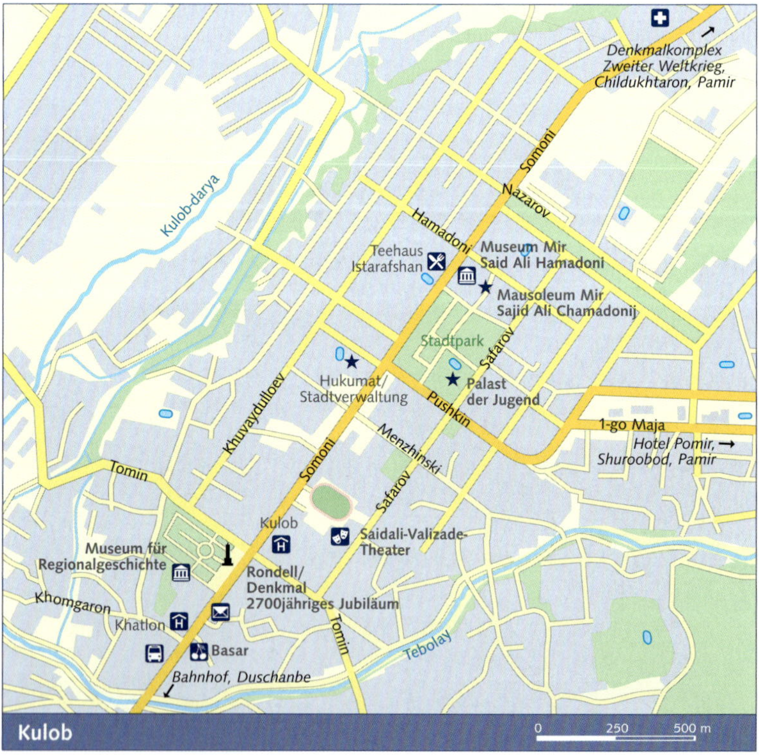

Das Museum für Regionalgeschichte

allerdings nicht mehr mit selbst hergestellten, sondern überwiegend mit chinesischen Waren.

Stadtspaziergang

Das Zentrum von Kulob ist schnell erkundet. Man beginnt den Rundgang am lärmigen **Basar**, gegenüber vom Hotel ›Khatlon‹, das man unter keinen Umständen als Übernachtungsort auswählen sollte, es sei denn, man muss heftig sparen. Man geht auf der Somoni nach Norden und stößt nach etwa 150 Metern auf die Kreuzung mit der Tomin, benannt nach Nikolay Tomin, dem Kommandeur einer Brigade der Roten Armee, die sich hier von 1921 bis 1926 erbitterte Kämpfe mit den Basmachi, den tadschikischen Freischärlern, lieferte. Tomin kam dabei 1924 ums Leben. Trotzdem siegte die Sowjetmacht, Kulob bekam den Status einer sowjetischen Stadt, erhielt in den 1930er Jahren eine Straßen- und Flugverbindung in die Hauptstadt und wurde an das Eisenbahnnetz angeschlossen. Pro Tag kommen/fahren zwei Züge aus/nach Duschanbe und Qurghonteppa, eine Wiedereröffnung des Anschlusses an das internationale Netz ist in Sicht.

An der Kreuzung Somoni/Tomin fällt ein Park mit einem überdimensionalen Rondell auf, das nach ästhetischen Kriterien gebaut wurde, die sich nicht jedem sofort erschließen. Dies ist das **Denkmal für das 2700-jährige Jubiläum der Stadt**, das allerdings historisch nicht belegt ist. Schräg hinter dem Denkmal befindet sich in einem pastellfarbenen sowjetklassizistischen Bau mit schönem säulenverzierten Aufgang das **Museum für Regionalgeschichte**, das mit seiner historisch-ethnografischen Abteilung durchaus einen Besuch wert ist. Weiter oben liegen links das Hukumat, schräg gegenüber der **Stadtpark** mit etlichen Schaschlyk-Ständen und kleinen Cafés. Hier sitzt auch gerne die ältere Generation und spielt Schach oder Karten im Schatten der Bäume. Rund um den Park befinden sich die Fernsehanstalt und die Bildungseinrichtungen der Stadt, unter anderem eine Universität.

Am nördlichen Ende des Parks fällt das **Mausoleum für Mir Said Ali Hamadoni** auf, eines Wissenschaftlers und Denkers aus Persien, der von 1314 bis 1386 lebte und über sechs Jahre in Kulob verbrachte. Er starb in Afghanistan, bestimmte aber testamentarisch Kulob zu seiner letzten Ruhestätte. Das Mausoleum wurde 2008 komplett restauriert und hat von seiner Authentizität einiges verloren. Umso mehr ist es zu einem Ort für Hochzeitsfototermine geworden. Frauen dürfen das Mausoleum nicht immer betreten, können aber unter den bunt verzierten Baldachins daneben warten.

An der Straßenseite des hübschen Parks, der das Mausoleum umgibt, liegt auch das **Museum über Leben und Werk von Mir Said Ali Hamadoni**.

Gegenüber lädt die mit Holzschnitzereien verzierte Veranda des Teehauses **Istarafshan** zum Verweilen ein. Im Teehaus kann auch gegessen werden, wie in fast allen Restaurants in Kulob sind die Speisen *halal*. Den Rückweg von hier sollte man durch den Stadtpark wählen, vorbei am hübschen himmelblauen Gebäude des **Palastes der Jugend** aus der Frühzeit der Sowjetmacht. Die Safarov entlang gelangt man zum **Theater** der Stadt, das den Namen des Dramatikers **Saidali Valizade** trägt. Man trifft dann wieder auf die Tomin, biegt nach rechts ab, kommt am Hotel ›Kulob‹ vorbei und gelangt abermals zum bombastischen Jubiläumsrondell. Wenn man Glück hat, sieht man hinter selbigem einige Kühe weiden und kann angesichts dieses schönen Kontrasts darüber sinnieren, welchem Umstand die Stadt die Ernennung zu einer der beiden Kulturhauptstädte der GUS 2015 zu verdanken hat.

Karte S. 396

Jubiläumsrondell in Kulob

Bei einem Spaziergang durch die Innenstadt trifft man immer wieder die plakatierte übergroße Gestalt des bekanntesten Sohnes der Region, des Präsidenten Rahmon. Der Elektriker und Volkswirt Rahmon war erst Leiter der Sowchose in Danghara und dann Mitglied der Regionalregierung in Kulob. Danghara und Kulob überwiegen als Herkunftsorte von Regierungsmitgliedern seit Mitte der 1990er Jahre, die Region war im Bürgerkrieg um die Macht nicht ohne Grund besonders betroffen. Etwas außerhalb, in einer Parkanlage im Norden der Stadt, befindet sich ein **Denkmalkomplex für die Opfer des Zweiten Weltkrieges**, wohl der größte seiner unverwechselbar sowjetischen Art in Tadschikistan.

Kulob liegt an der Südroute in den Pamir, viele Fahrer umfahren jedoch die Innenstadt, um den hungrigen Straßenpolizisten zu entgehen, die gerne die Autos der Pamiri anhalten, denn in Kulob macht die Straße Politik.

Kulob

Vorwahl: +992/(8)3322.
Post, an der Hauptstraße (Somoni).
Achtung: Alkoholische Getränke sind in Kulob nur sehr schwer zu bekommen, vom Besuch der wenigen einschlägigen Bars ist dringend abzuraten.

Busbahnhof, links der Hauptstraße schräg gegenüber dem Basar. Sammeltaxis finden sich ebenfalls dort. Ein Platz im Sammeltaxi nach Duschanbe kostet 30 Somoni, nach Qorghanteppa 20 Somoni, nach Khorug ab 250 Somoni.

Hotel Kulob, Tomin 7/Ecke Somoni, Tel. 22603, 23496, Tel. +992/95/1419725; ÜN 150 Somoni. Zehn akzeptabel eingerichtete, wenn auch etwas abgewohnte Zimmer in der ersten Etage. Bestes Preis-Leistungsverhältnis in der Stadt.

Hotel Khatlon, Somoni 4, unübersehbar gegenüber vom Basar, Tel. 25004, +23478; ÜN im DZ mit Bad 120 Somoni/Pers. Nur für abgehärtete Reisende. Von draußen laut und von drinnen ebenso, die Bäder sind scheußlich und die Bettwäsche grau und klamm. Es gibt aber manchmal warmes Wasser und außerdem eine repräsentative Sicht auf das Marktgetümmel vom Balkon. Für das abgewetzte Apartment im russischen Kolonialstil mit weinroten Sofas, dunklen Schrankwänden und schweren Vorhängen zahlt man 100 Dollar für zwei Personen und erhält den größten ›Komfort‹, den Kulob zu bieten hat.

Hotel Pomir, am Sportplatz, am Ostrand der Stadt in Richtung Ausfahrt zum Pamir, Tel. + 992/98/7494444; ÜN ab 150 Somoni. Neu, aber bereits stark abgenutzt, trotzdem viel besser als das ›Khatlon‹ im Zentrum. Die einzig gute Selbstbedienungs-Kantine der Stadt befindet sich im Erdgeschoss des Hauses, Eingang seitlich. Hier essen viele Fahrer, die vom Pamir kommen, de facto ist rund um die Uhr geöffnet. Große Auswahl, preiswert, sauber und gut. Im Hotel sollte man nur für die Übernachtung bezahlen und in der Kantine für das Frühstück extra.

Museum für Regionalgeschichte. Dieses Museum liegt schräg hinter dem Rondell zum 2700-jährigen Jubiläum der Stadt, Eintritt 5 Somoni für Ausländer.

Said-Ali-Hamadoni-Literaturmuseum, vor dem gleichnamigen Mausoleum, Tel. 24975. Museum für Liebhaber von Piktogrammen und Schriftzeichen mit einigen schönen hölzernen Koranständern und Informationen über Leben und Werk von Said Ali Hamadoni.

Krankenhaus, Somoni, am nördlichen Stadtrand, an der Straße in Richtung Pamir.

Gorno-Badakhshan in Sicht

Die Straße, die von Kulob nach Osten führt, bringt den Reisenden in knapp zwei Stunden geradewegs nach Gorno-Badakhshan. In schwungvollen Serpentinen geht es hoch auf den Bergrücken Hazratishoh, wo man kurz vor der Kreisstadt **Shuroobod** bei einer Kontrollstelle erst einmal seine Genehmigung für GBAO, das Autonome Gebiet Berg-Badakhshan vorzeigen darf. Nun geht es wieder nach unten – so hat man sich das wilde Badakhshan nicht vorgestellt. Aber es ist schön. Ein unschuldig anmutendes Flüsschen hat einen bizarren Canyon in das in bunte Gestein gewaschen, auf der Straße durch diesen Canyon verliert man mehr als 1000 Meter Höhe, und das auf einer erstaunlich guten Straße, die 2017 fertiggestellt wurde und bis ins Panj-Tal hinunterführt. In der Zukunft soll eine solch gute Asphaltstraße bis Khorugh reichen, man denkt mit einem lachenden und einem weinenden Auge daran.

Etwa zehn Kilometer, bevor die Straße den Panj erreicht, hat man plötzlich einen grandiosen Ausblick, der eine erhebende Einstimmung auf die kommende Strecke gibt. Am Scheitelpunkt einer scharfen Kurve sollte man das Gefährt abstellen und verlassen, um das Panorama auf sich wirken zu lassen: Unten fließt der Panj, der Grenzfluss zu Afghanistan. Das, was auf der anderen Seite aufragt, über 3000 Meter hoch, ist schon das Nachbarland. Links und rechts sind steile Bergflanken zu sehen, die in allen Farben leuchten, und nach Süden öffnet sich ein breites Seitental, in dem unzählige schmale Felder der Landschaft ein Streifenmuster verpassen. Der Nebenfluss hat über die Jahrtausende einen großen Schwemmfächer geschaffen, an dessen Rand idyllisch ein Dorf liegt – Anjirob.

▲ Karte S. 372

Anjirob

Anjirob ist ein schönes Dorf und macht einen wohlhabenden Eindruck. Dieser kleine Talkessel ist die einzige Region Tadschikistans, deren Klima leicht subtropisch ist. Die hohen Berge auf allen Seiten schützen vor Wind und extremer Kälte ebenso wie vor Hitze. Es gibt genug Wasser, und der Schwemmlandboden ist fruchtbar. Hier wächst fast alles: Aprikosen, Pfirsiche, Äpfel, Birnen, Quitten, Kirschen, Pflaumen, Granatäpfel, Sharonfrüchte und sogar Zitronen; außerdem Wein, Maulbeerbäume, Mandeln, Walnüsse, Haselnüsse, Pistazien. Auch Weizen, Kartoffeln, Tomaten, Gurken und Kräuter werden geerntet.

Die Einwohner des Dorfes, allesamt in den 1950ern für die Baumwolle umgesiedelt, kamen in den 1990ern zurück. Es gibt zwar kaum Arbeit, aber alles wächst – man muss nur säen und pflanzen, pflegen und ernten.

Aber das ist nicht alles. Hier, nördlich des unzugänglichen staatlichen Naturschutzgebietes Dasht-i Jum, befindet man sich in den Ausläufern des kommunalen Schutzgebietes **Morkhur**. Die scheuen Markhore kann man mit großer Wahrscheinlichkeit sehen, wenn man mit Odina Abdulkhaev oder einem seiner Söhne unterwegs ist. Die Chance, einem Schneeleoparden zu begegnen, ist sehr gering – aber es gibt ihn hier, ebenso wie Bär, Wolf und Bartgeier. Ein Stopp lohnt also für Wanderungen, Tierbeobachtungen oder einfach für ein paar Tage Teilnahme am Leben einer intakten Dorfgemeinschaft. Informationen auf www.tajwildlife.com, Buchungen von Touren bei tourism@tajwildlife.com.

Gästehäuser: Anjirob: Hakim Abdulkhaev, Tel.+992/90/0605757, hakim.abdulkhaev@mail.ru

Kirmanjo: Saidali Nazarov, Tel. +992/98/8356179, +992/90/5222229.

Neue Straße über Anjirob

Reisetipps von A bis Z

Alkohol

Alkohol wird, mit abnehmender Tendenz, getrunken und ist in den Supermärkten und Geschäften in Duschanbe und in den größeren Städten erhältlich. Die Qualität lässt manchmal zu wünschen übrig. In manchen Lokalen gibt es jedoch keinen Alkohol. Bevor man sich ein Bier bestellt, sollte man zumindest auf der Karte nachsehen oder vorsichtig fragen. Dies gilt weniger für die Restaurants und Cafés in der Hauptstadt als für die Provinz, vor allem im Süden. In privaten Gästehäusern sollte man aus Gründen der Pietät auf demonstrativen Alkoholkonsum verzichten (→ Pamir-Knigge, S. 171).

Anreise mit der Bahn

Man kann mit dem Zug nach Duschanbe oder Khujand einreisen. Mehrmals wöchentlich gibt es eine Verbindung bis nach Moskau. Vorher sollte man sich über die Visabestimmungen informieren. Für die Strecke Moskau–Duschanbe (Fahrtzeit 4 Tage) benötigt man neben dem tadschikischen Visum etwa ein russisches, turkmenisches, ein usbekisches und ggf. ein kasachisches (Transit-)Visum. Zugverbindungen und Tickets auf der Seite der Russischen Bahn www.rzd.ru oder auf www.tutu.travel.

Anreise mit dem Flugzeug

Neben den nationalen Fluggesellschaften **Tajik Air** und **Somon Air** (www.somonair.com) fliegen auch die russische **UTair** und die kasachische **Air Astana** von Duschanbe über Moskau nach Deutschland. **Turkish Airlines** fliegt mehrmals wöchentlich über Istanbul nach Europa. Von Moskau gibt es außerdem Flüge mit **Ural Airlines** nach Kulob. Über Russland kann man auch den nördlichen Flughafen Khujand anfliegen, beispielsweise mit **Sibir Air**. Eine Flugverbindung zwischen Usbekistan und Tadschikistan gibt es seit 2018 wieder, außerdem werden die Nachbarländer Kirgistan und Afghanistan angeflogen. Weitere Informationen → Flughafen Duschanbe, S. 132.

Anreise mit dem Auto/Sammeltaxi

Aus Usbekistan: Es gibt mehrere Möglichkeiten, mit dem Auto aus Usbekistan nach Tadschikistan anzureisen: entweder von Taschkent aus über den Grenzübergang Oybek nordwestlich von Khujand oder von Kokand über den Grenzübergang Konibodom. Der jahrelang geschlossene Grenzübergang zwischen Samarkand und Panjakent ist seit März 2018 wieder befahrbar! Auch der Grenzübergang nahe Tursunzade ist offen. Die Grenzübergänge haben grundsätzlich nur tagsüber geöffnet (9–17 Uhr) mit Ausnahme von Oybek, dieser Übergang ist rund um die Uhr geöffnet.

Aus Kirgistan: Über den Grenzübergang des Pamir Highways (Achtung: Hier benötigt man die Genehmigung für das Gebiet GBAO, den tadschikischen Pamir). Die Grenze ins Gharm-Tal (Jirgatol/Lakhsh) ist für Ausländer in beide Richtungen gesperrt! Für Ausländer passierbar ist der Grenzübergang im Fergana-Tal bei Isfara.

Aus Afghanistan: Aus Afghanistan ist der gängigste Grenzübergang für Ausländer der bei Ishkoshim. Die Sicherheitslage in Nordafghanistan hat sich jedoch in den letzten Jahren verschlechtert. Wer eine Reise aus oder nach Afghanistan plant, sollte sich vorher über die aktuelle Situation informieren. Möglichst nicht über Fayzabad fahren, da hier die Taliban aktiv geworden sind.

Aus China: Der Grenzübergang auf dem Kulma-Pass wurde im Oktober 2017 mit gewissen Einschränkungen geöffnet, bitte vorher Erkundigungen einziehen. Andernfalls über Kirgistan (Pamir Highway, Irkeshtam) fahren.

Wichtig: Reisende mit eigenem Auto müssen das Auto an der Grenze registrieren lassen. Es werden nur zwei Wochen für die Registrierung gewährt, man muss also unterwegs verlängern lassen. Da sich die Regeln ständig ändern, sollte man sich sicherheitshalber bei der lokalen Polizei erkundigen. Bei der Einreise mit dem Auto wird eine Gebühr von 40 bis 70 Dollar fällig.

Tankstelle im Pamir

Apotheken
Apotheken (*dorukhona*) gibt es vielerorts auch in den kleineren Ortschaften. Die Medikamente stammen vor allem aus Russland, und es handelt sich nicht immer um Originalmedikamente. Antibiotika gibt es ohne Rezept. Man sollte aber nur im Notfall auf die Apotheken zurückgreifen, eine gute Reiseapotheke mit europäischen Medikamenten gehört zur Grundausstattung für eine Reise nach Tadschikistan. Die Mitnahme von Kanülen und Desinfektionsspray ist für den Ernstfall ein Vorteil.

Ärztliche Versorgung
Die ärztliche Versorgung vor allem auf dem Land ist mangelhaft. Man sollte den Besuch in einem regionalen Krankenhaus oder einer Krankenstation zu vermeiden versuchen, auch aus hygienischen Gründen. Besser man sorgt vor und hat Medikamente gegen Magenverstimmung und Diarrhöe, Infektionen und Schmerzen in der **Reiseapotheke**.

In Duschanbe gibt es mit der **Prospekt Clinic** eine Arztpraxis mit europäischen Medikamenten und englischer Rechnung für die Auslandskrankenversicherung (→ S. 142). Größere Eingriffe können hier jedoch nicht vorgenommen werden, und in der Vergangenheit hat es Fehlbehandlungen gegeben. Die beste Lösung für ein ernsthaftes gesundheitliches Problem ist daher ein **Flug nach Hause**.

Benötigt man, wie zum Beispiel im Falle eines Knochenbruchs, ganz dringend medizinische Hilfe, sollte man an der Rezeption im Hotel die **03** anrufen lassen. Man wird in diesem Fall in die Notaufnahme des Krankenhauses gebracht. Wenn man Glück hat, gerät man in die Hände von rechtschaffenen und umsichtigen Ärzten, muss aber alle Medikamente und Hilfsmittel inklusive Gips, Verbandmaterial und Spritzen selbst in der Apotheke kaufen – der Arzt stellt ein entsprechendes Rezept aus. Das ist die gängige Praxis in den meisten Krankenhäusern.

Ausrüstung und Gepäck
Individualreisende sollten unbedingt eine Reiseapotheke, Schlafsack, Taschenlampe, Kerzen, Batterien, Streichhölzer, Taschenmesser, Sonnencreme, Kopfbedeckung und eventuell ein Fernglas mitnehmen. Frauen benötigen zur Besichtigung von Moscheen oder heiligen Stätten ein **Kopftuch**.

Will man in die Berge zum **Campen**, so sollte man alle Ausrüstungsgegenstände (Zelt, Bergschuhe, Gamaschen, Kletterausrüstung usw.) mitbringen. In Tadschikistan gibt es keine Campinggaskartuschen zu erwerben, und mit dem Flugzeug darf man diese nicht einführen. Das sollte man bei der Planung beachten und eventuell auf einen Benzinkocher ausweichen. Bucht man über einen Reiseveranstalter, sollte man sich unbedingt erkundigen, welche Ausrüstung vor Ort gestellt wird. Im Zweifel lieber mit guter Ausrüstung vorsorgen. Ausrüstung in guter Qualität gibt es bislang in Tadschikistan nicht, viele Ausrüstungsgegenstände gibt es gar nicht zu kaufen. Leihen kann man sich Campingausrüstung bei einigen Veranstaltern in Dushanbe, Panjakent und Khorugh, u.a. bei PECTA (→ S. 202, 295).

Banken und Wechselstuben

Wechseln und Geld abheben sollte man am besten in der Hauptstadt. Die Kurse sind hier besser als in den Regionen.

Geldautomaten (Visa, Girocard/EC, Mastercard) gibt es genügend, und das Abheben (Dollar oder Somoni) gestaltet sich meist ohne Probleme, ist aber bei den meisten Banken mit einer Gebühr verbunden. Das Limit pro Abhebung liegt meist bei 200 Dollar oder 1000 Somoni. Möglich sind jedoch mehrfache Abhebungen. Außerhalb der Städte Duschanbe und Khujand gibt es nur wenige Geldautomaten, auf die man sich nicht verlassen sollte. Legal wechseln kann man nur noch in tadschikischen Banken; je weiter von der Hauptstadt entfernt, desto ungünstiger ist jedoch der Kurs.

Zum Wechseln benötigt man keinen Pass, es sei denn, man möchte eine Quittung, die ohnehin nur schwer zu bekommen ist. Euro zu wechseln ist außerhalb der Städte meist nicht möglich. Manche Dienstleistungen (Hotels, Taxis) kann man auch in Dollar bezahlen, besser ist jedoch die Landeswährung.

Baden

Es ist heiß im Sommer in Tadschikistan, und unzählige Bergseen, Gebirgsbäche und Wasserfälle laden zum Baden oder kurzen Eintauchen ein. Wenn man die Anstandsregeln beachtet, steht dem auch nichts im Wege. Frauen sollten nicht im Bikini baden, wenn Einheimische dabei sind. Bei manchen Badestellen und vor allem in den **heißen Quellen** gilt eine strikte Trennung von Mann und Frau. Diese ist in jedem Fall auch einzuhalten, denn vor allem in den heißen Quellen wird nackt gebadet. Vor dem Baden in den Quellen immer den Schmuck abnehmen, da das Wasser oft schwefelhaltig ist. Beim Baden in den heißen Quellen dürfen weder Seife noch Shampoo benutzt werden.

Badende Jungs im Panj

Behinderte

Leider ist Tadschikistan für Behinderte nur mit Einschränkungen (Duschanbe) zu empfehlen. Bis es soweit ist, muss noch viel Wasser durch den Norak-Stausee fließen. Wer trotzdem fahren möchte, sollte auf die außerordentliche Hilfsbereitschaft der Menschen vertrauen.

Bergsteigen und Wanderungen

Tadschikistan ist ein Bergsteigerparadies, zumindest, was die Natur betrifft. Das Land hat ein großes touristisches Potential für Wanderer und Bergsteiger, jedoch ist die Infrastruktur noch lange nicht ausreichend entwickelt. Es gibt (mit Ausnahme der Fan-Berge) **kaum gekennzeichnete Wanderrouten**. Zwischen vielen Hirtenpfaden ist es manchmal schwierig, den richtigen zu finden, und das Wetter kann unerwartet und schnell umschlagen. Außerdem gibt es kaum geeignetes Kartenmaterial. Ausrüstungen für längere Bergtouren sind bei einigen Veranstaltern erhältlich (→ S. 416), man sollte sich vorher gut abstimmen. Im Zweifelsfall sollten sie komplett mitgebracht werden.

Für **Bergbesteigungen** und **schwierigere Wanderungen** ist somit in jedem Fall ein **einheimischer Führer** zu empfehlen. Nur ein Einheimischer kann Wetter und Erdrutschgefahr, Lawinen oder den afghanischen Staubsturm richtig einschätzen und kennt die Routen durch das Hochgebirge. Den Bergführer sollte man sich über einen Reiseveranstalter vermitteln lassen. Mit ein paar Testfragen sollten Sie sich nach der seiner tatsächlichen Erfahrung erkundigen. Bei vielen Wanderungen ist es möglich, ein Tragetier mitzuführen, üblich sind Esel, im Pamir auch Yaks oder Kamele. Dieses kostet etwa 20 bis 30 Dollar am Tag und kann auch bei Verletzungen sehr hilfreich sein. Man sollte keinesfalls davon ausgehen, von einem Hubschrauber gerettet werden zu können. Tagesausflüge und kleinere Wanderungen oder Erkundungen kann man ohne Führer wagen. Für Kletterer gibt es Informationen auf den Internetseiten www.fanyvertical.ru und www.artuch.tj.

Am komfortabelsten für Bergwanderer ist das **Zarafshon-Tal** mit seinen südlichen Seitentälern, es gibt hier Infrastruktur: Camps, Bergführer, bekanntere und erprobte Routen; das Funknetz ist besser. Nicht zuletzt ist das Tal auch dichter besiedelt als der Pamir. Im Kapitel zum Zarafshon-Tal werden einige Routen vorgeschlagen (→ S. 338).

Im **Pamir** macht die fehlende Infrastruktur Trekking und Bergbesteigungen ohne fachkundige Begleitung problematisch. Es gibt keinerlei Ausschilderung, keine detaillierten Karten, keine Rettungsmöglichkeiten durch Bergwacht oder Hubschrauber und kein flächendeckendes Funknetz. Die Lage bessert sich jedoch allmählich, einige Veranstalter sind durchaus in der Lage, Trekking und Bergsteigen im Pamir zu organisieren (→ S. 294)

Botschaften und diplomatische Vertretungen in Europa

Deutschland

Botschaft der Republik Tadschikistan in Deutschland
Perleberger Str. 43
10559 Berlin
Tel. +49/30/3479300
www.botschaft-tadschikistan.de

Botschaft der Republik Tadschikistan in Österreich
Universitätsstr. 8/1a
1090 Wien
Tel. +43/1/4098266
www.tajikembassy.at

Beliebte Bergsteigerziele: Peak Marx und Peak Engels

Botschaft der Republik Tadschikistan in der Schweiz
Chemin William Barbey, 37
1292 Chambésy
Tel. +41/(0)227341140
www.tajikistanmission.ch

Diplomatische Vertretungen in Tadschikistan

Die Informationen zur Visabeschaffung für eine Weiterreise in die Nachbarländer veralten sehr schnell. Wechselt die politische Beziehung, verändern sich oft auch die konsularischen Angelegenheiten. Am besten, man versucht vorher direkt schon einmal Informationen anzufordern oder sich im Internet in den Foren (z.B. Auswärtiges Amt, Lonely Planet) über die aktuellsten Entwicklungen zu informieren. Alle Vertretungen befinden sich in Duschanbe.

Deutsche Botschaft
Somoni 59/1
Tel. +992/(8)37/2212189
www.duschanbe.diplo.de
Die Botschaft befindet sich in einer ehemaligen Schule im Westen der Stadt. In Ernstfällen – etwa beim Verlust des Passes – ist ein Kontakt sinnvoll. Botschafter ist seit 2017 Herr Neithart Höfer-Wissing.

Chinesische Botschaft
Rudaki 143
Tel. +992/(8)37/2242007
chinaembassy@tajnet.com
http://tj.chineseembassy.org
Mo, Mi, Fr 9–12 Uhr
Für ein chinesisches Visum benötigt man eine Einladung und eine Hotelbuchung. Wer nicht mehrere Tage bis Wochen in Duschanbe warten will, sollte versuchen, das Visum in Deutschland zu beantragen.

Kirgisische Botschaft
Said Nazirov 56
Tel. +992/(8)37/2246384
kyremb@tajnet.com
www.kgembassy.tj
Mo–Fr 9–17 Uhr
Für eine Einreise von bis zu 60 Tagen ist für Bürger aus fast allen europäischen Staaten kein Visum mehr erforderlich. Darüber hinaus bekommt man ein kirgisisches Visum relativ einfach und schnell in Duschanbe. Man benötigt keine Einladung, nur einen ausgefüllten Visumantrag, ein Passbild und eine Passkopie. Das Visum kostet 35 Dollar, man bekommt es innerhalb von zwei bis vier Tagen, für 80 Dollar bekommt man es sofort oder noch am selben Tag.

Afghanische Botschaft
Somoni 63
Tel. +992/(8)37/2369902
info@afghanembassy.tj
www.afghanembassy.tj
Mit einem selbstgeschriebenem **Letter of introduction** (Vorstellung, Grund und Dauer der Reise, Orte) bekommt man hier innerhalb eines Tages für günstige 30 Dollar ein Visum für 30 Tage. Will man mit dem Auto einreisen, sollte man darauf achten, dass alle Dokumente und deren Fristen ganz genau übereinstimmen. Die Genehmigung für die Einreise mit dem Auto kostet 100 Dollar, und an der Grenze verlangt der afghanische Zoll eine weitere erhebliche Gebühr. Bei der Einreise nach Afghanistan muss man die geplante und von der Botschaft bestätigte Streckenführung schriftlich bei sich führen. Während der Reise muss man ein sogenanntes Roadbook führen, das mit der geplanten und bestätigten Strecke genau übereinstimmen muss. Mit der verschlechterten Sicherheitslage wird dies vielleicht in Zukunft nicht mehr so einfach sein. In jedem Fall sollte man sich kurz vor der Einreise nochmals über die aktuelle Situation in Afghanistan informieren.

Usbekische Botschaft
Loiq Sheroli 15 (früher Karl Marx)
Tel. +992/(8)37/2212184
Fax +992/(8)37/2249077
Für die Ausstellung eines usbekischen Visums braucht man noch eine Einladung, es dauert mindestens drei Tage. Eine Beantragung in Deutschland ist oft einfacher.

Iranische Botschaft
Bokhtar 18
Tel. +992/37/2210072
www.dushanbe.mfa.ir
iranemb.dyu@mfa.gov.ir

Zeltplatz am See

Für Ausländer ist es langwierig, ein Visum zu bekommen, gute Erfahrung haben Touristen von Tadschikistan aus mit der Beantragung des Visums direkt am Flughafen in Teheran gemacht (unbedingt vor Reiseantritt aktuell informieren). Das beeindruckende Gebäude der Iranischen Botschaft wurde 2017 eröffnet.

Turkmenische Botschaft
Ahun Babayeva 10
Tel. +992/(8)37/2242640
embturkm@tjinter.com
Touristen können ein Transitvisum (35 Dollar) bekommen, etwa für die Zugreise Duschanbe-Khujand. Ein richtiges Einreisevisum sollte man lieber in Deutschland beantragen, und auch das ist nicht ganz einfach, man benötigt eine von der Einwanderungsbehörde geprüfte Einladung.

Camping

Zelten darf man in Tadschikistan überall, allerdings sollte man um Erlaubnis fragen, wenn Einheimische in der Nähe sind. In **Minengebieten** verbietet sich Wandern und Zelten. Ohne Zelt sollte man nicht in der freien Natur übernachten, denn vor Wind, Wetter und kleinen Tierchen ist man im Zelt geschützter. Die Ausrüstung sollte mitgebracht werden. Für den **Pamir** empfiehlt sich ein qualitativ hochwertiges Zelt. Auf den Hochebenen weht bisweilen ein sehr kräftiger Wind, sodass man ein gutes Verspannungssystem und ausreichend Heringe benötigt. Überall in Tadschikistan mangelt es an Brennmaterial, es empfiehlt sich ein **Benzinkocher** (Gaskartuschen gibt es nicht zu kaufen, sie dürfen nur über Land eingeführt werden). Ebenso empfehlenswert ist ein **Wasserfilter** oder **Entkeimungstabletten** (Chlor- oder Silberionentabletten) für sauberes Trinkwasser.

›Man nehme für eine eintägige Reise Vorrat für zehn Tage‹, heißt ein tadschikisches Sprichwort. Fährt man in die Berge, ist vor allem mit **Verpflegung** vorzusorgen, Schokoriegel, (Trocken-)Obst und Gemüse sind auch ein geeignetes Mitbringsel für die Bergbewohner.

Einreisebestimmungen

Für die Einreise nach Tadschikistan wird ein **Visum** benötigt. Dieses kann problemlos in der tadschikischen Botschaft in Berlin beantragt werden. Die Dauer des Visums sollte man großzügig kalkulieren und nicht davon ausgehen, das Visum im Land selbst verlängern zu können.

Ein einfaches Touristenvisum kann auf elektronischem Wege (www.evisa.tj/index.evisa.html) oder bei der Botschaft für bis zu 45 Tage beantragt werden und kostet zwischen 30 und 80 Euro. Neuerdings kann man ein touristisches Visum auch am Flughafen in Duschanbe erwerben, bitte vorher bei der Botschaft nochmals aktuelle Informationen dazu einholen.

Für eine Reise in den Pamir benötigt man zusätzlich eine **Genehmigung für das Gebiet GBAO** (diese gibt es nicht am Flughafen), man sollte sie von Anfang an mit dem Visum beantragen, es ist unkompliziert (wenn die Lage im Pamir gerade stabil ist) und kostenlos. Auf dem Visumantrag kreuzt man einfach bei der entsprechenden Frage ›GBAO Permit‹ ›ja‹ an. Bei Erhalt des Visums unbedingt überprüfen, ob sich neben dem Visum auch der GBAO-Stempel (blauer halbseitiger Stempel mit Reisedaten) im Pass befindet. Zur Not kann man die GBAO-Genehmigung auch in Duschanbe bekommen, dies kostet jedoch etwa 30 bis 40 Dollar extra und ist mit ein bis zwei Tagen Wartezeit verbunden.

Reist man über **Kirgistan** und somit gleich in den Bezirk GBAO, benötigt man die Genehmigung bereits mit der Einreise.

Bei der Einreise muss eine doppelte **Card of Migration Control** ausgefüllt werden. Ein Abschnitt verbleibt bei der Einreisekontrolle, den zweiten sollte man nicht verlieren, da er bei der Ausreise wieder vorgelegt werden muss. Hier wird das Papier aus dem Pass genommen und einbehalten.

Eine Registrierung beim OVIR ist bei Einreise mit Touristenvisum (Kategorie ›T‹, Achtung: Immer selbst prüfen!) nicht mehr erforderlich. Man sollte in keinem Fall Gepäck von Unbekannten einführen oder über die Grenze tragen, denn Tadschikistan ist ein Drogentransitland. Über die Devisen- und Zollbestimmungen kann man sich auf der Seite der tadschikischen Botschaft (www.botschaft-tadschikistan.de) informieren.

Elektrizität

Strom beziehungsweise kein Strom ist vor allem ein Winterproblem in Tadschikistan. Abgelegene Regionen, Dörfer und Ortschaften haben oft keinen Strom oder nur stundenweise. Im Winter sind auch die größeren Städte betroffen. Die Stromspannung kann sehr starken Schwankungen unterliegen. Man sollte eine Taschenlampe, ein paar Kerzen, Streichhölzer und einen Adapter für manche Hotels dabei haben. Für Akkus von Fotokameras kann es bisweilen zu Engpässen kommen, vor allem, wenn man sich in den Bergen aufhält.

In den Städten liegt meist Spannung von 220 Volt vor, wer empfindliche Geräte dabei hat, sollte dennoch einen **Spannungsregulator** mitnehmen. Vor allem im Winter schwankt die Stromspannung stark, das ist der Tod für Computer, Fernseher, Beamer und die (chinesischen) Steckdosen.

Entfernungen

Bei den Entfernungen und der Reisedauer verschätzen sich viele Touristen. Generell gilt auch, dass Tadschiken leider fast nie die richtigen Entfernungsangaben angeben. Oftmals sind die Straßen schlecht und lassen nur eine Geschwindigkeit von 20 bis 40 Kilometer pro Stunde zu.

Wenn man durch das Land reist, sollte man mehrere Puffertage einplanen. Reifen platzen, Tunnel sind gesperrt, Erdrutsche und Unfälle versperren stunden-, manchmal sogar tagelang den Weg, Viehherden verlangsamen das Vorankommen, Flugzeuge fliegen nicht oder mit enormer Verspätung.

Strom: Im Pamir oft ein Glücksfall

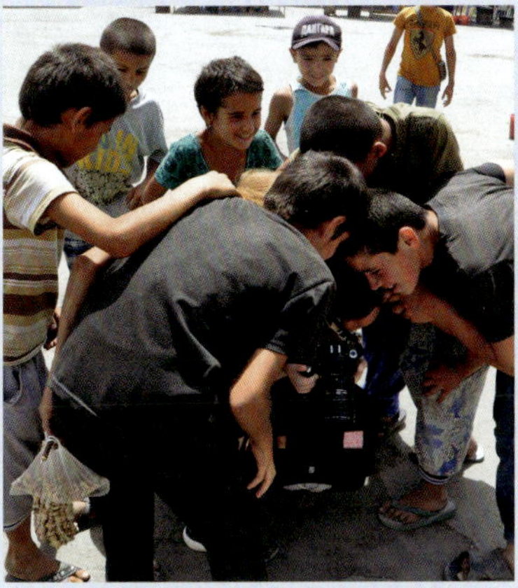

Umlagerter Fotograf

Fahrradfahren

Immer mehr wird es für Fahrradfahrer zur beliebten Herausforderung, durch Tadschikistan zu fahren, besonders entlang des **Pamir Highways**. Ein ambitioniertes Unterfangen, das Vorbereitung, Ausdauer und eine gute Ausrüstung verlangt. Besonders der Pamir Highway ist nur an einigen Stellen geteert, ansonsten ist es eine Naturpiste, die einige Ersatzreifen beziehungsweise viel Flickzeug erfordert. Viele überschätzen sich auch beim Vorankommen auf einer Höhe von über 4000 Metern. Außerdem sind die Autofahrer nicht unbedingt rücksichtsvoll. Der Pamir Highway sollte besser in der warmen Jahreszeit befahren werden.

Eine **Unterkunft** wird man als Fahrradfahrer auf dem Land immer finden. Die Menschen sind sehr gastfreundlich, man sollte jedoch nicht vergessen, auch die privaten Übernachtungen zu bezahlen (→ S. 173). Die Landbevölkerung ist oft sehr arm.

Die einzige **Fahrradverleihstation** Tadschikistans gibt es in Murghob (→ S. 245). Fahrradfahrer können sich im Internet bei denjenigen informieren, die eine Tour durch Tadschikistan schon gemacht haben. Diese lassen sich mit ihren Blogs im Netz leicht finden (→ S. 434 und S. 287). Epic Trails bietet Radtouren auf dem Pamir an (→ S. 414).

Hier noch zwei **Sicherheitswarnungen**: Mit dem Fahrrad sollte man nicht versuchen, den **Anzob-Tunnel** zu durchqueren! Wer über den **Khoburobot-Pass** (auch Sagirdasht-Pass genannt) in den Pamir fährt, darf wegen der Minengefahr nicht die Straße verlassen, um etwa zu zelten.

Feiertage

1. Januar Neujahr
23. Februar Tag der Streitkräfte
8. März Muttertag
21.–24. März Navruz
1. Mai Tag der Einheit der Werktätigen
9. Mai Tag des Sieges
27. Juni Tag der nationalen Einheit
9. September Tag der Unabhängigkeit
2. Oktober Idi Mehrgon (Tag des zoroastrischen Gottes Mithra, des Gottes von Vetrauen, Freundschaft und Liebe)
5. Oktober Tag der tadschikischen Sprache
6. November Tag der Verfassung
24. November Tag des Staatsflagge

Die Feiertage **Idi Qurbon** und der **Ramadan** richten sich nach dem islamischen Mondkalender und verschieben sich jedes Jahr um etwa elf Tage.

Fotografieren und Filmen

Fotofilme, Chipkarten und Batterien sollten aus Deutschland mitgebracht werden. Selbst wenn sie in Tadschikistan erhältlich sind, dann oft in schlechter (chinesischer) Qualität. Man sollte auch nicht davon ausgehen, seine Akkus überall aufladen zu können, in vielen Dörfern gibt es keinen Strom oder nur geringe Spannung.

Beim **Fotografieren von Personen** empfiehlt es sich, diese vorher fragen. Vor allem kleine Kinder sollen oftmals nicht fotografiert werden, die Eltern haben Angst vor dem ›bösen Blick‹. Eigentlich lassen sich die Menschen jedoch gerne fotografieren, und größere Kinder, vor allem Jungen, springen geradezu vor die Kamera.

Beim **Fotografieren von ›strategischen Objekten‹** (Brücken, Eisenbahn, alles im Zusammenhang mit Militär und Polizei usw.) sollte man vorsichtig sein. Bisweilen

Basar in Murghob

kann es zu Auseinandersetzungen und Strafzahlungen kommen. Man sollte hier nie streiten, sondern das fotografierte Objekt demonstrativ löschen.

Frauen allein unterwegs

Mit einem Ring am Finger ist es relativ unproblematisch, als westliche Frau alleine zu reisen. Man sollte die tägliche Frage nach dem Verheiratetsein immer bejahen und eventuelle Anmache der Männer nicht erwidern. Auf die Frage, wann der Ehemann käme, wählt man am besten ein freundliches: ›Er kommt bald nach‹. Gegebenenfalls streut man den Ehemann in der Unterhaltung immer wieder ein.

Aufreizende Kleidungsstücke sollten zu Hause bleiben und dafür ein **Kopftuch** für die Besichtigung von heiligen Stätten und Moscheen und als Zeichen des Respekts eingepackt werden. Kurze Hosen und offene Haare sind zu vermeiden.

Generell sollte man sich den Männern gegenüber distanziert verhalten, mit den Frauen kommt man dafür umso schneller in Kontakt. Eine Frau geht normalerweise nicht mit einem Mann alleine essen, es sei denn, sie sind verwandt oder verheiratet. Eine Essenseinladung unter vier Augen gilt es also auszuschlagen. Macht man dies nicht, so kann sich der Einlader relativ schnell als aufdringlich entpuppen, denn das Annehmen einer Einladung zum Essen gilt schon als gewisses ›Ja‹ für vieles andere mehr. Dies gilt jedoch nicht für Geschäftsessen. Befolgt man diese Verhaltensregeln, kann einem kaum etwas passieren (→ S. 171).

Fußgänger

Verlassen Sie sich nur auf Ihre Augen, Ohren und Beine, nie auf die Grünschaltung der Ampel oder auf einen Zebrastreifen. In Duschanbe mag das hier und da funktionieren, in der Provinz ist es lebensgefährlich. Es gilt die Regel: Wer den größten Hubraum hat, ist im Recht.

Internet

In den größeren Orten (Duschanbe, Khujand, Khorugh) gibt es Hotels und Restaurants mit WLAN und Internetcafés. Einige sind sogar 24 Stunden geöffnet. Es gibt jedoch kein öffentliches Internetcafé in Murghob. Wenn man sich Daten auf den USB-Stick speichert oder etwa Fotos sichert, sollte man seine Speichermedien danach immer auf Viren überprüfen, diese tummeln sich in Tadschikistans Internetcafés in Scharen.

Karten

Zur Übersicht empfehlen sich die drei Karten (Pamir, Süd- und Nordtadschikistan) von **Markus Hauser**, die man auf www.

geckomaps.com oder www.hoeferverlag.de bestellen kann, oder auch die Übersichtskarte ›Zentralasien‹ von Reise Know-how, die über den Buchhandel bestellbar ist. Die Höhenangaben in diesem Buch sind den Hauser-Karten entnommen; die Angaben in den sowjetischen Militärkarten weichen teilweise geringfügig oder auch erheblich von diesen ab (z. B. Peak Istiqlol/Peak Revolution: 6974 Meter, Hauser-Karte 6940 m). Zum **Wandern** eignen sich die alten Militärkarten der Sowjetunion, die im Internet zu bekommen sind (1:100 000 oder noch besser 1:50 000). Sie sind jedoch auf Russisch und die Bezeichnungen oftmals veraltet, andere Wanderkarten gibt es jedoch nicht. Die Zarafshan Tourismus Development Association hat 2009 neue Karten und einen **Stadtplan für Khujand** ausgearbeitet, die in Panjakent, aber auch in Duschanbe und Khujand erhältlich sind.

Für **Duschanbe** gibt es einen **Stadtplan** (sogar einen auf Englisch), der in den Buchläden zu erwerben ist und auch in manchen Hotels an der Rezeption erbeten werden kann. Im englischsprachigen Reiseführer **Travel trough Tajikistan** von Dmitriy Melnichkov (→ S. 430) sind brauchbare Stadtpläne von Duschanbe, Khujand, Khorug, Qurghonteppa, Panjakent und Kulob enthalten. In den allermeisten Fällen hilft es nicht, den Taxifahrern einen Stadtplan zu zeigen und zu erklären, wo man hinmöchte. Dies verwirrt die Fahrer mehr, denn der Umgang mit Kartenmaterial ist überhaupt nicht verbreitet. Kennt der Taxifahrer den erwünschten Ort nicht, so sucht man sich am besten ein anderes Taxi.

Kleidung

Selbst im Hochsommer kann es in den Bergen nachts empfindlich kühl werden und sogar schneien. Eine dichte Wind- und Regenjacke, warme Kleidung und gute Wanderschuhe sind für die Berge selbstverständlich. In den Städten und im Süden des Landes ist es im Sommer sehr heiß (bis über 40 Grad). Will man jedoch nicht allzu sehr auffallen, sollten selbst Männer keine kurzen Hosen tragen. Kurze Beinbekleidung bei Männern trifft auf Unverständnis. Frauen sollten ebenfalls nicht allzu freizügige Kleidung wählen. Selbst wenn etwa die russische weibliche Bevölkerung teilweise sehr aufreizend gekleidet ist, macht dies auf die tadschikische Bevölkerung keinen guten Eindruck. Beim Betreten von Moscheen und Heiligtümern sollten Frauen immer und ungefragt ein Kopftuch tragen.

Klima

In Tadschikistan herrscht kontinentales, je nach Höhenlage arides bis semiarides Klima mit sehr heißen bis warmen Sommern und kurzen, je nach Höhenlage milden bis strengen Wintern. Im Gebirge kann das Wetter schnell umschlagen, und auch im Hochsommer kann es in den Nächten über 2000 Metern Minusgrade haben, und Niederschläge aller Kategorien sind möglich. In den Ebenen im Norden und vor allem im Süden fällt im Sommer kaum Niederschlag.

Kriminalität

Die Kriminalitätsrate in Tadschikistan ist eher gering. Natürlich sollte man nicht in der Öffentlichkeit Geld zählen (Geld wird generell selten offen gezeigt) oder teure Ausrüstungsgegenstände im Teehaus auf den Tisch legen, aber das versteht sich wohl von selbst. In öffentlichen Verkehrsmitteln und im Marktgedränge sollte man vorsichtshalber seinen Geldbeutel nah am Körper tragen.

Öffnungszeiten

Die Geschäfte sind täglich geöffnet (9–18 Uhr). In den großen Städten gibt es auch 24-Stunden-Läden. Die Supermärkte haben bis 20 Uhr oder gar rund um die Uhr geöffnet, die Grenzübergänge dafür meist nur von 9 bis 17 Uhr. In den Regionen sind viele Restaurants und Teehäuser in der **Ramadanzeit** tagsüber geschlossen. In den **Museen** und auf den **Basaren** ist montags Ruhetag. Während **Navruz** (21. bis ca. 25.3.) haben fast alle Institutionen und auch viele Kantinen geschlossen.

Polizei

Mit einem gültigen Visum und (so erforderlich) einer Registrierung hat man von der allgegenwärtigen ›Militsia‹, der Polizei, oder der Straßenpolizei GAI nichts zu befürchten, zumal der Präsident 2017 öffentlich erklärt hat, dass das Schikanieren von Touristen mit dem Ziel von Erpressung von Bestechungsgeldern streng bestraft wird. Prompt gab es auch ein paar öffentliche Entlassungen nach Zuwiderhandlungen.

In der Nähe der Miliz verhält man sich ruhig und läuft unauffällig und bestimmt vorüber. Vom augenfälligen **Fotografieren ›strategischer Objekte‹** (Brücken, Eisenbahnen, Bahnhöfe) und Uniformierter wird abgeraten. Wird man in einem Sammeltaxi von einer Streife angehalten, sollte man desinteressiert schweigen, um nicht das Interesse am eventuell ›reichen Ausländer‹ zu wecken. Hat man alle erforderlichen Papiere, so hat die Polizei kein Recht, nochmals Geld für weitere zu kassieren. Darauf sollte man sich immer erstmal berufen. Wer die Rechtslage kennt, freundlich bleibt und in anständigem Ton auf seinem Recht beharrt, kann seine ganze Reise ohne Schmiergeld bestreiten. Dies sollte man zumindest versuchen und kann somit auch selbst ein klein wenig den Kampf gegen Korruption und Willkür unterstützen. Unter Umständen kann auch höflich darauf hingewiesen werden, dass man sich an die eigene Botschaft wenden wird.

Telefonladen in Karakul

Post und Telekommunikation

Der Versand einer Postkarte nach Europa kostet umgerechnet 20 Cent. Postkarten und Briefe aus Tadschikistan kommen relativ sicher in Deutschland an; die Zustellfrist beträgt zwischen zwei Wochen und drei Monaten. Briefsendungen sollte man immer direkt an einer Post einwerfen. Auch DHL hat ein Büro in Duschanbe (Prospekt Druzhby Narodov 52). Auf den Postämtern gibt es auch noch die Möglichkeit, Telegramme zu schicken, eine Überraschung der besonderen Art für Freunde und Verwandte. Hier und da gibt es noch Fernsprechapparate, mit denen man nach Europa telefonieren kann.

Billiger ist es, an den Zeitungskiosken **Prepaidkarten** für's Handy zu kaufen und dann mit einer Vorwahl nach Deutschland anzurufen. Relativ einfach und günstig ist es auch, **SIM-Karten** für Mobiltelefone zu erwerben, so werden Auslandstelefonate viel preiswerter. Hier ist je nach Region auf den Betreiber zu achten. TCell, Megafon, Babilon-M, Beeline und TK-Mobil haben das breiteste Angebot. Für Pamir und Zarafshon-Tal (Fan-Gebirge) empfiehlt sich eine Karte der Firma ›TCell‹, zu erwerben über einen lokalen Strohmann, da die Prozedur für Ausländer kompliziert sein kann. Es gibt noch etliche **Funklöcher**, besonders in den Bergen. Das Netz ist nicht sehr stabil, und es kommt manchmal zu Ausfällen. Aufladen sollte man die Karten in größeren Städten und Ortschaften in den jeweiligen Mobilfunkläden oder an den Straßenterminals. Eine sichere Erreichbarkeit bietet nur ein teures **Satellitentelefon**. Den Service dazu bietet die Firma ›Zenith‹, die den Anbieter ›Thuraya‹ in Duschanbe vertritt (Tel. +992/90/7726629).

Presse

Die Presselandschaft ist dünn besiedelt in Tadschikistan. Die Internet-Wochenzeitung **Asia Plus** darf als meistgelesene Zeitung der politisch interessierten Gesellschaftsschicht gelten, sie berichtet in russischer und englischer Sprache (www.asiaplus.tj). Politische

Tageszeitungen gibt es nicht. Der Präsident verbreitet seine Neuigkeiten vor allem in der russischsprachigen **Narodnaja Gazeta**. Beliebt sind die Zeitungen mit vielen Kreuzworträtseln, vor allem auch bei der Miliz. Die **Times of Central Asia** gibt es in Tadschikistan auch, sie ist jedoch schwer zu bekommen. **The Tajik Times** ist eine englischsprachige Wochenzeitung. Die **DAZ** (Deutsche Allgemeine Zeitung für Zentralasien, http://deutsche-allgemeine-zeitung.de) hat ihren Sitz in Kasachstan, bringt aber ab und an auch Berichte über Tadschikistan im Internet. Die Leser sind vor allem Zentralasiendeutsche sowie deutsche Expats in den entsprechenden Ländern.

VIP Zone heißt das erste Hochglanzmagazin für die neuen Tadschiken. Die russischsprachige Zeitschrift wird in der Türkei gedruckt und enthält neben Informationen über die neusten Jeeps und den News aus Dubai auch Tipps für Wochenendausflüge innerhalb Tadschikistans.

Reisen im Land

Als Rucksacktourist reist man relativ preisgünstig mit **Sammeltaxis**. Das System der privaten Sammeltaxis ist weit verbreitet und gut organisiert und ersetzt großteils den öffentlichen Fernverkehr. Wer ein bisschen mehr Geld hat, kann sich auch einen eigenen Fahrer mit Jeep mieten. Trampen ist nicht üblich, wenn man mitgenommen wird, wird eine Gegenleistung erwartet. Mietautos ohne Fahrer gibt es kaum, und angesichts teilweise schlechter Straßenverhältnisse und unberechenbarer Straßenpolizei sollte man ohne Erfahrung oder Diplomatenpass nicht selbst durch Tadschikistan fahren.

Mit dem **eigenen Auto oder Motorrad** mit europäischen Nummernschildern hat man mit der Polizei in der Regel kaum Probleme. Zu beachten ist, dass Autos mit abgedunkelten Scheiben nicht zugelassen sind bzw. eine Jahresgebühr von 400 Dollar kosten. Die **Straße zwischen Istarafshan und Duschanbe** ist mautpflichtig, an drei Stationen bezahlt man insgesamt 30 Somoni.

Marshrutkas am Panjshanbe-Markt in Khujand

Wer in Duschanbe ein Auto mieten möchte, kann sich unter www.rentacar.tj informieren. Es gibt noch keine Erfahrungswerte, die Internetseite funktioniert unzuverlässig, zu den angefragten Zeiten standen auch keine Autos zur Verfügung. Mit einer Verbesserung ist zu rechnen.

Flugverbindungen gibt es aus Duschanbe nach Khujand und Khorugh (→ S. 132).

Mit der **Bahn** kann man nur wenige Strecken in Tadschikistan bestreiten. Möglich, aber zeitaufwendig und ein kleines Abenteuer ist etwa die Strecke von Duschanbe nach Khujand (→ S. 143).

In den **größeren Städten** gibt es Busse und Marshrutkas (Kleinbusse, die bestimmte Strecken abfahren). Bezahlt wird nach dem Einsteigen.

Taxi

Der Preis für eine Taxifahrt wird immer vorher verhandelt. Fehlt es an Sprach-fähigkeiten, können Papier und Stift bei der Kommunikation helfen. Fährt man weitere und teurere Strecken, sollte man sich bei den anderen Sammeltaxis über den Preis informieren.

Bei längeren Strecken kann es vorkommen, dass man beispielsweise beim ersten Tanken aufgefordert wird, Geld zu bezahlen. Empfehlenswert ist es, hier eine Teilsumme zu zahlen.

Reiseveranstalter Deutschland, Österreich, Schweiz

A&E Erlebnisreisen
Hans-Henny-Jahnn-Weg 19
D-22085 Hamburg
Tel. +49/40/27143470
www.ae-erlebnisreisen.de
Kombinationsreisen Usbekistan-Tadschikistan (Fan-Gebirge)-Kirgistan.

Akademischer Reisedienst
Fröbelgasse 46
A-1160 Wien
Tel. +43/1/8923443
www.studienreisen.at
Pamir-Reise Tadschikistan und Kirgistan.

Alaya Adventure Tourism
Ulmenstr. 15
D-90443 Nürnberg
Tel. +49/176/82175712
www.alaya-reisen.de
Zahlreiche Trekkingtouren im Pamir und Fan-Gebirge, außerdem Heli-Touren. Gutes Netzwerk in Tadschikistan.

Ararat Tours
Tannenstr. 2
D-01099 Dresden
Tel. +49/351/89960253
www.ararat-tours.com
Pamir-Trekkingreise.

AT Reisen
Helenenstr. 14
D-04279 Leipzig
+49/341/5500940
www.at-reisen.de
Reisen in den Pamir und ins Fan-Gebirge, Kombinationsreise mit Usbekistan und Kirgistan.

Biss Reisen
Fichtestr. 30
D-10967 Berlin
Tel. +49/30/69568767
www.biss-reisen.de
Rad- und Trekkingreisen entlang der Seidenstraße, Kombinationsreisen mit Tadschikistan und Usbekistan.

DAV Summit Club
Am Perlacher Forst 186
D-81545 München
Tel. +49/89/642400
www.dav-summit-club.de
Expeditionsreise, Besteigung des Peak Abuali ibn Sino (7134 m).

Diamir Erlebnisreisen
Berthold-Haupt-Str. 2
D-01257 Dresden
Tel. +49/351/312077
www.diamir.de
Trekking im Fan-Gebirge und im Pamir-Trekking, Mountainbike-Touren.

Druschba
Schwarzenburgstr. 842
CH-3145 Niederscherli
Tel. +41/31/8493969
www.druschba.ch
Motorad- und Biketouren durch Zentralasien.

Epic Trails
Stefan Ebert
Feldstr.13
D-98527 Suhl
Tel. +49/3681/8049191
www.epic-trails.com
Bike-Erlebnisse auf dem Pamir und in ganz Zentralasien.

Faire Ferien
Alpenstr. 62
CH-2502 Biel/Bienne
Tel. +41/76/3466888
www.faire-ferien.ch
Reisen Pamir und West-Pamir, Fan-Berge und Yaghnob-Tal.

Gebeco
Holzkoppelweg 19
D-24118 Kiel
Tel. 0431/54460
www.gebeco.de
Reise ins Fan-Gebirge in Verbindung mit Usbekistan.

Haase Touristik
Dickhardtstr. 56
D-12159 Berlin
Tel. +49/30/84183226
www.haase-touristik.de
Individuelle Tadschikistanreisen, Wandern in den Fan-Bergen.

Hauser Exkursionen
Spiegelstr. 9
D-81241 München

Tel. 089/2350060
www.hauser-exkursionen.de
Pamirrundreise, Kombinationsreise Usbekis-tan-Tadschikistan (Fan-Gebirge).

Henkalaya
Hollerstück 4
D-35232 Friedensdorf
Tel. +49/6466/912970
www.henkalaya.de
Trekkingreisen in den Pamir.

Ikarus Tours
Am Kaltenborn 49 - 51
D-61462 Königstein/Taunus
Tel. +49/6174/29020
www.ikarus.com
Pamir Highway, Kombinationsreise Usbekistan-Tadschikistan.

Indy-Guide
Humbelrain 9
CH-8824 Schönenberg
Tel. +41/79/1005500
Mirzonazar Mirzoev, Country manager
Tel. +992/93/8585555
mirzo@indy-guide.com

Trekkingcamp im Pamir

www.indy-guide.com
Schweizer Plattform mit gutem Netzwerk vor Ort.

Kira Reisen
Schimmbadstr. 1
CH-5210 Windisch
Tel. +41/56/2001900
www.kiratravel.ch
Privatreisen auf der Seidenstraße.

Nomad Reisen
Bahnhofstr. 6
D-54568 Gerolstein
Tel. +49/6591/949980
www.nomad-reisen.de
Pamir und Fan-Gebirge in Kombination mit Kirgistan bzw. Usbekistan.

Paradeast
Bei den Mühlwiesen 8
D-93149 Nittenau
Tel. +49/9436/9031684
www.paradeast.de
Pamir Highway, Trekking im Fan-Gebirge, Expeditionsreise zum Peak Karl Marx.

Reisen und Kultur
Rue de Bourg 10, Case postale 7699
CH-1002 Lausanne
Tel. +41/21/3123741
Bederstr. 49
CH-8002 Zürich
Tel. +41/44/2221166
www.reisen-und-kultur.ch
www.voyages-et-culture.ch
Privatreisen, Rundreise Kirgistan-Tadschikistan.

Reisevermittlung Stephan Flechtner
Tel. +49/175/2074757
St.Flechtner@gmx.de
Botanische und zoologische Exkursionen, Trekking, Reiten und Kulturreisen in Zentralasien und Sibirien.

Dagmar Schreiber
Tel. +49/173/6265136
sh.dagmar@gmail.com
www.kasachstanreisen.de
Dagmar Schreiber führt jedes Jahr ein bis zwei Recherchereisen zur Aktualisierung dieses Reiseführers durch und nimmt Einzelreisende oder kleine Gruppen mit. Jede dieser Touren ist ein Unikat.

Studiosus
Riesstr. 25
D-80992 München
Tel. +49/89/500600
www.studiosus.com
Pamir-Reise mit Usbekistan und Kirgistan.

TSA Travel Service Asia
Riedäckerweg 4
D-90765 Fürth
Tel. +49/911/9795990
www.travel-service-asia.de
Individuelle Reisen auf der Seidenstraße.

Ventus
Krefelder Str. 8
D-10555 Berlin
Tel. +49/30/39100332
www.ventus.com
Pamir Highway und Fan-Berge.

Reiseveranstalter in Tadschikistan und Kirgistan

Reiseveranstalter Zentraltadschikistan → S. 161, Pamir → S. 294, Nordtadschikistan → S. 369.

Asia Discovery
Somoni 126/33, Duschanbe
Tel. +992/90/9951121, +992/93/8724174
info@asiadiscovery.tj, www.asiadiscovery.tj
Wochenendausflüge aus der Hauptstadt, Jeep-Touren, Paragliding, Trekking und Klettertouren. Hilfe bei Genehmigungen.

Association Pamir Trek
Bishkek, Kirgisstan
info@pamirtrek.com
www.pamirtrek.com
Großes Angebot an Trekkingtouren.

Aziana Travel
Shamsi 23, Handelszentrum Saodat, Büro 193, Duschanbe
Tel. +992/(8)37/2377135,
Tel. +992/44/6255326
www.azianatravel.com
Die Firma des erfahrenen Bergsteigers und Reiseführer-Autors Dmitriy Melnichkov bietet touristische Dienstleistungen aus erster Hand an; Jeep- und Trekkingtouren. Eigener brauchbarer Reiseführer in Russisch und Englisch.

Chil Mehrob
Rudaki 85, Panjakent
Tel./Fax +992/(8)3475/55880, Tel. +992/92/7181534
info@chilmehrob.tj, chilmehrob@mail.ru
www.chilmehrob.tj
Das Team von Amondullo Nasrulloev bietet Touren durch die Fan-Berge und zu den Sieben Seen an sowie eine kleine und eine große Rundreise durch das Land.

Eco-Cultural Tourism Organization
Osh, Kirgistan
Tel. +996/77/3318714,
+996/55/4103864
eco-consulting@mail.ru

Hamsafar Travel
Pulod Tolis 5/11 (früher Proletarskaya)
Duschanbe
Tel. +992/(8)37/2280093
Tel. +992/93/5014593
hamsafarinfo@yahoo.com
www.hamsafartravel.com
Unterstützung bei der Genehmigung für GBAO und der Registrierung, Verleih von Jeeps, Pferdetrekking.

Javohir Travels
Rudaki 86, Duschanbe
Tel. +992(8)37/8802391, Tel. +992/93/5066890, +992/90/7816346
umeda747@yahoo.com
www.javohir.tj
Übliche touristische Dienstleistungen.

Kuhandiz Travel
Rudaki 13/7, Panjakent
Tel. +992/(8)3475/56744
Tel. +992/92/77543252
dilya68@mail.ru, kuhandiz-tour@mail.ru
Die Historikerin Dilovara organisiert Touren in der Umgebung von Panjakent und in ganz Tadschikistan.

Kyrgyz Pamir Tours
Osh, Kirgistan
kg.pamir777@gmail.com
www.kyrgyzpamirtours.com
Abdulkadyr Alievs Firma kann bei Pamir-Touren von der kirgisischen Seite aus helfen bzw. holt Sie von der Grenze auf dem Kyzylart-Pass ab. Organisation von Touren im Ost-Pamir.

Filzteppichmacherin in Alichur

Mountain Adventure Travel
Duschanbe
Tel./Fax +992/(8)37/2270285
Tel. +992/90/7710596
dilshod@matt.tj, www.matt.tj
Solide, erfahrene Firma mit allumfassenden Angebot.

Novi Nomad Travel Company
100, Turusbekov Str.
Bishkek, 720001 Kyrgyzstan
Tel. +996/312/622381
www.novinomad.com
Reisen auf der Seidenstraße, Trekking-, Pferde- und Mountainbike-Touren.

Orient Adventure
Rudaki 148-9, Duschanbe
Tel./Fax +992/(8)37/2243879, Tel. +992/93/5070021
www.adventure.tj
orient50@mail.ru

Orom Travel
Miskola Abdulloeva
Nisor Muhammad 16/proezd 4D
Duschanbe
Tel. +992/44/6014540, +992/98/7133005
www.oromtravel.tj
Die erfolgreiche Gründerin des Yeti-Hostels in Duschanbe ist jetzt auch in den Tourismus eingestiegen.

Pamir Adventure
Mohammad 1/3-17, Duschanbe
Tel. +992/(8)/37/2211812, +992/(8)/37/2272384, Tel. +992/93/4812290
info@pamir-adventure.com
www.pamir-adventure.com
Skype: pirat-pamirad1
Der erfahrene und hilfsbereite Biologe, Bergsteiger und Fotograf Surat Toimastov bietet alles aus erster Hand an: Trekking, Bergsteigen, Fotosafaris und Naturtouren, Rundreisen per Jeep für kleine Gruppen.

Pamir Travel
Duschanbe, Khujand und Panjakent
Alisher Khasanov (engl.)
Tel. 992/(8)37/2240213, +992/93/5993737, +992/93/8963505
pamirtourservice@mail.ru, mice-tajikistan@mail.ru, booking.tajikistan@mail.ru
www.pamir-travel.com, www.pamirtourservice.com, www.travelintajikistan.com
Große Firma, die auch Touren in Usbekistan anbietet. Alle Arten von kulturhistorischen und Aktivtouren im ganzen Land, alle touristischen Dienstleistungen, eigenes Hotel ›Sogdiana‹ in Panjakent.

PTEC Travel
Batken, Kyrgyzstan
www.ptec-travel.kg
Gute Touren im Turkestan-Gebirge (›Patagonien Zentralasiens‹), Pamir und Tien Shan.

Turbaza Artuch
Rudaki 85, Panjakent
Tel. +992/3475/56661
Tel. +992/92/7737489
artuch@bk.ru
kasim_muzafarov@mail.ru
www.artuch.tj
Reiseveranstalter für Wanderungen im Zarafshon-Tal und neuerdings auch in den Pamir und nach China.

Souvenirs

Souvenirs wie handgewebte Seiden- und Baumwollstoffe, Keramik, Schmuck aus Halbedelsteinen, Pamirsocken, Suzani und Teppiche kann man in den Souvenirläden von Duschanbe, Khujand, Khorog und Murghab erwerben, in Museen und Hotel, aber auch bei den Erzeugern in den Dörfern. Entsprechende Touren bieten ZTDA und PECTA an (→ S. 369, 295).

Telefonnummern

Vorwahl für Tadschikistan: +992.
Vorwahl für Duschanbe: 37.
Notrufnummern: Ärztlicher Notruf 03, Polizei 01, Feuerwehr 02.
Zentrale Notrufnummer zum Sperren von EC-, Kredit-, Kunden- und Handykarten: +49/116116.
Beim Telefonieren ins Ausland muss man vom Festnetz die Zahlenkombination 810 und dann die Landesvorwahl wählen. Mobiltelefonnummern beginnen mit der Anfangsziffer 9, 5 oder 4. Wenn man in Tadschikistan ein Festnetzgespräch in einen anderen Ort führt (z.B. von Khorugh nach Duschanbe), muss man die Ziffer 8 statt der Landesvorwahl einfügen, deshalb ist diese Ziffer bei der Angabe von Telefonnummern immer in Klammern gesetzt.

Trinkgeld und Geschenke

Trinkgeld ist verbreitet (10 Prozent) und wird gerne gegeben. In Restaurants wird es in der Regel schon als Bedienungsaufschlag von 10 bis 15 Prozent auf den angegebenen Preis aufgeschlagen.
Bevor man sich in die Regionen aufmacht, sollte man Geschenke für die Dorfbewohner und einfache Landbevölkerung besorgen. Kinder freuen sich wie überall über Süßes, Bälle und kleines Spielzeug, Erwachsene über Batterien, Kerzen, Tee, Zucker, Mehl Kosmetik, aber auch über Postkarten/Fotos aus Deutschland. Dort wo es wächst, bekommt man oftmals Obst und Gemüse geschenkt, sollte also im Gegenzug immer ein paar Kleinigkeiten dabeihaben. Geschenke annehmen und Schenken gehört zum alltäglichen Leben. Wenn man auf dem Land unterwegs ist, wird man oft zum Tee (und das heißt nicht nur zum Tee, sondern auch zum Essen) eingeladen.
Obwohl die Menschen selten Geld annehmen wollen – man geht auch mit Geld nicht so offen um – sollte man immer ein paar Somoni zum Beispiel unter der Zuckerdose hinterlassen (für ein Essen bei einer Familie pro Person mindestens 8 bis 10 Somoni). Manchmal ist auch eine Mann-zu-Mann- oder Frau-zu Frau-Geldübergabe möglich, hierbei das Geld nie offen zeigen, sondern dem Gegenüber zum Beispiel beim Abschiedshändedruck in die Hand drücken oder in die Kitteltasche stecken.

Unterkunft

Größere Städte bieten, wie inzwischen überall weltweit, Hotels, Hostels, Gästehäuser und privat vermietete Wohnungen bei AirBnB und anderen Portalen. In Duschanbe, Khujand und Khorugh gibt es Hotels mit westlichem Standard und gehobenen Preisen, aber auch die Provinz zieht langsam nach.
Die dörflichen **Gästehäuser** haben weniger Komfort, im familiären Umfeld schläft es sich – oftmals auf den traditionellen Baumwoll- oder Filzmatten – aber meist sehr gut. Das Essen in den ländlichen Gästehäusern ist in den Regionen ist häufig frischer und besser als in den Restaurants. Toilette und Waschmöglichkeiten befinden sich meist auf dem Hof und sind oft etwas gewöhnungsbedürftig. Die Übernachtung in Gästehäusern kostet zwischen 10 und 20 Dollar, Frühstück inbegriffen.
In Dörfern ohne offizielle Übernachtungsmöglichkeit sollte man nach dem Rais, dem Vorsitzenden des Dorfes, oder dem Mullah fragen und nach der Übernachtung nicht vergessen, einen gewissen Betrag dafür zu hinterlassen – auch wenn dieser verbal abgelehnt wird.

Verhaltensregeln

Die zwei wichtigsten Regeln in Tadschikistan sind folgende: **Lege niemals das Brot**

auf den Boden oder mit dem Gesicht nach unten, und **tritt niemals mit den Füßen auf den Dastarkhon**, die mobile Tischdecke. Wenn man sich bedankt (und auch beim Gruß) legt man die rechte Hand auf das Herz und beugt sich kurz vor. Begrüßt man sich, so geben sich Männer die Hand, es kann auch ein längeres Händeschütteln werden. Frauen nicken sich meist nur zu, manchmal geben die Tadschiken westlichen Frauen auch die Hand.

Beim Betreten eines Hauses, einer Moschee oder einer Jurte zieht man die **Schuhe aus**, läuft barfuß oder in Socken. Wenn man keine Zeit hat, sollte man eine **Einladung zum Tee** (das heißt immer auch zum Essen) höflich ausschlagen, denn ein solches ›Teetrinken‹ kann sich über Stunden hinziehen. Im Pamir gilt außerdem noch eine andere wichtige Regel: **Niemals Witze über den Aga Khan machen**, denn damit kann man es sich leicht mit den Pamiri verscherzen (→ Pamir-Knigge, S. 171).

Bei Tisch: Vor dem Essen wäscht man sich die Hände, dazu bekommt man auf dem Land, wo es kein fließendes Wasser gibt, eine Karaffe mit Wasser und eine Schüssel gereicht bzw. ein Kind oder die Hausfrau gießen dem Gast das Wasser selbst über die Hände. Nach dem Essen (im Sommer erkennbar am letzten Gang, der Wassermelone) hebt der Gastgeber die Hände mit den nach oben gewandten Handflächen etwa in Brusthöhe, spricht ein kurzes Gebet und streicht sich dann mit den Handinnenseiten von oben nach unten über das Gesicht. Der Gast kann dem gern folgen. Diese Art von Kurzgebet lässt sich im Alltag leicht auch in anderen Situationen erkennen: Wenn man an einer heiligen Stätte (Mazar) vorbeifährt, an einem Friedhof oder etwa vor Reiseantritt. Während Schmatzen und Schlürfen, mit den Fingern essen und eine gemeinsame Serviette benutzen alltäglich sind, ist das **Naseputzen am Tisch** ein großes Vergehen und wohl der Fehler, den Ausländer am häufigsten machen.

Außerdem gilt: Schenke niemals Tee nach, wenn du nicht der ›Ausschenker‹ bist. Am ›Tisch‹ ist nur eine Person verantwortlich für das **Teeausschenken**, und diese Person wechselt nicht. Diese Regel gilt auch für das **Brotbrechen**. Auf dem Tapchan oder auch sonst um den Dastarkhon herum gibt es eine **Sitzordnung**. Gäste sitzen am weitesten entfernt von der Tür, meistens ist der Platz für Gäste mit extra prächtigen Kissen gekennzeichnet.

Fotografieren: Vorher freundlich fragen kommt gut an; ungefragt sollte man in keinem Fall Babys und kleine Kinder fotografieren.

Auch wenn die meisten Gastgeber nicht nach **Geld** fragen oder es nicht annehmen wollen, sollte man immer etwas Geld unter den Dastarkhon legen (→ Trinkgeld/Geschenke, Pamir-Knigge, S. 171).

Versicherungen

Man benötigt eine **Auslandskrankenversicherung**, in der auch Tadschikistan als Reiseland angegeben ist. Gegebenenfalls bei der Versicherungsgesellschaft nachfragen. Für den Versicherungsfall sollte man versuchen, eine Rechnung in Englisch oder überhaupt eine Rechnung zu bekommen.

Währung und Zahlungsmittel

Gezahlt wird fast immer in der Landeswährung Somoni. Zwar werden Preise oftmals in US-Dollar genannt, um sie wegen der Inflationsrate nicht ständig ändern zu müssen, jedoch sollte man sich nicht darauf verlassen, in Dollar zahlen zu können. Den Touristen, die überall mit Dollar bezahlen wollen, wird eine gewisse Arroganz nachgesagt.

Zeitzonen

Der Zeitunterschied zwischen Tadschikistan und Deutschland beträgt drei Stunden im Sommer und vier Stunden im Winter, denn in Tadschikistan gibt es keine Zeitumstellung (Sommerzeit).

Die **inoffizielle Zeit im Pamir**, besonders in Murghob und auch östlich von Ishkoshim im Wakhan-Korridor, geht noch eine weitere Stunde vor.

Sprachführer

Tadschikistan spricht viele Sprachen, Tadschikisch, Russisch, teilweise Kirgisisch und Usbekisch, ein Dutzend verschiedener Pamirsprachen und das fast ausgestorbene Yaghnobi. Der Reisende wird sich jedoch vor allem mit Händen und Füßen, Stiften und Blöcken verständigen. Zwar wird er fast überall von vielen Kindern mit einem freundlichen ›Hello‹ begrüßt werden, auf Englisch wird man sich in den Regionen jedoch kaum verständigen können. In den größeren Städten gibt es viele, die Russisch sprechen, unter der jüngeren Generation auch einige mit englischen Grundkenntnissen. Neben der sowjetischen Generation haben vor allem die vielen Gastarbeiter, die in Russland arbeiten, dazu beigetragen, dass Russisch noch relativ weit verbreitet ist. Weniger jedoch unter den Frauen auf dem Land, die meist nur Tadschikisch oder ihre jeweilige regionale Sprache sprechen.

Seit 1940 gilt in Tadschikistan das kyrillische Alphabet, das auch im Folgenden benutzt wird. Das russische kyrillische Alphabet wurde mit sechs weiteren Buchstaben versehen, die der verbesserten Wiedergabe des Tadschikischen dienen. Mittlerweile gehören die russischen Buchstaben ›ц‹, ›щ‹, ›ы‹ und ›ь‹ offiziell nicht mehr zum tadschikischen Alphabet, sie wurden nur zwischen 1940 und 1990 für russische Lehnwörter verwendet. Bei Lehnwörtern oder Eigennamen aus dem Russischen, die in Tadschikistan weiterhin verbreitet sind, wird der russische Buchstabe ›ы‹ mit ›y‹ transliteriert.

Für Reisende ist es sehr gut, sich ein paar wichtige Wörter und Wendungen einzuprägen, denn die Tadschiken freuen sich über jedes Interesse an ihrer Sprache. Und die Zunge ist der Dolmetscher der Seele, sagt ein tadschikisches Sprichwort.

Buchstabe	deutsche Aussprache	engl. Transliteration
а	a	a
б	b	b
в	w wie in Winter	v
г	g am hinteren Gaumen	g
д	d	d
е	je	e
ё	jo wie in Jolle	yo
ж	weiches sch wie Journal oder Garage	zh
з	weiches s wie Rose/Basar	z
и	i	li
й	kurzes j	y
к	k	k
л	l	l
м	m	m
н	n	n
о	o	o
п	p	p
р	gerolltes Zungen-R	r

Buchstabe	deutsche Aussprache	engl. Transliteration
с	s	s
т	t	t
у	u	u
ф	f	f
х	ch wie in Buch	kh
ч	tsch wie in Tschechien	ch
ш	sch wie in Schule	sh
ъ	wird nicht gesprochen	-
э	e wie in Ente	ė
ю	ju wie in Julia	yu
я	ja wie in Jawohl	ya
ғ	Gh	gh
ӣ	i	ī
қ	kehliger Knacklaut	q
ӯ	ein Laut zwischen ü und ö	ū
ҳ	h	h
ҷ	dsch wie James	j

Wie bereits im Kapitel ›Das Wichtigste in Kürze‹ (→ S. 14) beschrieben, wird in diesem Reiseführer die englische Transliteration verwendet, da sie auf Karten und Ortsschildern häufiger verwendet wird und international verbreitet ist. Die tadschikischen Sonderzeichen ›ӯ‹ und ›ӣ‹ (nicht zu verwechseln mit й) werden zur verbesserten Lesbarkeit im Fließtext des Reiseführers vereinfacht mit ›u› und ›i‹ transliteriert.

Die wichtigsten Ausspracheregeln

e	nach einem Konsonanten wird das e wie das deutsche e in ›Beet‹ ausgesprochen; am Wortanfang und nach Vokalen wie je in ›jedes‹
ch	tsch wie Tschechien
gh	r dicht am Gaumen gesprochen, wie in Gurke
j	dsch wie in Jeans
kh	ch hinten am Gaumen gesprochen, wie in Bach
q	Aussprache ähnlich dem deutschen ›k‹, aber tiefer in der Kehle
r	gerolltes Zungen-R
sh	sch wie in Schule
y	wie in Jacke
ya	Aussprache wie ja in ›Jagd‹
yu	Aussprache wie ju in ›Jugend‹
zh	stimmhaftes sch wie in Journal
z	stimmhaftes s wie Saison, Basar

Doppelvokale werden getrennt ausgesprochen. Die Betonung liegt in der Regel auf der letzten Silbe.

Deutsch	Transkription	Tadschikisch
Allgemeine Wendungen		
Hallo!	Assalom!	Ассалом!
Herzlich Willkommen!	Khushomaded!	Хуш омадед!
Auf Wiedersehen!	To didan!	Тодидан!
Wie geht's?	Chi khel shumo?	Чи хел шумо?
Gute Reise!	Rohi safed!	Рохи сафед!
Ja!	Bale!	Бале!
Nein!	Ne!	Не!
Gut!	Khub!	Хуб!
Danke!	Rahmat!	Раҳмат!
Bitte!	Marhamat! Iltimos!	Марҳамат! Илтимос!
Entschuldigung!	Bubakhshed! Mebakhs-hed!	Бубахшед! Мебахшед!
Ich verstehe Sie nicht.	Man gaphoi shumoro namefahmam.	Ман гапҳои шуморо намефаҳмам.
Ich komme aus Deutsch-land.	Man az Olmon hastam.	Ман аз Олмон астам.
Darf ich ....?	Mumkin...?	Мумкин...?
Auf geht's!	Raftem!	Рафтем!
Gesundheit		
Arzt	dukhtur	духтур
Apotheke	dorukhona	дорухона
Ich bin krank.	Man kasal hastam.	Ман касал ҳастам.
Wo ist das nächste Kran-kenhaus?	Nazdiktarin kasalkhona dar kujo ast?	Наздиктарин касалхона дар кучо аст?
Arm	dast	даст
Auge	chashm	чашм
Kopf	sar	сар
Bein	po	по
Hals	gardan	гардан
Bauch	shikam	шикам
Magen	me'da	меьда
Ohr	gūsh	гӯш
Höhenkrankheit	bemorazbalandi	бемор аз баланди
Durchfall	izhol	изҳол
Erbrechen	kaykunī	кайкунӣ

Deutsch	Transkription	Tadschikisch
Offizielles		
Visum	viza, ravodid	виза, раводид
Registrierung	registratsiya, bakaydgiri sabt	регистрация, бакайдгирӣ сабт
Genehmigung	propusk, razreshenie, rukhsatnoma	пропуск, разрешение, рухсатнома
Pass	shinosnoma, passport	шиноснома, паспорт
Wechselstube	ivazi valyuta, mubodilai asor	ивази валюта, мубодилаи асъор
Wetter/Natur		
Adler	uqob	уқоб
Bär	khirs	хирс
Marco-Polo-Schaf	gūsfandi markopolo, arkhar	Гӯсфанди маркополо, архар
Schneeleopard (›Tiger‹)	babri barfī (›palang‹)	бабри барфӣ (›паланг‹)
Schraubenziege	morkhur, buzipar-mashokh	морхур, бузипармашох
Schaf	gūsfand	гӯсфанд
Steinbock	nakhchir, buzikūhī	нахчир, бузи кӯҳӣ
Vogel	parranda	парранда
Wolf	gurg	гург
Ziege	buz	буз
Baum	darakht	дарахт
Berg	kūh	кӯҳ
Bergspitze (Peak)	qulla	қулла
Gebirge	kūhiston	кӯҳистон
Mond	mahtob, mah, moh	маҳтоб, маҳ, моҳ
Himmel	osmon	осмон
Sonne	oftob	офтоб
Stern	sitora	ситора
Regen	boron	борон
Schnee	barf	барф
Hagel	zhola	жола
Lawine	tarma	тарма
Verkehrsmittel		
Bus	avtobus	автобус

Deutsch	Transkription	Tadschikisch
Trolleybus	trolleybus	троллейбус
Haltestelle	istgoh	истгоҳ
Auto	moshin	мошин
Taxi	taksi	такси
Öffentlicher Kleinbus	marshrutka	маршрутка
Zug	poyezd, qatora	поезд, қатора
Flugzeug	samolyot, tayyora	самолёт, тайёра
Flughafen	aėroport	аэропорт
Verspätung	dermoni	дермони
Reifen	shina	шина
Unfall	avariya, sadama	авария, садама
Bremse	tormoz	тормоз
Fahrer	shofyor, ronanda	шофёр, ронанда
Tank	tank	танк
Ich möchte ein Auto mieten.	Man mekhohamyak moshinro kiroya giram.	Манмехоҳам як мошин-ро кироя гирам.
Der Reifen ist geplatzt.	Shina kafid.	Шина кафид.
Kaputt!	Shikast!	Шикаст!
Wieviel kostet es bis...?	Chand pul meshavad to...?	Чанд пул мешавад то...?
Wann fahren wir?	Mo kay meravem?	Мо кай меравем?
Wie komme ich nach ...?	Ba ... bo kadom roh raftan zarur?	Ба ... бо кадом роҳ рафтан зарур?
Wo fahren die Taxis nach	Taksiho az kujo ba ... meravand?	Таксиҳо аз кучо ба .... меравaнд?

Essen/Restaurant

Deutsch	Transkription	Tadschikisch
Restaurant	restoran, tarabkhona	ресторан, тарабхона
Imbiss	oshkhona	ошхона
Teehaus	choykhona	чойхона
Tee	choy	чой
Grüner Tee	choy kabut, choyni sabz	чой кабут, чойи сабз
Zucker	shakar	шакар
Salz	namak	намак
Zitrone	limū	лимӯ
Fleisch	gūsht	гӯшт

Deutsch	Transkription	Tadschikisch
Rind	gūshtigov	гу¯штигов
Huhn	murgh	мурғ
Schaf	gusfand	гусфанд
Ziege	buz	буз
Hammel	gūshti gusfand	гӯшти гусфанд
Brot	non	нон
Butter	maska	маска
Eier	tukhm	тухм
Kartoffel	kartoshka	картошка
Reis	birinj	биринҷ
Zwiebel	piyoz	пиёз
Tomate	pomidor	помидор
Gurke	bodiring	бодиринг
Nudeln	makaron	макарон
Milch	shir	шир
Bier	pivo, obi jav	пиво, оби ҷав
Wasser	ob	об
Kaffee	qahva	қаҳва
Saft	sharbat	шарбат
Wassermelone	tarbuz	тарбуз
Gericht aus Reis, Fleisch, Karotten	oshi Palov, Palov	оши палов, палов
Suppe aus Fleisch, Karotten, Kartoffeln	shūrbo	шӯрбо
Schaschlik	kabob	кабоб
Suppe aus Fleisch, Nudeln, Kartoffeln	laghmon	лағ мон
Speise aus Brot, saurem Quark, Zwiebeln	qurutob	қурутоб
Gefüllte Teigtaschen (groß)	manty	манты
Gefüllte Teigtaschen (klein)	pel'meni, tūshbera	пельмени, тӯшбера
Gebackene, gefüllte Teigtaschen	sambūsa	самбӯса
Gebraten	biryoni	бирёни

Deutsch	Transkription	Tadschikisch
Gekocht	pukhta shuda	Пухта шуда
Haben Sie ...?	Shumo ... dored?	Шумо ... доред?
Zeit		
Wie spät ist es?	Soat chand shud?	Соат чанд шуд?
Wann kommen wir an?	Mo kay merasem?	Мо кай мерасем?
Morgen	fardo, pagoh	фардо, пагоҳ
Tag	rūz	рӯз
vormittags	pagohirūzi	пагоҳирӯзи
nachmittags	ba'daznimairūz, ba'dirūz	баъд аз нимаи рӯз, баъди рӯз
abends	begohi, shom	бегоҳи, шом
Gestern	dirūz	дирӯз
Heute	imrūz	имрӯз
Jetzt	hozir	ҳозир
Montag	dushanbe	душанбе
Dienstag	seshanbe	сешанбе
Mittwoch	chorshanbe	чоршанбе
Donnerstag	Panjshanbe	панчшанбе
Freitag	juma	чума
Samstag	shanbe	шанбе
Sonntag	yakshanbe	якшанбе
Orientierung		
Norden	shimol	шимол
Süden	janub	чануб
Osten	sharq	шарқ
Westen	gharb	ғарб
links	ba chap	ба чап
rechts/ nach rechts	rost/ ba rost	рост/ ба рост
Stadt	shahr	шаҳр
Dorf	qishloq	қишлоқ
Haus	khona	хона
See	kūl	кӯл
Straße	kūcha	кӯча
Weg	roh	роҳ

Deutsch	Transkription	Tadschikisch
Kreuzung	chorroha	чорроҳа
heiße Quelle	garm chashma	гарм чашма
Pass	aghba	ағба
Brücke	pul	пул
Hotel	mehmonkhona	меҳмонхона
Museum	muzey, osorkhona	музей, осорхона
Denkmal	haykal, paykara	ҳайкал, пайкара
Botschaft	saforat	сафорат
Krankenhaus	kasalkhona, bemorkhona	касалхона, беморхона
Basar	bozor	бозор
Wie komme ich zum Basar?	Chi khel ba bozor raftan mumkin?	Чи хел ба бозор рафтан мумкин?
Wohin fahren Sie?	Shumo to kujomeraved?	Шумото кучомеравед?
Wo ist ...?	... dar kujoast?	...дар кучо аст?

Zahlen

1	yak	як
2	du	ду
3	se	се
4	chor	чор
5	Pyanj	панч
6	shash	шаш
7	haft	ҳафт
8	hasht	ҳашт
9	nūh	нӯҳ
10	dah	даҳ
11	yozdah	ёздаҳ
12	duvozdah	дувоздаҳ
13	sezdah	сездаҳ
14	chordah	чордаҳ
15	ponzdah	понздаҳ
16	shonzdah	шонздаҳ
17	habdah	ҳабдаҳ
18	hazhdah	ҳаждаҳ
19	nūzdah	нӯздаҳ

Deutsch	Transkription	Tadschikisch
20	bist	бист
21	bistujak	бистуяк
30	si	сӣ
40	chil	чил
45	chilupanj	чилупанҷ
50	panjoh	панҷоҳ
50	Pyanjoh	панҷоҳ
60	shast	шаст
70	haftod	ҳафтод
80	hashtod	ҳаштод
90	navad	навад
100	sad	сад
1000	hazor	ҳазор

Fragewörter

Wer?	Ki?	Кӣ?
Was?	Chi?	Чӣ?
Wo?	Kujo?	Куҷо?
Wieviel?	Chand?	Чанд?
Wann?	Kay?	Кай?
Wohin?	Bakujo?	Бакуҷо?
Was ist das?	In chist?	Инчист?

Wegweiser im Stadtpark von Khorugh

Glossar

Aga Khan Oberhaupt der Ismailiten, Weltmann mit einem Netz von Entwicklungshilfeorganisationen.

Aiwan (Aywan) Hölzerner Pavillon zum Verweilen, meist reich mit Schnitzwerk verziert.

Banja Sauna, auf dem Dorf oft auch einzige Waschmöglichkeit.

Basmachi Freiheitskämpfer, im alten sowjetischen Sprachgebrauch abfälliges Wort für Bandit.

Bek Ein Verwalter des Emirs.

Chid Haus der Pamiri, leicht erkennbar am quadratischen Dachfenster und dem quadratischen Wohn-, Schlaf- und Essraum.

Choykhona Teehaus.

Dastarkhon Mobiles Tischtuch, das den Platz für das Essen vorgibt. Man sollte es nie mit den Füßen betreten.

Endemisch Nur in einem bestimmten Gebiet vorkommend (Pflanzen oder Tiere).

GBAO Autonomes Gebiet Gorno-Badakhshan, gleichzusetzen mit dem tadschikischen Pamir.

Halal Erlaubte Speisen nach islamischem Recht.

Hijab Kopftuch muslimischer Frauen.

Hukumat Regierung, oft Gebietsverwaltung, meist im Zentrum von Ortschaften. Oft gehört ein staatliches Gästehaus dazu.

Ismailiten Anhänger einer gemäßigten muslimischen Glaubensrichtung unter der Führung des Aga Khan.

Iwan Eingangsbogen in Moscheen und Mausoleen.

Jurte Rundes Filzzelt der Kirgisen.

Khrushchovki Zwei- bis viergeschossige Häuser aus dem sozialen Wohnungsbau der 1960er Jahre unter Nikita Chrustschow.

Kurgan Grabhügel, vor allem aus der Zeit der Skythen.

Kurpacha Dicke, warme Sitz- und Liegematten aus Baumwolle oder Filz.

Lada Niva Kleiner, aber sehr robuster russischer Geländewagen.

Mahalla Traditionelles Stadtviertel aus kleinen Lehmhäusern mit Gärten, mit eigener Moschee, zunehmend von neuen, größeren Bauten zersetzt.

Marshrutka Sammeltaxi (Kleinbus oder Jeep), das in bzw. zwischen den Städten verkehrt.

Massageten Konföderation wehrhafter Reiternomaden in Transoxanien zur Zeit der Herrschaft von Kyros II und Dareios I. (um 600/500 vor Christus).

Mazor (türkisch: Mazar) Heilige Stätte. Mausoleum oder Gebetsstätte.

Medrese Muslimische Hochschule, Koranschule; oft in Verbindung mit einer Moschee.

MSDSP Mountain Societies Development Support Programm, eine der Entwicklungshilfeorganisationen des Aga Khan.

Navruz Traditionelles Neujahrsfest im März, das größte aller Feste in Tadschikistan.

Non (Fladen-)Brot.

Oftob Heiligtum im Pamir (umfriedetes Grab eines Heiligen).

Oshkhona Restaurant, Kantine, Imbiss.

Ovrings ›Hängende Pfade‹, an den Felsen befestigte, oft kilometerlange Tritthilfen.

Palov (russ. Plov) Nationalgericht, oft einfach ›Osh‹ (Essen) genannt.

Petroglyphen Steingravuren, Felsgravuren.

Qala Festung, befestigte Stadt.

Qishloq Tadschikische Bezeichnung für ein (meist kleines) Dorf.

Somoni Landeswährung und gleichzeitig Staatsgründer des Somonidenreiches.

Suzani Mit traditionellen Ornamenten bestickter Wandteppich.

Tangem Meist weißer Kleinbus aus China im Marshrutka-Einsatz, eng und nicht sehr robust, bei Überlandfahrten meiden.

Tapchan Erhöhte, meist quadratische Sitz- und Schlafstätte für drinnen und draußen aus Holz oder Metall.

Teresken (Hornmelde, kraschennikowia) Halbstrauch der eurasischen Kältesteppen, der auf dem Pamir als Heizmaterial genutzt wird und deswegen stark gefährtet ist.

TsUM Zentrales Kaufhaus in Duschanbe.

Turbaza Wanderer- oder/und Bergsteigercamp.

UAZ Geländegängiger kleiner ›Russenbus‹ für alle Lebenslagen, kann im Notfall mit Hammer und Nagel repariert werden.

Literatur

Agachanjanz, Okmir, Auf dem Pamir. Progress, Moskau, 1980. Mitreißende Aufzeichnungen des berühmten sowjetischen Geobotanikers, antiquarisch erhältlich.

Baumer, Christoph, The Age oft he Steppe Warriors – the History of Central Asia. In ihren Zusammenhängen packend beschriebene und grandios bebilderte Archäologie des Kulturraumes Zentralasien.

Bergne, Paul, The birth of Tajikistan. National Identity and the Origins of the Republic. I. B. Tauris, London/New York 2007. Über die Herausbildung der tadschikischen Identität anhand der Geschichte und kulturellen Einflüssen.

Dubovitski, Irina und Viktor, Stalinabadskaya Sinfoniya. 2014 erschienener Bildband über das Duschanbe der 1930er bis 1960er Jahre, in guten Souvernirgeschäften der Hauptstadt erhältlich.

Hopkirk, Peter, The Great Game. The Struggle for Empire in Central Asia. Kodansha International, New York 1992. Auf mehr als 500 Seiten beschreibt Hopkirk den Kampf zwischen Großbritannien und dem Russischen Zarenreich um die Macht über das Gebiet vom Kaukasus bis nach China im 19. und frühen 20. Jahrhundert. Ein Standardwerk über das ›Große Spiel‹ in bildlicher Sprache und erzählendem Stil mit Schwarz-weiß-Abbildungen und Karten.

Jonson, Lena, Tajikistan in the New Central Asia. Geopolitics, Great Power Rivalry and Radical Islam. I. B. Tauris, London/New York 2006. Politikwissenschaftliches Buch über die Entwicklungen Tadschikistans im 21. Jahrhundert, mit kurzem historischen Rückblick.

Klevemann, Lutz, The new Great Game: Blood and Oil in Central Asia. Grove Press, New York 2004. Aktuellere Entwicklungen in den zentralasiatischen Staaten. Klevemann beschreibt auch die neue Rolle der USA nach dem Terroranschlag 2001, auf Tadschikistan geht er jedoch kaum ein.

Knobloch, Edgar, Turkestan. Prestel, München/London/New York 1999. Komplexe und sprachgewaltige Darstellung des Kulturraumes Zentralasien.

Lonely Planet, Central Asia. Lonely Planet 2014. Komprimierte, aber praktische Reiseinformationen auch über Tadschikistan aus überwiegend amerikanischer Sicht.

Loy, Thomas, Jaghnob 1970. Erinnerungen an eine Zwangsumsiedlung in der Tadschikischen SSR. Dr. Ludwig Reichert Verlag, Wiesbaden 2005. Thomas Loy hat auch für diesen Reiseführer einen Artikel über die Yagnobi verfasst (→ S. 363).

Melnichkov, Dmitriy, Travel trough Tajikistan. Travel Guide, Duschanbe, 2014.

Messner, Reinhold, Bergvölker, Bilder und Begegnungen. BLV Buchverlag, München 2012.

Middleton, Robert/Huw, Thomas, Tajikistan and the High Pamirs. Odyssey Illustrated Guides, Hongkong 2011. Leider ist das Buch mit fast 700 Seiten für den Rucksack sehr schwer, hat aber dafür ausführliche Informationen zu Kultur, Religion und vor allem zu Entdeckern und Entdeckungsreisen auf dem Pamir. Die praktischen Infos sind etwas unübersichtlich.

Oudenhoven, Frederik van/Haider, Jamila, With our own hands. Kit Publ., Amsterdam 2015. Tolles Buch in Dari, Englisch und Tad-schikisch mit Geschichten aus dem tadschikischen und afghanischen Pamir, 100 Rezepten und phantastischen Fotos.

Pernot, Nicolas, Tajikistan. Peoples and Landscapes, 2014. Wunderbares Fotobuch mit kurzen Beschreibungen auf Englisch und Französisch.

Pinalie, Thierry, 100 Photographies. Duschanbe 2009. Schlichter, mehrsprachiger (tadschikisch, englisch, französisch, russisch) Bildband mit 100 aktuellen und stimmungsvollen Fotos des französischen Fotografen.

Pitschikjan, Igor R., Oxos-Schatz und Oxos-Tempel. Achämenidische Kunst in Mittelasien. Berlin, Akademie 1992 (Antike in der Moderne).

Rickmers, Willi, Alai! Alai!, Leipzig 1930. Spannender Bericht des Leiters der legen-

dären sowjetisch-deutschen Pamir-Expedition, antiquarisch erhältlich.
Sapper, Manfred/Weichsel, Volker (Hg.), Machtmosaik Zentralasien. Traditionen, Restriktionen, Aspirationen. Osteuropa Reihe 8–9, Berliner Wissenschaftsverlag 2007. Mit einem interessanten Artikel von Gunda Wiegmann zu Tadschikistan im und nach dem Bürgerkrieg.
Schlager, Edda, Architekturführer Duschanbe. Berlin, DOM publishers 2016. Die Journalistin und Mittelasien-Expertin Edda Schlager hat akribisch im alten und neuen Duschanbe recherchiert. Für einen Teil der historischen, dem Untergang geweihten Gebäude gibt es mit diesem Buch wenigstens ein würdiges Denkmal.
Shafirov, Jura/Iasev, Amir, Tajikistan. Duschanbe 2006. Farbenprächtiger Bildband über Land, Leute und den Präsidenten.

Lektüre für unterwegs

Aini, Sadriddin, Der Tod des Wucherers. Verlag Kultur und Fortschritt, Berlin 1966.
Bill, Sonja, Unterwegs in Tadschikistan. Iatros Verlag, Sonnefeld 2010. Abenteuer und Anekdoten aus dem Alltag in Tadschikistan.
Böhm, Peter, Tamerlans Erben. Zentralasiatische Annäherungen. Picus, Wien 2005. Teilweise satirische Momentbeschreibungen aus den zentralasiatischen Republiken. Ein angenehmer Reisebegleiter.
Bonner, Leonie, Mord in Tadschikistan. Books on demand 2008. Ein Kriminalroman zwischen Regierung, Extremisten und der Aga-Khan-Stiftung illustriert tadschikische Zusammenhänge.
Fatland, Erika, Sowjetistan. Suhrkamp, 2017. Erfrischend geschriebene Beobachtungen einer jungen Norwegerin auf ihrer Reise durch das moderne Zentralasien.
Filchner, Willhelm, Ein Ritt über den Pamir, 1903. Sensationeller Alleinrittt eines deutschen kaiserlichen Offiziers von Osch über den Pamir nach Kaschgar. Gebundene Ausgabe (2006) und Taschenbuch (2010).
Grüttner, Roswitha, Robia mit dem ellenlangen Haar. Liebesmärchen aus Tadshikistan. Verlag Volk und Welt Berlin, 1988.
Kisch, Egon Erwin, Gesammelte Werke III. Zaren, Popen, Bolschewiken. Asien gründlich verändert. China geheim. Aufbau Verlag, Berlin 1992. Der berühmte ›rasende Reporter‹ war schwer beeindruckt vom Wandel, der das sowjetische Tadschikistan in den 1930er Jahren erfasste und beschreibt seine Eindrücke in der üblichen humorvollen Art.
Levin, Isidor, Märchen vom Dach der Welt. Überlieferungen der Pamir-Völker, Rowohlt, Reinbek bei Hamburg 1999. Eine äußerst lesenswerte Sammlung von Märchen und Schwänken aus Afghanistan, China, Tadschikistan und Usbekistan und insbesondere aus dem Pamir, niedergeschrieben zwischen 1920 bis 1967. Geschichten wie ›Das Zicklein-Zottelbein‹ oder ›Der Haschischraucher‹ sorgen für gute Unterhaltung.
Polo, Marco, Die Beschreibung der Welt. Die Reise von Venedig nach China. Edition Erdmann, Lenningen 2013. Schöne Reiselektüre, wenn man sich in einem Land der Seidenstraße befindet. Leider ist der Abschnitt über das Gebiet des heutigen Tadschikistan relativ kurz.
Polo, Marco, Die Wunder der Welt. Die Reise nach China an den Hof des Kublai Khan. Insel Verlag 2003.
Schwartz, Daniel, Schnee in Samarkand. Ein Reisebericht aus 3000 Jahren. Eichborn 2008. ›Verflochtenes Reisen in Raum und Zeit‹ – mehr kann man vor oder auf einer Reise durch Zentralasien eigentlich nicht bedenken. Kulturhistorische Hintergründigkeiten auf fast 1000 Seiten.
Smeth, Maria de, Dario, der Sohn des Basmatsch, dtv, Stuttgart 1972. Abenteuerbuch über den jungen Dario aus dem Bartang-Tal, der zu einem Freiheitskämpfer heranwächst und viele mutige Taten vollbringt. Weitere Abenteuer erlebt er im zweiten Buch ›Reite, Dario, reite!‹ (dtv 1972). Die Bücher sind spannend, geben einen Einblick in das Vordringen der Roten Armee in den 1920er Jahren und erzählen vom Alltag im Hochgebirge.
Tuschkan, Georgij, Menschenjagd im Pamir, Roman, Verlag Neues Leben, 1961

(antiquarisch). Spannende Geschichte um Liebe und Mut, Kampf um die Macht, Treue und Verrat aus dem Pamir der ersten Sowjetjahre.

Wolos, Andrej, Churramobod. Stadt der Freude. Berlin Verlag 2000. In zwölf Kapiteln erzählt Andrej Wolos die Schicksale verschiedener Bewohner der fiktiven tadschikischen Stadt der Freude (Churramobod) zwischen dem Ende der Sowjetunion, Unabhängigkeit und den Schrecken des beginnenden Bürgerkriegs. Das Buch ist zugleich Hommage und Abgesang auf Land und Leute.

Bergsteigerliteratur der DDR

Für DDR-Bergsteiger der 1960er bis 1980er war der in der Sowjetunion gelegene Pamir das höchste Gebirge, das sie bezwingen konnten. Einige spannende Bücher sind den Pamir-Expeditionen dieser Jahre gewidmet (alle nur antiquarisch erhältlich):

Däweritz, Karl/ Jensen, Uwe/Rump, Werner, Vom Teufelsturm zum Dach der Welt, Sportverlag, Berlin 1971.

Krause, Volker/Jensen, Uwe/Rump, Werner, Pamir. Zwei Handbreit unterm Himmel, Sportverlag, Berlin 1977.

Renner, Georg/Selic, Christa, Abseits der großen Minarette. Brockhaus, Leipzig 1986.

Rudolph, Fritz/Stulz, Percy, Zu den Gipfeln Turkestans, Sportverlag, Berlin 1967.

Renner, Georg, Biwak auf dem Dach der Welt. Auf Bergpfaden durch Tadshikistan. Brockhaus, Leipzig 1977.

Steiner, Walter, Auf den Gletschern des Pamir. Ein geologisches Abenteuer. Brockhaus, Leipzig 1988.

Filme zur Einstimmung

Die gefährlichste Flugstrecke der Welt
Die ARD zeigt in Deutschland ab und an noch diese beeindruckende Dokumentation (2007) über die Flugroute Duschanbe-Khorugh, die unter anderem für den ›Weltspiegel‹ produziert wurde.

Biwak: Im ganz wilden Osten. Dreiteiler von 2015 über den Pamir, zu finden in der Mediathek des MDR.

Kosh-ba-Kosh
Spielfilm (1993) von Bakhtiar Khudoynazarov, der während des Bürgerkrieges in Duschanbe (vor allem in und an der Seilbahn zum Park des Sieges) gedreht wurde.

Luna Papa
Deutsch-österreichische Filmproduktion (1999) von Bakhtiar Khudoynazarov mit Moritz Bleibtreu, begleitet von der Musik Daler Nazarovs und gedreht am Nordufer des Qayraqqum-Stausees.

Kamerateam am Karakul-See

Tadschikistan im Internet

Allgemeines

www.auswaertiges-amt.de
Basis- und Sicherheitsinformationen über Tadschikistan, regelmäßig aktualisiert.
www.botschaft-tadschikistan.de
Tadschikische Botschaft in Deutschland, allgemeinen Informationen und Visumantrag.
www.cia.gov
World Factbook: übersichtliche und regelmäßig aktualisierte Infos über alle Länder mit Schwerpunkt Wirtschaftsdaten und aktuelle Lageeinschätzung.
www.weltalmanach.de
Statistische Daten zu allen Ländern der Welt.
www.detage.de
Deutsch-Tadschikische Gesellschaft. Allgemeine Infos zum Land und über aktuelle Projekte. Ankündigung von Kulturveranstaltungen der Gesellschaft (dt., russ.).
www.eddaschlager.de
Gut recherchierte, ausgewogene Beiträge der Journalistin Edda Schlager über Zentralasien, darunter auch Tadschikistan.
www.laender-analysen.de/zentralasien
Zentralasien-Analysen des Zentrums für Osteuropa- und internationale Studien gemeinsam mit anderen deutschen Forschungsinstituten. Gut recherchierte Daten und Zusammenhänge zu monatlich wechselnden Themen mit zahlreichen Tabellen und Chroniken. Kann kostenlos bezogen werden.
http://liportal.giz.de/tadschikistan
Länderinformationsportal der Akademie für Internationale Zusammenarbeit (AIZ) mit einem Überblick über Kultur, Geschichte, Politik und Wirtschaft..
www.novastan.org/de/tadschikistan
Gut recherchierte Beiträge, aktuell, kritisch.
www.prezident.tj
Offizielle Seite des Präsidenten mit Regierungsinformationen und Kontaktformular für das Staatsoberhaupt (russ., engl.).
www.oopt.tj
Informationen zu den Nationalparks und anderen Schutzgebieten, bisher nur in Tadschikisch.
www.tajikart.com
Infos zu modernen Künstlern in Tadschikistan mit Online-Galerien.
www.tajik-gateway.org
Das Tajikistan Development Gateway wurde von der Weltbank initiiert und gibt neben Informationen über die Entwicklungshilfe und allgemeinen Auskünften zum Land auch Infos zu Wechselkurs und Wetter (russ., engl., leider etwas veraltet).
www.wostok.de
Verlag mit Publikation über die ehemaligen sowjetischen Länder, so auch Tadschikistan.

Klima und Relief

http://geofon.gfz-potsdam.de
Aktuelle Erdbebenberichte mit Richterskala (engl.).
www.meteo.tj
Wettervorhersage und Informationen zu Klima und Gletschern (tadsch., russ., engl.)
www.weather-and-climate.com
Klimadiagramme (engl.).
http://tj.geoview.info
Vor der Tour einen Blick auf's Terrain werfen? – Bitteschön!

News

www.asiaplus.tj
Aktuelle Infos mit hohem Wahrheitsgehalt (russ, engl.).
www.ariana.su
Umfängliches Newsportal für Tadschikistan mit Sitz in Russland (russ.)
www.avesta.tj
Website der gleichnamigen staatsnahen Informationsagentur.
www.deutsche-allgemeine-zeitung.de
Aktuelle und regierungskonforme Beiträge aus den zentralasiatischen Ländern.
www.eurasianet.org
Neuigkeiten aus Zentralasien (engl.)
http://enews.fergananews.com
Nachrichten aus Zentralasien (engl.)
www.tjinform.com
Offizielles Nachrichtenportal (russ.).

www.khovar.tj
Seite der staatlichen Presseagentur mit Newsticker (tadsch., engl., russ., pers., arab.).
www.timesca.com
Times of Central Asia. Nachrichten aus Zentralasien (engl.)
www.nm.tj
Tagesaktuelle, unabhängige Nachrichten (russ.)

Tourismus

www.e-broschuere.info/Mit-Yak-und-Pack-Pamir-Tadschikistan
Schöne, deutschsprachige E-Broschüre über Reisen auf dem Pamir.
www.fanyvertical.ru
Informationen zur Turbaza Vertikal am Alaudin-See (engl.), die russische Variante der Seite ist weitaus umfangreicher mit Trekkingberichten, guten Infos zum Fan-Gebirge und einer großen Linksammlung zu Kletterrouten und Klassifizierungen.
www.ferienstrassen.info/pamir-highway
Der Pamir-Highway wurde 2017 ins Netz der Ferienstraßen aufgenommen!
www.fit-for-travel.de
Informationen zu Impfungen und Vorbereitungen für eine Reise nach Tadschikistan.
www.lonelyplanet.de
www.lonelyplanet.com
www.mountainrescue.travel
App: Neues Bergrettungssystem, bei dem man sich vor seiner Trekking- oder gar Bergsteigertour registrieren kann (und sollte).
www.pamirs.org
Ausführliche Seite des leidenschaftlichen Pamir-Reisenden und Autors Robert Middleton mit Infos zum Pamir und aktuellen Informationen über Grenzübergänge und der Befahrbarkeit von Straßen (engl.).
www.visitpamirs.com
Schöne Seite der Pamirs Eco-Cultural Tourism Association (PECTA) mit hilfreichen und aktuellen Informationen und Links für Reisen auf dem Pamir, vollständige Liste des Homestays, Transfermöglichkeiten usw. (engl.).
www.somonair.com
Direktflüge zwischen Frankfurt und Duschanbe.
http://tdc.tj
Offizielles und allumfassendes Informationsportal für Tourismus in Tadschikistan, von Visa-Beantragung über Sehenswürdigkeiten bis zu gemeindebasiertem Tourismus ist alles dabei (engl.).
www.tajwildlife.com
www.wildlife-tajikistan.org
Wildtierbeobachtung und Ökotourismus im Pamir und Khatlon (engl.).
www.youtube.com/watch?feature=player_embedded&v=8HvsMWN2Z7Y
Herzlicher Willkommensspot für Tadschikistan-Reisende.
www.ztda-tourism.tj
Ausgezeichnete Seite des Dachverbandes für Tourismus und Handwerk im Zarafshon-Tal und Umgebung (engl.).
www.paramountjourney.com
Der Fotograf Alovaddin Kalonov bietet auch Reisen an.

Alle Reiseveranstalter für Tadschikistan → S. 414.

Travellerblogs

www.bunchofbackpackers.com/40-of-my-favorite-photos-that-will-inspire-you-to-visit-tajikistan
Bilder ansehen und los!
www.globetrotter.org
Reisepartner suchen, Infos austauschen und Reiseberichte lesen (dt.).
www.pedalglobal.net
Treffpunkt für Biker mit Infos und Forum (dt.).
www.tlc-exped.net
Berichte über Touren mit einem Landcruiser durch Zentralasien (dt.).
www.travelblog.org/Asia/Tajikistan
Austauschforum für Traveller (engl.).
www.alexmashkov.ru
Seite des wandernden Bloggers Alexander Maschkov in Dushanbe.

Über die Autorinnen

Dagmar Schreiber ist seit 1994 in Zentralasien unterwegs, seit 2003 organisiert und begleitet sie jährlich neue Touren für Individualreisende und Kleingruppen durch ihre Lieblingsländer. Seit 2014 gehört auch Tadschikistan dazu. Der erste Aufenthalt im Land war Liebe auf den ersten Blick – sie willigte in die Teilnahme an der Aktualisierung des Reiseführers ein und übernahm in den nächsten Jahren Schritt für Schritt fast das ganze Buch. Für die zweite und dritte Auflage unternahm sie inzwischen sechs ausgedehnte Recherchereisen und bezog ein großes Netzwerk von Freunden und Tourismuskollegen mit ein.

Anregungen und Kritiken sind unter sh.dagmar@gmail.com oder/und sonjabill@web.de willkommen.

Sonja Bill wurde 1981 zwischen zwei Brüdern in Franken geboren. Seit dem Abitur lebt sie zwischen Deutschland und dem Osten. Ein Jahr in Belarus, ausgiebige Reisen nach Russland, in die Ukraine, auf den Balkan und nach Moldova. Dazwischen Studium der Geschichte, Germanistik und der russischen Sprache in Würzburg und Irkutsk, Osteuropastudien in Regensburg und Moskau. Von 2007 bis 2008 arbeitete sie für den Deutschen Entwicklungsdienst in Duschanbe, war dienstlich und privat häufig im Land unterwegs und ist fasziniert von der blauen Farbe in den ex-sowjetischen Ländern, von der Klarheit eines Morgens im Pamir und von den roten Bergen des Zarafshon-Tals im Abendlicht. Seit 2010 lebt sie mit Mann und drei Kindern in Stuttgart.

Dagmar Schreiber

Sonja Bill

Danksagung Dagmar Schreiber

›Schuld‹ ist Uli Klaus und sein Buchgeschenk ›Ein Ritt über den Pamir‹. Lieber Jan, der Fotoapparat ist unentbehrlich! Markus Hauser, Deine Karten sind es auch! Marat, Deine Begleitung war wichtig für mich. Riesigen Dank an Stefanie Kicherer, die eigentlich als dritte Autorin auf dem Cover stehen müsste, auch an Stefan Michel, Sergei Melcher, Dr. Wolfgang Holzwarth und Rustam Abdunazarov, Thomas Krech, Sebastian Falck, Matthias Poeschel und Khalil Karimov für ihre Beiträge und Korrekturen. Zhandiya Zoolshoeva hat unermüdlich Informationen geliefert, auch Kudaibergen Mamadiev und Tair Tajaliev. Michael Richter, Ger van Lujtelaar, Alovaddin Kalonov und Markus Lange, Jeremy Morahan, Karolina Samborska und Sasha Mashkov danke ich für die wunderbaren Fotos. Surat Toimastov hat mit Bildern und langen, guten Gesprächen geholfen. Dmitry Melchichkov bin ich dankbar für die wertvollen Tipps, seinen Reiseführer und für schöne Fotos. Ohne die freundliche und selbstverständliche logistische Hilfe von Mirzo Nazar Mirzoyev, Mavljuda Khaydarova, Jamshed Yusupov und Umed Karimov wäre ich nicht so gut durchs Land gekommen. Herzlichen Dank an Munira und ihre Kinder, Dilovara Bahromova, Nasriddin Nizomov, Odina und Hakim Abdulkhaev, Khayrullo Shamirov, Jumaboy Mahmaev, Tuychi Boturov, Tuychi Ikromov und deren Familien (vor allem Dilnoza!) für ihre Gastfreundschaft und die Gespräche. Zafar Norov, Faridun Hamroev und Muhammadrasul Sharifbadalov haben geholfen, Panjakent im Umbruch zu verstehen. Hakim war der geduldigste Fahrer, Fato der herzlichste und beste Schaschlykbrater. Kimatlocho und Hoziyat haben mich an ihren Tisch geholt, ein farbenfrohes tadschikisches Kleid für mich genäht und mich an ihrem Leben teilhaben lassen. Danke an Mansura aus Vichkut für das Perlenhalsband, das wie ein Talisman wirkt!

Danksagung Sonja Bill

Danke an meine Mitschatten in Duschanbe Sabina Dzalaeva, Raffael Ayé und Nicole und Michael Angermann, danke an meine Kollegen Paula Moor, Valeria Tyumeneva, Lars Schmidt. Danke an Thomas Loy und Tobias Kraudzun für ihre Texte und Sebastian Falck, Jamshed Yusupov und Matthias Poeschel für ihre Unterstützung. An den Mann der wilden Tiere Stefan Michel ein ganz besonderer Dank für Texte und Korrekturen und Danke an den Mann der Musik Daler Nazarov. Danke an den unerschrockenen Reisenden Wittlinger für seine Eindrücke und Tipps und ein Dank auch an den Deutschen Entwicklungsdienst, der diesen Reiseführer erst möglich gemacht hat. Danke an Musaddas, die die tadschikische Sprache liebt und Danke an diese kaum beschreibbare Natur Tadschikistans, die einen immer wieder inspiriert.

L

Bildnachweis

Angermann: S. 191
Raffael Ayé: S. 41
Sonja Bill: S. 28, 38, 52, 66, 79, 80, 82, 89, 90, 96, 97, 98, 101, 114, 121, 123, 150, 154, 188, 207, 223, 226, 286, 313u., 316, 328, 342, 348, 350, 375o., 398, vordere Klappe
Sabina Dzalaeva: S. 435 o.
André Fabian: S. 189, 240
Wolfgang Holzwarth: S. 387
Marat Ixanov: S. 435 u.
Stefanie Kicherer: S. 13/2, 94, 269, 272, 274, 276, 278, 280, 281, 282, 297
Volker Klein: S. 34
Tobias Kraudzun: S. 254
Wolfgang Kunert: S. 31, 360
Markus Lange: Titelbild, S. 35
Ger van Luijtelaar: S. 13/3, 314
Alexander Mashkov: S. 151, 152
Dmitri Melnichkov: S. 271
Stefan Michel: S. 384
Paulina Moor: S. 86
Jeremy Moragan: S. 407
Munira Akilova: S. 355
A. Nikolaev: S. 22/23
Manuel Parada López de Corselas/ wikimedia: S. 382
Michael Richter: S. 26, 70, 336
Markus Scholz: S. 279
Dagmar Schreiber: S. 10, 12, 13/4, 25, 27, 30, 37, 43, 44, 46, 47, 48, 50, 51, 54, 55, 56, 58, 59, 60, 62, 64, 67, 68, 71, 72, 73, 75, 76, 77, 78, 81, 85, 93, 99, 102, 103, 104, 105, 107, 108, 110, 111, 112, 113, 115, 116, 118, 119, 120, 122, 124, 125, 126, 127, 128, 129, 130, 132, 135, 136, 138, 139, 140, 141, 143, 145, 148, 155, 158, 159, 160, 162/163, 166, 167, 168, 172, 174, 179, 182, 186, 187, 190, 192, 194, 195, 196, 197, 199, 202, 210, 213, 215, 217, 218, 220, 221, 222, 224, 225, 228, 229, 230, 231, 232, 233, 234, 235, 236, 237, 242, 243, 246, 248, 250, 251, 252, 253, 255, 256, 257, 259, 260, 263, 264, 284, 285, 287, 289, 290, 293, 295, 298/299, 302, 303, 304, 306, 309, 310, 311, 313o., 317, 320, 322, 323, 324, 325, 326, 330, 331, 333, 334, 335, 338, 339, 340, 347, 349, 351, 352, 353, 354, 357, 358, 359, 362, 364, 370/371, 373, 374, 375u., 377, 378, 379, 380, 385, 386, 390, 391, 392, 395, 397, 401, 403, 404, 405, 408, 409, 410, 412, 413, 415, 417, 428
Vladimir Shakula: S. 33
Surat Toimastov: S. 13/1, 14, 265, 266/267 268, hintere Klappe
Markus Walter: S. 432
Johannes Wittlinger: S. 170

AZIANA TRAVEL
• Wandern, Trekkingtouren
• Jeep-Touren auf dem Pamir und in den Fan-Bergen
• Visa-Unterstützung und GBAO-Permit
• Polizeiliche Anmeldung
• Unterkunft in Hotels, Pensionen, Privatzimmern
AZIANA TRAVEL
Handelszentrum 'Saodat', Erdgeschoss, Büro 193, Duschanbe
Tel: +992/37/237-71-35, +992/44/625-53-26
mobile: +992/918/84-34-03
e-mail: dmelnichkov@hotmail.com
www.azianatravel.com

SEIDENSTRASSE
30 Jahre TSA-Reisen – Wir planen Ihr Abenteuer!
* Kasachstan, Tadschikistan, Usbekistan, Kirgistan und China entdecken
* Unterbringung in Hotels und bei Gastfamilien
* Touren mit privatem Pkw oder Jeep, eigenem Fahrer und Reiseleiter
Individuelle Ausarbeitung Ihres Wunschprogramms
Seit 1987 – Profitieren Sie von 30 Jahren Erfahrung!
Informationen & Katalog anfordern: www.tsa-reisen.de
Telefon: +49 (0) 911 - 9795990

roof of the world
Regatta
www.visitpamirs.com
roofoftheworldregatta

Trescher Verlag
Andreas von Heßberg, Waltraud Schulze
CHINESISCHE SEIDENSTRASSE
Reisen zwischen Xi'an, Ürümqi und Kashgar
Mit Taklamakan, Tian Shan und Altai
TRESCHER VERLAG
Volker Häring, Françoise Hauser
CHINA HANDBUCH
Erkundungen im Reich der Mitte
DIE SEIDENSTRASSE
TRESCHER VERLAG
Jasmine Dum-Tragut
ARMENIEN
3000 Jahre Kultur zwischen Ost und West
TRESCHER VERLAG
Giorgi Kvastiani, Vadim Spolanski, Andreas Sternfeldt
GEORGIEN
Unterwegs zwischen Kaukasus und Schwarzem Meer
WELTWEIT GRÖSSTE REISEMESSE
ITB Berlin BuchAward 2018

Kartenlegende

- Bahnhof
- Bank
- Brunnen
- Burg/Festung
- Burgruine
- Busbahnhof
- Café, Teehaus
- Denkmal
- Flughafen
- Hotel
- Internetcafé
- Moschee
- Museum
- Post
- Restaurant
- Ruine/Ausgrabungsstätte
- Sehenswürdigkeit
- Theater
- Touristeninformation
- Turm
- Einkaufsmöglichkeiten
- Markt
- Oper
- Krankenhaus
- Autobahn
- sonstige Straßen
- 243 Straßennummer
- Eisenbahn
- Grenzübergang
- Staatsgrenze
- Hauptstadt
- Stadt/Ortschaft

Kartenregister